MANUELS DE CONVERSATION BERLITZ

Des manuels de conversation qui ne contiennent pas seulement les mots et expressions indispensables pour vous faire comprendre, mais aussi une transcription phonétique, des renseignements utiles à votre séjour et des recommandations en matière de pourboires.

Allemand	Italien
Américain	Portugais
Anglais	Russe
Espagnol	Yougoslave (serbo-croate)
Grec	

CASSETTES DE CONVERSATION

La plupart des titres sus-mentionnés peuvent être obtenus avec une cassette, qui vous permettra de parfaire votre accent. Le tout accompagné d'un livret de 32 pages reproduisant le texte en deux langues enregistré sur cette bande.

Berlitz Dictionaries

Dansk	Engelsk, Fransk, Italiensk, Spansk, Tysk
Deutsch	Dänisch, Englisch, Finnisch, Französisch, Italienisch, Niederländisch, Norwegisch, Portugiesisch, Schwedisch, Spanisch
English	Danish, Dutch, Finnish, French, German, Italian, Norwegian, Portuguese, Spanish, Swedish
Espãnol	Alemán, Danés, Finlandés, Francés, Holandés, Inglés, Noruego, Sueco
Français	Allemand, Anglais, Danois, Espagnol, Finnois, Italien, Néerlandais, Norvégien, Portugais, Suédois
Italiano	Danese, Finlandese, Francese, Inglese, Norvegese, Olandese, Svedese, Tedesco
Nederlands	Duits, Engels, Frans, Italiaans, Portugees, Spaans
Norsk	Engelsk, Fransk, Italiensk, Spansk, Tysk
Português	Alemão, Francês, Holandês, Inglês, Sueco
Suomi	Englanti, Espanja, Italia, Ranska, Ruotsi, Saksa
Svenska	Engelska, Finska, Franska, Italienska, Portugisiska, Spanska, Tyska

BERLITZ®

dictionnaire
portugais-français
français-portugais

dicionário
português-francês
francês-português

By the Staff of Berlitz Guides

Library of Congress Catalog Card Number: 78-78092

7th printing 1989
Printed in Switzerland

Table des matières

Préface

En choisissant 12 500 mots-concepts dans chacune des langues de ce dictionnaire, nos rédacteurs se sont souciés des besoins essentiels du voyageur. Cet ouvrage s'avérera indispensable aux millions de touristes, globe-trotters, hommes ou femmes d'affaires qui apprécient l'appoint qu'apporte un dictionnaire pratique et de format réduit. Il leur offre, ainsi qu'aux débutants et aux étudiants, tout le vocabulaire qu'ils seront amenés à rencontrer et à utiliser; il leur propose des mots-clés et des expressions leur permettant de faire face aux situations courantes.

A l'instar de nos manuels de conversation et de nos guides de voyage déjà fort appréciés, nos dictionnaires – réalisés grâce à une banque de données sur ordinateur – sont conçus pour se glisser dans une poche ou dans un sac, assumant ainsi leur rôle de compagnons à tout moment.

Outre tous les éléments contenus dans n'importe quel dictionnaire, nos ouvrages proposent:

- une transcription phonétique à côté de chaque entrée afin d'en faciliter la lecture, apport non négligeable lorsque le mot étranger semble à priori imprononçable
- un lexique pratique visant à simplifier la lecture du menu dans un restaurant et révélant tous les mystères de plats jusqu'alors inconnus
- des informations précieuses sur la façon d'exprimer le temps, de compter, sur les verbes irréguliers, sur les abréviations courantes, en plus des expressions usuelles.

Aucun dictionnaire de ce format ne peut prétendre être exhaustif, mais le but de cet ouvrage est de permettre à son utilisateur d'affronter avec confiance un voyage à l'étranger. Nous n'en serions pas moins très heureux de recevoir de nos lecteurs tous commentaires, critiques et suggestions qui nous permettraient de compléter nos futures rééditions.

Prefácio

Ao seleccionarem as 12.500 referências em cada língua para este dicionário, os editores pensaram sobretudo nas necessidades dos viajantes. Este livro será de um valor inestimável para os milhões de turistas e homens de negócios que apreciarão a confiança que lhes pode dar um pequeno e prático dicionário. O dicionário oferece-lhes, assim como aos principiantes e estudantes, todo o vocabulário de base que vão encontrar e que deverão utilizar, e as palavras-chave e expressões que lhes permitirão enfrentar situações correntes.

Como os nossos apreciados livros de frases e guias de viagem, estes dicionários – criados com a ajuda de um banco de dados de computador – são feitos de maneira a caberem facilmente no bolso ou no saco de mão e a serem prontamente acessíveis em qualquer momento.

Para além de quase tudo o que normalmente se encontra num dicionário, estão incluídas as seguintes vantagens da edição Berlitz:

- a pronúncia simulada que aparece junto a cada vocábulo na língua estrangeira, o que torna fácil a leitura e a enunciação de palavras com uma ortografia complicada
- um único e prático glossário destinado a simplificar a leitura da ementa de um restaurante estrangeiro e a tornar compreensíveis os nomes misteriosos e complicados das iguarias e os termos indecifráveis que nela aparecem
- informação útil sobre a maneira de dizer as horas e de contar, sobre a conjugação de verbos irregulares e abreviaturas mais comuns, para além das frases de base.

Embora nenhum dicionário deste tamanho possa ter a pretensão de ser completo, esperamos que o leitor se sinta preparado para enfrentar com confiança as suas viagens ao estrangeiro. Teríamos o maior prazer, no entanto, em receber comentários, críticas e sugestões que o leitor julgue úteis à preparação de edições futuras.

portugais-français

português-francês

Introduction

Ce dictionnaire a été conçu dans un but pratique. Vous n'y trouverez donc pas d'information linguistique inutile. Les adresses sont classées par ordre alphabétique, sans tenir compte du fait qu'un mot peut être simple ou composé, avec ou sans trait d'union. Seule exception à cette règle: quelques expressions idiomatiques qui ont été classées en fonction du terme le plus significatif. Lorsqu'une adresse est suivie d'adresses secondaires (p.ex. expressions usuelles ou locutions), ces dernières sont également rangées par ordre alphabétique sous le mot vedette.

Chaque mot souche est suivi d'une transcription phonétique (voir le guide de prononciation) et, s'il y a lieu, de l'indication de la catégorie grammaticale (substantif, verbe, adjectif, etc.). Lorsqu'un mot souche peut appartenir à plusieurs catégories grammaticales, les traductions qui s'y réfèrent sont groupées derrière chacune d'elles.

Les pluriels irréguliers des substantifs sont indiqués entre parenthèses après la catégorie grammaticale.

Chaque fois que le mot souche se retrouve dans les formes irrégulières et les adresses secondaires, nous avons utilisé un tilde (~) en lieu et place de l'adresse principale. Dans le pluriel des noms irréguliers très longs, le tiret (-) remplace la partie du mot qui demeure inchangée.

Mot souche:	Pluriel:
abre-latas *m* (pl ~)	abre-latas
actual *adj* (pl -ais)	actuais

Un astérisque (*) signale les verbes irréguliers. Pour plus de détails, consulter la liste de ces verbes.

La langue de base de ce dictionnaire est le portugais parlé et écrit au Portugal. Tous les termes et acceptions propres au Brésil sont donc indiqués comme tels.

Abréviations

adj	adjectif
adv	adverbe
art	article
Br	brésilien
conj	conjonction
f	féminin
fBr	féminin (brésilien)
fpl	féminin pluriel
fplBr	féminin pluriel (brésilien)
m	masculin
mBr	masculin (brésilien)
mpl	masculin pluriel
mplBr	masculin pluriel (brésilien)
num	numéral
pl	pluriel
pref	préfixe
prep	préposition
pron	pronom
v	verbe
vBr	verbe (brésilien)

Guide de prononciation

Chaque article de cette partie du dictionnaire est accompagné d'une transcription phonétique qui vous indique la prononciation des mots. Vous la lirez comme si chaque lettre ou groupe de lettres avait la même valeur qu'en français. Au-dessous figurent uniquement les lettres et les symboles ambigus ou particulièrement difficiles à comprendre. *Toutes* les consonnes, y compris celles placées à la fin d'une syllabe ou d'un mot, doivent être prononcées.

Des traits d'union séparent chaque syllabe. Celles que l'on doit accentuer sont imprimées en *italique*.

Les sons de deux langues ne coïncident jamais parfaitement; mais si vous suivez soigneusement nos indications, vous pourrez prononcer les mots étrangers de façon à vous faire comprendre. Pour faciliter votre tâche, nos transcriptions simplifient parfois légèrement le système phonétique de la langue, mais elles reflètent néanmoins les différences de son essentielles.

Consonnes

ƀ	un **b** peu net, se rapprochant du **v**
ð	un **d** peu net, se rapprochant du **th** dans le mot anglais **th**is; **z** dit en zézayant
g	un **g** peu net, rappelant le **r** de **r**oi
gh	comme **g** dans **g**ai
ng/nng	comme dans campi**ng**; ou comme le dernier son de pai**n** prononcé avec l'accent du Midi
r	roulé comme dans le Midi
rr	un **r** fortement roulé
s	tojours comme dans **s**i
y	toujours comme dans **y**eux

Voyelles et diphtongues

ı	entre **i** et **é**

1) Nos transcriptions comprenant un **ï** doivent être lues comme des diphtongues; le **ï** ne doit pas être séparé de la voyelle qui le précède (comme dans tr**ahi**), mais doit se fondre avec celle-ci (comme dans **ail**).

2) Les lettres imprimées en petits caractères et dans une position surélevée doivent être prononcées d'une façon assez faible et rapide (p.ex. **^{ou}eu, i^{ou}**).

3) Pour indiquer les voyelles nasales portugaises, nous utilisons dans nos transcriptions soit un **n** après la voyelle (p.ex. **eun**, **on**), soit un tilde (p.ex. **ẽ**, **oũ**). Il existe également des diphtongues nasales (p.ex. **eun^{ou}**, **oũ^{y}**).

Prononciation brésilienne

Le portugais parlé au Brésil diffère de la langue mère sur plusieurs points. Le débit est plus lent, et les mots sont plus détachés. En outre, les voyelles non accentuées sont plus distinctes, alors qu'au Portugal elles sont souvent avalées. En fin de syllabe, on a tendance à prononcer les consonnes **s** et **z** comme dans **s**on et **z**one, plutôt que comme **ch** dans **ch**at ou **j** dans **j**eu. Au surplus, certains groupes de voyelles ou certaines diphtongues sont souvent simplifiés.

A

a (eu) *pron* la *art/pron; prep* à
abadia (eu-ƀeu-*ði*-eu) *f* abbaye *f*
abaixar (eu-ƀaï-*char*) *v* baisser
abaixo (eu-*ƀaï*-chou) *adv* au-dessous; en bas
abaixo-assinado (eu-ƀaï-chou-eu-si-*na*-ðou) *m* soussigné *m*
abajur (eu-ƀeu-*jour*) *m* abat-jour *m*
abalroamento (eu-ƀal-rr^{ou}eu-*mẽn*-tou) *m* abordage *m*
abanar (eu-ƀeu-*nar*) *v* secouer
abandonar (eu-ƀeunn-dou-*nar*) *v* quitter, abandonner, laisser
abastado (eu-ƀeuch-*ta*-ðou) *adj* aisé
abastecimento (eu-ƀeuch-teu-si-*mẽn*-tou) *m* fourniture *f*
abatido (eu-ƀeu-*ti*-ðou) *adj* déprimé
abcesso (euƀ-*sè*-sou) *m* abcès *m*
abelha (eu-*ƀé*-l^{y}eu) *f* abeille *f*
abençoar (eu-ƀẽ-*s^{ou}ar*) *v* bénir
aberração (eu-ƀi-rreu-*seun^{ou}*) *f* (pl -ções) aberration *f*
aberto (eu-*ƀèr*-tou) *adj* ouvert
abertura (eu-ƀeur-*tou*-reu) *f* ouverture *f*
abibe (eu-*ƀi*-ƀeu) *m* vanneau *m*
abismo (eu-*ƀij*-mou) *m* abîme *m*
abóbada (eu-*ƀo*-ƀeu-ðeu) *f* voûte *f*
***abolir** (eu-ƀou-*lir*) *v* abolir
aborrecer (eu-ƀou-rreu-*sér*) *v* ennuyer
aborrecido (eu-ƀou-rreu-*si*-ðou) *adj* ennuyeux; ennuyé
aborrecimento (eu-ƀou-rreu-si-*mẽn*-tou) *m* ennui *m*
aborto (eu-ƀôr-tou) *m* avortement *m;* fausse couche
abotoaduras (eu-ƀou-t^{ou}eu-*ðou*-reuch) *fplBr* boutons de manchette
abotoar (eu-ƀou-*t^{ou}ar*) *v* boutonner
abraçar (eu-ƀreu-*sar*) *v* *étreindre
abraço (eu-*ƀra*-sou) *m* enlacement *m*, étreinte *f*
abrandar (eu-ƀreunn-*dar*) *v* ralentir
abre-garrafas (a-ƀreu-gheu-*rra*-feuch) *m* (pl ~) ouvre-bouteille *m*
abre-latas (a-ƀreu-*la*-teuch) *m* (pl ~) ouvre-boîte *m*
abreviatura (eu-ƀreu-vyeu-*tou*-reu) *f* abréviation *f*
abrigar (eu-ƀri-*gar*) *v* abriter
abrigo (eu-*ƀri*-gou) *m* abri *m*
Abril (eu-*ƀril*) avril
abrir (eu-*ƀrir*) *v* *ouvrir
absolutamente (euƀ-sou-lou-teu-*mẽn*-teu) *adv* absolument
absoluto (euƀ-sou-*lou*-tou) *adj* absolu
absolvição (euƀ-sôl-vi-*seun^{ou}*) *f* (pl -ções) acquittement *m*, absolution *f*
abstémio (euƀch-*tè*-myou) *m* abstinent *m*

***abster-se de** (euƀch-*tér*-seu) s'*abstenir de
abstracto (euƀch-*tra*-tou) *adj* abstrait
absurdo (eu-ƀeu-*sour*-ðou) *adj* absurde
abundância (eu-ƀoũn-*deun*-syeu) *f* abondance *f*
abundante (eu-ƀoũn-*deunn*-teu) *adj* abondant
abuso (eu-*ƀou*-zou) *m* abus *m*
abutre (eu-*ƀou*-treu) *m* vautour *m*
acabado (eu-keu-*ƀa*-ðou) *adj* fini; ~ **de** à peine
acabar (eu-keu-*ƀar*) *v* achever; arrêter, terminer, finir
academia (eu-keu-ðeu-*mi*-eu) *f* académie *f;* ~ **das belas-artes** académie des beaux-arts
acalmar (eu-kal-*mar*) *v* calmer
acampamento (eu-keunm-peu-*mẽn*-tou) *m* camp *m*
acampar (eu-keunm-*par*) *v* camper
acarinhar (eu-keu-ri-*gnar*) *v* câliner
acaso (eu-*ka*-zou) *m* hasard *m*
acção (a-*seun*^{ou}) *f* (pl acções) action *f;* acte *m*
aceder (eu-seu-*ðér*) *v* accorder
aceitar (eu-séï-*tar*) *v* accepter
acelerador (eu-seu-leu-reu-*ðôr*) *m* accélérateur *m*
acelerar (eu-seu-leu-*rar*) *v* accélérer
acenar (eu-seu-*nar*) *v* *faire signe de la main
acender (eu-sẽn-*dér*) *v* allumer
acento (eu-*sẽn*-tou) *m* accent *m*
acentuar (eu-sẽn-*t*^{ou}*ar*) *v* accentuer
acepipe (eu-seu-*pi*-peu) *m* délicatesse *f;* **acepipes** hors-d'œuvre *m*
ácer (*a*-sèr) *m* érable *m*
acerca de (eu-*sér*-keu) au sujet de
acertar (eu-seur-*tar*) *v* *mettre juste; frapper au but
acessível (eu-seu-*si*-vèl) *adj* (pl -eis) accessible
acesso (eu-*sè*-sou) *m* accès *m*
acessório (eu-seu-*so*-ryou) *adj* accessoire; **acessórios** accessoires *mpl*
achaque (eu-*cha*-keu) *m* maladie *f*
achar (eu-*char*) *v* trouver; **achados e perdidos** objets trouvés
acidentado (eu-si-ðẽn-*ta*-ðou) *adj* accidenté; cahoteux
acidental (eu-si-ðẽn-*tal*) *adj* (pl -ais) accidentel
acidente (eu-si-*ðẽn*-teu) *m* accident *m*
ácido (*a*-si-ðou) *m* acide *m*
acima (eu-*si*-meu) *adv* en haut, au-dessus
aclamar (eu-kleu-*mar*) *v* acclamer
aclarar (eu-kleu-*rar*) *v* éclaircir
acne (*ak*-neu) *f* acné *f*
aço (*a*-sou) *m* acier *m;* ~ **inoxidável** acier inoxydable
acolher (eu-kou-*l*^{y}*ér*) *v* *accueillir
acolhimento (eu-kou-l^{y}i-*mẽn*-tou) *m* accueil *m*
acomodação (eu-kou-mou-ðeu-*seun*^{ou}) *f* (pl -ções) accommodation *f;* adaptation *f;* logement *m*
acomodar (eu-kou-mou-*ðar*) *v* accommoder; adapter; loger
acompanhar (eu-konm-peu-*gnar*) *v* accompagner
aconchegado (eu-kon-cheu-*ga*-ðou) *adj* confortable
aconselhar (eu-kon-sı-*l*^{y}*ar*) *v* conseiller, donner des conseils
acontecer (eu-konn-teu-*sér*) *v* arriver, *survenir, se *produire
acontecimento (eu-konn-teu-si-*mẽn*-tou) *m* événement *m*
acordar (eu-kour-*dar*) *v* réveiller; se réveiller
acordo (eu-*kôr*-dou) *m* accord *m;* règlement *m*, entente *f;* **de acordo!** d'accord!
acostumar (eu-kouch-tou-*mar*) *v* accoutumer; familiariser

acreditar (eu-kreu-ði-*tar*) *v* *croire; accréditer
acrescentar (eu-krıch-sẽn-*tar*) *v* ajouter
acta (*a*-teu) *f* compte rendu
actividade (a-ti-vi-*ða*-ðeu) *f* activité *f*
activo (a-*ti*-vou) *adj* animé, actif
acto (*a*-tou) *m* acte *m*
actor (a-*tôr*) *m* acteur *m*
actriz (a-*trich*) *f* actrice *f*
actuação (a-t^{ou}eu-*seun*^{ou}) *f* (pl -ções) agissement *m*
actual (a-*t*^{ou}*al*) *adj* (pl -ais) actuel
actualmente (a-t^{ou}al-*mẽn*-teu) *adv* actuellement
actuar (a-*t*^{ou}*ar*) *v* opérer, agir
açúcar (eu-*sou*-kar) *m* sucre *m;* **torrão de ~** morceau de sucre
acusação (eu-kou-zeu-*seun*^{ou}) *f* (pl -ções) accusation *f*
acusado (eu-kou-*za*-ðou) *m* accusé *m*
acusar (eu-kou-*zar*) *v* accuser
adaptar (eu-dap-*tar*) *v* adapter; **~ a** adapter à
adega (eu-*ðé*-geu) *f* cave à vin
adepto (eu-*ðèp*-tou) *m* adepte *m*
adequado (eu-ðeu-*k*^{ou}*a*-ðou) *adj* adéquat
***aderir a** (eu-ðeu-*rir*) s'affilier à, adhérer à
adesivo (eu-ðeu-*zi*-vou) *m* sparadrap *m*
adestrar (eu-ðıch-*trar*) *v* dresser; entraîner
adeus (eu-*ðé*^{ou}*ch*) *m* adieu *m;* **adeus!** au revoir!
adiamento (eu-ðyeu-*mẽn*-tou) *m* ajournement *m*
adiantadamente (eu-ðyeunn-ta-ðeu-*mẽn*-teu) *adv* d'avance
adiantado (eu-ðyeunn-*ta*-ðou) *adj* avancé
adiantamento (eu-ðyeunn-teu-*mẽn*-tou) *m* avance *f*
adiantar (eu-ðyeunn-*tar*) *v* avancer
adiante (eu-*ðyeunn*-teu) *adv* en avant; **~ de** devant
adiar (eu-*ðyar*) *v* ajourner, différer, *renvoyer à
adição (eu-ði-*seun*^{ou}) *f* (pl -ções) addition *f*
adicional (eu-ði-syou-*nal*) *adj* (pl -ais) additionnel, supplémentaire
adicionar (eu-ði-syou-*nar*) *v* additionner
adivinha (eu-ðeu-*vi*-gneu) *f* devinette *f;* devineresse *f*
adivinhar (eu-ðeu-vi-*gnar*) *v* deviner
adjectivo (eu-djè-*ti*-vou) *m* adjectif *m*
administração (euð-meu-nich-treu-*seun*^{ou}) *f* (pl -ções) administration *f*
administrar (euð-meu-nich-*trar*) *v* diriger; administrer
administrativo (eu-ð-meu-nich-treu-*ti*-vou) *adj* administratif
admiração (euð-mi-reu-*seun*^{ou}) *f* (pl -ções) admiration *f;* étonnement *m*
admirador (euð-mi-reu-*ðôr*) *m* fan *m*, admirateur *m*
admirar (euð-mi-*rar*) *v* admirer
admissão (euð-mi-*seun*^{ou}) *f* (pl -sões) admission *f*
admitir (euð-meu-*tir*) *v* *admettre
adoçar (eu-ðou-*sar*) *v* sucrer
adolescente (eu-ðou-lıch-*sẽn*-teu) *m* adolescent *m*
adoptar (eu-ðo-*tar*) *v* adopter
adorar (eu-ðou-*rar*) *v* adorer
adorável (eu-ðou-*ra*-vèl) *adj* (pl -eis) adorable
adormecer (eu-ðour-meu-*sér*) *v* *endormir; *s'endormir
adormecido (eu-ðour-meu-*si*-ðou) *adj* endormi
adquirir (euð-keu-*rir*) *v* *acquérir
adulto (eu-*ðoul*-tou) *adj* adulte; *m* adulte *m*
advérbio (euð-*vèr*-byou) *m* adverbe *m*

adversário (euð-veur-*sa*-ryou) *m* adversaire *m*
adverso (euð-*vèr*-sou) *adj* adverse, opposé
***advertir** (euð-veur-*tir*) *v* avertir
advogado (euð-vou-*ga*-ðou) *m* avocat *m*, avoué *m*
advogar (euð-vou-*gar*) *v* plaider
aéreo (eu-*è*-ryou) *adj* aérien
aeroporto (eu-è-rou-*pôr*-tou) *m* aéroport *m*
afastado (eu-feuch-*ta*-ðou) *adj* écarté; éloigné
afável (eu-*fa*-vèl) *adj* (pl -eis) gentil, affable
afecção (eu-fèk-*seun*ou) *f* (pl -ções) affection *f*
afectado (eu-fè-*ta*-ðou) *adj* affecté
afectar (eu-fè-*tar*) *v* affecter; toucher
afectuoso (eu-fè-*t*ou*ô*-zou) *adj* affectueux
afeição (eu-féï-*seun*ou) *f* (pl -ções) affection *f*
afiado (eu-*fya*-ðou) *adj* aigu
afiar (eu-*fyar*) *v* affiler, aiguiser
afinal (eu-fi-*nal*) *adv* finalement
afirmar (eu-fir-*mar*) *v* affirmer
afirmativo (eu-fir-meu-*ti*-vou) *adj* affirmatif
aflição (eu-fli-*seun*ou) *f* (pl -ções) affliction *f*
afligir-se (eu-fli-*jir*-seu) *v* s'affliger, s'inquiéter
afluente (eu-*fl*ou*ẽn*-teu) *m* affluent *m*
afogador (eu-fou-geu-*ðôr*) *mBr* starter *m*
afogar (eu-fou-*gar*) *v* noyer
afortunado (eu-four-tou-*na*-ðou) *adj* heureux, fortuné
África (*a*-fri-keu) *f* Afrique *f*; **África do Sul** Afrique du Sud
africano (eu-fri-*keu*-nou) *adj* africain; *m* Africain *m*
afrouxar (eu-frô-*char*) *v* ralentir
afugentar (eu-fou-jẽn-*tar*) *v* chasser
afundar-se (eu-foũn-*dar*-seu) *v* s'enfoncer
agarrar (eu-geu-*rrar*) *v* saisir; **agarrar-se** s'accrocher
agência (eu-*jẽ*-syeu) *f* agence *f*; ~ **de colocação** bureau de l'emploi; ~ **de informações** bureau de renseignements; ~ **de turismo** syndicat d'initiative; ~ **de viagens** bureau de voyages
agenda (eu-*jẽn*-deu) *f* agenda *m*; carnet *m*; ordre du jour
agente (eu-*jẽn*-teu) *m* agent *m*; ~ **de viagens** agent de voyages; ~ **imobiliário** agent immobilier
ágil (*a*-jil) *adj* (pl ágeis) agile, souple
agir (eu-*jir*) *v* agir
agitação (eu-ji-teu-*seun*ou) *f* (pl -ções) agitation *f*
agora (eu-*go*-reu) *adv* maintenant; **até** ~ jusqu'à maintenant; **de** ~ **em diante** dorénavant
Agosto (eu-*gôch*-tou) août
agradar (eu-greu-*ðar*) *v* *plaire
agradável (eu-greu-*ða*-vèl) *adj* (pl -eis) agréable, gentil, plaisant
agradecer (eu-greu-ðeu-*sér*) *v* remercier
agradecido (eug-reu-ðeu-*si*-ðou) *adj* reconnaissant
agrafo (eu-*gra*-fou) *m* agrafe *f*
agrário (eu-*gra*-ryou) *adj* agraire
***agredir** (eu-greu-*ðir*) *v* agresser, attaquer
agressivo (eu-greu-*si*-vou) *adj* agressif
agrião (eu-*gryeun*ou) *m* (pl -iões) cresson *m*
agrícola (eu-*gri*-kou-leu) *adj* agricole
agricultor (eu-gri-koul-*tôr*) *m* agriculteur *m*
agricultura (eu-gri-koul-*tou*-reu) *f* agriculture *f*
agrupar (eu-grou-*par*) *v* grouper

água (*a*-g^ou^eu) *f* eau *f;* ~ **corrente** eau courante; ~ **doce** eau douce; ~ **do mar** eau de mer; ~ **gasificada** eau gazeuse; ~ **gelada** eau glacée; ~ **mineral** eau minérale; ~ **oxigenada** eau oxygénée; ~ **potável** eau potable
aguaceiro (eu-g^ou^eu-*séï*-rou) *m* averse *f*
água-forte (a-g^ou^eu-*for*-teu) *f* eau-forte *f*
aguarela (eu-g^ou^eu-*rè*-leu) *f* aquarelle *f*
agudo (eu-*gou*-ðou) *adj* aigu
aguentar (eu-g^ou^ẽn-*tar*) *v* supporter
águia (*ag*-yeu) *f* aigle *m*
agulha (eu-*gou*-l^y^eu) *f* aiguille *f*
aí (eu-*i*) *adv* là
ainda (eu-*ĩn*-deu) *adv* encore; ~ **agora** il y a un instant; ~ **assim** malgré tout; ~ **bem** heureusement
aipo (*aï*-pou) *m* céleri *m*
ajoelhar (eu-j^ou^i-*l^y^ar*) *v* s'agenouiller
ajuda (eu-*jou*-ðeu) *f* secours *m*, aide *f*
ajudante (eu-jou-*ðeunn*-teu) *m* aide *m*
ajudar (eu-jou-*ðar*) *v* aider
ajustar (eu-jouch-*tar*) *v* ajuster
ajuste (eu-*jouch*-teu) *m* arrangement *m*
alabote (eu-leu-*bo*-teu) *m* flétan *m*
alargar (eu-leur-*gar*) *v* élargir
alarido (eu-leu-*ri*-ðou) *m* vacarme *m*
alarmar (eu-leur-*mar*) *v* alarmer
alarme (eu-*lar*-meu) *m* alarme *f;* ~ **de incêndio** alarme d'incendie
alavanca (eu-leu-*veungn*-keu) *f* levier *m;* ~ **das mudanças** levier de vitesse
albergue (al-*bèr*-gheu) *m* auberge *f;* ~ **de juventude** auberge de jeunesse
álbum (*al*-boũ) *m* album *m*
alcachofra (al-keu-*chô*-freu) *f* artichaut *m*
alcançar (al-keun-*sar*) *v* *atteindre; *parvenir à
alcance (al-*keun*-seu) *m* portée *f*
alçapão (al-seu-*peun^ou^*) *m* (pl -pões) trappe *f*
alcatrão (al-keu-*treun^ou^*) *m* goudron *m*
alce (*al*-seu) *m* élan *m*
álcool (*al*-k^ou^ol) *m* (pl -ois) alcool *m;* ~ **desnaturado** alcool à brûler; **lamparina de** ~ réchaud à alcool
alcoólico (al-*k^ou^o*-li-kou) *adj* alcoolique; *m* alcoolique *m*
alcunha (al-*kou*-gneu) *f* surnom *m*
aldeia (al-*déï*-eu) *f* village *m*
aldeola (al-*dyo*-leu) *f* hameau *m*
alegrar (eu-leu-*grar*) *v* égayer
alegre (eu-*lè*-greu) *adj* joyeux, gai
alegria (eu-leu-*gri*-eu) *f* joie *f*, gaîté *f*
aleijado (eu-léï-*ja*-ðou) *adj* estropié
além (eu-*leun^y^*) *adv* au delà; ~ **de** au-delà de; outre; ~ **disso** d'ailleurs; en outre, de plus; **mais** ~ plus loin
Alemanha (eu-leu-*meun*-gneu) *f* Allemagne *f*
alemão (eu-leu-*meun^ou^*) *adj* (f -mã; pl -ães) allemand; *m* Allemand *m*
alergia (eu-leur-*ji*-eu) *f* allergie *f*
alfabeto (al-feu-*ƀè*-tou) *m* alphabet *m*
alface (al-*fa*-seu) *f* laitue *f*
alfaiate (al-feu-*ya*-teu) *m* tailleur *m*
alfândega (al-*feunn*-deu-geu) *f* douane *f*
alfinete (al-fi-*né*-teu) *m* épingle *f;* ~ **de segurança** épingle de sûreté; **prender com alfinetes** épingler
alforreca (al-fou-*rrè*-keu) *f* méduse *f*
algarismo (al-geu-*rij*-mou) *m* chiffre *m*
álgebra (*al*-jeu-ƀreu) *f* algèbre *f*
algemas (al-*jé*-meuch) *fpl* menottes *fpl*
algibeira (al-ji-*ƀéï*-reu) *f* poche *f*
algo (*al*-gou) *adv* quelque peu; *pron*

quelque chose
algodão (al-gou-*ðeun*^{ou}) *m* (pl -dões) coton *m;* ouate *f;* **de** ~ en coton
alguém (al-*geun*^{y}) *pron* quelqu'un
algum (al-*goũ*) *pron* quelque
alguns (al-*goũch*) *adj* quelques
alho (*a*-l^{y}ou) *m* ail *m*
ali (eu-*li*) *adv* là-bas, là; **para** ~ là-bas
aliado (eu-*lya*-ðou) *m* allié *m;* **Aliados** Alliés
aliança (eu-*lyeun*-seu) *f* alliance *f*
alicate (eu-li-*ka*-teu) *m* pince *f;* tenaille *f*
alicerce (eu-li-*sèr*-seu) *m* fondement *m*
alimentação (eu-li-mẽn-teu-*seun*^{ou}) *f* (pl -ções) alimentation *f*
alimentar (eu-li-mẽn-*tar*) *v* alimenter, nourrir; *adj* alimentaire; **intoxicação** ~ intoxication alimentaire
alimentício (eu-li-mẽn-*ti*-syou) *adj* alimentaire; nourrissant
alimento (eu-li-*mẽn*-tou) *m* nourriture *f*
alínea (eu-*li*-nyeu) *f* paragraphe *m*
aliviar (eu-li-*vyar*) *v* soulager
alívio (eu-*li*-vyou) *m* soulagement *m*
alma (*al*-meu) *f* âme *f*
almanaque (*al*-meu-*na*-keu) *m* almanach *m*
almirante (al-mi-*reunn*-teu) *m* amiral *m*
almoçar (al-mou-*sar*) *v* déjeuner
almoço (al-*mô*-sou) *m* déjeuner *m,* lunch *m;* **pequeno** ~ petit déjeuner
almofada (al-mou-*fa*-ðeu) *f* oreiller *m;* coussin *m;* ~ **eléctrica** coussin chauffant
almofadão (al-mou-feu-*ðeun*^{ou}) *m* (pl -dões) grand oreiller
almofadinha (al-mou-feu-*ði*-gneu) *f* coussinet *m*
alocução (eu-lou-kou-*seun*^{ou}) *f* (pl -ções) allocution *f*
alojamento (eu-lou-jeu-*mẽn*-tou) *m* logement *m*
alojar (eu-lou-*jar*) *v* loger
alongar (eu-lon-*ghar*) *v* allonger
alperche (al-*pèr*-cheu) *m* abricot *m*
alpinismo (al-pi-*nij*-mou) *m* alpinisme *m*
altar (al-*tar*) *m* autel *m*
alteração (al-teu-reu-*seun*^{ou}) *f* (pl -ções) changement *m,* modification *f;* altération *f*
alterar (al-teu-*rar*) *v* modifier, changer; altérer
altercar (al-teur-*kar*) *v* se disputer
alternado (al-teur-*na*-ðou) *adj* alternatif
alternativa (al-teur-neu-*ti*-veu) *f* alternative *f*
altifalante (al-ti-feu-*leunn*-teu) *m* haut-parleur *m*
altitude (al-ti-*tou*-ðeu) *f* altitude *f*
altivo (al-*ti*-vou) *adj* hautain
alto (*al*-tou) *adj* haut; grand; fort; *m* bosse *f;* **alto!** stop!
altura (al-*tou*-reu) *f* hauteur *f*
alugar (eu-lou-*gar*) *v* louer; **para** ~ à louer
aluguer (eu-lou-*gèr*) *m* location *f;* ~ **de carros** location de voitures
alumiar (eu-lou-*myar*) *v* illuminer
aluno (eu-*lou*-nou) *m* élève *m/f*
alvará (al-veu-*ra*) *m* brevet *m*
alvo (*al*-vou) *m* cible *f*
âmago (*eu*-meu-gou) *m* cœur *m;* fond *m*
amaldiçoar (eu-mal-di-*s*^{ou}*ar*) *v* *maudire
amamentar (eu-meu-mẽn-*tar*) *v* allaiter
amanhã (a-meu-*gneun*) *adv* demain
amanhecer (a-meu-gneu-*sér*) *m* lever du jour

amante (eu-*meunn*-teu) *m* amant *m; f* maîtresse *f*
amar (eu-*mar*) *v* aimer
amarelo (eu-ma-*rè*-lou) *adj* jaune
amargo (eu-*mar*-gou) *adj* amer
amarrotar (eu-meu-rrou-*tar*) *v* froisser
ama-seca (eu-meu-*sé*-keu) *f* bonne d'enfants
amável (eu-*ma*-vèl) *adj* (pl -eis) aimable
âmbar (*eunm*-bar) *m* ambre *m*
ambicionar (eunm-bi-syou-*nar*) *v* ambitionner; désirer
ambicioso (eunm-bi-*syô*-zou) *adj* ambitieux
ambiente (eunm-*byẽn*-teu) *m* ambiance *f*, atmosphère *f*
ambíguo (eunm-*bi*-g^{ou}ou) *adj* ambigu
ambos (*eunm*-bouch) *pron* les deux
ambulância (eunm-bou-*leun*-syeu) *f* ambulance *f*
ameaça (eu-*mya*-seu) *f* menace *f*
ameaçador (eu-myeu-seu-*ðôr*) *adj* menaçant
ameaçar (eu-myeu-*sar*) *v* menacer
ameixa (eu-*méï*-cheu) *f* prune *f*; ~ **passada** pruneau *m*
amêndoa (eu-*mẽn*-d^{ou}eu) *f* amande *f*
amendoim (eu-mẽn-*d^{ouĩ}*) *m* cacahuète *f*
América (eu-*mè*-ri-keu) *f* Amérique *f*; ~ **Latina** Amérique latine
americano (eu-meu-ri-*keu*-nou) *adj* américain; *m* Américain *m*
ametista (eu-meu-*tich*-teu) *f* améthyste *f*
amianto (eu-*myeunn*-tou) *m* amiante *m*
amiga (eu-*mi*-geu) *f* amie *f*
amígdalas (eu-*mig*-deu-leuch) *fpl* amygdales *fpl*
amigdalite (eu-*mig*-ðeu-li-teu) *f* amygdalite *f*
amigo (eu-*mi*-gou) *m* ami *m*
amimar (eu-mi-*mar*) *v* gâter
amistoso (eu-mich-*tô*-zou) *adj* amical
amizade (a-mi-*za*-ðeu) *f* amitié *f*
amnistia (eu-mneuch-*ti*-eu) *f* amnistie *f*
amoníaco (eu-mou-*ni*-eu-kou) *m* ammoniaque *f*
amontoar (eu-monn-*t^{ou}ar*) *v* entasser
amor (eu-*môr*) *m* amour *m*; **meu** ~ mon amour
amora (eu-*mo*-reu) *f* mûre *f*; ~ **silvestre** mûre sauvage
amortecedor (eu-mour-teu-seu-*ðôr*) *m* amortisseur *m*
amostra (eu-moch-treu) *f* échantillon *m*; spécimen *m*
ampliação (eunm-plyeu-*seun^{ou}*) *f* (pl -ções) agrandissement *m*
ampliar (eunm-*plyar*) *v* agrandir; étendre
amplo (*eunm*-plou) *adj* ample; étendu
amuleto (eu-mou-*lé*-tou) *m* amulette *f*
analfabeto (eu-nal-feu-*bè*-tou) *m* illettré *m*, analphabète *m*
analisar (eu-neu-li-*zar*) *v* analyser
análise (eu-*na*-li-zeu) *f* analyse *f*
analista (eu-neu-*lich*-teu) *m* analyste *m*
análogo (eu-*na*-lou-gou) *adj* analogue
ananás (eu-neu-*nach*) *m* ananas *m*
anão (eu-*neun^{ou}*) *m* (f anã; pl anões) nain *m*
anarquia (eu-neur-*ki*-eu) *f* anarchie *f*
anatomia (eu-neu-tou-*mi*-eu) *f* anatomie *f*
anca (*eungn*-keu) *f* hanche *f*
anchova (eun-*chô*-veu) *f* anchois *m*
ancinho (eun-*si*-gnou) *m* râteau *m*
âncora (*eun*-kou-reu) *f* ancre *f*
andaime (eunn-*daï*-meu) *m* échafaudage *m*
andar (eunn-*dar*) *v* marcher; *m* allure *f*, démarche *f*; étage *m*; ~ **com** fréquenter; ~ **térreo** *Br*

rez-de-chaussée *m*
andorinha (eunn-dou-*ri*-gneu) *f* hirondelle *f*
anedota (eu-neu-*ðo*-teu) *f* blague *f;* anecdote *f*
anel (eu-*nèl*) *m* (pl anéis) bague *f;* ~ **de noivado** bague de fiançailles
anemia (eu-neu-*mi*-eu) *f* anémie *f*
anestesia (eu-nıch-teu-*zi*-eu) *f* anesthésie *f*
anestésico (eu-nıch-*tè*-zi-kou) *m* anesthésique *m*
anexar (eu-nèk-*sar*) *v* annexer
anexo (eu-*nèk*-sou) *m* pièce jointe, annexe *f*
ângulo (*eun*-ghou-lou) *m* angle *m*
animado (eu-ni-*ma*-ðou) *adj* animé
animal (eu-ni-*mal*) *m* (pl -ais) animal *m;* bête *f;* ~ **de estimação** animal familier; ~ **de rapina** bête de proie
animar (eu-ni-*mar*) *v* animer, égayer
aniversário (eu-ni-veur-*sa*-ryou) *m* anniversaire *m*
anjo (*eun*-jou) *m* ange *m*
ano (*eu*-nou) *m* année *f;* ~ **bissexto** année bissextile; **Ano Novo** Nouvel An
anoitecer (eu-noï-teu-*sér*) *m* tombée de la nuit, crépuscule *m*
anónimo (eu-*no*-ni-mou) *adj* anonyme
anormal (eu-nour-*mal*) *adj* (pl -ais) anormal
anotar (eu-nou-*tar*) *v* noter
ansiedade (eun-syé-*ða*-ðeu) *f* anxiété *f*
ansioso (eun-*syô*-zou) *adj* anxieux; désireux
antecedente (eunn-teu-seu-*ðẽn*-teu) *adj* antérieur
antecipadamente (eunn-teu-si-pa-ðeu-*mẽn*-teu) *adv* à l'avance
do anteguerra (dou eunn-teu-*ghè*-reu) d'avant-guerre
antena (eunn-*té*-neu) *f* antenne *f*
anteontem (eunn-teu-*onn*-teun[y]) *adv* avant-hier
antepassado (eunn-teu-peu-*sa*-ðou) *m* ancêtre *m*
anterior (eunn-teu-*ryôr*) *adj* antérieur
anteriormente (eunn-teu-ryôr-*mẽn*-teu) *adv* antérieurement
antes (*eunn*-tıch) *adv* avant; plutôt; ~ **de** avant
antibiótico (eunn-ti-*byo*-ti-kou) *m* antibiotique *m*
anticongelante (eunn-ti-kon-jeu-*leunn*-teu) *m* antigel *m*
antigamente (eunn-ti-geu-*mẽn*-teu) *adv* auparavant; autrefois
antigo (eunn-*ti*-gou) *adj* ancien; antique
antiguidade (eunn-ti-g[ou]i-*ða*-ðeu) *f* Antiquité; antiquité *f*
antipatia (eunn-ti-peu-*ti*-eu) *f* antipathie *f*
antipático (eunn-ti-*pa*-ti-kou) *adj* désobligeant, antipathique
antiquado (eunn-ti-*k*[ou]*a*-ðou) *adj* vieillot, démodé
antiquário (eunn-ti-*k*[ou]*a*-ryou) *m* antiquaire *m*
antisséptico (eunn-ti-*sèp*-ti-kou) *m* antiseptique *m*
antologia (eunn-tou-lou-*ji*-eu) *f* anthologie *f*
anual (eu-*n*[ou]*al*) *adj* (pl -ais) annuel
anualmente (eu-n[ou]al-*mẽn*-teu) *adv* annuellement, par année
anuário (eu-*n*[ou]*a*-ryou) *m* annuaire *m*
anular (eu-nou-*lar*) *v* annuler
anunciar (eu-noũ-*syar*) *v* annoncer
anúncio (eu-*noũ*-syou) *m* annonce *f,* publicité *f*
anzol (eun-*zol*) *m* (pl anzóis) hameçon *m*
apagado (eu-peu-*ga*-ðou) *adj* terne
apagar (eu-peu-*gar*) *v* *éteindre
apaixonado (eu-paï-chou-*na*-ðou) *adj* amoureux; passionné

apalpar (eu-pal-*par*) *v* palper, tâter
apanhar (eu-peu-*gnar*) *v* attraper; ramasser
aparafusar (eu-*pa*-reu-fou-*zar*) *v* visser
apara-lápis (eu-pa-reu-*la*-pich) *m* (pl ~) taille-crayon *m*
aparar (eu-peu-*rar*) *v* tailler
aparecer (eu-peu-reu-*sér*) *v* *apparaître, *paraître
aparelho (eu-peu-*ré*-lʸou) *m* appareil *m*
aparência (eu-peu-*rẽ*-syeu) *f* aspect *m*, apparence *f*
aparentado (eu-peu-rẽn-*ta*-ðou) *adj* apparenté
aparente (eu-peu-*rẽn*-teu) *adj* apparent
aparentemente (eu-peu-rẽn-teu-*mẽn*-teu) *adv* apparemment
aparição (eu-peu-ri-*seun*ᵒᵘ) *f* (pl -ções) apparition *f*
apartamento (eu-peur-teu-*mẽn*-tou) *m* appartement *m*
***apear-se** (eu-*pyar*-seu) *v* descendre
apelido (eu-peu-*li*-ðou) *m* nom de famille; *mBr* surnom *m;* ~ **de solteira** nom de jeune fille
apelo (eu-*pé*-lou) *m* appel *m*
apêndice (eu-*pẽn*-di-seu) *m* appendice *m*
apendicite (eu-pẽ-di-*si*-teu) *f* appendicite *f*
aperceber (eu-peur-seu-*ƀér*) *v* *percevoir, apercevoir
aperitivo (eu-peu-ri-*ti*-vou) *m* apéritif *m;* **aperitivos** amuse-gueule *m*
apertado (eu-peur-*ta*-ðou) *adj* serré, juste
apertar (eu-peur-*tar*) *v* serrer; resserrer; **apertar-se** se resserrer
aperto (eu-*pér*-tou) *m* serrement *m;* presse *f;* ~ **de mão** poignée de main
apesar de (eu-peu-*zar* deu) malgré, en dépit de
apetecer (eu-peu-teu-*sér*) *v* *avoir envie de
apetite (eu-peu-*ti*-teu) *m* appétit *m*
apetitoso (eu-peu-ti-*tô*-zou) *adj* appétissant
apinhado (eu-pi-*gna*-ðou) *adj* bondé
apito (eu-*pi*-tou) *m* sifflet *m*
aplanar (eu-pleu-*nar*) *v* égaliser
aplaudir (eu-plaou-*ðir*) *v* applaudir; acclamer
aplausos (eu-*plaou*-zouch) *mpl* applaudissements *mpl*
aplicação (eu-pli-keu-*seun*ᵒᵘ) *f* (pl -ções) application *f*
aplicado (eu-pli-*ka*-ðou) *adj* appliqué; assidu
aplicar (eu-pli-*kar*) *v* appliquer; se *servir de
apogeu (eu-pou-*jé*ᵒᵘ) *m* apogée *m*
apoiar-se (eu-pô-*yar*-seu) *v* s'appuyer
apólice (eu-*po*-li-seu) *f* police *f*
apontador (eu-ponn-teu-*dôr*) *mBr* taille-crayon *m*
apontamento (eu-ponn-teu-*mẽn*-tou) *m* note *f*
apontar (eu-ponn-*tar*) *v* montrer du doigt, indiquer; ~ **para** viser
aposta (eu-*poch*-teu) *f* pari *m;* enjeu *m*
apostar (eu-*poch-tar*) *v* parier
apreciação (eu-preu-syeu-*seun*ᵒᵘ) *f* (pl -ções) appréciation *f*
apreciar (eu-preu-*syar*) *v* apprécier
apreender (eu-pryẽn-*dér*) *v* appréhender; confisquer
aprender (eu-prẽn-*dér*) *v* *apprendre
apresentação (eu-preu-zẽn-teu-*seun*ᵒᵘ) *f* (pl -ções) présentation *f*
apresentar (eu-preu-zẽn-*tar*) *v* présenter
apressadamente (eu-preu-sa-ðeu-*mẽn*-teu) *adv* en vitesse
apressado (eu-preu-*sa*-ðou) *adj* préci-

pité; pressé
apressar-se (eu-preu-*sar*-seu) *v* se presser, se hâter
apropriado (eu-prou-*prya*-ðou) *adj* approprié, convenable, adéquat
aprovação (eu-prou-veu-*seun*ou) *f* (pl -ções) approbation *f;* consentement *m,* accord *m*
aprovar (eu-prou-*var*) *v* approuver
aproveitar-se (eu-prou-véï-*tar*-seu) *v* profiter
aproximadamente (eu-pro-si-ma-ðeu-*mẽn*-teu) *adv* approximativement; à peu près
aproximado (eu-pro-si-*ma*-ðou) *adj* approximatif
aproximar-se (eu-pro-si-*mar*-seu) *v* s'approcher
aptidão (eup-ti-*ðeun*ou) *f* (pl -dões) aptitude *f*
aquecedor (eu-kè-seu-*ðôr*) *m* appareil de chauffage; ~ **de imersão** thermoplongeur *m*
aquecer (eu-kè-*sér*) *v* chauffer
aquecimento (eu-kè-si-*mẽn*-tou) *m* chauffage *m;* ~ **central** chauffage central
aquele (eu-*ké*-leu) *adj* ce; *pron* celui-là; **aqueles** ceux-là
aqui (eu-*ki*) *adv* ici; ~ **está** voici
aquilo (eu-*ki*-lou) *pron* cela
aquisição (eu-keu-zi-*seun*ou) *f* (pl -ções) acquisition *f*
ar (ar) *m* air *m;* **ao** ~ **livre** dehors, en plein air; ~ **condicionado** climatisation *f;* **corrente de** ~ courant d'air
árabe (*a*-reu-ƀeu) *adj* arabe; *m* Arabe *m*
Arábia Saudita (eu-*ra*-byeu saou-*di*-teu) Arabie Saoudite
arado (eu-*ra*-ðou) *m* charrue *f*
arame (eu-*reu*-meu) *m* fil de fer
aranha (eu-*reu*-gneu) *f* araignée *f;* **teia de** ~ toile d'araignée
arbitrário (eur-bi-*tra*-ryou) *adj* arbitraire
árbitro (*ar*-ƀi-trou) *m* arbitre *m*
arborizado (eur-ƀou-ri-*zeu*-ðou) *adj* boisé
arbusto (eur-*ƀouch*-tou) *m* arbuste *m;* buisson *m*
arca (*ar*-keu) *f* coffre *m*
arcada (eur-*ka*-ðeu) *f* arcade *f*
arcebispo (eur-seu-*ƀich*-pou) *m* archevêque *m*
archote (eur-*cho*-teu) *m* torche *f*
arco (*ar*-kou) *m* arche *f,* arc *m*
arco-íris (ar-kou-*i*-rich) *m* (pl ~) arc-en-ciel *m*
arder (eur-*dér*) *v* brûler
ardil (eur-*dil*) *m* (pl -is) ruse *f*
ardósia (eur-*do*-zyeu) *f* ardoise *f*
área (*ar*-yeu) *f* aire *f,* surface *f*
areia (eu-*réï*-eu) *f* sable *m*
arejamento (eu-reu-jeu-*mẽn*-tou) *m* aération *f*
arejar (eu-reu-*jar*) *v* aérer
arenoso (eu-reu-*nô*-zou) *adj* sablonneux
arenque (eu-*rẽng*-keu) *m* hareng *m*
Argélia (eur-*jè*-lyeu) *f* Algérie *f*
argelino (eur-jeu-*li*-nou) *adj* algérien; *m* Algérien *m*
Argentina (eur-jẽn-*ti*-neu) *f* Argentine *f*
argentino (eur-jẽn-*ti*-nou) *adj* argentin; *m* Argentin *m*
argila (eur-*ji*-leu) *f* argile *f*
argumentar (eur-ghou-mẽn-*tar*) *v* argumenter
argumento (eur-ghou-*mẽn*-tou) *m* argument *m*
árido (*a*-ri-ðou) *adj* aride
arinca (*a*-rinng-keu) *f* aiglefin *m*
aritmética (eu-rit-*mè*-ti-keu) *f* arithmétique *f*
arma (*ar*-meu) *f* arme *f*

armação (eur-meu-*seun*^{ou}) *f* (pl -ções) monture *f*
armadilha (eur-meu-*ði*-l^{y}a) *f* piège *m*
armado (eur-*meu*-ðou) *adj* armé
armador (eur-meu-*ðôr*) *m* armateur *m*
armadura (eur-meu-*ðou*-reu) *f* armure *f*
armar (eur-*mar*) *v* armer
armarinho (ar-ma-*ri*-gnou) *mBr* mercerie *f*
armário (eur-*ma*-ryou) *m* armoire *f*, placard *m*
armazém (eur-meu-*zeun*^{y}) *m* dépôt *m;* entrepôt *m*, magasin de gros; grand magasin
armazenagem (eur-meu-zeu-*na*-jeun^{y}) *f* emmagasinage *m*
armazenar (eur-meu-zeu-*nar*) *v* emmagasiner
armazenista (eur-meu-zeu-*nich*-teu) *m* grossiste *m;* magasinier *m*
aroma (eu-*rô*-meu) *m* arôme *m*
arqueado (eur-*kya*-ðou) *adj* arqué
arquejar (eur-kı-*jar*) *v* haleter
arqueologia (eur-kyou-lou-*ji*-eu) *f* archéologie *f*
arqueólogo (eur-*kyo*-lou-gou) *m* archéologue *m*
arquitecto (eur-ki-*tè*-tou) *m* architecte *m*
arquitectura (eur-ki-tè-*tou*-reu) *f* architecture *f*
arquivo (eur-*ki*-vou) *m* archives *fpl;* dossier *m*
arrancar (eu-rreun-*kar*) *v* arracher
arranha-céus (eu-rreu-gneu-*sè*-ouch) *m* (pl ~) gratte-ciel *m*
arranhão (eu-rreu-*neun*^{ou}) *m* (pl -hões) égratignure *f*
arranhar (eu-rreu-*gnar*) *v* égratigner, griffer, gratter
arranjar (eu-rreun-*jar*) *v* arranger; préparer; **arranjar-se com** se débrouiller avec
arrastar (eu-rreuch-*tar*) *v* traîner
arrecadação (eu-rreu-keu-ðeu-*seun*^{ou}) *f* (pl -ções) réduit *m*
arredondado (eu-rreu-ðonn-*da*-ðou) *adj* arrondi
arredores (eu-rreu-*ðô*-rıch) *mpl* alentours *mpl*, environs *mpl;* faubourg *m*
arreliar (eu-rreu-*lyar*) *v* taquiner
arremessar (eu-rreu-meu-*sar*) *v* lancer
arrendamento (eu-rrẽn-da-*mẽn*-tou) *m* bail *m*
arrendar (eu-rrẽn-*dar*) *v* louer; donner en location
arrependimento (eu-rreu-pẽn-di-*mẽn*-tou) *m* repentir *m*
arrepio (eu-rreu-*pi*^{ou}) *m* frisson *m*
arriscar (eu-rrich-*kar*) *v* risquer
arrogante (eu-rrou-*geunn*-teu) *adj* arrogant
arrojado (eu-rrou-*ja*-ðou) *adj* audacieux
arroz (eu-*rrôch*) *m* riz *m*
arruinar (eu-rr^{ou}i-*nar*) *v* ruiner
arrumador (eu-rrou-meu-*ðôr*) *m* ouvreur *m*
arrumadora (eu-rrou-meu-*ðo*-reu) *f* ouvreuse *f*
arrumar (eu-rrou-*mar*) *v* ranger
arte (*ar*-teu) *f* art *m;* **artes e ofícios** arts et métiers
artéria (ar-*tè*-ryeu) *f* artère *f*
artesanato (ar-teu-zeu-*na*-tou) *m* artisanat *m*
articulação (ar-ti-kou-leu-*seun*^{ou}) *f* (pl -ções) articulation *f*
artificial (eur-teu-fı-*syal*) *adj* (pl -ais) artificiel
artifício (eur-teu-*fi*-syou) *m* artifice *m*, ruse *f*
artigo (eur-*ti*-gou) *m* article *m;* **artigos de toalete** articles de toilette
artista (eur-*tich*-teu) *m* artiste *m;* *f* artiste *f*

artístico (eur-*tich*-ti-kou) *adj* artistique
árvore (*ar*-vou-reu) *f* arbre *m;* ~ **de cames** arbre à cames
asa (*a*-zeu) *f* aile *f*
ascendência (euch-sẽn-*dẽ*-syeu) *f* ascendance *f*
ascender (euch-sẽn-*dér*) *v* monter
ascensão (euch-sẽ-*seun*^ou^) *f* (pl -sões) montée *f;* ascension *f*
ascensor (euch-sẽ-*sôr*) *m* ascenseur *m*
asfalto (euch-*fal*-tou) *m* asphalte *m*
Ásia (eu-*zyeu*) *f* Asie *f*
asiático (eu-*zya*-ti-kou) *adj* asiatique; *m* Asiatique *m*
asilo (eu-*zi*-lou) *m* asile *m*, hospice *m*
asma (*aj*-meu) *f* asthme *m*
asneira (euj-*néï*-ra) *f* âneries *fpl;* gros mot
aspas (*ach*-peuch) *fpl* guillemets *mpl*
aspecto (euch-*pè*-tou) *m* aspect *m*
áspero (*ach*-peu-rou) *adj* rugueux, âpre
aspirador (euch-pi-reu-*ðôr*) *m* aspirateur *m*
aspirar (euch-pi-*rar*) *v* aspirer; passer l'aspirateur; ~ **a** rechercher
aspirina (euch-pi-*ri*-neu) *f* aspirine *f*
assaltar (eu-sal-*tar*) *v* cambrioler
assalto (eu-*sal*-tou) *m* assaut *m;* cambriolage *m*
assar (eu-*sar*) *v* rôtir
assassinar (eu-seu-si-*nar*) *v* assassiner
assassínio (eu-seu-*si*-nyou) *m* assassinat *m*
assassino (eu-seu-*si*-nou) *m* assassin *m*, meurtrier *m*
assaz (eu-*sach*) *adv* assez
asseado (eu-*sya*-ðou) *adj* soigné; ordonné
assegurar (eu-seu-gou-*rar*) *v* assurer
assembleia (eu-sẽm-*bléï*-eu) *f* assemblée *f*
assemelhar-se (eu-seu-mı-*l^y^ar*-seu) *v* ressembler
assento (eu-*sẽn*-tou) *m* siège *m*
assim (eu-*sĩ*) *adv* ainsi; ~ **como** aussi bien que; ~ **por diante** et ainsi de suite; ~ **que** dès que
assinalar (eu-si-neu-*lar*) *v* signaler
assinante (eu-si-*neunn*-teu) *m* abonné *m*
assinar (eu-si-*nar*) *v* signer
assinatura (eu-si-neu-*tou*-reu) *f* signature *f;* abonnement *m;* ~ **de temporada** carte d'abonnement
assistência (eu-sich-*tẽ*-syeu) *f* assistance *f*, soutien *m*
assistente (eu-sich-*tẽn*-teu) *m* assistant *m*
assistir (eu-sich-*tir*) *v* assister
assobiar (eu-sou-*byar*) *v* siffler
associação (eu-sou-syeu-*seun*^ou^) *f* (pl -ções) association *f*, société *f*
associar (eu-sou-*syar*) *v* associer; **associar-se a** adhérer à; **associar-se com** fréquenter
assoprar (eu-sou-*prar*) *v* souffler
assunto (eu-*soũn*-tou) *m* affaire *f;* sujet *m*
assustador (eu-souch-teu-*ðôr*) *adj* effrayant; inquiétant
assustar (eu-souch-*tar*) *v* effrayer
astuto (euch-*tou*-tou) *adj* astucieux; malin
atacador (a-ta-keu-*ðôr*) *m* lacet *m*
atacar (eu-teu-*kar*) *v* attaquer; frapper
atalho (eu-*ta*-l^y^ou) *m* sentier *m;* raccourci *m*
ataque (eu-*ta*-keu) *m* attaque *f*
atar (eu-*tar*) *v* attacher; relier, lier; ~ **num molho** lier ensemble
atarefado (eu-teu-reu-*fa*-ðou) *adj* affairé
até (eu-*tè*) *prep* jusqu'à, jusque; ~ **agora** jusqu'à présent; ~ **que** jus-

qu'à ce que
atenção (eu-tẽ-*seun*^{ou}) *f* (pl -ções) attention *f;* **prestar ~** *faire attention à; **prestar ~ a** prêter attention à; *faire attention à
atencioso (eu-tẽ-*syô*-zou) *adj* attentionné, prévenant
atender (eu-tẽn-*dér*) *v* *servir; répondre
atento (eu-*tẽn*-tou) *adj* attentif
aterrador (eu-teu-rreu-*ðôr*) *adj* terrifiant
aterrar (eu-teu-*rrar*) *v* atterrir
aterrorizar (eu-teu-rrou-ri-*zar*) *v* terrifier
atestado (eu-tich-*ta*-ðou) *adj* plein à craquer; *m* attestation *f;* **~ de saúde** certificat médical
atestar (eu-tich-*tar*) *v* *faire le plein
ateu (eu-*té*^{ou}) *m* (f ateia) athée *m*
atingir (eu-tĩ-*jir*) *v* *atteindre; toucher
atirar (eu-ti-*rar*) *v* jeter
atitude (eu-ti-*tou*-ðeu) *f* attitude *f*
Atlântico (eut-*leunn*-ti-kou) *m* océan Atlantique
atleta (eut-*lè*-teu) *m* athlète *m*
atletismo (eut-leu-*tij*-mou) *m* athlétisme *m*
atmosfera (eut-mouch-*fè*-reu) *f* atmosphère *f*
atómico (eu-*to*-mi-kou) *adj* atomique
atordoado (eu-tour-*ðoua*-ðou) *adj* étourdi
atormentar (eu-tour-mẽn-*tar*) *v* tourmenter
atracar (eu-treu-*kar*) *v* accoster
atracção (eu-tra-*seun*^{ou}) *f* (pl -ções) attraction *f*
atractivo (eu-tra-*ti*-vou) *m* attrait *m*
atraente (eu-treu-*ẽn*-teu) *adj* attrayant, séduisant
***atrair** (eu-treu-*ir*) *v* attirer
atrás (eu-*trach*) *adv* en arrière; **~ de** derrière
atrasado (eu-treu-*za*-ðou) *adj* en retard; arriéré
atrasar (eu-treu-*zar*) *v* retarder
atraso (eu-*tra*-zou) *m* retard *m*
através (eu-treu-*vèch*) *adv* à travers; **~ de** à travers
atravessar (eu-treu-veu-*sar*) *v* traverser; endurer
atrevido (eu-treu-*vi*-ðou) *adj* effronté
***atribuir** (eu-tri-*ƀ*^{ou}*ir*) *v* assigner
átrio (*a*-tryou) *m* vestibule *m*
atroz (eu-*troch*) *adj* atroce
atum (eu-*toũ*) *m* thon *m*
audácia (aou-*ða*-syeu) *f* audace *f*
audiência (eu^{ou}-*ðyẽ*-syeu) *f* audience *f;* public *m*
auditório (eu^{ou}-ði-*to*-ryou) *m* auditoire *m;* auditorium *m*
audível (aou-*ði*-vèl) *adj* (pl -eis) audible
aula (*aou*-leu) *f* leçon *f*
aumentar (aou-mẽn-*tar*) *v* augmenter; relever
aumento (aou-*mẽn*-tou) *m* augmentation *f,* relèvement *m*
aurora (aou-*ro*-ra) *f* aurore *f*
auscultador (aouch-koul-teu-*ðôr*) *m* écouteur *m*
ausência (aou-*zẽ*-syeu) *f* absence *f*
ausente (aou-*zẽn*-teu) *adj* absent
Austrália (aouch-*tra*-lyeu) *f* Australie *f*
australiano (aouch-treu-*lyeu*-nou) *adj* australien; *m* Australien *m*
Áustria (*aouch*-tryeu) *f* Autriche *f*
austríaco (aouch-*tri*-eu-kou) *adj* autrichien; *m* Autrichien *m*
autêntico (aou-*tẽn*-ti-kou) *adj* authentique
autocarro (aou-tou-*ka*-rrou) *m* car *m,* autobus *m*
auto-estrada (aou-tou^{i}ch-*tra*-ðeu) *f* autoroute *f*
automático (aou-tou-*ma*-ti-kou) *adj*

automatique; **distribuidor ~ de selos** distributeur de timbres
automatização (aou-tou-meu-ti-zeu-*seun*^{ou}) *f* (pl -ções) automatisation *f*
automobilismo (aou-tou-mou-ƀi-*lij*-mou) *m* automobilisme *m*
automobilista (aou-tou-mou-ƀi-*lich*-teu) *m* automobiliste *m*
automóvel (aou-tou-*mo*-vèl) *m* (pl -eis) auto *f;* automobile *f;* **andar de ~** rouler
autonomia (aou-tou-*nou*-mi-eu) *f* autonomie *f*
autónomo (aou-*to*-nou-mou) *adj* autonome
autópsia (aou-top-*syeu*) *f* autopsie *f*
autor (aou-*tôr*) *m* auteur *m*
autoridade (aou-tou-ri-*ða*-ðeu) *f* autorité *f*
autoritário (aou-tou-ri-*ta*-ryou) *adj* autoritaire
autorização (aou-tou-ri-zeu-*seun*^{ou}) *f* (pl -ções) permission *f,* autorisation *f,* permis *m;* **~ de residência** permis de séjour; **~ de trabalho** permis de travail
autorizar (aou-tou-ri-*zar*) *v* autoriser; ***estar autorizado** *être autorisé
auto-serviço (aou-tou-seur-*vi*-sou) *m* libre-service *m*
auxiliar (aou-si-*lyar*) *v* secourir; assister
avalanche (eu-veu-*leun*-cheu) *f* avalanche *f*
avaliação (eu-veu-lyeu-*seun*^{ou}) *f* (pl -ções) estimation *f,* évaluation *f*
avaliar (eu-veu-*lyar*) *v* évaluer; estimer
avançar (eu-veun-*sar*) *v* progresser, avancer
avanço (eu-*veun*-sou) *m* avance *f;* avancement *m*
avante (eu-*veunn*-teu) *adv* en avant
avarento (eu-veu-*rẽn*-tou) *adj* avare
avaria (eu-veu-*ri*-eu) *f* panne *f*
avariado (eu-veu-*rya*-ðou) *adj* en panne
avariar-se (eu-veu-*ryar*-seu) *v* tomber en panne
ave (*a*-veu) *f* oiseau *m;* **~ marinha** oiseau de mer; **aves de criação** volaille *f*
aveia (eu-*véï*-eu) *f* avoine *f*
avelã (eu-veu-*leun*) *f* noisette *f*
avenida (eu-veu-*ni*-ðeu) *f* avenue *f*
avental (eu-vẽn-*tal*) *m* (pl -ais) tablier *m*
aventura (eu-vẽn-*tou*-reu) *f* aventure *f;* affaire de cœur
aventurar (eu-vẽn-tou-*rar*) *v* aventurer, risquer
aversão (eu-veur-*seun*^{ou}) *f* (pl -sões) aversion *f*
do avesso (dou eu-*vè*-sou) à l'envers
avestruz (eu-vich-*trouch*) *f* autruche *f*
avião (eu-*vyeun*^{ou}) *m* (pl aviões) avion *m;* **~ a jacto** avion à réaction
avisar (eu-vi-*sar*) *v* avertir
aviso (eu-*vi*-zou) *m* avertissement *m;* avis *m*
avistar (eu-vich-*tar*) *v* *apercevoir
avó (eu-*vo*) *f* grand-mère *f;* bonne-maman *f;* **avozinha** mémé *f*
avô (eu-*vô*) *m* grand-père *m;* grand-papa *m,* bon-papa *m;* **avós** grands-parents *mpl;* **avozinho** pépé *m*
à-vontade (a-vonn-*ta*-ðeu) *m* aisance *f,* aise *f*
azáfama (eu-*za*-feu-meu) *f* remue-ménage *m*
azar (eu-*zar*) *m* malchance *f;* hasard *m*
azedo (eu-*zé*-ðou) *adj* aigre
azeite (eu-*zéï*-teu) *m* huile d'olive
azeitona (eu-zéï-*tô*-neu) *f* olive *f*

azia (eu-*zi*-eu) *f* brûlures d'estomac
azinhaga (eu-zi-*gna*-geu) *f* sentier bordé de haies
azoto (eu-*zô*-tou) *m* azote *m*
azul (eu-*zoul*) *adj* (pl azuis) bleu
azulejo (eu-zou-*lé*-jou) *m* carreau de faïence

B

bacalhau (beu-keu-*lʸaou*) *m* morue *f*
bacia (beu-*si*-eu) *f* bassin *m;* cuvette *f*
baço (*ba*-sou) *adj* terne, mat
bacon (béï-*keunn*) *m* lard fumé
bactéria (beuk-*tè*-ryeu) *f* bactérie *f*
baga (*ba*-geu) *f* baie *f*
bagageira (beu-geu-*jéï*-reu) *f* porte-bagages *m*
bagagem (beu-*geu*-jeunʸ) *f* bagage *m;* ~ **de mão** bagage à main
baía (beu-*i*-eu) *f* baie *f*
bailado (baï-*la*-ðou) *m* ballet *m*
baile (*baï*-leu) *m* bal *m*
bainha (beu-*i*-gneu) *f* ourlet *m*
bairro (*baï*-rrou) *m* quartier *m;* ~ **pobre** bas quartier
baixa-mar (baï-cheu-*mar*) *f* marée basse
baixar (baï-*char*) *v* baisser
baixo (*baï*-chou) *adj* petit; bas; profond; *m* basse *f;* **em** ~ en dessous; en bas; **para** ~ vers le bas, en bas
bala (*ba*-leu) *f* balle *f*
balança (beu-*leun*-seu) *f* balance *f;* bascule *f*
balançar (beu-leun-*sar*) *v* balancer
balancé (beu-leun-*sè*) *m* balançoire *f*
balanço (beu-*leun*-sou) *m* bilan *m; mBr* balançoire *f*
balão (beu-*leun*ᵒᵘ) *m* (pl balões) ballon *m*
balas (*ba*-leuch) *fplBr* bonbons
balaustrada (beu-laouch-*tra*-ðeu) *f* balustrade *f*
balbuciar (bal-bou-*syar*) *v* balbutier
balcão (bal-*keun*ᵒᵘ) *m* (pl -cões) comptoir *m;* galerie *f;* balcon *m*
balde (*bal*-deu) *m* seau *m*
balé (ba-*lè*) *mBr* ballet *m*
baleia (beu-*léï*-eu) *f* baleine *f*
baliza (beu-*li*-zeu) *f* but *m*
balofo (beu-*lô*-fou) *adj* bouffi; mou
baloiçar (beu-loï-*sar*) *v* balancer
baloiço (beu-*loï*-sou) *m* balançoire *f*
bambu (*beunm*-bou) *m* bambou *m*
banana (beu-*neu*-neu) *f* banane *f*
banco (*beun*-kou) *m* tabouret *m;* banc *m;* banque *f*
banda (*beunn*-deu) *f* orchestre *m;* bande *f*
bandeira (beunn-*déï*-reu) *f* drapeau *m*
bandido (beunn-*di*-ðou) *m* bandit *m*
banhar-se (beu-*gnar*-seu) *v* se baigner
banheira (beu-*gnéï*-reu) *f* baignoire *f*
banheiro (beu-*gnéï*-rou) *mBr* salle de bains
banho (*beu*-gnou) *m* bain *m;* ~ **turco** bain turc; **tomar** ~ se baigner; **tomar um** ~ **de sol** *prendre un bain de soleil; **touca de** ~ bonnet de bain; **traje de** ~ *Br* maillot de bain
banquete (beun-ké-teu) *m* banquet *m*
baptismo (ba-*tij*-mou) *m* baptême *m*
baptizar (ba-ti-*zar*) *v* baptiser
bar (bar) *m* bar *m*
baralhar (beu-reu-*lʸar*) *v* *battre; brouiller
barato (beu-*ra*-tou) *adj* bon marché
barba (*bar*-beu) *f* barbe *f;* ***fazer a** ~ se raser
***barbear-se** (beur-*byar*-seu) *v* se raser
barbeiro (beur-*béï*-rou) *m* coiffeur *m*
barco (*bar*-kou) *m* bateau *m;* ~ **a motor** bateau à moteur, canot automobile; ~ **a remos** bateau à ra-

mes; ~ **a vapor** bateau à vapeur; ~ **à vela** bateau à voiles
barítono (beu-*ri*-tou-nou) *m* baryton *m*
barómetro (beu-*ro*-meu-trou) *m* baromètre *m*
barquinho (beur-*ki*-gnou) *m* canot *m*
barra (*ba*-rreu) *f* barre *f;* barreau *m*
barraca (beu-*rra*-keu) *f* baraque *f*
barragem (beu-*rra*-jeun^y) *f* barrage *m*
barreira (beu-*rréï*-reu) *f* barrière *f;* ~ **de protecção** glissière de sécurité
barrete (beu-*rré*-teu) *m* bonnet *m*
barrica (beu-*rri*-keu) *f* baril *m*
barriga (beu-*rri*-geu) *f* ventre *m;* ~ **da perna** mollet *m*
barril (beu-*rril*) *m* (pl -is) baril *m,* tonneau *m*
barro (*ba*-rou) *m* terre cuite
barroco (beu-*rrô*-kou) *adj* baroque
barulho (beu-*rou*-l^you) *m* bruit *m*
base (*ba*-zeu) *f* base *f*
***basear** (beu-*zyar*) *v* baser
basebol (*béïz*-bol) *m* base-ball *m*
basílica (beu-*zi*-li-keu) *f* basilique *f*
bastante (beuch-*teunn*-teu) *adj* suffisant, assez; *adv* assez, suffisamment
bastar (beuch-*tar*) *v* *suffire
bastardo (beuch-*tar*-ðou) *m* bâtard *m*
bata (*ba*-teu) *f* blouse *f*
batalha (beu-*ta*-l^yeu) *f* bataille *f*
batata (beu-*ta*-teu) *f* pomme de terre; **batatas fritas** pommes frites
batedeira (beu-teu-*ðéï*-reu) *f* mixeur *m*
bater (beu-*tér*) *v* frapper; fouetter, cogner, *battre; ~ **as palmas** applaudir
bateria (beu-teu-*ri*-eu) *f* batterie *f*
baton (ba-*ton*) *m* rouge à lèvres
baú (beu-*ou*) *m* bahut *m;* malle *f*
baunilha (baou-*ni*-l^yeu) *f* vanille *f*
bêbado (*bé*-beu-ðou) *adj* ivre
bebé (bè-*bè*) *m* bébé *m;* **alcofa de** ~ berceau de voyage; **carrinho de** ~ voiture d'enfant; poussette *f*
beber (beu-*bér*) *v* *boire
beberete (beu-beu-*ré*-teu) *m* cocktail *m*
bebida (beu-*bi*-ðeu) *f* boisson *f;* **bebidas alcoólicas** spiritueux *mpl*
beco (*bé*-kou) *m* ruelle *f;* ~ **sem saída** cul-de-sac *m*
bege (bèj) *adj* beige
beijar (béï-*jar*) *v* embrasser
beijo (*béï*-jou) *m* baiser *m*
beira (*béï*-reu) *f* bord *m;* **à** ~ **de** au bord de
beira-mar (béï-reu-*mar*) *f* bord de la mer
beira-rio (béï-reu-*rri*^ou) *f* bord de la rivière
belas-artes (bè-leuz-*ar*-tich) *fpl* beaux-arts *mpl*
belbutina (bèl-bou-*ti*-neu) *f* velours de coton
beleza (beu-*lé*-zeu) *f* beauté *f*
belga (*bèl*-geu) *adj* belge; *m* Belge *m*
Bélgica (*bèl*-ji-keu) *f* Belgique *f*
beliche (beu-*li*-cheu) *m* couchette *f*
beliscar (beu-lich-*kar*) *v* pincer
belo (*bè*-lou) *adj* beau
bem (beun^y) *adv* bien; **bem!** bien!; **está bem!** bien!
bem-estar (beun^y-ich-*tar*) *m* bien-être *m*
bençâo (*bẽ*-seun^ou) *f* (pl ~s) bénédiction *f*
***bendizer** (beun^y-di-*zér*) *v* bénir
beneficiar (beu-neu-fi-*syar*) *v* bénéficier; profiter
beneficiário (beu-neu-fi-*sya*-ryou) *m* bénéficiaire *m*
benefício (beu-neu-*fi*-syou) *m* bénéfice *m;* profit *m*
bengala (bẽng-*gha*-leu) *f* canne *f*
bengaleiro (bẽng-gheu-*léï*-rou) *m* por-

te-manteau *m*
bens (bẽich) *mpl* biens
benvindo (beunʸ-*vĩn*-dou) *adj* bienvenu
berço (*bér*-sou) *m* berceau *m*
beringela (beu-rĩ-*jè*-leu) *f* aubergine *f*
berlinde (beur-*lĩn*-deu) *m* bille *f*
berma (*bèr*-meu) *f* bord de la route
berrar (beu-*rrar*) *v* crier, hurler
berro (*bè*-rrou) *m* hurlement *m*, cri *m*
betão (beu-*teun*ᵒᵘ) *m* béton *m*
beterraba (beu-teu-*rra*-ƀeu) *f* betterave *f*
bétula (*bè*-tou-leu) *f* bouleau *m*
bexiga (beu-*chi*-geu) *f* vessie *f*; **bexigas doidas** varicelle *f*
bíblia (*bi*-ƀlyeu) *f* Bible *f*
biblioteca (bi-ƀlyou-*tè*-keu) *f* bibliothèque *f*
bicha (*bi*-cheu) *f* queue *f*; ***fazer** ~ *faire la queue
bicho (*bi*-chou) *m* ver *m*
bicicleta (beu-si-*klè*-teu) *f* vélo *m*, bicyclette *f*; ~ **a motor** vélomoteur *m*
bico (*bi*-kou) *m* pointe *f*; bec *m*
bicudo (bi-*kou*-ðou) *adj* pointu
biela (*byè*-leu) *f* bielle *f*
bife (*bi*-feu) *m* bifteck *m*
bifurcação (bi-four-keu-*seun*ᵒᵘ) *f* (pl -ções) bifurcation *f*
bifurcar (bi-four-*kar*) *v* bifurquer
bigode (bi-*go*-ðeu) *m* moustache *f*
bilha (*bi*-lʸeu) *f* cruche *f*
bilhar (bi-*lʸar*) *m* billard *m*
bilhete (bi-*lʸé*-teu) *m* billet *m*; ~ **de gare** billet de quai; ~ **gratuito** billet gratuit; ~ **postal** carte postale
bilheteira (bi-lʸeu-*téï*-reu) *f* guichet *m*; ~ **automática** distributeur de billets; ~ **de reservação** guichet de location
bilheteria (bi-lʸeu-teu-*ri*-eu) *fBr* guichet *m*
bilião (bi-*lyeun*ᵒᵘ) *m* (pl -iões) milliard *m*
bilíngue (bi-*lĩ*-ghᵒᵘeu) *adj* bilingue
bílis (*bi*-lich) *f* bile *f*; **vesícula biliar** vésicule biliaire
binóculo (bi-*no*-kou-lou) *m* jumelles *fpl*
biologia (byou-lou-*ji*-eu) *f* biologie *f*
biombo (*byonm*-bou) *m* écran *m*
biscoito (bich-*koï*-tou) *m* biscuit *m*
bispo (*bich*-pou) *m* évêque *m*
bloco (*blo*-kou) *m* bloc *m*; ~ **de notas** bloc-notes *m*; ~ **de papel** bloc-notes *m*; ~ **habitacional** pâté de maisons
***bloquear** (blou-*kyar*) *v* bloquer
blusa (*blou*-zeu) *f* chemisier *m*
boate (bᵒᵘat) *f* boîte de nuit
bobagem (bô-*ƀa*-jeunʸ) *fBr* radotage *m*
bobina (bou-*ƀi*-neu) *f* bobine *f*; ~ **de ignição** bobine d'allumage
boca (*bô*-keu) *f* bouche *f*; gueule *f*
bocadinho (bou-ka-*ði*-gnou) *m* petit peu
bocado (bou-*ka*-ðou) *m* bouchée *f*; morceau *m*
bocejar (bou-sı-*jar*) *v* bâiller
bode (*bo*-ðeu) *m* bouc *m*; ~ **expiatório** bouc émissaire
bofetada (bou-feu-*ta*-ðeu) *f* claque *f*
boi (boï) *m* bœuf *m*
bóia (*bo*-yeu) *f* bouée *f*
boina (*boï*-neu) *f* béret *m*
bola (*bo*-leu) *f* ballon *m*; balle *f*; ~ **de futebol** ballon *m*
bolacha de baunilha (bou-la-cheu-beur-*ki*-lʸou) gaufrette *f*
bolbo (*bôl*-bou) *m* bulbe *m*
boletim (bou-leu-*tĩ*) *m* bulletin *m*; ~ **meteorológico** bulletin météorologique
bolha (*bô*-lʸeu) *f* bulle *f*; cloque *f*
Bolívia (bou-*li*-vyeu) *f* Bolivie *f*

boliviano (bou-li-*vya*-nou) *adj* bolivien; *m* Bolivien *m*
bolo (*bô*-lou) *m* gâteau *m*, pâtisserie *f*
bolor (bou-*lôr*) *m* moisissure *f*
bolorento (bou-lou-*rẽn*-tou) *adj* moisi
bolota (bou-*lo*-teu) *f* gland *m*
bolsa (*bôl*-seu) *f* pochette *f*, sac *m*; bourse *f*; ~ **de estudos** bourse d'études; ~ **de valores** bourse des valeurs
bolso (*bôl*-sou) *m* poche *f*
bom (bon) *adj* (f boa; pl bons) bon; sain; sage, brave; **é boa!** par exemple!
bomba (*bonm*-beu) *f* bombe *f*; pompe *f*; ~ **de água** pompe à eau; ~ **de gasolina** pompe à essence; distributeur d'essence; ***dar à** ~ pomper
***bombardear** (bonm-beur-*dyar*) *v* bombarder
bombazina (bonm-beu-*zi*-neu) *f* velours côtelé
***bombear** (bonm-*byar*) *vBr* pomper
bombeiros (bonm-*béï*-rouch) *mpl* pompiers
bombom (bonm-*bon*) *m* praline *f*
bombordo (bonm-*bôr*-ðou) *m* bâbord *m*
bonde (*bôn*-deu) *mBr* tram *m*
bondoso (bonn-*dô*-zou) *adj* plein de bonté; aimable
boné (bou-*nè*) *m* casquette *f*
boneca (bou-*nè*-keu) *f* poupée *f*
bonito (bou-*ni*-tou) *adj* joli
boquilha (bou-*ki*-lʸeu) *f* fume-cigarettes *m*
borboleta (bour-bou-*lé*-teu) *f* papillon *m*
borbulha (bour-*bou*-lʸeu) *f* pustule *f*, bouton *m*
borda (*bor*-ðeu) *f* bord *m*, rebord *m*
bordado (bour-*da*-ðou) *m* broderie *f*
bordar (bour-*dar*) *v* broder
bordel (bour-*dèl*) *m* (pl -déis) bordel *m*
a bordo (eu *bor*-dou) à bord
borracha (bou-*rra*-cheu) *f* caoutchouc *m*; gomme *f*
borrão (bou-*rreun*ᵒᵘ) *m* (pl -rões) pâté *m*, tache *f*
borrego (bou-*rré*-gou) *m* agneau *m*
bosque (*bôch*-keu) *m* bois *m*
bota (*bo*-teu) *f* botte *f*; **botas de esqui** chaussures de ski
botânica (bou-*teu*-ni-keu) *f* botanique *f*
botão (bou-*teun*ᵒᵘ) *m* (pl botões) bouton *m*; poussoir *m*; bourgeon *m*; ~ **de colarinho** bouton de col; **botões de punho** boutons de manchette; **casa de** ~ boutonnière *f*
bowling (*bô*ᵒᵘ-linng) *m* bowling *m*
braço (*bra*-sou) *m* bras *m*; **de** ~ **dado** bras dessus bras dessous
brado (*bra*-ðou) *m* clameur *f*, cri *m*
braguilha (breu-*gi*-lʸa) *f* braguette *f*
bramir (breu-*mir*) *v* mugir; rugir
branco (*breun*-kou) *adj* blanc; **em** ~ blanc
Brasil (breu-*zil*) *m* Brésil *m*
brasileiro (breu-zi-*léï*-rou) *adj* brésilien; *m* Brésilien *m*
brecha (*brè*-cheu) *f* brèche *f*
breve (*brè*-veu) *adj* bref; **dentro em** ~ bientôt; **em** ~ prochainement, bientôt
brevemente (brè-veu-*mẽn*-teu) *adv* prochainement, bientôt; brièvement
bridge (bridj) *m* bridge *m*
briga (*bri*-geu) *f* querelle *f*
brilhante (bri-*lʸeunn*-teu) *adj* brillant
brilhar (bri-*lʸar*) *v* briller
brilho (*bri*-lʸou) *m* éclat *m*
brincar (brĩ-*kar*) *v* jouer
brinco (*brĩ*-kou) *m* boucle d'oreille
brinde (*brĩn*-deu) *m* toast *m*; cadeau

m
brinquedo (brĩ-*ké*-ðou) *m* jouet *m*
brioche (*bri*-och) *m* brioche *f*
brisa (*bri*-zeu) *f* brise *f*
britânico (bri-*teu*-ni-kou) *adj* britannique; *m* Britannique *m*
broca (*bro*-keu) *f* foreuse *f*
brocar (brou-*kar*) *v* forer
broche (*bro*-cheu) *m* broche *f*
brochura (brou-*chou*-reu) *f* brochure *f*
bronquite (bron-*ki*-teu) *f* bronchite *f*
bronze (*bron*-zeu) *m* bronze *m*; **de ~** en bronze
bronzeado (bron-*zya*-ðou) *adj* bronzé, hâlé
bruços (*brou*-souch) *mpl* brasse *f*; **de ~** à plat ventre
bruma (*brou*-meu) *f* brume *f*
brutal (brou-*tal*) *adj* (pl -ais) brutal
bruto (*brou*-tou) *adj* brut; *m* brute *f*
bruxa (*brou*-cheu) *f* sorcière *f*
bufete (bou-*fé*-teu) *m* buffet *m*
bule (*bou*-leu) *m* théière *f*
Bulgária (boul-*ga*-ryeu) *f* Bulgarie *f*
búlgaro (*boul*-geu-rou) *adj* bulgare; *m* Bulgare *m*
buraco (bou-*ra*-kou) *m* trou *m*
burguês (bour-*ghéch*) *adj* bourgeois
burla (*bour*-leu) *f* escroquerie *f*
burlão (bour-*leun*ou) *m* (pl -lões) escroc *m*
burlar (bour-*lar*) *v* escroquer
burocracia (bou-rou-kreu-*si*-eu) *f* bureaucratie *f*
burro (*bou*-rrou) *m* âne *m*
busca (*bouch*-keu) *f* fouille *f*
buscar (bouch-*kar*) *v* rechercher; ***ir ~** *aller chercher
bússola (*bou*-sou-leu) *f* boussole *f*
busto (*bouch*-tou) *m* buste *m*
buzina (bou-*zi*-neu) *f* klaxon *m*
buzinar (bou-zi-*nar*) *v* klaxonner
búzio (*bou*-zyou) *m* bigorneau *m*

C

cá (ka) *adv* çà
cabana (keu-*ƀeu*-neu) *f* cabane *f*; hutte *f*
cabeça (keu-*ƀé*-seu) *f* tête *f*; **~ do motor** tête de cylindre
cabeçalho (keu-ƀeu-*sa*-lʸou) *m* manchette *f*; entête *m*
cabeçudo (keu-ƀé-*sou*-ðou) *adj* cabochard, têtu
cabedal (keu-ƀeu-*ðal*) *m* (pl -ais) cuir *m*
cabeleireiro (keu-bé-léï-*réï*-rou) *m* coiffeur *m*
cabelo (keu-*ƀé*-lou) *m* cheveu *m*; **~ postiço** postiche *m*
cabeludo (keu-ƀeu-*lou*-ðou) *adj* chevelu
***caber** (keu-*ƀér*) *v* *tenir
cabide (keu-*ƀi*-ðeu) *m* cintre *m*
cabina (keu-*ƀi*-neu) *f* cabine *f*; **~ telefónica** cabine téléphonique
cabo (*ka*-ƀou) *m* manche *m*; cap *m*; câble *m*
cabra (*ka*-ƀreu) *f* chèvre *f*
caça (*ka*-seu) *f* chasse *f*; gibier *m*
caçador (keu-seu-*ðôr*) *m* chasseur *m*
caçar (keu-*sar*) *v* chasser; **~ furtivamente** braconner
caçarola (keu-seu-*ro*-leu) *f* caquelon *m*
cacete (keu-*sé*-teu) *m* gourdin *m*; baguette *f*
cachimbo (ka-*chĩm*-bou) *m* pipe *f*
cada (*ka*-ðeu) *adj* chaque, tout; **~ um** chacun
cadáver (keu-*ða*-vèr) *m* cadavre *m*
cadeado (keu-*ðya*-ðou) *m* cadenas *m*
cadeia (keu-*ðéï*-eu) *f* chaîne *f*; prison *f*
cadeira (keu-*ðéï*-reu) *f* chaise *f*; **~ de braços** fauteuil *m*; **~ de lona** chaise longue; **~ de rodas** fauteuil roulant

cadela (ka-*ðè*-leu) *f* chienne *f*
café (keu-*fè*) *m* café *m*
cafeína (keu-fè-*i*-neu) *f* caféine *f*
cafetaria (keu-feu-*teu*-ryeu) *f* cafétéria *f*
cafeteira (keu-feu-*téï*-reu) *f* cafetière *f*; ~ **de filtro** percolateur *m*
cãibra (*keunimm*-breu) *f* crampe *f*
***cair** (keu-*ir*) *v* tomber; **deixar** ~ laisser tomber
cais (kaïch) *m* quai *m*
caixa (*kaï*-cheu) *f* boîte *f;* caisse *f;* caissière *f; m* caissier *m;* ~ **de cartão** carton *m;* ~ **de ferramenta** boîte à outils; ~ **de fósforos** boîte d'allumettes; ~ **de papelão** *Br* carton *m;* ~ **de primeiros socorros** trousse de secours; ~ **de tintas** boîte de couleurs; ~ **de velocidades** boîte de vitesse; ~ **económica** caisse d'épargne
cal (kal) *f* chaux *f*
calado (ka-*la*-ðou) *adj* silencieux; ***estar** ~ se *taire
calafrio (ka-leu-*fri*^ou^) *m* frisson *m*
calamidade (ka-leu-mi-*ða*-ðeu) *f* calamité *f*
calar (keu-*lar*) *v* *faire taire; **calar-se** se *taire
calçada (kal-*sa*-ðeu) *f* chaussée pavée
calçado (kal-*sa*-ðou) *m* chaussures
calcanhar (kal-keu-*gnar*) *m* talon *m*
calcar (kal-*kar*) *v* piétiner
calças (*kal*-seuch) *fpl* pantalon *m;* ~ **de esqui** pantalon de ski; ~ **de ganga** blue-jean *m*
calcinhas (kal-*si*-gneuch) *fpl* slip *m,* culotte *f*
cálcio (*kal*-syou) *m* calcium *m*
calções (kal-*son*-ich) *mpl* short *m;* slip *m;* ~ **de banho** caleçon de bain; ~ **de ginástica** culotte de gymnastique
calculador (kal-kou-leu-*ðôr*) *m* calculatrice *f*
calcular (kal-kou-*lar*) *v* calculer
cálculo (*kal*-kou-lou) *m* calcul *m;* ~ **biliar** calcul biliaire
calendário (keu-lẽn-*da*-ryou) *m* calendrier *m*
calfe (*kal*-feu) *m* vachette *f*
calista (keu-*lich*-teu) *m* pédicure *m*
calmante (kal-*meunn*-teu) *m* calmant *m*
calmo (*kal*-mou) *adj* calme; posé
calo (*ka*-lou) *m* cal *m;* cor au pied, durillon *m*
calor (keu-*lôr*) *m* chaleur *f*
caloria (keu-lou-*ri*-eu) *f* calorie *f*
calúnia (keu-*lou*-nyeu) *f* calomnie *f*
calvinismo (kal-vi-*nij*-mou) *m* calvinisme *m*
cama (*keu*-meu) *f* lit *m;* ~ **de acampamento** lit de camp; ~ **e mesa** pension complète; **duas camas** lits jumeaux
camada (keu-*ma*-ðeu) *f* couche *f*
camafeu (keu-meu-*fé*^ou^) *m* camée *m*
câmara municipal (*keu*-meu-reu mou-neu-si-*pal*) hôtel de ville
camarada (keu-meu-*ra*-ðeu) *m* camarade *m*
câmara-de-ar (keu-meu-reu-*ðar*) *f* chambre à air
camarão (keu-meu-*reun*^ou^) *m* (pl -rões) crevette *f;* ~ **grande** crevette rose
cambiante (keunm-*byeunn*-teu) *m* nuance *f*
câmbio (*keunm*-byou) *m* cours du change; **casa de** ~ bureau de change
cambota (keunm-*bo*-teu) *f* vilebrequin *m*
camelo (keu-*mé*-lou) *m* chameau *m*
camião (keu-*myeun*^ou^) *m* (pl -iões) camion *m*
caminhar (keu-mi-*gnar*) *v* marcher

caminho (keu-*mi*-gnou) *m* chemin *m;* **a ~ de** en route pour; **a meio ~** à mi-chemin; **beira do ~** bord du chemin
caminho-de-ferro (keu-mi-gnou-deu-*fè*-rou) *m* chemin de fer
camisa (keu-*mi*-zeu) *f* chemise *f;* **~ de dormir** chemise de nuit
camiseta (keu-mi-*zé*-teu) *fBr* tricot de corps
camisola (keu-mi-*zo*-leu) *f* chandail *m; fBr* chemise de nuit; **~ interior** tricot de corps
campainha (keunm-peu-*i*-gneu) *f* sonnette *f*
campanário (keunm-peu-*na*-ryou) *m* clocher *m*
campanha (keunm-*peu*-gneu) *f* campagne *f*
campeão (keunm-*pyeun*ou) *m* (pl -eões) champion *m*
campismo (keunm-*pij*-mou) *m* camping *m;* **parque de ~** terrain de camping
campista (keunm-*pich*-teu) *m* campeur *m*
campo (*keunm*-pou) *m* champ *m;* campagne *f;* **~ de aviação** terrain d'aviation
camponês (keunm-pou-*néch*) *m* paysan *m*
camurça (keu-*mour*-seu) *f* daim *m*
cana (*keu*-neu) *f* canne *f;* roseau *m*
Canadá (keu-*na*-ðeu) *m* Canada *m*
canadiano (keu-*neu*-dyeu-nou) *adj* canadien; *m* Canadien *m*
canal (keu-*nal*) *m* (pl -ais) canal *m;* **Canal da Mancha** la Manche
canalizador (keu-neu-li-zeu-*ðôr*) *m* plombier *m*
canário (keu-*na*-ryou) *m* canari *m*
canção (keun-*seun*ou) *f* (pl -ções) chanson *f;* **~ popular** chanson populaire
cancela (keun-*sè*-leu) *f* barrière *f;* porte grillagée
cancelamento (keun-seu-leu-*mẽn*-tou) *m* annulation *f*
cancelar (keun-seu-*lar*) *v* annuler
cancro (*keun*-krou) *m* cancer *m*
candeeiro (keunn-*dyéï*-rou) *m* lampe *f;* **~ de mesa** lampe de travail
candelabro (keunn-deu-*la*-ƀrou) *m* candélabre *m*
candidato (keunn-di-*ða*-tou) *m* candidat *m*
candidatura (keunn-di-ða-*tou*-reu) *f* candidature *f*
caneca (keu-*nè*-keu) *f* gobelet à anse; chope *f*
canela (keu-*nè*-leu) *f* cannelle *f*
caneta (keu-*né*-teu) *f* plume *f;* **~ de tinta permanente** stylo *m;* **~ esferográfica** stylo à bille
canga (*keun*-gheu) *f* joug *m*
canguru (*keun*-ghou-*rou*) *m* kangourou *m*
cânhamo (*keu*-gneu-mou) *m* chanvre *m*
canhão (keu-*gneun*ou) *m* (pl -hões) canon *m*
canhoto (keu-*gnô*-tou) *adj* gaucher
canil (keu-*nil*) *m* (pl -is) chenil *m*
canivete (keu-ni-*vè*-teu) *m* couteau de poche, canif *m*
cano (*keu*-nou) *m* tuyau *m*
canoa (keu-*nô*-eu) *f* canot *m*
cansaço (keun-*sa*-sou) *m* fatigue *f*
cansado (keun-*sa*-ðou) *adj* fatigué; las
cansar (keun-*sar*) *v* fatiguer
cantar (keunn-*tar*) *v* chanter
canteiro (keunn-*téï*-rou) *m* plate-bande *f*
cantina (keunn-*ti*-neu) *f* cantine *f*
canto (*keunn*-tou) *m* chant *m;* coin *m*
cantor (keunn-*tôr*) *m* chanteur *m*
cantora (keunn-*tô*-reu) *f* chanteuse *f*
cão (keun ou) *m* (pl cães) chien *m;* ~

de cego chien d'aveugle; **casota do** ~ niche à chien
caos (*kaouch*) *m* chaos *m*
caótico (keu-*o*-ti-kou) *adj* chaotique
capa (*ka*-peu) *f* cape *f;* couverture *f;* jaquette *f,* housse *f;* ~ **de chuva** *Br* imperméable *m*
capacete (keu-peu-*sé*-teu) *m* casque *m*
capacidade (keu-peu-si-*ða*-ðeu) *f* capacité *f;* don *m*
capataz (keu-peu-*tach*) *m* contremaître *m*
capaz (keu-*pach*) *adj* capable
capela (keu-*pè*-leu) *f* chapelle *f*
capelão (keu-peu-*leun*ᵒᵘ) *m* (pl -ães) chapelain *m*
capelista (keu-peu-*lich*-teu) *m* mercerie *f*
capital (keu-pi-*tal*) *adj* (pl -ais) capital; *f* capitale *f;* *m* capital *m*
capitalismo (keu-pi-teu-*liz*-mou) *m* capitalisme *m*
capitão (keu-pi-*teun*ᵒᵘ) *m* (pl -ães) capitaine *m*
capitulação (keu-pi-tou-leu-*seun*ᵒᵘ) *f* (pl -ções) capitulation *f*
capricho (keu-*pri*-chou) *m* caprice *m*
cápsula (*kap*-sou-leu) *f* capsule *f*
captura (keup-tou-reu) *f* capture *f;* prise *f*
capturar (keup-tou-*rar*) *v* capturer; *prendre; *faire prisonnier
capuz (keu-*pouch*) *m* capuchon *m*
caqui (keu-*ki*) *m* kaki *m*
cara (*ka*-reu) *f* visage *m*
caracol (keu-reu-*kol*) *m* (pl -cóis) escargot *m;* boucle de cheveux
carácter (keu-*ra*-tèr) *m* caractère *m*
característica (keu-reu-teu-*rich*-ti-keu) *f* caractéristique *f*
característico (keu-reu-teu-*rich*-ti-kou) *adj* caractéristique
caracterizar (keu-reu-teu-ri-*zar*) *v* caractériser
caramelo (keu-reu-*mè*-lou) *m* caramel *m*
caranguejo (keu-reun-*ghé*-jou) *m* crabe *m*
caravana (ka-ra-*veu*-neu) *f* caravane *f*
carburador (keur-bou-reu-*ðôr*) *m* carburateur *m*
carcaça (keur-*ka*-seu) *f* épave *f,* carcasse *f;* petit pain
carcereiro (keur-seu-*réï*-rou) *m* geôlier *m*
cardápio (kar-*ðap*-you) *mBr* menu *m*
cardeal (keur-*ðyal*) *m* (pl -ais) cardinal *m; adj* cardinal
cardo (*kar*-dou) *m* chardon *m*
careca (keu-*rè*-keu) *adj* chauve
carecer de (keu-reu-*sér*) manquer de
carência (keu-*rẽsyeu*) *f* carence *f,* manque *m*
careta (keu-*ré*-teu) *f* grimace *f*
carga (*kar*-gheu) *f* cargaison *f,* fret *m,* chargement *m;* charge *f*
cargo (*kar*-ghou) *m* fonction *f,* charge *f*
caridade (keu-ri-*ða*-ðeu) *f* charité *f*
caril (keu-*ril*) *m* curry *m*
carimbo (keu-*rĩm*-bou) *m* tampon *m*
Carnaval (keur-neu-*val*) *m* (pl -ais) carnaval *m*
carne (*kar*-neu) *f* chair *f;* viande *f;* ~ **de carneiro** mouton *m;* ~ **de porco** porc *m;* ~ **de vaca** bœuf *m*
carneiro (keur-*néï*-rou) *m* mouton *m*
caro (*ka*-rou) *adj* cher; précieux, coûteux
caroço (keu-*rô*-sou) *m* pépin *m;* noyau *m*
carpa (*kar*-peu) *f* carpe *f*
carpinteiro (keur-pĩn-*téï*-rou) *m* charpentier *m*
carrasco (keu-*rrach*-kou) *m* bourreau *m*
carregador (keu-rreu-geu-*ðôr*) *m* por-

teur *m*
carregamento (keu-rreu-geu-*mẽn*-tou) *m* chargement *m*
carregar (keu-rreu-*gar*) *v* charger; presser; ~ **em** appuyer
carreira (keu-*rréï*-reu) *f* carrière *f;* ligne *f*
carreiro (keu-*rréï*-rou) *m* sentier *m*
carrilhão (keu-rri-*lʸeunᵒᵘ*) *m* (pl -hões) carillon *m*
carro (*ka*-rrou) *m* voiture *f;* **carrinho de mão** brouette *f;* ~ **de desporto** voiture de sport
carroça (keu-*rro*-seu) *f* charrette *f*
carroçaria (keu-rrou-seu-*rri*-eu) *f* carrosserie *f*
carro-esporte (ka-rrou-ich-*por*-teu) *mBr* voiture de sport
carrossel (keu-rrou-*sèl*) *m* (pl -séis) manège de chevaux de bois
carruagem (keu-*rrᵒᵘa*-jeunʸ) *f* wagon *m,* voiture *f*
carruagem-cama (keu-rrᵒᵘa-jeunʸ-*keu*-meu) *f* wagon-lit, voiture Pullman
carruagem-restaurante (keu-rrᵒᵘa-jeunʸ-rrich-taou-*reunn*-teu) *f* wagon-restaurant
carta (*kar*-teu) *f* lettre *f;* ~ **de condução** permis de conduire; ~ **de crédito** lettre de crédit; ~ **de jogar** carte à jouer; ~ **de recomendação** lettre de recommandation; ~ **registada** lettre recommandée; ~ **verde** carte verte
cartão (keur-*teunᵒᵘ*) *m* (pl -tões) carton *m;* carte *f;* ~ **de crédito** carte de crédit; ~ **de visita** carte de visite; **de** ~ en carton
cartaz (keur-*tach*) *m* affiche *f*
carteira (keur-*téï*-reu) *f* portefeuille *m;* sac à main; pupitre *m;* ~ **de escola** banc d'école; ~ **de motorista** *Br* permis de conduire
carteiro (keur-*téï*-rou) *m* facteur *m*
cárter (*kar*-teur) *m* carter *m*
cartilagem (keur-ti-*la*-jeunʸ) *f* cartilage *m*
cartucho (keur-*tou*-chou) *m* cartouche *f*
carvalho (keur-*va*-lʸou) *m* chêne *m*
carvão (keur-*veunᵒᵘ*) *m* charbon *m;* ~ **de lenha** charbon de bois
casa (*ka*-zeu) *f* maison *f;* ~ **de banho** salle de bains; toilettes *fpl;* ~ **de campo** maison de campagne; ~ **de repouso** maison de repos; **dentro de** ~ à l'intérieur; **dona de** ~ ménagère *f;* maîtresse de maison; **em** ~ à la maison; **em** ~ **de** chez; ***ir para** ~ rentrer; **lida da** ~ travaux ménagers; **para** ~ chez soi
casacão (keu-zeu-*keunᵒᵘ*) *m* (pl -cões) pardessus *m;* manteau *m*
casaco (keu-*zeu*-kou) *m* manteau *m;* veste *f,* veston *m;* ~ **de malha** cardigan *m;* ~ **de peles** manteau de fourrure; ~ **desportivo** veston sport, veste de sport
casa-forte (ka-zeu-*for*-teu) *f* chambre forte
casal (keu-*zal*) *m* (pl -ais) fermette *f;* couple *f*
casamento (keu-zeu-*mẽn*-tou) *m* mariage *m*
casar-se (keu-*zar*-seu) *v* se marier
casca (*kach*-keu) *f* écorce *f;* pelure *f,* peau *f;* coquille *f;* ~ **de noz** coquille de noix
cascalho (keuch-*ka*-lʸou) *m* gravier *m*
casco (*kach*-kou) *m* sabot *m*
caseiro (keu-*zéï*-rou) *adj* fait à la maison
casino (keu-*zi*-nou) *m* casino *m*
caso (*ka*-zou) *m* cas *m;* ~ **que** au cas où; **em** ~ **de** en cas de; ***fazer** ~ **de** *faire cas de
caspa (*kach*-peu) *f* pellicules
casquilho (keuch-*ki*-lʸou) *m* douille *f;*

dandy *m*
cassino (ka-*si*-nou) *mBr* casino *m*
castanha (keuch-*teu*-gneu) *f* marron *m*
castanho (keuch-*teu*-gnou) *adj* brun; ~ **claro** fauve; ~ **encarniçado** châtain
castelo (keuch-*tè*-lou) *m* château *m*
castigar (keuch-ti-*gar*) *v* punir
castigo (keuch-*ti*-gou) *m* peine *f*, punition *f*
casto (*kach*-tou) *adj* chaste
castor (keuch-*tôr*) *m* castor *m*
casual (keu-*z^ou^al*) *adj* (pl -ais) fortuit
catacumba (keu-teu-*koum*-beu) *f* catacombe *f*
catálogo (keu-*ta*-lou-gou) *m* catalogue *m*
catarro (keu-*ta*-rrou) *m* catarrhe *m*
catástrofe (keu-*tach*-trou-feu) *f* catastrophe *f*, sinistre *m*
catedral (keu-teu-*ðral*) *f* (pl -ais) cathédrale *f*
categoria (keu-teu-gou-*ri*-eu) *f* catégorie *f*
categórico (keu-teu-*go*-ri-kou) *adj* catégorique, formel
católico (keu-*to*-li-kou) *adj* catholique
catorze (keu-*tôr*-zeu) *num* quatorze
caução (kaou-*seun^ou^*) *f* (pl -ções) caution *f*
cauda (*kaou*-ðeu) *f* queue *f*
causa (*kaou*-zeu) *f* cause *f;* affaire *f;* ~ **judicial** procès *m;* **por** ~ **de** en raison de, à cause de
causar (kaou-*zar*) *v* causer
cautela (kaou-*tè*-leu) *f* prudence *f*
cavaco (keu-*va*-kou) *m* causette *f*
cavala (keu-*va*-leu) *f* maquereau *m*
cavaleiro (keu-veu-*léï*-rou) *m* cavalier *m;* chevalier *m*
cavalheiro (keu-veu-*l^y^éï*-rou) *m* monsieur *m*
cavalo-de-batalha (keu-va-lou-deu-beu-*ta*-l^y^eu) *m* dada *m*
cavalo (keu-*va*-lou) *m* cheval *m;* ~ **de corridas** cheval de course
cavalo-vapor (keu-va-lou-veu-*pôr*) *m* cheval-vapeur
***cavaquear** (keu-veu-*kyar*) *v* causer, parler
cavar (keu-*var*) *v* creuser
cave (*ka*-veu) *f* sous-sol *m;* cave *f*
caverna (ka-*vèr*-neu) *f* caverne *f*
caviar (keu-*vyar*) *m* caviar *m*
cavidade (ka-vi-*ða*-ðeu) *f* cavité *f*
cavilha (ka-*vi*-l^y^eu) *f* cheville *f*
caxemira (keu-cheu-*mi*-reu) *f* cachemire *m*
cebola (seu-*ƀô*-leu) *f* oignon *m*
cebolinho (seu-ƀou-*li*-gnou) *m* ciboulette *f*
ceder (seu-*ðér*) *v* céder
cedo (*sé*-ðou) *adv* tôt
cegar (seu-*gar*) *v* aveugler
cego (*sè*-gou) *adj* aveugle
cegonha (seu-*gô*-gneu) *f* cigogne *f*
ceia (*séï*-eu) *f* souper *m*
ceifa (*séï*-feu) *f* moisson *f*
ceifar (*séï*-far) *v* moissonner
celebração (seu-leu-ƀreu-*seun^ou^*) *f* (pl -ções) célébration *f*
celebrar (seu-leu-*ƀrar*) *v* célébrer
celebridade (seu-leu-ƀri-*ða*-ðeu) *f* célébrité *f*
celeiro (seu-*léï*-rou) *m* grange *f*
celibatário (seu-li-ƀeu-*ta*-ryou) *m* célibataire *m*
celibato (seu-li-*ƀa*-tou) *m* célibat *m*
celofane (seu-lou-*feu*-neu) *m* cellophane *f*
célula (*sè*-lou-leu) *f* cellule *f*
cem (seun^y^) *num* cent
cemitério (seu-mi-*tè*-ryou) *m* cimetière *m*
cena (*sé*-neu) *f* scène *f*
cenário (seu-*na*-ryou) *m* cadre *m;* décors *mpl*

cenoura (seu-nô-reu) *f* carotte *f*
censura (sẽ-*sou*-reu) *f* censure *f;* reproche *m;* blâme *m*
censurar (sẽ-sou-*rar*) *v* censurer, reprocher; blâmer
centavo (sẽn-*ta*-vou) *m* 1/100 d'escudo ou de cruzeiro
centena (sẽ-*té*-neu) *f* centaine *f*
centímetro (sẽn-*ti*-meu-trou) *m* centimètre *m*
central (sẽn-*tral*) *adj* (pl -ais) central; ~ **eléctrica** centrale *f;* ~ **telefónica** central téléphonique
centralizar (sẽn-treu-li-*zar*) *v* centraliser
centro (*sẽn*-trou) *m* centre *m;* ~ **comercial** centre commercial; ~ **da cidade** centre de la ville; ~ **de saúde** dispensaire *m;* ~ **recreativo** centre de loisirs
cera (*sé*-reu) *f* cire *f*
cerâmica (seu-*reu*-mi-keu) *f* poterie *f,* céramique *f,* terre cuite
cerca (*sér*-keu) *f* clôture *f,* barrière *f;* ~ **de** à peu près
cercar (seur-*kar*) *v* entourer; encercler, assiéger
cerco (*sér*-kou) *m* siège *m*
cereal (seu-*ryal*) *m* (pl -ais) céréale *f;* blé *m*
cérebro (*sè*-reu-brou) *m* cerveau *m*
cereja (seu-*ré*-jeu) *f* cerise *f*
cerimónia (seu-ri-*mo*-nyeu) *f* cérémonie *f;* **sem** ~ sans façon
certamente (sèr-teu-*mẽn*-teu) *adv* sûrement, certainement
certeza (seur-*té*-zeu) *f* certitude *f;* **com** ~ bien sûr
certidão (seur-ti-*ðeun*^{ou}) *f* (pl -dões) certificat *m*
certificado (seur-teu-fi-*ka*-ðou) *m* attestation *f*
certificar (seur-teu-fi-*kar*) *v* certifier; **certificar-se de** s'assurer de
certo (*sèr*-tou) *adj* sûr, certain; juste; **certos** certains
cerveja (seur-*vé*-jeu) *f* bière *f;* **fábrica de** ~ brasserie *f;* **fabricar** ~ brasser
cervejaria (seur-vı-jeu-*ri*-eu) *f* brasserie *f,* bistrot *m*
cessar (seu-*sar*) *v* cesser
cesta (*séch*-teu) *f* panier large
cesto (*séch*-tou) *m* panier profond; ~ **dos papéis** corbeille à papier
cetim (seu-*tĩ*) *m* satin *m*
céu (sè^{ou}) *m* ciel *m*
cevada (seu-*va*-ðeu) *f* orge *f*
chá (cha) *m* thé *m;* **salão de** ~ salon de thé
chalé (cha-*lè*) *m* chalet *m*
chaleira (cheu-*léï*-reu) *f* bouilloire *f*
chama (*cheu*-meu) *f* flamme *f*
chamada (cheu-*ma*-ðeu) *f* appel *m;* coup de téléphone; ~ **interurbana** appel interurbain; ~ **local** communication locale; ~ **telefónica** appel téléphonique
chamar (cheu-*mar*) *v* appeler; nommer; rappeler; **chamar-se** s'appeler
chaminé (cheu-mi-*nè*) *f* cheminée *f*
champanhe (cheunm-*peu*-gneu) *m* champagne *m*
champô (cheunm-*pô*) *m* shampooing *m*
chantagem (cheunn-*ta*-jeun^{y}) *f* chantage *m;* ***fazer** ~ *faire chanter
chão (cheun^{ou}) *m* (pl ~s) sol *m*
chapa (*cha*-peu) *f* plaque *f;* tôle *f;* ~ **da matrícula** plaque d'immatriculation
chapéu (cheu-*pè*^{ou}) *m* chapeau *m;* **chapeleira de senhoras** modiste *f*
charco (*char*-kou) *m* mare *f*
charlatão (char-leu-*teun*^{ou}) *m* (pl -ães) charlatan *m*
charneca (char-*nè*-keu) *f* lande *f*

charuto (cheu-*rou*-tou) *m* cigare *m*
chassi (cheu-*si*) *m* châssis *m*
chave (*cheu*-veu) *f* clé *f;* ~ **de parafusos** tournevis *m;* ~ **de porcas** clé à écrous
chave-inglesa (cha-veu-ĩ-*ghlé*-zeu) *f* clé anglaise
chávena (*cheu*-veu-neu) *f* tasse *f;* ~ **de chá** tasse à thé
checo (*chè*-kou) *adj* tchèque; *m* Tchèque *m*
Checoslováquia (chè-ko-jlou-*va*-kyeu) *f* Tchécoslovaquie *f*
chefe (*chè*-feu) *m* chef *m*, leader *m;* ~ **de estação** chef de gare; ~ **de estado** chef d'Etat; ~ **de mesa** maître d'hôtel
chegada (cheu-*ga*-ðeu) *f* arrivée *f*, venue *f*
chegado (cheu-*ga*-ðou) *adj* proche
chegar (cheu-*gar*) *v* arriver
cheio (*chéï*-ou) *adj* plein
cheirar (chéï-*rar*) *v* *sentir; ~ **mal** puer
cheiro (*chéï*-rou) *m* odeur *f;* **mal cheiroso** malodorant
cheque (*chè*-keu) *m* chèque *m;* **livro de cheques** carnet de chèques; **traveller's** ~ chèque de voyage
chicote (chi-*ko*-teu) *m* fouet *m*
chifre (*chi*-freu) *m* corne *f*
Chile (*chi*-leu) *m* Chili *m*
chileno (chi-*lé*-nou) *adj* chilien; *m* Chilien *m*
China (*chi*-neu) *f* Chine *f*
chinês (chi-*néch*) *adj* chinois; *m* Chinois *m*
chocante (chou-*keunn*-teu) *adj* révoltant, choquant
chocar (chou-*kar*) *v* choquer; tamponner, entrer en collision; ~ **com** cogner contre
chocolate (chou-kou-*la*-teu) *m* chocolat *m*
choke (*cho*-keu) *m* starter *m*
choque (*cho*-keu) *m* choc *m;* collision *f*
chorar (chou-*rar*) *v* pleurer
chover (chou-*vér*) *v* *pleuvoir
chumbo (*choũm*-bou) *m* plomb *m*
chupar (chou-*par*) *v* sucer
churrasqueira *(chou-rra-chkéï-reu) f* rôtisserie *f*
chuva (*chou*-veu) *f* pluie *f;* ~ **miudinha** crachin *m*
chuvada (chou-*va*-ðeu) *f* rafale de pluie
chuvoso (chou-*vô*-zou) *adj* pluvieux
cicatriz (si-keu-*trich*) *f* cicatrice *f*
ciclista (si-*klich*-teu) *m* cycliste *m*
ciclo (*si*-klou) *m* cycle *m*
cidadania (si-ðeu-ðeu-*ni*-eu) *f* citoyenneté *f*
cidadão (si-ðeu-*ðeun*^ou^) *m* (pl ~s) citoyen *m*
cidade (si-*ða*-ðeu) *f* ville *f*, cité *f*
ciência (*syẽ*-syeu) *f* science *f*
ciente (*syẽn*-teu) *adj* informé, au courant
científico (syẽn-*ti*-fi-kou) *adj* scientifique
cientista (syẽn-*tich*-teu) *m* scientifique *m*, savant *m*
cigano (si-*geu*-nou) *m* bohémien *m*
cigarreira (si-geu-*rréï*-reu) *f* étui à cigarettes
cigarro (si-*ga*-rrou) *m* cigarette *f*
cilindro (si-*lĩn*-drou) *m* cylindre *m*
cima (*si*-meu) *f* sommet *m;* **em** ~ en haut; **em** ~ **de** au-dessus de; **para** ~ vers le haut; en haut; **por** ~ au-dessus
cimento (si-*mẽn*-tou) *m* ciment *m*
cimo (*si*-mou) *m* sommet *m*
cinco (*sĩ*-kou) *num* cinq
cinema (si-*né*-meu) *m* cinéma *m*
cinquenta (sĩ-*k*^ou^*ẽn*-teu) *num* cinquante

cinta (*sĩn*-teu) *f* gaine *f*
cintilante (sĩn-ti-*leunn*-teu) *adj* scintillant
cinto (*sĩn*-tou) *m* ceinture *f;* ~ **de ligas** porte-jarretelles *m;* ~ **de segurança** ceinture de sécurité
cintura (sĩn-*tou*-reu) *f* taille *f*
cinza (*sĩ*-zeu) *f* cendre *f*
cinzeiro (sĩ-*zéï*-rou) *m* cendrier *m*
cinzel (sĩ-*zèl*) *m* (pl -zéis) burin *m*
cinzento (si-*zẽn*-tou) *adj* gris
circo (*sir*-kou) *m* cirque *m*
circuito turístico (sir-*kou^{i}*-tou tou-*rij*-ti-kou) tour d'orientation
circulação (sir-kou-leu-*seun^{ou}*) *f* (pl -ções) circulation *f*
círculo (*sir*-kou-lou) *m* cercle *m;* ~ **eleitoral** circonscription électorale
circundar (sir-koũn-*dar*) *v* entourer
circunstância (sir-koũch-*teun*-syeu) *f* circonstance *f*
cirurgião (si-rour-*jyeun^{ou}*) *m* (pl -iões) chirurgien *m*
cisne (*sij*-neu) *m* cygne *m*
cistite (sich-*ti*-teu) *f* cystite *f*
citação (si-teu-*seun^{ou}*) *f* (pl -ções) citation *f*
citadino (si-teu-*ði*-nou) *m* citadin *m*
citar (si-*tar*) *v* citer
ciúme (*syou*-meu) *m* jalousie *f*
ciumento (syou-*mẽn*-tou) *adj* jaloux
cívico (*si*-vi-kou) *adj* civique
civil (si-*vil*) *adj* (pl -is) civil; *m* civil *m*
civilização (si-veu-li-zeu-*seun^{ou}*) *f* (pl -ções) civilisation *f*
civilizado (si-veu-li-*za*-ðou) *adj* civilisé
clareira (kleu-*réï*-reu) *f* clairière *f*
claro (*kla*-rou) *adj* brillant, clair
classe (*kla*-seu) *f* classe *f;* ~ **média** classe moyenne; ~ **turística** classe touriste
clássico (*kla*-si-kou) *adj* classique
classificar (kleu-seu-fi-*kar*) *v* classer, classifier
cláusula (*klaou*-sou-leu) *f* clause *f*
clavícula (kleu-*vi*-kou-leu) *f* clavicule *f*
clemência (kleu-*mẽ*-syeu) *f* clémence *f*
clérigo (*klè*-ri-gou) *m* ecclésiastique *m*
cliente (*klyẽn*-teu) *m* client *m*
clima (*kli*-meu) *m* climat *m*
clínica (*kli*-ni-keu) *f* clinique *f*
cloro (*klo*-rou) *m* chlore *m*
clube (*klou*-ƀeu) *m* club *m;* **automóvel** ~ club automobile; ~ **náutico** yacht-club *m;* ~ **nocturno** boîte de nuit
coador (k^{ou}eu-*ðôr*) *m* passoire *f*
coagular (k^{ou}eu-gou-*lar*) *v* coaguler
cobarde (kou-*ƀar*-deu) *adj* lâche; *m* lâche *m*
cobertor (kou-ƀeur-*tôr*) *m* couverture *f*
cobiçar (kou-ƀi-*sar*) *v* convoiter
cobrador (kou-ƀreu-*ðôr*) *m* receveur *m*
cobre (*ko*-ƀreu) *m* cuivre *m*
***cobrir** (kou-*ƀrir*) *v* *couvrir
coçado (kou-*sa*-ðou) *adj* usé, râpé
cocaína (kou-keu-*i*-neu) *f* cocaïne *f*
***fazer cócegas** (feu-*zér ko*-seu-geuch) chatouiller
coche (*kô*-cheu) *m* carrosse *m*
coco (*kô*-kou) *m* noix de coco
côdea (*kô*-ðyeu) *f* croûte *f*
código (*ko*-ði-gou) *m* code *m;* ~ **postal** code postal
codorniz (kou-ðour-*nich*) *f* caille *f*
coelho (*k^{ou}é*-l^{y}ou) *m* lapin *m*
coerência (k^{ou}eu-*rẽ*-syeu) *f* cohérence *f*
cofre-forte (ko-freu-*for*-teu) *m* coffre-fort
cogumelo (kou-gou-*mè*-lou) *m* champignon *m*
coincidência (k^{ou}ĩ-si-*ðẽ*-syeu) *f* coïncidence *f*
coincidir (k^{ou}ĩ-si-*ðir*) *v* coïncider
coisa (*koï*-zeu) *f* chose *f;* **alguma** ~

quelque chose; **entre outras coisas** entre autres; **qualquer ~** n'importe quoi
cola (*ko*-leu) *f* colle *f*
colaborador (kou-leu-ƀou-reu-*ðôr*) *adj* collaborateur *m*
colar (kou-*lar*) *v* coller; *m* collier *m*
colarinho (kou-leu-*ri*-gnou) *m* col *m*
colcha (*kôl*-cheu) *f* courtepointe *f;* couvre-lit *m*
colchão (kôl-*cheun*ou) *m* (pl -hões) matelas *m*
colecção (kou-lè-*seun*ou) *f* (pl -ções) collection *f;* **~ de obras de arte** collection d'art
coleccionador (kou-lè-syou-neu-*ðôr*) *m* collectionneur *m*
coleccionar (kou-lè-syou-*nar*) *v* collectionner, rassembler
colectivo (kou-lè-*ti*-vou) *adj* collectif
colector (kou-lè-*tôr*) *m* collecteur *m*
colega (kou-*lè*-geu) *m* collègue *m;* **~ de classe** *Br* camarade de classe; **~ de turma** camarade de classe
colégio (kou-*lè*-zyou) *m* collège *m;* **~ interno** internat *m*
coleira (kou-*léï*-reu) *f* collier *m*
cólera (*ko*-leu-reu) *f* colère *f*
colete (kou-*lé*-teu) *m* gilet *m;* **~ salva-vidas** gilet de sauvetage
colheita (kou-*lʸéï*-teu) *f* récolte *f*
colher[1] (kou-*lʸér*) *f* cuillère *f;* **~ de chá** cuillère à thé; **~ de sopa** cuillère à soupe
colher[2] (kou-*lʸér*) *v* *cueillir; rentrer
colherada (kou-lʸeu-*ra*-ðeu) *f* cuillerée *f*
colidir (kou-li-*ðir*) *v* entrer en collision
colina (kou-*li*-neu) *f* colline *f*
colisão (kou-li-*zeun*ou) *f* (pl -sões) collision *f*
colmeia (kôl-*méï*-eu) *f* ruche *f*
colocar (kou-lou-*kar*) *v* placer
Colômbia (kou-*lonm*-byeu) *f* Colombie *f*
colombiano (kou-lonm-*byeu*-nou) *adj* colombien; *m* Colombien *m*
colónia (kou-*lo*-nyeu) *f* colonie *f;* **~ de férias** camp de vacances
colorido (kou-lou-*ri*-ðou) *adj* coloré
***colorir** (kou-lou-*rir*) *v* colorier; colorer
coluna (kou-*lou*-neu) *f* colonne *f;* **~ de direcção** colonne de direction
com (kon) *prep* avec
coma (*kô*-meu) *m* coma *m*
comandante (kou-meunn-*deunn*-teu) *m* commandant *m*
comandar (kou-meunn-*dar*) *v* commander
comando (kou-*meunn*-dou) *m* commandement *m*
combate (konm-*ba*-teu) *m* combat *m*
combater (konm-beu-*tér*) *v* se *battre, *combattre
combinação (konm-bi-neu-*seun*ou) *f* (pl -ções) combinaison *f*
combinar (konm-bi-*nar*) *v* combiner
comboio (konm-*boï*-ou) *m* train *m;* **~ correio** omnibus *m;* **~ de mercadorias** train de marchandises; **~ de passageiros** train de voyageurs; **~ directo** train direct; **~ nocturno** train de nuit; **~ rápido** train express; **~ suburbano** train de banlieue
combustível (konm-bouch-*ti*-vèl) *m* (pl -eis) combustible *m*
começar (kou-meu-*sar*) *v* commencer
começo (kou-*meu*-sou) *m* début *m*
comédia (kou-*mè*-ðyeu) *f* comédie *f;* **~ musical** comédie musicale
comediante (kou-meu-*ðyeunn*-teu) *m* comédien *m*
comemoração (kou-meu-mou-reu-*seun*ou) *f* (pl -ções) commémoration *f*
comentar (kou-mẽn-*tar*) *v* commenter

comentário (kou-mẽn-*ta*-ryou) *m* commentaire *m*
comer (kou-*mér*) *v* manger
comercial (kou-meur-*syal*) *adj* (pl -ais) commercial
comerciante (kou-meur-*syeunn*-teu) *m* commerçant *m*, marchand *m*
comércio (kou-*mèr*-syou) *m* commerce *m*; ~ **a retalho** commerce de détail
comestível (kou-meuch-*ti*-vèl) *adj* (pl -eis) comestible
cometer (kou-meu-*tér*) *v* *commettre
comichão (kou-mi-*cheun*[ou]) *f* (pl -hões) démangeaison *f*; ***ter** ~ démanger
cómico (*ko*-mi-kou) *adj* comique; *m* comique *m*
comida (kou-*mi*-ðeu) *f* manger *m*; nourriture *f*; ~ **congelada** aliments surgelés
comigo (kou-*mi*-gou) avec moi
comissão (kou-mi-*seun*[ou]) *f* (pl -sões) commission *f*
comissário (kou-mi-*sar*-you) *m* commissaire *m*; ~ **de bordo** steward *m*
comité (kou-mi-*tè*) *m* comité *m*
como (*kô*-mou) *conj* comme; *adv* comment; ~ **se** comme si
comoção cerebral (kou-mou-*seun*[ou] seu-reu-*bral*) commotion cérébrale
cómoda (*ko*-mou-ðeu) *f* commode *f*
comodidade (kou-mou-ði-*ða*-ðeu) *f* commodité *f*
cómodo (*ko*-mou-ðou) *adj* pratique, commode
comover (kou-mou-*vér*) *v* *émouvoir
compacto (konm-*pak*-tou) *adj* compact
compaixão (konm-paï-*cheun*[ou]) *f* compassion *f*
companheiro (konm-peu-*gnéï*-rou) *m* compagnon *m*
companhia (konm-peu-*gni*-eu) *f* compagnie *f*; ~ **de aviação** ligne aérienne; ~ **de navegação** compagnie de navigation
comparação (konm-peu-reu-*seun*[ou]) *f* (pl -ções) comparaison *f*
comparar (konm-peu-*rar*) *v* comparer
compartimento (konm-peur-ti-*mẽn*-tou) *m* compartiment *m*; ~ **para fumadores** compartiment fumeurs
compatriota (konm-peu-*tryo*-teu) *m* compatriote *m*
compêndio (konm-*pẽn*-dyou) *m* manuel *m*
compensação (konm-pẽ-seu-*seun*[ou]) *f* (pl -ções) dédommagement *m*, compensation *f*
compensar (konm-pẽ-*sar*) *v* compenser; payer
competência (konm-peu-*tẽ*-syeu) *f* compétence *f*
competente (konm-peu-*tẽn*-teu) *adj* compétent
competição (konm-peu-ti-*seun*[ou]) *f* (pl -ções) compétition *f*
***competir** (konm-peu-*tir*) *v* incomber; rivaliser
compilar (konm-pi-*lar*) *v* compiler
completamente (konm-pleu-teu-*mẽn*-teu) *adv* complètement; entièrement, tout à fait
completar (konm-pleu-*tar*) *v* achever
completo (konm-*plè*-tou) *adj* complet, entier
complexo (konm-*plè*-ksou) *adj* complexe; *m* complexe *m*
complicado (konm-pli-*ka*-ðou) *adj* compliqué
***compor** (konm-*pôr*) *v* composer, dresser
comporta (konm-*por*-teu) *f* écluse *f*
comportamento (konm-pour-teu-*mẽn*-tou) *m* comportement *m*
comportar-se (konm-pour-*tar*-seu) *v* se *conduire

composição (konm-pou-zi-*seun^ou*) *f* (pl -ções) composition *f*
compositor (konm-pou-zi-*tôr*) *m* compositeur *m*
compra (*konm*-preu) *f* achat *m*, acquisition *f*; ***fazer compras** *faire des achats
comprador (konm-preu-*ðôr*) *m* acheteur *m*
comprar (konm-*prar*) *v* acheter
compreender (konm-pryẽn-*dér*) *v* *comprendre; *concevoir
compreensão (konm-pryẽ-*seun^ou*) *f* (pl -sões) compréhension *f*
compreensivo (konm-pryẽ-*si*-vou) *adj* compréhensif
comprido (konm-*pri*-ðou) *adj* long
comprimento (konm-pri-*mẽn*-tou) *m* longueur *f*; ~ **de onda** longueur d'onde
comprimido (konm-pri-*mi*-ðou) *m* comprimé *m*; ~ **para dormir** somnifère *m*
comprometer-se (konm-prou-meu-*tér*-seu) *v* se compromettre; s'engager
compromisso (konm-prou-*mi*-sou) *m* compromis *m*; engagement *m*
comum (kou-*moũ*) *adj* commun; ordinaire
comuna (kou-*mou*-neu) *f* commune *f*
comunicação (kou-mou-ni-keu-*seun^ou*) *f* (pl -ções) communication *f*
comunicado (kou-mou-ni-*ka*-ðou) *m* communiqué *m*
comunicar (kou-mou-ni-*kar*) *v* communiquer
comunidade (kou-mou-ni-*ða*-ðeu) *f* communauté *f*
comunismo (kou-mou-*nij*-mou) *m* communisme *m*
comunista (kou-mou-*nich*-teu) *m* communiste *m*
conceber (kon-seu-*ƀér*) *v* *concevoir
conceder (kon-seu-*dér*) *v* accorder, concéder
conceito (kon-*séĩ*-tou) *m* concept *m*
concentração (kon-sẽn-treu-*seun^ou*) *f* (pl -ções) concentration *f*
concentrar (kon-sẽn-*trar*) *v* concentrer
concepção (kon-sèp-*seun^ou*) *f* (pl -ções) conception *f*
concerto (kon-*sér*-tou) *m* concert *m*
concessão (kon-seu-*seun^ou*) *f* (pl -sões) concession *f*
concha (*kon*-cheu) *f* coquillage *m*, coquille *f*
conciso (kon-*si*-zou) *adj* concis
conclusão (kon-klou-*zeun^ou*) *f* (pl -sões) conclusion *f*
concordar (kon-kour-*dar*) *v* *être d'accord; concorder
concorrência (kon-kou-*rrẽ*-syeu) *f* concurrence *f*, compétition *f*
concorrente (kon-kou-*rrẽn*-teu) *m* concurrent *m*
concreto (kon-*krè*-tou) *adj* concret; *mBr* béton *m*
concurso (kon-*kour*-sou) *m* concours *m*; jeu concours
condado (konn-*da*-ðou) *m* comté *m*
conde (*konn*-deu) *m* comte *m*
condenação (konn-deu-neu-*seun^ou*) *f* (pl -ções) condamnation *f*
condenado (konn-deu-*na*-ðou) *m* condamné *m*
condenar (konn-deu-*nar*) *v* condamner
condessa (konn-*dé*-seu) *f* comtesse *f*
condição (konn-di-*seun^ou*) *f* (pl -ções) condition *f*; **à** ~ à l'essai
condicional (konn-di-syou-*nal*) *adj* (pl -ais) conditionnel
condimentado (konn-di-mẽn-*ta*-ðou) *adj* épicé
***condizer** (konn-di-*zér*) *v* *convenir; ~ **com** s'accorder avec
***condoer-se de** (konn-*d^ouér*-seu)

s'apitoyer sur
conduta (konn-*dou*-ta) *f* conduite *f*
condutor (konn-dou-*tôr*) *m* conducteur *m*
***conduzir** (konn-dou-*zir*) *v* *conduire
confederação (kon-feu-ðeu-reu-*seun*ou) *f* (pl -ções) confédération *f*
confeitaria (kon-féï-teu-*ri*-eu) *f* confiserie *f*
confeiteiro (kon-féï-*téï*-rou) *m* confiseur *m*
conferência (kon-feu-*rẽ*-syeu) *f* conférence *f*; ~ **de imprensa** conférence de presse
***conferir** (kon-feu-*rir*) *v* contrôler; conférer
confessar-se (kon-feu-*sar*-seu) *v* se confesser
confiança (kon-*fyeun*-seu) *f* confiance *f*; **de** ~ digne de confiance; **indigno de** ~ douteux; sujet à caution
confiante (kon-*fyeunn*-teu) *adj* confiant
confiar (kon-*fyar*) *v* confier; *remettre; ~ **em** *faire confiance
confidencial (kon-fi-ðẽ-*syeul*) *adj* (pl -ais) confidentiel
confirmação (kon-fir-meu-*seun*ou) *f* (pl -ções) confirmation *f*
confirmar (kon-fir-*mar*) *v* confirmer
confiscar (kon-fich-*kar*) *v* confisquer
confissão (kon-fi-*seun*ou) *f* (pl -sões) confession *f*
conflito (kon-*fli*-tou) *m* conflit *m*
conforme (kon-*for*-meu) *adv* selon; conformément à; *adj* conforme
confortar (kon-four-*tar*) *v* consoler, réconforter
confortável (kon-four-*ta*-vèl) *adj* (pl -eis) confortable
conforto (kon-*fôr*-tou) *m* confort *m*
confundir (kon-foũn-*dir*) *v* confondre
confusão (kon-fou-*zeun*ou) *f* (pl -sões) confusion *f*
confuso (kon-*fou*-zou) *adj* confus
congelador (kon-jeu-leu-*ðôr*) *m* congélateur *m*
congelar (kon-jeu-*lar*) *v* geler, congeler
congratular (kon-ghreu-tou-*lar*) *v* congratuler, féliciter
congregação (kon-ghreu-geu-*seun*ou) *f* (pl -ções) congrégation *f*
congresso (kon-*ghrè*-sou) *m* congrès *m*
conhaque (ko-*gna*-keu) *m* cognac *m*
conhecedor (kou-gneu-seu-*ðôr*) *m* connaisseur *m*
conhecer (kou-gneu-*sér*) *v* *connaître
conhecido (kou-gneu-*si*-ðou) *adj* connu; *m* connaissance *f*
conhecimento (kou-gneu-si-*mẽn*-tou) *m* connaissance *f*
conjectura (kon-jè-*tou*-ra) *f* conjecture *f*
conjuntamente (kon-joũn-teu-*mẽn*-teu) *adv* conjointement
conjunto (kon-*joun*-tou) *adj* conjoint; *m* ensemble *m*
conjura (kon-*jou*-reu) *f* conjuration *f*
connosco (kon-*nôch*-kou) avec nous
conquista (kon-*kich*-teu) *f* conquête *f*
conquistador (kon-kich-teu-*ðôr*) *m* conquérant *m*
conquistar (kon-kich-*tar*) *v* *conquérir
consciência (konch-*syẽ*-syeu) *f* conscience *f*
consciente (konch-*syẽn*-teu) *adj* conscient
***conseguir** (kon-seu-*gir*) *v* *obtenir; réussir à, arriver à
conselheiro (kon-seu-*lyéï*-rou) *m* conseiller *m*
conselho (kon-*sé*-lyou) *m* conseil *m*, avis *m*
consentimento (kon-sẽn-ti-*mẽn*-tou) *m* assentiment *m*, consentement *m*
***consentir** (kon-sẽn-*tir*) *v* *consentir;

autoriser

consequência (kon-seu-*k^{ou}ẽ*-syeu) *f* conséquence *f*, effet *m;* **em ~ de** en raison de

consequentemente (kon-seu-k^{ou}ẽn-teu-*mẽn*-teu) *adv* par conséquent

consertar (kon-seur-*tar*) *v* réparer

conserto (kon-*sér*-tou) *m* réparation *f*

conservação (kon-seur-veu-*seun^{ou}*) *f* (pl -ções) conservation *f*

conservador (kon-seur-veu-*ðôr*) *adj* conservateur

conservar (kon-seur-*var*) *v* conserver; *maintenir

conservas (kon-*sèr*-veuch) *fpl* conserves *fpl;* **~ em vinagre** conserves au vinaigre; ***pôr em conserva** *mettre en conserve

conservatório (kon-seur-veu-*to*-ryou) *m* conservatoire *m*

consideração (kon-si-ðeu-reu-*seun^{ou}*) *f* (pl -ções) égard *m;* considération *f*

considerar (kon-si-ðeu-*rar*) *v* considérer; estimer

considerável (kon-si-ðeu-*ra*-vèl) *adj* (pl -eis) considérable

consigo (kon-*si*-gou) avec vous

consistir em (kon-sich-*tir*) consister en

consolação (kon-sou-leu-*seun^{ou}*) *f* consolation *f*, réconfort *m*

consolar (kon-sou-*lar*) *v* consoler

conspiração (konch-pi-reu-*seun^{ou}*) *f* (pl -ções) conspiration *f;* complot *m*

conspirar (konch-pi-*rar*) *v* conspirer

constante (konch-*teunn*-teu) *adj* constant, ferme

constatar (konch-teu-*tar*) *v* constater

constipação (konch-ti-peu-*seun^{ou}*) *f* (pl -ções) rhume *m*

constipar-se (konch-ti-*par*-seu) *v* s'enrhumer

constituição (konch-ti-t^{ou}i-*seun^{ou}*) *f* (pl -ções) constitution *f*

construção (konch-trou-*seun^{ou}*) *f* (pl -ções) construction *f*

***construir** (konch-*tr^{ou}ir*) *v* bâtir, *construire

cônsul (*kon*-soul) *m* (pl ~es) consul *m*

consulado (kon-sou-*la*-ðou) *m* consulat *m*

consulta (kon-*soul*-teu) *f* consultation *f;* rendez-vous *m*

consultar (kon-soul-*tar*) *v* consulter

consultório (kon-soul-*to*-ryou) *m* cabinet de consultation

consumidor (kon-sou-mi-*ðôr*) *m* consommateur *m*

***consumir** (kon-sou-*mir*) *v* consumer; affliger

conta (*konn*-teu) *f* compte *m;* note *f*, facture *f*, addition *f;* perle *f;* **~ bancária** compte en banque

contactar com (konn-teu-*tar*) contacter

contacto (konn-*ta*-tou) *m* contact *m*

contador (konn-teu-*ðôr*) *m* compteur *m*

contagioso (konn-teu-*jyô*-zou) *adj* contagieux

contanto que (konn-*teunn*-tou keu) pourvu que

contar (konn-*tar*) *v* compter, additionner; relater, raconter; **~ com** compter sur

contemporâneo (konn-tẽm-pou-*reu*-nyou) *adj* contemporain; *m* contemporain *m*

contente (konn-*tẽn*-teu) *adj* content, joyeux

***conter** (konn-*tér*) *v* *contenir

contestar (konn-tich-*tar*) *v* contester

conteúdo (konn-*tyou*-ðou) *m* contenu *m*

contextura (konn-*tich-tou*-reu) *f* contexture *f*, texture *f*

contigo (konn-*ti*-gou) avec toi
contíguo (konn-*ti*-g^{ou}ou) *adj* contigu
continental (konn-ti-nẽn-*tal*) *adj* (pl -ais) continental
continente (konn-ti-*nẽn*-teu) *m* continent *m*
continuação (konn-ti-n^{ou}eu-*seun^{ou}*) *f* (pl -ções) continuation *f*, suite *f*
continuamente (konn-ti-n^{ou}eu-*mẽn*-teu) *adv* continuellement
continuar (konn-ti-*n^{ou}ar*) *v* continuer
contínuo (konn-*ti*-n^{ou}ou) *adj* continu, continuel
conto (*konn*-tou) *m* conte *m;* mille escudos
contornar (konn-tour-*nar*) *v* contourner
contorno (konn-*tôr*-nou) *m* contour *m*
contra (*konn*-treu) *prep* contre
***contrabandear** (konn-treu-ƀeunn-*dyar*) *v* passer en contrebande
contraceptivo (konn-treu-sè-*ti*-vou) *m* contraceptif *m*
contraditório (konn-treu-ði-*to*-ryou) *adj* contradictoire
***contradizer** (konn-treu-ði-*zér*) *v* *contredire
***contrair** (konn-treu-*ir*) *v* contracter
contralto (konn-*tral*-tou) *m* contralto *m*
contrário (konn-*tra*-ryou) *adj* opposé; *m* contraire *m;* **ao** ~ en sens inverse; **pelo** ~ au contraire
contraste (konn-*trach*-teu) *m* contraste *m*
contratar (konn-treu-*tar*) *v* engager
contrato (konn-*tra*-tou) *m* contrat *m;* ~ **de arrendamento** bail à loyer
contribuição (konn-tri-ƀ^{ou}i-*seun^{ou}*) *f* (pl -ções) contribution *f*
controlar (konn-trou-*lar*) *v* contrôler
controle (konn-*trô*-leu) *m* contrôle *m*
controverso (konn-trou-*vèr*-sou) *adj* controversé, discuté
contudo (konn-*tou*-ðou) *conj* cependant, pourtant
contusão (konn-tou-*zeun^{ou}*) *f* (pl -sões) contusion *f*
convencer (kon-vẽ-*sér*) *v* *convaincre
conveniente (kon-veu-*nyẽn*-teu) *adj* convenable
convento (kon-*vẽn*-tou) *m* couvent *m*
conversa (kon-*vèr*-seu) *f* conversation *f*
conversação (kon-veur-seu-*seun^{ou}*) *f* (pl -ções) entretien *m*
conversar (kon-veur-*sar*) *v* causer, *s'entretenir
converter (kon-veur-*tér*) *v* convertir
convés (kon-*vèch*) *m* pont *m;* **camarote de** ~ cabine de pont; ~ **principal** pont principal
convicção (kon-vik-*seun^{ou}*) *f* (pl -ções) conviction *f*
convidado (kon-vi-*ða*-ðou) *m* invité *m*
convidar (kon-vi-*ðar*) *v* inviter
***convir** (kon-*vir*) *v* *convenir
convite (kon-*vi*-teu) *m* invitation *f*
convocação (kon-vou-keu-*seun^{ou}*) *f* (pl -ções) convocation *f*
convulsão (kon-voul-*seun^{ou}*) *f* (pl -sões) convulsion *f*
cooperação (k^{ou}ô-peu-reu-*seun^{ou}*) *f* (pl -ções) coopération *f*
cooperador (k^{ou}ô-peureu-*ðôr*) *adj* coopératif
cooperativa (k^{ou}ô-peu-reu-*ti*-veu) *f* coopérative *f*
cooperativo (k^{ou}ô-peu-reu-*ti*-vou) *adj* coopératif
coordenação (k^{ou}ôr-deu-neu-*seun^{ou}*) *f* (pl -ções) coordination *f*
coordenar (k^{ou}ôr-deu-*nar*) *v* coordonner
cópia (*ko*-pyeu) *f* copie *f*
copiar (kou-*pyar*) *v* copier
copo (*ko*-pou) *m* verre *m;* gobelet *m;* **copinho para os ovos** coquetier *m*

coquetel (ko-keu-*tèl*) *m Br* cocktail *m*
cor (kôr) *f* couleur *f;* **de ~** de couleur; par cœur; **de ~ fixa** grand teint
coração (kou-reu-*seun*ᵒᵘ) *m* (pl -ções) cœur *m;* trognon *m;* **ataque de ~** crise cardiaque
coragem (kou-*ra*-jeunʸ) *f* courage *m;* cran *m*
corajoso (kou-reu-*jô*-zou) *adj* courageux, brave
coral (kou-*ral*) *m* (pl -ais) corail *m*
corante (ko-*reunn*-teu) *m* colorant *m*
corar (ko-*rar*) *v* rougir; blanchir
corda (*kor*-deu) *f* corde *f;* ***dar ~** remonter
cordão (kour-*deun*ᵒᵘ) *m* (pl -dões) cordon *m;* collier *m*
cordeiro (kour-*ðéï*-rou) *m* agneau *m*
cordel (kour-*dèl*) *m* (pl -déis) ficelle *f*
cor-de-laranja (kôr-deu-leu-*reun*-jeu) *adj* orange
cor-de-rosa (kôr-deu-*rro*-zeu) *adj* rose
cordial (kour-*dyal*) *adj* (pl -ais) cordial
cordilheira (kour-di-*lʸéï*-reu) *f* chaîne de montagnes, cordillère *f*
coro (*kô*-rou) *m* chœur *m*
coroa (kou-*rô*-eu) *f* couronne *f*
coroar (kou-*r*ᵒᵘ*ar*) *v* couronner
coronel (kou-rou-*nèl*) *m* (pl-néis) colonel *m*
corpete (kour-*pé*-teu) *m* corset *m*
corpo (*kôr*-pou) *m* corps *m*
corpulento (kour-pou-*lẽn*-tou) *adj* corpulent
correcção (kou-rrè-*seun*ᵒᵘ) *f* (pl -ções) correction *f*
correcto (kou-*rè*-tou) *adj* correct; juste
corredor (kou-rreu-*ðôr*) *m* couloir *m*, corridor *m*
correia (kou-*rréï*-eu) *f* courroie *f;* **~ de relógio** bracelet pour montre; **~ de ventoinha** courroie de ventilateur
correio (kou-*rréï*-ou) *m* poste *f*, courrier *m;* **caixa do ~** boîte aux lettres; **~ aéreo** poste aérienne; **correios** services postaux; bureau de poste; **deitar no ~** poster; ***pôr no ~** *mettre à la poste
corrente (kou-*rrẽn*-teu) *adj* courant; ordinaire; *f* courant *m;* **~ alterna** courant alternatif; **~ contínua** courant continu; ***pôr ao ~** *mettre au courant
correr (kou-*rrér*) *v* *courir; s'écouler; couler
correspondência (kou-rrich-ponn-*dẽ*-syeu) *f* correspondance *f*
correspondente (kou-rrich-ponn-*dẽn*-teu) *m* correspondant *m*
corresponder (kou-rrich-ponn-*dér*) *v* correspondre; *être conforme
corretor (kou-rreu-*tôr*) *m* courtier *m*
corrida (kou-*rri*-ðeu) *f* course *f;* **~ de cavalos** course de chevaux; **pista de corridas** champ de courses, piste de courses
corrigir (kou-rri-*jir*) *v* corriger
corrimão (kou-rri-*meun*ᵒᵘ) *m* (pl ~s) main courante
corromper (kou-rronm-*pér*) *v* corrompre
corrupção (kou-rrou-*seun*ᵒᵘ) *f* (pl -ções) corruption *f*
corrupto (kou-*rroup*-tou) *adj* corrompu
corta-papel (kor-teu-peu-*pèl*) *m* coupe-papier *m*
cortar (kour-*tar*) *v* couper
corte¹ (*kor*-teu) *m* coupe *f;* coupure *f;* **~ de cabelo** coupe de cheveux
corte² (*kôr*-teu) *f* cour *f*
cortejo (kour-*té*-jou) *m* cortège *m*
cortês (kour-*téch*) *adj* courtois
cortina (kour-*ti*-neu) *f* rideau *m*

corvo (*kôr*-vou) *m* corbeau *m*
coser (kou-*zér*) *v* *coudre
cosméticos (kouj-*mè*-ti-kouch) *mpl* cosmétiques *mpl*, produits de beauté
costa (*koch*-teu) *f* côte *f*; **costas** dos *m*
costela (kouch-*tè*-leu) *f* côte *f*
costeleta (kouch-teu-*lé*-teu) *f* côtelette *f*, côte *f*
costumado (eu-kouch-tou-*ma*-ðou) *adj* accoutumé, coutumier
costume (kouch-*tou*-meu) *m* coutume *f*; **costumes** mœurs *fpl*; ***ter por ~** *avoir l'habitude de
costura (kouch-*tou*-reu) *f* ouvrage à l'aiguille; couture *f*
cotovelo (kou-tou-*vé*-lou) *m* coude *m*
cotovia (kou-tou-*vi*-a) *f* alouette *f*
couro (*kô*-rou) *m* cuir *m*
couve (*kô*-veu) *f* chou *m*; **couve-de-bruxelas** choux de Bruxelles; **couve-flor** chou-fleur
cova (*ko*-veu) *f* fosse *f*
coxa (*kô*-cheu) *f* cuisse *f*
***coxear** (kou-*chyar*) *v* boiter
coxo (*kô*-chou) *adj* boiteux
cozer (kou-*zér*) *v* cuire
cozinha (kou-*zi*-gneu) *f* cuisine *f*; **livro de ~** livre de cuisine
cozinhar (kou-zi-*gnar*) *v* cuisiner; *cuire; **~ no forno** *cuire au four
cozinheiro (kou-zi-*gnéï*-rou) *m* cuisinier *m*
cozinheiro-chefe (kou-zi-gnéï-rou-*chè*-feu) *m* chef cuisinier
crânio (*kreu*-nyou) *m* crâne *m*
cratera (kreu-*tè*-reu) *f* cratère *m*
cravo (*kreu*-vou) *m* clavecin *m*; œillet *m*; furoncle *m*, clou *m*
creche (*krè*-cheu) *f* crèche *f*
creditar (kreu-ði-*tar*) *v* créditer
crédito (*krè*-ði-tou) *m* crédit *m*
credor (krè-*ðôr*) *m* créditeur *m*
crédulo (*krè*-ðou-lou) *adj* crédule
creme (*krè*-meu) *m* crème *f*; *adj* crème; **~ de base** fond de teint; **~ de beleza** crème de beauté; **~ de noite** crème de nuit; **~ hidratante** crème hydratante; **~ para a barba** crème à raser; **~ para a pele** crème de beauté; **~ para o cabelo** crème capillaire
cremoso (kreu-*mô*-zou) *adj* crémeux
crença (*krẽ*-seu) *f* croyance *f*
crepúsculo (kreu-*pouch*-kou-lou) *m* crépuscule *m*
***crer** (krér) *v* *croire
crescer (krich-*sér*) *v* grandir; *croître, augmenter
crescimento (krich-si-*mẽn*-tou) *m* croissance *f*
criada (*krya*-ðeu) *f* bonne *f*; **~ de quarto** femme de chambre
criado (*krya*-ðou) *m* domestique *m*; valet *m*, serviteur *m*, garçon *m*; **~ de café** garçon *m*; **~ de quarto** valet *m*
criança (*kryeun*-seu) *f* enfant *m*; **~ de peito** nourrisson *m*; **~ pequena** bambin *m*; **~ pequenina** bambin *m*
criar (kryar) *v* créer; élever
criatura (kryeu-*tou*-reu) *f* créature *f*
crime (*kri*-meu) *m* crime *m*
criminal (kri-mi-*nal*) *adj* (pl -ais) criminel
criminalidade (kri-mi-neu-li-*ða*-ðeu) *f* criminalité *f*
criminoso (kri-mi-*nô*-zou) *adj* criminel; *m* criminel *m*
crise (*kri*-zeu) *f* crise *f*
cristal (krich-*tal*) *m* (pl -ais) cristal *m*; **de ~** en cristal
cristão (krich-*teun*ᵒᵘ) *adj* (pl ~s) chrétien; *m* chrétien *m*
Cristo (*krich*-tou) Christ *m*
crítica (*kri*-ti-keu) *f* critique *f*

criticar (kri-ti-*kar*) *v* critiquer
crítico (*kri*-ti-kou) *adj* critique; délicat; *m* critique *m*
crocodilo (krou-kou-*ði*-lou) *m* crocodile *m*
crómio (*kro*-myou) *m* chrome *m*
crónico (*kro*-ni-kou) *adj* chronique
cronológico (krou-nou-*lo*-ji-kou) *adj* chronologique
cru (krou) *adj* cru
crucificação (krou-seu-fi-keu-*seun*ou) *f* (pl -ções) crucifixion *f*
crucificar (krou-seu-fi-*kar*) *v* crucifier
crucifixo (krou-seu-*fik*-sou) *m* crucifix *m*
cruel (krouèl) *adj* (pl cruéis) cruel
cruz (krouch) *f* croix *f*
cruzada (krou-*za*-ðeu) *f* croisade *f*
cruzamento (krou-zeu-*mẽn*-tou) *m* carrefour *m;* croisement *m*
cruzar (krou-*zar*) *v* croiser
cruzeiro (krou-*zéï*-rou) *m* croisière *f; mBr* unité monétaire brésilienne
Cuba (*kou*-ƀeu) *f* Cuba *m*
cubano (kou-*ƀa*-nou) *adj* cubain; *m* Cubain *m*
cubo (*kou*-ƀou) *m* cube *m*
cuco (*kou*-kou) *m* coucou *m*
cuecas (kouè-keuch) *fpl* caleçon *m*
cuidado (koui-*ða*-ðou) *m* soin *m;* ***ter** ~ *faire attention; **tomar** ~ *prendre garde
cuidadoso (koui-ðeu-*ðô*-zou) *adj* soigneux; attentif; prudent
cuidar (koui-*dar*) *v* soigner; ~ **de** s'occuper de; *prendre soin de, veiller sur
culpa (*koul*-peu) *f* faute *f*
culpado (koul-*pa*-ðou) *adj* coupable
culpar (koul-*par*) *v* imputer la faute à
cultivar (koul-ti-*var*) *v* cultiver
culto (*koul*-tou) *adj* cultivé; *m* culte *m*
cultura (koul-*tou*-reu) *f* culture *f*
cume (*kou*-meu) *m* sommet *m*
cumeada (kou-*mya*-ðeu) *f* arête *f*
cúmplice (*koũm*-pli-seu) *m* complice *m*
cumprimentar (koũm-pri-mẽn-*tar*) *v* saluer; complimenter
cumprimento (koũm-pri-*mẽn*-tou) *m* salutation *f,* salut *m;* compliment *m*
cumprir (koũm-*prir*) *v* accomplir
cunha (*kou*-gneu) *f* cale *f;* piston *m,* recommandation *f*
cunhada (kou-*gna*-ðeu) *f* belle-sœur *f*
cunhado (kou-*gna*-ðou) *m* beau-frère *m*
cupão (kou-*peun*ou) *m* (pl cupões) coupon *m*
cupidez (kou-pi-*ðéch*) *f* cupidité *f*
cúpula (*kou*-pou-leu) *f* dôme *m*
cura (*kou*-reu) *f* cure *f;* guérison *f*
curandeiro (*kou-reunn-déï*-rou) *m* guérisseur *m*
curar (kou-*rar*) *v* guérir; **curar-se** guérir
curiosidade (kou-ryou-zi-*ða*-ðeu) *f* curiosité *f*
curioso (kou-*ryô*-zou) *adj* curieux; étrange
curso (*kour*-sou) *m* cours *m;* ~ **intensivo** cours accéléré
curto (*kour*-tou) *adj* court
curto-circuito (kour-tou-sir-*koui*-tou) *m* court-circuit *m*
curva (*kour*-veu) *f* tournant *m,* courbe *f;* virage *m*
curvado (kour-*va*-ðou) *adj* courbe
curvar (kour-*var*) *v* courber; **curvar-se** se courber
curvatura (kour-veu-*tou*-reu) *f* courbure *f*
curvo (*kour*-vou) *adj* courbé; courbe
***cuspir** (kouch-*pir*) *v* cracher
cuspo (*kouch*-pou) *m* crachat *m*
custar (kouch-*tar*) *v* coûter
custo (*kouch*-tou) *m* coût *m*

ustódia (kouch-*to*-ðyeu) *f* garde *f*

D

dactilógrafa (dak-ti-*lo*-greu-feu) *f* dactylo *f*
dactilografado (dak-ti-lou-greu-*fa*-ðou) *adj* dactylographié
dactilografar (dak-ti-lou-greu-*far*) *v* dactylographier
dado (*da*-ðou) *m* donnée *f*
daltónico (dal-*to*-ni-kou) *adj* daltonien
dança (*deun*-seu) *f* danse *f;* ~ **folclórica** danse folklorique
dançar (deun-*sar*) *v* danser
danificar (deu-neu-fi-*kar*) *v* endommager
dano (*deu*-nou) *m* dommage *m;* tort *m*
***dar** (dar) *v* donner
data (*da*-teu) *f* date *f*
de (deu) *prep* de
debaixo (deu-*ƀaï*-chou) *adv* en dessous, dessous, au-dessous; ~ **de** en bas de, au-dessous de, sous; en dessous de
debate (deu-*ƀa*-teu) *m* débat *m*
debater (deu-ƀeu-*tér*) *v* *débattre
débito (*dè*-ƀi-tou) *m* débit *m*
debruçar-se (deu-ƀrou-*sar*-seu) *v* se pencher
decência (deu-*sẽ*-syeu) *f* décence *f*
decente (deu-*sẽn*-teu) *adj* décent
decepcionar (deu-sè-syou-*nar*) *v* *décevoir
decerto (deu-*sèr*-tou) *adv* certainement
decidido (deu-si-*ði*-ðou) *adj* déterminé
decidir (deu-si-*ðir*) *v* décider
décimo (*dè*-si-mou) *num* dixième; ~ **nono** dix-neuvième; ~ **oitavo** dix-huitième; ~ **primeiro** onzième; ~ **quarto** quatorzième; ~ **quinto** quinzième; ~ **segundo** douzième; ~ **sétimo** dix-septième; ~ **sexto** seizième; ~ **terceiro** treizième
decisão (deu-si-*zeun*ᵒᵘ) *f* (pl -sões) décision *f*
declaração (deu-kleu-reu-*seun*ᵒᵘ) *f* (pl -ções) déclaration *f*
declarar (deu-kleu-*rar*) *v* déclarer
declive (deu-*kli*-veu) *m* pente *f*
decoração (deu-kou-reu-*seun*ᵒᵘ) *f* (pl -ções) décoration *f*
decorar (deu-kou-*rar*) *v* décorer; *apprendre par cœur
decorativo (deu-kou-reu-*ti*-vou) *adj* décoratif
dedal (deu-*ðal*) *m* (pl -ais) dé *m*
dedicado a (deu-ði-*ka*-ðou eu) attaché à
dedicar (deu-ði-*kar*) *v* consacrer, dédier
dedo (*dé*-ðou) *m* doigt *m;* ~ **do pé** orteil *m;* ~ **mínimo** auriculaire *m*
***deduzir** (deu-ðou-*zir*) *v* *déduire
defeito (deu-*féï*-tou) *m* défaut *m*
defeituoso (deu-féï-*t*ᵒᵘ*ô*-zou) *adj* défectueux
defender (deu-fẽn-*dér*) *v* défendre
defensor (deu-fẽ-*sôr*) *m* défenseur *m*
defesa (deu-*fé*-zeu) *f* défense *f;* plaidoyer *m*
défice (*dè*-fi-seu) *m* déficit *m*
deficiência (deu-fi-*syẽ*-syeu) *f* déficience *f*
definição (deu-feu-ni-*seun*ᵒᵘ) *f* (pl -ções) définition *f*
definido (deu-feu-*ni*-ðou) *adj* défini, explicite
definir (deu-feu-*nir*) *v* définir
deformado (deu-four-*ma*-ðou) *adj* déforme
defraudar (deu-fraou-*ðar*) *v* spolier par fraude; éluder
defronte de (deu-*fronn*-teu deu) en fa-

ce de
degelar (deu-jeu-*lar*) *v* dégeler
degelo (deu-*jé*-lou) *m* dégel *m*
degrau (deu-*graou*) *m* marche *f*
deitar (déï-*tar*) *v* lancer; verser; coucher; **deitar-se** se coucher; ***estar deitado** *être couché
deixar (déï-*char*) *v* laisser; quitter
delapidado (deu-leu-pi-*ðeu*-ðou) *adj* dilapidé
delegação (deu-leu-geu-*seun*ou) *f* (pl -ções) délégation *f*
delegado (deu-leu-*ga*-ðou) *m* délégué *m*
deleite (deu-*léï*-teu) *m* déléctation *f*
deles (dè-*lich*) leur
delgado (dèl-*ga*-ðou) *adj* mince
deliberação (deu-li-beu-reu-*seun*ou) *f* (pl -ções) délibération *f*
deliberado (deu-li-beu-*ra*-ðou) *adj* délibéré
deliberar (deu-li-beu-*rar*) *v* délibérer
delicado (deu-li-*ka*-ðou) *adj* délicat, tendre; fin
delícia (deu-*li*-syeu) *f* délice *m*
deliciar (deu-li-*syar*) *v* enchanter
delicioso (deu-li-*syô*-zou) *adj* délicieux
delinquente (deu-lĩ-*k*ou*ẽn*-teu) *m* délinquant *m*
demais (deu-*maïch*) *adv* en outre; ~ **a mais** d'ailleurs; **os** ~ les autres
demasiado (deu-meu-*zya*-ðou) *adv* trop
demência (deu-*mẽ*-syeu) *f* démence *f*
demente (deu-*mẽn*-teu) *adj* dément
demissão (deu-mi-*seun*ou) *f* (pl -sões) démission *f*
demitir-se (deu-mi-*tir*-seu) *v* démissionner
democracia (deu-mou-kreu-*si*-eu) *f* démocratie *f*
democrático (deu-mou-*kra*-ti-kou) *adj* démocratique
demolição (deu-mou-li-*seun*ou) *f* (pl -ções) démolition *f*
***demolir** (deu-mou-*lir*) *v* démolir
demonstração (deu-monch-treu-*seun*ou) *f* (pl -ções) démonstration *f*
demonstrar (deu-monch-*trar*) *v* démontrer
demora (deu-*mo*-reu) *f* délai *m*, retard *m*
demorar-se (deu-mou-*rar*-seu) *v* tarder; s'attarder
denegar (deu-neu-*gar*) *v* dénier
denso (*dẽ*-sou) *adj* dense
dentadura (dẽn-teu-*ðou*-reu) *f* dentier *m*
dente (*dẽn*-teu) *m* dent *f*
dente-de-leão (*dẽn*-teu-deu-lyeun ou) *m* pissenlit *m*
dentista (dẽn-*tich*-teu) *m* dentiste *m*
dentro (*dẽn*-trou) *adv* à l'intérieur; dedans; ~ **de** à l'intérieur de; dans; **para** ~ vers l'intérieur; **por** ~ en dedans, à l'intérieur
deparar com (deu-peu-*rar*) rencontrer
departamento (deu-peur-teu-*mẽn*-tou) *m* département *m*
depenar (deu-peu-*nar*) *v* plumer
dependente (deu-pẽn-*dẽn*-teu) *adj* dépendant
depender de (deu-pẽn-*dér*) dépendre de
depois (deu-*poïch*) *adv* après; puis; ~ **de** après; ~ **que** après que
depositar (deu-pou-zi-*tar*) *v* déposer
depósito (deu-*po*-zi-tou) *m* dépôt *m*; versement *m*; consigne *f*; ~ **da gasolina** réservoir d'essence; ~ **de bagagens** consigne *f*; ~ **de gás** usine à gaz; ~ **de objectos perdidos** bureau des objets trouvés
depressa (deu-*prè*-seu) *adv* vite
depressão (deu-preu-*seun*ou) *f* (pl -sões) dépression *f*
deprimente (deu-pri-*mẽn*-teu) *adj* déprimant

deprimido (deu-pri-*mi*-ðou) *adj* déprimé
deprimir (deu-pri-*mir*) *v* déprimer
deputado (deu-pou-*ta*-ðou) *m* député *m*
derramar (deu-rreu-*mar*) *v* répandre, renverser
derrapar (deu-rreu-*par*) *v* déraper
derreter (deu-rreu-*tér*) *v* fondre
derrota (deu-*rro*-teu) *f* défaite *f*
derrotar (deu-rrou-*tar*) *v* *vaincre
derrubar (deu-rrou-*ƀar*) *v* renverser, abattre
desabitado (deu-zeu-ƀi-*ta*-ðou) *adj* inhabité
desabotoar (deu-zeu-ƀou-*t^{ou}ar*) *v* déboutonner
desacostumado (deu-zeu-kouch-tou-*ma*-ðou) *adj* déshabitué
desafiar (deu-zeu-*fyar*) *v* défier
desafio (deu-zeu-*fi^{ou}*) *m* défi *m;* match *m*
desagradar (deu-zeu-greu-*ðar*) *v* *déplaire
desagradável (deu-zeu-greu-*ða*-vèl) *adj* (pl -eis) désagréable; déplaisant
desajeitado (deu-zeu-jéï-*ta*-ðou) *adj* maladroit
desalinhado (deu-zeu-li-*gna*-ðou) *adj* désordonné
desaparafusar (deu-zeu-peu-reu-fou-*zar*) *v* dévisser
desaparecer (deu-zeu-peu-reu-*sér*) *v* *disparaître
desaparecido (deu-zeu-peu-reu-*si*-ðou) *adj* disparu; *m* disparu *m*
desapertar (deu-zeu-peur-*tar*) *v* desserrer
desapontar (deu-zeu-ponn-*tar*) *v* *décevoir, désappointer
desaprender (deu-zeu-prẽn-*dér*) *v* *désapprendre
desaprovar (deu-zeu-prou-*var*) *v* désapprouver
desarrazoado (deu-zeu-rreu-*z^{ou}a*-ðou) *adj* déraisonnable
desarrolhar (deu-zeu-rrou-*l^{y}ar*) *v* déboucher
desassossego (deu-zeu-sou-*sé*-gou) *m* inquiétude *f*
desastrado (deu-zeuch-*tra*-ðou) *adj* maladroit, brusque
desastre (deu-*zach*-treu) *m* désastre *m;* accident *m;* ~ **de aviação** accident d'avion
desastroso (deu-zach-*trô*-zou) *adj* désastreux
desatar (deu-zeu-*tar*) *v* dénouer
desavergonhado (deu-zeu-veur-gou-*gna*-ðou) *adj* effronté; dévergondé
desbotar (dij-ƀou-*tar*) *v* déteindre
descafeinado (dich-keu-féï-*na*-ðou) *adj* décaféiné
descansar (dich-keun-*sar*) *v* se reposer
descanso (dich-*keun*-sou) *m* repos *m*
descarado (dich-keu-*ra*-ðou) *adj* effronté
descarregar (dich-keu-rreu-*gar*) *v* décharger
descascar (dich-keuch-*kar*) *v* peler, éplucher; écorcer; écosser
descendente (dich-sẽn-*dẽn*-teu) *m* descendant *m*
descer (dich-*sér*) *v* descendre
descida (dich-*si*-ðeu) *f* descente *f*
descoberta (dich-kou-*ƀèr*-teu) *f* découverte *f*
descoberto (dich-kou-*ƀér*-tou) *adj* découvert; nu
***descobrir** (dich-kou-*ƀrir*) *v* *découvrir
descolagem (dich-kou-*la*-jeun^{y}) *f* décollage *m*
descolar (dich-kou-*lar*) *v* décoller
descolorir (dich-kou-lou-*rir*) *v* décolorer
desconcertar (dich-kon-seur-*tar*) *v* dé-

concerter
desconfiado (dıch-kon-*fya*-ðou) *adj* méfiant, soupçonneux
desconfiança (dıch-kon-*fyeun*-seu) *f* défiance *f*, méfiance *f*
desconfiar (dıch-kon-*fyar*) *v* se méfier de
desconfortável (dıch-kon-four-*ta*-vèl) *adj* (pl -eis) inconfortable
descongelar (dıch-kon-jeu-*lar*) *v* dégeler
desconhecido (dıch-kou-gneu-*si*-ðou) *adj* inconnu
descontar (dıch-konn-*tar*) *v* décompter, *déduire
descontente (dıch-konn-*tẽn*-teu) *adj* mécontent
desconto (dıch-*konn*-tou) *m* rabais *m*
descontracção (dıch-konn-tra-*seun*^ou) *f* (pl -ções) décontraction *f*
descontraído (dıch-konn-*treu*-i-ðou) *adj* décontracté
***descontrair-se** (dıch-konn-treu-*ir*-sé) *v* se détendre
descrever (dıch-kreu-*vér*) *v* *décrire
descrição (dıch-kri-*seun*^ou) *f* (pl -ções) description *f*
descuidado (dıch-k^ou i-*ða*-ðou) *adj* négligé; négligent
descuidar (dıch-k^ou i-*ðar*) *v* négliger
desculpa (dıch-*koul*-peu) *f* excuse *f*; **pedir** ~ s'excuser
desculpar (dıch-koul-*par*) *v* excuser; **desculpar-se** s'excuser; **desculpe!** excusez-moi!, pardon!
desde (*déj*-ðeu) *prep* depuis; à partir de; ~ **então** depuis; ~ **que** depuis que
desdém (dıj-*ðeun*^y) *m* dédain *m*
desdobrar (dıj-ðou-*brar*) *v* déplier; dédoubler
desejar (deu-zı-*jar*) *v* désirer, souhaiter
desejável (deu-zı-*ja*-vèl) *adj* (pl -eis) désirable
desejo (deu-*zé*-jou) *m* désir *m*; souhait *m*, envie *f*, vœu *m*
desejoso (deu-zé-*jô*-zou) *adj* désireux
desembarcar (deu-zẽm-beur-*kar*) *v* débarquer
desembrulhar (deu-zẽm-brou-*l^yar*) *v* déballer
desempacotar (deu-zẽm-peu-kou-*tar*) *v* dépaqueter
desempenhar (deu-zẽm-peu-*gnar*) *v* accomplir; jouer
desempregado (deu-zẽm-preu-*ga*-ðou) *adj* en chômage
desemprego (deu-zẽm-*pré*-gou) *m* chômage *m*
desencaminhar (deu-zẽng-keu-mi-*gnar*) *v* égarer
desenhar (deu-zı-*gnar*) *v* dessiner
desenho (deu-*zé*-gnou) *m* dessin *m*; motif *m*; **banda desenhada** bande dessinée; **caderno de** ~ cahier de croquis; ~ **animado** dessin animé
desenvolver (deu-zẽ-vôl-*vér*) *v* développer; déployer
desenvolvimento (deu-zẽ-vôl-vi-*mẽn*-tou) *m* développement *m*
desertar (deu-zeur-*tar*) *v* déserter
deserto (deu-*zèr*-tou) *adj* désert; *m* désert *m*
desesperado (deu-zıch-peu-*ra*-ðou) *adj* désespéré
desesperar (deu-zıch-peu-*rar*) *v* désespérer
desespero (deu-zıch-*pé*-rou) *m* désespoir *m*
desfalecido (dıch-feu-leu-*si*-ðou) *adj* défaillant
desfavorável (dıch-feu-vou-*ra*-vèl) *adj* (pl -eis) défavorable
***desfazer** (dıch-feu-*zér*) *v* *défaire; ***desfazer-se de** se débarrasser de
desfiar (dıch-*fyar*) *v* s'effilocher
desfiladeiro (dıch-fi-leu-*ðéi*-rou) *m* dé-

filé *m*, col *m*
desfile (deuz-*fi*-leu) *m* parade *f*
desfrutar (dich-frou-*tar*) *v* jouir de
desgostar (dich-gouch-*tar*) *v* *déplaire; chagriner
desgosto (dich-*gôch*-tou) *m* chagrin *m*; ***ter desgosto** *avoir de la peine
desgostoso (dich-gouch-*tô*-zou) *adj* malheureux, chagriné
desgraça (dich-*gra*-seu) *f* malheur *m*
desgraçado (dich-gra-*sa*-ðou) *adj* malheureux
designação (deu-zi-gneu-*seun*ou) *f* (pl -ções) dénomination *f*, désignation *f*
designar (deu-zig-*nar*) *v* désigner
desigual (deu-zi-*g*ou*al*) *adj* (pl -ais) inégal
desiludir (deu-zi-lou-*ðir*) *v* désillusionner, décevoir
desilusão (deu-zi-lou-*zeun*ou) *f* (pl -sões) désillusion *f*, déception *f*
desinfectante (deu-zĩ-fè-*teunn*-teu) *m* désinfectant *m*
desinfectar (deu-zĩ-fè-*tar*) *v* désinfecter
desinteressado (deu-zĩ-teu-reu-*sa*-ðou) *adj* désintéressé
desistir (deu-zich-*tir*) *v* renoncer
desligar (dij-li-*gar*) *v* *disjoindre; *éteindre, débrancher
deslizar (dij-li-*zar*) *v* glisser, déraper
deslize (dij-*li*-zeu) *m* glissade *f*
deslocado (dich-lou-*keu*-ðou) *adj* disloqué
deslocar (dij-lou-*kar*) *v* déplacer
deslumbrante (dij-loũm-*breunn*-teu) *adj* éblouissant
desmaiar (dij-meu-*yar*) *v* s'évanouir
desmobilado (dij-mou-ƀi-*la*-ðou) *adj* non meublé
desmoronar-se (dij-mou-rou-*nar*-seu) *v* s'écrouler
desnecessário (dij-neu-seu-*sa*-ryou) *adj* non nécessaire, superflu
desocupado (deu-zô-kou-*pa*-ðou) *adj* inoccupé, vacant
desodorante (di-zo-ðô-*reun*-teu) *m Br* désodorisant *m*
desodorizante (deu-zou-ðou-ri-*zeunn*-teu) *m* désodorisant *m*
desolado (deu-zou-*la*-ðou) *adj* désolé
desonesto (deu-zou-*nèch*-tou) *adj* malhonnête
desonra (deuz-*on*-rreu) *f* déshonneur *m*
desordem (deuz-*or*-deuny) *f* désordre *m*, gâchis *m*, confusion *f*; émeute *f*
desossar (deu-zou-*sar*) *v* désosser
despachar (dich-peu-*char*) *v* expédier; **despachar-se** se dépêcher
despedida (dich-peu-*ði*-ðeu) *f* adieu *m*; départ *m*
***despedir** (dich-peu-*ðir*) *v* *renvoyer; licencier
despenhar-se (dich-peu-*gnar*-seu) *v* se précipiter, tomber
despensa (dich-*pẽ*-seu) *f* garde-manger *m*
desperdiçar (dich-peur-di-*sar*) *v* gaspiller
desperdício (dich-peur-*di*-syou) *m* gaspillage *m*
despertador (dich-peur-teu-*ðôr*) *m* réveil *m*
despertar (dich-peur-*tar*) *v* s'éveiller; réveiller
despesa (dich-*pé*-zeu) *f* dépense *f*; **despesas** frais *mpl*; **despesas de viagem** frais de voyage
despido (dich-*pi*-ðou) *adj* nu; déshabillé
***despir-se** (dich-*pir*-seu) *v* se déshabiller
desportista (dich-pour-*tich*-ta) *m* sportif *m*

desporto (dich-*pôr*-tou) *m* sport *m;* **desportos de inverno** sports d'hiver
desposar (dich-pou-*zar*) *v* épouser
desprender (dich-prẽn-*dér*) *v* desserrer; détacher
despreocupado (dich-pryou-kou-*pa*-ðou) *adj* insouciant
desprezar (dich-preu-*zar*) *v* mépriser
desprezo (dich-*pré*-zou) *m* mépris *m*
despropositado (dich-prou-pou-zi-*ta*-ðou) *adj* mal placé
desprotegido (dich-prou-ti-*ji*-ðou) *adj* non protégé
destapar (dich-teu-*par*) *v* *découvrir
destinar (dich-ti-*nar*) *v* destiner
destinatário (dich-ti-neu-*ta*-ryou) *m* destinataire *m*
destino (dich-*ti*-nou) *m* destin *m*, sort *m;* destination *f*
destro (*dèch*-trou) *adj* adroit
destruição (dich-trᵒᵘi-*seunᵒᵘ*) *f* (pl -ções) destruction *f*
***destruir** (dich-*trᵒᵘir*) *v* *détruire, dévaster
desusado (deu-zou-*za*-ðou) *adj* inusité; inhabituel
desvalorização (dij-veu-lou-ri-zeu-*seunᵒᵘ*) *f* (pl -ções) dévaluation *f*
desvalorizar (dij-veu-lou-ri-*zar*) *v* dévaluer
desvanecer (dij-veu-neu-*sér*) *v* effacer; enorgueillir
desvantagem (dij-veunn-*ta*-jeunʸ) *f* désavantage *m*
desviar (dij-*vyar*) *v* détourner; **desviar-se** dévier
desvio (dij-*viᵒᵘ*) *m* détour *m;* déviation *f*
detalhado (deu-teu-*lʸa*-ðou) *adj* détaillé
detalhe (deu-*ta*-lʸeu) *m* détail *m*
detective (deu-tèk-*ti*-veu) *m* détective *m*
detenção (deu-tẽ-*seunᵒᵘ*) *f* (pl -ções) détention *f*
detergente (deu-teur-*jẽn*-teu) *m* détergent *m;* ~ **em pó** détergent en poudre
deteriorável (deu-teu-ryou-*ra*-vèl) *adj* (pl -eis) périssable
determinar (deu-teur-mi-*nar*) *v* déterminer
detestar (deu-tich-*tar*) *v* détester
detido (deu-*ti*-ðou) *m* détenu *m*
deus (déᵒᵘch) *m* dieu *m*
deusa (*déᵒᵘ*-zeu) *f* déesse *f*
dever (deu-*vér*) *v* *devoir; *m* devoir *m*
devido (deu-*vi*-ðou) *adj* dû; convenable; ~ **a** en raison de
devolver (deu-vôl-*vér*) *v* rendre; *renvoyer
dez (dèch) *num* dix
dezanove (deu-zeu-*no*-veu) *num* dix-neuf
dezasseis (deu-zeu-*séïch*) *num* seize
dezassete (deu-zeu-*sè*-teu) *num* dix-sept
Dezembro (deu-*zẽm*-brou) décembre
dezena (deu-*zé*-neu) *f* dizaine *f*
dezoito (deu-*zoï*-tou) *num* dix-huit
dia (*di*-eu) *m* jour *m;* **bom dia!** bonjour!; ~ **de semana** jour de la semaine; ~ **dos anos** anniversaire *m;* ~ **útil** jour ouvrable; **por** ~ par jour; **qualquer** ~ un jour ou l'autre
diabetes (dyeu-*ƀè*-teuch) *f* diabète *m*
diabético (dyeu-*ƀè*-ti-kou) *m* diabétique *m*
diabo (*dya*-ƀou) *m* diable *m*
diabrura (dyeu-*ƀrou*-reu) *f* espièglerie *f*
diagnosticar (di-eug-nouch-ti-*kar*) *v* diagnostiquer
diagnóstico (di-eug-*noch*-ti-kou) *m* diagnostic *m*
diagonal (di-eu-gou-*nal*) *adj* (pl -ais)

diagonale; *f* diagonale *f*
diagrama (di-eu-*gra*-meu) *m* diagramme *m*
dialecto (di-eu-*lè*-tou) *m* dialecte *m*
diamante (dyeu-*meunn*-teu) *m* diamant *m*
diante de (*dyeunn*-teu deu) devant
diário (*dya*-ryou) *adj* journalier, quotidien; *m* journal *m;* quotidien *m*
diarreia (dyeu-*rréï*-eu) *f* diarrhée *f*
dicionário (di-syou-*na*-ryou) *m* dictionnaire *m*
dieta (*dyè*-teu) *f* régime *m*
diferença (di-feu-*rẽ*-seu) *f* différence *f*
diferente (di-feu-*rẽn*-teu) *adj* différent
***diferir** (di-feu-*rir*) *v* différer
difícil (di-*fi*-sıl) *adj* (pl -ceis) difficile
dificuldade (di-fi-koul-*ða*-ðeu) *f* difficulté *f;* peine *f*
difteria (dif-teu-*ri*-eu) *f* diphtérie *f*
***digerir** (di-jeu-*rir*) *v* digérer
digestão (di-jeuch-teun^ou) *f* digestion *f*
digestivo (di-jeuch-*ti*-vou) *adj* digestif
digno de (*di*-gnou deu) digne de
***diluir** (di-*l^ouir*) *v* diluer, allonger
dimensão (di-mẽ-*seun^ou*) *f* (pl -sões) dimension *f*
diminuição (di-mi-n^oui-*seun^ou*) *f* (pl -ções) diminution *f*
***diminuir** (di-mi-*n^ouir*) *v* diminuer; *réduire
Dinamarca (di-neu-*mar*-keu) *f* Danemark *m*
dinamarquês (di-neu-mar-*kéch*) *adj* danois; *m* Danois *m*
dínamo (*di*-neu-mou) *m* dynamo *f*
dinheiro (di-*gnéï*-rou) *m* argent *m;* **a** ~ comptant
diploma (di-*plô*-meu) *m* diplôme *m*
diplomar-se (di-plou-*mar*-seu) *v* *obtenir un diplôme
diplomata (di-plô-*ma*-teu) *m* diplomate *m*
dique (*di*-keu) *m* digue *f*
direcção (di-rè-*seun^ou*) *f* (pl -ções) direction *f*, conduite *f;* **em** ~ **a** vers
directamente (di-rè-teu-*mẽn*-teu) *adv* directement
directiva (di-rè-*ti*-veu) *f* directive *f*
directo (di-*rè*-tou) *adj* direct
director (di-rè-*tôr*) *m* directeur *m;* ~ **de escola** directeur d'école
direita (di-*réï*-teu) *f* droite *f;* **à** ~ à droite
direito (di-*réï*-tou) *adj* droit; juste; *m* droit *m;* ~ **administrativo** droit administratif; ~ **civil** droit civil; ~ **comercial** droit commercial; ~ **de importação** droit d'importation; ~ **de voto** droit de vote; ~ **penal** droit pénal; **direitos alfandegários** droit de douane; **direitos de importação** taxe d'importation; **isento de direitos** exempt de droits; **sempre a** ~ tout droit
dirigente (di-ri-*jẽn*-teu) *m* dirigeant *m*
dirigir (di-ri-*jir*) *v* diriger, administrer; **dirigir-se a** s'adresser à
disciplina (di-chi-*pli*-neu) *f* discipline *f*
disco (*dich*-kou) *m* disque *m;* ~ **de longa duração** microsillon *m*
discordar (dich-kour-*ðar*) *v* *être en désaccord
discreto (dich-*krè*-tou) *adj* discret
discurso (dich-*kour*-sou) *m* discours *m*
discussão (dich-kou-*seun^ou*) *f* (pl -sões) discussion *f*, délibération *f*
discutir (dich-kou-*tir*) *v* quereller; contester; discuter, disputer
disenteria (di-zẽn-teu-*ri*-eu) *f* dysenterie *f*
disfarçar-se (dich-feur-*sar*-seu) *v* se déguiser
disfarce (dich-*far*-seu) *m* déguisement *m*
disforme (dich-*for*-meu) *adj* difforme
disparar (dich-peu-*rar*) *v* tirer
disparatado (dich-peu-reu-*ta*-ðou) *adj*

sot
disparate (dich-peu-*ra*-teu) *m* sottise *f;* ***dizer disparates** baratiner
dispensar (dich-pẽ-*sar*) *v* dispenser; se passer de; donner, accorder; ~ **de** dispenser de
dispersar (dich-peur-*sar*) *v* disperser
disponível (dich-pou-*ni*-vèl) *adj* (pl -eis) disponible
***dispor de** (dich-*pôr*) disposer de
disposição (dich-pou-zi-*seun*^{ou}) *f* (pl -ções) disposition *f;* humeur *f*
dispositivo (dich-pou-zi-*ti*-vou) *m* dispositif *m*
disposto (dich-*pôch*-tou) *adj* disposé; **bem** ~ de bonne humeur
disputa (dich-*pou*-teu) *f* discussion *f;* dispute *f*
disputar (dich-pou-*tar*) *v* disputar; quereller
dissolver (di-sôl-*vér*) *v* *dissoudre
dissuadir (di-s^{ou}eu-*ðir*) *v* dissuader
distância (dich-*teun*-syeu) *f* distance *f*
distante (dich-teunn-teu) *adj* éloigné; **o mais** ~ le plus éloigné
distensão (dich-tẽ-*seun*^{ou}) *f* (pl -sões) distension *f;* foulure *f*
distinção (dich-tĩ-*seun*^{ou}) *f* (pl -çóes) distinction *f*
distinguir (dich-tĩ-*ghir*) *v* distinguer
distinto (dich-*tĩn*-tou) *adj* distinct; net; digne, distingué
distracção (dich-tra-*seun*^{ou}) *f* (pl -ções) distraction *f,* amusement *m*
distribuidor (dich-tri-ƀ^{ou}i-*ðôr*) *m* concessionnaire *m;* distributeur *m*
***distribuir** (dich-tri-*ƀ*^{ou}*ir*) *v* distribuer
distrito (dich-*tri*-tou) *m* district *m*
distúrbio (dich-*tour*-byou) *m* trouble *m,* agitation *f*
ditado (di-*ta*-ðou) *m* dictée *f*
ditador (di-teu-*ðôr*) *m* dictateur *m*
ditafone (di-teu-*fô*-neu) *m* dictaphone *m*
ditar (di-*tar*) *v* dicter
divã (di-*veun*) *m* divan *m*
diversão (di-veur-*seun*^{ou}) *f* (pl -sões) diversion *f;* amusement *m*
diversos (di-*vèr*-souch) *adj* divers
divertido (di-veur-*ti*-ðou) *adj* divertissant, amusant
divertimento (di-veur-ti-*mẽn*-tou) *m* divertissement *m*
***divertir** (di-veur-*tir*) *v* divertir, amuser
dívida (*di*-vi-ðeu) *f* dette *f*
dividir (di-vi-*ðir*) *v* diviser
divino (deu-*vi*-nou) *adj* divin
divisa (deu-*vi*-zeu) *f* devise *f*
divisão (deu-vi-*zeun*^{ou}) *f* (pl -sões) division *f;* case *f;* pièce *f*
divorciar-se (di-vour-*syar*-seu) *v* divorcer
divórcio (di-*vor*-syou) *m* divorce *m*
***dizer** (di-*zér*) *v* *dire
doação (d^{ou}eu-*seun*^{ou}) *f* (pl -ções) donation *f*
doador (d^{ou}eu-*ðôr*) *m* donateur *m*
dobra (*do*-ƀreu) *f* pli *m*
dobradiça (dou-ƀreu-*ði*-seu) *f* charnière *f*
dobrar (dou-*ƀrar*) *v* plier; courber
o dobro (ou *dô*-ƀrou) le double
doca (*do*-keu) *f* dock *m*
doce (*dô*-seu) *adj* sucré; *m* dessert *m;* ~ **de fruta** confiture *f;* ~ **de laranja** marmelade *f*
documento (dou-kou-*mẽn*-tou) *m* document *m*
doença (*d*^{ou}*ẽ*-seu) *f* maladie *f;* ~ **venérea** maladie vénérienne
doente (*d*^{ou}*ẽn*-teu) *adj* malade; *m* patient *m*
doentio (d^{ou}ẽn-*ti*^{ou}) *adj* maladif; malsain
***doer** (d^{ou}ér) *v* *faire mal
doido (*doï*-ðou) *adj* fou
dois (doïch) *num* (f duas) deux

dólar (*do*-lar) *m* dollar *m*
doloroso (dou-lou-*rô*-zou) *adj* douloureux
dom (don) *m* don *m*
domesticado (dou-*mèch*-ti-*ka*-ðou) *adj* apprivoisé
domesticar (dou-mıch-ti-*kar*) *v* apprivoiser
doméstico (dou-*mèch*-ti-kou) *adj* domestique
domicílio (dou-mi-*si*-lyou) *m* domicile *m*
dominação (dou-mi-neu-*seun*ᵒᵘ) *f* (pl -ções) domination *f*
dominante (dou-mi-*neunn*-teu) *adj* dominant
dominar (dou-mi-*nar*) *v* dominer; maîtriser
domingo (dou-*mĩ*-ghou) *m* dimanche *m*
domínio (dou-*mi*-nyou) *m* domaine *m*; règne *m*
donativo (dou-neu-*ti*-vou) *m* don *m*
dono (*dô*-nou) *m* maître *m*
dor (dôr) *f* douleur *f*; ~ **de barriga** mal au ventre; ~ **de cabeça** mal de tête; ~ **de dentes** mal aux dents; ~ **de estômago** mal d'estomac; ~ **de garganta** mal de gorge; ~ **de ouvidos** mal d'oreille; **dores** douleurs; **dores nas costas** mal au dos
***dormir** (dour-*mir*) *v* *dormir
dormitório (dour-mi-*to*-ryou) *m* dortoir *m*
dose (*do*-zeu) *f* dose *f*
dotado (dou-*ta*-ðou) *adj* doté; doué
dourado (dô-*ra*-ðou) *adj* doré
doutor (dô-*tôr*) *m* docteur *m*
doze (*dô*-zeu) *num* douze
dragão (dreu-*geun*ᵒᵘ) *m* (pl -gões) dragon *m*
drama (*dreu*-meu) *m* drame *m*
dramático (dreu-*ma*-ti-kou) *adj* dramatique
dramaturgo (dreu-meu-*tour*-ghou) *m* dramaturge *m*
drenar (dreu-*nar*) *v* drainer
drogaria (drou-geu-*ri*-eu) *f* droguerie *f*
duche (*dou*-cheu) *m* douche *f*
duna (*dou*-neu) *f* dune *f*
duplo (*dou*-plou) *adj* double
duque (*dou*-keu) *m* duc *m*
duquesa (dou-*ké*-zeu) *f* duchesse *f*
duração (dou-reu-*seun*ᵒᵘ) *f* (pl -ções) durée *f*
duradouro (dou-reu-*ðô*-rou) *adj* durable
durante (dou-*reunn*-teu) *prep* pendant, durant
durar (dou-*rar*) *v* durer
duro (*dou*-rou) *adj* dur; coriace
dúvida (*dou*-vi-ðeu) *f* doute *m*; ***pôr em** ~ *mettre en doute
duvidar (dou-vi-*ðar*) *v* douter
duvidoso (dou-vi-*ðô*-zou) *adj* douteux
dúzia (*dou*-zyeu) *f* douzaine *f*

E

e (i) *conj* et
ébano (*è*-beu-nou) *m* ébène *f*
eclipse (eu-*klip*-seu) *m* éclipse *f*
eco (*è*-kou) *m* écho *m*
economia (i-kou-nou-*mieu*) *f* économie *f*
económico (i-kou-*no*-mi-kou) *adj* économique; économe
economista (i-kou-nou-*mich*-teu) *m* économiste *m*
economizar (i-kou-nou-mi-*zar*) *v* économiser
écran (èk-*reun*) *m* écran *m*
eczema (èk-*zé*-meu) *m* eczéma *m*
edição (eu-ði-*seun*ᵒᵘ) *f* (pl -ções) édition *f*; ~ **da manhã** édition du ma-

tin
edificar (i-ðeu-fi-*kar*) *v* ériger; édifier
edifício (i-ðeu-*fi*-syou) *m* édifice *m*
editor (eu-ði-*tôr*) *m* éditeur *m*
edredão (i-ðreu-*ðeun*^ou) *m* (pl -dões) édredon *m*
educação (i-ðou-keu-*seun*^ou) *f* (pl -ções) éducation *f*
educado (i-ðou-*ka*-ðou) *adj* poli; **bem** ~ bien élevé; **mal** ~ mal élevé
educar (i-ðou-*kar*) *v* éduquer; élever
efectivamente (i-fè-ti-veu-*mẽn*-teu) *adv* en effet; effectivement
efectuar (i-fè-*t*^ou*ar*) *v* effectuer
efeito (i-*féï*-tou) *m* effet *m*; **com** ~ en fait, de fait
efervescência (i-feur-vich-*sẽ*-syeu) *f* effervescence *f*
eficaz (eu-fi-*kach*) *adj* efficace
eficiente (eu-fi-*syẽn*-teu) *adj* efficace
efusivo (i-fou-*zi*-vou) *adj* vif; cordial
egípcio (eu-*jip*-syou) *adj* égyptien; *m* Egyptien *m*
Egipto (eu-*jip*-tou) *m* Egypte *f*
egocêntrico (i-gou-*sẽn*-tri-kou) *adj* égocentrique
egoísmo (i-*g*^ou*ij*-mou) *m* égoïsme *m*
egoísta (i-*g*^ou*ich*-teu) *adj* égoïste
égua (*è*-g^ou eu) *f* jument *f*
eixo (*éï*-chou) *m* essieu *m*
ela (*è*-leu) *pron* elle; ~ **mesma** elle-même
elaborar (i-leu-bou-*rar*) *v* élaborer
elas (*è*-leuch) *pron* elles; ~ **mesmas** elles-mêmes
elasticidade (i-leuch-teu-si-*ða*-ðeu) *f* élasticité *f*
elástico (i-*lach*-ti-kou) *adj* élastique; *m* élastique *m*
ele (*é*-leu) *pron* il; ~ **mesmo** lui-même
electricidade (i-lèk-treu-si-*ða*-ðeu) *f* électricité *f*
electricista (i-lèk-treu-*sich*-teu) *m* électricien *m*
eléctrico (i-*lè*-tri-kou) *adj* électrique; *m* tram *m*
electrónico (i-lè-*trô*-ni-kou) *adj* électronique
elefante (i-leu-*feunn*-teu) *m* éléphant *m*
elegância (i-leu-*geun*-syeu) *f* élégance *f*
elegante (i-leu-*geunn*-teu) *adj* élégant
eleger (i-leu-*jér*) *v* *élire
eleição (i-léï-*seun*^ou) *f* (pl -ções) élection *f*
elementar (i-leu-mẽn-*tar*) *adj* élémentaire
elemento (i-leu-*mẽn*-tou) *m* élément *m*
eles (*é*-lich) *pron* ils; ~ **mesmos** eux-mêmes
elevação (i-leu-veu-*seun*^ou) *f* (pl -ções) élévation *f*
elevador (i-leu-veu-*ðôr*) *m* ascenseur *m*
elfo (èl-fou) *m* lutin *m*
eliminar (i-leu-mi-*nar*) *v* éliminer
elo (*è*-lou) *m* maillon *m*
elogio (i-lou-*ji*^ou) *m* éloge *m*
elucidar (i-lou-si-*ðar*) *v* élucider
em (eun^y) *prep* à; en, dans; sur
emagrecer (i-meu-greu-*sér*) *v* maigrir
emancipação (i-meun-si-peu-*seun*^ou) *f* émancipation *f*
embaixada (ẽm-baï-*cha*-ðeu) *f* ambassade *f*
embaixador (ẽm-baï-cha-*ðôr*) *m* ambassadeur *m*
embalagem (ẽm-beu-*la*-jeun^y) *f* emballage *m*
embalar (ẽm-beu-*lar*) *v* emballer; bercer
embaraçado (ẽm-beu-reu-*sa*-ðou) *adj* embarrassé, gêné
embaraçar (ẽm-beu-reu-*sar*) *v* embarrasser

embaraçoso (ẽm-beu-reu-*sô*-zou) *adj* embarrassant
embarcação (ẽm-beur-keu-*seun*ᵒᵘ) *f* (pl -ções) embarquement *m;* vaisseau *m*
embarcar (ẽm-beur-*kar*) *v* embarquer
embargo (ẽm-*bar*-ghou) *m* embargo *m*
embeber (ẽm-beu-*bér*) *v* imbiber
emblema (ẽm-*blé*-meu) *m* emblème *m*
embora (ẽm-*bo*-reu) *conj* quoique, bien que
emboscada (ẽm-bouch-*ka*-ðeu) *f* embuscade *f*
embotado (ẽm-bou-*ta*-ðou) *adj* émoussé
embraiagem (ẽm-breu-*ya*-jeunʸ) *f* embrayage *m*
embriagado (ẽm-bri-eu-*ga*-ðou) *adj* ivre
embrulhar (ẽm-brou-*lʸar*) *v* empaqueter; embrouiller
embrulho (ẽm-*brou*-lʸou) *m* paquet *m*
ementa (i-*mẽn*-teu) *f* menu *m;* carte *f;* ~ **fixa** menu fixe
emergência (i-meur-*jẽ*-syeu) *f* urgence *f*, cas d'urgence
emigração (eu-mi-greu-*seun*ᵒᵘ) *f* (pl -ções) émigration *f*
emigrante (eu-mi-*greunn*-teu) *m* émigrant *m*
emigrar (eu-mi-*grar*) *v* émigrer
eminente (eu-mi-*nẽn*-teu) *adj* éminent
emissão (eu-mi-*seun*ᵒᵘ) *f* (pl -sões) émission *f*
emissário (eu-mi-*sa*-ryou) *m* émissaire *m*
emissor (eu-mi-*sôr*) *m* émetteur *m*
emitir (eu-mi-*tir*) *v* *émettre
emoção (i-mou-*seun*ᵒᵘ) *f* (pl -ções) émoi *m*, émotion *f*
emocionante (i-mou-syou-*neunn*-teu) *adj* émotif; passionnant
empatar (ẽm-*pa*-teur) *v* embarrasser; égaliser
empena (ẽm-*pé*-neu) *f* pignon *m*
empenhar (ẽm-peu-*gnar*) *v* *mettre en gage
empilhar (ẽm-pi-*lʸar*) *v* empiler
empola (ẽm-*pô*-leu) *f* ampoule *f;* cloque *f*
empreender (ẽm-pryẽn-*dér*) *v* *entreprendre
empregada (ẽm-preu-*ga*-ðeu) *f* employée *f;* ~ **de bar** barmaid *f;* ~ **de mesa** serveuse *f;* ~ **doméstica** bonne *f*
empregado (ẽm-preu-*ga*-ðou) *m* employé *m;* ~ **de balcão** vendeur *m;* ~ **de bar** barman *m;* ~ **de escritório** employé de bureau; ~ **de mesa** garçon *m;* ~ **doméstico** domestique *m*
empregar (ẽm-preu-*gar*) *v* engager; employer
emprego (ẽm-*pré*-gou) *m* emploi *m*, travail *m*
empreiteiro (ẽm-préï-*téï*-rou) *m* entrepreneur *m*
empresa (ẽm-*pré*-zeu) *f* entreprise *f*
emprestar (ẽm-prich-*tar*) *v* prêter
empréstimo (ẽm-*prèch*-ti-mou) *m* prêt *m*
empurrão (ẽm-pou-*rreun*ᵒᵘ) *m* (pl -rões) poussée *f;* bousculade *f*
empurrar (ẽm-pou-*rrar*) *v* pousser
encadernação (ẽng-keu-ðeur-neu-*seun*ᵒᵘ) *f* (pl -ções) reliure *f*
encantado (ẽng-keunn-*ta*-ðou) *adj* enchanté
encantador (ẽng-keunn-teu-*ðôr*) *adj* ravissant; charmant
encantamento (ẽng-keunn-teu-*mẽn*-tou) *m* enchantement *m*
encantar (ẽng-keunn-*tar*) *v* enchanter
encanto (ẽng-*keunn*-tou) *m* charme *m*, enchantement *m*
encaracolar (ẽng-keu-reu-kou-*lar*) *v*

friser, boucler
encarceramento (ẽng-keur-seu-reu-*mẽn*-tou) *m* emprisonnement *m*
encarnado (ẽng-keur-*na*-ðou) *adj* rouge
encarregar (ẽng-keu-rreu-*gar*) *v* charger
encenador (ẽ-seu-neu-*ðôr*) *m* metteur en scène
encenar (ẽ-seu-*nar*) *v* *mettre en scène
encerrado (ẽ-seu-*rreu*-ðou) *adj* clos
encerrar (ẽ-seu-*rrar*) *v* enfermer
enchente (ẽ-*chẽn*-teu) *f* crue *f;* foule *f*
encher (ẽ-*chér*) *v* remplir; ~ **de ar** gonfler
enciclopédia (ẽ-si-klou-*pè*-ðyeu) *f* encyclopédie *f*
encoberto (ẽng-kou-*bèr*-tou) *adj* couvert; caché
encolher (ẽng-kou-*lʸér*) *v* rétrécir; **não encolhe** irrétrécissable
encomenda (ẽng-kou-*mẽn*-deu) *f* colis *m;* commande *f;* **feito por** ~ fait sur commande
encomendar (ẽng-kou-mẽn-*dar*) *v* commander
encontrão (ẽng-konn-*treun*ᵒᵘ) *m* (pl -rões) bousculade *f,* poussée
encontrar (ẽng-konn-*trar*) *v* trouver; rencontrer
encontro (ẽng-*konn*-trou) *m* rencontre *f;* rendez-vous *m*
encorajar (ẽng-kou-reu-*jar*) *v* encourager
encosta (ẽng-*koch*-teu) *f* coteau *m*
encruzilhada (ẽng-krou-zi-*lʸa*-ðeu) *f* croisement *m,* carrefour *m*
encurtar (ẽng-kour-*tar*) *v* raccourcir
endereçar (ẽn-deu-reu-*sar*) *v* adresser
endereço (ẽn-deu-*ré*-sou) *m* adresse *f*
endireitar (ẽn-di-réï-*tar*) *v* redresser
endossar (ẽn-dou-*sar*) *v* endosser
energia (i-neur-*jieu*) *f* énergie *f;* ~ **nuclear** énergie nucléaire
enérgico (i-*nèr*-ji-kou) *adj* énergique
enevoado (i-neu-*v*ᵒᵘ*a*-ðou) *adj* brumeux, nébuleux
enfadonho (ẽ-feu-*ðô*-gnou) *adj* ennuyeux
ênfase (*ẽ*-feu-zeu) *f* emphase *f,* accent *m*
enfeitiçar (ẽ-féï-ti-*sar*) *v* ensorceler
enfermaria (ẽ-feur-meu-*ri*-eu) *f* infirmerie *f*
enfermeira (ẽ-feur-*méï*-reu) *f* infirmière *f*
enfermeiro (ẽ-feur-*méï*-rou) *m* infirmier *m*
enfiar (ẽ-*fyar*) *v* enfiler
enforcar (ẽ-four-*kar*) *v* pendre
enfrentar (ẽ-frẽn-*tar*) *v* affronter
enfurecer (ẽ-fou-reu-*sér*) *v* *mettre en fureur
enganar (ẽng-gheu-*nar*) *v* tromper; tricher, *faire marcher; **enganar-se** se tromper
engano (ẽng-*gheu*-nou) *m* tromperie *f;* erreur *f*
engarrafamento (ẽng-gheu-reu-feu-*mẽn*-tou) *m* embouteillage *m;* ~ **de trânsito** embouteillage de la circulation
engenheiro (ẽ-ji-*gnéï*-rou) *m* ingénieur *m*
engenhoca (ẽ-ji-*gno*-keu) *f* gadget *m;* astuce *f*
***engolir** (ẽng-ghou-*lir*) *v* avaler, engloutir
engomar (ẽng-ghou-*mar*) *v* amidonner; **engomado permanente** pli permanent
engordar (ẽ-ghour-*dar*) *v* engraisser
engraçado (ẽng-ghreu-*sa*-ðou) *adj* comique, amusant, drôle
engrossar (ẽng-ghrou-*sar*) *v* épaissir
enguia (ẽng-*ghi*-eu) *f* anguille *f*
enigma (i-*nig*-meu) *m* énigme *f*

enjoado (ẽ-j^{ou}a-ðou) *adj* ayant mal au cœur; souffrant du mal de mer
enjoo (ẽ-*jô*-ou) *m* mal au cœur, mal de l'air, mal de mer
enorme (i-*nor*-meu) *adj* énorme
enquanto (ẽng-*k^{ou}eunn*-tou) *conj* tandis que
enrolar (ẽ-rou-*lar*) *v* enrouler, rouler
enrugar (ẽ-rou-*gar*) *v* froisser; rider
ensaiar (ẽ-seu-*yar*) *v* répéter; essayer
ensaio (ẽ-*saï*-ou) *m* répétition *f;* essai *m*
enseada (ẽ-*sya*-ðeu) *f* crique *f,* baie *f*
ensinamentos (ẽ-si-neu-*mẽn*-touch) *mpl* enseignements *mpl*
ensinar (ẽ-si-*nar*) *v* *apprendre, enseigner
ensopar (ẽ-sou-*par*) *v* tremper
entalhar (ẽn-teu-*l^{y}ar*) *v* entailler; tailler
no entanto (nou ẽ-*teunn*-tou) pourtant
então (ẽn-*teun^{ou}*) *adv* alors; **de** ~ de l'époque
enteada (ẽn-*tya*-ðeu) *f* belle-fille *f*
enteado (ẽn-*tya*-ðou) *m* beau-fils *m*
entender (ẽn-tẽn-*dér*) *v* *comprendre
enterrar (ẽn-teu-*rrar*) *v* enterrer
enterro (ẽn-*té*-rrou) *m* enterrement *m*
entornar (ẽ-tour-*nar*) *v* répandre, renverser
entorpecido (ẽn-tour-peu-*si*-ðou) *adj* engourdi
entrada (ẽn-*tra*-ðeu) *f* entrée *f;* accès *m,* admission *f;* ~ **proibida** entrée interdite
entranhas (ẽn-*treu*-gneuch) *fpl* entrailles *fpl*
entrar (ẽn-*trar*) *v* entrer
entravar (ẽn-treu-*var*) *v* entraver
entre (*ẽn*-treu) *prep* entre, au milieu de, parmi
entrega (ẽn-*trè*-geu) *f* remise *f,* livraison *f*
entregar (ẽn-treu-*gar*) *v* livrer; *remettre
entretanto (ẽn-treu-*teunn*-tou) *adv* entre-temps, en attendant
***entreter** (ẽn-treu-*tér*) *v* amuser; *entretenir
entrevista (ẽn-treu-*vich*-teu) *f* interview *f,* entrevue *f;* rendez-vous *m*
entusiasmo (ẽn-tou-*zyaj*-mou) *m* enthousiasme *m*
entusiasta (ẽn-tou-*zyach*-teu) *adj* enthousiaste
entusiástico (ẽn-tou-*zyach*-ti-kou) *adj* enthousiaste, passionné
envelhecido (ẽ-vè-l^{y}eu-*si*-ðou) *adj* vieilli
envenenar (ẽ-veu-neu-*nar*) *v* empoisonner
envergonhado (ẽ-veur-ghou-*gna*-ðou) *adj* gêné; confus; honteux
envernizar (ẽ-veur-ni-*zar*) *v* vernir
enviar (ẽ-*vyar*) *v* *envoyer, expédier
envolver (ẽ-vôl-*vér*) *v* envelopper
envolvido (ẽ-vôl-*vi*-ðou) *adj* concerné
enxaguadela (ẽ-cheu-g^{ou}eu-*ðé*-leu) *f* rinçage *m*
enxaguar (ẽ-cheu-*g^{ou}ar*) *v* rincer
enxaqueca (ẽ-cheu-*kê*-keu) *f* migraine *f*
enxugar (ẽ-chou-*gar*) *v* essuyer
épico (*è*-pi-kou) *adj* épique
epidemia (eu-pi-ðeu-*mi*-eu) *f* épidémie *f*
epilepsia (eu-pi-lèp-*si*-eu) *f* épilepsie *f*
epílogo (eu-*pi*-lou-gou) *m* épilogue *m*
episódio (eu-pi-*zo*-ðyou) *m* épisode *m*
época (*è*-pou-keu) *f* époque *f;* **fora da** ~ hors saison
epopeia (i-pou-*péï*-eu) *f* épopée *f*
Equador (i-k^{ou}eu-*ðôr*) *m* Equateur *m*
equador (i-k^{ou}eu-*ðôr*) *m* équateur *m*
equatoriano (i-k^{ou}eu-tou-*rya*-nou) *m* Equatorien *m*
equilíbrio (i-keu-*li*-bryou) *m* équilibre *m*

equipa (ı-*ki*-peu) *f* équipe *f*
equipamento (ı-ki-peu-*mẽn*-tou) *m* équipement *m*, trousseau *m*; ~ **de pesca** attirail de pêche
equipar (ı-ki-*par*) *v* équiper
equitação (ı-ki-teu-*seun^ou*) *f* équitation *f*; **escola de** ~ école d'équitation, manége *m*
equitativo (ı-k^ou i-teu-*ti*-vou) *adj* équitable
equivalente (ı-ki-veu-*lẽn*-teu) *adj* équivalent
equívoco (ı-*ki*-vou-kou) *m* faute *f*; *adj* équivoque
erecto (i-*rè*-tou) *adj* droit
erguer (ir-*gér*) *v* lever
erigir (i-reu-*jir*) *v* ériger
errado (i-*rra*-ðou) *adj* inexact, erroné; ***estar** ~ *avoir tort
errar (i-*rrar*) *v* se tromper, errer
erro (*é*-rrou) *m* erreur *f*
erudito (i-rou-*ði*-tou) *adj* sage; *m* érudit *m*
erupção (i-roup-*seun^ou*) *f* (pl -ções) éruption *f*
erva (*èr*-veu) *f* herbe *f*; ~ **daninha** mauvaise herbe; **folha de** ~ brin d'herbe
ervilha (ır-*vi*-l^y eu) *f* pois *m*
esbelto (ij-*ƀèl*-tou) *adj* svelte
esboçar (ij-ƀou-*sar*) *v* esquisser
esboço (ij-*ƀô*-sou) *m* esquisse *f*
escada (ıch-*ka*-ðeu) *f* échelle *f*; escalier *m*; ~ **de incêndio** escalier de secours; ~ **do portaló** passerelle *f*; ~ **rolante** escalier roulant
escala (ıch-*ka*-leu) *f* échelle *f*; gamme *f*; escale *f*
escalar (ıch-keu-*lar*) *v* escalader
escama (ıch-*keu*-meu) *f* écaille *f*
escândalo (ıch-*keunn*-deu-lou) *m* scandale *m*
Escandinávia (ıch-keunn-di-*neu*-vyeu) *f* Scandinavie *f*
escandinavo (ıch-keunn-di-*na*-vou) *adj* scandinave; *m* Scandinave *m*
escangalhado (ıch-keun-gheu-*l^y a*-ðou) *adj* abîmé; cassé
escangalhar (ıch-keun-gheu-*l^y ar*) *v* démantibuler
escapar (ıch-keu-*par*) *v* échapper
escape (ıch-*ka*-peu) *m* échappement *m*; **tubo de** ~ tuyau d'échappement
escaravelho (ıch-keu-reu-*vé*-l^y ou) *m* scarabée *m*; coléoptère *m*
escarlate (ıch-keur-*la*-teu) *adj* écarlate
escárnio (ıch-*kar*-nyou) *m* moquerie *f*
escarpado (ıch-kar-*pa*-ðou) *adj* escarpé
escassez (ıch-keu-*séch*) *f* pénurie *f*; manque *m*
escasso (ıch-*ka*-sou) *adj* rare; insuffisant
escavação (ıch-keu-veu-*seun^ou*) *f* (pl -ções) excavation *f*
escavar (ıch-keu-*var*) *v* excaver; fouiller
esclarecer (ıch-kleu-reu-*seur*) *v* éclaircir
esclarecimento (ıch-kleu-reu-si-*mẽn*-tou) *m* éclaircissement *m*
escocês (ıch-kou-*séch*) *adj* écossais; *m* Ecossais *m*
Escócia (ıch-ko-*syeu*) *f* Ecosse *f*
escola (ıch-*ko*-leu) *f* école *f*; ~ **secundária** école secondaire
escolar (ıch-kou-*lar*) *f* écolière *f*; *m* écolier *m*
escolha (ıch-*kô*-l^y eu) *f* choix *m*
escolher (ıch-kou-*l^y ér*) *v* choisir
escolta (ıch-*kôl*-teu) *f* escorte *f*
escoltar (ıch-kôl-*tar*) *v* escorter
esconder (ıch-konn-*dér*) *v* cacher
escorregadela (ıch-kou-rreu-geu-*ðè*-leu) *f* glissade *f*; faux pas
escorregadio (ıch-kou-rreu-geu-*ði^ou*) *adj* glissant

escorregadouro (ich-kou-rreu-geu-*ðô*-rou) *m* toboggan *m*
escorregar (ich-kou-rreu-*gar*) *v* glisser
escova (ich-*kô*-veu) *f* brosse *f;* ~ **de cabelo** brosse à cheveux; ~ **de dentes** brosse à dents; ~ **de fato** brosse à habits; ~ **de unhas** brosse à ongles
escovar (ich-kou-*var*) *v* brosser
escravo (ich-*kreu*-vou) *m* esclave *m*
escrevente (ich-kreu-*vẽn*–teu) *m* clerc *m*
escrever (ich-kreu-*vér*) *v* *écrire; ~ **à máquina** taper à la machine; **por escrito** par écrit
escrita (ich-*kri*-teu) *f* écriture *f*
escritor (ich-kri-*tôr*) *m* écrivain *m*
escritório (ich-kri-*to*-ryou) *m* bureau *m;* **artigos de** ~ fournitures de bureau
escrivão (ich-kri-*veun*[ou]) *m* (pl -ães) greffier *m*
escultor (ich-koul-*tôr*) *m* sculpteur *m*
escultura (ich-koul-*tou*-reu) *f* sculpture *f*
escuridão (ich-kou-ri-*ðeun*[ou]) *f* obscurité *f;* ténèbres *fpl*
escuro (ich-*kou*-rou) *adj* obscur; sombre
escutar (ich-kou-*tar*) *v* écouter
escuteira (ich-kou-*téï*-reu) *f* éclaireuse *f*
escuteiro (ich-kou-*téï*-rou) *m* éclaireur *m*, scout *m*
esfera (ich-*fè*-reu) *f* sphère *f*
esferográfica (ich-fè-ro-*gra*-fi-keu) *f* stylo à bille
esfomeado (ich-fou-*mya*-ðou) *adj* affamé
esforçar-se (ich-four-*sar*-seu) *v* s'efforcer
esforço (ich-*fôr*-sou) *m* effort *m*
esfregar (ich-freu-*gar*) *v* frotter
esgalhos (ij-*ga*-l[y]ouch) *mpl* andouiller *m*
esgotado (ich-gou-*ta*-ðou) *adj* épuisé
esgoto (ich-*gô*-tou) *m* égout *m*
esgrimir (ij-gri-*mir*) *v* *faire de l'escrime
esguicho (ij-*gi*-chou) *m* jet *m*
esmagar (ij-meu-*gar*) *v* écraser
esmaltado (ij-mal-*ta*-ðou) *adj* émaillé
esmalte (ij-*mal*-teu) *m* émail *m*
esmeralda (ij-meu-*ral*-deu) *f* émeraude *f*
espaçar (ich-peu-*sar*) *v* espacer
espaço (ich-*pa*-sou) *m* espace *m*
espaçoso (ich-pa-*sô*-zou) *adj* spacieux
espada (ich-*pa*-ðeu) *f* épée *f*
espalhafato (ich-peu-l[y]eu-*fa*-tou) *m* vacarme *m;* tapage *m;* ostentation *f*
espalhar (ich-peu-*l[y]ar*) *v* étendre; répandre
Espanha (ich-*peu*-gneu) *f* Espagne *f*
espanhol (ich-peu-*gnol*) *adj* (pl -hóis) espagnol; *m* Espagnol *m*
espantar (ich-peunn-*tar*) *v* étonner; *surprendre
espanto (ich-*peunn*-tou) *m* étonnement *m*
espantoso (ich-peunn-*tô*-zou) *adj* étonnant; affreux
esparadrapo (ich-peu-reu-*ðra*-pou) *mBr* sparadrap *m*
espargo (ich-*par*-ghou) *m* asperge *f*
especial (ich-peu-*syal*) *adj* (pl -ais) spécial, particulier
especialidade (ich-peu-syeu-li-*ða*-ðeu) *f* spécialité *f*
especialista (ich-peu-syeu-*lich*-teu) *m* spécialiste *m;* expert *m*
especializado (ich-peu-syeu-li-*za*-ðou) *adj* spécialisé, expert
especializar-se (ich-peu-syeu-li-*zar*-seu) *v* se spécialiser
especialmente (ich-peu-syal-*mẽn*-teu) *adv* spécialement

especiaria (ich-peu-syeu-*ri*-eu) *f* épice *f*
espécie (ich-*pè*-syeu) *f* espèce *f;* **toda a ~ de** toutes sortes de
específico (ich-peu-*si*-fi-kou) *adj* spécifique
espectáculo (ich-pè-*ta*-kou-lou) *m* spectacle *m;* **~ de variedades** spectacle de variétés
espectador (ich-pè-teu-*ðôr*) *m* spectateur *m*
especular (ich-peu-kou-*lar*) *v* spéculer
espelho (ich-*pé*-lʸou) *m* miroir *m*
espera (ich-*pè*-reu) *f* attente *f*
esperado (ich-peu-*reu*-dou) *adj* attendu
esperança (ich-peu-*reun*-seu) *f* espoir *m*
esperançado (ich-peu-reun-*sa*-ðou) *adj* plein d'espoir
esperar (ich-peu-*rar*) *v* attendre; espérer
esperto (ich-*pèr*-tou) *adj* malin; alerte, éveillé
espesso (ich-*pé*-sou) *adj* épais
espeto (ich-*pè*-tou) *m* broche *f*
espião (ich-*pyeun*ᵒᵘ) *m* (pl -iões) espion *m*
espinafres (ich-pi-*na*-freuch) *mpl* épinards *mpl*
espingarda (ich-pĩ-*ghar*-ðeu) *f* fusil *m*
espinha (ich-*pi*-gneu) *f* arête *f;* épine *f;* **~ de peixe** arête *f;* **~ dorsal** épine dorsale
espinho (ich-*pi*-gnou) *m* épine *f*
espírito (ich-*pi*-ri-tou) *m* esprit *m*
espiritual (ich-peu-ri-*t*ᵒᵘ*al*) *adj* (pl -ais) spirituel
espirituoso (ich-peu-ri-*t*ᵒᵘ*ô*-zou) *adj* spirituel, drôle; spiritueux
espirrar (ich-pi-*rrar*) *v* éternuer
esplanada (ich-pleu-*na*-ðeu) *f* esplanade *f*
esplêndido (ich-*plẽn*-di-ðou) *adj* splendide
esplendor (ich-plẽn-*dôr*) *m* splendeur *f;* éblouissement *m*
esponja (ich-*pon*-jeu) *f* éponge *f*
esporte (ich-*por*-teu) *mBr* sport *m*
esposa (ich-*pô*-zeu) *f* épouse *f*
esposo (ich-*pô*-zou) *m* époux *m*
espreitar (ich-préï-*tar*) *v* guetter
espuma (ich-*pou*-meu) *f* écume *f;* mousse *f;* **~ de borracha** caoutchouc mousse
espumante (ich-pou-*meunn*-teu) *adj* mousseux
espumar (ich-pou-*mar*) *v* mousser
esquadrilha (ich-kᵒᵘeu-*ðri*-lʸeu) *f* escadrille *f*
esquecer (ich-kè-*sér*) *v* oublier
esquecido (ich-kè-*si*-ðou) *adj* oublieux
esqueleto (ich-keu-*lé*-tou) *m* squelette *m*
esquema (ich-*ké*-meu) *m* plan *m,* schéma *m*
esquerdo (ich-*kér*-dou) *adj* gauche
esqui (ich-ki) *m* ski *m;* **~ aquático** ski nautique; **varas de ~** bâtons de ski
esquiador (ich-kyeu-*ðôr*) *m* skieur *m*
esquiar (ich-ky-*ar*) *v* skier
esquilo (ich-*ki*-lou) *m* écureuil *m*
esquina (ich-*ki*-neu) *f* coin *m*
esquisito (ich-keu-*zi*-tou) *adj* singulier, drôle
esquivo (ich-*ki*-vou) *adj* farouche
esse (*é*-seu) *adj* ce; **esses** ces
essência (i-*sẽ*-syeu) *f* essence *f;* fond *m*
essencial (i-sẽ-*syal*) *adj* (pl -ais) essentiel; fondamental
essencialmente (i-sẽ-syal-*mẽn*-teu) *adv* essentiellement
estabelecer (ich-teu-ƀeu-leu-*sér*) *v* établir
estábulo (ich-*ta*-bou-lou) *m* étable *f*
estação (ich-teu-*seun*ᵒᵘ) *f* (pl -ções)

gare *f;* saison *f;* station *f;* **alta ~** pleine saison; **baixa ~** basse saison; **~ balnear** station balnéaire; **~ central** gare centrale; **~ de serviço** station-service *f;* **plena ~** haute saison
estacionamento (ich-teu-syou-neu-*mẽn*-tou) *m* stationnement *m;* **~ proibido** stationnement interdit
estacionar (ich-teu-syou-*nar*) *v* se garer
estacionário (ich-teu-syou-*na*-ryou) *adj* stationnaire
estadia (ich-*ta*-ðyeu) *f* séjour *m*
estádio (ich-*ta*-ðyou) *m* stade *m*
estadista (ich-teu-*ðich*-teu) *m* homme d'Etat
estado (ich-*ta*-ðou) *m* Etat *m;* état *m;* **do ~** de l'Etat; **~ de emergência** état d'urgence; **Estados Unidos** Etats-Unis
estalagem (ich-teu-*la*-jeun[y]) *f* auberge *f*
estalajadeiro (ich-teu-leu-jeu-*ðéï*-rou) *m* aubergiste *m*
estalar (ich-teu-*lar*) *v* craquer
estaleiro (ich-teu-*léï*-rou) *m* chantier naval
estalido (ich-teu-*li*-ðou) *m* craquement *m*
estampa (ich-*teunm*-peu) *f* estampe *f*
estandarte (ich-teunn-*dar*-teu) *m* bannière *f*
estanho (ich-*teu*-gnou) *m* étain *m*
***estar** (ich-*tar*) *v* *être
estatística (ich-teu-*tich*-ti-keu) *f* statistique *f*
estátua (ich-*ta*-t[ou]eu) *f* statue *f*
estatura (ich-*ta*-*tou*-reu) *f* stature *f*
estável (ich-*ta*-vèl) *adj* (pl -eis) stable
este[1] (*éch*-teu) *adj* ce; *pron* celui-ci; **estes** ces
este[2] (*èch*-teu) *m* est *m*
estenografia (ich-teu-nou-greu-*fi*-eu) *f* sténographie *f*
estenógrafo (ich-teu-*no*-greu-fou) *m* sténographe *m*
esterco (ich-*tér*-kou) *m* fiente *f,* fumier *m*
estéril (ich-*tè*-ril) *adj* (pl -eis) stérile
esterilizar (ich-teu-reu-li-*zar*) *v* stériliser
estibordo (ich-ti-*ƀor*-dou) *m* tribord *m*
esticão (ich-ti-*keun*[ou]) *m* (pl -cões) à-coup *m*
esticar (ich-ti-*kar*) *v* tendre
estilo (ich-*ti*-lou) *m* style *m*
estima (ich-*ti*-meu) *f* estime *f*
estimar (ich-ti-*mar*) *v* estimer
estimativa (ich-ti-meu-*ti*-veu) *f* estimation *f;* ***fazer a ~** évaluer
estimulante (ich-ti-mou-*leunn*-teu) *m* stimulant *m*
estimular (ich-ti-mou-*lar*) *v* stimuler
estímulo (ich-*ti*-mou-lou) *m* stimulant *m*
estipulação (ich-ti-pou-leu-*seun*[ou]) *f* (pl -ções) stipulation *f*
estipular (ich-ti-pou-*lar*) *v* stipuler
estivador (ich-ti-veu-*ðôr*) *m* docker *m*
estofar (ich-tou-*far*) *v* capitonner, rembourrer
estojo (ich-*tô*-jou) *m* étui *m;* **~ de toalete** nécessaire de toilette
estola (ich-*to*-leu) *f* étole *f*
estômago (ich-*tô*-meu-gou) *m* estomac *m*
estore (ich-*to*-reu) *m* store *m*
estorninho (ich-tour-*ni*-gnou) *m* étourneau *m*
estorvar (ich-tour-*var*) *v* gêner
estrábico (ich-*tra*-bi-kou) *adj* strabique, louche
estrada (ich-*tra*-ðeu) *f* route *f;* **~ com portagem** route à péage; **~ de circunvalação** route d'évitement; **~ de ferro** *Br* chemin de fer; **~ em obras** route en réfection; **~ princi-**

pal route principale
estragar (ıch-treu-*gar*) *v* gâter; gâcher
estrangeiro (ıch-treun-*jéï*-rou) *m* étranger *m; adj* étranger; **no** ~ à l'étranger; **para o** ~ à l'étranger
estrangular (ıch-treun-ghou-*lar*) *v* étrangler, étouffer
estranho (ıch-*treu*-gnou) *adj* bizarre; étranger, étrange, singulier; *m* étranger *m*
estreitar (ıch-tréï-*tar*) *v* serrer
estreito (ıch-*tréï*-tou) *adj* étroit
estrela (ıch-*tré*-leu) *f* étoile *f*
estremecimento (ıch-treu-meu-si-*mẽn*-tou) *m* frisson *m*
estribo (ıch-*tri*-bou) *m* étrier *m*
estrofe (ıch-*tro*-feu) *f* strophe *f*
estrume (ıch-*trou*-meu) *m* fumier *m*
estrumeira (ıch-trou-*méï*-reu) *f* tas de fumier
estrutura (ıch-trou-*tou*-reu) *f* structure *f*
estuário (ıch-*t*ᵒᵘ*a*-ryou) *m* estuaire *m*
estudante (ıch-tou-*ðeunn*-teu) *m* étudiant *m; f* étudiante *f*
estudar (ıch-tou-*ðar*) *v* étudier
estudo (ıch-*tou*-ðou) *m* étude *f*
estufa (ıch-*tou*-feu) *f* serre *f*
estupefaciente (ıch-tou-peu-feu-*syẽn*-teu) *m* stupéfiant *m*, drogue *f*
estupendo (ıch-tou-*pẽn*-dou) *adj* splendide
estúpido (ıch-*tou*-pi-ðou) *adj* bête, stupide
estuque (ıch-*tou*-keu) *m* stuc *m*
esvaziar (ıj-veu-*zyar*) *v* vider
etapa (i-*ta*-peu) *f* étape *f*
éter (*è*-tèr) *m* éther *m*
eternidade (i-teur-ni-*ða*-deu) *f* éternité *f*
eterno (i-*tèr*-nou) *adj* éternel
etíope (ı-*ti*ᵒᵘ-peu) *adj* éthiopien; *m* Ethiopien *m*
Etiópia (ı-tyô-pyeu) *f* Ethiopie *f*
etiqueta (eu-ti-*ké*-teu) *f* étiquette *f*
etiquetar (eu-ti-keu-*tar*) *v* étiqueter
eu (*é*ᵒᵘ) *pron* je; ~ **mesmo** moi-même
Europa (éᵒᵘ-*ro*-peu) *f* Europe *f*
europeu (éᵒᵘ-rou-*pé*ᵒᵘ) *adj* européen; *m* Européen *m*
evacuar (i-veu-*k*ᵒᵘ*ar*) *v* évacuer
evadir (i-veu-*ðir*) *v* échapper
evangelho (i-veun-*jè*-lʸou) *m* évangile *m*
evaporar (i-veu-pou-*rar*) *v* évaporer
evasão (i-veu-*zeun*ᵒᵘ) *f* (pl -sões) évasion *f*
eventual (i-vẽn-*t*ᵒᵘ*al*) *adj* (pl -ais) éventuel
evidente (eu-vi-*ðẽn*-teu) *adj* évident
evidentemente (eu-vi-ðẽn-teu-*mẽn*-teu) *adv* manifestement
evitar (eu-vi-*tar*) *v* éviter; *prévenir
evolução (i-vou-lou-*seun*ᵒᵘ) *f* (pl -ções) évolution *f*
exactamente (i-za-teu-*mẽn*-teu) *adv* exactement
exactidão (i-za-ti-*ðeun*ᵒᵘ) *f* exactitude *f*
exacto (i-*za*-tou) *adj* exact; précis, juste
exagerado (i-zeu-jeu-*ra*-ðou) *adj* exagéré
exagerar (i-zeu-jeu-*rar*) *v* exagérer
exalar (i-zeu-*lar*) *v* exhaler
exame (i-*zeu*-meu) *m* examen *m;* ~ **médico** examen médical
examinar (i-zeu-mi-*nar*) *v* examiner
exausto (i-*zaouch*-tou) *adj* surmené
excedente (ıch-seu-*ðẽn*-teu) *m* excédent *m*, surplus *m*
exceder (ıch-seu-*ðér*) *v* excéder
excelente (ıch-seu-*lẽn*-teu) *adj* excellent; formidable, de premier ordre
excêntrico (ıch-*sẽn*-tri-kou) *adj* excentrique
excepção (ıch-sè-*seun*ᵒᵘ) *f* (pl -ções)

exception *f*
excepcional (ich-sè-syou-*nal*) *adj* (pl -ais) exceptionnel
excepto (ich-*sè*-tou) *prep* excepté
excessivo (ich-seu-*si*-vou) *adj* excessif
excesso (ich-*sè*-sou) *m* excès *m;* ~ **de peso** surcharge *f;* ~ **de velocidade** excès de vitesse
excitação (ich-si-teu-*seun*ou) *f* (pl -ções) excitation *f*
excitar (ich-si-*tar*) *v* exciter
exclamação (ich-kleu-meu-*seun*ou) *f* (pl -ções) exclamation *f*
exclamar (ich-kleu-*mar*) *v* exclamer
***excluir** (ich-*kl*ou*ir*) *v* *exclure
exclusivamente (ich-klou-si-veu-*mẽn*-teu) *adv* exclusivement
exclusivo (ich-klou-*zi*-vou) *adj* exclusif
excursão (ich-kour-*seun*ou) *f* (pl -sões) excursion *f*
execução (i-zeu-kou-*seun*ou) *f* (pl -ções) exécution *f*
executar (i-zeu-kou-*tar*) *v* accomplir, exécuter, réaliser
executivo (i-zeu-kou-*ti*-vou) *adj* exécutif
exemplar (i-zẽm-*plar*) *m* spécimen *m;* exemplaire *m*
exemplo (i-*zẽm*-plou) *m* exemple *m;* **por** ~ par exemple
exercer (i-zeur-*sér*) *v* exercer
exercício (i-zeur-*si*-syou) *m* exercice *m*
exercitar (i-zeur-si-*tar*) *v* exercer
exército (i-*zèr*-si-tou) *m* armée *f*
exibição (i-zeu-bi-*seun*ou) *f* (pl -ções) exhibition *f*
exibir (i-zeu-*bir*) *v* exhiber; étaler, exposer
exigência (i-zi-*jẽ*-syeu) *f* exigence *f*
exigente (i-zi-*jẽn*-teu) *adj* exigeant
exigir (i-zi-*jir*) *v* exiger
exilado (i-zi-*la*-ðou) *m* exilé *m*
exílio (i-*zi*-lyou) *m* exile *m*
existência (i-zich-*tẽ*-syeu) *f* existence *f*
existir (i-zich-*tir*) *v* exister
êxito (*éï*-zi-tou) *m* succès *m*
exótico (i-*zo*-ti-kou) *adj* exotique
expandir (ich-peunn-*dir*) *v* étendre; diffuser
expectativa (ich-pè-teu-*ti*-veu) *f* espérance *f*
expedição (ich-peu-ði-*seun*ou) *f* (pl -ções) expédition *f*
***expedir** (ich-peu-*ðir*) *v* expédier
experiência (ich-peu-*ryẽ*-syeu) *f* expérience *f;* essai *m*
experiente (ich-peu-*ryẽn*-teu) *adj* expérimenté
experimentar (ich-peu-ri-mẽn-*tar*) *v* essayer, expérimenter, éprouver, *faire l'expérience de
expiração (ich-pi-reu-*seun*ou) *f* (pl -ções) expiration *f*
expirado (ich-pi-*reu*-ðou) *adj* périmé
expirar (ich-pi-*rar*) *v* expirer; *venir à échéance
explicação (ich-pli-keu-*seun*ou) *f* (pl -ções) explication *f*
explicar (ich-pli-*kar*) *v* expliquer
explícito (ich-*pli*-si-tou) *adj* explicite
***explodir** (ich-plou-*ðir*) *v* exploser
explorar (ich-plou-*rar*) *v* explorer; exploiter
explosão (ich-plou-*zeun*ou) *f* (pl -sões) explosion *f;* déchaînement *m*
explosivo (ich-plou-*zi*-vou) *adj* explosif; *m* explosif *m*
***expor** (ich-*pôr*) *v* exposer, étaler
exportação (ich-pour-teu-*seun*ou) *f* (pl -ções) exportation *f*
exportar (ich-pour-*tar*) *v* exporter
exposição (ich-pou-zi-*seun*ou) *f* (pl -ções) exposition *f;* ~ **de arte** exposition d'art
expressão (ich-preu-*seun*ou) *f* (pl -sões) expression *f;* ~ **idiomática**

idiotisme *m*
expressar (ıch-preu-*sar*) *v* exprimer
expresso (ıch-*prè*-sou) *adj* exprès; **distribuição expressa** distribution par exprès
exprimir (ıch-pri-*mir*) *v* exprimer
expulsar (ıch-poul-*sar*) *v* expulser
êxtase (*éïch*-teu-zeu) *m* extase *m*
extensão (ıch-tẽ-*seun^ou*) *f* (pl -sões) étendue *f*
extensivo (ıch-tẽ-*si*-vou) *adj* extensif
extenso (ıch-*tẽ*-sou) *adj* étendu
extenuar (ıch-teu-*n^ou ar*) *v* exténuer
exterior (ıch-teu-*ryôr*) *m* extérieur *m; adj* extérieur
externo (ıch-*tèr*-nou) *adj* externe; extérieur
extinguir (ıch-tĩ-*ghir*) *v* *éteindre
extintor (ıch-tĩn-*tôr*) *m* extincteur *m*
***extorquir** (ıch-tour-*kir*) *v* extorquer
extorsão (ıch-tour-*seun^ou*) *f* (pl -sões) extorsion *f*
extraditar (ıch-tra-ði-*tar*) *v* extrader
***extrair** (ıch-treu-*ir*) *v* arracher, *extraire
extraordinário (ıch-treu-our-ði-*na*-ryou) *adj* extraordinaire
extravagante (ıch-treu-veu-*geunn*-teu) *adj* extravagant
extraviar (ıch-tra-*vyar*) *v* égarer
extremidade (ıch-treu-mi-*ða*-ðeu) *f* extrémité *f*, bout *m*
extremo (ıch-*tré*-mou) *adj* extrême; *m* extrême *m*
exuberante (i-zou-ƀeu-*reunn*-teu) *adj* exubérant

F

fã (feun) *mBr* fan *m*
fábrica (*fa*-ƀri-keu) *f* usine *f*, fabrique *f*
fabricante (fa-ƀri-*keunn*-teu) *m* fabricant *m*
fabricar (fa-ƀri-*kar*) *v* fabriquer
fábula (*fa*-ƀou-leu) *f* fable *f*
faca (*fa*-keu) *f* couteau *m*
face (*fa*-seu) *f* joue *f*
fachada (feu-*cha*-ðeu) *f* façade *f*
fácil (*fa*-sil) *adj* (pl fáceis) facile
facilidade (feu-seu-li-*ða*-ðeu) *f* facilité *f*, aisance *f*
facto (*fak*-tou) *m* fait *m*; **de** ~ en fait
factor (fa-*tôr*) *m* facteur *m*
factura (fa-*tou*-reu) *f* facture *f*
facturar (fa-tou-*rar*) *v* facturer
faculdade (feu-koul-*da*-ðeu) *f* faculté *f*; aptitude *f*
facultativo (feu-koul-teu-*ti*-vou) *adj* facultatif
fada (*fa*-ðeu) *f* fée *f*
faia (*faï*-eu) *f* hêtre *m*
faiança (feu-*yeun*-seu) *f* faïence *f*; poterie *f*
faina (*faï*-neu) *f* activité *f*, travail *m*
faisão (faï-*zeun^ou*) *m* (pl -sões) faisan *m*
faísca (feu-*ich*-keu) *f* étincelle *f*
faixa (*faï*-cheu) *f* bande *f*; ~ **de rodagem** chaussée *f*
fala (*fa*-leu) *f* parole *f*
falador (feu-leu-*ðôr*) *adj* bavard
falar (feu-*lar*) *v* parler
falcão (fal-*keun^ou*) *m* (pl -cões) faucon *m*
falecer (feu-leu-*sér*) *v* trépasser, décéder
falésia (feu-*lè*-syeu) *f* falaise *f*
falha (*fa*-l^yeu) *f* défaut *m*; insuffisance *f*, fêlure *f*; faille *f*
falhar (feu-*l^yar*) *v* manquer; fêler
falido (feu-*li*-ðou) *adj* en faillite
falsificação (fal-seu-fi-keu-*seun^ou*) *f* (pl -ções) falsification *f*
falsificar (fal-seu-fi-*kar*) *v* *contrefaire, falsifier

also (*fal*-sou) *adj* faux; fourbe
alta (*fal*-teu) *f* manque *m;* faute *f;* infraction *f*
altar (fal-*tar*) *v* manquer
ama (*feu*-meu) *f* renommée *f,* célébrité *f*
amília (feu-*mi*-lyeu) *f* famille *f*
amiliar (feu-mi-*lyar*) *adj* familier
amoso (feu-*mô*-zou) *adj* fameux
anático (feu-*na*-ti-kou) *adj* fanatique
anfarra (feun-*feu*-rreu) *f* fanfare *f*
antasia (feunn-teu-*zi*-eu) *f* fantaisie *f*
antasma (feunn-*taj*-meu) *m* fantôme *m,* spectre *m*
antástico (feunn-*tach*-ti-kou) *adj* fantastique, formidable
ardo (*far*-dou) *m* fardeau *m*
arinha (feu-*ri*-gneu) *f* farine *f*
armacêutico (feur-meu-*sé*^{ou}-ti-kou) *m* pharmacien *m*
armácia (feur-*ma*-syeu) *f* pharmacie *f*
armacologia (far-meu-kou-lou-*ji*-eu) *f* pharmacologie *f*
arol (feu-*rol*) *m* (pl faróis) phare *m;* ~ **de nevoeiro** phare anti-brouillard; ~ **traseiro** feu arrière
farpa (*far*-peu) *f* écharde *f*
farsa (*far*-seu) *f* farce *f*
farto de (*far*-tou deu) las de, dégoûté
fartura (feur-*tou*-reu) *f* abondance *f;* beignet *m*
fascinante (feuch-si-*neunn*-teu) *adj* fascinant, enchanteur
fascinar (feuch-si-*nar*) *v* fasciner
fascismo (feuch-*sich*-mou) *m* fascisme *m*
fascista (feuch-*sich*-teu) *adj* fasciste; *m* fasciste *m*
fase (*fa*-zeu) *f* phase *f;* étape *f*
fastidioso (feuch-ti-*ðyô*-zou) *adj* fastidieux
fatal (feu-*tal*) *adj* (pl -ais) fatal, néfaste
fatia (feu-*ti*-eu) *f* tranche *f*
fatigado (feu-ti-*ga*-ðou) *adj* fatigué
fatigante (feu-ti-*geunn*-teu) *adj* fatigant
fato (*fa*-tou) *m* complet *m;* ~ **calça e casaco** ensemble-pantalon; ~ **de banho** maillot de bain
fato-macaco (fa-tou-meu-*ka*-kou) *m* salopette *f*
favor (feu-*vôr*) *m* faveur *f;* **a** ~ **de** en faveur de; **por** ~ s'il vous plaît; **se faz** ~ s'il vous plaît
favorável (feu-vou-*ra*-vèl) *adj* (pl -eis) favorable
favorecer (feu-vou-reu-*sér*) *v* favoriser
favorito (feu-vou-*ri*-tou) *adj* favori; *m* favori *m*
***fazer** (feu-*zér*) *v* *faire, rendre; ***fazer-se** *devenir
fé (fè) *f* foi *f*
febre (*fè*-breu) *f* fièvre *f;* ~ **dos fenos** rhume des foins
febril (fè-*bril*) *adj* (pl -is) fiévreux
fechado (fi-*cha*-ðou) *adj* fermé
fechadura (fi-cheu-*ðou*-reu) *f* serrure *f;* **buraco da** ~ trou de la serrure
fechar (fi-*char*) *v* fermer; enfermer; ~ **à chave** fermer à clé
fecho (*fé*-chou) *m* fermeture *f;* ~ **éclair** fermeture éclair
federação (feu-ðeu-reu-*seun*^{ou}) *f* (pl -ções) fédération *f*
federal (feu-ðeu-*ral*) *adj* (pl -ais) fédéral
feijão (féĩ-*jeun*^{ou}) *m* (pl -jões) haricot *m*
feio (*féĩ*-ou) *adj* laid
feira (*féĩ*-reu) *f* foire *f*
feito (*féĩ*-tou) *m* fait *m*
felicidade (feu-leu-si-*ða*-ðeu) *f* bonheur *m*
felicitação (feu-leu-si-teu-*seun*^{ou}) *f* (pl -ções) félicitation *f*
felicitar (feu-leu-si-*tar*) *v* féliciter, congratuler

feliz (feu-*lich*) *adj* heureux
feltro (*fél*-trou) *m* feutre *m*
feminino (feu-meu-*ni*-nou) *adj* féminin
fenda (*fẽn*-deu) *f* fissure *f;* fente *f,* crevasse *f*
fender (fẽn-*dér*) *v* fendre
feno (*fé*-nou) *m* foin *m*
feriado (feu-*rya*-ðou) *m* jour férié
férias (*fè*-ryeuch) *fpl* congé *m,* vacances; **estância de ~** villégiature *f*
ferida (feu-*ri*-ðeu) *f* blessure *f*
ferido (feu-*ri*-ðou) *adj* blessé
***ferir** (feu-*rir*) *v* blesser
fermentar (feur-mẽn-*tar*) *v* fermenter
feroz (feu-*roch*) *adj* féroce, sauvage
ferradura (feu-rreu-*ðou*-reu) *f* fer à cheval
ferragens (feu-*rra*-jeuïch) *fpl* quincaillerie *f*
ferramenta (feu-rreu-*mẽn*-teu) *f* outil *m,* instrument *m*
ferreiro (feu-*rréï*-rou) *m* forgeron *m*
ferro (*fè*-rou) *m* fer *m;* **de ~** en fer; **~ de engomar** fer à repasser; **~ de frisar** fer à friser; **~ de soldar** fer à souder; **~ fundido** fonte *f;* **não passar a ~** sans repassage
ferrolho (feu-*rrô*-lʸou) *m* verrou *m*
ferrugem (feu-*rrou*-jeunʸ) *f* rouille *f*
ferrugento (feu-rrou-*jẽn*-tou) *adj* rouillé
fértil (*fèr*-til) *adj* (pl -teis) fertile
ferver (feur-*vér*) *v* *bouillir
festa (*fèch*-teu) *f* fête *f;* surprise-partie *f*
festival (fich-ti-*val*) *m* (pl -ais) festival *m*
festivo (fich-*ti*-vou) *adj* de fête
feudal (féᵒᵘ-*ðal*) *adj* (pl -ais) féodal
Fevereiro (feu-veu-*réï*-rou) février
fiador (fyeu-*ðôr*) *m* garant *m*
fiança (*fyeun*-seu) *f* caution *f*
fiar (*fyar*) *v* filer; confier; vendre à crédit
fiasco (*fyach*-kou) *m* échec *m*
fibra (*fi*-ƀreu) *f* fibre *f*
ficar (fi-*kar*) *v* rester; **~ bem** bien *aller; réussir
ficção (fik-*seun*ᵒᵘ) *f* (pl -ções) fiction *f*
ficha (*fi*-cheu) *f* jeton *m;* fiche *f*
fiel (fyèl) *adj* (pl fiéis) fidèle
fígado (*fi*-geu-ðou) *m* foie *m*
figo (*fi*-gou) *m* figue *f*
figura (fi-*gou*-reu) *f* figure *f,* forme *f*
fila (*fi*-leu) *f* file *f;* rang *m,* rangée *f*
filha (*fi*-lʸeu) *f* fille *f*
filho (fi-*lʸo*) *m* fils *m*
filiação (fi-lyeu-*seun*ᵒᵘ) *f* affiliation *f*
filiado (fi-*lya*-ðou) *adj* affilié
Filipinas (fi-li-*pi*-neuch) *fpl* Philippines *fpl*
filipino (fi-li-*pi*-nou) *adj* philippin; *m* Philippin *m*
filmar (fil-*mar*) *v* filmer
filme (*fil*-meu) *m* film *m;* **~ a cores** film en couleurs
filosofia (fi-lou-zou-*fi*-eu) *f* philosophie *f*
filósofo (fi-*lo*-zou-fou) *m* philosophe *m*
filtrar (fil-*trar*) *v* filtrer
filtro (*fil*-trou) *m* filtre *m;* **~ de ar** filtre à air; **~ de óleo** filtre à huile
fim (fĩ) *m* fin *f,* but *m;* **a ~ de** afin de; **sem ~** illimité
fim-de-semana (fĩ-deu-seu-meu-*neu*) *m* week-end *m*
final (fi-*nal*) *adj* (pl -ais) final
finalmente (fi-nal-*mẽn*-teu) *adv* enfin, finalement
finanças (fi-*neun*-seuch) *fpl* finances *fpl*
financeiro (fi-neun-*séï*-rou) *adj* financier
financiar (fi-neun-*syar*) *v* financer
fingir (fĩ-*jir*) *v* prétendre; *feindre
finlandês (fĩ-leunn-*déch*) *adj* finlandais; *m* Finlandais *m*

Finlândia (fĩ-*leunn*-dyeu) *f* Finlande *f*
fino (*fi*-nou) *adj* fin, mince
fio (fi^ou^) *m* fil *m;* ~ **de extensão** rallonge *f;* ~ **eléctrico** fil électrique
fiorde (*fior*-deu) *m* fjord *m*
firma (*fir*-meu) *f* firme *f;* entreprise *f*
firme (*fir*-meu) *adj* ferme
fiscalização (fich-keu-li-zeu-*seun^ou^*) *f* contrôle *m*, surveillance *f*
fiscalizar (fich-keu-li-*zar*) *v* contrôler
física (*fi*-zi-keu) *f* physique *f*
físico (*fi*-zi-kou) *adj* physique; *m* physicien *m*
fisiologia (fi-zyou-lou-*ji*-eu) *f* physiologie *f*
fita (*fi*-teu) *f* ruban *m;* bande *f;* film *m;* ~ **adesiva** ruban adhésif; ~ **métrica** centimètre *m*
fitar (fi-*tar*) *v* fixer
fivela (fi-*vè*-leu) *f* boucle *f*
fixar (fik-*sar*) *v* fixer; **fixar-se** se fixer
fixo (*fik*-sou) *adj* fixe
flamingo (fleu-*mĩ*-ghou) *m* flamant *m*
flanela (fleu-*nè*-leu) *f* flanelle *f*
flauta (*flaou*-teu) *f* flûte *f*
flexível (flèk-*si*-vèl) *adj* (pl -eis) flexible
flor (flôr) *f* fleur *f*
floresta (flou-*rèch*-teu) *f* forêt *f;* bois *m*
florista (flou-*rich*-teu) *m* fleuriste *m*
fluente (*fl^ou^ẽn*-teu) *adj* coulant
fluido (*fl^ou^i*-ðou) *adj* fluide
flutuador (flou-t^ou^eu-*ðôr*) *m* flotteur *m*
flutuar (flou-*t^ou^ar*) *v* flotter
foca (*fo*-keu) *f* phoque *m*
focinho (fou-*si*-gnou) *m* museau *m;* gueule *f*
foco (*fo*-kou) *m* foyer *m*
fogão (fou-*geun^ou^*) *m* (pl fogões) cuisinière *f*, fourneau *m;* ~ **a gás** fourneau à gaz; cuisinière à gaz
fogo (*fô*-gou) *m* feu *m;* **à prova de** ~ ignifuge
foguete (fou-*geu*-teu) *m* fusée *f*
folclore (fôlk-*lo*-reu) *m* folklore *m*
folha (*fô*-l^y^eu) *f* feuille *f;* ~ **de ouro** or en feuille
folhetim (fou-l^y^eu-*tĩ*) *m* feuilleton *m*
fome (*fo*-meu) *f* faim *f*
fonético (fou-*nè*-ti-kou) *adj* phonétique
fonte (*fonn*-teu) *f* source *f*, fontaine *f;* tempe *f*
fora (*fo*-reu) *adv* dehors, hors; *prep* hors, hormis; **de** ~ du dehors; de dehors; ~ **de** en dehors de; hors de; **para** ~ vers l'extérieur
forasteiro (fou-reuch-*tèï*-rou) *m* inconnu *m*, étranger *m*
forca (*fôr*-keu) *f* gibet *m*
força (*fôr*-seu) *f* force *f;* puissance *f;* ~ **armada** force armée; ~ **de vontade** volonté *f;* ~ **motriz** force motrice
forçar (four-*sar*) *v* forcer
forçosamente (four-sô-zeu-*mẽn*-teu) *adv* forcément
forma[1] (*for*-meu) *f* forme *f*
forma[2] (*fôr*-meu) *f* moule *m*
formal (four-*mal*) *adj* (pl -ais) formel; cérémonieux
formalidade (four-meu-li-*ða*-ðeu) *f* formalité *f*
formar (four-*mar*) *v* former
formato (four-*ma*-tou) *m* format *m*
formidável (four-mi-*ða*-vèl) *adj* (pl -eis) formidable; immense
formiga (four-*mi*-geu) *f* fourmi *f*
fórmula (*for*-mou-leu) *f* formule *f*
formular (four-mou-*lar*) *v* formuler
formulário (four-mou-*la*-ryou) *m* formulaire *m;* ~ **de inscrição** formulaire d'inscription
fornecer (four-neu-*sér*) *v* fournir
fornecimento (four-neu-si-*mẽn*-tou) *m* fourniture *f*

forno (*fôr*-nou) *m* four *m;* fournaise *f;* **cozer no ~** *cuire au four
forrar (fou-*rrar*) *v* *recouvrir; tapisser; doubler
forro (*fô*-rrou) *m* doublure *f*
fortaleza (four-teu-*lé*-zeu) *f* forteresse *f*
forte (*for*-teu) *adj* fort; *m* fort *m*
fortemente (fôr-teu-*mẽn*-teu) *adv* fortement
fortuna (four-*tou*-neu) *f* fortune *f*
fósforo (*foch*-fou-rou) *m* allumette *f*
fosso (*fô*-sou) *m* douve *f;* fossé *m*
fotocópia (fo-tô-*ko*-pyeu) *f* photocopie *f*
fotografar (fou-tou-greu-*far*) *v* photographier
fotografia (fou-tou-greu-*fi*-eu) *f* photographie *f;* photo *f;* **~ de passe** photo d'identité
fotógrafo (fou-*to*-greu-fou) *m* photographe *m*
fotómetro (fou-*to*-meu-trou) *m* photomètre *m*
foz (foch) *f* embouchure *f*
fracassar (freu-keu-*sar*) *v* échouer
fracasso (freu-*ka*-sou) *m* échec *m*
fracção (fra-*seun*^{ou}) *f* (pl -ções) fraction *f*
fraco (*fra*-kou) *adj* faible; piètre
fractura (fra-*tou*-reu) *f* fracture *f*
fracturar (fra-tou-*rar*) *v* fracturer
frágil (*fra*-jil) *adj* (pl -geis) fragile
fragmento (freug-*mẽn*-tou) *m* fragment *m;* morceau *m*
fralda (*fral*-deu) *f* couche *f*
framboesa (freunm-*b*^{ou}*é*-zeu) *f* framboise *f*
França (*freun*-seu) *f* France *f*
francês (freun-*séch*) *adj* français; *m* Français *m*
franco (*freun*-kou) *adj* franc
franco-atirador (freun-kou-eu-ti-reu-*ðôr*) *m* franc-tireur *m*
frango (*freun*-ghou) *m* poulet *m*
franja (*freun*-jeu) *f* frange *f*
franquia (freun-*ki*-eu) *f* affranchissement *m,* port *m;* franchise *f*
franquiar (freun-*kyar*) *v* affranchir
fraqueza (freu-*ké*-zeu) *f* faiblesse *f*
frasco (*frach*-kou) *m* flacon *m*
frase (*fra*-zeu) *f* phrase *f;* locution *f*
fraternidade (freu-teur-ni-*ða*-ðeu) *f* fraternité *f*
fraude (*fraou*-ðeu) *f* fraude *f*
***frear** (*fryar*) *vBr* freiner
freguês (frè-*géch*) *m* client *m*
freira (*fréï*-reu) *f* religieuse *f*
frente (*frẽn*-teu) *f* devant *m;* **em ~** en avant; **em ~ de** en face de; **para a ~** en avant; **sempre em ~** tout droit
frequência (freu-*k*^{ou}*ẽ*-syeu) *f* fréquence *f*
frequentar (freu-k^{ou}ẽn-*tar*) *v* fréquenter
frequente (freu-*k*^{ou}*ẽn*-teu) *adj* courant, fréquent
frequentemente (freu-k^{ou}ẽn-teu-*mẽn*-teu) *adv* souvent, fréquemment
fresco (*fréch*-kou) *adj* frais
fricção (frik-*seun*^{ou}) *f* (pl -ções) friction *f*
frieira (*fryéï*-reu) *f* engelure *f*
frigideira (fri-jeu-*ðéï*-reu) *f* poêle à frire
frigorífico (fri-gou-*ri*-fi-kou) *m* réfrigérateur *m*
frio (*fri*^{ou}) *adj* froid; *m* froid *m*
frisar (fri-*zar*) *v* souligner; friser
fritar (fri-*tar*) *v* *frire; *faire sauter
fronha (*frô*-ngeu) *f* taie d'oreiller
fronteira (fronn-*téï*-reu) *f* frontière *f*
frota (*fro*-teu) *f* flotte *f*
frouxo (*frô*-chou) *adj* lâche; faible
fruta (*frou*-teu) *f* fruits *mpl*
fruto (*frou*-tou) *m* fruit *m*
fuga (*fou*-geu) *f* fuite *f;* **com ~** ayant

une fuite
***fugir** (fou-*jir*) *v* *fuir
fugitivo (fou-ji-*ti*-vou) *m* fugitif *m*
fumador (fou-meu-*ðôr*) *m* fumeur *m*
fumar (fou-*mar*) *v* fumer
fumo (*fou*-mou) *m* fumée *f*
função (foũ-*seun*ou) *f* (pl -ções) fonction *f*
funcionamento (foũ-syou-neu-*mẽn*-tou) *m* fonctionnement *m*
funcionar (foũ-syou-*nar*) *v* fonctionner
funcionário (foũ-syou-*na*-ryou) *m* fonctionnaire *m;* employé de bureau; ~ **aduaneiro** douanier *m*
fundação (foũn-deu-*seun*ou) *f* (pl -ções) fondation *f*
fundamentado (foũn-deu-mẽn-*ta*-ðou) *adj* bien fondé
fundamental (foũn-deu-mẽn-*tal*) *adj* (pl -ais) fondamental
fundamento (foũn-deu-*mẽn*-tou) *m* base *f*
fundar (foũn-*dar*) *v* fonder
fundição (foũn-di-*seun*ou) *f* (pl -ções) fonderie *f*
fundo (*foũn*-dou) *m* fond *m; adj* profond
funeral (fou-neu-*ral*) *m* (pl -ais) funérailles *fpl*
funil (fou-*nil*) *m* (pl -is) entonnoir *m*
furacão (fou-reu-*keun*ou) *m* (pl -cões) ouragan *m*
furado (fou-*ra*-ðou) *adj* crevé; percé
furar (fou-*rar*) *v* percer
furgão (four-*gheun*ou) *m* (pl -gões) fourgon *m*
furgoneta (four-ghou-*né*-teu) *f* fourgonnette *f;* camionnette *f*
fúria (*fou*-ryeu) *f* colère *f,* furie *f*
furibundo (fou-ri-*ƀoũn*-dou) *adj* furibond
furioso (fou-*ryô*-zou) *adj* furieux
furo (*fou*-rou) *m* crevaison *f,* trou *m*
furor (fou-*rôr*) *m* fureur *f*
furúnculo (fou-*roũ*-kou-lou) *m* furoncle *m*
fusco (*fouch*-kou) *adj* brumeux
fusível (fou-*zi*-vèl) *m* (pl -eis) fusible *m*
futebol (fou-teu-*ƀol*) *m* football *m;* **jogo de** ~ match de football
fútil (*fou*-til) *adj* (pl fúteis) futile
futuro (fou-*tou*-rou) *adj* futur; *m* avenir *m*

G

gabardina (gheu-ƀeur-*di*-neu) *f* imperméable *m*
gabar-se (gheu-*ƀar*-seu) *v* se vanter
gabinete (gheu-ƀi-*né*-teu) *m* cabinet *m;* ~ **de provas** cabine d'essayage
gado (*gha*-ðou) *m* bétail *m*
gafanhoto (gheu-feu-*gnô*-tou) *m* sauterelle *f*
gaiato (gheu-*ya*-tou) *m* gamin *m*
gaivota (ghaï-*vo*-teu) *f* mouette *f,* goéland *m*
galeria (gheu-leu-*ri*-eu) *f* galerie *f;* ~ **de arte** galerie d'art
galgo (*ghal*-gou) *m* lévrier *m*
galinha (gheu-*li*-gneu) *f* poule *f;* **pele de** ~ chair de poule
galo (*gha*-lou) *m* coq *m*
galope (gheu-*lo*-peu) *m* galop *m*
gamba (*gheunm*-beu) *f* crevette *f*
ganancioso (gheu-neun-*syô*-zou) *adj* cupide
gancho (*gheun*-chou) *m* crochet *m;* patère *f;* ~ **de cabelo** épingle à cheveux; pince à cheveux
gangorra (gheun-*ghô*-rreu) *fBr* balançoire *f*
ganhar (gheu-*gnar*) *v* gagner
ganhos (*gheu*-gnouch) *mpl* gains *mpl*
ganso (*gheun*-sou) *m* oie *f*

garagem (gheu-*ra*-jeun[y]) *f* garage *m;* ***pôr na** ~* garer
garagista (gheu-reu-*jich*-teu) *m* garagiste *m*
garantia (gheu-reunn-*ti*-eu) *f* garantie *f*
garantir (gheu-reunn-*tir*) *v* assurer, garantir
garça (*ghar*-seu) *f* héron *m*
garçom (ghar-*son*) *mBr* garçon *m*
garçonete (*ghar*-sou-*né*-teu) *fBr* serveuse *f*
garfo (*ghar*-fou) *m* fourchette *f*
gargalhada (gheur-gheu-*l[y]a*-deu) *f* éclat de rire
garganta (gheur-*gheunn*-teu) *f* gorge *f*
gargarejar (gheur-gheu-rı-*jar*) *v* se gargariser
garoto (gheu-*rô*-tou) *m* gosse *m*
garra (*gha*-rreu) *f* griffe *f*
garrafa (gheu-*rra*-feu) *f* bouteille *f;* carafe *f;* ~ **termos** thermos *m*
garrafão (gheu-rreu-*feun[ou]*) *m* (pl -fões) dame-jeanne *f*
garrido (gheu-*rri*-ðou) *adj* coquet; voyant
gás (ghach) *m* gaz *m;* **gases de escape** gaz d'échappement
gasolina (gheu-zou-*li*-neu) *f* essence *f;* **posto de** ~ poste d'essence
gastador (gheuch-teu-*ðôr*) *adj* dépensier
gastar (gheuch-*tar*) *v* dépenser; user
gástrico (*ghach*-tri-kou) *adj* gastrique
gastrónomo (ghach-tro-nou-mou) *m* gourmet *m*, gastronome *m*
gatilho (gheu-*ti*-l[y]ou) *m* gâchette *f*
gatinho (gheu-*ti*-gnou) *m* minet *m*
gato (*gha*-tou) *m* chat *m*
gaveta (gheu-*vé*-teu) *f* tiroir *m*
gavião (gheu-*vyeun[ou]*) *m* (pl -iões) épervier *m*
gaze (*gha*-zeu) *f* gaze *f*
geada (*jya*-ðeu) *f* gel *m*
geladeira (jeu-leu-*ðéï*-reu) *fBr* refrigérateur *m*
gelado (jeu-*la*-ðou) *adj* gelé; *m* crème glacée, glace *f*
gelar (jeu-*lar*) *v* geler
geleia (jeu-*léï*-eu) *f* gelée *f;* **geléia** *Br* confiture *f*
gelo (*jé*-lou) *m* glace *f*
gema (*jé*-meu) *f* jaune d'œuf
gémeos (*jè*-myouch) *mpl* jumeaux *mpl*
gemer (jeu-*mér*) *v* gémir
general (jeu-neu-*ral*) *m* (pl -ais) général *m*
género (*jè*-neu-rou) *m* genre *m*, sorte *f;* **géneros** denrées *fpl*
generosidade (jeu-neu-rou-zi-*ða*-ðeu) *f* générosité *f*
generoso (jeu-neu-*rô*-zou) *adj* généreux
gengibre (jẽ-*ji*-ƀreu) *m* gingembre *m*
gengiva (jẽ-*ji*-veu) *f* gencive *f*
génio (*jè*-nyou) *m* génie *m;* caractère *m*
genital (jeu-ni-*tal*) *adj* (pl -ais) génital
genro (*jẽ*-rrou) *m* gendre *m*
gente (*jẽn*-teu) *f* gens *mpl/fpl;* peuple *m;* **a** ~ on; **toda a** ~ tout le monde
gentil (jẽn-*til*) *adj* (pl -is) gentil
genuíno (jeu-*n[ou]i*-nou) *adj* authentique
geografia (jyou-greu-*fi*-eu) *f* géographie *f*
geologia (jyou-lou-*ji*-eu) *f* géologie *f*
geometria (jyou-meu-*tri*-eu) *f* géométrie *f*
geração (jeu-reu-*seun[ou]*) *f* (pl -ções) génération *f*
gerador (jeu-reu-*ðôr*) *m* générateur *m*
geral (jeu-*ral*) *adj* (pl -ais) général
geralmente (jeu-ral-*mẽn*-teu) *adv* généralement
germe (*jèr*-meu) *m* germe *m*

gesso (*jé*-sou) *m* plâtre *m*
gestão (jich-*teun*[ou]) *f* (pl -tões) gestion *f*
gesticular (jeuch-ti-kou-*lar*) *v* gesticuler
gesto (*jèch*-tou) *m* geste *m*
gigante (ji-*geunn*-teu) *m* géant *m*
gigantesco (ji-geunn-*téch*-kou) *adj* gigantesque
gilete (ji-*lè*-teu) *f* rasoir *m*
ginásio (ji-*na*-zyou) *m* gymnase *m*
ginasta (ji-*nach*-teu) *m* gymnaste *m*
ginástica (ji-*nach*-ti-keu) *f* gymnastique *f*
ginecologista (ji-neu-kou-lou-*jich*-teu) *m* gynécologue *m*
gira-discos (ji-reu-*dich*-kouch) *m* (pl ~) tourne-disque *m*
girar (ji-*rar*) *v* tourner
giz (jich) *m* craie *f*
glaciar (ghleu-*syar*) *m* glacier *m*
glândula (*ghleunn*-dou-leu) *f* glande *f*
global (ghlou-*ƀal*) *adj* (pl -ais) global; total
globo (*ghlô*-ƀou) *m* globe *m*
glória (*ghlo*-ryeu) *f* gloire *f*
gola (*gho*-leu) *f* col *m*
golfe (*ghôl*-feu) *m* golf *m*; **campo de ~** terrain de golf; **clube de ~** club de golf
golfo (*ghôl*-fou) *m* golfe *m*
golo (*ghô*-lou) *m* but *m*
golpe (*ghol*-peu) *m* coupure *f*; coup *m*
goma (*ghô*-meu) *f* gomme *f*; amidon *m*; **~ de mascar** *Br* chewing-gum *m*
gôndola (*ghonn*-dou-leu) *f* gondole *f*
gordo (*ghôr*-dou) *adj* gras, gros
gordura (ghour-*dou*-reu) *f* graisse *f*
gordurento (ghour-dou-*rẽn*-tou) *adj* graisseux; gras
gorduroso (ghour-dou-*rô*-zou) *adj* gras; graisseux
gorjeta (ghour-*jé*-teu) *f* pourboire *m*
gostar de (ghouch-*tar*) aimer; *tenir à
gosto (*ghôch*-tou) *m* goût *m*; entrain *m*; **com muito ~** avec plaisir
gota (*ghô*-teu) *f* goutte *f*
governador (ghou-veur-neu-*ðôr*) *m* gouverneur *m*
governanta (ghou-veur-*neunn*-teu) *f* gouvernante *f*
governante (ghou-veur-*neunn*-teu) *m* dirigeant *m*
governar (ghou-veur-*nar*) *v* gouverner, régner
governo (ghou-*vér*-nou) *m* gouvernement *m*; **~ de casa** ménage *m*
gozar (ghou-*zar*) *v* *prendre plaisir; jouir de; se moquer; **~ com** se moquer de, railler
gozo (*ghô*-zou) *m* plaisir *m*
Grã-Bretanha (ghreun-ƀreu-*teu*-gneu) *f* Grande-Bretagne *f*
graça (*ghra*-seu) *f* grâce *f*; plaisanterie *f*
gracioso (ghreu-*syô*-zou) *adj* plaisant, gracieux
grade (*ghra*-ðeu) *f* caisse *f*
gradeamento (ghreu-ðyeu-*mẽn*-tou) *m* grille *f*, grillage *m*
gradual (ghreu-*ðoual*) *adj* (pl -ais) graduel
gradualmente (ghreu-ðoual-*mẽn*-teu) *adv* graduellement
gráfico (*ghra*-fi-kou) *adj* graphique; *m* graphique *m*, diagramme *m*
gralha (*ghra*-lʸeu) *f* corneille *f*
grama (*ghreu*-meu) *m* gramme *m*
gramática (ghreu-*ma*-ti-keu) *f* grammaire *f*
gramatical (ghreu-meu-ti-*kal*) *adj* (pl -ais) grammatical
gramofone (ghreu-mou-*fo*-neu) *m* phonographe *m*
grampo (*ghreunm*-pou) *m* crampon *m*; *mBr* agrafe *f*
grande (*ghreunn*-deu) *adj* grand, vaste

grandioso (ghreunn-*dyô*-zou) *adj* grandiose, sublime
granito (ghreu-*ni*-tou) *m* granit *m*
granizo (ghreu-*ni*-zou) *m* grêle *f*
grão (ghreun^{ou}) *m* (pl ~s) grain *m*
gratidão (ghreu-ti-*ðeun*^{ou}) *f* (pl -dões) gratitude *f*
grato (*ghra*-tou) *adj* reconnaissant
gratuito (ghreu-*tou*^{i}-tou) *adj* gratuit; à titre gracieux
grau (ghraou) *m* grade *m*, degré *m*; ~ **de latitude** latitude *f*
gravação (ghreu-veu-*seun*^{ou}) *f* (pl -ções) gravure *f*; enregistrement *m*
gravador (ghreu-veu-*ðôr*) *m* magnétophone *m*; graveur *m*
gravar (ghreu-*var*) *v* graver; enregistrer
gravata (ghreu-*va*-teu) *f* cravate *f*
grave (*ghra*-veu) *adj* grave
grávida (*ghra*-vi-ðeu) *adj* enceinte
gravidade (ghreu-vi-*ða*-ðeu) *f* gravité *f*
gravura (ghreu-*vou*-reu) *f* gravure *f*, estampe *f*
graxa (*ghra*-cheu) *f* cirage *m*
Grécia (*ghrè*-syeu) *f* Grèce *f*
grego (*ghré*-gou) *adj* grec; *m* Grec *m*
grelhador (ghrı-l^{y}eu-*ðôr*) *m* gril *m*
grelhar (ghrı-*l^{y}ar*) *v* griller
greta (*ghré*-teu) *f* fissure *f*
greve (*ghrè*-veu) *f* grève *f*; ***fazer** ~ *faire grève
grilo (*ghri*-lou) *m* grillon *m*
gripe (*ghri*-peu) *f* grippe *f*
gritar (ghri-*tar*) *v* crier; pousser des cris, hurler
grito (*ghri*-tou) *m* cri *m*
grosa (*ghro*-zeu) *f* grosse *f*
groselha (ghrou-*zè*-l^{y}eu) *f* groseille *f*; ~ **negra** cassis *m*; ~ **verde** groseille à maquereau
grosseiro (ghrou-*séï*-rou) *adj* grossier, impoli
grosso (*ghrô*-sou) *adj* épais, gros
grossura (ghrô-*sou*-reu) *f* épaisseur *f*
grotesco (ghrou-*téch*-kou) *adj* grotesque
grua (*ghrou*-eu) *f* grue *f*
grumo (*ghrou*-mou) *m* grumeau *m*
grumoso (ghrou-*mô*-zou) *adj* grumeleux
grupo (*ghrou*-pou) *m* groupe *m*; bande *f*
gruta (*ghrou*-teu) *f* grotte *f*
guarda (*gh^{ou}ar*-ðeu) *m* agent de police; gardien *m*, garde *m*, surveillant *m*
guarda-chuva (gh^{ou}ar-ðeu-*chou*-veu) *m* parapluie *m*
guarda-costas (gh^{ou}ar-ðeu-*koch*-teuch) *m* (pl ~) garde du corps
guarda-florestal (gh^{ou}ar-ðeu-flou-rıch-*tal*) *m* (pl -ais) forestier *m*
guarda-lama (gh^{ou}ar-ðeu-*leu*-meu) *m* garde-boue *m*
guardanapo (gh^{ou}ar-ðeu-*na*-pou) *m* serviette *f*; ~ **de papel** serviette de papier
guardar (gh^{ou}eur-*ðar*) *v* surveiller; garder; ranger
guarda-redes (gh^{ou}ar-ðeu-*ré*-ðıch) *m* gardien de but
guarda-roupa (gh^{ou}ar-ðeu-*rô*-peu) *m* vestiaire *m*, garde-robe *f*
guelra (*ghèl*-rreu) *f* branchie *f*
guerra (*ghè*-reu) *f* guerre *f*
guia (*ghi*-eu) *m* guide *m*; ~ **linguístico** manuel de conversation
guiar (ghyar) *v* *conduire
guincho (*ghĩ*-chou) *m* cri aigu
guita (*ghi*-teu) *f* ficelle *f*
guloseimas (ghou-lou-*zéï*-meuch) *fpl* friandises *fpl*
guloso (ghou-*lô*-zou) *adj* gourmand

H

há (a) il y a; ~ **pouco tempo** l'autre jour
hábil (*a*-ƀil) *adj* (pl hábeis) habile
habilidade (eu-ƀeu-li-*ða*-ðeu) *f* habileté *f*
habilidoso (eu-ƀeu-li-*ðô*-zou) *adj* habile
habilitação (eu-ƀeu-li-teu-*seun*ou) *f* (pl -ções) qualification *f*
habitação (eu-ƀi-teu-*seun*ou) *f* (pl -ções) habitation *f*
habitante (eu-ƀi-*teunn*-teu) *m* habitant *m*
habitar (eu-ƀi-*tar*) *v* habiter
habitável (eu-ƀi-*ta*-vèl) *adj* (pl -eis) habitable
hábito (*a*-ƀi-tou) *m* habitude *f*
habituado (eu-ƀi-*t*ou*a*-ðou) *adj* habitué
habitual (eu-ƀi-*t*ou*al*) *adj* (pl -ais) habituel, ordinaire
habitualmente (eu-ƀi-tou al-*mẽn*-teu) *adv* habituellement
harmonia (eur-mou-*ni*-eu) *f* harmonie *f*
harpa (*ar*-peu) *f* harpe *f*
haste (*ach*-teu) *f* tige *f*; corne *f*
***haver** (eu-*vér*) *v* y avoir
hebreu (i-*ƀré*ou) *m* hébreu *m*
hélice (*è*-li-seu) *f* hélice *f*
hemorragia (è-mo-rreu-*ji*-eu) *f* hémorragie *f*; ~ **nasal** saignement de nez
hemorróidas (è-mo-*rroï*-ðeuch) *fpl* hémorroïdes *fpl*
hera (*è*-reu) *f* lierre *m*
herança (i-*reun*-seu) *f* héritage *m*
herdar (ir-*dar*) *v* hériter
hereditário (i-reu-ði-*ta*-ryou) *adj* héréditaire
hermético (ir-*mè*-ti-kou) *adj* hermétique
hérnia (*èr*-nyeu) *f* hernie *f*; ~ **discal** hernie discale
herói (i-*roï*) *m* héros *m*
hesitar (eu-zi-*tar*) *v* hésiter
heterossexual (è-teu-rou-sèk-*s*ou*al*) *adj* (pl -ais) hétérosexuel
hidrogénio (i-ðro-*jè*-nyou) *m* hydrogène *m*
hierarquia (yè-reur-*ki*-eu) *f* hiérarchie *f*
hífen (*i*-fén) *m* trait d'union
higiene (i-*jyè*-neu) *f* hygiène *f*
higiénico (i-*jyè*-ni-kou) *adj* hygiénique
hino (*i*-nou) *m* hymne *m*; ~ **nacional** hymne national
hipocrisia (i-pou-kri-*zi*-eu) *f* hypocrisie *f*
hipócrita (i-*po*-kri-teu) *adj* hypocrite; *m* hypocrite *m*
hipódromo (i-*po*-ðrou-mou) *m* hippodrome *m*
hipoteca (i-pou-*tè*-keu) *f* hypothèque *f*
histérico (ich-*tè*-ri-kou) *adj* hystérique
história (ich-*to*-ryeu) *f* histoire *f*; ~ **de fadas** conte de fées
historiador (ich-tou-ryeu-*ðôr*) *m* historien *m*
histórico (ich-*to*-ri-kou) *adj* historique
hoje (*ô*-jeu) *adv* aujourd'hui; ~ **em dia** actuellement
Holanda (ou-*leunn*-deu) *f* Hollande *f*
holandês (ou-leunn-*déch*) *adj* néerlandais, hollandais; *m* Néerlandais *m*, Hollandais *m*
holofote (ô-lô-*fo*-teu) *m* projecteur *m*
homem (*o*-meuny) *m* homme *m*
homenagem (ou-meu-*na*-jeuny) *f* hommage *m*; **prestar** ~ rendre hommage
homicídio (ou-mi-*si*-ðyou) *m* assassinat *m*
homossexual (o-mo-sék-*s*ou*al*) *adj* (pl -ais) homosexuel
honestidade (ou-nèch-ti-*ða*-ðeu) *f* hon-

nêteté *f*
honesto (ou-*nèch*-tou) *adj* honnête
honorário (ou-nou-*ra*-ryou) *m* honoraires *mpl*
honra (*on*-rreu) *f* honneur *m*
honrado (on-*rra*-ðou) *adj* honnête
honrar (on-*rrar*) *v* honorer
honroso (on-*rrô*-zou) *adj* honorable
hóquei (*ô*-kéï) *m* hockey *m*
hora (*o*-reu) *f* heure *f;* **às ... horas** à ... heures; ~ **a hora** toutes les heures; ~ **de chegada** heure d'arrivée; ~ **de partida** heure de départ; ~ **de ponta** heure de pointe; **horas de abertura** heures d'ouverture; **horas de consulta** heures de consultation; **horas de serviço** heures de bureau; **horas de visita** heures de visite; **quarto de** ~ quart d'heure; **vinte e quatro horas** vingt-quatre heures
horário (ou-*ra*-ryou) *m* horaire *m;* ~ **de Verão** heure d'été
horizontal (ou-ri-zonn-*tal*) *adj* (pl -ais) horizontal
horizonte (ou-ri-*zonn*-teu) *m* horizon *m*
horripilante (ou-rri-pi-*leunn*-teu) *adj* terrifiant, horrifiant
horrível (ou-*rri*-vèl) *adj* (pl -eis) terrible, horrible
horror (ou-*rrôr*) *m* horreur *f*
horroroso (ou-rrou-*rô*-zou) *adj* terrifiant, hideux
horta (*or*-teu) *f* jardin potager
hortaliça (ourr-teu-*li*-seu) *f* légumes *mpl;* **vendedor de** ~ marchand de légumes
hortelã (ourr-teu-*leun*) *f* menthe *f*
hortelã-pimenta (ourr-teu-leun-pi-*mẽn*-teu) *f* menthe poivrée
horticultura (ourr-ti-koul-*tou*-reu) *f* horticulture *f*
hospedar (ouch-peu-*ðar*) *v* loger; **hospedar-se** séjourner
hóspede (*och*-peu-ðeu) *m* hôte *m;* sous-locataire *m*
hospedeira (ouch-peu-*ðéï*-reu) *f* hôtesse *f;* hôtesse de l'air
hospedeiro (ouch-peu-*ðéï*-rou) *m* hôte *m*
hospital (ouch-pi-*tal*) *m* (pl -ais) hôpital *m*
hospitaleiro (ouch-pi-teu-*léï*-rou) *adj* hospitalier
hospitalidade (ouch-pi-teu-li-*ða*-ðeu) *f* hospitalité *f*
hostil (ouch-*til*) *adj* (pl -is) hostile
hotel (o-*tèl*) *m* (pl hotéis) hôtel *m*
humanidade (ou-meu-ni-*ða*-ðeu) *f* humanité *f*
humano (ou-*meu*-nou) *adj* humain
humedecer (ou-meu-ðeu-*sér*) *v* humecter, humidifier
humidade (ou-mi-*ða*-ðeu) *f* humidité *f*
húmido (*ou*-mi-ðou) *adj* humide, moite
humilde (ou-*mil*-deu) *adj* humble
humor (ou-*môr*) *m* humour *m;* humeur *f;* **bem humorado** de bonne humeur
húngaro (*oũ*-gheu-rou) *adj* hongrois; *m* Hongrois *m*
Hungria (oũ-*ghri*-eu) *f* Hongrie *f*

I

iate (*ya*-teu) *m* yacht *m*
içar (i-*sar*) *v* hisser
ícone (*i*-kou-neu) *m* icône *f*
icterícia (ik-teu-*ri*-syeu) *f* jaunisse *f*
idade (i-*ða*-ðeu) *f* âge *m;* vieillesse *f;* **de** ~ âgé; **Idade Média** moyen-âge *m*
ideal (i-*ðyal*) *adj* (pl -ais) idéal; *m* idéal *m*

ideia (i-*ðéï*-eu) *f* idée *f;* ~ **luminosa** idée lumineuse
idêntico (i-*ðẽn*-ti-kou) *adj* identique
identidade (i-ðẽn-ti-*ða*-ðeu) *f* identité *f;* **bilhete de** ~ carte d'identité
identificação (i-ðẽn-ti-fi-keu-*seun^ou^*) *f* (pl -ções) identification *f*
identificar (i-ðẽn-teu-fi-*kar*) *v* identifier
idiomático (i-ðyou-*ma*-ti-kou) *adj* idiomatique
idiota (i-*ðyo*-teu) *m* idiot *m; adj* idiot
ídolo (*i*-ðou-lou) *m* idole *f*
ignição (ig-ni-*seun^ou^*) *f* allumage *m*
ignorante (ig-nou-*reunn*-teu) *adj* ignorant
ignorar (ig-nou-*rar*) *v* ignorer
igreja (i-*gré*-jeu) *f* église *f*
igual (i-*g^ou^al*) *adj* (pl -ais) pareil, égal
igualar (i-g^ou^eu-*lar*) *v* égaliser; égaler
igualdade (i-g^ou^al-*da*-ðeu) *f* égalité *f*
igualmente (i-g^ou^al-*mẽn*-teu) *adv* également; de la même manière, de la même façon
ilegal (i-leu-*gal*) *adj* (pl -ais) illégal; illicite
ilegível (i-leu-*ji*-vèl) *adj* (pl -eis) illisible
ileso (i-*lé*-zou) *adj* indemne
ilha (*i*-l^y^eu) *f* île *f*
ilícito (i-*li*-seu-tou) *adj* illicite
ilimitado (i-leu-mi-*ta*-ðou) *adj* illimité
iluminação (i-lou-mi-neu-*seun^ou^*) *f* (pl -ções) éclairage *m*, illumination *f*
iluminar (i-lou-mi-*nar*) *v* illuminer
ilusão (i-lou-*zeun^ou^*) *f* (pl -sões) illusion *f*
ilustração (i-louch-treu-*seun^ou^*) *f* (pl -ções) illustration *f*
ilustrar (i-louch-*trar*) *v* illustrer
ilustre (i-*louch*-treu) *adj* illustre
imaculado (i-meu-kou-*la*-ðou) *adj* immaculé
imagem (i-*ma*-jeun^y^) *f* image *f;* ~ **reflectida** image reflétée
imaginação (i-meu-ji-neu-*seun^ou^*) *f* (pl -ções) imagination *f*
imaginar (i-meu-ji-*nar*) *v* imaginer, *concevoir, s'imaginer, se figurer
imaginário (i-meu-ji-*na*-ryou) *adj* imaginaire
imediatamente (i-meu-ðya-teu-*mẽn*-teu) *adv* immédiatement; tout de suite
imediato (i-meu-*ðya*-tou) *adj* immédiat, instantané
imenso (i-*mẽ*-sou) *adj* immense
imerecido (i-meu-reu-*si*-ðou) *adj* immérité
imigração (i-mi-greu-*seun^ou^*) *f* (pl -ções) immigration *f*
imigrante (i-mi-*greunn*-teu) *m* immigrant *m*
imigrar (i-mi-*grar*) *v* immigrer
imitação (i-mi-teu-*seun^ou^*) *f* (pl -ções) imitation *f*
imitar (i-mi-*tar*) *v* imiter
imodesto (i-mou-*ðèch*-tou) *adj* immodeste
impaciente (ĩm-peu-*syẽn*-teu) *adj* impatient
ímpar (*ĩm*-par) *adj* impair
imparcial (ĩm-peur-*syal*) *adj* (pl -ais) impartial
impecável (ĩm-peu-*ka*-vèl) *adj* (pl -eis) impeccable
impedimento (ĩm-peu-ði-*mẽn*-tou) *m* empêchement *m*, entrave *f*
***impedir** (ĩm-peu-*ðir*) *v* empêcher; entraver
imperador (ĩm-peu-reu-*ðôr*) *m* empereur *m*
imperatriz (ĩm-peu-reu-*trich*) *f* impératrice *f*
imperfeição (ĩm-peur-féï-*seun^ou^*) *f* (pl -ções) imperfection *f*
imperfeito (ĩm-peur-*féï*-tou) *adj* im-

parfait
imperial (ĩm-peu-*ryal*) *adj* (pl -ais) impérial
império (ĩm-*pè*-ryou) *m* empire *m*
impermeável (ĩm-peur-*mya*-vèl) *adj* (pl -eis) imperméable; *m* imperméable *m*
impertinência (ĩm-peur-ti-*nẽ*-syeu) *f* impertinence *f*
impertinente (ĩm-peur-ti-*nẽn*-teu) *adj* impertinent
impessoal (ĩm-peu-*s^{ou}al*) *adj* (pl -ais) impersonnel
ímpeto (*ĩm*-peu-tou) *m* impétuosité *f*
impetuoso (ĩm-peu-*t^{ou}ô*-zou) *adj* impétueux
implicado (ĩm-pli-*ka*-ðou) *adj* impliqué
implicar (ĩm-pli-*kar*) *v* impliquer, comporter; ~ **com** taquiner
imponente (ĩm-pou-*nẽn*-teu) *adj* imposant
impopular (ĩm-pou-pou-*lar*) *adj* impopulaire
importação (ĩm-pour-teu-*seun^{ou}*) *f* (pl -ções) importation *f*
importador (ĩm-pour-teu-*ðôr*) *m* importateur *m*
importância (ĩm-pour-*teun*-syeu) *f* importance *f*; ***ter** ~ *avoir de l'importance
importante (ĩm-pour-*teunn*-teu) *adj* important
importar (ĩm-pour-*tar*) *v* importer; ~ **em** se monter à; **importar-se com** prêter attention à
impossível (ĩm-pou-*si*-vèl) *adj* (pl -eis) impossible
imposto (ĩm-*pôch*-tou) *m* impôt *m*; ~ **sobre a cifra de negócios** impôt sur le chiffre d'affaires; ~ **sobre os rendimentos** impôt sur le revenu; **isento de** ~ exempt d'impôts; **lançar impostos** imposer
impotência (ĩm-pou-*tẽ*-syeu) *f* impuissance *f*
impotente (ĩm-pou-*tẽn*-teu) *adj* impotent; impuissant
impraticável (ĩm-preu-ti-*ka*-vèl) *adj* (pl -eis) impraticable
imprensa (ĩm-*prẽ*-seu) *f* presse *f*
impressão (ĩm-preu-*seun^{ou}*) *f* (pl -sões) impression *f*
impressionante (ĩm-preu-syou-*neunn*-teu) *adj* frappant, impressionnant
impressionar (ĩm-preu-syou-*nar*) *v* impressionner; frapper, *faire impression sur
impresso (ĩm-*prè*-sou) *m* imprimé *m*
imprevisto (ĩm-preu-*vich*-tou) *adj* imprévu
imprimir (ĩm-pri-*mir*) *v* imprimer
impróprio (ĩm-*pro*-pryou) *adj* impropre
improvável (ĩm-prou-*va*-vèl) *adj* (pl -eis) improbable
improvisar (ĩm-prou-vi-*jar*) *v* improviser
imprudente (ĩm-prou-*ðẽn*-teu) *adj* imprudent
impulsionar (ĩm-poul-syou-*nar*) *v* propulser
impulsivo (ĩm-poul-*si*-vou) *adj* impulsif
impulso (ĩm-*poul*-sou) *m* impulsion *f*
imundo (i-*moũn*-dou) *adj* répugnant, immonde
imunidade (i-mou-ni-*ða*-ðeu) *f* immunité *f*
imunizar (i-mou-ni-*zar*) *v* immuniser
inabitável (i-neu-ƀi-*ta*-vèl) *adj* (pl -eis) inhabitable
inaceitável (i-neu-séï-*ta*-vèl) *adj* (pl -eis) inacceptable
inacessível (i-neu-seu-*si*-vèl) *adj* (pl -eis) inaccessible
inadequado (i-neu-ðeu-*k^{ou}a*-ðou) *adj* inadéquat; impropre
inadvertência (inn-euð-veur-*tẽ*-syeu) *f*

inadvertance *f*
inalar (i-neu-*lar*) *v* inhaler
incapacitado (ĩ-keu-peu-si-*ta*-ðou) *adj* incapable, dans l'incapacité
incapaz (ĩ-keu-*pach*) *adj* incapable
incêndio (ĩ-*sẽn*-dyou) *m* incendie *m*
incenso (ĩ-*sẽ*-sou) *m* encens *m*
incerto (ĩ-*sèr*-tou) *adj* incertain
inchaço (ĩ-*cha*-sou) *m* enflure *f*
inchar (ĩ-*char*) *v* enfler; gonfler
incidental (ĩ-si-ðẽn-*tal*) *adj* (pl -ais) incident, fortuit
incidente (ĩ-si-*ðẽn*-teu) *m* incident *m*
incineração (ĩ-si-neu-reu-*seun*^{ou}) *f* (pl -ções) crémation *f*
incinerar (ĩ-si-neu-*rar*) *v* incinérer
incitar (ĩ-si-*tar*) *v* exhorter, inciter
inclinação (ĩ-kli-neu-*seun*^{ou}) *f* (pl -ções) inclinaison *f*; inclination *f*, penchant *m*
inclinado (ĩ-kli-*na*-ðou) *adj* incliné; en pente
inclinar (ĩ-kli-*nar*) *v* incliner; courber; **inclinar-se** s'incliner, se pencher
incluir (ĩ-*kl*^{ou}*ir*) *v* *comprendre; *joindre, *inclure; **tudo incluído** tout compris
inclusive (ĩ-klou-*zi*-vé) *adv* y compris
inclusivo (ĩ-klou-*si*-vou) *adj* inclusif
incluso (ĩ-*klou*-zou) *adj* inclus
incomestível (ĩ-kô-meuch-*ti*-vèl) *adj* (pl -eis) immangeable
incomodar (ĩ-kou-mou-*ðar*) *v* déranger; tracasser; **incomodar-se** s'efforcer, se déranger
incómodo (ĩ-*ko*-mou-ðou) *m* ennui *m*, désagrément *m*, peine *f*, tracas *m*, dérangement *m*
incompetente (ĩ-konm-peu-*tẽn*-teu) *adj* incompétent
incompleto (ĩ-konm-*plè*-tou) *adj* incomplet
incompreensível (ĩ-konm-pryẽn-*si*-vèl) *adj* (pl -eis) incompréhensible
inconcebível (ĩ-kon-seu-*bi*-vèl) *adj* (pl -eis) inconcevable
incondicional (ĩ-konn-di-syou-*nal*) *adj* (pl -ais) inconditionnel
inconsciente (ĩ-konch-*syẽn*-teu) *adj* inconscient
inconveniência (ĩ-kon-veu-*nyẽ*-syeu) *f* inconvénient *m*
inconveniente (ĩ-kon-veu-*nyẽn*-teu) *adj* inconvenant, inopportun
incorrecto (ĩ-kou-*rrè*-tou) *adj* incorrect
incrível (ĩ-*kri*-vèl) *adj* (pl -eis) incroyable
inculto (ĩ-*koul*-tou) *adj* en friche, inculte; ignorant
incurável (ĩ-kou-*ra*-vèl) *adj* (pl -eis) incurable
incursão (ĩ-kour-*seun*^{ou}) *f* (pl -sões) raid *m*, incursion *f*
indagar (ĩn-deu-*gar*) *v* s'informer, s'enquérir
indecente (ĩn-deu-*sẽn*-teu) *adj* indécent
indefinido (ĩn-deu-feu-*ni*-ðou) *adj* indéfini
indemnização (ĩn-deu-mni-zeu-*seun*^{ou}) *f* (pl -ções) indemnité *f*
independência (ĩn-deu-pẽn-*dẽ*-syeu) *f* indépendance *f*
independente (ĩn-deu-pẽn-*dẽn*-teu) *adj* indépendant
indesejável (ĩn-deu-zı-*ja*-vèl) *adj* (pl -eis) indésirable
Índia (*ĩn*-dyeu) *f* Inde *f*
indiano (ĩn-*dyeu*-nou) *adj* indien; *m* Indien *m*
indicação (ĩn-di-keu-*seun*^{ou}) *f* (pl -ções) indication *f*
indicado (ĩn-di-*ka*-ðou) *adj* indiqué
indicador (ĩn-di-keu-*ðôr*) *m* index *m*; ~ **de direcção** indicateur de direction
indicar (ĩn-di-*kar*) *v* indiquer

indicativo (ĩn-di-keu-*ti*-vou) *m* indicatif *m*
índice (*ĩn*-di-seu) *m* index *m;* table des matières
indiferente (ĩn-di-feu-*rẽn*-teu) *adj* indifférent
indígena (ĩn-*di*-jeu-neu) *m* indigène *m*
indigestão (ĩn-di-jeuch-*teun*^{ou}) *f* (pl -tões) indigestion *f*
indignação (ĩn-dig-neu-*seun*^{ou}) *f* (pl -ções) indignation *f*
índio (*ĩn*-dyou) *adj* indien; *m* Indien *m*
indirecto (ĩn-di-*rè*-tou) *adj* indirect
indispensável (ĩn-dich-pẽ-*sa*-vèl) *adj* (pl -eis) indispensable
indisposto (ĩn-dich-*pôch*-tou) *adj* indisposé
individual (ĩn-deu-vi-*ðoual*) *adj* (pl -ais) individuel
indivíduo (ĩn-deu-*vi*-ðouou) *m* individu *m*
Indonésia (ĩn-dou-*nè*-syeu) *f* Indonésie *f*
indonésio (ĩn-dou-*nè*-zyou) *adj* indonésien; *m* Indonésien *m*
indulto (ĩn-*doul*-tou) *m* grâce *f;* indult *m*
indústria (ĩn-*douch*-tryeu) *f* industrie *f*
industrial (ĩn-douch-*tryal*) *adj* (pl -ais) industriel
ineficiente (i-neu-fi-*syẽn*-teu) *adj* inefficace
inesperado (i-nich-peu-*ra*-ðou) *adj* inattendu
inestimável (i-nich-ti-*ma*-vèl) *adj* (pl -eis) inestimable
inevitável (i-neu-vi-*ta*-vèl) *adj* (pl -eis) inévitable
inexacto (i-ni-*za*-tou) *adj* inexact
inexperiente (i-nich-peu-*ryẽn*-teu) *adj* inexpérimenté
inexplicável (i-nich-pli-*ka*-vèl) *adj* (pl -eis) inexplicable
infame (ĩ-*feu*-meu) *adj* infâme
infantaria (ĩ-feunn-teu-*ri*-eu) *f* infanterie *f*
infecção (ĩ-fè-*seun*^{ou}) *f* (pl -ções) infection *f*
infeccioso (ĩ-fè-*syô*-zou) *adj* infectieux
infectar (ĩ-fè-*tar*) *v* infecter; s'infecter
infelicidade (ĩ-feu-leu-si-*ða*-ðeu) *f* détresse *f*, malheur *m*
infeliz (ĩ-feu-*lich*) *adj* malheureux
infelizmente (ĩ-feu-lij-*mẽn*-teu) *adv* hélas
inferior (ĩ-feu-*ryôr*) *adj* inférieur
inferno (ĩ-*fèr*-nou) *m* enfer *m*
infiel (ĩ-*fyèl*) *adj* (pl -iéis) infidèle
infinitivo (ĩ-feu-ni-*ti*-vou) *m* infinitif *m*
infinito (ĩ-feu-*ni*-tou) *adj* infini
inflação (ĩ-fla-*seun*^{ou}) *f* (pl -ções) inflation *f*
inflamação (ĩ-fleu-meu-*seun*^{ou}) *f* (pl -ções) inflammation *f*
inflamável (ĩ-fleu-*ma*-vèl) *adj* (pl -eis) inflammable
influência (ĩ-*fl*^{ou}*ẽ*-syeu) *f* influence *f*
influenciar (ĩ-fl^{ou}ẽ-*syar*) *v* influencer
influente (ĩ-*fl*^{ou}*ẽn*-teu) *adj* influent
informação (ĩ-four-meu-*seun*^{ou}) *f* (pl -ções) renseignement *m*, information *f;* **agência de informações** bureau de renseignements
informar (ĩ-four-*mar*) *v* renseigner, informer; **informar-se** se renseigner
infortunado (ĩ-four-tou-*na*-ðou) *adj* infortuné
infortúnio (ĩ-four-*tou*-nyou) *m* infortune *f*
infra-vermelho (ĩ-fra-veur-*mè*-l^{y}ou) *adj* infrarouge
infringir (ĩ-frĩ-*jir*) *v* empiéter
ingénuo (ĩ-*jè*-n^{ou}ou) *adj* naïf, ingénu
Inglaterra (ĩ-ghleu-*tè*-rreu) *f* Angleterre *f*
inglês (ĩ-*ghléch*) *adj* anglais; *m* An-

glais *m*
ingrato (ĩ-*ghra*-tou) *adj* ingrat
ingrediente (ĩ-ghreu-*ðyẽn*-teu) *m* ingrédient *m*
íngreme (*ĩ*-ghreu-meu) *adj* abrupt
inicial (i-ni-*syal*) *adj* (pl -ais) initial; *f* initiale *f*
iniciar (i-ni-*syar*) *v* débuter
iniciativa (i-ni-syeu-*ti*-veu) *f* initiative *f*
início (i-*ni*-syou) *m* début *m*
inimigo (i-neu-*mi*-gou) *m* ennemi *m*
ininterrupto (i-nĩn-teu-*rroup*-tou) *adj* continu
injecção (ĩ-jè-*seun*ou) *f* (pl -ções) piqûre *f*, injection *f*
injectar (ĩ-jè-*tar*) *v* injecter
injuriar (ĩ-jou-*ryar*) *v* injurier
injustiça (ĩ-jouch-*ti*-seu) *f* injustice *f*
injusto (ĩ-*jouch*-tou) *adj* injuste, inéquitable
inocência (i-nou-*sẽ*-syeu) *f* innocence *f*
inocente (i-nou-*sẽn*-teu) *adj* innocent
inoculação (i-nou-kou-leu-*seun*ou) *f* (pl -ções) inoculation *f*
inocular (i-nou-kou-*lar*) *v* inoculer
inofensivo (i-nou-fẽ-*si*-vou) *adj* inoffensif
inoportuno (i-nou-pour-*tou*-nou) *adj* inopportun
inquebrável (ĩ-keu-*bra*-vèl) *adj* (pl -eis) incassable
inquérito (ĩ-*kè*-ri-tou) *m* enquête *f*
inquieto (ĩ-*kyè*-tou) *adj* inquiet, agité
inquilino (ĩ-keu-*li*-nou) *m* locataire *m*
inquirir (ĩ-keu-*rir*) *v* s'informer, s'enquérir
insatisfatório (ĩ-seu-tich-feu-*to*-ryou) *adj* insatisfaisant
insatisfeito (ĩ-seu-tich-*féĩ*-tou) *adj* insatisfait
inscrever (ĩch-kreu-*vér*) *v* *inscrire
inscrição (ĩch-kri-*seun*ou) *f* (pl -ções) inscription *f*
insecticida (ĩ-sè-ti-*si*-ðeu) *m* insecticide *m*
insecto (ĩ-*sè*-tou) *m* insecte *m*
inseguro (ĩ-seu-*gou*-rou) *adj* dangereux
insensato (ĩ-sẽ-*sa*-tou) *adj* insensé
insensível (ĩ-sẽ-*si*-vèl) *adj* (pl -eis) insensible
***inserir** (ĩ-seu-*rir*) *v* insérer
insignificante (ĩ-sig-neu-fi-*keunn*-teu) *adj* insignifiant
insípido (ĩ-*si*-pi-ðou) *adj* insipide; ennuyeux
insistir (ĩ-sich-*tir*) *v* insister
insolação (ĩ-sou-leu-*seun*ou) *f* (pl -ções) insolation *f*
insolência (ĩ-sou-*lẽ*-syeu) *f* insolence *f*
insolente (ĩ-sou-*lẽn*-teu) *adj* insolent
insólito (ĩ-*so*-li-tou) *adj* insolite, inhabituel; bizarre
insónia (ĩ-*so*-nyeu) *f* insomnie *f*
inspecção (ĩch-pè-*seun*ou) *f* (pl -ções) inspection *f*; contrôle *m*
inspeccionar (ĩch-pè-syou-*nar*) *v* inspecter
inspector (ĩch-pè-*tôr*) *m* inspecteur *m*
inspirar (ĩch-pi-*rar*) *v* inspirer
instalação (ĩch-teu-leu-*seun*ou) *f* (pl -ções) installation *f*
instalar (ĩch-teu-*lar*) *v* installer
instantaneamente (ĩch-teunn-teu-nyeu-*mẽn*-teu) *adv* instantanément
instantâneo (ĩch-teunn-*teu*-nyou) *m* instantané *m*
instante (ĩch-*teunn*-teu) *m* instant *m*
instável (ĩch-*ta*-vèl) *adj* (pl -eis) instable
instinto (ĩch-*tĩn*-tou) *m* instinct *m*
instituição (ĩch-ti-tou i-*seun*ou) *f* (pl -ções) institution *f*
***instituir** (ĩch-ti-*t*ou*ir*) *v* instituer; fonder
instituto (ĩch-ti-*tou*-tou) *m* institut *m*
instrução (ĩch-trou-*seun*ou) *f* (pl -ções)

enseignement *m*, instruction *f*
***instruir** (ĩch-*trouir*) *v* *instruire
instrumento (ĩch-trou-*mẽn*-tou) *m* instrument *m*; ~ **musical** instrument de musique
instrutivo (ĩch-trou-*ti*-vou) *adj* instructif
instrutor (ĩch-trou-*tôr*) *m* instructeur *m*
insuficiente (ĩ-sou-fi-*syẽn*-teu) *adj* insuffisant
insultante (ĩ-soul-*teunn*-teu) *adj* insultant
insultar (ĩ-soul-*tar*) *v* insulter
insulto (ĩ-*soul*-tou) *m* insulte *f*
insuperável (ĩ-sou-peu-*ra*-vèl) *adj* (pl -eis) insurmontable, sans pareil
insuportável (ĩ-sou-pour-*ta*-vèl) *adj* (pl -eis) insupportable
insurreição (ĩ-sou-rréĩ-*seunou*) *f* (pl -ções) insurrection *f*
intacto (ĩn-*ta*-tou) *adj* intact
inteiramente (ĩn-téĩ-reu-*mẽn*-teu) *adv* entièrement
inteiro (ĩn-*téĩ*-rou) *adj* entier; intact
intelecto (ĩn-teu-*lè*-tou) *m* intelligence *f*, intellect *m*
intelectual (ĩn-teu-lè-*toual*) *adj* (pl -ais) intellectuel
inteligência (ĩn-teu-li-*jẽ*-syeu) *f* intelligence *f*
inteligente (ĩn-teu-li-*jẽn*-teu) *adj* intelligent; adroit
intenção (ĩn-tẽ-*seunou*) *f* (pl -ções) intention *f*
intencional (ĩn-tẽ-syou-*nal*) *adj* (pl -ais) intentionnel
intenso (ĩn-*tẽ*-sou) *adj* intense, vif
intento (ĩn-*tẽn*-tou) *m* but *m*
interdição (ĩn-teur-di-*seunou*) *f* (pl -ções) interdiction *f*
interessado (ĩn-teu-reu-*sa*-ðou) *adj* intéressé
interessante (ĩn-teu-reu-*seunn*-teu) *adj* intéressant
interessar (ĩn-teu-reu-*sar*) *v* intéresser
interesse (ĩn-teu-*ré*-seu) *m* intérêt *m*
interferência (ĩn-teur-feu-*rẽ*-syeu) *f* interférence *f*
***interferir** (ĩn-teur-feu-*rir*) *v* *intervenir; interférer
interim (ĩn-teu-*rĩ*) *m* intérim *m*
interior (ĩn-teu-*ryôr*) *adj* intérieur; *m* intérieur *m*
interlúdio (ĩn-teur-*lou*-ðyou) *m* interlude *m*
intermediário (ĩn-teur-meu-*ðya*-ryou) *m* médiateur *m*, intermédiaire *m*; ***servir de** ~ *servir d'intermédiaire
internacional (ĩn-teur-neun-syou-*nal*) *adj* (pl -ais) international
interno (ĩn-*tèr*-nou) *adj* interne, intérieur
interpretar (ĩn-teur-preu-*tar*) *v* interpréter
intérprete (ĩn-*tèr*-preu-teu) *m* interprète *m*
interrogar (ĩn-teu-rrou-*gar*) *v* interroger
interrogativo (ĩn-teu-rrou-geu-*ti*-vou) *adj* interrogatif
interrogatório (ĩn-teu-rrou-geu-*to*-ryou) *m* interrogatoire *m*
interromper (ĩn-teu-rronm-*pér*) *v* interrompre; couper
interrupção (ĩn-teu-rroup-*seunou*) *f* (pl -ções) interruption *f*
interruptor (ĩn-teu-rroup-*tôr*) *m* commutateur *m*
intersecção (ĩn-teur-sèk-*seunou*) *f* (pl -ções) intersection *f*
intervalo (ĩn-teur-*va*-lou) *m* intervalle *m*; pause *f*, entracte *m*; mi-temps *f*
***intervir** (ĩn-teur-*vir*) *v* *intervenir
intestino (ĩn-tich-*ti*-nou) *m* intestin *m*
intimidade (ĩn-ti-mi-*ða*-ðeu) *f* intimité *f*; vie privée

íntimo (ĩn-ti-mou) *adj* intime
intolerável (ĩn-tou-leu-*ra*-vèl) *adj* (pl -eis) intolérable
intriga (ĩn-*tri*-geu) *f* intrigue *f*
introdução (ĩn-trou-ðou-*seun^ou^*) *f* (pl -ções) introduction *f*
***introduzir** (ĩn-trou-ðou-*zir*) *v* *introduire
intrometer-se em (ĩn-trou-meu-*tér*-seu) se mêler de
intruso (ĩn-*trou*-zou) *m* intrus *m*
inundação (i-noũn-deu-*seun^ou^*) *f* (pl -ções) inondation *f*
inútil (inn-*ou*-til) *adj* (pl -teis) inutile
inutilmente (i-nou-til-*mẽn*-teu) *adv* inutilement
invadir (ĩ-veu-*ðir*) *v* envahir
inválido (ĩ-*va*-li-ðou) *adj* invalide, infirme; *m* infirme *m*
invasão (ĩ-veu-*zeun^ou^*) *f* (pl -sões) invasion *f*
inveja (ĩ-*vè*-jeu) *f* jalousie *f*, envie *f*
invejar (ĩ-vı-*jar*) *v* envier
invejoso (ĩ-vı-*jô*-zou) *adj* envieux, jaloux
invenção (ĩ-vẽ-*seun^ou^*) *f* (pl -ções) invention *f*
inventar (ĩ-vẽn-*tar*) *v* inventer
inventário (ĩ-vẽn-*ta*-ryou) *m* inventaire *m*
inventivo (ĩ-vẽn-*ti*-vou) *adj* inventif
inventor (ĩ-vẽn-*tôr*) *m* inventeur *m*
Inverno (ĩ-*vèr*-nou) *m* hiver *m*
inverso (ĩ-*vèr*-sou) *adj* inverse
inverter (ĩ-veur-*tér*) *v* invertir; retourner
investigação (ĩ-vıch-ti-geu-*seun^ou^*) *f* (pl -ções) investigation *f;* recherche *f*
investigar (ĩ-vıch-ti-*gar*) *v* enquêter
investimento (ĩ-vıch-ti-*mẽn*-tou) *m* investissement *m;* placement *m*
***investir** (ĩ-vıch-*tir*) *v* investir; placer
invisível (ĩ-veu-*zi*-vèl) *adj* (pl -eis) invisible
involuntário (ĩ-vou-loũn-*ta*-ryou) *adj* involontaire
invulgar (ĩ-voul-*gar*) *adj* hors du commun; bizarre
iodo (*yô*-ðou) *m* iode *m*
***ir** (ir) *v* *aller, se rendre; ~ **buscar** *aller prendre; *aller chercher; ***ir-se** s'en *aller; ***ir-se embora** s'en *aller, *partir
ira (*i*-reu) *f* colère *f*
iraniano (i-reu-*nyeu*-nou) *adj* iranien; *m* Iranien *m*
Irão (i-*reun^ou^*) *m* Iran *m*
Iraque (i-*ra*-keu) *m* Irak *m*
iraquiano (i-reu-*kyeu*-nou) *adj* irakien; *m* Irakien *m*
irascível (i-reuch-*si*-vèl) *adj* (pl -eis) irascible, coléreux
Irlanda (ir-*leunn*-deu) *f* Irlande *f*
irlandês (ir-leunn-*déch*) *adj* irlandais; *m* Irlandais *m*
irmã (ir-*meun*) *f* sœur *f*
irmão (ir-*meun^ou^*) *m* (pl ~s) frère *m*
ironia (i-rou-*ni*-eu) *f* ironie *f*
irónico (i-*ro*-ni-kou) *adj* ironique
irreal (i-*rryal*) *adj* (pl -ais) irréel
irreflectido (i-rreu-flè-*ti*-ðou) *adj* irréfléchi, inconsidéré
irregular (i-rreu-gou-*lar*) *adj* irrégulier
irrelevante (i-rreu-leu-*veunn*-teu) *adj* sans importance
irreparável (i-rreu-peu-*ra*-vèl) *adj* (pl -eis) irréparable
irrevogável (i-rreu-vou-*ga*-vèl) *adj* (pl -eis) irrévocable
irritado (i-rri-*ta*-ðou) *adj* irrité
irritante (i-rri-*teunn*-teu) *adj* irritant
irritar (i-rri-*tar*) *v* irriter; agacer, fâcher
irritável (i-rri-*ta*-vèl) *adj* (pl -eis) irritable
isca (*ich*-keu) *f* amorce *f*
isenção (i-zẽ-*seun^ou^*) *f* (pl -ções)

exemption *f*
isentar (i-zẽn-*tar*) *v* exempter
isento (i-*zẽn*-tou) *adj* exempt
islandês (ij-leunn-*déch*) *adj* islandais; *m* Islandais *m*
Islândia (ij-*leunn*-dya) *f* Islande *f*
isolado (i-zou-*la*-ðou) *adj* isolé
isolador (i-zou-leu-*ðôr*) *m* isolateur *m*
isolamento (i-zou-leu-*mẽn*-tou) *m* isolement *m;* isolation *f*
isolar (i-zou-*lar*) *v* isoler
isqueiro (ich-*kéï*-rou) *m* briquet *m*
Israel (ij-rreu-*èl*) *m* Israël *m*
israeliano (ij-rreu-é-*lyeu*-nou) *adj* israélien; *m* Israélien *m*
isso (*i*-sou) *pron* cela
istmo (*icht*-mou) *m* isthme *m*
Itália (i-*ta*-lyeu) *f* Italie *f*
italiano (i-teu-*lyeu*-nou) *adj* italien; *m* Italien *m*
itálico (i-*ta*-li-kou) *m* italiques *mpl*
itinerante (inn-ti-neu-*reunn*-teu) *adj* itinérant
itinerário (i-ti-neu-*ra*-ryou) *m* itinéraire *m*

J

já (ja) *adv* immédiatement, sur-le-champ; déjà; ~ **não** ne ... plus; ~ **que** étant donné que
jacto (*jak*-tou) *m* jet *m*
jade (*ja*-ðeu) *m* jade *m*
jamais (jeu-*maïch*) *adv* jamais
Janeiro (jeu-*néï*-rou) janvier
janela (jeu-*nè*-leu) *f* fenêtre *f;* ~ **de madeira** volet *m*
jangada (jeun-*gha*-ðeu) *f* radeau *m*
jantar (jeunn-*tar*) *m* dîner *m; v* dîner
jante (*jeunn*-teu) *f* jante *f*
Japão (jeu-*peun*ᵒᵘ) *m* Japon *m*
japonês (jeu-pou-*néch*) *adj* japonais; *m* Japonais *m*
jardim (jeur-*dĩ*) *m* jardin *m;* ~ **infantil** école maternelle; ~ **público** jardin public; ~ **zoológico** jardin zoologique
jardineiro (jeur-di-*néï*-rou) *m* jardinier *m*
jarra (*ja*-rreu) *f* jarre *f;* vase *m*
jarro (*ja*-rou) *m* cruche *f*
jaula (*jaou*-leu) *f* cage *f*
jeitoso (jéï-*tô*-zou) *adj* adroit; approprié; bien mis
jersey (*jeur*-sè) *m* jersey *m*
joalharia (jᵒᵘeu-lʸeu-*ri*-eu) *f* joaillerie *f*
joalheiro (jᵒᵘeu-*lʸéï*-rou) *m* bijoutier *m*
joelho (*j*ᵒᵘ*é*-lʸou) *m* genou *m*
jogada (jou-*ga*-ðeu) *f* tour *m*
jogador (jou-geu-*ðôr*) *m* joueur *m*
jogar (jou-*gar*) *v* jouer
jogo (*jô*-gou) *m* jeu *m;* **campo de jogos** terrain de jeux; ~ **das damas** jeu de dames; ~ **dos paulitos** jeu de quilles
jóia (*jo*-yeu) *f* bijou *m;* joyau *m*
jóquei (*jo*-kéï) *m* jockey *m*
Jordânia (jour-*deu*-nyeu) *f* Jordanie *f*
jordaniano (jour-deu-*nyeu*-nou) *adj* jordanien; *m* Jordanien *m*
jornal (jour-*nal*) *m* (pl -ais) journal *m;* périodique *m;* ~ **da manhã** journal du matin
jornalismo (jour-neu-*lij*-mou) *m* journalisme *m*
jornalista (jour-neu-*lich*-teu) *m* journaliste *m*
jorro (*jô*-rrou) *m* jet *m*
jovem (*jo*-veunʸ) *adj* jeune
jovial (jou-*vyal*) *adj* (pl -ais) gai; joyeux
jubileu (jou-ƀi-*lé*ᵒᵘ) *m* jubilé *m*
judaico (jou-*ðaï*-kou) *adj* juif
judeu (jou-*ðé*ᵒᵘ) *m* juif *m*
Jugoslávia (jou-go-*jla*-vyeu) *f* Yougo-

slavie *f*
jugoslavo (jou-go-*jla*-vou) *adj* yougoslave; *m* Yougoslave *m*
juiz (*jouich*) *m* juge *m*
juízo (*joui*-zou) *m* bon sens; jugement *m*
julgamento (joul-geu-*mẽn*-tou) *m* jugement *m;* procès *m*
julgar (joul-*gar*) *v* juger; apprécier
Julho (*jou*-lyou) juillet
junção (joũ-*seunou*) *f* (pl -ções) jonction *f*
junco (*joung*-kou) *m* jonc *m*
Junho (*jou*-gnou) juin
júnior (*jou*-nyôr) *adj* cadet; junior
junquilho (joũ-*ki*-lyou) *m* jonquille *f*
juntar (joũn-*tar*) *v* assembler; *joindre; ajouter
junto (*joũn*-tou) *adj* joint; ~ **a** à côté de, auprès de; **por** ~ en gros
juntos (*joũn*-touch) *adv* ensemble
juramento (jou-reu-*mẽn*-tou) *m* serment *m*
jurar (jou-*rar*) *v* jurer
júri (*jou*-ri) *m* jury *m*
jurídico (jou-*ri*-ði-kou) *adj* juridique
jurista (jou-*rich*-teu) *m* juriste *m*
juro (*jou*-rou) *m* intérêt *m*
justamente (jouch-teu-*mẽn*-teu) *adv* justement
justiça (jouch-*ti*-seu) *f* justice *f*
justo (*jouch*-tou) *adj* juste, légitime, exact
juvenil (jou-veu-*nil*) *adj* (pl -nis) juvénile
juventude (jou-vẽn-*tou*-ðeu) *f* jeunesse *f*

L

lá (la) *adv* là
lã (leun) *f* laine *f;* **de** ~ en laine; ~ **cardada** laine peignée
lábio (*la*-ƀyou) *m* lèvre *f*
labirinto (leu-ƀeu-*rĩn*-tou) *m* labyrinthe *m*
laboratório (leu-ƀou-reu-*to*-ryou) *m* laboratoire *m;* ~ **de línguas** laboratoire de langues
labutar (leu-ƀou-*tar*) *v* peiner
laca para o cabelo (*la*-keu *peu*-reu ou keu-*ƀé*-lou) laque capillaire
laço (*la*-sou) *m* nœud *m*, lien *m;* nœud papillon
lado (*la*-ðou) *m* côté *m;* **ao** ~ à côté; **de** ~ à part, de côté; **do outro** ~ **de** de l'autre côté de; **em todo o** ~ partout; **no outro** ~ de l'autre côté; **noutro** ~ ailleurs
ladrão (leu-*ðreunou*) *m* (pl -rões) voleur *m;* cambrioleur *m*
ladrar (leu-*ðrar*) *v* aboyer
lago (*la*-gou) *m* lac *m*
lagoa (leu-*gô*-eu) *f* petit lac
lagosta (leu-*gôch*-teu) *f* homard *m*
lágrima (*la*-gri-meu) *f* larme *f*
laguna (leu-*gou*-neu) *f* lagune *f*
lama (*leu*-meu) *f* boue *f; m* lama *m*
lamacento (leu-meu-*sẽn*-tou) *adj* boueux
lamber (leunm-*bér*) *v* lécher
lambril (leunm-*bril*) *m* (pl -is) lambrissage *m*, lambris *m*
lamechice (leu-meu-*chi*-seu) *f* mélo *m*
lamentar (leu-mẽn-*tar*) *v* regretter
lamentável (leu-mẽn-*ta*-vèl) *adj* (pl -eis) lamentable
lâmina (*leu*-mi-neu) *f* lame *f;* ~ **de barbear** lame de rasoir
lâmpada (*leunm*-peu-ðeu) *f* ampoule *f;* ~ **de tempestade** lampe-tempête *f*
lança (*leun*-seu) *f* lance *f*
lançamento (leun-seu-*mẽn*-tou) *m* lancement *m;* inscription *f*
lançar (leun-*sar*) *v* jeter, lancer

lance (*leun*-seu) *m* jet *m*
lanche (*leun*-cheu) *m* goûter *m*
lanterna (leunn-*tèr*-neu) *f* lanterne *f;* ~ **de bolso** lampe de poche; ~ **de mão** lampe de poche
lapela (leu-*pè*-leu) *f* revers *m*
lápide (*la*-pi-ðeu) *f* pierre tombale
lápis (*la*-pich) *m* (pl ~) crayon *m;* ~ **para os olhos** crayon pour les yeux
lar (lar) *m* maison *f;* foyer *m*
laranja (leu-*reun*-jeu) *f* orange *f*
lareira (leu-*réï*-reu) *f* cheminée *f*
largo (*lar*-ghou) *adj* large
largura (leur-*ghou*-reu) *f* largeur *f*
laringite (leu-rĩ-*ji*-teu) *f* laryngite *f*
lasca (*lach*-keu) *f* éclat *m*
lastimar (leuch-ti-*mar*) *v* déplorer
lata (*la*-teu) *f* boîte métallique
latão (leu-*teun^ou^*) *m* laiton *m,* cuivre jaune; grande boîte métallique; **utensílios de** ~ cuivres
lavabos (leu-*va*-bouch) *mpl* toilettes *fpl;* ~ **das senhoras** toilettes pour dames; ~ **dos homens** toilettes pour hommes
lava-louça (la-veu-*lô*-seu) *m* (pl ~s) évier *m*
lavandaria (leu-veunn-deu-*ri*-eu) *f* blanchisserie *f;* ~ **automática** laverie automatique
lavar (leu-*var*) *v* laver; ~ **a loiça** *faire la vaisselle
lavatório (leu-veu-*to*-ryou) *m* lavabo *m*
lavável (leu-*va*-vèl) *adj* (pl -eis) lavable
lavrador (leu-vreu-*ðôr*) *m* fermier *m,* agriculteur *m*
lavrar (leu-*vrar*) *v* labourer
laxante (leu-*cheunn*-teu) *m* laxatif *m*
leal (lyal) *adj* (pl leais) loyal
leão (lyeun^ou^) *m* (pl leões) lion *m*
lebre (*lè*-breu) *f* lièvre *m*
legação (leu-geu-*seun^ou^*) *f* (pl -ções) légation *f*
legado (leu-*ga*-dou) *m* legs *m*
legal (leu-*gal*) *adj* (pl -ais) légal
legalização (leu-geu-li-zeu-*seun^ou^*) *f* (pl -ções) légalisation *f*
legenda (lı-*jẽn*-deu) *f* légende *f,* sous-titre *m*
legitimação (lı-jeu-ti-meu-*seun^ou^*) *f* légitimation *f*
legítimo (lı-*ji*-ti-mou) *adj* légitime
legível (lı-*ji*-vèl) *adj* (pl -eis) lisible
legume (leu-*gou*-meu) *m* légume *m*
lei (léï) *f* loi *f*
leigo (*léï*-gou) *m* laïque *m,* profane *m*
leilão (léï-*leun^ou^*) *m* (pl -lões) vente aux enchères
leitão (léï-*teun^ou^*) *m* (pl -tões) cochon de lait
leitaria (léï-teu-*ri*-eu) *f* laiterie *f*
leite (*léï*-teu) *m* lait *m;* **batido de** ~ lait aromatisé
leiteiro (léï-*téï*-rou) *m* laitier *m*
leitoso (léï-*tô*-zou) *adj* laiteux
leitura (léï-*tou*-reu) *f* lecture *f*
lema (*lé*-meu) *m* devise *f*
lembrança (lẽm-*breun*-seu) *f* souvenir *m*
lembrar (lẽm-*brar*) *v* rappeler; **lembrar-se** *retenir; se rappeler, se souvenir
leme (*lè*-meu) *m* gouvernail *m,* barre *f*
lenço (*lẽ*-sou) *m* mouchoir *m;* ~ **da cabeça** écharpe *f;* foulard *m;* ~ **de assoar** mouchoir *m;* ~ **de papel** mouchoir de papier; ~ **do pescoço** écharpe *f*
lençol (lẽ-*sol*) *m* (pl -cóis) drap *m*
lente (*lẽn*-teu) *f* lentille *f;* **lentes de contacto** verres de contact; ~ **zoom** zoom *m*
lento (*lẽn*-tou) *adj* lent
lepra (*lè*-preu) *f* lèpre *f*
leque (*lè*-keu) *m* éventail *m*

ler (lér) *v* *lire
esão (leu-*zeun*ᵒᵘ) *f* (pl lesões) blessure *f*
esar (leu-*zar*) *v* léser, *faire tort à
etra (*lé*-treu) *f* lettre *f;* traite *f*
evantar (leu-veunn-*tar*) *v* élever, soulever, lever; toucher, retirer
evar (leu-*var*) *v* *conduire; porter; emporter, mettre; prendre; ~ **a mal** s'offenser de
eve (*lè*-veu) *adj* léger
evedura (leu-veu-*ðou*-reu) *f* levure *f*
he (lʸeu) *pron* lui, vous; **lhes** leur, vous
ibanês (li-ƀeu-*néch*) *adj* libanais; *m* Libanais *m*
Líbano (*li*-ƀeu-nou) *m* Liban *m*
liberal (li-ƀeu-*ral*) *adj* (pl -ais) libéral; large
liberdade (li-ƀeur-*ða*-ðeu) *f* liberté *f*
Libéria (li-*ƀè*-ryeu) *f* Libéria *m*
liberiano (li-ƀeu-*ryeu*-nou) *adj* libérien; *m* Libérien *m*
libertação (li-ƀeur-teu-*seun*ᵒᵘ) *f* (pl -ções) libération *f;* délivrance *f*
libra (*li*-breu) *f* livre *f*
lição (li-*seun*ᵒᵘ) *f* (pl lições) leçon *f*
licença (li-*sẽ*-seu) *f* permis *m*, licence *f;* permission *f*
licor (li-*kôr*) *m* liqueur *f*
lida (*li*-ðeu) *f* travail *m*
liga (*li*-geu) *f* ligue *f*
ligação (li-geu-*seun*ᵒᵘ) *f* (pl -ções) rapport *m;* correspondance *f;* liaison *f*
ligadura (li-geu-*ðou*-reu) *f* pansement *m;* lien *m*
ligar (li-*gar*) *v* lier; brancher, allumer; relier, *joindre, *mettre en communication
ligeiro (li-*jéĭ*-rou) *adj* léger; faible
lilás (li-*lach*) *adj* mauve
lima (*li*-meu) *f* lime *f;* limette *f;* ~ **de unhas** lime à ongles
limão (li-*meun*ᵒᵘ) *m* (pl limões) citron *m*
limiar (li-*myar*) *m* seuil *m*
limitar (li-mi-*tar*) *v* limiter
limite (li-*mi*-teu) *m* limite *f*
limonada (li-mou-*na*-ðeu) *f* limonade *f*
limpa-cachimbos (lĩm-peu-keu-*chĩm*-bouch) *m* (pl ~) cure-pipe *m*
limpa-chaminés (lĩm-peu-cheu-mi-*nèch*) *m* (pl ~) ramoneur *m*
limpar (lĩm-*par*) *v* nettoyer; ôter, essuyer
limpeza (lĩm-*pé*-zeu) *f* nettoyage *m*
limpo (*lĩm*-pou) *adj* propre
lindo (*lĩn*-dou) *adj* beau
língua (*lĩ*-ghᵒᵘeu) *f* langue *f;* ~ **materna** langue maternelle
linguado (lĩ-*gh*ᵒᵘ*a*-ðou) *m* sole *f*
linguagem (lĩ-*gh*ᵒᵘ*a*-jeunʸ) *f* langage *m*
linha (*li*-gneu) *f* ligne *f;* fil *m;* ~ **de passajar** fil à repriser
linho (*li*-gnou) *m* lin *m*
liquidação (li-ki-ðeu-*seun*ᵒᵘ) *f* (pl -ções) liquidation *f;* règlement *m*
liquidar (li-ki-*ðar*) *v* liquider; régler
líquido (*li*-ki-ðou) *adj* liquide; net; *m* liquide *m;* ~ **dentífrico** eau dentifrice
lírio (*li*-ryou) *m* lis *m*
liso (*li*-zou) *adj* lisse, plat
lista (*lich*-teu) *f* liste *f;* ~ **de espera** liste d'attente; ~ **de preços** liste des prix *f;* ~ **dos telefones** annuaire téléphonique; ~ **dos vinhos** carte des vins; ~ **telefónica** annuaire téléphonique
literário (li-teu-*ra*-ryou) *adj* littéraire
literatura (li-teu-reu-*tou*-reu) *f* littérature *f*
litígio (li-*ti*-jyou) *m* litige *m*, querelle *f*
litoral (li-tou-*ral*) *m* littoral *m*
litro (*li*-trou) *m* litre *m*
livrar (li-*vrar*) *v* délivrer

livraria (li-vreu-*ri*-eu) *f* librairie *f*
livre (*li*-vreu) *adj* libre
livreiro (li-*vréï*-rou) *m* libraire *m*
livro (*li*-vrou) *m* livre *m;* ~ **de bolso** livre de poche; ~ **de reclamações** cahier de doléances
lixa (*li*-cheu) *f* papier de verre
lixo (*li*-chou) *m* ordures *fpl;* déchets *mpl;* rebut *m;* détritus *mpl,* immondices *fpl;* **caixote do** ~ poubelle *f,* boîte à ordures; **lata de** ~ *Br* poubelle *f,* boîte à ordures
lobo (*lô*-bou) *m* loup *m*
local (lou-*kal*) *adj* (pl -ais) local; *m* local *m;* lieu *m,* endroit *m*
localidade (lou-keu-li-*ða*-ðeu) *f* localité *f*
localização (lou-keu-li-zeu-*seun*ou) *f* (pl -ções) situation *f*
localizar (lou-keu-li-*zar*) *v* localiser
loção (lou-*seun*ou) *f* (pl loções) lotion *f;* ~ **fixadora** fixateur *m;* ~ **para depois da barba** after-shave *m*
locomotiva (lou-kou-mou-*ti*-veu) *f* locomotive *f*
lógica (*lo*-ji-keu) *f* logique *f*
lógico (*lo*-ji-kou) *adj* logique
logo (*lo*-gou) *adv* aussitôt; tantôt; ~ **que** aussitôt que
loiça (*loï*-seu) *f* faïence *f,* vaisselle *f*
loira (*loï*-reu) *f* blonde *f*
loiro (*loï*-rou) *adj* blond
loja (*lo*-jeu) *f* magasin *m,* boutique *f;* ~ **de artigos fotográficos** magasin de photographe; ~ **de brinquedos** magasin de jouets; ~ **de ferragens** quincaillerie *f;* ~ **de vinhos** magasin de spiritueux
lojista (lou-*jich*-teu) *m* boutiquier *m,* commerçant *m*
lona (*lô*-neu) *f* grosse toile
longe (*lon*-jeu) *adv* loin; **de** ~ de beaucoup
longínquo (lon-*jĩ*-kouou) *adj* lointain
longitude (lon-ji-*tou*-ðeu) *f* longitude *f*
longitudinalmente (lon-ji-tou-ði-neul-*mēn*-teu) *adv* en long, longitudinalement
longo (*lon*-ghou) *adj* long; **ao** ~ **de** le long de
lotaria (lou-teu-*ri*-eu) *f* loterie *f*
lote (*lo*-teu) *m* lot *m*
louco (*lô*-kou) *adj* fou
loucura (lô-*kou*-reu) *f* folie *f*
louro (*lô*-rou) *adj* blond
louvar (lô-*var*) *v* louer
louvor (lô-*vôr*) *m* louange *f*
lua (*lou*-eu) *f* lune *f*
lua-de-mel (*lou*-eu-deu-mèl) *f* lune de miel
luar (louar) *m* clair de lune
lubrificação (lou-breu-fi-keu-*seun*ou) *f* (pl -ções) lubrification *f;* **sistema de** ~ système de lubrification
lubrificar (lou-breu-fi-*kar*) *v* lubrifier; graisser
lúcio (*lou*-syou) *m* brochet *m*
lucrativo (lou-kreu-*ti*-vou) *adj* profitable, lucratif
lucro (*lou*-krou) *m* profit *m;* gain *m*
lugar (lou-*gar*) *m* place *f;* lieu *m;* ~ **de nascimento** lieu de naissance
lumbago (loũm-*ba*-gou) *m* lumbago *m*
luminoso (lou-mi-*nô*-zou) *adj* lumineux
lupa (*lou*-peu) *f* loupe *f*
lúpulo (*lou*-pou-lou) *m* houblon *m*
lustro (*louch*-trou) *m* lustre *m*
lustroso (louch-*trô*-zou) *adj* luisant
luta (*lou*-teu) *f* lutte *f,* combat *m;* ~ **de boxe** match de boxe
lutar (lou-*tar*) *v* *combattre; lutter
luto (*lou*-tou) *m* deuil *m*
luva (*lou*-veu) *f* gant *m;* **luvas sem dedos** moufles *fpl*
luxo (*lou*-chou) *m* luxe *m*
luxuoso (lou-*ch*ou*ô*-zou) *adj* luxueux
luz (louch) *f* lumière *f;* ~ **da reta-**

guarda feu arrière; ~ **de estacionamento** feu de position; ~ **do dia** lumière du jour; ~ **do sol** lumière du soleil; **luzes de travão** stops *mpl*

M

maca (*ma*-keu) *f* brancard *m*
maçã (meu-*seun*) *f* pomme *f;* ~ **do rosto** pommette *f*
macacão (meu-*keu-keun*^ou^) *mBr* (pl -cões) salopette *f*
macaco (meu-*ka*-kou) *m* singe *m;* cric *m*
maçador (meu-seu-*ðôr*) *adj* ennuyeux, fastidieux; gênant; *m* raseur *m*
maçaneta (meu-seu-*né*-teu) *f* pommette *f*
maçar (meu-*sar*) *v* ennuyer; gêner
machado (meu-*cha*-ðou) *m* hache *f*
macho (*ma*-chou) *m* mulet *m*
maciço (meu-*si*-sou) *adj* massif
macio (meu-*si*^ou^) *adj* moelleux
maço (*ma*-sou) *m* maillet *m*
madeira (meu-*ðéï*-reu) *f* bois *m;* **de** ~ en bois; ~ **de construção** bois d'œuvre
madrasta (meu-*ðrach*-teu) *f* belle-mère *f*
madre-pérola (ma-ðreu-*pè*-rou-leu) *f* nacre *f*
madrugada (meu-ðrou-*ga*-ðeu) *f* aube *f*
maduro (meu-*ðou*-rou) *adj* mûr
mãe (meun^y^) *f* mère *f*
maestro (meu-*èch*-trou) *m* chef d'orchestre
magia (meu-*ji*-eu) *f* magie *f*
mágico (*ma*-ji-kou) *adj* magique
magistrado (meu-jich-*tra*-ðou) *m* magistrat *m*
magnânimo (meug-*neu*-ni-mou) *adj* magnanime
magnético (meug-*nè*-ti-kou) *adj* magnétique
magneto (meug-*nè*-tou) *m* magnéto *f*
magnífico (meug-*ni*-fi-kou) *adj* magnifique
magoar (meu-*g*^ou^*ar*) *v* *faire mal; meurtrir
magro (*ma*-grou) *adj* maigre
Maio (*ma*-you) mai
maior (meu-*yor*) *adj* majeur; plus grand; ~ **parte** plupart
maioria (meu-you-*ri*-eu) *f* majorité *f*
mais (maïch) *adj* plus; le plus; encore; mieux; *adv* plus; ~ **de** passé
maiúscula (meu-*youch*-kou-leu) *f* majuscule *f*
mal (mal) *m* (pl ~es) mal *m;* tort *m;* affection *f; adv* à peine; ***fazer** ~ **a** *faire du mal; ~ **sucedido** infructueux
mala (*ma*-leu) *f* valise *f;* coffre *m;* ~ **de mão** sac à main
malaio (meu-*laï*-ou) *adj* malaysien; *m* Malais *m*
malandro (meu-*leunn*-drou) *m* coquin *m*
malária (meu-*la*-ryeu) *f* malaria *f*
Malásia (meu-*la*-zyeu) *f* Malaysia *m*
malcriado (mal-*krya*-ðou) *adj* effronté; mal élevé
maldade (mal-*da*-ðeu) *f* mal *m*
***maldizer** (mal-di-*zér*) *v* *maudire
maleável (meul-*ya*-vèl) *adj* (pl -eis) souple; malléable
mal-entendido (mal-ĩn-tẽn-*di*-ðou) *m* malentendu *m*
malévolo (meu-*lè*-vou-lou) *adj* malveillant
malha (*ma*-l^y^eu) *f* maille *f;* ***fazer** ~ tricoter; **malhas** tricots *mpl*
malícia (meu-*li*-syeu) *f* malice *f*
malicioso (meu-li-*syô*-zou) *adj* malicieux
maligno (meu-*lig*-nou) *adj* malin; mé-

chant

maluco (meu-*lou*-kou) *adj* sot; fou

mamífero (meu-*mi*-feu-rou) *m* mammifère *m*

mamute (meu-*mou*-teu) *m* mammouth *m*

manada (meu-*na*-ðeu) *f* troupeau *m*

mancha (*meun*-cheu) *f* tache *f*, souillure *f*; **sem** ~ immaculé

manchar (meun-*char*) *v* tacher

mandar (meunn-*dar*) *v* commander; *envoyer; *faire; ~ **vir** *faire venir

mandato (meunn-*da*-tou) *m* mandat *m*

maneira (meu-*néï*-reu) *f* façon *f*, manière *f*; mode *m*; **de qualquer** ~ de toute façon; n'importe comment; **maneiras** savoir-vivre *m*

manejar (meu-nı-*jar*) *v* manier

manejável (meu-nı-*ja*-vèl) *adj* (pl -eis) maniable

manequim (meu-neu-*kĩ*) *m* mannequin *m*

manga (*meun*-gheu) *f* manche *f*

manha (*meu*-gneu) *f* ruse *f*, astuce *f*

manhã (meu-*gneun*) *f* matin *m*

manhoso (meu-*gnô*-zou) *adj* rusé

mania (meu-*ni*-eu) *f* manie *f*

manicura (meu-ni-*kou*-reu) *f* manucure *f*

manifestação (meu-ni-fıch-teu-*seun*^ou^) *f* (pl -ções) manifestation *f*

manifestar (meu-ni-fıch-*tar*) *v* manifester

manjedoura (meun-jeu-*ðô*-reu) *f* mangeoire *f*

manso (*meun*-sou) *adj* domestiqué; doux

manteiga (meunn-*téï*-geu) *f* beurre *m*

***manter** (meunn-*tér*) *v* *maintenir; *tenir

manual (meu-*n*^ou^*al*) *adj* (pl -ais) manuel; *m* manuel *m*

manuscrito (meu-nouch-*kri*-tou) *m* manuscrit *m*

manutenção (meu-nou-tẽ-*seun*^ou^) *f* entretien *m*

mão (meun^ou^) *f* (pl ~s) main *f*; **em segunda** ~ d'occasion; **feito à** ~ fait à la main; **palma da** ~ paume *f*

mapa (*ma*-peu) *m* carte *f*; ~ **de estradas** carte routière; ~ **marítimo** carte marine

máquina (*ma*-ki-neu) *f* machine *f*; appareil *m*; ~ **de barbear** rasoir électrique; ~ **de costura** machine à coudre; ~ **de escrever** machine à écrire; ~ **de filmar** caméra *f*; ~ **de lavar** machine à laver; ~ **fotográfica** appareil-photo *m*

maquinaria (meu-ki-neu-*ri*-eu) *f* machinerie *f*

mar (mar) *m* mer *f*

maravilha (meu-reu-*vi*-l^y^eu) *f* merveille *f*

maravilhar-se (meu-reu-vi-*l*^y^*ar*-seu) *v* s'émerveiller

maravilhoso (meu-reu-vi-*l*^y^*ô*-zou) *adj* merveilleux

marca (*mar*-keu) *f* marque *f*; signe *m*; ~ **de fábrica** marque de fabrique

marcar (meur-*kar*) *v* marquer; pointer

marceneiro (meur-seu-*néï*-rou) *m* menuisier *m*

marcha (*mar*-cheu) *f* marche *f*; ***fazer** ~ **à ré** *Br* *faire marche arrière; ***fazer** ~ **atrás** *faire marche arrière

marchar (mar-*char*) *v* marcher

Março (*mar*-sou) mars

marco (*mar*-kou) *m* jalon *m*; ~ **miliário** borne routière

maré (meu-*rè*) *f* marée *f*; ~ **baixa** marée basse; ~ **cheia** marée haute

marfim (meur-*fĩ*) *m* ivoire *m*

margarina (meur-gheu-*ri*-neu) *f* margarine *f*

margem (*mar*-jeun^{y}) *f* marge *f;* rive *f*
marido (meu-*ri*-ðou) *m* mari *m*
marinha (meu-*ri*-gneu) *f* marine *f*
marinheiro (meu-ri-*gnéï*-rou) *m* marin *m*
mariposa (meu-ri-*pô*-zeu) *f* brasse papillon
marisco (meu-*rich*-kou) *m* fruit de mer *m*
marítimo (meu-*ri*-ti-mou) *adj* maritime
mármore (*mar*-mou-reu) *m* marbre *m*
maroto (meu-*rô*-tou) *adj* coquin, malicieux
Marrocos (meu-*rô*-kouch) *m* Maroc *m*
marroquino (meu-rrou-*ki*-nou) *adj* marocain; *m* Marocain *m*
martelar (meur-teu-*lar*) *v* marteler
martelo (meur-*tè*-lou) *m* marteau *m*
mártir (*mar*-tir) *m* martyr *m*
mas (meuch) *conj* mais; cependant, pourtant
máscara (*mach*-keu-reu) *f* masque *m;* ~ **facial** masque de beauté
masculino (meuch-kou-*li*-nou) *adj* masculin, mâle
massa (*ma*-seu) *f* pâte *f;* masse *f*
massagem (meu-*sa*-jeun^{y}) *f* massage *m*
massagista (meu-seu-*jich*-teu) *m* masseur *m*
massajar (meu-seu-*jar*) *v* masser
mastigar (meuch-ti-*gar*) *v* mâcher
mastro (*mach*-trou) *m* mât *m*
mata (*ma*-teu) *f* bosquet *m*
mata-borrão (ma-teu-bou-*rreun*^{ou}) *m* (pl -rões) papier buvard
matar (meu-*tar*) *v* tuer
mate (*ma*-teu) *adj* mat
matemática (meu-teu-*ma*-ti-keu) *f* mathématiques *fpl*
matemático (meu-teu-*ma*-ti-kou) *adj* mathématique; *m* mathématicien *m*
matéria (meu-*tè*-ryeu) *f* matière *f*
material (meu-teu-*ryal*) *adj* (pl -ais) matériel, physique; *m* matériel *m*
matéria-prima (meu-tè-ryeu-*pri*-meu) *f* matière première
mato (*ma*-tou) *m* brousse *f*
matrimonial (meu-tri-mou-*nyal*) *adj* (pl -ais) matrimonial
matrimónio (meu-tri-*mo*-nyou) *m* mariage *m*
maturidade (meu-tou-ri-*ða*-ðeu) *f* maturité *f*
mau (maou) *adj* (f má) mauvais, méchant, vilain; ~ **génio** mauvais caractère
mausoléu (maou-zou-*lè*^{ou}) *m* mausolée *m*
maxila (mak-*si*-leu) *f* mâchoire *f*
máximo (*ma*-si-mou) *adj* maximum; **no** ~ au maximum
me (meu) *pron* moi; me
mecânico (meu-*keu*-ni-kou) *adj* mécanique; *m* mécanicien *m*, monteur *m*
mecanismo (meu-keu-*nij*-mou) *m* mécanisme *m*
mecha (*mè*-cheu) *f* mèche *f*
medalha (meu-*ða*-l^{y}eu) *f* médaille *f*
média (*mè*-ðyeu) *f* moyenne *f;* **em** ~ en moyenne
mediano (meu-*ðyeu*-nou) *adj* moyen
medicamento (meu-ði-keu-*mēn*-tou) *m* médicament *m*
medicina (meu-ði-*si*-neu) *f* médecine *f*
médico (*mè*-ði-kou) *m* médecin *m*, docteur *m; adj* médical; ~ **de clínica geral** médecin généraliste
medida (meu-*ði*-ðeu) *f* mesure *f;* mesureur *m;* **feito à** ~ fait sur mesure
medidor (meu-di-*dôr*) *m Br* compteur *m*
medieval (meu-ðyeu-*val*) *adj* (pl -ais) médiéval

médio (*mè*-ðyou) *adj* moyen; du milieu
medíocre (meu-*ði*ou-kreu) *adj* médiocre
***medir** (meu-*ðir*) *v* mesurer
meditar (meu-ði-*tar*) *v* méditer
Mediterrâneo (meu-ði-teu-*rreu*-nyou) *m* Méditerranée *f*
medo (*mé*-ðou) *m* peur *f;* **com ~** apeuré; **meter ~** *faire peur; ***ter ~** *avoir peur
medonho (meu-*ðô*-gnou) *adj* affreux, terrible
medula (meu-*ðou*-leu) *f* moelle *f*
medusa (meu-*ðou*-zeu) *fBr* méduse *f*
meia (*méï*-eu) *f* bas *m;* **meias de descanso** bas de soutien
meia-calça (méï-eu-*kal*-seu) *f* collants *mpl*
meia-noite (méï-eu-*noï*-teu) *f* minuit
meio (*méï*-ou) *adj* demi; *m* milieu *m;* moyen *m; adv* à moitié; **~ ambiente** environnement *m,* milieu *m;* **no ~ de** au milieu de; **por ~ de** au moyen de
meio-dia (méï-ou-*ði*-eu) *m* midi *m*
meio-fio (mé-you-*fi*ou) *mBr* bord du trottoir
mel (mèl) *m* miel *m*
melancia (meu-leun-*si*-eu) *f* pastèque *f*
melancolia (meu-leun-kou-*li*-eu) *f* mélancolie *f*
melancólico (meu-leun-*ko*-li-kou) *adj* mélancolique
melão (meu-*leun*ou) *m* (pl melões) melon *m*
melhor (mı-*l*y*ôr*) *adj* mieux; meilleur; supérieur; **o ~** le meilleur
melhoramento (mı-lyou-reu-*mẽn*-tou) *m* amélioration *f*
melhorar (mı-lyou-*rar*) *v* améliorer
melindrar-se por (meu-lĩn-*drar*-seu) s'offenser de
melodia (meu-lou-*ði*-eu) *f* mélodie *f;* air *m*
melodrama (meu-lou-*dreu*-meu) *m* mélodrame *m*
melro (*mèl*-rrou) *m* merle *m*
membrana (mẽm-*breu*-neu) *f* membrane *f*
membro (*mẽm*-brou) *m* membre *m*
memorando (meu-mou-*reunn*-dou) *m* mémorandum *m*
memorável (meu-mou-*ra*-vèl) *adj* (pl -eis) mémorable
memória (meu-*mo*-ryeu) *f* mémoire *f*
memorial (meu-mou-*ryal*) *m* (pl -ais) mémorial *m*
menção (mẽ-*seun*ou) *f* (pl -ções) mention *f*
mencionar (mẽ-syou-*nar*) *v* mentionner
mendigar (mẽn-di-*gar*) *v* mendier
mendigo (mẽn-*di*-gou) *m* mendiant *m*
menina (meu-*ni*-neu) *f* demoiselle *f;* mademoiselle; *f* fillette *f;* **a ~** vous
menino (meu-*ni*-nou) *m* petit garçon
menor (meu-*nor*) *adj* mineur; moindre, menu; subalterne; *m* mineur
menos (*mé*-nouch) *adj* moins; moindre; *adv* moins; *prep* sauf; **pelo ~** au moins
menosprezar (mé-nouch-preu-*zar*) *v* sous-estimer
mensageiro (mẽ-seu-*jéï*-rou) *m* messager *m*
mensagem (mẽ-*sa*-jeuny) *f* message *m*
mensal (mẽ-*sal*) *adj* (pl -ais) mensuel
menstruação (mẽch-troueu-*seun*ou) *f* (pl -ções) menstruation *f*
mental (mẽn-*tal*) *adj* (pl -ais) mental
mente (*mẽn*-teu) *f* esprit *m*
***mentir** (mẽn-*tir*) *v* *mentir
mentira (mẽn-*ti*-reu) *f* mensonge *m*
mercado (meur-*ka*-ðou) *m* marché *m*
mercadoria (meur-keu-ðou-*ri*-eu) *f* marchandise *f*

mercearia (meur-syeu-*ri*-eu) *f* épicerie *f*; **artigos de ~** articles d'épicerie; **~ fina** épicerie fine
merceeiro (meur-*syéï*-rou) *m* épicier *m*
mercúrio (meur-*kou*-ryou) *m* mercure *m*
merecer (meu-reu-*sér*) *v* mériter
mergulhar (meur-gou-*lʸar*) *v* plonger
meridional (meu-ri-ðyou-*nal*) *adj* (pl -ais) méridional
mérito (*mè*-ri-tou) *m* mérite *m*
mês (méch) *m* mois *m*
mesa (*mé*-zeu) *f* table *f*
mesmo (*méj*-mou) *adj* même; *adv* même; **si ~** soi-même
mesquinho (mich-*ki*-gnou) *adj* mesquin
mesquita (mich-*ki*-teu) *f* mosquée *f*
mestre (*mèch*-treu) *m* maître *m*
meta (*mè*-teu) *f* ligne d'arrivée
metade (meu-*ta*-ðeu) *f* moitié *f*
metal (meu-*tal*) *m* (pl -ais) métal *m*
metálico (meu-*ta*-li-kou) *adj* métallique
meter (meu-*tér*) *v* *mettre, enfoncer
meticuloso (meu-ti-kou-*lô*-zou) *adj* méticuleux
metódico (meu-*to*-ði-kou) *adj* méthodique
método (*mè*-tou-ðou) *m* méthode *f*
métrico (*mè*-tri-kou) *adj* métrique
metro (*mè*-trou) *m* mètre *m*
metropolitano (meu-trou-pou-li-*teu*-nou) *m* métro *m*
meu (méᵒᵘ) *adj* (f minha) mon
mexer (mi-*chér*) *v* bouger; remuer; toucher; **mexer-se** remuer, bouger
mexericar (mi-cheu-ri-*kar*) *v* *faire des commérages
mexerico (mi-cheu-*ri*-kou) *m* commérage *m*
mexicano (mi-chi-*keu*-nou) *adj* mexicain; *m* Mexicain *m*
México (*mè*-chi-kou) *m* Mexique *m*
mexilhão (mi-chi-*lʸeunᵒᵘ*) *m* (pl -hões) moule *f*
micróbio (mi-*kro*-ƀyou) *m* microbe *m*
microfone (mi-kro-*fo*-neu) *m* microphone *m*
migalha (mi-*ga*-lʸeu) *f* miette *f*
mil (mil) *num* mille
milagre (mi-*la*-greu) *m* miracle *m*
milagroso (mi-leu-*grô*-zou) *adj* miraculeux
milha (*mi*-lʸeu) *f* mille *m*
milho (*mi*-lʸou) *m* maïs *m*; **maçaroca de ~** épi de maïs
milionário (mi-lyou-*na*-ryou) *m* millionnaire *m*
militar (meu-li-*tar*) *adj* militaire
mim (mĩ) *pron* moi
mina (*mi*-neu) *f* mine *f*
mineiro (mi-*néï*-rou) *m* mineur *m*
mineral (mi-neu-*ral*) *m* (pl -ais) minéral *m*
minério (mi-*nè*-ryou) *m* minerai *m*
miniatura (mi-nyeu-*tou*-reu) *f* miniature *f*
mínimo (*mi*-ni-mou) *adj* minime; minimal; *m* minimum *m*; **no ~** au minimum
ministério (meu-nich-*tè*-ryou) *m* ministère *m*
ministro (meu-*nich*-trou) *m* ministre *m*
minoria (mi-nou-*ri*-eu) *f* minorité *f*
minucioso (mi-nou-*syô*-zou) *adj* soigné, minutieux
minúsculo (mi-*nouch*-kou-lou) *adj* minuscule
minuto (mi-*nou*-tou) *m* minute *f*
míope (*miᵒᵘ*-peu) *m* myope
miserável (mi-zeu-*ra*-vèl) *adj* (pl -eis) malheureux; misérable
miséria (mi-*zè*-ryeu) *f* misère *f*
misericórdia (mi-zeu-ri-*kor*-ðyeu) *f* miséricorde *f*

misericordioso (mi-zeu-ri-kour-*ðyô*-zou) *adj* miséricordieux
missa (*mi*-seu) *f* messe *f*
mistério (mich-*tè*-ryou) *m* mystère *m*
misterioso (mich-teu-*ryô*-zou) *adj* mystérieux
mistura (mich-*tou*-reu) *f* mélange *m*
misturado (mich-tou-*ra*-ðou) *adj* mélangé; divers, mêlé
misturar (mich-tou-*rar*) *v* mêler; mélanger
mito (*mi*-tou) *m* mythe *m*
mobilar (mou-ƀi-*lar*) *v* meubler
mobília (mou-*ƀi*-lyeu) *f* meubles
moca (*mo*-keu) *f* gourdin *m;* moka *m*
moção (mou-*seun*^{ou}) *f* (pl moções) motion *f*
mochila (mou-*chi*-leu) *f* sac à dos, havresac *m*
mocho (*mô*-chou) *m* hibou *m*
moço (*mô*-sou) *m* gosse *m;* ~ **de hotel** *Br* groom *m*
moda (*mo*-ðeu) *f* mode *f;* **fora de** ~ démodé; **na** ~ à la mode
modelar (mou-ðeu-*lar*) *v* modeler
modelo (mou-*ðé*-lou) *m* modèle *m*
moderado (mou-ðeu-*ra*-ðou) *adj* modéré
moderno (mou-*ðèr*-nou) *adj* moderne
modéstia (mou-*ðèch*-tyeu) *f* modestie *f*
modesto (mou-*ðèch*-tou) *adj* modeste
modificação (mou-ðeu-fi-keu-*seun*^{ou}) *f* (pl -ções) modification *f*
modificar (mou-ðeu-fi-*kar*) *v* modifier
modista (mou-*ðich*-teu) *f* couturière *f*
modo (*mo*-ðou) *m* manière *f*, façon *f*, mode *m;* **de** ~ **nenhum** aucunement; **de** ~ **que** de manière que; **de qualquer** ~ de toute façon, n'importe comment; **doutro** ~ autrement; ~ **de emprego** mode d'emploi
moeda (*m*^{ou}*è*-ðeu) *f* pièce de monnaie; monnaie *f;* ~ **estrangeira** monnaie étrangère
***moer** (m^{ou}ér) *v* *moudre
mohair (mo-*èr*) *m* mohair *m*
moinho (*m*^{ou}*i*-gnou) *m* moulin *m;* ~ **de vento** moulin à vent
moita (*moï*-teu) *f* buisson *m*
mola (*mo*-leu) *f* ressort *m*
molar (mou-*lar*) *m* molaire *f*
moldar (môl-*dar*) *v* façonner; mouler
moldura (môl-*dou*-reu) *f* cadre *m*
mole (*mo*-leu) *adj* mou
moleiro (mou-*léï*-rou) *m* meunier *m*
molhado (mou-*l*^{y}*a*-ðou) *adj* mouillé; moite
molhar (mou-*l*^{y}*ar*) *v* tremper
molhe (*mo*-l^{y}eu) *m* jetée *f*
molho[1] (*mo*-l^{y}ou) *m* paquet *m;* faisceau *m*
molho[2] (*mô*-l^{y}ou) *m* jus *m*, sauce *f;* **pôr de** ~ tremper
momentâneo (mou-mẽn-*teu*-nyou) *adj* momentané
momento (mou-*mẽn*-tou) *m* moment *m;* ~ **decisivo** tournant *m*
monarca (mou-*nar*-keu) *m* monarque *m*
monarquia (mou-neur-*ki*-eu) *f* monarchie *f*
monetário (mou-neu-*ta*-ryou) *adj* monétaire
monge (*mon*-jeu) *m* moine *m*
monólogo (mou-*no*-lou-gou) *m* monologue *m*
monopólio (mou-nou-*po*-lyou) *m* monopole *m*
monótono (mou-*no*-tou-nou) *adj* monotone
montanha (monn-*teu*-gneu) *f* montagne *f*
montanhoso (monn-teu-*gnô*-zou) *adj* montagneux
montão (monn-*teun*^{ou}) *m* (pl -tões) monceau *m*, tas *m*

montar (monn-*tar*) *v* assembler; monter; ~ **a cavalo** monter à cheval
monte (*monn*-teu) *m* mont *m;* amoncellement *m;* **cume do** ~ sommet de la colline
montículo (monn-*ti*-kou-lou) *m* butte *f,* monticule *m*
montra (*monn*-treu) *f* vitrine *f*
monumento (mou-nou-*mẽn*-tou) *m* monument *m*
morada (mou-*ra*-ðeu) *f* demeure *f;* adresse *f*
morador (mou-reu-*ðôr*) *m* habitant *m*
moral (mou-*ral*) *adj* (pl -ais) moral; *f* morale *f; m* moral *m*
moralidade (mou-reu-li-*ða*-ðeu) *f* moralité *f*
morango (mou-*reun*-ghou) *m* fraise *f*
morar (mou-*rar*) *v* habiter
mordedura (mour-deu-*ðou*-reu) *f* morsure *f*
morder (mour-*dér*) *v* mordre
morena (mou-*ré*-neu) *f* brunette *f*
moreno (mou-*ré*-nou) *adj* noiraud
morfina (mour-*fi*-neu) *f* morphine *f*
morno (*môr*-nou) *adj* tiède
morrer (mou-*rrér*) *v* *mourir
mortal (mour-*tal*) *adj* (pl -ais) mortel
morte (*mor*-teu) *f* mort *f*
morto (*môr*-tou) *adj* décédé, mort
mosaico (mou-*zaï*-kou) *m* mosaïque *f*
mosca (*môch*-keu) *f* mouche *f*
mosquiteiro (mouch-ki-*téï*-rou) *m* moustiquaire *f*
mosquito (mouch-*ki*-tou) *m* moustique *m*
mossa (*mo*-seu) *f* bosse *f*
mostarda (mouch-*tar*-deu) *f* moutarde *f*
mosteiro (mouch-*téï*-rou) *m* monastère *m*
mostrar (mouch-*trar*) *v* montrer
motel (mo-*tèl*) *m* (pl motéis) motel *m*
motim (mou-*tĩ*) *m* mutinerie *f*
motivo (mou-*ti*-vou) *m* motif *m,* raison *f*
motocicleta (mo-to-si-*klé*-teu) *f* motocyclette *f*
motor (mou-*tôr*) *m* moteur *m;* **cobertura do** ~ capot *m;* ~ **a jacto-propulsão** turboréacteur *m;* ~ **de arranque** démarreur *m*
motorista (mou-tou-*rich*-teu) *m* chauffeur *m;* ~ **de táxi** chauffeur de taxi
móvel (*mo*-vèl) *adj* (pl -eis) mobile
mover (mou-*vér*) *v* mouvoir, bouger
movimentado (mou-vi-mẽn-*ta*-ðou) *adj* mouvementé, animé
movimento (mou-vi-*mẽn*-tou) *m* mouvement *m*
mudança (mou-*ðeun*-seu) *f* changement *m;* déménagement *m*
mudar (mou-*ðar*) *v* changer, transformer; ~ **de roupa** se changer; ~ **de velocidade** changer de vitesse; **mudar-se** déménager
mudo (*mou*-ðou) *adj* muet; interloqué
muito (*moũinn*-tou) *adv* très; beaucoup; *adj* beaucoup de
mulato (mou-*la*-tou) *f* mulâtre *m*
muleta (mou-*lé*-teu) *f* béquille *f*
mulher (mou-*lʸér*) *f* femme *f;* ~ **a dias** femme de ménage
mulo (*mou*-lou) *m* mulet *m*
multa (*moul*-teu) *f* amende *f,* contravention *f*
multidão (moul-ti-*ðeun*ᵒᵘ) *f* (pl -dões) foule *f*
multiplicação (moul-ti-pli-keu-*seun*ᵒᵘ) *f* (pl -ções) multiplication *f*
multiplicar (moul-ti-pli-*kar*) *v* multiplier
mundial (moũn-*dyal*) *adj* (pl -ais) mondial
mundo (*moũn*-dou) *m* monde *m*
municipal (mou-neu-si-*pal*) *adj* (pl -ais) municipal

municipalidade (mou-neu-si-peu-li-*ða*-ðeu) *f* municipalité *f*
murmurar (mour-mou-*rar*) *v* murmurer
muro (*mou*-rou) *m* mur *m*
músculo (*mouch*-kou-lou) *m* muscle *m*
musculoso (mouch-kou-*lô*-zou) *adj* musclé
museu (mou-*zé*ou) *m* musée *m;* ~ **das ceras** musée de cire
musgo (*mouj*-gou) *m* mousse *f*
música (*mou*-zi-keu) *f* musique *f*
musical (mou-zi-*kal*) *adj* (pl -ais) musical; **comédia** ~ comédie musicale
músico (*mou*-zi-kou) *m* musicien *m*
musselina (mou-seu-*li*-neu) *f* mousseline *f*
mutuamente (mou-touеu-*mēn*-teu) *adv* mutuellement
mútuo (*mou*-touou) *adj* mutuel

N

nacional (neu-syou-*nal*) *adj* (pl -ais) national
nacionalidade (neu-syou-neu-li-*ða*-ðeu) *f* nationalité *f*
nacionalizar (neu-syou-neu-li-*zar*) *v* nationaliser
nada (*na*-ðeu) *pron* rien
nadador (neu-ðeu-*ðôr*) *m* nageur *m*
nadar (neu-*ðar*) *v* nager
nádega (*na*-ðeu-geu) *f* fesse *f*
não (neunou) *adv* non; ne ... pas; ~ **obstante** néanmoins
narcose (neur-*ko*-zeu) *f* narcose *f*
narcótico (neur-*ko*-ti-kou) *m* narcotique *m*
narina (neu-*ri*-neu) *f* narine *f*
nariz (neu-*rich*) *m* nez *m*
narrativa (neu-rreu-*ti*-veu) *f* récit *m*
nascente (neuch-*sēn*-teu) *f* source *f*
nascer (neuch-*sér*) *v* *naître
nascido (neuch-*si*-ðou) *adj* né
nascimento (neuch-si-*mēn*-tou) *m* naissance *f*
nata (*na*-teu) *f* crème fraîche
natação (neu-teu-*seun*ou) *f* natation *f*
Natal (neu-*tal*) *m* (pl -ais) Noël
nativo (neu-*ti*-vou) *m* indigène
nato (*na*-tou) *adj* inné
natural (neu-tou-*ral*) *adj* (pl -ais) naturel
naturalmente (neu-tou-ral-*mēn*-teu) *adv* naturellement; évidemment
natureza (neu-tou-*ré*-zeu) *f* nature *f*
náusea (*naou*-zyeu) *f* nausée *f*
naval (neu-*val*) *adj* (pl -ais) naval
navegação (neu-veu-geu-*seun*ou) *f* navigation *f*
navegar (neu-veu-*gar*) *v* naviguer
navegável (neu-veu-*ga*-vèl) *adj* (pl -eis) navigable
navio (neu-*vi*-ou) *m* navire *m;* vaisseau *m*
navio-cisterna (neu-viou-sich-*tér*-neu) *m* bateau-citerne *m*
neblina (neu-*bli*-neu) *f* brume *f*
necessário (neu-seu-*sa*-ryou) *adj* nécessaire; requis
necessidade (neu-seu-si-*ða*-ðeu) *f* nécessité *f;* besoin *m,* exigence *f*
necessitar (neu-seu-si-*tar*) *v* *avoir besoin de
negar (neu-*gar*) *v* nier; refuser; dénier
negativo (neu-geu-*ti*-vou) *adj* négatif; *m* négatif *m*
negligência (neu-gli-*jē*-syeu) *f* négligence *f*
negligente (neu-gli-*jēn*-teu) *adj* négligent
negociação (neu-gou-syeu-*seun*ou) *f* (pl -ções) négociation *f*
negociante (neu-gou-*syeunn*-teu) *m* négociant *m,* marchand *m;* ~ **de**

tecidos drapier *m*
***negociar** (neu-gou-*syar*) *v* négocier; *faire du commerce
negócio (neu-*go*-syou) *m* affaire *f;* **movimento de negócios** chiffre d'affaires; **viagem de negócios** voyage d'affaires
negro (*né*-grou) *m* noir *m*
nem ... nem (neunʸ) ni ... ni; **nem um nem outro** ni l'un ni l'autre
nenhum (ni-*gnoũ*) *adj* aucun; *pron* aucun
néon (*nè*-on) *m* néon *m*
nervo (*nér*-vou) *m* nerf *m*
nervoso (neur-*vô*-zou) *adj* nerveux
neta (*nè*-teu) *f* petite-fille *f*
neto (*nè*-tou) *m* petit-fils *m*
neurose (néᵒᵘ-*ro*-zeu) *f* névrose *f*
neutral (néᵒᵘ-*tral*) *adj* (pl -ais) neutre
neutro (*né*ᵒᵘ-trou) *adj* neutre
nevado (neu-*va*-ðou) *adj* neigeux
nevar (neu-*var*) *v* neiger
neve (*nè*-veu) *f* neige *f;* **tempestade de ~** tempête de neige
névoa (*nèv*-ᵒᵘeu) *f* brume *f*
nevoeiro (neu-*v*ᵒᵘ*éï*-rou) *m* brouillard *m*
nevralgia (neu-vral-*ji*-eu) *f* névralgie *f*
nicotina (ni-kou-*ti*-neu) *f* nicotine *f*
Nigéria (ni-*jè*-ryeu) *f* Nigeria *m*
nigeriano (ni-jeu-*ryeu*-nou) *adj* nigérian; *m* Nigérian *m*
ninguém (nĩ-*gheun*ʸ) *pron* personne
ninhada (ni-*gna*-ðeu) *f* portée *f*
ninho (*ni*-gnou) *m* nid *m*
níquel (*ni*-kèl) *m* nickel *m*
nível (*ni*-vèl) *m* (pl -eis) niveau *m;* **~ de vida** niveau de vie
nivelar (ni-veu-*lar*) *v* niveler
nó (no) *m* nœud *m;* ***dar um ~** nouer; ***fazer um ~** nouer; **~ corrediço** boucle *f;* **~ dos dedos** jointure des doigts
nobre (*no*-breu) *adj* noble
nobreza (nou-*bré*-zeu) *f* noblesse *f*
noção (nou-*seun*ᵒᵘ) *f* (pl noções) notion *f*
nocivo (nou-*si*-vou) *adj* nuisible, nocif
nocturno (no-*tour*-nou) *adj* nocturne
nódoa (*no*-ðoueu) *f* tache *f*
nogado (nou-*ga*-ðou) *m* nougat *m*
noite (*noï*-teu) *f* nuit *f;* soir *m*
noiva (*noï*-veu) *f* fiancée *f*
noivado (noï-va-ðou) *m* fiançailles *fpl*
noivo (*noï*-vou) *adj* fiancé; *m* fiancé *m;* marié *m*
nojento (nou-*jẽn*-tou) *adj* dégoûtant
nome (*nô*-meu) *m* nom *m;* **em ~ de** au nom de; **~ de batismo** *Br* prénom *m;* **~ próprio** prénom *m*
nomeação (nou-myeu-*seun*ᵒᵘ) *f* (pl -ções) nomination *f*
***nomear** (nou-*myar*) *v* nommer; mentionner
nominal (nou-mi-*nal*) *adj* (pl -ais) nominal
nono (*nô*-nou) *num* neuvième
nordeste (nor-*dèch*-teu) *m* nord-est *m*
nórdico (*nor*-ði-kou) *adj* nordique
norma (*nor*-meu) *f* norme *f*
normal (nor-*mal*) *adj* (pl -ais) normal; standard
noroeste (no-*r*ᵒᵘ*èch*-teu) *m* nord-ouest *m*
norte (*nor*-teu) *m* nord *m*
Noruega (no-rᵒᵘè-geu) *f* Norvège *f*
norueguês (no-rᵒᵘé-*géch*) *adj* norvégien; *m* Norvégien *m*
nos (nouch) *pron* nous
nós (nouch) *pron* nous; **~ próprios** nous-mêmes
nosso (*no*-sou) *adj* notre
nostalgia (nouch-tal-*ji*-eu) *f* nostalgie *f*
nota (*no*-teu) *f* note *f;* ton *m;* **~ de banco** billet de banque; **~ de encomenda** bon de commande
notar (nou-*tar*) *v* noter; remarquer
notário (nou-*ta*-ryou) *m* notaire *m*

notável (nou-*ta*-vèl) *adj* (pl -eis) remarquable, frappant; sensible
notícia (nou-*ti*-syeu) *f* nouvelle *f*
noticiário (nou-ti-*sya*-ryou) *m* actualités *fpl*, nouvelles *fpl*
notificar (nou-teu-fi-*kar*) *v* notifier
notório (nou-*to*-ryou) *adj* notoire
Nova Zelândia (*no*-veu zeu-*leunn*-dyeu) Nouvelle-Zélande *f*
nove (*no*-veu) *num* neuf
Novembro (nou-*vẽm*-brou) novembre
noventa (nou-*vẽn*-teu) *num* quatre-vingt-dix
novo (*nô*-vou) *adj* nouveau
noz (noch) *f* noix *f*; ~ **moscada** muscade *f*
nu (nou) *adj* nu; *m* nu *m*
nuance (*n^ou^eun*-seu) *f* nuance *f*
nublado (nou-*ƀla*-ðou) *adj* nuageux
nuca (*nou*-keu) *f* nuque *f*
nuclear (nou-*klyar*) *adj* nucléaire
núcleo (*nou*-klyou) *m* cœur *m*, noyau *m*
nulo (*nou*-lou) *adj* nul
numeral (nou-meu-*ral*) *m* (pl -ais) nombre *m*
número (*nou*-meu-rou) *m* numéro *m*, nombre *m*; ~ **de matrícula** numéro d'immatriculation
numeroso (nou-meu-*rô*-zou) *adj* nombreux
nunca (*noũ*-keu) *adv* ne ... jamais
nutritivo (nou-tri-*ti*-vou) *adj* nutritif, nourrissant
nuvem (*nou*-veun^y^) *f* nuage *m*
nylon (*naï*-lonn) *m* nylon *m*

O

o¹ (ou) *art* (f a) le *art*
o² (ou) *pron* le; ~ **que** ce que; ~ **quê** quoi
oásis (*^ou^a*-zich) *m* oasis *f*
obedecer (ou-ƀeu-ðeu-*sér*) *v* obéir
obediência (ou-ƀeu-*ðyẽ*-syeu) *f* obéissance *f*
obediente (ou-ƀeu-*ðyẽn*-teu) *adj* obéissant
obesidade (ou-ƀeu-zi-*ða*-ðeu) *f* obésité *f*
obeso (ou-*ƀè*-zou) *adj* obèse
objecção (ouƀ-jè-*seun^ou^*) *f* (pl -ções) objection *f*
objectar (ouƀ-jè-*tar*) *v* objecter
objectivo (ouƀ-jè-*ti*-vou) *adj* objectif; *m* dessein *m*, objectif *m*
objecto (ouƀ-*jè*-tou) *m* objet *m*; objectif *m*
oblíquo (ou-*ƀli*-k^ou^ou) *adj* oblique
oblongo (ouƀ-*lon*-ghou) *adj* oblong
obra (*o*-ƀreu) *f* œuvre *m*; travail *m*; ~ **de arte** œuvre d'art
obra-prima (oƀ-reu-*pri*-meu) *f* chef-d'œuvre *m*
obrigação (ouƀ-ri-geu-*seun^ou^*) *f* (pl -ções) obligation *f*
obrigado (ouƀ-ri-*ga*-ðou) merci; obligé; **obrigado!** merci!
obrigar (ouƀ-ri-*gar*) *v* obliger; *contraindre
obrigatório (ouƀ-ri-geu-*to*-ryou) *adj* obligatoire
obsceno (ouƀch-*sé*-nou) *adj* obscène
obscuro (ouƀch-*kou*-rou) *adj* obscur
observação (ouƀ-seur-veu-*seun^ou^*) *f* (pl -ções) observation *f*; remarque *f*
observar (ouƀ-seur-*var*) *v* observer; contempler, regarder; remarquer
observatório (ouƀ-seur-veu-*to*-ryou) *m* observatoire *m*
obsessão (ouƀ-seu-*seun^ou^*) *f* (pl -sões) obsession *f*
obstáculo (ouƀch-*ta*-kou-lou) *m* obstacle *m*
obstinado (ouƀch-ti-*na*-ðou) *adj* obsti-

né
obstruir (oub-ch-*tr^{ou}ir*) *v* obstruer
obter (oub-*tér*) *v* *obtenir
obturação (oub-tou-reu-*seun^{ou}*) *f* (pl -ções) plombage *m*, obturation *f*
obtuso (oub-*tou*-zou) *adj* obtus; bête
óbvio (*ob*-vyou) *adj* évident; apparent
ocasião (ou-keu-*zyeun^{ou}*) *f* (pl -iões) occasion *f*
ocasionalmente (ou-keu-zyou-nal-*mẽn*-teu) *adv* de temps en temps
oceano (ou-*syeu*-nou) *m* océan *m*; **Oceano Pacífico** océan Pacifique
ocidental (ou-si-ðẽn-*tal*) *adj* (pl -ais) occidental
ocidente (ou-si-*ðẽn*-teu) *m* Occident *m*
ocioso (ou-*syô*-zou) *adj* oisif
oco (*ô*-kou) *adj* creux
ocorrência (ou-kou-*rrẽ*-syeu) *f* occurrence *f*, événement *m*
oculista (o-kou-*lich*-teu) *m* opticien *m*; oculiste *m*
óculos (*o*-kou-louch) *mpl* lunettes *fpl*; ~ **escuros** lunettes de soleil; ~ **para mergulhar** lunettes de plongée
ocultar (ou-koul-*tar*) *v* dissimuler
ocupação (ou-kou-peu-*seun^{ou}*) *f* (pl -ções) occupation *f*
ocupar (ou-kou-*par*) *v* occuper
***odiar** (ou-*ðyar*) *v* *haïr
ódio (*o*-ðyou) *m* haine *f*
odor (ou-*ðôr*) *m* odeur *f*
oeste (^{ou}*èch*-teu) *m* ouest *m*
ofender (ou-fẽn-*dér*) *v* offenser, blesser
ofensa (ou-*fẽ*-seu) *f* offense *f*
ofensiva (ou-fẽ-*si*-veu) *f* offensive *f*
ofensivo (ou-fẽ-*si*-vou) *adj* offensif
oferecer (ou-feu-reu-*sér*) *v* présenter, *offrir
oferta (ou-*fèr*-teu) *f* offre *f*; don *m*
oficial (ou-fi-*syal*) *adj* (pl -ais) officiel; *m* officier *m*; ~ **de diligências** huissier *m*
oficina (ou-fi-*si*-neu) *f* atelier *m*
ofício (ou-*fi*-syou) *m* métier *m*
oficioso (ou-fi-*syô*-zou) *adj* officieux
oitavo (oï-*ta*-vou) *num* huitième
oitenta (oï-*tẽn*-teu) *num* quatre-vingts
oito (*oï*-tou) *num* huit
olá! (o-*la*) bonjour!
olaria (ou-leu-*ri*-eu) *f* poterie *f*
***olear** (ou-*lyar*) *v* huiler
óleo (*ol*-you) *m* huile *f*; ~ **capilar** huile capillaire; ~ **combustível** mazout *m*; ~ **de bronzear** huile solaire; ~ **de lubrificação** lubrifiant *m*; ~ **de mesa** huile de table
oleoso (ou-*lyô*-zou) *adj* huileux; graisseux
olhadela (ou-l^{y}eu-*ðè*-leu) *f* coup d'œil
olhar (ou-*l^{y}ar*) *v* regarder; *m* regard *m*; ~ **para** regarder
olho (*ô*-l^{y}ou) *m* œil *m*
ombro (*onm*-brou) *m* épaule *f*
omeleta (ô-meu-*lé*-teu) *f* omelette *f*
omitir (ou-mi-*tir*) *v* *omettre
omnipotente (omm-ni-pou-*tẽn*-teu) *adj* omnipotent
onda (*onn*-deu) *f* vague *f*; onde *f*
onde (*onn*-deu) *adv* où; ~ **quer que** où que; ~ **quer que seja** où que ce soit
***ondear** (onn-*dyar*) *v* ondoyer
ondulação (onn-dou-leu-*seun^{ou}*) *f* (pl -ções) ondulation *f*
ondulado (onn-dou-*la*-ðou) *adj* ondulé
ondulante (onn-dou-*leunn*-teu) *adj* ondulant
ônibus (*o*-ni-bouch) *mBr* (pl ~) car *m*; autobus *m*
ónix (*ô*-niks) *m* onyx *m*
ontem (*onn*-teun^{y}) *adv* hier
onze (*on*-zeu) *num* onze
opala (ou-*pa*-leu) *f* opale *f*

ópera (*o*-peu-reu) *f* opéra *m*
operação (ou-peu-reu-*seun*^{ou}) *f* (pl -ções) opération *f*
operar (ou-peu-*rar*) *v* opérer
operário (ou-peu-*ra*-ryou) *m* ouvrier *m;* travailleur *m*
opereta (ou-peu-*ré*-teu) *f* opérette *f*
opinião (ou-pi-*nyeun*^{ou}) *f* (pl -iões) opinion *f*
***opor** (ou-*pôr*) *v* opposer; ***opor-se** s'opposer; ***opor-se a** *faire objection à
oportunidade (ou-pour-tou-ni-*ða*-ðeu) *f* occasion *f;* chance *f*
oportuno (ou-pour-*tou*-nou) *adj* opportun
oposição (ou-pou-zi-*seun*^{ou}) *f* (pl -ções) opposition *f*
oposto (ou-*pôch*-tou) *adj* opposé; contraire
oprimir (ou-pri-*mir*) *v* opprimer; oppresser; presser
optimismo (op-ti-*mij*-mou) *m* optimisme *m*
optimista (op-ti-*mich*-teu) *adj* optimiste; *m* optimiste *m*
óptimo (*o*-ti-mou) *adj* très bon
oração (ou-reu-*seun*^{ou}) *f* (pl -ções) prière *f*
oral (ou-*ral*) *adj* (pl orais) oral
orçamento (our-seu-*mẽn*-tou) *m* budget *m*
ordem (*or*-deun^{y}) *f* ordre *m;* congrégation *f;* **em** ~ en règle; ~ **postal** mandat-poste *m*
ordenado (our-deu-*na*-ðou) *m* paie *f,* traitement *m*
ordenar (our-deu-*nar*) *v* arranger, ranger, classer; commander
ordinário (our-di-*na*-ryou) *adj* vulgaire; ordinaire
orelha (ou-*ré*-l^{y}eu) *f* oreille *f*
órfão (*or*-feun^{ou}) *m* (pl ~s) orphelin *m*
orgânico (our-*gheu*-ni-kou) *adj* organique
organização (our-gheu-ni-zeu-*seun*^{ou}) *f* (pl -ções) organisation *f*
organizar (our-gheu-*ni-zar*) *v* préparer; organiser
orgão (*or*-gheun^{ou}) *m* (pl ~s) organe *m;* orgue *m*
orgulho (our-*ghou*-l^{y}ou) *m* orgueil *m*
orgulhoso (our-ghou-*l^{y}ô*-zou) *adj* orgueilleux
oriental (ou-ryẽn-*tal*) *adj* (pl -ais) oriental
orientar-se (ou-ryẽn-*tar*-seu) *v* s'orienter
oriente (ou-*ryẽn*-teu) *m* Orient *m*
origem (ou-*ri*-jeun^{y}) *f* origine *f;* essor *m*
original (ou-ri-ji-*nal*) *adj* (pl -ais) original
originalmente (ou-ri-ji-nal-*mẽn*-teu) *adv* originalement
orla (*or*-leu) *f* rebord *m*
ornamental (our-neu-mẽn-*tal*) *adj* (pl -ais) ornemental
ornamento (our-neu-*mẽn*-tou) *m* ornement *m*
orquestra (or-*kèch*-treu) *f* orchestre *m*
ortodoxo (or-tô-*ðok*-sou) *adj* orthodoxe
ortografia (or-tô-greu-*fi*-eu) *f* orthographe *f*
orvalho (our-*va*-l^{y}ou) *m* rosée *f*
os (ouch) *pron* les *art/pron*
osso (*ô*-sou) *m* os *m*
ostra (*ôch*-treu) *f* huître *f*
ou (ô) *conj* ou; **ou ... ou** ou ... ou
ouriço (ô-*ri*-sou) *m* hérisson *m*
ouriço-do-mar (ô-*ri*-sou-dou-mar) *m* oursin *m*
ourives (ô-*ri*-vich) *m* orfèvre *m*
ouro (*ô*-rou) *m* or *m*
ousar (ô-*zar*) *v* oser
outeiro (ô-*téï*-rou) *m* butte *m,* monti-

cule *m*
Outono (ô-*tô*-nou) *m* automne *m*
outro (*ô*-trou) *adj* autre
Outubro (ô-*tou*-ƀrou) octobre
ouvido (ô-*vi*-ðou) *m* ouïe *f*
ouvinte (ô-*vĩn*-teu) *m* auditeur *m*
***ouvir** (ô-*vir*) *v* entendre
ova (*o*-veu) *f* œufs de poisson
oval (ou-*val*) *adj* (pl ovais) ovale
ovelha (ou-*vé*-lʸeu) *f* brebis *f*
ovo (*ô*-vou) *m* œuf *m;* **gema de ~** jaune d'œuf
oxigénio (ok-si-*jè*-nyou) *m* oxygène *m*

P

pá (pa) *f* bêche *f*, pelle *f*
paciência (peu-*syẽ*-syeu) *f* patience *f*
paciente (peu-*syẽn*-teu) *adj* patient
pacífico (peu-*si*-fi-kou) *adj* pacifiste
pacifismo (peu-seu-*fij*-mou) *m* pacifisme *m*
pacifista (peu-seu-*fich*-teu) *m* pacifiste *m*
pacote (peu-*ko*-teu) *m* paquet *m*
padaria (peu-ðeu-*ri*-eu) *f* boulangerie *f*
padeiro (pa-*déï*-rou) *m* boulanger *m*
padrão (peu-*ðreun*ᵒᵘ) *m* (pl -rões) patron *m*, dessin *m;* norme *f;* monument commémoratif
padrasto (peu-*ðrach*-tou) *m* beau-père *m*
padre (*pa*-ðreu) *m* prêtre *m;* père *m*
padrinho (peu-*ðri*-gnou) *m* parrain *m*
pagamento (peu-geu-*mẽn*-tou) *m* paiement *m*
pagão (peu-*geun*ᵒᵘ) *adj* (pl ~s) païen; *m* païen *m*
pagar (peu-*gar*) *v* payer; **pago adiantado** payé d'avance; **porte pago** port payé
página (*pa*-ji-neu) *f* page *f*
pai (paï) *m* père *m;* **pais** parents; **pais adoptivos** parents adoptifs
painel (paï-*nèl*) *m* (pl -néis) panneau *m;* **~ de instrumentos** tableau de bord
país (peu-*ich*) *m* pays *m*
paisagem (paï-*za*-jeunʸ) *f* paysage *m;* **~ marítima** paysage maritime; marine *m*
Os Países Baixos (ouch peu-*i*-zıj *ƀaï*-chouch) Pays-Bas *mpl*
paixão (paï-*cheun*ᵒᵘ) *f* (pl -xões) passion *f*
paizinho (paï-*zi*-gnou) *m* papa *m*
palacete (peu-leu-*sé*-teu) *m* manoir *m*
palácio (peu-*la*-syou) *m* palais *m*
paladar (peu-leu-*ðar*) *m* goût *m*
palavra (peu-*la*-vreu) *f* mot *m*
palco (*pal*-kou) *m* scène *f*
palerma (peu-*lèr*-meu) *adj* nigaud
palestra (peu-*lèch*-treu) *f* cours *m*
paletó (peu-leu-*to*) *mBr* veston *m;* veste *f*
palha (*pa*-lʸeu) *f* paille *f*
palhaço (peu-*lʸa*-sou) *m* clown *m*
pálido (*pa*-li-ðou) *adj* pâle
palito (peu-*li*-tou) *m* cure-dent *m*
palmada (pal-*ma*-ðeu) *f* claque *f*
palmeira (pal-*méï*-reu) *f* palmier *m*
palpável (pal-*pa*-vèl) *adj* (pl -eis) palpable
pálpebra (*pal*-peu-ƀreu) *f* paupière *f*
palpitação (pal-pi-teu-*seun*ᵒᵘ) *f* (pl -ções) palpitation *f*
pancada (peun-*ka*-ðeu) *f* coup *m*, raclée *f*
pancadinha (peun-ka-*ði*-gna) *f* petit coup
panela (peu-*nè*-leu) *f* marmite *f;* **~ de pressão** autocuiseur *m*
pânico (*peu*-ni-kou) *m* panique *f*
pano (*peu*-nou) *m* linge *m;* rideau *m;* **~ da loiça** torchon *m;* **~ turco** tissu-éponge *m*

pântano (*peunn*-teu-nou) *m* marais *m*
pantanoso (peunn-teu-*nô*-zou) *adj* marécageux
pantufa (peunn-*tou*-feu) *f* pantoufle *f*
pão (peun[ou]) *m* (pl pães) pain *m;* miche *f;* ~ **integral** pain complet
pãozinho (peun[ou]-*zi*-gnou) *m* (pl pãezinhos) petit pain
papa (*pa*-peu) *m* pape *m*
papagaio (peu-peu-*gaï*-ou) *m* perroquet *m*
papeira (peu-*péï*-reu) *f* oreillons *mpl*
papel (peu-*pèl*) *m* (pl -éis) papier *m;* **de** ~ en papier; ~ **carbono** *Br* papier carbone; ~ **de carta** papier à lettres; ~ **de embrulho** papier d'emballage; ~ **de máquina** papier à machine; ~ **de parede** papier peint; ~ **higiénico** papier hygiénique; ~ **para escrever** papier à lettres; papier à écrire; ~ **químico** papier carbone
papelão (peu-peu-*leun*[ou]) *mBr* carton *m*
papelaria (peu-peu-leu-*ri*-eu) *f* papeterie *f*
papoila (peu-*poï*-leu) *f* coquelicot *m*
papoula (peu-*pô*-leu) *f* pavot *m*
paquete (peu-*ké*-teu) *m* paquebot *m;* groom *m*
paquistanês (peu-kich-teu-*néch*) *adj* pakistanais; *m* Pakistanais *m*
Paquistão (peu-ki-*chteun*[ou]) *m* Pakistan *m*
par (par) *adj* pair; *m* couple *m,* paire *f*
para (*peu*-reu) *prep* pour, à, vers; ~ **com** envers; ~ **que** pour que; ~ **quê** pourquoi; ~ **trás** en arrière
parabéns (peu-reu-*ƀeun*[y]*ch*) *mpl* félicitations *fpl*
pára-brisas (pa-reu-*ƀri*-zeuch) *m* (pl ~) pare-brise *m;* **limpa** ~ essuie-glace *m*
pára-choques (peu-reu-*cho*-keuch) *m* (pl ~) pare-choc *m*
parada (peu-*ra*-ðeu) *f* parade *f; fBr* arrêt *m*
parafuso (peu-reu-*fou*-zou) *m* vis *f*
paragem (peu-*reu*-jeun[y]) *f* arrêt *m;* ~ **de táxis** station de taxis
parágrafo (peu-*ra*-greu-fou) *m* paragraphe *m*
paralelo (peu-reu-*lè*-lou) *adj* parallèle; *m* parallèle *m*
paralisar (peu-reu-li-*zar*) *v* paralyser
paralisia infantil (peu-reu-li-*zi*-eu ĩ-feunn-*til*) poliomyélite *f*
paralítico (peu-reu-*li*-ti-kou) *adj* paralysé
parar (peu-*rar*) *v* arrêter; s'arrêter
pára-sol (pa-reu-*sol*) *m* (pl -sóis) parasol *m*
parceiro (peur-*séï*-rou) *m* partenaire *m*
parcela (par-*sè*-leu) *f* parcelle *f;* lopin *m*
parcial (par-*syal*) *adj* (pl -ais) partiel; partial
parcialmente (par-syal-*mẽn*-teu) *adv* partiellement
parcómetro (peur-*ko*-meu-trou) *m* parcmètre *m*
pardal (peur-*dal*) *m* (pl -ais) moineau *m*
parecer (peu-reu-*sér*) *v* sembler, *paraître; *m* idée *f,* avis *m*
paredão (peu-reu-*ðeun*[ou]) *m* (pl -dões) gros mur; berge *f*
parede (peu-*ré*-ðeu) *f* cloison *f,* mur *m*
parente (peu-*rẽn*-teu) *m* parent *m*
pargo (*par*-gou) *m* brème *f*
parlamentar (peur-leu-mẽn-*tar*) *adj* parlementaire
parlamento (peur-leu-*mẽn*-tou) *m* parlement *m*
paróquia (peu-*ro*-kyeu) *f* paroisse *f*

parque (*par*-keu) *m* parc *m;* ~ **de campismo** terrain de camping; ~ **de estacionamento** parc de stationnement; parking *m;* ~ **nacional** parc national
parte (*par*-teu) *f* partie *f;* part *f;* **à** ~ à part; **em** ~ **alguma** nulle part; **em qualquer** ~ quelque part; ~ **de cima** dessus *m;* ~ **superior** haut *m;* **por toda a** ~ partout
parteira (peur-*téï*-reu) *f* sage-femme *f*
participação (par-teu-si-peu-*seun*ᵒᵘ) *f* (pl -ções) participation *f;* faire-part *m*
participante (par-teu-si-*peunn*-teu) *m* participant *m*
participar (peur-teu-si-*par*) *v* notifier; rapporter; participer
particular (peur-*ti*-kou-*lar*) *adj* particulier
particularidade (peur-ti-kou-leu-ri-*ða*-ðeu) *f* particularité *f*
particularmente (peur-ti-kou-leur-*mēn*-teu) *adv* particulièrement
partida (peur-*ti*-ðeu) *f* départ *m*
partido (peur-*ti*-ðou) *adj* brisé; *m* parti *m*
partilhar (peur-ti-*lʸar*) *v* partager
partir (peur-*tir*) *v* casser, fendre; *partir; **a** ~ **de** à partir de
parto (*par*-tou) *m* accouchement *m*
parvo (*par*-vou) *adj* sot
Páscoa (*peuch*-kᵒᵘeu) *f* Pâques
passa (*pa*-seu) *f* raisin sec; ~ **de Corinto** raisin sec
passado (peu-*sa*-ðou) *adj* passé, dernier; *m* passé *m*
passageiro (peu-seu-*jéï*-rou) *m* passager *m*
passagem (peu-*sa*-jeunʸ) *f* passage *m;* ~ **de nível** passage à niveau; ~ **de pedestres** *Br* passage clouté; passage pour piétons; ~ **de peões** passage clouté; passage pour piétons
passajar (peu-seu-*jar*) *v* repriser
passaporte (peu-seu-*por*-teu) *m* passeport *m;* **inspecção de passaportes** contrôle des passeports
passar (peu-*sar*) *v* passer; employer; réussir; **deixar** ~ ignorer; **não** ~ **a ferro** sans repassage; ~ **a ferro** repasser; ~ **por** passer à côté; endurer; passer pour
pássaro (*pa*-seu-rou) *m* passereau *m*
passatempo (pa-seu-*tēm*-pou) *m* hobby *m,* passe-temps *m*
passeante (peu-*syeunn*-teu) *m* promeneur *m*
***passear** (peu-*syar*) *v* se promener
passeio (peu-*séï*-ou) *m* promenade *f;* excursion *f;* trottoir *m,* sentier pour piétons; **beira do** ~ bord du trottoir; ~ **de carro** promenade en voiture
passivo (peu-*si*-vou) *adj* passif
passo (*pa*-sou) *m* pas *m;* allure *f,* démarche *f*
pasta (*pach*-teu) *f* pâte *f;* serviette *f,* porte-documents *m;* ~ **da escola** cartable *m;* ~ **de dentes** pâte dentifrice
pastagem (peuch-*ta*-jeunʸ) *f* pâture *f*
pastar (peuch-*tar*) *v* *paître
pastelaria (peuch-teu-leu-*ri*-eu) *f* pâtisserie *f*
pastilha (peuch-*ti*-lʸeu) *f* pastille *f;* ~ **elástica** chewing-gum *m*
pastor (peuch-*tôr*) *m* berger *m;* pasteur *m*
pata (*pa*-teu) *f* patte *f*
patente (peu-*tēn*-teu) *f* brevet *m;* grade *m*
patife (peu-*ti*-feu) *m* salaud *m,* fripon *m*
patim (peu-*tĩ*) *m* patin *m*
patinagem (peu-ti-*na*-jeunʸ) *f* patinage à roulettes; patinage *m*

patinar (peu-ti-*nar*) *v* patiner
patinhar (peu-ti-*gnar*) *v* patauger
pátio (*pa*-tyou) *m* cour *f*
pato (*pa*-tou) *m* canard *m*
patrão (peu-*treun*^ou^) *m* (pl -rões) patron *m*, employeur *m*
pátria (*pa*-tryeu) *f* patrie *f*
patriota (peu-*tryo*-teu) *m* patriote *m*
patroa (peu-*trô*-eu) *f* patronne *f*
patrulha (peu-*trou*-l^y^eu) *f* patrouille *f*
patrulhar (peu-trou-*l^y^ar*) *v* patrouiller
pau (paou) *m* bâton *m*
pausa (*paou*-zeu) *f* pause *f*
pavão (peu-*veun*^ou^) *m* (pl pavões) paon *m*
pavilhão (peu-vi-*l^y^eun*^ou^) *m* (pl -hões) pavillon *m*; ~ **de caça** pavillon de chasse
pavimentar (peu-vi-mẽn-*tar*) *v* revêtir un sol
pavimento (peu-vi-*mẽn*-tou) *m* plancher *m*; revêtement *m*; étage *m*
pavor (peu-*vôr*) *m* épouvante *f*
paz (pach) *f* paix *f*
pé (pè) *m* pied *m*; **a** ~ à pied; **em** ~ debout; ***estar de** ~ se *tenir debout
peão (pyeun^ou^) *m* (pl peões) piéton *m*; pion *m*; **interdito a peões** interdit aux piétons
peça (*pè*-seu) *f* pièce *f*; ~ **de teatro** pièce de théâtre; ~ **num acto** pièce en un acte; ~ **sobresselente** pièce de rechange, pièce détachée
pecado (peu-*ka*-ðou) *m* péché *m*
pechincha (pı-*chĩ*-cheu) *f* bonne affaire, aubaine *f*
peculiar (peu-kou-*lyar*) *adj* particulier
pedaço (peu-*ða*-sou) *m* morceau *m*
pedal (peu-*ðal*) *m* (pl -ais) pédale *f*
pé-de-cabra (pè-ðeu-*kab*-reu) *m* pied-de-chèvre *m*
pedestre (peu-*ðèch*-treu) *mBr* piéton *m*
pedicuro (peu-ði-*kou*-rou) *m* pédicure *m*
pedido (peu-*ði*-ðou) *m* requête *f*; demande *f*; ~ **de socorro** signal de détresse
***pedir** (peu-*ðir*) *v* prier; demander; mendier; ~ **boleia** *faire de l'auto-stop; ~ **carona** *Br* *faire de l'auto-stop; ~ **emprestado** emprunter
pedra (*pè*-ðreu) *f* pierre *f*; **de** ~ en pierre; ~ **de isqueiro** pierre à briquet; ~ **tumular** pierre tombale
pedra-pomes (pè-ðreu-*pô*-mıch) *f* pierre ponce
pedregulho (peu-ðreu-*gou*-l^y^ou) *m* bloc de pierre
pedreira (peu-*ðréï*-reu) *f* carrière *f*
pedreiro (peu-*ðréï*-rou) *m* maçon *m*
pega[1] (*pè*-geu) *f* poignée *f*
pega[2] (*pé*-geu) *f* pie *f*
pegajoso (peu-geu-*jô*-zou) *adj* gluant
pegar (peu-*gar*) *v* coller; *prendre
peito (*péï*-tou) *m* poitrine *f*; sein *m*
peitoril (péï-tou-*ril*) *m* (pl -is) rebord de fenêtre
peixaria (péï-cheu-*ri*-eu) *f* poissonnerie *f*
peixe (*péï*-cheu) *m* poisson *m*; ~ **miúdo** blanchaille *f*
pele (*pè*-leu) *f* peau *f*; fourrure *f*; **de** ~ en cuir
peleiro (peu-*léï*-rou) *m* fourreur *m*
pelica (peu-*li*-keu) *f* chevreau *m*
pelicano (peu-li-*keu*-nou) *m* pélican *m*
película (peu-*li*-kou-leu) *f* pellicule *f*
pêlo (*pé*-lou) *m* poil *m*
pélvis (*pèl*-vich) *f* bassin *m*
pena (*pé*-neu) *f* regret *m*; plume *f*; ~ **de morte** peine de mort; **que pena!** dommage!; ***ter** ~ **de** *avoir pitié de
penalidade (peu-neu-li-*ða*-ðeu) *f* pénalité *f*

pender (pẽn-*dér*) *v* pendre; pencher
pendurar (pẽn-dou-*rar*) *v* suspendre
peneira (peu-*néï*-reu) *m* tamis *m*
peneirar (peu-néï-*rar*) *v* tamiser
penetrar (peu-neu-*trar*) *v* pénétrer
penhorista (pɪ-gnou-*rich*-teu) *m* prêteur sur gage
penicilina (peu-ni-si-*li*-neu) *f* pénicilline *f*
península (peu-*nĩ*-sou-leu) *f* péninsule *f*
pensador (pẽ-seu-*ðôr*) *m* penseur *m*
pensamento (pẽ-seu-*mẽn*-tou) *m* pensée *f*
pensão (pẽ-*seun^ou*) *f* (pl -sões) pension *f;* ~ **alimentícia** pension alimentaire; ~ **completa** pension complète
pensar (pẽ-*sar*) *v* penser; *croire; panser; ~ **em** songer à, penser à
pensativo (pẽ-seu-*ti*-vou) *adj* pensif
pensionista (pẽ-syou-*nich*-teu) *m* pensionnaire *m*
penso (*pẽ*-sou) *m* pansement *m;* ~ **higiénico** serviette hygiénique; ~ **rápido** sparadrap *m*
pente (*pẽn*-teu) *m* peigne *m;* ~ **de bolso** peigne de poche
penteado (pẽn-*tya*-ðou) *m* coiffure *f*
***pentear** (pẽn-*tyar*) *v* peigner
Pentecostes (pẽn-teu-*koch*-tɪch) *m* Pentecôte *f*
penugem (peu-*nou*-jeun^y) *f* duvet *m*
pepino (peu-*pi*-nou) *m* concombre *m*
pequeno (peu-*ké*-nou) *adj* petit, faible
pêra (*pé*-reu) *f* poire *f*
perca (*pèr*-keu) *f* perche *f*
perceber (peur-seu-*bér*) *v* *comprendre; *percevoir, se rendre compte
percentagem (peur-sẽn-*ta*-jeun^y) *f* pourcentage *m*
percepção (peur-sè-*seun^ou*) *f* (pl -ções) perception *f*
perceptível (peur-sè-*ti*-vèl) *adj* (pl -eis) perceptible
percevejo (peur-seu-*vé*-jou) *m* punaise *f*
perda (*pér*-ðeu) *f* perte *f*
perdão (peur-*ðeun^ou*) *m* (pl -dões) pardon *m;* clémence *f;* **perdão!** pardon!
***perder** (peur-*ðér*) *v* perdre; manquer
perdido (peur-*ði*-ðou) *adj* égaré; manquant
perdiz (peur-*ðich*) *f* perdrix *f*
perdoar (peur-*ðouar*) *v* pardonner
perecer (peu-reu-*sér*) *v* périr
peregrinação (peu-reu-gri-neu-*seun^ou*) *f* (pl -ções) pèlerinage *m*
peregrino (peu-reu-*gri*-nou) *m* pèlerin *m*
perfeição (peur-féï-*seun^ou*) *f* (pl -ções) perfection *f*
perfeito (peur-*féï*-tou) *adj* parfait
perfume (peur-*fou*-meu) *m* parfum *m*
perfurar (peur-fou-*rar*) *v* percer, perforer
pergunta (peur-*goũn*-teu) *f* question *f*
perguntar (peur-goũn-*tar*) *v* demander; s'informer
perícia (peu-*ri*-syeu) *f* habileté *f*
perigo (peu-*ri*-gou) *m* péril *m*, danger *m;* détresse *f*
perigoso (peu-ri-*gô*-zou) *adj* périlleux, dangereux
periódico (peu-*ryo*-ði-kou) *adj* périodique; *m* périodique *m*
período (peu-*ri^ou*-ðou) *m* période *f*, terme *m*
periquito (pɪ-ri-*ki*-tou) *m* perruche *f*
perito (peu-*ri*-tou) *adj* habile; *m* expert *m*, spécialiste *m*
perjúrio (peur-*jou*-ryou) *m* faux serment, parjure *m*
permanecer (peur-meu-neu-*sér*) *v* séjourner, demeurer
permanente (peur-meu-*nẽn*-teu) *adj* permanent; *f* permanente *f*

permitir (peur-mi-*tir*) *v* *permettre, autoriser
perna (*pèr*-neu) *f* jambe *f;* pied *m;* cuisse *f;* **barriga da ~** mollet *m;* **de pernas para o ar** sens dessus dessous
pérola (*pè*-rou-leu) *f* perle *f*
perpendicular (peur-pẽn-di-kou-*lar*) *adj* perpendiculaire
persa (*pèr*-seu) *adj* persan; *m* Persan *m*
***perseguir** (pèr-seu-*gir*) *v* poursuivre; persécuter
perseverar (peur-seu-veu-*rar*) *v* persévérer
Pérsia (*pèr*-syeu) *f* Perse *f*
persiana (peur-*syeu*-neu) *f* persienne *f*
persistir (peur-sich-*tir*) *v* persister
personalidade (peur-sou-neu-li-*ða*-ðeu) *f* personnalité *f*
perspectiva (peurch-pè-*ti*-veu) *f* perspective *f*
perspicaz (peurch-pi-*kach*) *adj* perspicace
perspiração (peurch-pi-reu-*seun^ou*) *f* perspiration *f*
persuadir (peur-s^ou eu-*ðir*) *v* persuader, *convaincre
pertencer (peur-tẽ-*sér*) *v* *appartenir; **~ a** *appartenir à
perto (*pè*-rtou) *adv* près; **~ de** près de
perturbação (peur-tour-ƀeu-*seun^ou*) *f* (pl -cões) perturbation *f,* trouble *m*
perturbar (peur-tour-*ƀar*) *v* troubler, perturber
peru (peu-*rou*) *m* dindon *m*
peruca (peu-*rou*-keu) *f* perruque *f*
pesado (peu-*za*-ðou) *adj* lourd
pesar (peu-*zar*) *v* peser
pesca (*pèch*-keu) *f* pêche *f;* **aparelho de ~** attirail de pêche; **cana de ~** canne à pêche; **licença de ~** permis de pêche; **linha de ~** ligne de pêche
pescada (pɪch-*ka*-ðeu) *f* merlan *m*
pescador (pɪch-keu-*ðôr*) *m* pêcheur *m*
pescar (pɪch-*kar*) *v* pêcher; **~ à linha** pêcher à la ligne
pescoço (pɪch-*kô*-sou) *m* cou *m*
peso (*pé*-zou) *m* poids *m*
pesquisar (pɪch-ki-*zar*) *v* rechercher, fouiller
pêssego (*pé*-seu-gou) *m* pêche *f*
pessimismo (peu-si-*mij*-mou) *m* pessimisme *m*
pessimista (peu-si-*mich*-teu) *adj* pessimiste; *m* pessimiste *m*
pessoa (peu-*sô*-eu) *f* personne *f;* **pessoas** gens *mpl/fpl;* **por ~** par personne; **qualquer ~** chacun, n'importe qui; **uma ~** on
pessoal[1] (peu-*s^ou al*) *m* personnel *m*
pessoal[2] (peu-*s^ou al*) *adj* (pl -ais) personnel
pestana (pɪch-*teu*-neu) *f* cil *m*
pétala (*pè*-teu-leu) *f* pétale *m*
petição (peu-ti-*seun^ou*) *f* (pl -ções) pétition *f*
petróleo (peu-*tro*-lyou) *m* pétrole *m;* **poço de ~** gisement de pétrole
peúga (*pyou*-geu) *f* chaussette *f*
pianista (pyeu-*nich*-teu) *m* pianiste *m*
piano (*pyeu*-nou) *m* piano *m;* **~ de cauda** piano à queue
picada (pi-*ka*-ðeu) *f* piqûre *f*
picadela (pi-keu-*ðè*-leu) *f* piqûre *f*
picante (pi-*keunn*-teu) *adj* épicé, piquant
picar (pi-*kar*) *v* piquer; hacher
picareta (pi-keu-*ré*-teu) *f* pioche *f*
pickles (*pi*-kleuch) *mpl* pickles *mpl*
piedade (pyé-*ða*-ðeu) *f* pitié *f*
pijama (pi-*jeu*-meu) *m* pyjama *m*
pilar (pi-*lar*) *m* pilier *m;* colonne *f*
pilha (*pi*-l^y eu) *f* pile *f,* tas *m;* **~ eléctrica** pile *f*
piloto (pi-*lô*-tou) *m* pilote *m*

pílula (*pi*-lou-leu) *f* pilule *f*
pimenta (pi-*mẽn*-teu) *f* poivre *m*
pinça (*pĩ*-seu) *f* pince *f*
pincel (pĩ-*sèl*) *m* (pl -céis) pinceau *m*; ~ **da barba** blaireau *m*
pingente (pĩ-*jẽn*-teu) *m* pendentif *m*
pinguim (pĩ-*gh*ouĩ) *m* pingouin *m*
pinheiro (pi-*gnéï*-rou) *m* pin *m*
pintar (pĩn-*tar*) *v* *peindre; *teindre
pintarroxo (pĩn-teu-*rrô*-chou) *m* rouge-gorge *m*
pintor (pĩn-*tôr*) *m* peintre *m*
pintura (pĩn-*tou*-reu) *f* peinture *f*; ~ **a óleo** peinture à l'huile
pio (*pi*ou) *adj* pieux
piolho (*pyô*-lyou) *m* pou *m*
pioneiro (pyou-*néï*-rou) *m* pionnier *m*
pionés (pyou-*nèch*) *m* punaise *f*
pior (pyor) *adj* pire; *adv* le pis, pis; **o** ~ le plus mauvais
pipa (*pi*-peu) *f* tonneau *m*
piquenicar (pi-keu-ni-*kar*) *v* pique-niquer
piquenique (pi-keu-*ni*-keu) *m* pique-nique *m*
pirata (pi-*ra*-teu) *m* pirate *m*
pires (*pi*-rich) *m* soucoupe *f*
pisca-pisca (pich-keu-*pich*-keu) *m* clignotant *m*
piscina (pich-*si*-neu) *f* piscine *f*
piso (*pi*-zou) *m* étage *m*
pista (*pich*-teu) *f* piste *f*; ~ **de descolagem** piste de décollage
pistão (pich-*teun*ou) *m* (pl -tões) piston *m*; **segmento do** ~ segment de piston
pistola (pich-*to*-leu) *f* pistolet *m*
pitoresco (pi-tou-*réch*-kou) *adj* pittoresque
planador (pleu-neu-*ðôr*) *m* planeur *m*
planalto (pleu-*nal*-tou) *m* plateau *m*
***planear** (pleu-*nyar*) *v* planifier; *concevoir
planeta (pleu-*né*-teu) *m* planète *f*
planetário (pleu-neu-*ta*-ryou) *m* planétarium *m*
planície (pleu-*ni*-syeu) *f* plaine *f*
plano (*pleu*-nou) *adj* plan, plat; uni, égal; *m* plan *m*, projet *m*; **primeiro** ~ premier plan
planta (*pleunn*-teu) *f* plante *f*; plan *m*
plantação (pleunn-teu-*seun*ou) *f* (pl -ções) plantation *f*
plantar (pleunn-*tar*) *v* planter
plástico (*plach*-ti-kou) *m* plastique *m*; **de** ~ plastique
plataforma (pleu-teu-*for*-meu) *f* quai *m*
plateia (pleu-*téï*-eu) *f* fauteuil d'orchestre
platina (pleu-*ti*-neu) *f* platine *m*
plural (plou-*ral*) *m* (pl -ais) pluriel *m*
pneu (pné ou) *m* pneu *m*; ~ **furado** pneu crevé; ~ **sobresselente** pneu de rechange
pneumático (pné ou-*ma*-ti-kou) *adj* pneumatique; gonflable
pneumonia (pné ou-mou-*ni*-eu) *f* pneumonie *f*
pó (po) *m* poudre *f*; ~ **de talco** talc *m*; **pós dentífricos** poudre dentifrice
pobre (*po*-ƀreu) *adj* pauvre; indigent
pobreza (pou-*ƀré*-zeu) *f* pauvreté *f*
poço (*pô*-sou) *m* source *f*, puits *m*; ~ **de petróleo** puits de pétrole
pó-de-arroz (po-deu-eu-*rrôch*) *m* poudre de riz; **borla de** ~ houppette *f*; **caixa de** ~ poudrier *m*
poder (pou-*ðér*) *m* pouvoir *m*; puissance *f*; ~ **executivo** pouvoir exécutif
***poder** (pou-*ðér*) *v* *pouvoir
poderoso (pou-ðeu-*rô*-zou) *adj* puissant
podre (*pô*-ðreu) *adj* pourri
poeira (*p*ou*éï*-reu) *f* poussière *f*
poeirento (pouéï-*rẽn*-tou) *adj* poussié-

reux
poema (*p*ou*é*-meu) *m* poème *m*
poesia (pouı-*zi*-eu) *f* poésie *f*
poeta (*p*ou*è*-teu) *m* poète *m*
pois (*poïch*) *conj* car; ~ **bem** soit
polaco (pou-*la*-kou) *adj* polonais; *m* Polonais *m*
polegar (pou-leu-*gar*) *m* pouce *m*
polícia (pou-*li*-syeu) *f* police *f; m* policier *m;* **delegacia de** ~ *Br* commissariat de police; **posto da** ~ commissariat de police
pólio (*po*-lyou) *f* poliomyélite *f*
***polir** (pou-*lir*) *v* polir
política (pou-*li*-ti-keu) *f* politique *f*
político (pou-*li*-ti-kou) *adj* politique; *m* politicien *m*
polivalente (pou-li-veu-*lẽn*-teu) *adj* universel
Polónia (pou-*lô*-nyeu) *f* Pologne *f*
pólo norte (*po*-lou *nor*-teu) pôle Nord
pólo sul (*po*-lou soul) pôle Sud
poltrona (pôl-*trô*-neu) *f* fauteuil *m*
poluição (pou-louı-*seun*ou) *f* (pl -ções) pollution *f*
polvo (*pôl*-vou) *m* pieuvre *f*
pólvora (*pol*-vou-reu) *f* poudre à canon
pomar (pou-*mar*) *m* verger *m*
pombo (*ponm*-bou) *m* pigeon *m*
ponderado (ponn-deu-*ra*-ðou) *adj* pondéré, réfléchi
ponderar (ponn-deu-*rar*) *v* envisager, réfléchir
pónei (*po*-néï) *m* poney *m*
ponta (*ponn*-teu) *f* bout *m*
pontada (ponn-*ta*-ðeu) *f* point de côté
pontapé (ponn-teu-*pè*) *m* coup de pied; ~ **de saída** coup d'envoi
ponte (*ponn*-teu) *f* pont *m;* ~ **levadiça** pont-levis *m;* ~ **pênsil** pont suspendu
pontiagudo (ponn-tyeu-*gou*-ðou) *adj* pointu
ponto (*ponn*-tou) *m* point *m*, sujet *m;* ~ **de congelação** point de congélation; ~ **de encontro** lieu de rencontre; ~ **de interesse** curiosité *f;* ~ **de interrogação** point d'interrogation; ~ **e vírgula** point-virgule *m;* ~ **final** point *m*
pontual (ponn-*t*ou*al*) *adj* (pl -ais) ponctuel
popelina (po-peu-*li*-neu) *f* popeline *f*
população (pou-pou-leu-*seun*ou) *f* (pl -ções) population *f*
popular (pou-pou-*lar*) *adj* populaire; ordinaire
populoso (pou-pou-*lô*-zou) *adj* populeux
por (pour) *prep* par
***pôr** (pôr) *v* *mettre; poser
porão (pou-*reun*ou) *m* (pl porões) cale *f; mBr* sous-sol *m;* cave *f*
porca (*por*-keu) *f* écrou *m;* truie *f*
porção (pour-*seun*ou) *f* (pl -ções) portion *f*
porcaria (pour-keu-*ri*-eu) *f* saleté *f*, cochonnerie *f*
porcelana (pour-seu-*leu*-neu) *f* porcelaine *f*
porcento (pour-*sẽn*-tou) *m* pour cent
porco (*pôr*-kou) *m* cochon *m; adj* malpropre, sale; **pele de** ~ peau de porc
porco-espinho (pôr-kou-ich-*pi*-gnou) *m* porc-épic *m*
porque (*pour*-keu) *conj* parce que, car
porquê (pour-*ké*) *adv* pourquoi
porquinho-da-índia (pour-ki-gnou-deu-*ĩn*-dyeu) *m* cochon d'Inde
porta (*por*-teu) *f* porte *f;* ~ **corrediça** porte coulissante; ~ **giratória** porte tambour
portador (pour-teu-*ðôr*) *m* porteur *m*
portagem (pour-*teu*-jeunʸ) *f* péage *m*
porta-moedas (por-teu-*m*ou*è*-ðeuch) *m* (pl ~) porte-monnaie *m*

portanto (pour-*teunn*-tou) *conj* donc
portão (pour-*teun*ᵒᵘ) *m* (pl -tões) grille *f*
portar-se (pour-*tar*-seu) *v* se comporter
portátil (pour-*ta*-til) *adj* (pl -teis) portatif
porteiro (pour-*téï*-rou) *m* portier *m;* concierge *m*
porte pago (*por*-teu *pa*-gou) port payé
porto (*pôr*-tou) *m* port *m;* ~ **marítimo** port de mer
Portugal (pour-tou-*gal*) *m* Portugal *m*
português (pour-tou-*géch*) *adj* portugais; *m* Portugais *m*
posição (pou-zi-*seun*ᵒᵘ) *f* (pl -ções) position *f,* situation *f*
positivo (pou-zi-*ti*-vou) *adj* positif; *m* positif *m*
possante (pou-*seunn*-teu) *adj* puissant
posse (*po*-seu) *f* possession *f*
possesso (pou-*sè*-sou) *adj* possédé
possibilidade (pou-seu-beu-li-*ða*-ðeu) *f* possibilité *f*
possibilitar (pou-seu-beu-li-*tar*) *v* rendre possible, *permettre
possível (pou-*si*-vèl) *adj* (pl -eis) possible; faisable
***possuir** (pou-*s*ᵒᵘ*ir*) *v* posséder
postal (pouch-*tal*) *m* (pl -ais) carte postale; ~ **ilustrado** carte postale illustrée
posta-restante (poch-teu-rich-*teunn*-teu) poste restante
poste (*poch*-teu) *m* poteau *m;* ~ **de iluminação** lampadaire *m;* ~ **indicador** poteau indicateur
posto (*pôch*-tou) *m* poste *m;* ~ **de socorros** poste de secours
potável (pou-*ta*-vèl) *adj* (pl -veis) potable
potência (pou-*tẽ*-syeu) *f* force *f;* puissance *f*
pouco (*pô*-kou) *adj* peu; **daqui a** ~ sous peu; **dentro em** ~ tout à l'heure; **um** ~ **mais** encore un peu
poupado (pô-*pa*-ðou) *adj* parcimonieux
poupar (pô-*par*) *v* épargner
pousada (pô-*za*-ðeu) *f* auberge *f*
pousar (pô-*zar*) *v* poser
povo (*pô*-vou) *m* peuple *m*
praça (*pra*-seu) *f* square *m,* place *f;* ~ **de táxis** station de taxis; ~ **de touros** arène *f*
praça-forte (pra-seu-*for*-teu) *f* place forte
prado (*pra*-ðou) *m* pré *m*
praga (*pra*-geu) *f* juron *m;* fléau *m*
praguejar (preu-geu-*jar*) *v* jurer
praia (*praï*-eu) *f* plage *f;* ~ **para nudistas** plage de nudistes
prancha (*preun*-cheu) *f* planche *f*
prata (*pra*-teu) *f* argent *m;* **de** ~ en argent; **pratas** argenterie *f*
prateleira (preu-teu-*léï*-reu) *f* étagère *f*
prática (*pra*-ti-keu) *f* pratique *f*
praticamente (pra-ti-keu-*mẽn*-teu) *adv* pratiquement
praticar (preu-ti-*kar*) *v* pratiquer; *commettre
prático (*pra*-ti-kou) *adj* pratique
prato (*pra*-tou) *m* assiette *f;* plat *m;* ~ **de sopa** assiette à soupe
prazer (preu-*zér*) *m* agrément *m,* plaisir *m*
precário (preu-*ka*-ryou) *adj* précaire
precaução (preu-kaou-*seun*ᵒᵘ) *f* (pl -ções) précaution *f*
***precaver-se** (preu-keu-*vér*-seu) *v* *prendre garde
precedente (preu-seu-*ðẽn*-teu) *adj* précédent
preceder (preu-seu-*ðér*) *v* précéder
preceptor (preu-sè-*tôr*) *m* précepteur *m*
precioso (preu-*syô*-zou) *adj* précieux
precipício (preu-seu-*pi*-syou) *m* préci-

pice *m*
precipitação (preu-seu-pi-teu-*seun*ou) *f* (pl -ções) précipitation *f*
precipitado (preu-seu-pi-*ta*-ðou) *adj* précipité
precipitar-se (preu-seu-pi-*tar*-seu) *v* se précipiter
precisão (preu-si-*jeun*ou) *f* (pl -sões) besoin *m*
precisar (preu-si-*zar*) *v* *falloir; *avoir besoin de; préciser
preciso (preu-*si*-zou) *adj* précis
preço (*pré*-sou) *m* prix *m;* tarif *m;* **baixa de preços** baisse des prix; **fixar o ~ de** fixer le pris de; **~ de compra** prix d'achat; **~ de entrada** prix d'entrée
preconceito (preu-kon-*séï*-tou) *m* préjugé *m*
predecessor (preu-ðeu-seu-*sôr*) *m* prédécesseur *m*
prédio (*prè*-ðyou) *m* immeuble *m;* **~ de andares** immeuble d'habitation; **~ de apartamentos** *Br* immeuble d'habitation
***predizer** (preu-ði-*zér*) *v* *prédire
preencher (pryẽ-*chér*) *v* remplir
preferência (preu-feu-*rẽ*-syeu) *f* préférence *f;* ***dar ~ a** aimer mieux
preferido (preu-feu-*ri*-ðou) *adj* préféré
***preferir** (preu-feu-*rir*) *v* préférer
preferível (preu-feu-*ri*-vèl) *adj* (pl -eis) préférable
prefixo (preu-*fik*-sou) *m* préfixe *m*
prega (*prè*-geu) *f* pli *m*
pregar[1] (prè-*gar*) *v* prêcher
pregar[2] (preu-*gar*) *v* clouer
prego (*prè*-gou) *m* clou *m*
preguiçoso (preu-gi-*sô*-zou) *adj* paresseux
preia-mar (*préï*-eu-mar) *f* marée haute
prejudicar (preu-jou-ði-*kar*) *v* *nuire, *faire du mal
prejudicial (preu-jou-ði-*syal*) *adj* (pl -ais) nuisible, préjudiciable
prejuízo (preu-*j*ou*i*-zou) *m* dommage *m,* préjudice *m*
preliminar (preu-leu-mi-*nar*) *adj* préliminaire
prematuro (preu-meu-*tou*-rou) *adj* prématuré
prémio (*prè*-myou) *m* prix *m;* prime *f*
prender (prẽn-*dér*) *v* attacher; emprisonner, arrêter
prenome (preu-*nô*-meu) *mBr* prénom *m*
preocupação (pryou-kou-peu-*seun*ou) *f* (pl -ções) inquiétude *f;* souci *m*
preocupado (pryou-kou-*pa*-ðou) *adj* soucieux
preocupar-se com (pryou-kou-*par*-seu) se soucier de
preparação (preu-peu-reu-*seun*ou) *f* (pl -ções) préparation *f;* formation *f*
preparado (preu-peu-*ra*-ðou) *adj* prêt
preparar (preu-peu-*rar*) *v* préparer
preposição (preu-pou-zi-*seun*ou) *f* (pl -ções) préposition *f*
presbitério (prij-bi-*tè*-ryou) *m* presbytère *m*
prescrever (prich-kreu-*vér*) *v* *prescrire
presença (preu-*zẽ*-seu) *f* présence *f*
presente (preu-*zẽn*-teu) *adj* présent; actuel; *m* présent *m;* cadeau *m*
presidente (preu-zi-*ðẽn*-teu) *m* président *m;* **~ da Câmara** maire *m*
pressa (*prè*-seu) *f* hâte *f;* **com ~** pressé
pressão (preu-*seun*ou) *f* (pl -sões) pression *f;* **~ atmosférica** pression atmosphérique; **~ do óleo** pression d'huile; **~ dos pneus** pression des pneus
prestação (prich-teu-*seun*ou) *f* (pl -ções) paiement à tempérament; **pagar a prestações** payer à tem-

pérament
prestar (prich-*tar*) *v* prêter; rendre; *servir; ~ **contas de** rendre compte de
prestidigitador (prich-ti-ðeu-ji-teu-*ðôr*) *m* prestidigitateur *m*
prestígio (prich-*ti*-jyou) *m* prestige *m*
presumível (preu-zou-*mi*-vèl) *adj* (pl -eis) probable, présumable
presunçoso (preu-zoũ-*sô*-zou) *adj* présomptueux
presunto (preu-*zoũn*-tou) *m* jambon *m*
pretender (preu-tẽn-*dér*) *v* prétendre, aspirer à
pretensão (preu-tẽn-*seun*[ou]) *f* (pl -sões) prétention *f*
pretensioso (preu-tẽn-*syô*-zou) *adj* prétentieux
pretenso (preu-*tẽ*-sou) *adj* soi-disant
pretexto (preu-*téïch*-tou) *m* prétexte *m*
preto (*pré*-tou) *adj* noir
***prevenir** (preu-veu-*nir*) *v* *prévenir
preventivo (preu-vẽn-*ti*-vou) *adj* préventif
***prever** (preu-*vér*) *v* *prévoir
prévio (*prè*-vyou) *adj* préalable
previsão (preu-vi-*zeun*[ou]) *f* (pl -sões) prévision *f*
prima (*pri*-meu) *f* cousine *f*
primário (pri-*ma*-ryou) *adj* primaire
Primavera (pri-meu-*vè*-reu) *f* printemps *m*
primeiro (pri-*méï*-rou) *num* premier; *adj* premier; *adv* au début, d'abord; précédemment
primeiro-ministro (pri-méï-rou-meu-*nich*-trou) *m* Premier ministre
primo (*pri*-mou) *m* cousin *m*
primordial (pri-mour-*dyal*) *adj* (pl -ais) primordial
princesa (prĩ-*sé*-zeu) *f* princesse *f*
principal (prĩ-si-*pal*) *adj* (pl -ais) principal; **sector** ~ secteur *m*
principalmente (prĩ-si-peul-*mẽn*-teu) *adv* principalement; le plus souvent
príncipe (*prĩ*-si-peu) *m* prince *m*
principiante (prĩ-si-*pyeunn*-teu) *m* débutant *m*
principiar (prĩ-si-*pyar*) *v* commencer
princípio (prĩ-*si*-pyou) *m* commencement *m;* principe *m*
prioridade (pryou-ri-*ða*-ðeu) *f* priorité *f*
prisão (pri-*zeun*[ou]) *f* (pl -sões) arrestation *f;* prison *f;* ~ **de ventre** constipation *f*
prisioneiro (pri-zyou-*néï*-rou) *m* prisonnier *m*
privado (pri-*va*-ðou) *adj* privé
privar de (pri-*var* deu) priver de
privilégio (preu-vi-*lè*-jyou) *m* privilège *m*
problema (prou-*blé*-meu) *m* problème *m*, question *f*
proceder (prou-seu-*ðér*) *v* procéder
procedimento (prou-seu-ði-*mẽn*-tou) *m* processus *m*
processo (prou-*sè*-sou) *m* procédé *m;* procès *m;* procédure *f*
procissão (prou-si-*seun*[ou]) *f* (pl -sões) procession *f*
proclamar (prou-kleu-*mar*) *v* proclamer
procura (prou-*kou*-reu) *f* demande *f*
procurar (prou-kou-*rar*) *v* chercher
pródigo (*pro*-ði-gou) *adj* prodigue
produção (prou-ðou-*seun*[ou]) *f* (pl -ções) production *f;* ~ **em série** production en série
produto (prou-*ðou*-tou) *m* produit *m;* **produtos alimentícios** produits alimentaires
produtor (prou-ðou-*tôr*) *m* producteur *m*
***produzir** (prou-ðou-*zir*) *v* *produire
professar (prou-feu-*sar*) *v* professer

professor (prou-feu-*sôr*) *m* instituteur *m;* professeur *m,* maître *m*
professora (prou-feu-*sô*-reu) *f* maîtresse *f,* professeur *m,* institutrice *f*
profeta (prou-*fè*-teu) *m* prophète *m*
profissão (prou-fi-*seun*ou) *f* (pl -sões) profession *f,* métier *m*
profissional (prou-fi-syou-*nal*) *adj* (pl -ais) professionnel
profundidade (prou-foũn-di-*ða*-ðeu) *f* profondeur *f*
profundo (prou-*foũn*-dou) *adj* profond
programa (prou-*greu*-meu) *m* programme *m*
***progredir** (prou-gré-*ðir*) *v* progresser
progressista (prou-greu-*sich*-teu) *adj* progressiste
progressivo (prou-greu-*si*-vou) *adj* progressif
progresso (prou-*grè*-sou) *m* progrès *m*
proibido (prouі-*ƀi*-ðou) *adj* interdit; ~ **entrar** défense d'entrer; ~ **fumar** défense de fumer
proibir (prouі-*ƀir*) *v* *interdire
proibitivo (prouі-ƀi-*ti*-vou) *adj* prohibitif
projecto (prou-*jè*-tou) *m* projet *m;* dessein *m*
projector (prou-jè-*tôr*) *m* projecteur *m*
prolongamento (prou-lon-gheu-*mẽn*-tou) *m* prolongement *m*
prolongar (prou-lon-*ghar*) *v* étendre; prolonger
promessa (prou-*mè*-seu) *f* promesse *f*
prometer (prou-meu-*tér*) *v* *promettre
promoção (prou-mou-*seun*ou) *f* (pl -ções) promotion *f*
promontório (prou-monn-*to*-ryou) *m* promontoire *m*
promover (prou-mou-*vér*) *v* *promouvoir
pronome (prou-*nô*-meu) *m* pronom *m*
pronto (*pronn*-tou) *adj* prompt; prêt
pronúncia (prou-*noũ*-syeu) *f* prononciation *f*
pronunciar (prou-noũ-*syar*) *v* prononcer
propaganda (prou-peu-*geunn*-deu) *f* propagande *f*
propenso (prou-*pẽ*-sou) *adj* enclin
***propor** (prou-*pôr*) *v* proposer
proporção (prou-pour-*seun*ou) *f* (pl -ções) proportion *f*
proporcional (prou-pour-syou-*nal*) *adj* (pl -ais) proportionnel
proporcionar (prou-pour-syou-*nar*) *v* procurer
propositado (prou-pou-zi-*ta*-ðou) *adj* intentionnel
propósito (prou-*po*-zi-tou) *m* intention *f;* **a** ~ à propos; **de** ~ exprès
proposta (prou-*poch*-teu) *f* proposition *f*
propriedade (prou-pryé-*ða*-ðeu) *f* propriété *f*
proprietário (prou-pryé-*ta*-ryou) *m* propriétaire *m*
próprio (*pro*-pryou) *adj* propre
propulsionar (prou-poul-syou-*nar*) *v* propulser
prospecto (prouch-*pè*-tou) *m* prospectus *m*
prosperidade (prouch-peu-ri-*ða*-ðeu) *f* prospérité *f*
próspero (*proch*-peu-rou) *adj* prospère
***prosseguir** (prou-seu-*gir*) *v* *poursuivre, procéder
prostituta (prouch-ti-*tou*-teu) *f* putain *f,* prostituée *f*
protecção (prou-tè-*seun*ou) *f* (pl -ções) protection *f*
proteger (prou-tı-*jér*) *v* protéger
proteína (prô-té-*i*-neu) *f* protéine *f*
protelação (prou-teu-leu-*seun*ou) *f* (pl -ções) prorogation *f,* répit *m*

protestante (prou-tich-*teunn*-teu) *adj* protestant
protestar (prou-tich-*tar*) *v* protester
protesto (prou-*tèch*-tou) *m* protestation *f*
prova (*pro*-veu) *f* preuve *f*; épreuve *f*, test *m*
provar (prou-*var*) *v* prouver; essayer; goûter
provável (prou-*va*-vèl) *adj* (pl -eis) probable, vraisemblable
provavelmente (prou-va-vèl-*mẽn*-teu) *adv* probablement
proveniência (prou-veu-*nyẽ*-syeu) *f* provenance *f*
provérbio (prou-*vèr*-ƀyou) *m* proverbe *m*
***prover de** (prou-*vér* deu) *pourvoir de
província (prou-*vĩ*-syeu) *f* province *f*
provincial (prou-vĩ-*syal*) *adj* (pl -ais) provincial
provisão (prou-vi-*zeun*ᵒᵘ) *f* (pl -sões) stock *m*; **provisões** provisions
provisório (prou-vi-*zo*-ryou) *adj* provisoire
provocar (prou-vou-*kar*) *v* provoquer
proximidades (pro-seu-mi-*ða*-ðeuch) *fpl* alentours *mpl*
próximo (*pro*-si-mou) *adj* proche; prochain
prudente (prou-*ðẽn*-teu) *adj* prudent
prurido (prou-*ri*-ðou) *m* prurit *m*
psicanalista (psi-keu-neu-*lich*-teu) *m* psychanalyste *m*
psicologia (psi-kou-lou-*ji*-eu) *f* psychologie *f*
psicológico (psi-kou-*lo*-ji-kou) *adj* psychologique
psicólogo (psi-*ko*-lou-gou) *m* psychologue *m*
psiquiatra (psi-*kya*-treu) *m* psychiatre *m*
psíquico (*psi*-ki-kou) *adj* psychique
publicação (pou-ƀli-keu-*seun*ᵒᵘ) *f* (pl -ções) publication *f*
publicar (pou-ƀli-*kar*) *v* publier
publicidade (pou-ƀli-si-*ða*-ðeu) *f* publicité *f*
público (*pou*-ƀli-kou) *adj* public; *m* public *m*
pulmão (poul-*meun*ᵒᵘ) *m* (pl -mões) poumon *m*
pulo (*pou*-lou) *m* saut *m*, bond *m*
pulóver (pou-*lô*-vèr) *m* pull-over *m*
púlpito (*poul*-pi-tou) *m* chaire *f*
pulseira (poul-*séĩ*-reu) *f* bracelet *m*
pulso (*poul*-sou) *m* poignet *m*; pouls *m*
pulverizador (poul-veu-ri-zeu-*ðôr*) *m* pulvérisateur *m*
punhado (pou-*gna*-ðou) *m* poignée *f*
punho (*pou*-gnou) *m* poing *m*; manchette *f*
puro (*pou*-rou) *adj* pur; ~ **sangue** pur sang
purulento (pu-ru-*lẽn*-tou) *adj* purulent
pus (pouch) *m* pus *m*
pústula (*pouch*-tou-leu) *f* pustule *f*
puxar (pou-*char*) *v* tirer; ~ **o lustro a** lustrer, polir
puzzle (*peu*-zleu) *m* puzzle *m*

Q

quadrado (kᵒᵘeu-*ðra*-ðou) *adj* carré; *m* carré *m*
quadriculado (kᵒᵘeu-ðri-kou-*la*-ðou) *adj* quadrillé
quadrilha (kᵒᵘeu-*ðri*-lʸeu) *f* bande *f*
quadro (*k*ᵒᵘ*a*-ðrou) *m* peinture *f*; tableau *m*; cadre *m*; ~ **de distribuição** tableau de distribution; ~ **preto** tableau noir
qual (kᵒᵘal) *pron* (pl quais) quel

qualidade (k^{ou}eu-li-*ða*-ðeu) *f* qualité *f*
qualificado (k^{ou}eu-leu-fi-*ka*-ðou) *adj* qualifié
qualificar-se (k^{ou}eu-leu-fi-*kar*-seu) *v* se qualifier
qualquer (k^{ou}al-*kèr*) *adj* n'importe quel
quando (*k^{ou}eunn*-dou) *adv* quand; *conj* quand, lorsque; ~ **muito** tout au plus; ~ **quer que** n'importe quand
quantia (k^{ou}eunn-*ti*-eu) *f* somme *f*
quantidade (k^{ou}eunn-ti-*ða*-ðeu) *f* nombre *m*, quantité *f*; tas *m*
quanto (*k^{ou}eunn*-tou) *adv* combien; ~ **a** quant à; ~ **mais ... mais** plus ... plus
quarenta (k^{ou}eu-*rẽn*-teu) *num* quarante
quarentena (k^{ou}eu-rẽn-*té*-neu) *f* quarantaine *f*
quarta-feira (k^{ou}ar-teu-*féï*-reu) *f* mercredi *m*
quartel (k^{ou}ar-*tèl*) *m* (pl -téis) caserne *f*
quartel-general (k^{ou}ar-tèl-jeu-neu-*ral*) *m* quartier général
quarto (*k^{ou}ar*-tou) *num* quatrième; *m* quart *m*; pièce *f*, chambre *f*; chambre à coucher; ~ **das crianças** chambre d'enfants; ~ **de banho** salle de bains; ~ **de hóspedes** chambre d'ami; ~ **de vestir** loge *f*; ~ **e pequeno almoço** chambre et petit déjeuner; ~ **individual** chambre pour une personne
quase (*k^{ou}a*-zeu) *adv* presque, à peu près
quatro (*k^{ou}a*-trou) *num* quatre
que (keu) *pron* qui; *adv* que; *conj* que
quebra-cabeças (kè-ƀreu-keu-*ƀé*-seuch) *m* (pl ~) casse-tête *m*
quebradiço (keu-ƀreu-*ði*-sou) *adj* croustillant
quebra-nozes (kè-ƀreu-*no*-zeuch) *m* (pl ~) casse-noix *m*
quebrar (keu-*ƀrar*) *v* casser, rompre
queda (*kè*-ðeu) *f* chute *f*; ~ **de água** cascade *f*
queijo (*kéï*-jou) *m* fromage *m*
queimadura (kéï-meu-*ðou*-reu) *f* brûlure *f*; ~ **do sol** coup de soleil
queimar (kéï-*mar*) *v* brûler
queixa (*kéï*-cheu) *f* plainte *f*
queixar-se (kéï-*char*-seu) *v* se *plaindre
queixo (*kéï*-chou) *m* menton *m*
quem (keun^{y}) *pron* qui; ~ **quer que** quiconque
Quénia (*kẽ*-nya) *m* Kenya *m*
quente (*kẽn*-teu) *adj* chaud
***querer** (keu-*rér*) *v* *vouloir
querido (keu-*ri*-ðou) *adj* aimé, cher; *m* chéri *m*
querosene (ké-rô-*zè*-neu) *m* kérosène *m*
quer ... quer (kèr) si ... ou, soit ... soit
questão (kıch-*teun^{ou}*) *f* (pl -tões) question *f*
quiçá (ki-*seu*) *adv* peut-être
quieto (*ky*-è-tou) *adj* tranquille
quilate (ki-*la*-teu) *m* carat *m*
quilha (*ki*-l^{y}eu) *f* quille *f*
quilo (*ki*-lou) *m* kilo *m*
quilograma (ki-lou-*greu*-meu) *m* kilo *m*
quilometragem (ki-lou-meu-*tra*-jeun^{y}) *m* kilométrage *m*
quilómetro (ki-*lo*-meu-trou) *m* kilomètre *m*
química (*ki*-mi-keu) *f* chimie *f*
químico (*ki*-mi-kou) *adj* chimique
quinina (ki-*ni*-neu) *f* quinine *f*
quinta (*kĩn*-teu) *f* ferme *f*
quinta-feira (*kĩn*-teu-*féï*-reu) *f* jeudi *m*
quinto (*kĩn*-tou) *num* cinquième
quinze (*kĩ*-zeu) *num* quinze
quinzena (kĩ-*zé*-neu) *f* quinze jours

quiosque (*kyoch*-keu) *m* kiosque *m;* ~ **de jornais** kiosque à journaux; ~ **de livros** stand de livres
quota (*k^ou o*-teu) *f* quote-part *f*
quotidiano (k^ou ou-ti-*ðyeu*-nou) *adj* quotidien

R

rã (rreun) *f* grenouille *f*
rabanete (rreu-ƀeu-*né*-teu) *m* radis *m*
rábano (*rra*-ƀeu-nou) *m* rave *m;* ~ **silvestre** raifort *m*
rabo (*rra*-ƀou) *m* postérieur *m*
raça (*rra*-seu) *f* race *f*
ração (rreu-*seun^ou*) *f* (pl rações) ration *f*
racial (rreu-*syal*) *adj* (pl -ais) racial
raciocinar (rreu-syou-si-*nar*) *v* raisonner
radiador (rreu-ðyeu-*ðôr*) *m* radiateur *m*
radical (rreu-ði-*kal*) *adj* (pl -ais) radical
rádio (*rra*-ðyou) *m* radio *f*
radiografar (rra-ðyou-greu-*far*) *v* radiographier
radiografia (rra-ðyou-greu-*fi*-eu) *f* radiographie *f*
rainha (rreu-*i*-gneu) *f* reine *f*
raio (*rraï*-ou) *m* rayon *m*
raiva (*rraï*-veu) *f* rage *f*
raivoso (rraï-*vô*-zou) *adj* enragé
raiz (rreu-*ich*) *f* racine *f*
rajada (rreu-*ja*-ðeu) *f* coup de vent, rafale *f*
ralador (rreu-leu-*ðôr*) *m* râpe *f*
ralhar (rreu-*l^y ar*) *v* insulter
raminho (rreu-*mi*-gnou) *m* brindille *f*
ramo (*rreu*-mou) *m* branche *f;* bouquet *m*
rampa (*rreunm*-peu) *f* pente *f*
rançoso (rreun-*sô*-zou) *adj* rance
ranger (rreun-*jér*) *v* grincer
rapariga (rreu-peu-*ri*-geu) *f* fille *f*
rapaz (rreu-*pach*) *m* garçon *m*
rapidamente (rreu-pi-ðeu-*mẽn*-teu) *adv* rapidement
rapidez (rreu-pi-*ðéch*) *f* rapidité *f;* promptitude *f*
rápido (*rra*-pi-ðou) *adj* rapide, prompt
rápidos (*rra*-pi-ðouch) *mpl* rapides *mpl*
raposa (rra-*pô*-zeu) *f* renard *m*
raqueta (rreu-*ké*-teu) *f* raquette *f*
raramente (rreu-reu-*mẽn*-teu) *adv* rarement; à peine
raro (*rra*-rou) *adj* rare; peu fréquent
rasgão (rreuj-*geun^ou*) *m* (pl -gões) déchirure *f*
rasgar (rreuj-*gar*) *v* déchirer
raso (*rra*-zou) *adj* plat; ras
raspar (rreuch-*par*) *v* râper, racler
rastejar (rreuch-tı-*jar*) *v* ramper
rasto (*rrach*-tou) *m* trace *f;* ***seguir o** ~ **de** *suivre les traces de
ratazana (rreu-teu-*zeu*-neu) *f* rat *m*
rato (*rra*-tou) *m* souris *f*
ravina (rreu-*vi*-neu) *f* ravin *m*
razão (rreu-*zeun^ou*) *f* (pl razões) raison *f;* ***ter** ~ *avoir raison
razoável (rreu-*z^ou a*-vèl) *adj* (pl -eis) raisonnable; suffisant
razoavelmente (rreu-z^ou a-vèl-*mẽn*-teu) *adv* assez, suffisamment
reabilitação (rryeu-ƀeu-li-teu-*seun^ou*) *f* (pl -ções) réhabilitation *f*
reacção (rria-*seun^ou*) *f* (pl -ções) réaction *f*
real (rryal) *adj* (pl reais) réel; royal
realejo (rryeu-*lé*-jou) *m* orgue de Barbarie
realidade (rryeu-li-*ða*-ðeu) *f* réalité *f;* **na** ~ en réalité
realista (rryeu-*lich*-teu) *adj* réaliste
realização (rryeu-li-zeu-*seun^ou*) *f* (pl

-ções) accomplissement *m;* réalisation *f*
realizar (rryeu-li-*zar*) *v* accomplir, réaliser
realizável (rryeu-li-*za*-vèl) *adj* (pl -eis) faisable, réalisable
realmente (rryal-*mẽn*-teu) *adv* réellement; en réalité
rebanho (rreu-*đeu*-gnou) *m* troupeau *m*
rebelião (rreu-đeu-*lyeun*ᵒᵘ) *f* (pl -iões) rébellion *f*
rebentar (rreu-đẽn-*tar*) *v* éclater, craquer
rebocador (rreu-đou-keu-*ðôr*) *m* remorqueur *m*
rebocar (rreu-đou-*kar*) *v* remorquer
reboque (rreu-*đo*-keu) *m* remorque *f*
rebuçado (rreu-đou-*sa*-ðou) *m* bonbon *m*
rebuscar (rreu-đouch-*kar*) *v* fouiller
recado (rreu-*ka*-ðou) *m* commission *f*
recarga (rreu-*kar*-gheu) *f* recharge *f*
***recear** (rreu-*syar*) *v* *craindre
receber (rreu-seu-*đér*) *v* *recevoir
receio (rreu-*sé*-you) *m* crainte *f*
receita (rreu-*séï*-teu) *f* prescription *f*, recette *f*
receitar (rreu-séï-*tar*) *v* *prescrire
recente (rreu-*sẽn*-teu) *adj* récent
recentemente (rreu-sẽn-teu-*mẽn*-teu) *adv* dernièrement, récemment
receoso (rreu-*sy*-ô-zou) *adj* craintif
recepção (rreu-sè-*seun*ᵒᵘ) *f* (pl -ções) réception *f*
recepcionista (rreu-sè-syou-*nich*-teu) *m/f* réceptionniste *m/f*
recessão (rreu-sè-*seun*ᵒᵘ) *f* récession *f*
recheado (rreu-*chya*-ðou) *adj* farci
recheio (rreu-*chéï*-ou) *m* farce *f*
recibo (rreu-*si*-đou) *m* récépissé *m*, reçu *m*
recife (rreu-*si*-feu) *m* récif *m*
recipiente (rreu-si-*pyẽn*-teu) *m* récipient *m*
recíproco (rreu-*si*-prou-kou) *adj* réciproque
recital (rreu-si-*tal*) *m* (pl -ais) récital *m*
recolha (rreu-*kô*-lʸeu) *f* levée *f;* dépôt *m*
recomeçar (rreu-kou-meu-*sar*) *v* recommencer; *reprendre
recomendação (rreu-kou-mẽn-deu-*seun*ᵒᵘ) *f* (pl -ções) recommandation *f*
recomendar (rreu-kou-mẽn-*dar*) *v* recommander
recompensa (rreu-konm-*pẽ*-seu) *f* récompense *f*
recompensar (rreu-konm-pẽ-*sar*) *v* récompenser
reconciliação (rreu-kon-si-lyeu-*seun*ᵒᵘ) *f* (pl -ções) réconciliation *f*
reconhecer (rreu-kou-gneu-*sér*) *v* *reconnaître; confirmer
reconhecido (rreu-kou-gneu-*si*-ðou) *adj* reconnaissant
reconhecimento (rreu-kou-gneu-si-*mẽn*-tou) *m* reconnaissance *f*
recordação (rreu-kour-ðeu-*seun*ᵒᵘ) *f* (pl -ções) souvenir *m*
recordar (rreu-kour-*ðar*) *v* rappeler; **recordar-se** se rappeler; se *souvenir
recorde (rreu-*kor*-ðeu) *m* record *m*
recreação (reu-kryeu-*seun*ᵒᵘ) *f* (pl -ções) récréation *f*
recreio (rreu-*kréï*-ou) *m* terrain de jeux
recruta (rreu-*krou*-teu) *m* conscrit *m*, recrue *f*
rectangular (rrè-teun-ghou-*lar*) *adj* rectangulaire
rectângulo (rrè-*teun*-ghou-lou) *m* rectangle *m*
rectificação (rrè-ti-fi-keu-*seun*ᵒᵘ) *f* (pl -ções) rectification *f*

recto (*rrè*-tou) *adj* droit; *m* rectum *m*
recuar (rreu-*k^ou^ar*) *v* reculer
recuperação (rreu-kou-peu-reu-*seun^ou^*) *f* (pl -ções) récupération *f;* rétablissement *m*
recuperar (rreu-kou-peu-*rar*) *v* récupérer
recusa (rreu-*kou*-zeu) *f* refus *m*
recusar (rreu-kou-*zar*) *v* refuser
redactor (rreu-ða-*tôr*) *m* rédacteur *m*
rede (*rré*-ðeu) *f* filet *m;* réseau *m;* hamac *m;* ~ **da bagagem** filet à bagages; ~ **de pesca** filet de pêche; ~ **rodoviária** réseau routier
redigir (rreu-ðeu-*jir*) *v* rédiger
redimir (rreu-ðeu-*mir*) *v* délivrer; racheter
redondo (rreu-*ðonn*-dou) *adj* rond
em redor (eun^y^ rreu-*ðor*) à l'entour
redução (rreu-ðou-*seun^ou^*) *f* (pl -ções) réduction *f*
***reduzir** (rreu-ðou-*zir*) *v* *réduire
reembolsar (rryẽm-bôl-*sar*) *v* restituer; rendre, rembourser
reembolso (rryẽm-*bôl*-sou) *m* remboursement *m*
refeição (rreu-féï-*seun^ou^*) *f* (pl -ções) repas *m;* ~ **ligeira** casse-croûte *m*
refém (rreu-*feun^y^*) *m* otage *m*
referência (rreu-feu-*rẽ*-syeu) *f* référence *f;* **ponto de** ~ point de repère
referente a (rreu-feu-*rẽn*-teu) concernant, relatif à; sur
***referir a** (rreu-feu-*rir*) référer à
refinaria (rreu-fi-neu-*ri*-eu) *f* raffinerie *f;* ~ **de petróleo** raffinerie de pétrole
***reflectir** (rreu-flè-*tir*) *v* refléter; réfléchir
reflector (rreu-flè-*tôr*) *m* réflecteur *m*
reflexão (rreu-flèk-*seun^ou^*) *f* (pl -xões) reflet *m*
Reforma (rreu-*for*-meu) *f* Réforme *f*
reformado (rreu-four-*ma*-ðou) *adj* retraité
***refrear** (rreu-*fryar*) *v* freiner
refrescar (rreu-frich-*kar*) *v* rafraîchir
refresco (rreu-*fréch*-kou) *m* rafraîchissement *m*
refúgio (rreu-*fou*-jyou) *m* abri *m*, refuge *m*
regata (rreu-*ga*-teu) *f* régate *f*
***regatear** (rreu-geu-*tyar*) *v* marchander; disputer
região (rreu-*jyeun^ou^*) *f* (pl -iões) région *f;* ~ **arborizada** pays boisé
regime (rreu-*ji*-meu) *m* régime *m*
regional (rri-jyou-*nal*) *adj* (pl -ais) régional
registar (rri-jich-*tar*) *v* recommander; enregistrer; **registar-se** s'*inscrire
registo (rri-*jich*-tou) *m* dossier *m;* inscription *f*
regra (*rrè*-greu) *f* règle *f;* **em** ~ en général
regressar (rreu-greu-*sar*) *v* retourner
regresso (rreu-*grè*-sou) *m* retour *m;* **viagem de** ~ voyage de retour
régua (*rrè*-g^ou^eu) *f* règle *f*
regulamentação (rreu-gou-leu-mẽn-teu-*seun^ou^*) *f* (pl -ções) règlement *m*
regulamento (rreu-gou-leu-*mẽn*-tou) *m* règlement *m*
regular (rreu-gou-*lar*) *v* régler; *adj* régulier
regularizar (rreu-gou-leu-ri-*zar*) *v* arranger
rei (rréï) *m* roi *m*
reinado (rréï-*na*-ðou) *m* règne *m*
reinar (rréï-*nar*) *v* régner
reino (*rréï*-nou) *m* royaume *m*
reitor (rréï-*tôr*) *m* directeur *m*, proviseur *m;* recteur *m*
reitoria (rréï-tou-*ri*-eu) *f* rectorat *m*
reivindicação (rréï-vĩn-di-keu-*seun^ou^*) *f* (pl -ções) revendication *f*
reivindicar (rréï-vĩn-di-*kar*) *v* réclamer; revendiquer

rejeitar (rrı-jéï-*tar*) *v* rejeter
relação (rreu-leu-*seun*ᵒᵘ) *f* (pl -ções) compte rendu; rapport *m*, relation *f*
relâmpago (rreu-*leunm*-peu-gou) *m* éclair *m*
relance (rreu-*leun*-seu) *m* coup d'œil
***relancear** (rreu-leun-*syar*) *v* jeter un coup d'œil
relatar (rreu-leu-*tar*) *v* relater
relativamente (rreu-leu-ti-veu-*mēn*-teu) *adv* relativement; ~ **a** concernant
relativo (rreu-leu-*ti*-vou) *adj* relatif
relato (rreu-*la*-tou) *m* récit *m;* rapport *m*
relatório (rreu-leu-*to*-ryou) *m* rapport *m*, compte rendu
relevante (rreu-leu-*veunn*-teu) *adj* important
relevo (rreu-*lé*-vou) *m* relief *m;* importance *f*
religião (rreu-li-*jyeun*ᵒᵘ) *f* (pl -iões) religion *f*
religioso (rreu-li-*jyô*-zou) *adj* religieux
relíquia (rreu-*li*-kyeu) *f* relique *f*
relógio (rreu-*lo*-jyou) *m* montre *f;* horloge *f;* ~ **de bolso** montre de gousset; ~ **de pulso** bracelet-montre *m*
relojoeiro (rreu-lou-*j*ᵒᵘ*éï*-rou) *m* horloger *m*
reluzente (rreu-lou-*zēn*-teu) *adj* brillant, reluisant
***reluzir** (rreu-lou-*zir*) *v* resplendir, reluire
relva (*rrèl*-veu) *f* gazon *m*
relvado (rrèl-*va*-ðou) *m* gazon *m;* pelouse *f*
remanescente (rreu-meu-nıch-*sēn*-teu) *m* restant *m*, reste *m*
remar (rreu-*mar*) *v* ramer
remédio (rreu-*mè*-ðyou) *m* remède *m*
remendar (rreu-mēn-*ðar*) *v* réparer; rapiécer
remessa (rreu-*mè*-seu) *f* expédition *f;* versement *m*
remeter (rreu-meu-*tér*) *v* *remettre
remo (*rré*-mou) *m* rame *f;* pagaie *f*
remoção (rreu-mou-*seun*ᵒᵘ) *f* (pl -ções) déplacement *m*
remoto (rreu-*mo*-tou) *adj* lointain
remover (rreu-mou-*vér*) *v* remuer
remuneração (rreu-mou-neu-reu-*seun*ᵒᵘ) *f* (pl -ções) rémunération *f*
remunerar (rreu-mou-neu-*rar*) *v* rémunérer
rena (*rré*-neu) *f* renne *m*
renda (*rrēn*-deu) *f* dentelle *f;* loyer *m;* ***fazer** ~ *faire du crochet
render (rrēn-*dér*) *v* rendre; relayer; **render-se** se rendre
rendição (rrēn-di-*seun*ᵒᵘ) *f* (pl -ções) reddition *f*
rendimento (rrēn-di-*mēn*-tou) *m* revenu *m*
renome (rreu-*nô*-meu) *m* renom *m*
renovar (rreu-nou-*var*) *v* renouveler; rénover
rentável (*rrēn*-ta-vèl) *adj* (pl -eis) rentable
renunciar (rreu-noũ-*syar*) *v* renoncer
reparação (rreu-peu-reu-*seun*ᵒᵘ) *f* (pl -ções) réparation *f*
reparar (rreu-peu-*rar*) *v* réparer; ~ **em** observer
repartição (rreu-peur-ti-*seun*ᵒᵘ) *f* (pl -ções) bureau *m*
repartir (rreu-peur-*tir*) *v* répartir
repelente (rreu-peu-*lēn*-teu) *adj* répugnant, repoussant
de repente (deu rreu-*pēn*-teu) tout à coup
repentinamente (rreu-pēn-ti-neu-*mēn*-teu) *adv* soudain
repentino (rreu-pēn-*ti*-nou) *adj* soudain
repertório (rreu-peur-*to*-ryou) *m* répertoire *m*
repetição (rreu-peu-ti-*seun*ᵒᵘ) *f* (pl

-ções) répétition *f*
repetidamente (rreu-peu-ti-ðeu-*mēn*-teu) *adv* à plusieurs reprises
***repetir** (rreu-peu-*tir*) *v* répéter
repleto (rreu-*plè*-tou) *adj* complet; bourré
repórter (rreu-*por*-tèr) *m* reporter *m*
repousar (rreu-pô-*zar*) *v* se reposer
repreender (rreu-pryēn-*dér*) *v* gronder, réprimander
representação (rreu-preu-zēn-teu-*seun*^ou) *f* (pl -ções) représentation *f*; performance *f*
representante (rreu-preu-zēn-*teunn*-teu) *m* représentant *m*
representar (rreu-preu-zēn-*tar*) *v* représenter; jouer
representativo (rreu-preu-zēn-teu-*ti*-vou) *adj* représentatif
reprimir (rreu-pri-*mir*) *v* réprimer; freiner
reprodução (rreu-prou-ðou-*seun*^ou) *f* (pl -ções) reproduction *f*
***reproduzir** (rreu-prou-ðou-*zir*) *v* *reproduire
reprovar (rreu-prou-*var*) *v* réprouver; échouer
réptil (*rrèp*-til) *m* (pl -teis) reptile *m*
república (rrè-*pou*-ƀli-keu) *f* république *f*
repugnância (rreu-poug-*neun*-syeu) *f* répugnance *f*
repugnante (rreu-poug-*neunn*-teu) *adj* écœurant; dégoûtant, répugnant
reputação (rreu-pou-teu-*seun*^ou) *f* (pl -ções) réputation *f*
***requerer** (rreu-keu-*rér*) *v* *requérir; nécessiter
requintado (rreu-kĩn-*ta*-ðou) *adj* exquis, raffiné
rés-do-chão (rrèj-dou-*cheun*^ou) *m* rez-de-chaussée *m*
reserva (rreu-*zèr*-veu) *f* provision *f*, réserve *f*; réservation *f*; ~ **natural** réserve zoologique
reservar (rreu-zèr-*var*) *v* *retenir, réserver
reservatório (rreu-zeur-veu-*to*-ryou) *m* réservoir *m*
resgate (rrij-*ga*-teu) *m* rançon *f*
residência (rreu-zi-*ðē*-syeu) *f* résidence *f*
residente (rreu-zi-*ðēn*-teu) *m* résident *m*; *adj* domicilié
residir (rreu-zi-*ðir*) *v* résider
resina (rreu-*zi*-neu) *f* résine *f*
resistência (rreu-zich-*tē*-syeu) *f* résistance *f*; vigueur *f*
resistir (rreu-zich-*tir*) *v* résister
resmungar (rrij-moũ-*ghar*) *v* grogner
resoluto (rreu-zou-*lou*-tou) *adj* résolu
resolver (rreu-zôl-*vér*) *v* *résoudre; régler; décider
respectivo (rrich-pè-*ti*-vou) *adj* respectif
respeitante a (rrich-péï-*teunn*-teu eu) en ce qui concerne
respeitar (rrich-péï-*tar*) *v* respecter
respeitável (rrich-péï-*ta*-vèl) *adj* (pl -eis) respectable; honorable
respeito (rrich-*péï*-tou) *m* respect *m*; **a ~ de** concernant; **com ~ a** à propos de; ***dizer ~ a** concerner; regarder; toucher; **no que diz ~ a** en ce qui concerne, concernant
respeitoso (rrich-péï-*tô*-zou) *adj* respectueux
respiração (rrich-pi-reu-*seun*^ou) *f* respiration *f*; souffle *m*
respirar (rrich-pi-*rar*) *v* respirer
responder (rich-ponn-*dér*) *v* répondre
responsabilidade (rrich-pon-seu-ƀeu-li-*ða*-ðeu) *f* responsabilité *f*
responsável (rrich-pon-*sa*-vèl) *adj* (pl -eis) responsable
resposta (rrich-*poch*-teu) *f* réponse *f*; **em ~** en réponse
ressaca (rreu-*sa*-keu) *f* courant *m*;

mBr gueule de bois
ressonar (rreu-sou-*nar*) *v* ronfler
restabelecer-se (rrich-teu-beu-leu-*sér*-seu) *v* se rétablir
restabelecimento (rich-teu-beu-leu-si-*mẽn*-tou) *m* guérison *f*
restante (rrich-*teunn*-teu) *adj* restant; *m* restant *m*
restaurante (rrich-taou-*reunn*-teu) *m* restaurant *m;* ~ **self-service** restaurant libre service
resto (*rrèch*-tou) *m* reste *m*
restrição (rrich-tri-*seun*ᵒᵘ) *f* (pl -ções) restriction *f*
resultado (rreu-zoul-*ta*-ðou) *m* résultat *m*, issue *f;* nombre de points
resultar (rreu-zoul-*tar*) *v* résulter; *apparaître
resumo (rreu-*zou*-mou) *m* résumé *m*, sommaire *m*
retaguarda (rrè-teu-*g*ᵒᵘ*ar*-ðeu) *f* arrière *m*
retalhista (rreu-teu-*l*ʸ*ich*-teu) *m* détaillant *m*
***reter** (rreu-*tér*) *v* *retenir
retina (rreu-*ti*-neu) *f* rétine *f*
retirar (rreu-ti-*rar*) *v* retirer
retrato (rreu-*tra*-tou) *m* portrait *m*
retretes (rreu-*tré*-teuch) *fpl* toilettes *fpl*
reumatismo (rréᵒᵘ-meu-*tij*-mou) *m* rhumatisme *m*
reunião (rryou-*nyeun*ᵒᵘ) *f* (pl -iões) réunion *f*, rassemblement *m*, rencontre *f*
reunir (rryou-*nir*) *v* réunir; unir; se réunir, rassembler
revelação (rreu-veu-leu-*seun*ᵒᵘ) *f* (pl -ções) révélation *f*
revelar (rreu-veu-*lar*) *v* révéler; développer
revendedor (rreu-vẽn-deu-*ðôr*) *m* revendeur *m*
***rever** (rreu-*vér*) *v* réviser
reverso (rreu-*vèr*-sou) *m* revers *m*
revés (rreu-*vèch*) *m* revers *m;* **de** ~ de travers
reviravolta (rreu-vi-reu-*vol*-teu) *f* revirement *m*
revisor (rreu-vi-*zôr*) *m* contrôleur *m*
revista (rreu-*vich*-teu) *f* revue *f;* ~ **mensal** revue mensuelle
revistar (rreu-vich-*tar*) *v* fouiller
revogar (rreu-vou-*gar*) *v* révoquer
revolta (rreu-*vol*-teu) *f* révolte *f*
revoltante (rreu-vôl-*teunn*-teu) *adj* révoltant
revoltar-se (rreu-vôl-*tar*-seu) *v* se révolter
revolução (rreu-vou-lou-*seun*ᵒᵘ) *f* (pl -ções) révolution *f*
revolucionário (rreu-vou-lou-syou-*na*-ryou) *adj* révolutionnaire
revólver (rreu-*vol*-vèr) *m* revolver *m*
rezar (rreu-*zar*) *v* prier
riacho (*rrya*-chou) *m* ruisseau *m*
ribeiro (rri-*béï*-rou) *m* ruisseau *m*
rico (*rri*-kou) *adj* riche; cher; bon
ridicularizar (rri-ði-kou-leu-ri-*zar*) *v* ridiculiser
ridículo (rri-*ði*-kou-lou) *adj* ridicule
rigoroso (rri-gou-*rô*-zou) *adj* rigoureux; rude
rim (rrĩ) *m* rein *m*
rima (*rri*-meu) *f* rime *f*
rímel (*rri*-mèl) *m* rimmel *m*
rinoceronte (rri-nou-seu-*ronn*-teu) *m* rhinocéros *m*
rio (*rri*ᵒᵘ) *m* fleuve *m;* ~ **abaixo** en aval; ~ **acima** en amont
riqueza (rri-*ké*-zeu) *f* richesse *f;* splendeur *f*
***rir** (rrir) *v* *rire
risada (rri-*za*-ðeu) *f* éclat de rire; risée *f*
risca (*rrich*-keu) *f* raie *f;* **às riscas** rayé
riscar (rrich-*kar*) *v* rayer

risco (*rrich*-kou) *m* trait *m;* rayure *f;* risque *m*, hasard *m*
riso (*rri*-zou) *m* rire *m*
ritmo (*rrit*-mou) *m* rythme *m*
rival (rri-*val*) *m* (pl -ais) rival *m;* concurrent *m*
rivalidade (rri-veu-li-*ða*-ðeu) *f* rivalité *f*
rivalizar (rri-veu-li-*zar*) *v* rivaliser
robalo (rrou-*ƀa*-lou) *m* bar *m*
robusto (rrou-*ƀouch*-tou) *adj* robuste
rocha (*rro*-cheu) *f* roc *m*
rochoso (rrou-*chô*-zou) *adj* rocheux
roda (*rro*-ðeu) *f* roue *f;* ~ **sobressellente** roue de secours
rodar (rrou-*ðar*) *v* tourner, rouler
***rodear** (rrou-*ðyar*) *v* encercler; entourer
rodovalho (rrou-ðou-*va*-lʸou) *m* barbue *f*
rola (*rrô*-leu) *f* tourterelle *f*
rolar (rrou-*lar*) *v* rouler
roldana (rrôl-*deu*-neu) *f* poulie *f*
roleta (rrou-*lé*-teu) *f* roulette *f*
rolha (*rrô*-lʸeu) *f* bouchon *m*
roliço (rrou-*li*-sou) *adj* potelé
rolo (*rrô*-lou) *m* rouleau *m;* bigoudi *m*
romance (rrou-*meun*-seu) *m* idylle *f;* roman *m;* ~ **policial** roman policier
romancista (rrou-meun-*sich*-teu) *m* romancier *m*
romântico (rrou-*meunn*-ti-kou) *adj* romantique
rombo (*rronm*-bou) *adj* émoussé
Roménia (rrou-*mè*-nyeu) *f* Roumanie *f*
romeno (rrou-*mé*-nou) *adj* roumain; *m* Roumain *m*
romper (rronm-*pér*) *v* rompre; déchirer
rosa (*rro*-zeu) *f* rose *f*
rosado (rrou-*za*-ðou) *adj* rose
rosário (rrou-*za*-ryou) *m* rosaire *m;* chapelet *m*
rosnar (rrouj-*nar*) *v* grogner
rosto (*rrôch*-tou) *m* visage *m;* **feição do** ~ trait du visage
rota (*rro*-teu) *f* route *f;* cap *m*
rotação (rrou-teu-*seun*ᵒᵘ) *f* (pl -ções) rotation *f*
rotim (rrou-*tĩ*) *m* rotin *m*
rotina (rrou-*ti*-neu) *f* routine *f*
rótula (*rro*-tou-leu) *f* rotule *f*
rotunda (rrou-*toũn*-deu) *f* rond-point *m*
roubar (rrô-*ƀar*) *v* voler
roubo (*rrô*-ƀou) *m* vol *m*
rouco (*rrô*-kou) *adj* enroué, rauque
rouge (rouj) *m* rouge *m*
roupa (*rrô*-peu) *f* vêtements *mpl;* **lavar a** ~ lavage *m;* ~ **branca** linge *m;* ~ **de cama** literie *f;* ~ **interior** sous-vêtements *mpl*, lingerie *f;* ~ **para lavar** lessive *f*
roupão (rrô-*peun*ᵒᵘ) *m* (pl -pões) robe de chambre; ~ **de banho** peignoir *m*
roupeiro (rrô-*péï*-rou) *m* garde-robe *f*
rouxinol (rrô-chi-*nol*) *m* (pl -nóis) rossignol *m*
rua (*rrou*-eu) *f* rue *f;* ~ **principal** rue principale
rubi (rrou-*ƀi*) *m* rubis *m*
rubrica (rrou-*ƀri*-keu) *f* rubrique *f;* paraphe *f*
rubricar (rrou-ƀri-*kar*) *v* parapher
rude (*rrou*-ðeu) *adj* grossier
ruga (*rrou*-geu) *f* ride *f*
rugido (rrou-*ji*-ðou) *m* rugissement *m*
rugir (rrou-*jir*) *v* rugir
rugoso (rrou-*gô*-zou) *adj* rugueux
ruibarbo (rrᵒᵘi-*ƀar*-bou) *m* rhubarbe *f*
ruído (*rr*ᵒᵘ*i*-ðou) *m* bruit *m*
ruidoso (rrᵒᵘi-*ðô*-zou) *adj* bruyant; sonore
ruína (*rr*ᵒᵘ*i*-neu) *f* anéantissement *m*, ruine *f*, effondrement *m*
rumor (rrou-*môr*) *m* rumeur *f;* grondement *m*

rural (rrou-*ral*) *adj* (pl -ais) rural
Rússia (*rrou*-syeu) *f* Russie *f*
russo (*rrou*-sou) *adj* russe; *m* Russe *m*
rústico (*rrouch*-ti-kou) *adj* rustique

S

sábado (*sa*-ƀeu-ðou) *m* samedi *m*
sabão (seu-*ƀeun^{ou}*) *m* (pl sabões) savon *m;* ~ **da barba** savon à barbe; ~ **em pó** savon en poudre
sabedoria (seu-ƀeu-ðou-*ri*-eu) *f* sagesse *f*
***saber** (seu-*ƀér*) *v* *savoir; **a saber** à savoir; ~ **a** *avoir un goût de
sabonete (seu-ƀou-*né*-teu) *m* savon de toilette
sabor (seu-*ƀôr*) *m* saveur *f*
***saborear** (seu-ƀou-*ryar*) *v* savourer
saboroso (seu-ƀou-*rô*-zou) *adj* savoureux, bon, succulent
saca (*sa*-keu) *f* sac *m*
sacar (seu-*kar*) *v* retirer
sacarina (seu-keu-*ri*-neu) *f* saccharine *f*
saca-rolhas (sa-keu-*rrô*-l^{y}euch) *m* (pl ~) tire-bouchon *m*
saco (*sa*-kou) *m* sac *m;* ~ **das compras** sac à provisions; ~ **de gelo** sac à glace; ~ **de mão** mallette *f;* ~ **de papel** sac en papier
saco-cama (*sa*-kou-*keu*-meu) *m* sac de couchage
sacrificar (seu-kreu-fi-*kar*) *v* sacrifier
sacrifício (seu-kreu-*fi*-syou) *m* sacrifice *m*
sacrilégio (seu-kri-*lè*-jyou) *m* sacrilège *m*
sacristão (seu-krich-*teun^{ou}*) *m* (pl -stães) sacristain *m*
***sacudir** (seu-kou-*ðir*) *v* secouer
safira (seu-*fi*-reu) *f* saphir *m*
sagrado (seu-*gra*-ðou) *adj* sacré
saia (*saï*-eu) *f* jupe *f;* ~ **de baixo** jupon *m*
saibro (*saï*-brou) *m* gravillon *m*
saída (seu-*i*-ðeu) *f* sortie *f;* issue *f;* ~ **de emergência** sortie de secours
***sair** (seu-*ir*) *v* *sortir; *partir
sal (sal) *m* (pl sais) sel *m*
sala (*sa*-leu) *f* salon *m;* salle *f;* ~ **de aula** salle de classe; ~ **de concertos** salle de concert; ~ **de espera** salle d'attente; ~ **de estar** pièce de séjour, salon *m,* salle de séjour; ~ **de fumo** fumoir *m;* ~ **de jantar** salle à manger; ~ **de leitura** salle de lecture
salada (seu-*la*-ðeu) *f* salade *f*
salão (seu-*leun^{ou}*) *m* (pl salões) salon *m;* foyer *m;* ~ **de baile** salle de bal; ~ **de banquetes** salle de banquet
salário (seu-*la*-ryou) *m* salaire *m;* gages *mpl*
saldo (*sal*-dou) *m* solde *m*
saleiro (seu-*léï*-rou) *m* salière *f*
salgado (sal-*ga*-ðou) *adj* salé
saliva (seu-*li*-veu) *f* salive *f*
salpicar (sal-pi-*kar*) *v* éclabousser
salsa (*sal*-seu) *f* persil *m*
salsicha (sal-*si*-cheu) *f* saucisse *f*
saltar (sal-*tar*) *v* sauter; bondir
saltitar (sal-ti-*tar*) *v* sautiller
salto (*sal*-tou) *m* saut *m,* bond *m;* talon *m;* ~ **de esqui** saut à ski
salvação (sal-veu-*seun^{ou}*) *f* sauvetage *m*
salvador (sal-veu-*ðôr*) *m* sauveur *m*
salvar (sal-*var*) *v* sauver
sanatório (seu-neu-*to*-ryou) *m* sanatorium *m*
sandália (seunn-*da*-lyeu) *f* sandale *f*
sanduíche (seunn-*d^{ou}i*-cheu) *f* sandwich *m*

sangrar (seun-*ghrar*) *v* saigner
sangue (*seun*-gheu) *m* sang *m*
sanitário (seu-ni-*ta*-ryou) *adj* sanitaire; *m* cabinet *m*
santo (*seunn*-tou) *m* saint *m*
santo-e-senha (seunn-t^{ou}i-*sé*-gneu) *m* mot de passe
santuário (seunn-*t^{ou}a*-ryou) *m* sanctuaire *m*
são (seun^{ou}) *adj* (pl ~s) sain
sapataria (seu-peu-teu-*ri*-eu) *f* magasin de chaussures
sapateiro (seu-peu-*téï*-rou) *m* cordonnier *m*
sapato (seu-*pa*-tou) *m* soulier *m*, chaussure *f*; **sapatos de ginástica** chaussures de gymnastique; **sapatos de ténis** chaussures de tennis
sapo (*sa*-pou) *m* crapaud *m*
sarampo (seu-*reunm*-pou) *m* rougeole *f*
sarapintado (seu-reu-pĩn-*ta*-ðou) *adj* tacheté
sarar (seu-*rar*) *v* guérir
sardinha (seur-*ði*-gneu) *f* sardine *f*
satélite (seu-*tè*-li-teu) *m* satellite *m*
satisfação (seu-tich-feu-*seun^{ou}*) *f* (pl -ções) satisfaction *f*
***satisfazer** (seu-tich-feu-*zér*) *v* *satisfaire
satisfeito (seu-tich-*féï*-tou) *adj* satisfait; content
saudação (saou-ðeu-*seun^{ou}*) *f* (pl -ções) salutation *f*
saudar (saou-*ðar*) *v* saluer
saudável (saou-*ða*-vèl) *adj* (pl -eis) sain
saúde (seu-*ou*-ðeu) *f* santé *f*
sauna (*saou*-neu) *f* sauna *m*
se (seu) *pron* se; vous; *conj* si; ~ **bem que** bien que
seara (*sya*-reu) *f* champ de blé
sebe (*sè*-ƀeu) *f* haie *f*
seca (*sè*-keu) *f* sécheresse *f*
secador (seu-keu-*ðôr*) *m* séchoir *m*; ~ **de cabelo** sèche-cheveux *m*
secar (seu-*kar*) *v* sécher; assécher
secção (sèk-*seun^{ou}*) *f* (pl -ções) section *f*; département *m*, service *m*; rayon *m*
seco (*sé*-kou) *adj* sec
secretária (seu-kreu-*ta*-ryeu) *f* secrétaire *f*; bureau *m*
secretário (seu-kreu-*ta*-ryou) *m* secrétaire *m*
secreto (seu-*krè*-tou) *adj* secret
século (*sè*-kou-lou) *m* siècle *m*
secundário (seu-koũn-*da*-ryou) *adj* secondaire
seda (*sé*-ðeu) *f* soie *f*; ~ **artificial** rayonne *f*
sedativo (seu-ðeu-*ti*-vou) *m* sédatif *m*
sede[1] (*sè*-ðeu) *f* siège *m*
sede[2] (*sé*-ðeu) *f* soif *f*
sedento (seu-*ðẽn*-tou) *adj* assoiffé
sedimento (seu-ði-*meunn*-tou) *m* sédiment *m*
sedoso (seu-*ðô*-zou) *adj* soyeux
***seduzir** (seu-ðou-*zir*) *v* *séduire
segredo (seu-*gré*-ðou) *m* secret *m*
em seguida (eun^{y} seu-*gi*-ðeu) par la suite, ensuite
seguinte (seu-*gĩn*-teu) *adj* suivant; prochain
***seguir** (seu-*gir*) *v* *suivre; **a seguir** tout à l'heure; ~ **o rasto de** *suivre les traces de
segunda-feira (seu-goũn-deu-*féï*-reu) *f* lundi *m*
segundo (seu-*goũn*-dou) *num* deuxième; *m* seconde *f*; *prep* conformément à, d'après
segurança (seu-gou-*reun*-seu) *f* sécurité *f*
segurar (seu-gou-*rar*) *v* *tenir; saisir; assurer
seguro (seu-*gou*-rou) *adj* sûr, solide; *m* assurance *f*; **apólice de** ~ police

d'assurance; ~ **de viagem** assurance-voyages *f;* ~ **de vida** assurance-vie *f*
seio (*séï*-ou) *m* sein *m*
seis (séïch) *num* six
seixo (*séï*-chou) *m* galet *m*
seja ... seja (*sé*-jeu) soit ... soit
sela (*sè*-leu) *f* selle *f*
selecção (seu-lè-*seu*ou) *f* (pl -ções) sélection *f*
seleccionar (seu-lè-syou-*nar*) *v* sélectionner
selecto (seu-*lè*-tou) *adj* choisi, sélect
selo (*sé*-lou) *m* sceau *m;* timbre *m;* ~ **postal** timbre-poste *m*
selva (*sèl*-veu) *f* jungle *f*
selvagem (sèl-*va*-jeuny) *adj* sauvage
sem (seuny) *prep* sans
semáforo (seu-*ma*-fou-rou) *m* feu de circulation
semana (seu-meu-*neu*) *f* semaine *f*
semanal (seu-meu-*nal*) *adj* (pl -ais) hebdomadaire
***semear** (seu-*myar*) *v* semer
semelhança (seu-mı-*lyeun*-seu) *f* ressemblance *f,* similitude *f*
semelhante (seu-mı-*lyeunn*-teu) *adj* pareil, semblable; similaire
semente (seu-*mẽn*-teu) *f* semence *f*
semi- (*seu*-mi) semi-
semi-círculo (seu-mi-*sir*-kou-lou) *m* demi-cercle *m*
sempre (*sẽm*-preu) *adv* toujours
senado (seu-*na*-ðou) *m* sénat *m*
senador (seu-neu-*ðôr*) *m* sénateur *m*
senão (seu-*neun*ou) *conj* sinon
senhor (sı-*gnôr*) monsieur *m;* **o** ~ vous; **os senhores** vous
senhora (sı-*gnô*-reu) *f* dame *f;* madame; **a** ~ vous
senhoria (sı-gnou-*ri*-eu) *f* propriétaire *f*
senhorio (sı-gnou-*ri*-ou) *m* propriétaire *m*
senil (seu-*nil*) *adj* (pl -is) sénile
sensação (sẽ-seu-*seun*ou) *f* (pl -ções) sensation *f,* impression *f*
sensacional (sẽ-seu-syou-*nal*) *adj* (pl -ais) spectaculaire; sensationnel
sensato (sẽ-*sa*-tou) *adj* raisonnable; sensé
sensível (sẽ-*si*-vèl) *adj* (pl -eis) sensible
senso (*sẽ*-sou) *m* sens *m*
sentar-se (sẽn-*tar*-seu) *v* s'*asseoir
sentença (sẽn-*tẽ*-seu) *f* jugement *m,* sentence *f*
sentido (sẽn-*ti*-ðou) *m* sens *m;* signification *f;* **sem** ~ dénué de sens; insensé
sentimental (sẽn-ti-mẽn-*tal*) *adj* (pl -ais) sentimental
***sentir** (sẽn-*tir*) *v* *sentir; *percevoir
separação (seu-peu-reu-*seun*ou) *f* (pl -ções) séparation *f*
separadamente (seu-peu-ra-ðeu-*mẽn*-teu) *adv* séparément
separado (seu-peu-*ra*-ðou) *adj* séparé
separar (seu-peu-*rar*) *v* séparer, détacher
septicemia (sèp-ti-*sè*-myeu) *f* septicémie *f*
séptico (*sèp*-ti-kou) *adj* septique
sepultura (seu-poul-*tou*-reu) *f* tombe *f*
sequência (seu-*k*ou*ẽ*-syeu) *f* succession *f;* suite *f;* séquence *f*
ser (sér) *m* être *m*
***ser** (sér) *v* *être; ~ **preciso** *falloir
sereia (seu-*réï*-eu) *f* sirène *f*
sereno (seu-*ré*-nou) *adj* serein; clair
série (*sè*-ryeu) *f* série *f;* suite *f*
seriedade (seu-ryé-*ða*-ðeu) *f* sérieux *m;* gravité *f*
seringa (seu-*rĩ*-gheu) *f* seringue *f*
sério (*sè*-ryou) *adj* sérieux
sermão (seur-*meun*ou) *m* (pl -mões) sermon *m*
serpente (seur-*pẽn*-teu) *f* serpent *m*

serpentear (seur-pẽn-*tyar*) *v* serpenter
serra (*sè*-rreu) *f* scie *f;* montagne *f*
serração (seu-rreu-*seun*^ou^) *f* (pl -ções) scierie *f;* sciage *m*
serradura (seu-rreu-*ðou*-reu) *f* sciure *f*
serviço (seur-*vi*-sou) *m* service *m;* **prestar** ~ rendre service; ~ **de chá** service à thé; ~ **de jantar** service de table; ~ **de quarto** service d'étage
***servir** (seur-*vir*) *v* *servir
sessão (seu-*seun*^ou^) *f* (pl -sões) séance *f*
sessenta (seu-*sẽn*-teu) *num* soixante
seta (*sè*-teu) *f* flèche *f*
sete (*sè*-teu) *num* sept
Setembro (seu-*tẽm*-brou) septembre
setenta (seu-*tẽn*-teu) *num* soixante-dix
setentrional (seu-tẽn-tryou-*nal*) *adj* (pl -ais) septentrional
sétimo (*sè*-ti-mou) *num* septième
seu (sé^ou^) *adj* (f sua) son; votre
severo (seu-*vè*-rou) *adj* sévère
sexo (*sèk*-sou) *m* sexe *m*
sexta-feira (*séïch*-teu-*féï*-reu) *f* vendredi *m*
sexto (*séïch*-tou) *num* sixième
sexual (sèk-*s*^ou^*al*) *adj* (pl -ais) sexuel
sexualidade (sèk-s^ou^eu-li-*ða*-ðeu) *f* sexe *m*, sexualité *f*
siamês (syeu-*méch*) *adj* siamois
sifão (si-*feun*^ou^) *m* (pl sifões) siphon *m*
significado (sig-neu-fi-*ka*-ðou) *m* signification *f*
significar (sig-neu-fi-*kar*) *v* signifier
significativo (sig-neu-fi-keu-*ti*-vou) *adj* significatif
sílaba (*si*-leu-beu) *f* syllabe *f*
silêncio (si-*lẽ*-syou) *m* silence *m*
silencioso (si-lẽ-*syô*-zou) *adj* silencieux; *m* silencieux *m*
sim (sĩ) oui
símbolo (*sĩm*-bou-lou) *m* symbole *m*
simpatia (sĩm-peu-*ti*-eu) *f* sympathie *f*
simpático (sĩm-*pa*-ti-kou) *adj* sympathique; amical
simples (*sĩm*-plich) *adj* simple
simplesmente (sĩm-plij-*mẽn*-teu) *adv* simplement
simular (si-mou-*lar*) *v* simuler
simultaneamente (si-moul-teu-né-eu-*mẽn*-teu) *adv* simultanément
simultâneo (si-moul-*teu*-nyou) *adj* simultané
sinagoga (si-neu-*go*-geu) *f* synagogue *f*
sinal (si-*nal*) *m* (pl -ais) signal *m;* signe *m*, marque *f;* acompte *m;* ***fazer sinais** *faire des signes; **sinais pessoais** signalement *m;* ~ **de trânsito** signal routier
sincero (sĩ-*sè*-rou) *adj* sincère
sindicato (sĩn-di-*ka*-tou) *m* syndicat *m*
sinfonia (sĩ-fou-*ni*-eu) *f* symphonie *f*
singular (sĩ-ghou-*lar*) *adj* singulier; *m* singulier *m*
sinistro (si-*nich*-trou) *adj* sinistre
sino (*si*-nou) *m* cloche *f*
sinónimo (si-*no*-ni-mou) *m* synonyme *m*
sintético (sĩn-*tè*-ti-kou) *adj* synthétique
sintoma (sĩn-*tô*-meu) *m* symptôme *m*
sinuoso (si-*n*^ou^*ô*-zou) *adj* sinueux
sirene (si-*rè*-neu) *f* sirène *f*
Síria (*si*-ryeu) *f* Syrie *f*
sírio (*si*-ryou) *adj* syrien; *m* Syrien *m*
sistema (sich-*té*-meu) *m* système *m;* ~ **de arrefecimento** système de refroidissement
sistemático (sich-teu-*ma*-ti-kou) *adj* systématique
sítio (*si*-tyou) *m* site *m;* place *f;* endroit *m*
situação (si-t^ou^eu-*seun*^ou^) *f* (pl -ções)

situation *f*; position *f*
situado (si-*t*ᵒᵘ*eu*-ðou) *adj* situé
slide (*slaï*-deu) *m* diapositive *f*
slogan (*slô*-geunn) *m* (pl ~s) slogan *m*
smoking (*smo*-kĩgh) *m* smoking *m*
só (so) *adv* rien que, seul; *adj* seul
soalheiro (sᵒᵘeu-*lʸéï*-rou) *adj* ensoleillé
soalho (*s*ᵒᵘ*a*-lʸou) *m* plancher *m*
soar (sᵒᵘar) *v* sonner
sob (sôbeu) *prep* sous
sobejar (soubı-*jar*) *v* rester
soberano (sou-beu-*reu*-nou) *m* souverain *m*
soberbo (sou-*bér*-bou) *adj* superbe; orguielleux
sobrancelha (sou-breun-*sé*-lʸeu) *f* sourcil *m*
sobre (*sô*-breu) *prep* sur; par-dessus, au-dessus de
sobreexcitado (sô-breu-ich-si-*ta*-ðou) *adj* surexcité
sobreloja (sô-breu-*lo*-jeu) *f* entresol *m*
sobremesa (sô-breu-*mé*-zeu) *f* dessert *m*
sobrenome (sô-breu-*nô*-meu) *m* nom de famille
sobrescrito (sô-brich-*kri*-tou) *m* enveloppe *f*
***sobressair** (sô-breu-seu-*ir*) *v* ressortir; exceller
sobresselente (sô-breu-seu-*lẽn*-teu) *adj* extra
sobretaxa (sô-breu-*ta*-cheu) *f* surtaxe *f*
sobretudo (sô-breu-*tou*-ðou) *adv* surtout; *m* pardessus *m*
sobrevivência (sô-breu-vi-*vẽ*-syeu) *f* survie *f*
sobreviver (sô-breu-vi-*vér*) *v* *survivre
sobrinha (sou-*bri*-gna) *f* nièce *f*
sobrinho (sou-*bri*-gna) *m* neveu *m*
sóbrio (*so*-bryou) *adj* sobre
socar (sou-*kar*) *v* donner des coups de poing
social (sou-*syal*) *adj* (pl -ais) social
socialismo (sou-syeu-*lij*-mou) *m* socialisme *m*
socialista (sou-syeu-*lich*-teu) *adj* socialiste; *m* socialiste *m*
sociedade (sou-syé-*ða*-ðeu) *f* société *f*, association *f*
sócio (*so*-syou) *m* associé *m*
soco (*sô*-kou) *m* coup de poing
socorrer (sou-kou-*rrér*) *v* secourir
socorro (sou-*kô*-rrou) *m* secours *m*; **primeiros socorros** premiers secours
soda (*so*-ðeu) *f* eau de Seltz
sofá (sou-*fa*) *m* canapé *m*
sofrer (sou-*frér*) *v* *souffrir
sofrimento (sou-fri-*mẽn*-tou) *m* souffrance *f*; affliction *f*
sogra (*so*-greu) *f* belle-mère *f*
sogro (*sô*-grou) *m* beau-père *m*; **sogros** beaux-parents *mpl*
sol (sol) *m* soleil *m*; **nascer do ~** lever du soleil; **pôr do ~** coucher du soleil
sola (*so*-leu) *f* semelle *f*
solar (sou-*lar*) *m* manoir *m*
soldado (sôl-*da*-ðou) *m* soldat *m*
soldadura (sôl-deu-*ðou*-reu) *f* soudure *f*
soldar (sôl-*dar*) *v* souder
solene (sou-*lè*-neu) *adj* solennel
soletrar (sou-leu-*trar*) *v* épeler
solha (*sô*-lʸeu) *f* plie *f*
solícito (sou-*li*-si-tou) *adj* obligeant
sólido (*so*-li-ðou) *adj* solide; *m* solide *m*
solitário (sou-li-*ta*-ryou) *adj* solitaire
solo (*so*-lou) *m* sol *m*; terroir *m*
soltar (sôl-*tar*) *v* détacher; lâcher
solteirão (sôl-téï-*rreun*ᵒᵘ) *m* (pl -rões) vieux garçon
solteiro (sôl-*téï*-rou) *adj* célibataire

solteirona (sôl-téï-*rô*-neu) *f* vieille fille
solto (*sôl*-tou) *adj* détaché; relâché
solução (sou-lou-*seun*^{ou}) *f* (pl -ções) solution *f*
soluço (sou-*lou*-sou) *m* hoquet *m*
solúvel (sou-*lou*-vèl) *adj* (pl -eis) soluble
som (son) *m* son *m;* **à prova de ~** insonorisé
soma (*sô*-meu) *f* montant *m*, somme *f*
somar (sou-*mar*) *v* sommer
sombra (*sonm*-breu) *f* ombre *f;* **~ para os olhos** ombre à paupières
sombrio (*sonm*-bri^{ou}) *adj* sombre, ombragé
somente (so-*mẽn*-teu) *adv* seulement
soneca (sou-*nè*-keu) *f* somme *m*
sonhar (sou-*gnar*) *v* rêver, songer
sonho (*sô*-gnou) *m* rêve *m*
sono (*sô*-nou) *m* sommeil *m*
sonolento (sou-nou-*lẽn*-tou) *adj* somnolent
sopa (*sô*-peu) *f* soupe *f*
soprar (sou-*prar*) *v* souffler
sopro (*sô*-prou) *m* souffle *m*
soro (*sô*-rou) *m* sérum *m*
***sorrir** (sou-*rrir*) *v* *sourire
sorriso (sou-*rri*-zou) *m* sourire *m*
sorte (*sor*-teu) *f* sort *m;* hasard *m;* chance *f*
sorteio (sour-*téï*-ou) *m* tirage *m*
sortido (sour-*ti*-ðou) *m* assortiment *m*
sortimento (sour-ti-*mẽn*-tou) *m* assortiment *m*
sorvete (sour-*vé*-teu) *mBr* glace *f*, crème glacée
sorvo (*sôr*-vou) *m* gorgée *f*
sossegado (sou-seu-*ga*-ðou) *adj* reposant; tranquille
sossego (sou-*sé*-gou) *m* tranquillité *f*
sótão (*so*-teun^{ou}) *m* (pl ~s) grenier *m*
sotaque (sou-*ta*-keu) *m* accent *m*
soutien (*sou*-tyin) *m* soutien-gorge *m*
soviético (sou-*vyè*-ti-kou) *adj* soviétique
sozinho (so-*zi*-gnou) *adj* tout seul
stand (chteunnd) *m* stand *m*
suaili (s^{ou}aï-*li*) *m* swahili *m*
suar (s^{ou}ar) *v* suer
suave (*s*^{ou}*a*-veu) *adj* doux
suavizar (s^{ou}eu-vi-*zar*) *v* adoucir
subalimentação (sou-ƀeu-li-mẽn-teu-*seun*^{ou}) *f* dénutrition *f*
súbdito (*souƀ*-ði-tou) *m* sujet *m*
subida (sou-*ƀi*-ðeu) *f* montée *f*, ascension *f*
***subir** (sou-*ƀir*) *v* monter
sublinhar (souƀ-li-*gnar*) *v* souligner
submarino (souƀ-meu-*ri*-nou) *adj* sous-marin
***submergir** (souƀ-meur-*jir*) *v* submerger
submeter (souƀ-meu-*tér*) *v* *soumettre
subordinado (sou-ƀour-ði-*na*-ðou) *adj* subordonné
subornar (sou-ƀour-*nar*) *v* suborner, corrompre
suborno (sou-*ƀôr*-nou) *m* subornation *f*, corruption *f*
subsequente (souƀ-seu-*k*^{ou}*ẽn*-teu) *adj* subséquent, postérieur
subsídio (souƀ-*si*-ðyou) *m* subside *m;* bourse *f*, allocation *f*
subsistência (souƀ-sich-*tẽ*-syeu) *f* subsistance *f*
substância (sou-ƀich-*teun*-syeu) *f* substance *f*
substancial (sou-ƀich-teun-*syal*) *adj* (pl -ais) substantiel
substantivo (sou-ƀich-teun-*ti*-vou) *m* nom *m*, substantif *m*
***substituir** (sou-ƀich-ti-*t*^{ou}*ir*) *v* remplacer, substituer
substituto (sou-ƀich-ti-*tou*-tou) *m* substitut *m;* remplaçant *m*
subterrâneo (souƀ-teu-*rreu*-nyou) *adj*

souterrain
subtil (soub-*til*) *adj* (pl -is) subtil
***subtrair** (soub-treu-*ir*) *v* *déduire, *soustraire
suburbano (sou-bour-*beu*-nou) *adj* suburbain
subúrbio (sou-*bour*-byou) *m* faubourg *m;* banlieue *f*
subvenção (soub-vẽ-*seun*ou) *f* (pl -ções) subvention *f*
sucata (sou-*ka*-teu) *f* ferraille *f;* camelote *f*
suceder (sou-seu-*ðér*) *v* succéder; arriver, se passer, se *produire
sucesso (sou-*sè*-sou) *m* succès *m*
sucumbir (sou-koũm-*bir*) *v* succomber
sucursal (sou-kour-*sal*) *f* (pl -ais) succursale *f*
sudoeste (sou-*ðouèch*-teu) *m* sud-ouest *m*
Suécia (s*ou*è-syeu) *f* Suède *f*
sueco (s*ou*è-kou) *adj* suédois; *m* Suédois *m*
sueste (s*ou*èch-teu) *m* sud-est *m*
suéter (s*ou*è-tèr) *m Br* chandail *m*
suficiente (sou-fi-*syẽn*-teu) *adj* suffisant; passable
sufocante (sou-fou-*keunn*-teu) *adj* étouffant
sufocar (sou-fou-*kar*) *v* suffoquer, étouffer
sufrágio (sou-*fra*-jyou) *m* suffrage *m*, droit de vote
***sugerir** (sou-jeu-*rir*) *v* suggérer
sugestão (sou-jich-*teun*ou) *f* (pl -tões) suggestion *f*
Suíça (s*ou*i-seu) *f* Suisse *f*
suíças (s*ou*i-seuch) *fpl* favoris *mpl*
suicídio (s ou i-*si*-ðyou) *m* suicide *m*
suíço (s*ou*i-sou) *adj* suisse; *m* Suisse *m*
sujar (sou-*jar*) *v* salir
sujeito (sou-*jéĭ*-tou) *adj* assujetti; sujet; *m* individu *m;* sujet *m;* ~ **a** sujet à; ~ **a taxas** imposable
sujidade (sou-ji-*ða*-ðeu) *f* saleté *f*
sujo (*sou*-jou) *adj* souillé, sale; malpropre
sul (soul) *m* sud *m;* **do** ~ du sud, méridional
sul-americano (soul-eu-meu-ri-*keu*-nou) *adj* sud-américain
sulco (*soul*-kou) *m* sillon *m*
sumarento (sou-meu-*rẽn*-tou) *adj* juteux
sumo (*sou*-mou) *m* jus *m;* jus de fruits
suor (s ou or) *m* sueur *f*
superar (sou-pè-*rar*) *v* surpasser
superficial (sou-pèr-fi-*syal*) *adj* (pl -ais) superficiel
superfície (sou-peur-*fi*-syeu) *f* surface *f*
supérfluo (sou-*pèr*-fl ou ou) *adj* superflu
superintendente (sou-peur-ĩn-tẽn-*dẽn*-teu) *m* surveillant *m*
superintender (sou-peur-ĩn-tẽn-*dér*) *v* superviser
superior (sou-peu-*ryôr*) *adj* supérieur
superlativo (sou-peur-leu-*ti*-vou) *adj* superlatif; *m* superlatif *m*
supermercado (sou-pèr-meur-*ka*-ðou) *m* supermarché *m*
superstição (sou-peur-chti-*seun*ou) *f* (pl -ções) superstition *f*
supervisão (sou-pèr-vi-*zeun*ou) *f* supervision *f*
suplementar (sou-pleu-mẽn-*tar*) *adj* supplémentaire
suplemento (sou-pleu-*mẽn*-tou) *m* supplément *m*
suplicar (sou-pli-*kar*) *v* supplier
***supor** (sou-*pôr*) *v* supposer, présumer; **supondo que** en admettant que
suportar (sou-pour-*tar*) *v* *soutenir;

supporter; endurer, tolérer; subir
suporte (sou-*por*-teu) *m* soutien *m*, support *m*
supositório (sou-pou-zi-*to*-ryou) *m* suppositoire *m*
surdo (*sour*-ðou) *adj* sourd
surgir (sour-*jir*) *v* surgir
surpreender (sour-pryẽn-*dér*) *v* *surprendre
surpresa (sour-*pré*-zeu) *f* surprise *f*
suspeita (souch-*péï*-teu) *f* soupçon *m*
suspeitar (souch-péï-*tar*) *v* soupçonner; suspecter
suspeito (souch-*péï*-tou) *adj* suspect; *m* suspect *m*
suspender (souch-pẽn-*dér*) *v* suspendre
suspensão (souch-pẽ-*seun*ou) *f* (pl -sões) suspension *f*
suspensórios (souch-pẽ-*so*-ryouch) *mpl* bretelles *fpl*
sussurrar (sou-sou-*rrar*) *v* chuchoter
sussurro (sou-*sou*-rrou) *m* chuchotement *m*
***suster** (souch-*tér*) *v* *soutenir
susto (*souch*-tou) *m* panique *f*, frayeur *f*
sutura (sou-*tou*-reu) *f* suture *f*
suturar (sou-tou-*rar*) *v* suturer

T

tabacaria (teu-ƀeu-keu-*ri*-eu) *f* bureau de tabac
tabaco (teu-*ƀa*-kou) *m* tabac *m*; **bolsa de ~** blague à tabac; **~ para cachimbo** tabac pour pipe; **~ para cigarro** tabac à rouler
tabela (teu-*ƀè*-leu) *f* table *f*; tableau *m*; **~ de conversão** tableau de conversions
taberna (teu-*ƀèr*-neu) *f* taverne *f*; bistrot *m*
tabique (teu-*ƀi*-keu) *m* cloison *f*
tabu (teu-*ƀou*) *m* tabou *m*
tábua (*ta*-ƀoueu) *f* planche *f*
tabuleiro (teu-ƀou-*léï*-rou) *m* plateau *m*; **~ de damas** damier *m*; **~ de xadrez** échiquier *m*
taça (*ta*-seu) *f* coupe *f*
tacanho (teu-*keu*-gnou) *adj* borné; étroit
táctica (*ta*-ti-keu) *f* tactique *f*
tacto (*ta*-tou) *m* toucher *m*
tagarela (teu-geu-*rè*-leu) *m* bavard *m*, moulin à paroles
tailandês (taï-leunn-*déch*) *adj* thaïlandais; *m* Thaïlandais *m*
Tailândia (taï-*leunn*-dyeu) *f* Thaïlande *f*
tainha (teu-*i*-gneu) *f* mulet *m*
tal (tal) *adj* (pl tais) tel; **~ como** tel que
tala (*ta*-leu) *f* éclisse *f*
talão (teu-*leun*ou) *m* (pl talões) souche *f*, talon *m*; coupon *m*
talento (teu-*lẽn*-tou) *m* don *m*, talent *m*
talha (*ta*-lyeu) *f* sculpture sur bois; taille *f*
talher (teu-*lyèr*) *m* couvert *m*; **preço do ~** couvert *m*
talho (*ta*-lyou) *m* boucher *m*
talismã (teu-lij-*meun*) *m* porte-bonheur *m*
talvez (tal-*véch*) *adv* peut-être
tamanco (teu-*meun*-kou) *m* sabot *m*
tamanho (teu-*meu*-gnou) *m* taille *f*; grandeur *f*; **~ extra-grande** extra large
tâmara (*teu*-meu-reu) *f* datte *f*
também (teunm-*beun*y) *adv* également, aussi; de même, aussi bien; **~ não** non plus
tampa (*teunm*-peu) *f* couvercle *m*
tampão (teunm-*peun*ou) *m* (pl -pões)

tampon *m*
tangerina (teun-jeu-*ri*-neu) *f* mandarine *f*
tangível (teun-*ji*-vèl) *adj* (pl -eis) tangible
tanque (*teun*-keu) *m* étang *m;* réservoir *m*
tanto (*teunn*-tou) *adv* autant; aussi; **tanto ... como** aussi bien que; **um** ~ quelque peu
tão (teun^{ou}) *adv* tellement, si
tapar (teu-*par*) *v* *couvrir; boucher
tapeçaria (teu-peu-seu-*ri*-eu) *f* tapisserie *f*
tapete (teu-*pé*-teu) *m* tapis *m*
tarde (*tar*-ðeu) *f* après-midi *m/f; adv* tard
tardio (tar-*ði*^{ou}) *adj* tardif
tarefa (ta-*rè*-feu) *f* tâche *f*
tareia (teu-*réï*-eu) *f* fessée *f*
tarifa (ta-*ri*-feu) *f* taux *m;* tarif *m;* ~ **de estacionamento** taxe de stationnement; ~ **nocturna** tarif de nuit
tartaruga (teur-teu-*rou*-geu) *f* tortue *f*
taxa (*ta*-cheu) *f* droit de douane, charge *f;* ~ **de desconto** taux d'escompte; ~ **de serviço** service *m;* ~ **do câmbio** cours du change
táxi (*tak*-si) *m* taxi *m;* **ponto de táxis** *Br* station de taxis
taxímetro (teuk-*si*-meu-trou) *m* taximètre *m*
te (teu) *pron* te
teatro (*tya*-trou) *m* théâtre *m;* ~ **de fantoches** théâtre de marionnettes; ~ **de variedades** théâtre de variétés
tecelão (teu-seu-*leun*^{ou}) *m* (pl ~s) tisserand *m*
tecer (teu-*sér*) *v* tisser
tecido (teu-*si*-ðou) *m* textile *m;* tissu *m*
técnica (*tèk*-ni-keu) *f* technique *f*
técnico (*tèk*-ni-kou) *adj* technique; *m* technicien *m*
tecnologia (tèk-nou-lou-*ji*-eu) *f* technologie *f*
tecto (*tè*-tou) *m* plafond *m*
teimoso (téï-*mô*-zou) *adj* têtu, opiniâtre; obstiné
tela (*tè*-leu) *f* toile *f*
telefonar (teu-leu-fou-*nar*) *v* téléphoner
telefone (teu-leu-*fo*-neu) *m* téléphone *m*
telefonema (teu-leu-fou-*né*-meu) *m* coup de téléphone
telefonia (teu-leu-fou-*ni*-eu) *f* radiotéléphonie *f*
telefonista (teu-leu-fou-*nich*-teu) *f* téléphoniste *f*, standardiste *f*
telegrafar (teu-leu-greu-*far*) *v* télégraphier
telegrama (teu-leu-*greu*-meu) *m* télégramme *m*
telémetro (teu-*lè*-meu-trou) *m* télémètre *m*
teleobjectiva (tè-lè-ôb-jè-*ti*-veu) *f* téléobjectif *m*
telepatia (teu-leu-peu-*ti*-eu) *f* télépathie *f*
telesqui (tè-lè-*chki*) *m* téléski *m*
televisão (teu-leu-vi-*zeun*^{ou}) *f* (pl -sões) télévision *f;* **aparelho de** ~ poste de télévision
telha (*té*-l^{y}eu) *f* tuile *f;* manie *f*
telhado (tı-*l^{y}a*-ðou) *m* toit *m;* ~ **de colmo** toit de chaume
tema (*té*-meu) *m* thème *m*
temer (teu-*mér*) *v* *craindre
temerário (teu-meu-*ra*-ryou) *adj* téméraire
temor (teu-*môr*) *m* crainte *f*
temperar (tẽm-peu-*rar*) *v* assaisonner
temperatura (tẽm-peu-reu-*tou*-reu) *f* température *f;* ~ **ambiente** température ambiante

tempestade (tẽm-pıch-*ta*-ðeu) *f* tempête *f*
tempestuoso (tẽm-pıch-*t^{ou}ô*-zou) *adj* orageux
templo (*tẽm*-plou) *m* temple *m*
tempo (*tẽm*-pou) *m* temps *m;* **a** ~ à temps; **de tempos a tempos** de temps en temps
temporal (tẽm-pou-*ral*) *m* (pl -ais) tempête *f*
temporário (tẽm-pou-*ra*-ryou) *adj* temporaire
tenaz (teu-*nach*) *f* tenailles *fpl*
tencionar (tẽ-syou-*nar*) *v* *avoir l'intention de
tenda (*tẽn*-deu) *f* tente *f;* étal *m*
tendão (tẽn-*deun^{ou}*) *m* (pl -dões) tendon *m*
tendência (tẽn-*dẽ*-syeu) *f* tendance *f*
tender (tẽn-*dér*) *v* *avoir tendance; ~ **para** tendre à
ténis (*tè*-nich) *m* tennis *m;* **campo de** ~ court de tennis; ~ **de mesa** tennis de table
tenro (*tẽ*-rrou) *adj* tendre
tensão (tẽ-*seun^{ou}*) *f* (pl -sões) tension *f;* ~ **arterial** tension artérielle
tenso (*tẽ*-sou) *adj* tendu
tentação (tẽn-teu-*seun^{ou}*) *f* (pl -ções) tentation *f*
tentar (tẽn-*tar*) *v* tenter, essayer
tentativa (tẽn-teu-*ti*-veu) *f* tentative *f*
tentilhão (tẽn-ti-*l^{y}eun^{ou}*) *m* (pl -hões) pinson *m*
teologia (tyou-lou-*ji*-eu) *f* théologie *f*
teoria (tyou-*ri*-eu) *f* théorie *f*
teórico (*tyo*-ri-kou) *adj* théorique
tépido (*tè*-pi-ðou) *adj* tiède
***ter** (tér) *v* *avoir; ~ **ares** *avoir l'air; ~ **de** *devoir, *falloir; ~ **em stock** *avoir en stock; ~ **êxito** réussir
terapia (teu-reu-*pi*-eu) *f* thérapie *f*
terça-feira (tér-seu-*féï*-reu) *f* mardi *m*
terceiro (teur-*séï*-rou) *num* troisième
terebentina (teu-reu-ƀẽn-*ti*-neu) *f* térébenthine *f*
termas (*tèr*-meuch) *fpl* station thermale, bains *mpl*
terminal (teur-mi-*nal*) *m* (pl -ais) terminus *m*
terminar (teur-mi-*nar*) *v* finir, terminer; se terminer; achever
termo^{1} (*tér*-mou) *m* terme *m*
termo^{2} (*tèr*-mou) *m* thermos *m*
termómetro (teur-*mo*-meu-trou) *m* thermomètre *m*
termóstato (teur-*moch*-teu-tou) *m* thermostat *m*
terno (*tèr*-nou) *adj* tendre, doux; *mBr* complet *m*
terra (*tè*-rreu) *f* terre *f;* **a** ~ à terre; **em** ~ à terre; **tremor de** ~ tremblement de terre
terraço (tè-*rra*-sou) *m* terrasse *f*
terreno (teu-*rré*-nou) *m* terrain *m*
território (teu-rri-*to*-ryou) *m* territoire *m*
terrível (teu-*rri*-vèl) *adj* (pl -eis) terrible
terror (teu-*rrôr*) *m* terreur *f*
terrorismo (teu-rrou-*rij*-mou) *m* terrorisme *m*
terrorista (teu-rrou-*rich*-teu) *m* terroriste *m*
tese (*tè*-zeu) *f* thèse *f*
teso (*té*-zou) *adj* raide; fauché
tesoura (teu-*zô*-reu) *f* ciseaux *mpl;* ~ **de unhas** ciseaux à ongles
tesoureiro (teu-zô-*réï*-rou) *m* trésorier *m*
tesouro (teu-*zô*-rou) *m* trésor *m*
testa (*tèch*-teu) *f* front *m*
testamento (tıch-teu-*mẽn*-tou) *m* testament *m*
teste (*tèch*-teu) *m* épreuve *f*
testemunha (tıch-teu-*mou*-gneu) *f* témoin *m*

testemunhar (tich-teu-mou-*gnar*) *v* témoigner
teu (té[ou]) *adj* (f tua) ton; **teus** tes
têxteis (*téïch*-téïch) *mpl* textiles *mpl*
texto (*téïch*-tou) *m* texte *m*
tez (téch) *f* teint *m*
tia (*ti*-eu) *f* tante *f*
tifo (*ti*-fou) *m* typhus *m*
tigela (ti-*jè*-leu) *f* bol *m*
tigre (*ti*-greu) *m* tigre *m*
tijolo (ti-*jô*-lou) *m* brique *f*
tília (*ti*-lya) *f* tilleul *m*
timbre (*tĩm*-breu) *m* timbre *m*
timidez (ti-mi-*ðèch*) *f* timidité *f*
tímido (*ti*-mi-ðou) *adj* timide
timoneiro (ti-mou-*néï*-rou) *m* timonier *m*
tímpano (*tĩm*-peu-nou) *m* tympan *m*
tingir (tĩ-*jir*) *v* *teindre; **não tinge** ne déteint pas
tinta (*tĩn*-teu) *f* encre *f;* teinture *f,* peinture *f;* ~ **de água** couleur à l'eau
tinturaria (tĩn-tou-reu-*ri*-eu) *f* teinturerie *f*
tio (ti[ou]) *m* oncle *m*
típico (*ti*-pi-kou) *adj* typique, symbolique
tipo (*ti*-pou) *m* type *m;* gars *m*
tiragem (ti-*reu*-jeun[y]) *f* tirage *m*
tirano (ti-*reu*-nou) *m* tyran *m*
tira-nódoas (ti-reu-*no*-ðoueuch) *m* (pl ~) détachant *m*
tirar (ti-*rar*) *v* ôter, enlever
tiritar (ti-ri-*tar*) *v* grelotter
tiro (*ti*-rou) *m* coup de feu
título (*ti*-tou-lou) *m* titre *m;* grade *m*
toalha (*t*[ou]*a*-l[y]eu) *f* serviette *f;* ~ **de mesa** nappe *f*
toca (*to*-keu) *f* tanière *f*
toca-discos (to-keu-*ðich*-kouch) *mBr* (pl ~) tourne-disque *m*
tocante (tou-*keunn*-teu) *adj* touchant
tocar (tou-*kar*) *v* toucher; jouer; sonner; **não** ~ ne pas toucher
todavia (tô-ðeu-*vi*-eu) *conj* cependant, pourtant; toutefois
todo (*tô*-ðou) *adj* tout; *m* ensemble *m;* **de** ~ tout à fait; ~ **o mundo** *Br* tout le monde
toldo (*tôl*-dou) *m* tombereau *m;* ~ **impermeável** linoléum *m*
tolerável (tou-leu-ra-*vèl*) *adj* (pl -eis) tolérable
tolo (*tô*-lou) *adj* stupide; *m* fou *m*
tom (ton) *m* ton *m;* nuance *f*
tomar (tou-*mar*) *v* *prendre; ~ **conta de** se charger de; surveiller
tomate (tou-*ma*-teu) *m* tomate *f*
tomilho (tou-*mi*-l[y]ou) *m* thym *m*
tonelada (tou-neu-*la*-ðeu) *f* tonne *f*
tónico (*to*-ni-kou) *m* tonique *m;* ~ **capilar** tonique capillaire
tontura (tonn-*tou*-reu) *f* étourdissement *m*
tópico (*to*-pi-kou) *m* topique *m;* point principal
topo (*tô*-pou) *m* sommet *m*
toque (*to*-keu) *m* attouchement *m*
toranja (tou-*reun*-jeu) *f* pamplemousse *m*
torção (tour-*seun*[ou]) *f* (pl -ções) torsion *f*
torcedor (tour-seu-*ðôr*) *mBr* supporter *m*
torcedura (tour-seu-*ðou*-reu) *f* torsion *f;* sinuosité *f;* sophisme *m*
torcer (tour-*sér*) *v* tordre; fouler; **torcer-se** se tordre
tordo (*tôr*-ðou) *m* grive *f*
tormento (tour-*mẽn*-tou) *m* tourment *m*
tornar-se (tour-*nar*-seu) *v* *devenir
torneio (tour-*néï*-ou) *m* tournoi *m*
torneira (tour-*néï*-reu) *f* robinet *m*
em torno de (eun[y] *tôr*-nou deu) autour de
tornozelo (tour-nou-*zè*-lou) *m* cheville

f
toro (*tô*-rou) *m* tronc *m*
torrada (tou-*rra*-ðeu) *f* toast *m*
torre (*tô*-rreu) *f* tour *f*
torto (*tôr*-tou) *adj* tordu
tortura (tour-*tou*-reu) *f* torture *f*
torturar (tour-tou-*rar*) *v* torturer
tosse (*to*-seu) *f* toux *f*
***tossir** (tou-*sir*) *v* tousser
total (tou-*tal*) *adj* (pl -ais) total; *m* total *m*
totalitário (tou-teu-li-*ta*-ryou) *adj* totalitaire
totalizador (tou-teu-li-zeu-*ðôr*) *m* totalisateur *m*
totalmente (tou-teul-*mēn*-teu) *adv* totalement; en tout
toucador (tô-keu-*ðôr*) *m* coiffeuse *f*
tourada (tô-*ra*-ðeu) *f* corrida *f*
touro (*tô*-rou) *m* taureau *m*
tóxico (*tok*-si-kou) *adj* toxique
trabalhador (treu-ƀeu-lʸeu-*ðôr*) *adj* travailleur; *m* ouvrier *m*
trabalhar (treu-ƀeu-*lʸar*) *v* travailler; ~ **demais** se surmener
trabalho (treu-*ƀa*-lʸou) *m* travail *m*, labeur *m;* boulot *m;* peine *f;* ~ **manual** travail manuel
traça (*tra*-seu) *f* mite *f*
traço (*tra*-sou) *m* tiret *m;* trait *m;* ~ **caracterial** trait de caractère
tractor (treu-*tôr*) *m* tracteur *m*
tradição (treu-ði-*seun*ᵒᵘ) *f* (pl -ções) tradition *f*
tradicional (treu-ði-syou-*nal*) *adj* (pl -ais) traditionnel
tradução (treu-ðou-*seun*ᵒᵘ) *f* (pl -ções) traduction *f*
tradutor (treu-ðou-*tôr*) *m* traducteur *m*
***traduzir** (treu-ðou-*zir*) *v* *traduire; interpréter
tragédia (treu-*jè*-ðyeu) *f* tragédie *f*
trágico (*treu*-ji-kou) *adj* tragique
traição (traï-*seun*ᵒᵘ) *f* (pl -ções) trahison *f*
traidor (traï-*ðôr*) *m* traître *m*
***trair** (treu-*ir*) *v* trahir
traje (*tra*-jeu) *m* costume *m;* ~ **a rigor** tenue de soirée; ~ **nacional** costume national
tralha (*tra*-lʸeu) *f* bataclan *m*
tranquilidade (treun-kᵒᵘi-li-*ða*-ðeu) *f* tranquillité *f*
tranquilizar (treun-kᵒᵘi-li-*zar*) *v* rassurer
tranquilo (treun-*k*ᵒᵘ*i*-lou) *adj* tranquille, paisible
transacção (treun-za-*seun*ᵒᵘ) *f* (pl -ções) transaction *f*
transatlântico (treun-zeut-*leunn*-ti-kou) *adj* transatlantique
***fazer transbordo** (feu-*zér* treunz-*ƀôr*-dou) changer
transeunte (treun-*zyoũn*-teu) *m* passant *m*
***transferir** (treunch-feu-*rir*) *v* transférer; ajourner
transformador (treunch-four-meu-*ðôr*) *m* transformateur *m*
transformar (treunch-four-*mar*) *v* transformer; ~ **em** changer en
***transgredir** (treunj-greu-*ðir*) *v* transgresser
transição (treun-zi-*seun*ᵒᵘ) *f* (pl -ções) transition *f*
trânsito (*treun*-zi-tou) *m* circulation *f*
transmissão (treunj-mi-*seun*ᵒᵘ) *f* (pl -sões) transmission *f*
transmitir (treunj-mi-*tir*) *v* *transmettre
transparente (treuch-peu-*rinn*-teu) *adj* transparent
transpiração (treunch-pi-reu-*seun*ᵒᵘ) *f* transpiration *f*
transpirar (treunch-pi-*rar*) *v* transpirer
transportar (treunch-pour-*tar*) *v* transporter; porter

transporte (treunch-*por*-teu) *m* transport *m*
transtornado (treunch-tour-*na*-ðou) *adj* dérangé; bouleversé
transtornar (treunch-tour-*nar*) *v* déranger
transversal (treunj-veur-*sal*) *f* (pl -ais) rue transversale
trapalhada (treu-peu-*lʸa*-ðeu) *f* désordre *m;* fouillis *m,* pagaille *f;* ***fazer** ~ embrouiller
trapo (*tra*-pou) *m* chiffon *m*
traquete (treu-*ké*-teu) *m* misaine *f*
traseiro (treu-*zéï*-rou) *m* derrière *m*
tratado (treu-*ta*-ðou) *m* dissertation *f;* traité *m*
tratamento (treu-teu-*mẽn*-tou) *m* traitement *m;* soin *m;* ~ **de beleza** soins de beauté
tratar (treu-*tar*) *v* traiter; soigner; ~ **de** soigner, *prendre soin de; s'occuper de
***trautear** (traou-*tyar*) *v* fredonner
travão (treu-*veun*ᵒᵘ) *m* (pl -vões) frein *m;* **tambor do** ~ tambour de frein; ~ **de mão** frein à main; ~ **de pé** frein à pédale
travar (treu-*var*) *v* freiner
travessa (treu-*vè*-seu) *f* plat *m;* barreau *m;* peigne *m*
travessão (treu-veu-*seun*ᵒᵘ) *m* (pl -sões) pince à cheveux; ruelle transversale
travessia (treu-veur-*si*-eu) *f* traversée *f*
travesso (treu-*vé*-sou) *adj* espiègle
***trazer** (treu-*zér*) *v* apporter; amener
trecho (*tré*-chou) *m* section *f;* fragment *m;* extrait *m,* passage *m*
treinador (tréï-neu-*ðôr*) *m* entraîneur *m*
treinar (tréï-*nar*) *v* entraîner
treino (*tréï*-nou) *m* entraînement *m*
trela (*trè*-leu) *f* laisse *f*
trem (treunʸ) *mBr* train *m*
tremendo (treu-*mẽn*-dou) *adj* épouvantable
tremer (treu-*mér*) *v* trembler
trémulo (*trè*-mou-lou) *adj* tremblant
trenó (treu-*no*) *m* traîneau *m,* luge *f*
trepar (treu-*par*) *v* grimper
três (tréch) *num* trois
trevas (*trè*-veuch) *fpl* ténèbres *fpl*
trevo (*tré*-vou) *m* trèfle *m*
treze (*tré*-zeu) *num* treize
triangular (tri-eun-ghou-*lar*) *adj* triangulaire
triângulo (tri-*eun*-ghou-lou) *m* triangle *m*
tribo (*tri*-ƀou) *f* tribu *f*
tribuna (tri-*ƀou*-neu) *f* tribune *f*
tribunal (tri-ƀou-*nal*) *m* (pl -ais) tribunal *m*
tributar (tri-ƀou-*tar*) *v* imposer; prêter
tricotar (tri-kou-*tar*) *v* tricoter
trigésimo (tri-*jè*-zi-mou) *num* trentième
trigo (*tri*-gou) *m* blé *m*
trimestral (tri-mich-*tral*) *adj* (pl -ais) trimestriel
trimestre (tri-*mèch*-treu) *m* trimestre *m*
trinchar (trĩ-*char*) *v* découper
trinta (*trĩn*-teu) *num* trente
tripulação (tri-pou-leu-*seun*ᵒᵘ) *f* (pl -ções) équipage *m*
triste (*trich*-teu) *adj* triste
tristeza (trich-*té*-zeu) *f* tristesse *f*
triturar (tri-tou-*rar*) *v* triturer
triunfante (tryoũ-*feunn*-teu) *adj* triomphant
triunfar (tryoũ-*far*) *v* triompher
triunfo (*tryoũ*-fou) *m* triomphe *m*
troar (trᵒᵘar) *v* gronder
troca (*tro*-keu) *f* troc *m*
troça (*tro*-seu) *f* moquerie *f*
trocar (trou-*kar*) *v* changer; échanger; troquer

troçar (tro-*sar*) *v* se moquer de
troco (*trô*-kou) *m* petite monnaie; change *m*
troleicarro (tro-léï-*ka*-rrou) *m* trolley-bus *m*
trombeta (tronm-*bé*-teu) *f* trompette *f*
trompa (tronm-peu) *f* cor *m;* trompe *f*
tronco (*tron*-kou) *m* tronc *m*
trono (*trô*-nou) *m* trône *m*
tropas (*tro*-peuch) *fpl* troupes *fpl*
tropeçar (trou-peu-*sar*) *v* trébucher
tropical (trou-pi-*kal*) *adj* (pl -ais) tropical
trópicos (*tro*-pi-kouch) *mpl* tropiques *mpl*
trotineta (tro-ti-*nè*-teu) *f* trottinette *f*
trovão (trou-*veun*ou) *m* (pl -vões) tonnerre *m*
trovoada (trou-*v*ou*a*-ðeu) *f* orage *m*
truque (*trou*-keu) *m* truc *m*
truta (*trou*-teu) *f* truite *f*
tu (tou) *pron* tu; ~ **mesmo** toi-même
tubarão (tou-ƀeu-*reun*ou) *m* (pl -rões) requin *m*
tuberculose (tou-ƀeur-kou-*lo*-zeu) *f* tuberculose *f*
tubo (*tou*-ƀou) *m* tube *m;* ~ **respirador** tube de plongée
tudo (*tou*-ðou) *pron* tout; ~ **o que** tout ce que
tulipa (tou-*li*-peu) *f* tulipe *f*
tumor (tou-*môr*) *m* tumeur *f*
túmulo (*tou*-mou-lou) *m* tombe *f*
túnel (*tou*-nèl) *m* (pl -eis) tunnel *m*
túnica (*tou*-ni-keu) *f* tunique *f*
Tunísia (tou-*ni*-zi-eu) *f* Tunisie *f*
tunisino (tou-ni-*si*-nou) *adj* tunisien; *m* Tunisien *m*
turba (*tour*-beu) *f* foule *f*
turbina (tour-*ƀi*-neu) *f* turbine *f*
turbulento (tour-ƀou-*lẽn*-tou) *adj* turbulent
turco (*tour*-kou) *adj* turc; *m* Turc *m*
turismo (tou-*rij*-mou) *m* tourisme *m*
turista (tou-*rich*-teu) *m* touriste *m*
turno (*tour*-nou) *m* équipe *f*
Turquia (tour-*ki*-eu) *f* Turquie *f*
tutela (tou-*tè*-leu) *f* tutelle *f*
tutor (tou-*tôr*) *m* tuteur *m*
tweed (touid) *m* tweed *m*

U

úlcera (*oul*-seu-reu) *f* ulcère *m;* ~ **gástrica** ulcère à l'estomac
ulmeiro (oul-*méï*-rou) *m* orme *m*
ulterior (oul-teu-*ryôr*) *adj* ultérieur
ultimamente (oul-ti-meu-*mẽn*-teu) *adv* dernièrement
último (*oul*-ti-mou) *adj* ultime, dernier
ultraje (oul-*tra*-jeu) *m* outrage *m*
ultramarino (oul-treu-meu-*ri*-nou) *adj* d'outre-mer
ultrapassar (oul-treu-peu-*sar*) *v* dépasser; doubler; **ultrapassagem proibida** défense de doubler
ultravioleta (oul-treu-vyou-*lé*-teu) *adj* ultra-violet
um (oũ) *num* (f uma) un; *art* un *art;* **mais** ~ encore un; ~ **ou outro** l'un ou l'autre
umbigo (oũm-*bi*-gou) *m* nombril *m*
unânime (ou-*neu*-ni-meu) *adj* unanime
unguento (oũ-*gh*ou*ẽn*-tou) *m* onguent *m*
unha (*ou*-gneu) *f* ongle *m;* **arranjar as unhas** se *faire les ongles
união (ou-*nyeun*ou) *f* (pl uniões) union *f;* **União Soviética** Union Soviétique
unicamente (ouni-keu-*mẽn*-teu) *adv* uniquement
único (*ou*-ni-kou) *adj* unique
unidade (ou-ni-*ða*-deu) *f* unité *f*
unido (ou-*ni*-ðou) *adj* uni

uniforme (ou-ni-*for*-meu) *adj* uniforme; *m* uniforme *m*
unilateral (ou-ni-leu-teu-*ral*) *adj* (pl -ais) unilatéral
unir (ou-*nir*) *v* unir; *joindre
universal (ouni-veur-*sal*) *adj* (pl -ais) universel
universidade (ou-ni-veur-si-*ða*-deu) *f* université *f*
universo (ou-ni-*vèr*-sou) *m* univers *m*
uns (oũch) *pron* (f umas) les uns; quelque
untar (oũn-*tar*) *v* lubrifier
urbano (our-*ƀeu*-nou) *adj* urbain
urgência (our-*jẽ*-syeu) *f* urgence *f*
urgente (our-*jẽn*-teu) *adj* urgent, pressant
urina (ou-*ri*-neu) *f* urine *f*
urso (*our*-sou) *m* ours *m*
Uruguai (ou-rou-*g^ou^euï*) *m* Uruguay *m*
uruguaio (ou-rou-*g^ou^aï*-ou) *adj* uruguayen; *m* Uruguayen *m*
urze (*our*-zé) *f* bruyère *f*
usar (ou-*zar*) *v* employer; utiliser; porter
uso (*ou*-zou) *m* emploi *m;* usage *m*
usual (ou-*z^ou^al*) *adj* (pl -ais) ordinaire; usuel, habituel
utensílio (ou-tẽ-*sil*-you) *m* ustensile *m*
utente (ou-*tẽ*-teu) *m* usager *m*
útero (*ou*-teu-rou) *m* utérus *m*
útil (*ou*-til) *adj* (pl úteis) utile; serviable
utilidade (ou-teu-li-*ða*-ðeu) *f* utilité *f*
utilizar (ou-teu-li-*zar*) *v* utiliser
utilizável (ou-teu-li-*za*-vèl) *adj* (pl -eis) utilisable
uvas (*ou*-veuch) *fpl* raisin *m*

V

vaca (*va*-keu) *f* vache *f*
vacilante (veu-si-*leunn*-teu) *adj* vacillant, branlant
vacilar (veu-si-*lar*) *v* vaciller
vacinação (veu-si-neu-*seun^ou^*) *f* (pl -ções) vaccination *f*
vacinar (veu-si-*nar*) *v* vacciner
vácuo (*va*-k^ou^ou) *m* vide *m*
vadiagem (veu-*ðya*-jeun^y^) *f* vagabondage *m*
vadiar (veu-*ðyar*) *v* vagabonder
vadio (veu-*ði^ou^*) *m* vagabond *m*, clochard *m*
vaga (*va*-geu) *f* vacance *f*
***vagabundear** (veu-geu-boũn-*dyar*) *v* vagabonder
vagabundo (veu-geu-*ƀoũn*-dou) *m* vagabond *m*
vagão (veu-*geun^ou^*) *m* (pl vagões) wagon *m*
vagar (veu-*gar*) *v* errer; *être libre; *m* loisir *m*
vago (*va*-gou) *adj* vacant; vague, indistinct
***vaguear** (veu-*gyar*) *v* errer
vaidoso (vaï-*ðô*-zou) *adj* vaniteux; fier
vale (*va*-leu) *m* vallée *f;* bon *m*, reçu *m;* ~ **postal** mandat-poste *m*
valente (veu-*lẽn*-teu) *adj* brave; courageux
valentia (veu-lẽn-*ti*-eu) *f* vaillance *f*
***valer** (veu-*lér*) *v* *valoir
valeta (veu-*lé*-teu) *f* caniveau *m*
valete (veu-*lè*-teu) *m* valet *m*
válido (*va*-li-ðou) *adj* valable
valioso (veu-*lyô*-zou) *adj* précieux
valor (veu-*lôr*) *m* valeur *f;* **valores** objets de valeur
valsa (*val*-seu) *f* valse *f*
válvula (*val*-vou-leu) *f* soupape *f*
vantagem (veunn-*ta*-jeun^y^) *f* avantage

m

vantajoso (veunn-teu-*jô*-zou) *adj* avantageux
vão (veun^ou) *adj* (f vã; pl ~s) vain
vapor (veu-*pôr*) *m* vapeur *f*
vaporizador (veu-pou-ri-zeu-*ðôr*) *m* vaporisateur *m;* aérosol *m*
vara (*va*-reu) *f* tige *f;* perche *f*
varanda (veu-*reunn*-deu) *f* véranda *f;* balcon *m*
varão (veu-*reun^ou*) *m* (pl varões) barre *f;* mâle *m*
variação (veu-ryeu-*seun^ou*) *f* (pl -ções) variation *f*
variado (veu-*rya*-ðou) *adj* varié
variar (veu-*ryar*) *v* varier
variável (veu-*rya*-vèl) *adj* (pl -eis) variable
varicela (veu-ri-*sè*-leu) *f* varicelle *f*
variedade (veu-ryé-*ða*-ðeu) *f* variété *f;* **teatro de variedades** music-hall *m*
varíola (veu-*ri^ou*-leu) *f* variole *f*
vários (*va*-ryouch) *adj* plusieurs
variz (va-*rich*) *f* varice *f*
varrer (veu-*rrér*) *v* balayer
vasilha (veu-*zi*-geu) *f* récipient *m*
vaso (*va*-zou) *m* vase *m;* pot *m;* ~ **sanguíneo** vaisseau sanguin
vassoura (veu-*sô*-reu) *f* balai *m*
vasto (*vach*-tou) *adj* vaste
vau (vaou) *m* gué *m*
vazar (veu-*zar*) *v* *fuir, verser
vazio (veu-*zi^ou*) *adj* vide
veadinho (vyeu-*ði*-gnou) *m* faon *m*
veado (*vya*-ðou) *m* cerf *m*
vegetariano (vı-jeu-teu-*ryeu*-nou) *m* végétarien *m*
veia (*vé*-yeu) *f* veine *f*
veículo (vé-*i*-kou-lou) *m* véhicule *m*
vela (*vè*-leu) *f* voile *f;* yachting *m;* bougie *f;* ~ **de ignição** bougie d'allumage
veleidade (veu-léï-*ða*-ðeu) *f* velléité *f*
velhice (vı-*l^yi*-seu) *f* vieillesse *f*
velhíssimo (vı-*l^yi*-si-mou) *adj* très vieux
velho (*vè*-l^you) *adj* vieux; âgé; rassis; **mais** ~ plus âgé; **o mais** ~ l'aîné
velhote (vè-*l^yo*-teu) *adj* vieillot
velocidade (veu-lou-si-*ða*-ðeu) *f* vitesse *f;* ***ir com** ~ foncer; **limitação de** ~ limitation de vitesse; ~ **de cruzeiro** vitesse de croisière; ~ **máxima** vitesse maximale
velocímetro (veu-lou-*si*-meu-trou) *m* indicateur de vitesse
velocípede (veu-lou-*si*-peu-ðeu) *m* vélo *m*
veloz (veu-*loch*) *adj* rapide
veludo (veu-*lou*-ðou) *m* velours *m*
vencedor (vẽ-seu-*ðôr*) *adj* gagnant; *m* vainqueur *m*
vencer (vẽ-*sér*) *v* *vaincre
vencido (vẽ-*si*-ðou) *adj* vaincu; échu
vencimento (vẽ-si-*mẽn*-tou) *m* victoire *f;* échéance *f;* traitement *m*
venda (*vẽn*-deu) *f* vente *f;* **à** ~ à vendre; ~ **por grosso** vente en gros
vendável (vẽn-*da*-vèl) *adj* (pl -eis) vendable
vendedor (vẽn-deu-*ðôr*) *m* vendeur *m;* ~ **de aves de criação** marchand de volaille; ~ **de jornais** marchand de journaux
vendedora (vẽn-deu-*ðô*-reu) *f* vendeuse *f*
vender (vẽn-*dér*) *v* vendre; ~ **a retalho** détailler, vendre au détail
veneno (veu-*né*-nou) *m* poison *m*
venenoso (veu-neu-*nô*-zou) *adj* vénéneux
veneração (veu-neu-reu-*seun^ou*) *f* vénération *f*
venerável (veu-neu-*ra*-vèl) *adj* (pl -eis) vénérable
Venezuela (veu-neu-*z^oué*-leu) *f* Venezuela *m*

venezuelano (veu-neu-z^ou^é-*leu*-nou) *adj* vénézuélien; *m* Vénézuélien *m*
ventilação (vẽn-ti-leu-*seu^ou^*) *f* (pl -ções) ventilation *f*
ventilador (vẽn-ti-leu-*ðôr*) *m* ventilateur *m*
ventilar (vẽn-ti-*lar*) *v* aérer, ventiler
vento (*vẽn*-tou) *m* vent *m*
ventoso (vẽn-*tô*-zou) *adj* venteux
ventre (*vẽn*-treu) *m* ventre *m;* **prisão de ~** constipation *f*
***ver** (vér) *v* *voir; remarquer
Verão (veu-*reun^ou^*) *m* (pl -rões) été *m;* **pleno ~** plein été
verbal (veur-*ƀal*) *adj* (pl -ais) verbal
verbo (*vèr*-ƀou) *m* verbe *m*
verdade (veur-*ða*-ðeu) *f* vérité *f*
verdadeiramente (veur-ðeu-ðéï-reu-*mẽn*-teu) *adv* vraiment
verdadeiro (veur-ðeu-*ðéï*-rou) *adj* vrai; véritable
verde (*vér*-ðeu) *adj* vert
veredicto (veu-reu-*ði*-tou) *m* verdict *m*
vergonha (veur-*uô*-gneu) *f* honte *f;* **que vergonha!** quelle honte!
verídico (veu-*ri*-ði-kou) *adj* véridique
verificar (veu-reu-fi-*kar*) *v* vérifier
verme (*vèr*-meu) *m* ver *m*
vermelho (veur-*mè*-l^y^ou) *adj* cramoisi
verniz (veur-*nich*) *m* vernis *m*, laque *f;* **~ de unhas** vernis à ongle
verosímil (vé-rô-*si*-mil) *adj* (pl -meis) vraisemblable
versão (veur-*seun^ou^*) *f* (pl -sões) version *f*
verso (*vèr*-sou) *m* vers *m;* verso *m*
vertente (vèr-*tẽn*-teu) *f* versant *m*
verter (veur-*tér*) *v* verser; *fuir
vertical (veur-ti-*kal*) *adj* (pl -cais) vertical
vertigem (veur-*ti*-jeun^y^) *f* vertige *m*
vespa (*véch*-peu) *f* guêpe *f*
veste (*vèch*-teu) *f* vêtement *m*
vestiário (vɪch-*tya*-ryou) *m* vestiaire *m*
vestíbulo (vɪch-*ti*-ƀou-lou) *m* vestibule *m*
vestido (vɪch-*ti*-ðou) *m* robe *f;* ***trazer ~** porter
***vestir** (vɪch-*tir*) *v* *vêtir, habiller; *mettre; **vestir-se** s'habiller; se *vêtir
vestuário (vɪch-*t^ou^a*-ryou) *m* vêtements *mpl;* **~ de desporto** vêtements de sport
veterinário (veu-teu-ri-*na*-ryou) *m* vétérinaire *m*
véu (vè^ou^) *m* voile *m*
vez (véch) *f* fois *f;* tour *m;* **alguma ~** une fois; **às vezes** parfois; **de ~ em quando** de temps en temps; **em ~ de** au lieu de; **muitas vezes** souvent; **outra ~** encore; **uma ~** une fois; **uma ~ mais** une fois de plus
via (*vi*-eu) *prep* via; *f* voie *f;* **~ férrea** voie ferrée; **~ navegável** voie d'eau
viaduto (vyeu-*ðou*-tou) *m* viaduc *m*
viagem (*vya*-jeun^y^) *f* voyage *m;* passage *m;* **~ de regresso** voyage de retour
viajante (vyeu-*jeunn*-teu) *m* voyageur *m*
viajar (vyeu-*jar*) *v* voyager; **~ de automóvel** voyager en auto
vibração (vi-ƀreu-*seun^ou^*) *f* (pl -ções) vibration *f*
vibrar (vi-*ƀrar*) *v* vibrer
vice-presidente (vi-seu-preu-si-*ðẽn*-teu) *m* vice-président *m*
vicioso (vi-*syô*-zou) *adj* vicieux
vida (*vi*-ðeu) *f* vie *f;* **cheio de ~** vif; **com ~** en vie
videira (vi-*ðéï*-reu) *f* vigne *f*
vidraça (vi-*ðra*-seu) *f* vitre *f*
vidro (*vi*-ðrou) *m* verre *m;* vitre *f;* **~ colorido** verre de couleur
viela (*vyè*-leu) *f* ruelle *f*
viga (*vi*-geu) *f* poutre *f*

vigário (vi-*ga*-ryou) *m* vicaire *m*
vigésimo (vi-*jè*-zi-mou) *num* vingtième
vigia (vi-*ji*-eu) *f* hublot *m;* veille *f;* vigie *f*
vigiar (vi-*jyar*) *v* surveiller
vigilante (vi-ji-*leunn*-teu) *adj* vigilant
vila (*vi*-leu) *f* bourg *m; fBr* villa *f*
vinagre (vi-*na*-greu) *m* vinaigre *m*
vindima (vĩn-*di*-meu) *f* vendange *f*
vingança (vĩ-*gheun*-seun) *f* vengeance *f*
vinha (*vi*-gneu) *f* vignoble *m*
vinho (*vi*-gnou) *m* vin *m;* **negociante de vinhos** négociant en vins
vinte (*vĩn*-teu) *num* vingt
viola (*vyo*-leu) *f* guitare *f*
violação (vyou-leu-*seun*^ou^) *f* (pl -ções) violation *f*
violar (vyou-*lar*) *v* violer
violência (vyou-*lẽ*-syeu) *f* violence *f*
violento (vyou-*lẽn*-tou) *adj* violent
violeta (vyou-*lé*-teu) *f* violette *f*
violino (vyou-*li*-nou) *m* violon *m*
***vir** (vir) *v* *venir; ~ **a ser** *devenir
viragem (vi-*ra*-jeun^y^) *f* virage *m*
virar (vi-*rar*) *v* tourner; virer, retourner
virgem (*vir*-jeun^y^) *f* vierge *f*
vírgula (*vir*-gou-leu) *f* virgule *f*
virilha (veu-*ri*-l^y^eu) *f* aine *f*
virtude (vir-*tou*-ðeu) *f* vertu *f*
visão (vi-*zeun*^ou^) *f* (pl visões) vision *f*
visar (vi-*zar*) *v* viser
visibilidade (vi-zi-ƀeu-li-*ða*-ðeu) *f* visibilité *f*
visita (vi-*zi*-teu) *f* visite *f;* ***fazer uma ~ a** rendre visite à
visitante (vi-zi-*teunn*-teu) *m* visiteur *m*
visitar (vi-zi-*tar*) *v* visiter; rendre visite à
visível (vi-*zi*-vèl) *adj* (pl -eis) visible
vislumbrar (vij-loũm-*brar*) *v* *entrevoir
vislumbre (vij-*loũm*-breu) *m* aperçu *m;* coup d'œil
vison (vi-*sonn*) *m* vison *m*
visor (vi-*zôr*) *m* viseur *m*
vista (*vich*-teu) *f* vue *f;* **em ~ de** vu
visto (*vich*-tou) *m* visa *m;* **~ que** comme; puisque
vital (vi-*tal*) *adj* (pl -ais) vital
vitamina (vi-teu-*mi*-neu) *f* vitamine *f*
vitela (vi-*tè*-leu) *f* génisse *f*
vitelo (vi-*tè*-lou) *m* veau *m*
vítima (*vi*-ti-meu) *f* victime *f*, dupe *f*
vitória (vi-*to*-ryeu) *f* victoire *f*
vitrina (vi-*tri*-neu) *f* vitrine *f*
viúva (*vyou*-veu) *f* veuve *f*
viúvo (*vyou*-vou) *m* veuf *m*
viveiro (vi-*véï*-rou) *m* pépinière *f*
vivenda (vi-*vẽn*-deu) *f* villa *f*
viver (vi-*vér*) *v* *vivre
vivo (*vi*-vou) *adj* vivant; vif
vizinhança (vi-zi-*gneun*-seu) *f* voisinage *m*
vizinho (vi-*zi*-gnou) *adj* près; avoisinant; *m* voisin *m*
voar (v^ou^ar) *v* voler
vocabulário (vou-keu-ƀou-*la*-ryou) *m* vocabulaire *m*
vocal (vou-*kal*) *adj* (pl -ais) vocal
vocalista (vou-keu-*lich*-teu) *m* chanteur *m*
vocês (vo-*séch*) *pron* vous; **~ mesmos** vous-mêmes
vogal (vou-*gal*) *f* (pl -ais) voyelle *f*
volante (vou-*leunn*-teu) *m* volant *m*
volt (vôlt) *m* volt *m*
volta (*vol*-teu) *f* chemin du retour; tour *m*, tournant *m*, virage *m;* reprise *f*, course *f;* **à ~** autour; autour de; **à ~ de** autour de; **em ~** autour; **em ~ de** autour de; **ida e ~** aller et retour
voltagem (vôl-*ta*-jeun^y^) *f* voltage *m*
voltar (vôl-*tar*) *v* *revenir; retourner; **~ atrás** retourner
volume (vou-*lou*-meu) *m* volume *m;*

masse *f;* colis *m;* tome *m*
volumoso (vou-lou-*mô*-zou) *adj* volumineux
voluntário (vou-loũn-*ta*-ryou) *adj* volontaire; *m* volontaire *m*
volúpia (vou-*lou*-pyeu) *f* volupté *f*
vomitar (vou-mi-*tar*) *v* vomir
vontade (vonn-*ta*-ðeu) *f* volonté *f;* envie *f;* **à** ~ à son aise; **boa** ~ bienveillance *f;* **de boa** ~ volontiers; **de má** ~ à contrecœur; **pouco à** ~ mal à l'aise
voo (*vô*-ou) *m* vol *m;* ~ **charter** vol charter; ~ **de regresso** vol de retour; ~ **nocturno** vol de nuit
vosso (*vo*-sou) *adj* votre
votação (vou-teu-*seun*ᵒᵘ) *f* (pl -ções) votation *f*
votar (vou-*tar*) *v* voter
voto (*vo*-tou) *m* vote *m;* vœu *m*
voz (voch) *f* voix *f*
vulcão (voul-*keun*ᵒᵘ) *m* (pl -cões) volcan *m*
vulgar (voul-*gar*) *adj* vulgaire; commun
vulnerável (voul-neu-*ra*-vèl) *adj* (pl -eis) vulnérable

X

xadrez (cheu-*ðréch*) *m* échecs; **em** ~ à carreaux
xaile (*chaï*-leu) *m* châle *m*
xale (*cha*-leu) *m* châle *m*
xarope (cheu-*ro*-peu) *m* sirop *m*
xeque! (*chè*-keu) échec!
xícara (*chi*-keu-reu) *f Br* tasse *f*

Z

zangado (zeun-*gha*-ðou) *adj* fâché, en colère
zaragata (zeu-reu-*ga*-teu) *f* bagarre *f,* querelle *f*
zebra (*zé*-ƀreu) *f* zèbre *m*
zelo (*zé*-lou) *m* zèle *m;* élan *m*
zeloso (zeu-*lô*-zou) *adj* zélé
zénite (*zè*-ni-teu) *m* zénith *m*
zero (*zè*-rou) *m* zéro *m*
zinco (*zĩ*-kou) *m* zinc *m*
zodíaco (zou-*ði*-eu-kou) *m* zodiaque *m*
zona (*zô*-neu) *f* zone *f;* ~ **de estacionamento** zone de stationnement; ~ **industrial** zone industrielle
zoologia (zou-ô-lou-*ji*-eu) *f* zoologie *f*

Lexique gastronomique

Mets

à, à moda de à la mode de
abacate avocat
abacaxi ananas
abóbora courge
açafrão safran
acará, acarajé beignets faits avec une purée de haricots tachetés, additionnée de crevettes séchées et pilées et de piments
acelga bette, poirée
acepipes hors-d'œuvre
acompanhamento garniture
açorda soupe épaisse ou garniture à base de pain
~ **alentejana** avec des feuilles de coriandre, de l'ail et de l'huile d'olive; servie avec des œufs pochés
~ **de bacalhau** avec des lamelles de morue et de l'ail frits dans de l'huile d'olive
~ **à moda de Sesimbra** avec du poisson, de l'ail et des feuilles de coriandre
açúcar sucre
agrião cresson
aipim manioc
aipo céleri
alcachofra artichaut
fundo de ~ fond d'
alcaparra câpre
alecrim romarin
aletria 1) vermicelles 2) dessert aux vermicelles
alface laitue
alheira saucisse à l'ail composée de différentes viandes et de mie de pain
~ **à transmontana** servie avec des œufs au plat, du chou et des pommes de terre rôties
alho ail
~ **francês/-porro** poireau
almoço déjeuner
almôndega boulette (de viande ou de poisson)
alperce abricot
amargo amer
amêijoas palourdes
~ **à bulhão pato** sautées à l'huile d'olive avec de l'ail et de la coriandre
~ **à espanhola** cuites au four avec des oignons, des tomates, des poivrons, de l'ail et des aromates
~ **ao natural** cuites à l'étuvée avec des aromates, puis nappées de beurre et de jus de citron

ameixa prune
~ **seca** pruneau
amêndoa amande
amendoim cacahuète
amora mûre
anchova anchois
angu bouillie de maïs ou de farine de manioc
ao au
arenque hareng
arroz riz
~ **de Cabidela** sorte de risotto, avec des abats et du sang de volaille, relevé de vinaigre
~ **doce** au lait parfumé à la cannelle
~ **de frango** sorte de risotto au poulet
~ **de manteiga** sorte de risotto nature
~ **de pato no forno** au gratin, avec du canard, du lard et du *chouriço* préalablement bouillis
~ **tropeiro** avec de la *carne de sol*
aspargo asperge
assado rôti
atum thon
bife de ~ en darne, mariné au vin blanc et rôti dans de l'huile d'olive
aveia avoine
avelã noisette
aves volaille
azeda oseille
azedo aigre
azeite huile d'olive
~ **de dendê** huile de palme
azeitona olive
~ **preta** noire
~ **verde (de Elvas)** verte
babá de moça dessert composé de jaunes d'œufs pochés dans du sirop et du lait de coco
bacalhau morue
~ **à Brás** émincée, pochée, puis rôtie avec des oignons, de l'ail et des pommes de terre avant d'être nappée d'œufs battus
~ **de caldeirada** braisée avec des oignons, des pommes de terre, des tomates, de l'ail, du persil et de la coriandre (ou du safran)
~ **cozido com todos** pochée et servie avec des pommes de terre, des œufs, des oignons, de la *couve portuguesa* et des pois chiches
~ **à Gomes de Sá** émincée, pochée, puis rôtie avec des oignons, de l'ail et des morceaux de pommes de terre bouillies; le tout est garni d'un hachis d'œufs durs, d'olives noires et de persil
~ **com leite de coco** pochée dans du lait de coco aromatisé de coriandre
~ **com natas no forno** au gratin, avec des pommes de terre et une béchamel enrichie de crème
~ **à provinciana** au gratin, parsemé d'œufs durs, avec des pommes de terre et des *grelos* dans une sauce au porto
~ **à transmontana** braisée avec du jambon fumé ou du *chouriço,* du vin blanc, du persil, de l'ail et des tomates
batata pomme de terre
~ **doce** patate douce
~ **frita** pomme frite
~ **palha** pomme allumette
baunilha vanille
berbigão praire

beringela aubergine

besugo pagel (apparenté à la daurade)

beterraba betterave

bifana médaillon de porc servi généralement dans un petit pain

bife bifteck, escalope

~ **a cavalo** bifteck recouvert d'un œuf au plat

~ **à cortador** bifteck à l'ail

~ **de espadarte** escalope d'espadon frite avec des oignons et des pommes de terre

~ **à milanese** escalope de veau panée

bifinhos de vitela médaillons de veau sautés au beurre et arrosés de madère

biscoito gâteau sec

bobó crevettes, oignons et manioc mijotés dans un fumet de poisson parfumé à l'huile de palme et au lait de coco; ce plat est servi avec de la noix de coco râpée et des bananes

boi bœuf

bola de Berlim boule de Berlin

bolacha biscuit, gâteau sec

~ **de água e sal** craquelin

bolinho de bacalhau boulette frite composée de morue et de purée de pommes de terre, d'œufs, de persil et d'oignons hachés

bolo gâteau

~ **caseiro** maison

~ **podre** au miel, aromatisé d'anis et de cannelle

borracho pigeonneau

borrego agneau

(na) brasa au charbon de bois

broa 1) galette à la farine de maïs 2) sorte de pain d'épices

brócolos brocoli

cabrito cabri

~**-montês** chevreuil

~ **à ribatejana** mariné, puis rôti avec des aromates et du paprika

caça gibier

(à) caçador(a) mijoté dans du vin blanc avec des oignons, des carottes, des aromates et parfois des tomates

cachorro(quente) hot-dog

cachucho petite daurade

café da manhã petit déjeuner

caju noix de cajou

calamar calmar

caldeirada sorte de matelote préparée avec des oignons, des tomates, des pommes de terre, des piments, du vin et de l'huile d'olive

~ **de enguias** anguilles, pommes de terre, oignons, laurier, persil et ail

~ **à fragateira** poissons, crustacés et mollusques cuits dans un fumet avec des tomates et des aromates et servis sur du pain grillé

~ **à moda da Póvoa** colin, raie, bar, anguille et tomates mijotés dans de l'huile d'olive

caldo bouillon, consommé, soupe

~ **verde** soupe aux choux *(couve galega)* avec des pommes de terre et du *chouriço*

camarões crevettes

~ **à baiana** dans une sauce tomate relevée de piments; servies avec du riz blanc

~ **grandes** bouquet

cambuquira ragoût de bœuf et de bourgeons de courge

canela cannelle

canja bouillon (de poule) au riz

canjica cacahuètes et grains de maïs cuits dans du lait, parfumés à la cannelle et aux clous de girofle et arrosés de lait de coco frais
capão chapon
caqui kaki
caracóis escargots
caracol 1) escargot 2) pain aux raisins
caranquejo crabe
carapau espèce de maquereau
~ **de escabeche** frit et nappé d'une sauce à base d'oignons et d'ail revenus à l'huile d'olive et relevée de vinaigre
cardápio menu
caril curry
carne viande
~ **de porco à alentejana** dés de filet de porc marinés et sautés à la poêle avec des palourdes
~ **de sol** salée et séchée au soleil
carneiro mouton
~ **guisado** en ragoût, avec des tomates, de l'ail, du laurier, du persil et généralement des pommes de terre
carnes frias viandes froides
caruru 1) herbe aromatique 2) hachis de feuilles d'amarante et de coriandre agrémenté de noix de cajou
castanha marron, châtaigne
~ **de caju** noix de cajou
(na) cataplana mijoté dans une casserole arrondie, formée de deux «coquilles» qui se ferment hermétiquement
cavala maquereau
cebola oignon
cebolada oignons frits servis en garniture
cenoura carotte
cereja cerise
cherne serran (perche de mer)
chicória chicorée
chispalhada marmite de pieds et de cou de porc, de lard, de jambon, de boudin et de haricots blancs
chispe pied de porc
chocos com tinta seiche cuite dans son encre
chouriça, chouriço saucisse de porc fumée, au paprika
chuchu chayotte (sorte de courge tropicale)
churrasco viande grillée au feu de bois, servie au Brésil avec de la *farofa* et une sauce aux piments
cocada sorte de macaron à la noix de coco
coco noix de coco
codorniz caille
coelho lapin
coentro feuille de coriandre
cogumelo champignon (de Paris)
colorau paprika
cominho cumin
compota compote
congro congre
conta addition
coração cœur
cordeiro agneau
corvina corb (poisson apparenté à la sciène)
costeleta côtelette
couve chou
~**-de-bruxelas** de Bruxelles
~**-flor** chou-fleur
~ **galega** galicien (à longue tige, avec de grandes feuilles vert foncé et au goût légèrement amer)
~ **lombarda** de Milan
~ **portuguesa** portugais (com-

me le chou galicien, mais à la tige courte et aux feuilles plus serrées)
~ **roxa** rouge
cozido 1) pot-au-feu 2) cuit 3) bouilli
~ **em lume brando** cuit à feu doux, mijoté
~ **à portuguesa** bœuf bouilli avec du *chouriço,* du porc, des carottes, des navets et du chou *(couve portuguesa)*
creme crème
~ **de leite** fraîche
criação volaille
curau grains de maïs pilés, cuits dans du lait sucré et saupoudrés de cannelle
damasco abricot
dióspiro kaki
dobrada, dobradinha gras-double
doce 1) sucrerie 2) confiture 3) doux
~ **de laranja** marmelade d'oranges
dourada daurade
eiró anguille
eiroses fritas anguilles frites
ementa 1) menu 2) carte
empada pâté, friand
empadão sorte de croustade
~ **de batata** au hachis Parmentier
enchidos cochonnaille
endívia endive
enguia anguille
ensopado ragoût de viande ou de poisson servi sur (ou avec) des tranches de pain
entrecosto plat de côtes
ervilha petits pois
escabeche sauce à base d'oignons et d'ail revenus à l'huile d'olive et relevée de vinaigre
escalfado poché
escalope de vitela escalope de veau panée
espadarte espadon
espargo asperge
ponta de ~ pointe d'
esparregado purée de légumes verts à la crème (épinards, feuilles de navets, etc.)
especiaria épice
espetada brochette
(no) espeto (à la) broche
espinafre épinard
estragão estragon
estufado braisé, à l'étouffée
esturjão esturgeon
farofa farine de manioc sautée à l'huile ou au beurre
farófias œufs à la neige
fatias tranches
~ **da China** jaunes d'œufs battus, cuits au four et arrosés d'un sirop parfumé au citron et à la cannelle
~ **douradas** pain perdu, croûtes dorées
favas fèves
~ **guisadas com chouriço** en ragoût, avec du *chouriço* et des feuilles de coriandre
febras de porco à alentejana tranches de filet de porc grillées avec des oignons, du *chouriço* et du lard
feijão haricots
~ **branco** blancs
~ **catarino** roses
~ **encarnado** rouges
~ **frade** beiges avec une petite tache noire
~ **guisado** en ragoût, avec du bacon et de la sauce tomate
~ **preto** noirs
~ **tropeiro** noirs, frits avec des

morceaux de *carne de sol* et servis avec de la *farofa*
~ **verde** verts
feijoada haricots mijotés avec de la tête et des pieds de porc, du lard, des saucisses et parfois des légumes; servis au Brésil avec de la *farofa,* du riz, des tranches d'oranges et une sauce très pimentée
fiambre jambon cuit
fígado foie
~ **de aves** de volaille
figo figue
filete filet de poisson
filhó beignet
~ **de abóbora** de purée de courge
fios de ovos jaunes d'œufs, passés à travers une sorte d'entonnoir à plusieurs trous pour former des fils, qui cuisent dans un sirop
folhado gâteau feuilleté
(no) forno cuit au four
framboesa framboise
frango poulet
~ **com farofa** servi avec de la *farofa* et garni d'olives, d'œufs durs et d'abats
~ **na púcara** cuit à l'étouffée dans une marmite en terre spéciale, avec du lard et du *chouriço,* et parfumé au porto et au cognac
fresco frais
fressura de porco guisada ragoût d'abats de porc, parfois additionné de haricots blancs
(na) frigideira à la poêle
frio froid
fritada de peixe friture
frito 1) frit 2) beignet
fruta fruit
~ **em calda** au sirop
~ **do conde** variété de fruit tropical
~ **cristalizada** confit
fubá farine de maïs
fumado fumé
galantina galantine
galinha poule
galinhola bécasse
ganso oie
garoupa rascasse
gaspacho potage froid à base de tomates, de concombres, d'ail, d'huile d'olive et de vinaigre
gelado 1) crème glacée 2) glacé
geleia 1) gelée 2) confiture (Brésil)
gengibre gingembre
ginja griotte
goiaba goyave
goiabada pâte de goyave
gombo gombo (légume)
graõ(-de-bico) pois chiches
~ **com bacalhau** morue pochée, servie avec des pois chiches et des pommes de terre
grapefruit pamplemousse
gratinado gratiné
grelhado au gril, grillé
grelos jeunes feuilles de navet
groselha groseille rouge
guaraná fruit tropical à la saveur très douce
guisado (en) ragoût
hortaliça légumes frais
hortelã menthe
incluído compris
inhame variété de patate douce
iscas émincé de foie
~ **à portuguesa** mariné au vin blanc avec de l'ail et des aromates, puis sauté à la poêle et servi avec des frites
jabuticaba baie tropicale à la

saveur aigre-douce
jambu cresson sauvage
jantar dîner
jardineira jardinière de légumes
javali sanglier
lagosta langouste
~ **americana** grillée avec des oignons et de l'ail, flambée au cognac, et servie dans sa sauce parfumée au madère
~ **suada** mijotée avec des oignons, de l'ail et des tomates, et parfumée au porto
lagostim langoustine
~**-do-rio** écrevisse
lampreia lamproie
~ **à moda do Minho** marinée dans du vin vert, du porto, du cognac, du sang et des épices, mijotée en ragoût et servie avec du riz
lanche 1) goûter 2) repas léger
laranja orange
lavagante homard
lebre lièvre
leitão cochon de lait
~ **à Bairrada** enduit d'un mélange de saindoux, d'ail, de sel et de poivre, avant d'être rôti à la broche dans un four à pain
~ **recheado** farci d'un hachis épicé d'abats, de lard et de *chouriço,* parfumé au cognac et rôti au four
leite-creme crème anglaise, généralement nappée de caramel
lentilha lentille
lima lime, citron vert
limão citron
~ **verde** lime, citron vert
língua langue
linguado sole
~ **à meunière** sautée au beurre et servie avec du persil et du jus de citron
~ **com recheio de camarão** farcie de crevettes et de béchamel
linguíça fine saucisse de porc fumée, au paprika
lista dos vinhos carte des vins
lombo filet, longe
louro laurier
lulas calmars
~ **de caldeirada** braisés avec des oignons, des tomates, des pommes de terre, du vin blanc, de l'huile d'olive et du persil
~ **recheadas** farcis d'un hachis de tentacules, d'oignons, d'œufs et de *chouriço*
maçã pomme
~ **assada** au four
maçapão, massapão 1) massepain 2) macaron
macarrão macaroni
macaxeira manioc
maionese mayonnaise
malagueta petit piment rouge
mamão papaye
mandioca manioc
manjar de coco crème à la noix de coco nappée de sirop de prune
manjericão basilic
manteiga beurre
mãozinhas de vitela guisadas pieds de veau braisés avec des oignons et du persil, relevés de vinaigre et servis avec des légumes
maracujá fruit de la passion
marinado mariné
(à) marinheira mariné au vin blanc avec des oignons, du persil et parfois des tomates
marisco fruits de mer
marmelada pâte de coings
marmelo coing
massa 1) pâte 2) pâtes

medalhão médaillon
medronho arbouse, framboise chinoise
meia desfeita lamelles de morue pochées, sautées à l'huile avec des oignons, des pois chiches et du vinaigre, le tout décoré d'œufs durs et d'ail émincés
mel miel
melancia pastèque
melão melon
~ **com vinho do Porto** au porto
merengue meringue
mero mérou
mexilhão moule
mexerica mandarine
migas viande (ou poisson) revenue à l'huile d'olive avec des oignons et de l'ail, à laquelle on ajoute de la mie de pain
mil-folhas millefeuille
milho doce maïs
mioleira cervelle
miolos cervelle
~ **mexidos com ovos** d'agneau frite, servie avec des œufs brouillés
misto panaché
miúdos de galinha abats de volaille
mocotós pieds de veau en cocotte, généralement servis avec de la *farofa* et une sauce aux piments
molho sauce
~ **branco** blanche
~ **de manteiga** au beurre et au citron
~ **tártaro** tartare
~ **verde** vinaigrette aux épinards et aux feuilles de coriandre
com ~ avec
sem ~ sans
moqueca de peixe poisson mijoté dans une cocotte en terre avec du lait de coco, de l'huile de palme, des feuilles de coriandre, du gingembre et des crevettes écrasées
morango fraise
~ **silvestre** des bois
morcela boudin
mortadela mortadelle
mostarda moutarde
nabiça jeune feuille de navet
nabo navet
nata(s) crème
~ **batida(s)** Chantilly
(ao) natural nature, au naturel
nêspera nèfle
noz noix
~ **moscada** muscade
óleo huile
~ **de amendoim** d'arachide
omeleta omelette
~ **simples** nature
osso os
ostras huîtres
~ **recheadas** farcies d'un hachis d'oignons, d'ail et de mie de pain mouillé de jaunes d'œufs et de jus de citron et bien assaisonné, le tout gratiné
ouriço-do-mar oursin
ovas œufs de poisson
ovos œufs
~ **cozidos** durs
~ **escalfados** pochés
~ **estrelados** au plat
~ **mexidos** brouillés
~ **moles** dessert fait de jaunes d'œufs battus, cuits dans un sirop
~ **quentes** à la coque
~ **verdes** frits, après avoir été farcis d'un hachis de jaunes d'œufs durs et d'oignons

relevé de vinaigre
paçoca 1) *carne de sol* écrasée avec de la farine de manioc et servie avec des tranches de banane 2) cacahuètes rôties, pilées avec de la farine de manioc et du sucre
paio filet de porc fumé et épicé, enveloppé dans une crépine
~ **com ervilhas** mijoté avec des petits pois et des oignons
palmito cœur de palmier
panado pané
pão pain
~ **de centeio** de seigle
~ **de forma** de mie
pão-de-ló sorte de génoise
pãozinho petit pain
papos de anjo dessert fait de jaunes d'œufs cuits au four et nappés de sirop
pargo pagre (apparenté à la daurade)
passa (de uva) raisin sec
(bem) passado à point
(mal) passado saignant
(muito mal) passado bleu
pastel pâté, petite croustade
~ **de bacalhau** voir *bolinho de bacalhau*
~ **de Belém/de nata** tartelette à la crème anglaise saupoudrée de cannelle et de sucre
~ **folhado** feuilleté
~ **de massa tenra** sorte de rissole à la viande
~ **de Santa Clara** sorte de pithiviers
~ **de Tentúgal** sorte de feuilleté très léger, fourré d'œufs battus sucrés
pastelão de palmito e camarão pâté aux crevettes et aux cœurs de palmier
pato canard
~ **estufado** braisé dans du vin blanc avec du jambon, des oignons, du persil et du laurier
~ **ao tucupi** braisé dans du jus de manioc avec des carottes et du *jambu*; servi avec des fruits
pé de moleque friandise aux cacahuètes
pé de porco pied de porc
peito poitrine
peixe poisson
~**-espada** sabre ou lépidope (poisson)
~**-galo** saint-pierre
~ **da horta** haricots verts plongés dans une pâte à beignets puis frits
pepino concombre
pequeno almoço petit déjeuner
pêra poire
perca perche
perceve pouce-pied, anatife (crustacé)
perdiz perdrix
~ **à caçador(a)** mijotée dans du vin blanc avec des oignons, des carottes, des aromates et parfois des tomates
~ **com molho de vilão** cuite au court-bouillon et nappée d'une vinaigrette
perna gigot, cuisse
pernil jambonneau
pêro variété de pomme
perú dinde
pescada merlan
~ **cozida com todos** poché, puis servi avec des pommes vapeur et des haricots verts
pescadinhas de rabo na boca petits merlans roulés et frits
pêssego pêche

pevide 1) pépin 2) pépin de courge salé
picado de carne hachis de viande
picante piquant, très épicé
pimenta poivre
piment(ã)o poivron
pinhão pignon
pinhoada sorte de nougat aux pignons
piripiri petits piments rouges (macérés à l'huile)
polvo poulpe
pombo pigeon
~ **estufado** braisé dans du vin blanc avec du lard et des oignons; servi avec des croûtons
porco porc
posta darne, tranche
prato assiette; plat
~ **do dia** du jour
preço prix
prego steak servi généralement dans un petit pain
presunto 1) jambon fumé 2) jambon cuit (Brésil)
pudim pudding, crème
~ **de bacalhau** pudding à la morue
~ **flan** crème caramel
~ **à portuguesa** crème à la vanille et aux raisins secs, parfumée à l'eau-de-vie
puré purée
~ **de batata** de pommes de terre
queijada sorte de tartelette garnie d'une crème sucrée au fromage blanc
~ **de Sintra** parfumée à la cannelle
queijinhos do céu sorte de petits macarons
queijo fromage
~ **de Azeitão** de brebis
~ **cabreiro** de chèvre
~ **cardiga** aux laits de chèvre et de brebis
~ **catupiri** de vache, petit, blanc et crémeux
~ **flamengo** proche du gouda
~ **da ilha** des Açores
~ **de Minas** doux, à pâte dure
~ **Prata** doux, de couleur jaune
~ **rabaçal** de chèvre
~ **requeijão** genre de fromage blanc
~ **São Jorge** à pâte dure, légèrement acide
~ **da Serra** de brebis
quente chaud
~ **e frio** coupe Danemark
quiabo gombo (légume)
quindim friandise aux œufs et à la noix de coco râpée
rabanada pain perdu, croûte dorée
rabanete radis
raia raie
rainha-cláudia reine-claude
recheado farci, fourré
recheio farce
refeição repas
~ **ligeira** collation
refogado oignons frits à l'huile d'olive (base de ragoût)
repolho chou pommé
rins rognons
rissol beignet à la viande ou au poisson
robalo bar, loup
rodela rondelle
rojões à alentejana dés de porc et de pommes de terre sautés avec des palourdes et des oignons
rojões à moda do Minho dés de porc marinés dans du vin blanc avec de l'ail et du paprika, puis frits et mélangés à des dés de

sang cuit
rolo de carne picada pain de viande
rolos de couve lombarda feuilles de chou farcies de saucisse ou de viande hachée
romã grenade
rosca pain blanc en forme d'anneau
ruivo grondin; rouget
sal sel
salada salade
~ **de fruta** de fruits
~ **mista** panachée
~ **de pimentos assados** de poivrons grillés
~ **russa** russe
salgado salé
salmão saumon
~ **fumado** fumé
salmonete surmulet
~ **grelhado com molho de manteiga** grillé au feu de bois et servi nappé de beurre fondu avec du persil et du citron
salsa persil
salsicha saucisse
salva sauge
sande, sanduíche sandwich
santola araignée de mer
~ **ao natural** plongée dans une eau frémissante, salée et citronnée
~ **recheada** farcie de sa propre chair, généralement assaisonnée de moutarde, de curry, de citron et de vin blanc
sarda maquereau
sardinha sardine
sável alose
seco 1) sec 2) séché
sêmola semoule
sericá alentejano soufflé à la cannelle
serviço incluído service compris
siri crabe
sobremesa dessert
solha plie
sonho sorte de boule de Berlin arrosée d'un sirop parfumé à la cannelle
sopa soupe, potage
~ **de agriões** au cresson et aux pommes de terre
~ **de coentros** aux feuilles de coriandre, avec des œufs pochés, de l'ail, du pain et de l'huile d'olive
~ **do dia** du jour
~ **de feijão** aux haricots avec du chou, des carottes et du riz
~ **de hortaliça** aux légumes
~ **juliana** julienne
~ **de rabo de boi** oxtail
~ **de tomate à alentejana** à la tomate et aux oignons, avec des œufs pochés
~ **transmontana** aux légumes, avec du jambon, du lard et du pain
sorvete crème glacée
~ **com água** sorbet
sururu mollusque apparenté à la clovisse
suspiro meringue
tainha muge
tâmara datte
tangerina mandarine
tempero assaisonnement
tenro tendre
tigelada crème cuite dans un bol en terre et parfumée à la cannelle
toranja pamplemousse
torrada toast
torrão de ovos sorte de pâte d'amandes
torta bûche

~ **de Viana** au citron
tosta mista croque-monsieur
toucinho lard
~ **do céu** gâteau composé d'amandes pilées, de sirop et de jaunes d'œufs
tremoço graine de lupin salée
tripas tripes (émincées)
~ **à moda do Porto** sorte de cassoulet composé de tripes, de haricots blancs, de cochonnaille et de poulet, servi avec du riz
trouxa de vitela paupiette de veau farcie de jambon, de saucisse épicée et de persil
trouxas de ovos jaunes d'œufs pochés dans de l'eau sucrée et nappés de sirop
trufa truffe
truta truite
tutano moelle
tutu à mineira purée de haricots noirs mélangée à de la farine de manioc et servie avec du chou et des lardons
uva raisin
~ **moscatel** muscat
vaca bœuf
vagens haricots verts
variado panaché, varié
vatapá poissons et crevettes cuits dans de l'huile de palme et du lait de coco, puis réduits en une pâte que l'on sert avec une sauce aux cacahuètes et aux noix de cajou
vieira coquille Saint-Jacques
vinagre vinaigre
vitela veau
ximxim de galinha poulet cuit dans de l'huile de palme et servi avec une sauce composée de crevettes écrasées, de poivrons, d'oignons, de cacahuètes et de gingembre

Boissons

adocicado légèrement doux
água eau
~ **de coco** lait de coco
~**-pé** piquette (produit de la macération du marc de raisin)
~ **tónica** tonique
água mineral eau minérale
~ **com gás/gaseificada** gazeuse
~ **sem gás** non gazeuse
aguardente eau-de-vie
~ **bagaceira** de marc
~ **de figo** de figue
~ **de medronho** d'arbouse
~ **velha** de vin vieille
Antiqua eau-de-vie de vin vieille
aperitivo apéritif
batida cocktail composé de rhum blanc, de jus de fruits et de sucre; c'est au citron qu'il est le plus apprécié
batido lait aromatisé, milk-shake
bebida boisson
~ **sem álcool/não alcoólica** sans alcool
~ **espirituosa** spiritueux
bica café express

Borges eau-de-vie de vin vieille
branco blanc
Bucelas blanc sec (jaune paille) de la région de *Bucelas,* au nord de Lisbonne
cacau cacao
cachaça rhum blanc
café café
~ **sem cafeína** décaféiné
~ **duplo** un grand noir
~ **frio** glacé
~ **com leite** au lait
~ **puro** garanti pur
cafezinho café express très serré
caipirinha rhum blanc au citron (lime), servi glacé
caldo de cana jus de canne
caneca chopine
Carcavelos vins de dessert produits à l'ouest de Lisbonne
carioca petit café léger
(água de) Castelo eau minérale gazeuse
cerveja 1) bière 2) bière blonde
~ **em garrafa** en bouteille
~ **imperial** pression
~ **preta** brune
chá thé
~ **com leite** au lait
~ **com limão** au citron
~ **de limão** infusion de zestes de citron
~ **mate** maté ou «thé des Jésuites»; infusion de feuilles de houx (variété sud-américaine), parfumée d'une rondelle de citron et servie glacée
clarete clairet
Colares vins de la région nord-ouest de Lisbonne; rouges au riche bouquet et blancs à la saveur aromatique
Constantino eau-de-vie de vin vieille
copo verre
Cuba livre cocktail au rhum et au coca-cola
Dão vins réputés, produits au sud-est de Porto; blancs légers et fruités; rouges bouquetés et moelleux
doce doux
meio-~ demi-sec (se réfère généralement au mousseux)
espumante 1) pétillant 2) vin mousseux
Favaios vin de dessert ressemblant au muscat
fino bière pression
fresco frais, frappé
frio froid
galão café au lait servi dans un grand verre
garoto petit café au lait
garrafa bouteille
meia-~ demi-bouteille
gasosa limonade, boisson gazeuse
gelado glacé
gelo glace, glaçons
com ~ avec glaçons
sem ~ sans glaçons
genebra genièvre
gim gin
ginjinha liqueur de griotte
girafa bière pression servie dans un verre à long col
guaraná boisson rafraîchissante à la *guaraná* (fruit tropical)
jarro carafe
jeropiga vin muté (voir aussi *vinho abafado*)
laranjada orangeade
leite lait
~ **com chocolate** aromatisé au chocolat (en bouteille)
licor liqueur
limonada citronnade
Madeira vins de dessert réputés

de l'île de Madère (rouges et blancs); le *Malvasia* (malvoisie) est le vin de dessert par excellence et se boit chambré; le *Sercial,* agréable à l'apéritif, est considéré comme le meilleur des madères secs; le *Verdelho* est un demi-sec très plaisant et le *Boal (Bual),* demi-sec à la robe ambrée, possède un bouquet subtil

maduro mûr (désignation que l'on donne à un vin, par opposition au «vin vert»; voir *Minho*)

(suco/sumo de) maracujá (jus de) fruit de la passion

Mateus rosé célèbre rosé de la province de Trás-os-Montes

mazagrã café glacé, sucré, présenté avec une rondelle de citron

Minho cette région située au nord-ouest du Portugal doit sa réputation aux *vinhos verdes,* «vins verts», issus d'un raisin qui n'est pas parvenu à maturation; légèrement pétillants et acidulés, très rafraîchissants et peu alcoolisés, ces vins (surtout les blancs) sont très appréciés en été; on les déguste jeunes et frappés

moscatel 1) raisin muscat 2) vin de dessert très alcoolisé de couleur ambrée

pinga 1) vin 2) rhum blanc grossier (Brés.)

(vinho do) Porto célèbre vin généreux, originaire de la vallée du Haut-Douro (région située à l'est de la ville de Porto); les portos se classent en deux catégories: *Vintage* et *Blend;* les portos *Vintage,* fruits d'une année exceptionnelle, sont embouteillés deux ans au moins après la vendange et vieillissent alors longuement; les *Blend,* mélange subtil de récoltes d'années différentes, sont vieillis en fûts pendant au moins 5 ans; on distingue deux types de *Blend:* les portos *Ruby,* relativement jeunes, légèrement fruités, et les portos *Tawny,* à la robe brun-topaze, vieillis pendant de longues années; il existe en outre des portos blancs plus secs et aromatiques, très prisés à l'apéritif

quente chaud

região demarcada région délimitée, bénéficiant de l'appellation contrôlée (ex. *Bucelas, Colares, Dão, Douro, Minho,* etc.)

seco sec
- **extra-~** brut
- **meio-~** demi-sec

Setúbal cette région, au sud de Lisbonne, produit essentiellement des vins de dessert *(moscatel)* et d'honorables vins de table, rouges ou rosés

sidra cidre

simples sec (sans eau ni glace)

suco/sumo jus

taça coupe

tinto rouge

uísque whisky

vermute vermouth

vinho vin
- ~ **abafado** muté (voir aussi *jeropiga*)
- ~ **adamado** doux
- ~ **da casa** du patron
- ~ **espumante natural** mous-

seux, dont le procédé de vinification rappelle celui du champagne; les vins de ce type peuvent être bruts, secs ou demi-secs
~ **generoso** généreux, vieux et très alcoolisé (ex. porto, madère)
~ **licoroso** liquoreux (ex. *Moscatel de Setúbal*)
~ **da Madeira** madère (voir *Madeira*)
~ **do Porto** porto (voir *Porto*)
~ **da região** du pays
~ **verde** «vin vert» (voir *Minho*)

Les verbes portugais

Nous indiquons ci-dessous la conjugaison des trois catégories de verbes réguliers portugais, classés selon la terminaison qu'ils présentent à l'infinitif: *-ar, -er* et *-ir*. Les verbes se conjuguant différemment sont considérés comme irréguliers (voir la liste des verbes irréguliers). A noter que certains verbes, tout en suivant la conjugaison régulière du groupe auquel ils appartiennent, présentent quelques modifications orthographiques. Ex.: *boiar, bóio; tocar, toque; almoçar, almoce; cegar, cegue; dirigir, dirijo; distinguir, distingo.* Le pronom personnel est généralement omis, la terminaison du verbe indiquant clairement à quelle personne celui-ci est conjugué.

		1re conj.	2e conj.	3e conj.
Infinitif		**am ar** *(aimer)*	**tem er** *(craindre)*	**part ir** *(partir)*
Présent	(eu)	am **o**	tem **o**	part **o**
	(tu)	am **as**	tem **es**	part **es**
	(ele)	am **a**	tem **e**	part **e**
	(nós)	am **amos**	tem **emos**	part **imos**
	(vós)	am **ais**	tem **eis**	part **is**
	(eles)	am **am**	tem **em**	part **em**
Imparfait	(eu)	am **ava**	tem **ia**	part **ia**
	(tu)	am **avas**	tem **ias**	part **ias**
	(ele)	am **ava**	tem **ia**	part **ia**
	(nós)	am **ávamos**	tem **íamos**	part **íamos**
	(vós)	am **áveis**	tem **íeis**	part **íeis**
	(eles)	am **avam**	tem **iam**	part **iam**
Passé simple	(eu)	am **ei**	tem **i**	part **i**
	(tu)	am **aste**	tem **este**	part **iste**
	(ele)	am **ou**	tem **eu**	part **iu**
	(nós)	am **ámos**	tem **emos**	part **imos**
	(vós)	am **astes**	tem **estes**	part **istes**
	(eles)	am **aram**	tem **eram**	part **iram**
Futur	(eu)	am **arei**	tem **erei**	part **irei**
	(tu)	am **arás**	tem **erás**	part **irás**
	(ele)	am **ará**	tem **erá**	part **irá**
	(nós)	am **aremos**	tem **eremos**	part **iremos**
	(vós)	am **areis**	tem **ereis**	part **ireis**
	(eles)	am **arão**	tem **erão**	part **irão**
Conditionnel	(eu)	am **aria**	tem **eria**	part **iria**
	(tu)	am **arias**	tem **erias**	part **irias**
	(ele)	am **aria**	tem **eria**	part **iria**
	(nós)	am **aríamos**	tem **eríamos**	part **iríamos**
	(vós)	am **aríeis**	tem **eríeis**	part **iríeis**
	(eles)	am **ariam**	tem **eriam**	part **iriam**

Subj. prés.	(eu)	am **e**	tem **a**	part **a**
	(tu)	am **es**	tem **as**	part **as**
	(ele)	am **e**	tem **a**	part **a**
	(nós)	am **emos**	tem **amos**	part **amos**
	(vós)	am **eis**	tem **ais**	part **ais**
	(eles)	am **em**	tem **am**	part **am**
Subj. imp.	(eu)	am **asse**	tem **esse**	part **isse**
	(tu)	am **asses**	tem **esses**	part **isses**
	(ele)	am **asse**	tem **esse**	part **isse**
	(nós)	am **ássemos**	tem **êssemos**	part **íssemos**
	(vós)	am **ásseis**	tem **êsseis**	part **ísseis**
	(eles)	am **assem**	tem **essem**	part **issem**
Part. prés.		am **ando**	tem **endo**	part **indo**
Part. passé		am **ado**	tem **ido**	part **ido**

Les verbes auxiliaires

	ser *(être)*		**ter** *(avoir)*	
	Présent	*Imparfait*	*Présent*	*Imparfait*
(eu)	sou	era	tenho	tinha
(tu)	és	eras	tens	tinhas
(ele)	é	era	tem	tinha
(nós)	somos	éramos	temos	tínhamos
(vós)	sois	éreis	tendes	tínheis
(eles)	são	eram	têm	tinham
	Passé simple	*Futur*	*Passé simple*	*Futur*
(eu)	fui	serei	tive	terei
(tu)	foste	serás	tiveste	terás
(ele)	foi	será	teve	terá
(nós)	fomos	seremos	tivemos	teremos
(vós)	fostes	sereis	tivestes	tereis
(eles)	foram	serão	tiveram	terão
	Subj. prés.	*Subj. imp.*	*Subj. prés.*	*Subj. imp.*
(eu)	seja	fosse	tenha	tivesse
(tu)	sejas	fosses	tenhas	tivesses
(ele)	seja	fosse	tenha	tivesse
(nós)	sejamos	fôssemos	tenhamos	tivéssemos
(vós)	sejais	fôsseis	tenhais	tivésseis
(eles)	sejam	fossem	tenham	tivessem
	Part. prés.	*Part. passé*	*Part. prés.*	*Part. passé*
	sendo	sido	tendo	tido

Les verbes irréguliers

Nous donnons ci-dessous la liste des verbes irréguliers les plus couramment utilisés en portugais avec certains de leurs modes de conjugaison. Ainsi a) indique le présent, b) l'imparfait, c) le passé simple, d) le futur, e) le présent du subjonctif et f) le participe passé. Le présent est toujours indiqué à toutes les personnes, mais aux autres temps, si seule la première personne est donnée, c'est qu'elle permet de former régulièrement toutes les autres.

Sauf autre indication, les verbes dotés d'un préfixe comme *ab-, ad-, ante-, bem-, circum-, com-, contra-, de-, des-, dis-, em-, entre-, ex-, in-, inter-, intro-, mal-, ob-, per-, pre-, pro-, re-, retro-, sob-, sobre-, sub-, sus-, trans-*, etc., se conjuguent comme le verbe simple.

Bien qu'irréguliers, les verbes en *-ear*, *-uzir* et *-uir* ne figurent pas ci-dessous. Ceux en *-ear* se conjuguent tous comme *barbear*, ceux en *-uzir* comme *conduzir* et ceux en *-uir* comme *constituir*, à l'exception de *destruir* et de *construir* (voir liste).

abolir *abolir*	a) –, –, –, abolimos, abolis, –; b) abolia; c) aboli; d) abolirei; e) –; f) abolido
acudir *secourir; accourir*	a) acudo, acodes, acode, acudimos, acudis, acodem; b) acudia; c) acudi; d) acudirei; e) acuda; f) acudido
aderir *adhérer*	a) adiro, aderes, adere, aderimos, aderis, aderem; b) aderia; c) aderi; d) aderirei; e) adira; f) aderido
advertir *avertir; admonester*	→aderir
agredir *agresser*	a) agrido, agrides, agride, agredimos, agredis, agridem; b) agredia; c) agredi; d) agredirei; e) agrida; f) agredido
ansiar *inquiéter; désirer ardemment*	a) anseio, anseias, anseia, ansiamos, ansiais, anseiam; b) ansiava; c) ansiei; d) ansiarei; e) anseie, anseies, anseie, ansiemos, ansieis, anseiem; f) ansiado
aprazer[1] *plaire*	a) apraz; b) aprazia; c) aprouve; d) aprazerá; e) apraza; f) aprazido
barbear *raser (la barbe)*	a) barbeio, barbeias, barbeia, barbeamos, barbeais, barbeiam; b) barbeava; c) barbeei; d) barbearei; e) barbeie, barbeies, barbeie, barbeemos, barbeeis, barbeiem; f) barbeado
bulir *bouger; toucher*	→acudir
caber *trouver place*	a) caibo, cabes, cabe, cabemos, cabeis, cabem; b) cabia; c) coube, coubeste, coube, coubemos, coubestes, couberam; d) caberei; e) caiba; f) cabido
cair *tomber*	a) caio, cais, cai, caímos, caís, caiem; b) caía; c) caí; d) cairei; e) caia; f) caído

[1] impersonnel

cobrir
couvrir
a) cubro, cobres, cobre, cobrimos, cobris, cobrem; b) cobria; c) cobri; d) cobrirei; e) cubra; f) coberto/cobrido

colorir
colorer, colorier
→abolir

compelir
contraindre
→aderir

conduzir
conduire
a) conduzo, conduzes, conduz, conduzimos, conduzis, conduzem; b) conduzia; c) conduzi; d) conduzirei; e) conduza; f) conduzido

constituir
constituer
a) constituo, constituis, constitui, constituímos, constituís, constituem; b) constituía; c) constituí; d) constituirei; e) constitua; f) constituído

construir
construire, bâtir
a) construo, constróis, constrói, construímos, construís, constroem; b) construía; c) construí; d) construirei; e) construa; f) construído

consumir
consumer; tourmenter
→acudir

convergir
converger
→emergir

crer
croire
a) creio, crês, crê, cremos, credes, crêem; b) cria; c) cri; d) crerei; e) creia; f) crido

cuspir
cracher
→acudir

dar
donner
a) dou, dás, dá, damos,dais, dão; b) dava; c) dei, deste, deu, demos, destes, deram; d) darei; e) dê, dês, dê, demos, deis, dêem; f) dado

demolir
démolir
→abolir

despir
déshabiller, enlever (un vêtement)
→aderir

destruir
détruire
→construir

digerir
digérer
→aderir

discernir
discerner
→aderir

divertir
divertir
→aderir

dizer
dire
a) digo, dizes, diz, dizemos, dizeis, dizem; b) dizia; c) disse, dissestes, disse, dissemos, dissestes, disseram; d) direi; e) diga; f) dito

oer *faire mal*
→moer, seulement aux 3es personnes du singulier et du pluriel

ormir *dormir*
→cobrir; f) dormido

mergir *émerger*
a) –, emerges, emerge, emergimos, emergis, emergem; b) emergia; c) emergi; d) emergirei; e) –; f) emergido/emerso

ngolir *avaler*
→cobrir; f) engolido

star *être (contingence)*
a) estou, estás, está, estamos, estais, estão; b) estava; c) estive, estiveste, esteve, estivemos, estivestes, estiveram; d) estarei; e) esteja; f) estado

xplodir *exploser, éclater*
→abolir

xtorquir *extorquer*
→abolir

azer *faire*
a) faço, fazes, faz, fazemos, fazeis, fazem; b) fazia; c) fiz, fizeste, fez, fizemos, fizestes, fizeram; d) farei; e) faça; f) feito

ferir *blesser*
→aderir

fugir *fuir*
a) fujo, foges, foge, fugimos, fugis, fogem; b) fugia; c) fugi; d) fugirei; e) fuja; f) fugido

gerir *gérer*
→aderir

haver[1] *y avoir*
a) há; b) havia; c) houve; d) haverá; e) haja; f) havido

haver de *devoir (probabilité ou obligation morale)*
a) hei-de, hás-de, há-de, havemos de, haveis de, hão-de; b) havia de; c) –; d) –; e) –; f) –

impelir *pousser, contraindre*
→aderir

incendiar *incendier*
→ansiar

inserir *insérer*
→aderir

ir *aller*
a) vou, vais, vai, vamos, ides, vão; b) ia; c) fui, foste, foi, fomos, fostes, foram; d) irei; e) vá, vás, vá, vamos, vades, vão; f) ido

jazer *gésir*
a) jazo, jazes, jaz, jazemos, jazeis, jazem; b) jazia; c) jazi; d) jazerei; e) jaza; f) jazido

---

[1] impersonnel

ler *lire*	a) leio, lês, lê, lemos, ledes, lêem; b) lia; c) li; d) lerei; e) leia; f) lido
mediar *moyenner*	→ansiar
medir *mesurer*	a) meço, medes, mede, medimos, medis, medem; b) media; c) medi; d) medirei; e) meça; f) medido
mentir *mentir*	→aderir
moer *moudre*	a) moo, móis, mói, moemos, moeis, moem; b) moía; c) moí; d) moerei; e) moa; f) moído
negociar *négocier*	→ansiar
odiar *haïr*	→ansiar
ouvir *entendre, écouter*	a) ouço, ouves, ouve, ouvimos, ouvis, ouvem; b) ouvia c) ouvi; d) ouvirei; e) ouça; f) ouvido
pedir *faire une demande*	→medir
perder *perdre*	a) perco, perdes, perde, perdemos, perdeis, perdem; b) perdia; c) perdi; d) perderei; e) perca; f) perdido
poder *pouvoir*	a) posso, podes, pode, podemos, podeis, podem; b) podia; c) pude, pudeste, pôde, pudemos, pudestes, puderam; d) poderei; e) possa; f) podido
polir *polir*	→abolir
pôr *mettre*	a) ponho, pões, põe, pomos, pondes, põem; b) punha punhas, punha, púnhamos, púnheis, punham; c) pus, puseste, pôs, pusemos, pusestes, puseram; d) porei; e) ponha; f) posto
premiar *décerner (un prix), récompenser*	→ansiar
prevenir *prévenir*	→agredir
prover *pourvoir*	a) provejo, provês, provê, provemos, provedes, provêem; b) provia; c) provi; d) proverei; e) proveja; f) provido
querer *vouloir*	a) quero, queres, quer, queremos, quereis, querem; b) queria; c) quis, quiseste, quis, quisemos, quisestes, quiseram; d) quererei; e) queira; f) querido
reflectir *refléter, réfléchir*	→aderir
remediar *remédier*	→ansiar

epetir *répéter*	→aderir
equerer *requérir*	a) requeiro, requeres, requer, requeremos, requereis, requerem; b) requeria; c) requeri; d) requererei; e) requeira; f) requerido
ir *rire*	a) rio, ris, ri, rimos, rides, riem; b) ria; c) ri; d) rirei; e) ria; f) rido
aber *savoir*	a) sei, sabes, sabe, sabemos, sabeis, sabem; b) sabia; c) soube, soubeste, soube, soubemos, soubestes, souberam; d) saberei; e) saiba; f) sabido
air *sortir*	a) saio, sais, sai, saímos, saís, saem; b) saía; c) saí; d) sairei; e) saia; f) saído
eguir *suivre, continuer (sa route)*	→aderir
entir *sentir; regretter*	→aderir
ervir *servir*	→aderir
ubir *monter*	→acudir
ugerir *suggérer*	→aderir
ossir *tousser*	→cobrir; f) tossido
rair *trahir*	→cair
razer *apporter, porter*	a) trago, trazes, traz, trazemos, trazeis, trazem; b) trazia; c) trouxe, trouxeste, trouxe, trouxemos, trouxestes, trouxeram; d) trarei; e) traga; f) trazido
valer *valoir*	a) valho, vales, vale, valemos, valeis, valem; b) valia; c) vali; d) valerei; e) valha; f) valido
ver *voir, regarder*	a) vejo, vês, vê, vemos, vedes, vêem; b) via; c) vi, viste, viu, vimos, vistes, viram; d) verei; e) veja; f) visto
vestir *habiller, mettre (un vêtement)*	→aderir
vir *venir*	a) venho, vens, vem, vimos, vindes, vêm; b) vinha, vinhas, vinha, vínhamos, vínheis, vinham; c) vim, vieste, veio, viemos, viestes, vieram; d) virei; e) venha; f) vindo

Abréviations portugaises

(a)	*assinado*	signé
a/c	*ao cuidado de*	aux bons soins de
a.C., A.C.	*antes de Cristo*	avant Jésus-Christ
A.C.B.	*Automóvel Clube do Brasil*	Automobile-Club du Brésil
A.C.P.	*Automóvel Clube de Portugal*	Automobile-Club du Portugal
A.D.	*anno Domini*	après Jésus-Christ
Al.	*alameda*	boulevard, cours
apart., ap.	*apartamento*	appartement
Av.	*avenida*	avenue
BB	*Banco do Brasil*	Banque du Brésil
B.º	*beco*	impasse, cul-de-sac
c/	*com; conta*	avec; compte
c/c	*conta corrente*	compte courant
c/v	*cave*	sous-sol
C.ª, Cia, C^{ia}	*companhia*	compagnie
Calç.	*calçada*	rue pavée
C.M.	*Câmara Municipal*	municipalité
CP	*Caminhos de Ferro Portugueses*	Chemins de fer portugais
C.P.	*caixa postal*	boîte postale
Cr$	*cruzeiro*	unité monétaire brésilienne
C.T.B.	*Companhia Telefônica Brasileira*	Compagnie Brésilienne des Téléphones
C.T.T.	*Correios, Telégrafos e Telefones*	Postes, Télégraphes, Téléphones
Cv., ctv.	*centavo*	$\frac{1}{100}$ de cruzeiro (d'escudos)
c.v.	*cavalo-vapor*	cheval vapeur
D.	*Dona*	Madame (formule de courtoisie)
d., dto.	*direito*	droite (dans une adresse)
d.C., D.C.	*depois de Cristo*	après Jésus-Christ
D.F.	*Distrito Federal (Brasília)*	District de Brasilia
Dr.	*Doutor*	Docteur
Dra.	*Doutora*	Docteur (fém.)
e., esq.	*esquerdo*	gauche (dans une adresse)

E.C.T.	*Empresa de Correios e Telégrafos*	Postes et Télégraphes brésiliens
E.F.C.B.	*Estrada de Ferro Central do Brasil*	Société des chemins de fer brésiliens
ENATUR	*Empresa Nacional de Turismo*	Office National du Tourisme portugais
End.	*endereço*	adresse
E.R.	*Espera resposta*	attendons réponse
Esc.	*escudo*	unité monétaire portugaise
Ex.ª, Excia.	*Excelência*	Excellence
Ex.ᵐᵃ (Sra.)	*Excelentíssima (Senhora)*	Excellentissime (épithète de courtoisie
Ex.ᵐᵒ (Sr.)	*Excelentíssimo (Senhor)*	suivie de Madame ou de Monsieur)
G.B.	*Estado da Guanabara*	Etat de Guanabara
G.N.R.	*Guarda Nacional Republicana*	Garde nationale républicaine (gendarmerie)
h	*hora(s)*	heure
Ilma. (Sra.)	*Ilustríssima (Senhora)*	Illustrissime (épithète de courtoisie
Ilmo. (Sr.)	*Ilustríssimo (Senhor)*	suivie de Madame ou de Monsieur)
L., L.º	*Largo*	place
Lda., Ltda.	*limitada*	Société à responsabilité limitée
Lx.ª	*Lisboa*	Lisbonne
méd.	*médico*	médecin
Men.ª	*Menina*	Mademoiselle
n/	*nosso, nossa*	notre
Obg., Obr.º	*obrigado*	merci
P., Pr.	*praça*	place
pág., p.	*página*	page
R.	*rua*	rue
r/c	*rés-do-chão*	rez-de-chaussée
reg.º	*registado; regulamento*	recommandé; règlement
Rem., Rem.ᵗᵉ	*remetente*	expéditeur
Revmo.	*Reverendíssimo*	Révérendissime (réservé aux dignitaires de l'Eglise)
R.P.	*Rádio-Patrulha*	patrouille de police motorisée
R.S.F.F.	*responda se faz favor*	répondez s'il vous plaît

RTI	*Rádio e Televisão Independente*	société privée de radio et de télévision (Portugal)
RTP	*Rádio e Televisão Portuguesa*	Radio-Télévision portugaise
s/	*sem; seu, sua*	sans; votre
S., Sto.	*São, Santo*	saint
s.f.f.	*se faz favor*	s'il vous plaît
S.P.	*Estado de São Paulo*	Etat de São Paulo
Sr., Sra.	*Senhor, Senhora*	Monsieur, Madame
Sta.	*Santa*	sainte
Tr., Trav.	*travessa*	ruelle
v/	*vosso, vossa*	votre
v.	*você*	vous
v.º	*verso*	verso
V.S.F.F.	*volte se faz favor*	tournez s'il vous plaît

Nombres

Nombres cardinaux		Nombres ordinaux	
0	zero	1.	primeiro
1	um	2.	segundo
2	dois	3.	terceiro
3	três	4.	quarto
4	quatro	5.	quinto
5	cinco	6.	sexto
6	seis	7.	sétimo
7	sete	8.	oitavo
8	oito	9.	nono
9	nove	10.	décimo
10	dez	11.	décimo primeiro
11	onze	12.	décimo segundo
12	doze	13.	décimo terceiro
13	treze	14.	décimo quarto
14	catorze	15.	décimo quinto
15	quinze	16.	décimo sexto
16	dezasseis	17.	décimo sétimo
17	dezassete	20.	vigésimo
18	dezoito	21.	vigésimo primeiro
19	dezanove	22.	vigésimo segundo
20	vinte	30.	trigésimo
21	vinte e um	40.	quadragésimo
22	vinte e dois	50.	quinquagésimo
30	trinta	60.	sexagésimo
31	trinta e um	70.	septuagésimo
40	quarenta	80.	octogésimo
50	cinquenta	90.	nonagésimo
60	sessenta	100.	centésimo
70	setenta	101.	centésimo primeiro
80	oitenta	200.	ducentésimo
90	noventa	300.	tricentésimo
100	cem	400.	quadringentésimo
101	cento e um	500.	quingentésimo
200	duzentos	600.	seiscentésimo
300	trezentos	700.	septingentésimo
500	quinhentos	800.	octingentésimo
1.000	mil	900.	nongentésimo
1.107	mil cento e sete	1.000.	milésimo
2.000	dois mil	1.107.	milésimo centésimo sétimo
1.000.000	um milhão	2.000.	dois milésimo

L'heure

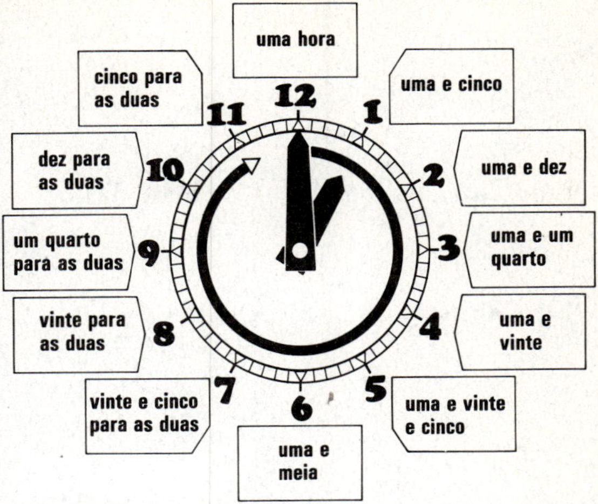

Comme en français, on peut préciser l'heure dans la journée.

Ainsi:

oito da manhã	8 h. du matin
duas da tarde	2 h. de l'après-midi
oito da noite	8 h. du soir

Les jours de la semaine

domingo	dimanche	*quinta-feira*	jeudi
segunda-feira	lundi	*sexta-feira*	vendredi
terça-feira	mardi	*sábado*	samedi
quarta-feira	mercredi		

Quelques expressions utiles	Algumas expressões de uso corrente
S'il vous plaît.	Por favor.
Merci beaucoup.	Muito obrigado.
Il n'y a pas de quoi.	Não tem de quê.
Bonjour *(matin)*.	Bom dia.
Bonjour *(après-midi)*.	Boa tarde.
Bonsoir.	Boa noite.
Bonne nuit.	Boa noite.
Au revoir.	Adeus.
A bientôt.	Até logo.
Où se trouve/Où se trouvent...?	Onde é/Onde são...?
Comment appelez-vous ceci?	Como chama isto?
Que veut dire cela?	O que quer dizer isso?
Parlez-vous anglais?	Fala inglês?
Parlez-vous allemand?	Fala alemão?
Parlez-vous français?	Fala francês?
Parlez-vous espagnol?	Fala espanhol?
Pourriez-vous parler plus lentement, s'il vous plaît?	Não se importava de falar mais devagar, por favor?
Je ne comprends pas.	Não compreendo.
Puis-je avoir... ?	Pode dar-me...?
Pouvez-vous m'indiquer... ?	Pode indicar-me...?
Pouvez-vous me dire... ?	Pode dizer-me...?
Pouvez-vous m'aider, s'il vous plaît?	Pode ajudar-me, por favor?
Je voudrais...	Gostava...
Nous voudrions...	Gostávamos...
S'il vous plaît, donnez-moi...	Por favor, dê-me...
S'il vous plaît, apportez-moi...	Por favor, traga-me...
J'ai faim.	Tenho fome.
J'ai soif.	Tenho sede.
Je me suis perdu.	Perdi-me.
Dépêchez-vous!	Despache-se!

Il y a...	Há...
Il n'y a pas...	Não há...
Arrivée	**Chegada**
Votre passeport, s'il vous plaît.	O seu passaporte, por favor.
Avez-vous quelque chose à déclarer?	Tem alguma coisa a declarar?
Non, rien du tout.	Não, nada.
Pouvez-vous prendre mes bagages, s'il vous plaît?	Pode levar-me a bagagem, por favor?
Où est le bus pour le centre de la ville, s'il vous plaît?	Onde se apanha o autocarro (ônibus) para o centro da cidade, por favor?
Par ici, s'il vous plaît.	Por aqui, por favor.
Où puis-je trouver un taxi?	Onde posso arranjar um táxi?
Quel est le tarif pour... ?	Qual é o preço do percurso para...?
Conduisez-moi à cette adresse, s'il vous plaît.	Leve-me a esta direcção, por favor.
Je suis pressé.	Estou com pressa.
Hôtel	**Hotel**
Je m'appelle...	Chamo-me...
Avez-vous réservé?	Reservou?
J'aimerais une chambre avec bains.	Queria um quarto com casa de banho (banheiro).
Quel est le prix pour une nuit?	Qual é o preço por noite?
Puis-je voir la chambre?	Posso ver o quarto?
Quel est le numéro de ma chambre, s'il vous plaît?	Qual é o número do meu quarto, por favor?
Il n'y a pas d'eau chaude.	Não há água quente.
Puis-je voir le directeur, s'il vous plaît?	Posso ver o director, por favor?
Y a-t-il eu des appels pour moi?	Não houve nenhum telefonema para mim?
Y a-t-il du courrier pour moi?	Há correio para mim?
Puis-je avoir ma note, s'il vous plaît?	Pode dar-me a conta, por favor?

Restaurant	**Restaurante**
Avez-vous un menu?	Tem uma ementa (um cardápio)?
Puis-je voir la carte?	Posso ver a lista?
~~Pouvons-nous~~ avoir un cendrier, s'il vous plaît?	Pode trazer-nos um cinzeiro, por favor?
Où sont les toilettes, s'il vous plaît?	Onde são os lavabos, por favor?
Je voudrais un hors-d'œuvre.	Queria um acepipe.
Avez-vous du potage?	Tem sopa?
J'aimerais du poisson.	Queria peixe.
Qu'avez-vous comme poisson?	Que peixe tem?
Je voudrais un steak.	Queria um bife.
Quels légumes servez-vous?	Que legumes tem?
Je suis servi, merci.	Mais nada, obrigado.
Qu'aimeriez-vous boire?	Que desejava beber?
J'aimerais une bière, s'il vous plaît.	Queria uma cerveja, por favor.
Je voudrais une bouteille de vin.	Queria uma garrafa de vinho.
Puis-je avoir l'addition, s'il vous plaît?	Pode trazer-me a conta, por favor?
Le service est-il compris?	O serviço está incluído?
Merci, c'était très bon.	Obrigado, a comida estava muito boa.

Voyages	**Excursões**
Où se trouve la gare, s'il vous plaît?	Onde é a estação, por favor?
Où est le guichet, s'il vous plaît?	Onde é a bilheteira (bilheteria), por favor?
J'aimerais un billet pour...	Queria um bilhete para...
Première ou deuxième classe?	Primeira ou segunda classe?
Première classe, s'il vous plaît.	Primeira classe, por favor.
Aller simple ou aller et retour?	Ida ou ida e volta?
Est-ce que je dois changer de train?	Devo mudar de comboio (trem)?
De quel quai part le train pour...?	De que cais parte o comboio (trem) para...?

Où est la station de métro la plus proche?	Onde é a estação do metro mais próxima?
Où est la gare routière, s'il vous plaît?	Onde é a paragem dos autocarros (ônibus), por favor?
A quelle heure part le premier autobus pour... ?	A que horas parte o primeiro autocarro (ônibus) para...?
S'il vous plaît, déposez-moi au prochain arrêt.	Por favor, deixe-me na próxima paragem (parada).
Distractions	**Distracções**
Que joue-t-on au cinéma?	O que vai no cinema?
A quelle heure commence le film?	A que horas começa o filme?
Reste-t-il encore des places pour ce soir?	Ainda há bilhetes para hoje à noite?
Où pouvons-nous aller danser?	Onde podemos ir dançar?
Rencontres	**Encontros**
Bonjour madame/mademoiselle/monsieur.	Bom dia.
Comment allez-vous?	Como está?
Très bien, merci. Et vous?	Bem, obrigado. E você/a senhora/a menina/o senhor?
Puis-je vous présenter... ?	Posso apresentar-lhe...?
Je m'appelle...	Chamo-me...
Enchanté de faire votre connaissance.	Muito prazer em conhecê-lo (la).
Depuis combien de temps êtes-vous ici?	Há quanto tempo está aqui?
Enchanté d'avoir fait votre connaissance.	Tive muito gosto em conhecê-lo (la).
Est-ce que ça vous dérange que je fume?	Não se importa que eu fume?
Avez-vous du feu, s'il vous plaît?	Tem lume (fogo), por favor?
Puis-je vous offrir un verre?	Posso oferecer-lhe uma bebida?
Puis-je vous inviter à dîner ce soir?	Posso convidá-la para jantar hoje à noite?
Où nous retrouverons-nous?	Onde nos encontramos?

Magasins et services	**Estabelecimentos**
Où se trouve la banque la plus proche, s'il vous plaît?	Onde é o banco mais próximo, por favor?
Où puis-je changer des chèques de voyage?	Onde posso trocar cheques de viagem?
Pouvez-vous me donner de la monnaie, s'il vous plaît?	Pode-me dar dinheiro trocado, por favor?
Où est la pharmacie la plus proche?	Onde é a farmácia mais próxima?
Comment puis-je m'y rendre?	Como posso ir para lá?
Peut-on y aller à pied?	Pode-se ir a pé?
Pouvez-vous m'aider, s'il vous plaît?	Pode ajudar-me, por favor?
Combien coûte ceci? Et cela?	Quanto custa isto? E aquilo?
Ce n'est pas exactement ce que je désire.	Não é bem o que quero.
Cela me plaît.	Gosto.
Pouvez-vous me conseiller quelque chose contre les coups de soleil?	Pode aconselhar-me qualquer coisa contra as queimaduras do sol?
Je voudrais me faire couper les cheveux, s'il vous plaît.	Queria cortar o cabelo, por favor.
Je voudrais une manucure, s'il vous plaît.	Queria arranjar as unhas, por favor.
Directions	**Direcções**
Pouvez-vous me montrer sur la carte où je me trouve?	Pode mostrar-me no mapa onde estou?
Vous n'êtes pas sur la bonne route.	Enganou-se na estrada.
Continuez tout droit.	Siga sempre em frente.
C'est à gauche/à droite.	É à esquerda/à direita.
Urgences	**Urgências**
Appelez vite un médecin.	Chame depressa um médico.
Appelez une ambulance.	Chame uma ambulância.
Appelez la police, s'il vous plaît.	Chame a polícia, por favor.

francês-português

français-portugais

Introdução

Este dicionário foi elaborado com um fim prático. A informação linguística é a estritamente necessária. As palavras encontram-se por ordem alfabética, quer sejam simples ou compostas, quer levem ou não traço de união. Única excepção à regra: os verbos reflexos e algumas expressões idiomáticas que foram ordenados em relação ao verbo simples ou à palavra principal.

Quando uma palavra é seguida de expressões correntes ou locuções, estas encontram-se igualmente dispostas por ordem alfabética na rubrica da palavra principal.

Todas as palavras principais trazem a respectiva transcrição fonética e a indicação da classe morfológica (substantivo, verbo, adjectivo, etc.). Quando uma palavra principal pertence a várias classes morfológicas, as respectivas traduções encontram-se a seguir a cada uma delas.

Damos as formas irregulares do feminino ou do plural dos adjectivos franceses, assim como dos substantivos.

Para evitarmos repetições, usámos um til (~) em lugar da palavra principal.

Nas formas irregulares do feminino e do plural, o travessão (-) substitui o elemento que permanece invariável.

Um asterisco (*) assinala os verbos irregulares. Para mais pormenores, consulte a lista destes verbos.

Abreviaturas

adj	adjectivo
adv	advérbio
art	artigo
Br	brasileiro
conj	conjunção
f	feminino
fBr	feminino (brasileiro)
fpl	feminino plural
fplBr	feminino plural (brasileiro)
m	masculino
mBr	masculino (brasileiro)
mpl	masculino plural
mplBr	masculino plural (brasileiro)
num	numeral
pl	plural
pref	prefixo
prep	preposição
pron	pronome
v	verbo
vBr	verbo (brasileiro)

;uia de pronúncia

:ada palavra principal desta parte do dicionário traz uma transcrição)nética que lhe indica a pronúncia. Deve lê-la como se cada letra u grupo de letras tivesse o mesmo valor do que em português. A seguir guram unicamente as letras e os símbolos ambíguos ou particular-lente difíceis de compreender.

As sílabas estão separadas por traços de união e as tónicas estão npressas em *itálico*.

É evidente que os sons das duas línguas raras vezes coincidem exacta-iente, mas, se seguir cuidadosamente as nossas indicações, será capaz e pronunciar as palavras estrangeiras de maneira a fazer-se entender. 'ara facilitar o seu trabalho, as nossas transcrições simplificam, por ezes, ligeiramente, o sistema fonético da língua, sem deixar, por isso, e reflectir as diferenças de sons essenciais.

:onsoantes

•	sempre como em **b**oca
l	sempre como em **d**ia
:h	como o **g** de **g**ato
:	como o **c** de **c**asa
	sempre como em **l**eite
ıg	como o **n** de bra**n**co
•	mais ou menos como em **r**ato; corrente na região de Setúbal e no interior de São Paulo

) sinal (') indica que o **h** é aspirado, isto é, não se deve fazer nenhuma igação (*les huttes* – lê 'üt) nem elisão (*la hutte* – la 'üt).

Vogais

ı	como em s**a**co
ă	como o **a** de port**a**
ăn	como o **ã** de maç**ã**
ü	como **i**, pronunciado com os lábios arredondados; ou como o **u** de F**u**rnas, pronunciado com o sotaque de São Miguel dos Açores

1) As vogais longas estão impressas em duplicado.

2) As letras impressas em caracteres pequenos e elevados (por ex.: $^{\mathbf{u}}$**i**) devem pronunciar-se rapidamente e com menos intensidade.

A

à (a) *prep* a; em, para
abandonner (a-bã-dó-*nê*) *v* abandonar
abat-jour (a-ba-*juur*) *m* abaixa-luz *m*
***abattre** (a-*batr*) *v* abater
abbaye (a-bê-*i*) *f* abadia *f*
abcès (a-*pçê*) *m* abcesso *m*
abeille (a-*béi*) *f* abelha *f*
aberration (a-bé-ra-*ç^{i}ón*) *f* aberração *f*
abîme (a-*bimm*) *m* abismo *m*
abîmer (a-bi-*mê*) *v* estragar
abolir (a-bó-*liir*) *v* *abolir
abondance (a-bón-*dãç*) *f* abundância *f*, fartura *f*
abondant (a-bón-*dã*) *adj* abundante
abonné (a-bó-*nê*) *m* assinante *m*
abonnement (a-bónn-*mã*) *m* assinatura *f*
d'abord (da-*bóór*) primeiro
abordage (a-bór-*daaj*) *m* abalroamento *m*
aboutir à (a-bu-*tiir*) desembocar; resultar em
aboyer (a-b^{u}a-*^{i}ê*) *v* ladrar
abréviation (a-brê-v^{i}a-*ç^{i}ón*) *f* abreviatura *f*
abri (a-*bri*) *m* refúgio *m;* abrigo *m*
abricot (a-bri-*kô*) *m* alperche *m*
abriter (a-bri-*tê*) *v* abrigar
abrupt (a-*brüpt*) *adj* íngreme
absence (a-*pçãç*) *f* ausência *f*
absent (a-*pçã*) *adj* ausente
absolu (a-pçó-*lü*) *adj* absoluto
absolument (a-pçó-lü-*mã*) *adv* absolutamente
absorber (a-pçór-*bê*) *v* absorver
s'*abstenir de (ap-çtã-*niir*) *abster-se de
abstinent (ap-çti-*nã*) *m* abstémio *m*
abstraction faite de (ap-çtrak-*ç^{i}ón* fét dă) fora
abstrait (ap-*çtrê*) *adj* abstracto
absurde (a-*pçürd*) *adj* absurdo
abus (a-*bü*) *m* abuso *m*
académie (a-ka-dê-*mi*) *f* academia *f;* ~ **des beaux-arts** academia das belas-artes
accélérateur (ak-çê-lê-ra-*tããr*) *m* acelerador *m*
accélérer (ak-çê-lê-*rê*) *v* acelerar
accent (ak-*çã*) *m* ênfase *f*, acento *m;* sotaque *m*
accepter (ak-çép-*tê*) *v* aceitar
accès (ak-*çê*) *m* acesso *m*, entrada *f*
accessible (ak-çê-*çibl*) *adj* acessível
accessoire (ak-çê-*ç^{u}aar*) *adj* acessório
accessoires (ak-çê-*ç^{u}aar*) *mpl* acessórios *mpl*
accident (ak-çi-*dã*) *m* acidente *m*, desastre *m;* ~ **d'avion** desastre de

aviação
accidenté (ak-çi-dã-*tê*) *adj* acidentado; rugoso
accidentel (ak-çi-dã-*tél*) *adj* acidental
acclamer (a-kla-*mê*) *v* aplaudir, aclamar
accommodation (a-kó-mó-da-*ç'ón*) *f* acomodação *f*
accompagner (a-kón-pa-*nhê*) *v* acompanhar
accomplir (a-kón-*pliir*) *v* cumprir, realizar, desempenhar, executar; efetuar
accomplissement (a-kón-pli-*çmã*) *m* cumprimento *m*
accord (a-*kóór*) *m* acordo *m;* aprovação *f;* **d'accord!** de acordo!; ***être d'accord** concordar; ***être d'accord avec** concordar com
accorder (a-kór-*dê*) *v* aceder, conceder; sintonizar; **s'accorder avec** *condizer com
accoster (a-kó-*çtê*) *v* atracar
accouchement (a-kuch-*mã*) *m* parto *m*
accoutumé (a-ku-tü-*mê*) *adj* costumado
s'accrocher (a-kró-*chê*) agarrar-se
accueil (a-*kö'*) *m* acolhimento *m*
***accueillir** (a-kă-*'iir*) *v* acolher
accumulateur (a-kü-mü-la-*tăăr*) *m* bateria *f*
accusation (a-kü-za-*ç'ón*) *f* acusação *f*
accuser (a-kü-*zê*) *v* acusar
achat (a-*cha*) *m* compra *f;* ~ **à tempérament** compra a prestações; ***faire des achats** *fazer compras
acheter (ach-*tê*) *v* comprar
acheteur (ach-*tăăr*) *m* comprador *m*
achever (ach-*vê*) *v* acabar; terminar, completar
acide (a-*çid*) *m* ácido *m*
acier (a-*ç'ê*) *m* aço *m;* ~ **inoxydable** aço inoxidável
acné (ak-*nê*) *f* acne *f*
acompte (a-*kónt*) *m* sinal *m*
à-coup (a-*ku*) *m* estição *m*
***acquérir** (a-kê-*riir*) *v* adquirir
acquisition (a-ki-zi-*ç'ón*) *f* aquisição *f,* compra *f*
acquittement (a-kit-*mã*) *m* absolvição *f;* liquidação *f*
acte (akt) *m* acto *m*
acteur (ak-*tăăr*) *m* actor *m*
actif (ak-*tif*) *adj* activo
action (ak-*ç'ón*) *f* acção *f*
activité (ak-ti-vi-*tê*) *f* actividade *f;* faina *f*
actrice (ak-*triç*) *f* actriz *f*
actualité (ak-t^u^a-li-*tê*) *f* actualidade *f;* **actualités** noticiário *m*
actuel (ak-*t^u^él*) *adj* actual, presente
actuellement (ak-t^u^él-*mã*) *adv* hoje em dia, actualmente
adapter (a-dap-*tê*) *v* adaptar
addition (a-di-*ç'ón*) *f* adição *f;* conta *f*
additionner (a-di-ç'ó-*nê*) *v* adicionar; contar
adéquat (a-dê-*k^u^a*) *adj* suficiente; apropriado, adequado, bastante
adhérer à (a-dê-*rê*) *aderir a
adieu (a-*d'ă*) *m* despedida *f*
adjectif (a-djék-*tif*) *m* adjectivo *m*
***admettre** (ad-*métr*) *v* admitir; **en admettant que** admitindo que
administratif (ad-mi-ni-çtra-*tif*) *adj* administrativo
administration (ad-mi-ni-çtra-*ç'ón*) *f* administração *f*
administrer (ad-mi-ni-*çtrê*) *v* dirigir; administrar
admiration (ad-mi-ra-*ç'ón*) *f* admiração *f*
admirer (ad-mi-*rê*) *v* admirar
admission (ad-mi-*ç'ón*) *f* admissão *f;* entrada *f*
adolescent (a-dó-lé-*çã*) *m* adolescente *m*

dopter (a-dóp-*tê*) *v* adoptar
dorable (a-dó-*rabl*) *adj* adorável
dorer (a-dó-*rê*) *v* adorar
doucir (a-du-*çiir*) *v* suavizar
dresse (a-*dréç*) *f* endereço *m*
dresser (a-drê-*çê*) *v* endereçar; **s'adresser à** dirigir-se a
droit (a-*dr^{u}a*) *adj* destro; inteligente
dulte (a-*dült*) *m* adulto *m; adj* adulto
dverbe (ad-*vérb*) *m* advérbio *m*
dversaire (ad-vér-*çéér*) *m* adversário *m*
ération (a-ê-ra-*ç^{i}ón*) *f* arejamento *m*
érer (a-ê-*rê*) *v* arejar, ventilar; **aéré** arejado
éroport (a-ê-ró-*póór*) *m* aeroporto *m*
érosol (a-ê-ró-*çól*) *m* vaporizador *m*
ffaire (a-*féér*) *f* causa *f*, assunto *m*, negócio *m;* ~ **de cœur** aventura *f*
ffairé (a-fê-*rê*) *adj* atarefado
ffaires (a-*féér*) *fpl* negócios *mpl;* bens *mpl;* **chiffre d'affaires** movimento de negócios
ffamé (a-fa-*mê*) *adj* esfomeado
ffecter (a-fék-*tê*) *v* afectar
ffection (a-fék-*ç^{i}ón*) *f* afeição *f;* mal *m*, afecção *f*
ffectueux (a-fék-*t^{u}ă*) *adj* afectuoso
ffiche (a-*fich*) *f* cartaz *m*
ffiler (a-fi-*lê*) *v* afiar
ffiliation (a-fi-l^{i}a-*ç^{i}ón*) *f* filiação *f*
'affilier à (a-fi-*l^{i}ê*) filiar-se em
affirmatif (a-fir-ma-*tif*) *adj* afirmativo
affirmer (a-fir-*mê*) *v* afirmar
affliction (a-flik-*ç^{i}ón*) *f* aflição *f*, sofrimento *m*
affligé (a-fli-*jê*) *adj* triste, aflito
affluent (a-flü-*ã*) *m* afluente *m*
affranchir (a-frã-*chiir*) *v* franquiar
affreux (a-*fră*) *adj* horroroso, medonho
affronter (a-frón-*tê*) *v* enfrentar
afin de (a-*fén* dă) a fim de; **afin que** a fim de que
Africain (a-fri-*kén*) *m* africano *m*
africain (a-fri-*kén*) *adj* africano
Afrique (a-*frik*) *f* África *f;* ~ **du Sud** África do Sul
after-shave (af-tăr-*chév*) *m* loção para depois da barba
agacer (a-gha-*çê*) *v* irritar
âge (aaj) *m* idade *f*
âgé (a-*jê*) *adj* de idade, velho; **le plus** ~ o mais velho; **plus** ~ mais velho
agence (a-*jãç*) *f* agência *f*
agenda (a-jén-*da*) *m* agenda *f*
s'agenouiller (aj-nu-*^{i}ê*) ajoelhar
agent (a-*jã*) *m* agente *m;* ~ **de police** polícia *m*, guarda *m;* ~ **de voyages** agente de viagens; ~ **immobilier** agente imobiliário
agir (a-*jiir*) *v* agir
agitation (a-ji-ta-*ç^{i}ón*) *f* espalhafato *m;* distúrbio *m*, agitação *f*
agiter (a-ji-*tê*) *v* agitar; **agité** inquieto
agneau (a-*nhô*) *m* cordeiro *m;* borrego *m*
agrafe (a-*ghraf*) *f* agrafo *m;* grampo *mBr*
agraire (a-*ghréér*) *adj* agrário
agrandir (a-ghrã-*diir*) *v* ampliar
agrandissement (a-ghrã-di-*çmã*) *m* ampliação *f*
agréable (a-ghrê-*abl*) *adj* agradável
agréer (a-ghrê-*ê*) *v* aceitar
agrément (a-ghrê-*mã*) *m* prazer *m*
agressif (a-ghrê-*çif*) *adj* agressivo
agricole (a-ghri-*kól*) *adj* agrícola
agriculteur (a-ghri-kül-*tăăr*) *m* agricultor *m*
agriculture (a-ghri-kül-*tüür*) *f* agricultura *f*
aide (éd) *f* socorro *m*, ajuda *f; m* ajudante *m*
aider (ê-*dê*) *v* ajudar, socorrer
aigle (ééghl) *m* águia *f*
aiglefin (éghl-*fén*) *m* arinca *f*

aigre (ééghr) *adj* azedo
aigu (ê-*ghü*) *adj* (f -guë) agudo; afiado; perspicaz
aiguille (ê-*ghᵘiⁱ*) *f* agulha *f;* **ouvrage à l'aiguille** costura *f*
aiguiser (ê-ghi-*zê*) *v* afiar
ail (ai) *m* (pl ails, aulx) alho *m*
aile (él) *f* asa *f*
ailleurs (a-*ⁱäär*) *adv* noutro lado; **d'ailleurs** demais a mais, aliás
aimable (ê-*mabl*) *adj* amável
aimer (ê-*mê*) *v* gostar de, amar; **aimé** querido; ~ **mieux** *preferir
aine (énn) *f* virilha *f*
aîné (ê-*nê*) *adj* mais velho
ainsi (én-*çi*) *adv* assim
air (éér) *m* ar *m;* melodia *f;* ***avoir l'air** *ter ares de, parecer
aisance (é-*zãç*) *f* facilidade *f;* à-vontade *m*
aise (ééz) *f* à-vontade *m,* sossego *m*
aisé (ê-*zê*) *adj* abastado
ajournement (a-jur-nă-*mã*) *m* adiamento *m*
ajourner (a-jur-*nê*) *v* adiar, *transferir
ajouter (a-ju-*tê*) *v* juntar, acrescentar
ajuster (a-jü-*çtê*) *v* ajustar
alarmer (a-lar-*mê*) *v* alarmar
album (al-*bómm*) *m* álbum *m;* ~ **de collage** álbum de recortes
alcool (al-*kól*) *m* álcool *m;* ~ **à brûler** álcool desnaturado; **réchaud à ~** lamparina de álcool
alcoolique (al-kó-*lik*) *adj* alcoólico
alentours (a-lã-*tuur*) *mpl* arredores *mpl;* proximidades *fpl*
alerte (a-*lért*) *f* alerta *m; adj* esperto
algèbre (al-*jéébr*) *f* álgebra *f*
Algérie (al-jê-*ri*) *f* Argélia *f*
Algérien (al-jê-*rⁱén*) *m* argelino *m*
algérien (al-jê-*rⁱén*) *adj* argelino
alimentation (a-li-mã-ta-*çⁱón*) *f* alimentação *f*
alimenter (a-li-mã-*tê*) *v* alimentar
aliments (a-li-*mã*) *mpl* alimentos *mpl;* ~ **surgelés** alimentos congelados
allaiter (a-lê-*tê*) *v* amamentar
allée (a-*lê*) *f* alameda *f*
Allemagne (al-*manh*) *f* Alemanha *f*
Allemand (al-*mã*) *m* alemão *m*
allemand (al-*mã*) *adj* alemão
***aller** (a-*lê*) *v* *ir; ~ **chercher** *ir buscar; **aller et retour** ida e volta; ~ **prendre** *ir buscar; **bien ~** ficar bem; **s'en ~** *ir-se embora; *ir-se
allergie (a-lér-*ji*) *f* alergia *f*
alliance (a-*lⁱãç*) *f* aliança *f*
allié (a-*lⁱê*) *m* aliado *m;* **Alliés** Aliados
s'allier (a-*lⁱê*) aliar-se
allocation (a-ló-ka-*çⁱón*) *f* abono *m,* subsídio *m*
allocution (a-ló-kü-*çⁱón*) *f* alocução *f*
allonger (a-lón-*jê*) *v* alongar; *diluir
allumage (a-lü-*maaj*) *m* ignição *f*
allumer (a-lü-*mê*) *v* acender; ligar
allumette (a-lü-*mét*) *f* fósforo *m*
allure (a-*lüür*) *f* andar *m;* velocidade *f*
almanach (al-ma-*nak*) *m* almanaque *m*
alors (a-*lóór*) *adv* então
alouette (a-*lᵘét*) *f* cotovia *f*
alphabet (al-fa-*bê*) *m* alfabeto *m*
alpinisme (al-pi-*nizm*) *m* alpinismo *m*
alternatif (al-tér-na-*tif*) *adj* alternativo
alternative (al-tér-na-*tiiv*) *f* alternativa *f*
altitude (al-ti-*tüd*) *f* altitude *f*
aluminium (a-lü-mi-*nⁱómm*) *m* alumínio *m*
amande (a-*mãd*) *f* amêndoa *f*
amant (a-*mã*) *m* amante *m*
amateur (a-ma-*täär*) *m* amador *m*
ambassade (ã-ba-*çad*) *f* embaixada *f*
ambassadeur (ã-ba-ça-*däär*) *m* em-

baixador *m*
ambiance (ã-*b'ãç*) *f* ambiente *m*
ambigu (ã-bi-*ghü*) *adj* (f -guë) ambíguo
ambitieux (ã-bi-*ç'ã*) *adj* ambicioso
ambre (ãbr) *m* âmbar *m*
ambulance (ã-bü-*lãç*) *f* ambulância *f*
ambulant (ã-bü-*lã*) *adj* ambulante
âme (aamm) *f* alma *f*
amélioration (a-mê-l'ó-ra-*ç'ón*) *f* melhoramento *m*
améliorer (a-mê-l'ó-*rê*) *v* melhorar
amende (a-*mãd*) *f* multa *f*, penalidade *f*
amener (amm-*nê*) *v* *trazer
amer (a-*méér*) *adj* amargo
Américain (a-mê-ri-*kén*) *m* americano *m*
américain (a-mê-ri-*kén*) *adj* americano
Amérique (a-mê-*rik*) *f* América *f*; ~ **latine** Américа Latina
améthyste (a-mê-*tiçt*) *f* ametista *f*
ami (a-*mi*) *m* amigo *m*
amiante (a-*m'ãt*) *m* amianto *m*
amical (a-mi-*kal*) *adj* amistoso, amical
amidon (a-mi-*dón*) *m* goma *f*
amidonner (a-mi-dó-*nê*) *v* engomar
amie (a-*mi*) *f* amiga *f*
amiral (a-mi-*ral*) *m* almirante *m*
amitié (a-mi-*t'ê*) *f* amizade *f*
ammoniaque (a-mó-*n'ak*) *f* amoníaco *m*
amnistie (amm-ni-*çti*) *f* amnistia *f*
amoncellement (a-món-çél-*mã*) *m* monte *m*
en amont (ã-na-*món*) rio acima, a montante
amorce (a-*mórç*) *f* isca *f*
amortir (a-mór-*tiir*) *v* amortecer
amortisseur (a-mór-ti-*çããr*) *m* amortecedor *m*
amour (a-*muur*) *m* amor *m*; **mon** ~ meu amor
amoureux (a-mu-*rã*) *adj* apaixonado
ample (ãpl) *adj* amplo
ampoule (ã-*pul*) *f* empola *f*; lâmpada *f*; ~ **de flash** lâmpada de flash
amulette (a-mü-*lét*) *f* amuleto *m*
amusant (a-mü-*zã*) *adj* divertido, engraçado
amuse-gueule (a-müz-*ghăl*) *m* acepipe *m*, aperitivos *mpl*
amusement (a-müz-*mã*) *m* distracção *f*, diversão *f*
amuser (a-mü-*zê*) *v* *divertir, *entreter
amygdales (a-mi-*dal*) *fpl* amígdalas *fpl*
amygdalite (a-mi-da-*lit*) *f* amigdalite *f*
an (ã) *m* ano *m*
analogue (a-na-*lógh*) *adj* análogo
analyse (a-na-*liiz*) *f* análise *f*
analyser (a-na-li-*zê*) *v* analisar
analyste (a-na-*liçt*) *m* analista *m*
ananas (a-na-*na*) *m* ananás *m*; abacaxi *mBr*
anarchie (a-nar-*chi*) *f* anarquia *f*
anatomie (a-na-tó-*mi*) *f* anatomia *f*
ancêtre (ã-*çéétr*) *m* antepassado *m*
anchois (ã-*chua*) *m* anchova *f*
ancien (ã-*ç'én*) *adj* antigo
ancre (ãkr) *f* âncora *f*
andouiller (ã-du-*'ê*) *m* esgalho *m*
âne (aann) *m* burro *m*
anéantissement (a-nê-ã-ti-*çmã*) *m* ruína *f*, aniquilamento *m*
anémie (a-nê-*mi*) *f* anemia *f*
anesthésie (a-né-çtê-*zi*) *f* anestesia *f*
anesthésique (a-né-çtê-*zik*) *m* anestésico *m*
ange (ãj) *m* anjo *m*
Anglais (ã-*ghlê*) *m* inglês *m*
anglais (ã-*ghlê*) *adj* inglês
angle (ãghl) *m* ângulo *m*
Angleterre (ã-ghlă-*téér*) *f* Inglaterra *f*
angoisse (ã-*ghuaç*) *f* angústia *f*

anguille (ã-*ghi*ⁱ) *f* enguia *f*
animal (a-ni-*mal*) *m* animal *m;* ~ **familier** animal de estimação
animer (a-ni-*mê*) *v* animar; **animé** movimentado, activo, animado
anneau (a-*nô*) *m* anel *m*
année (a-*nê*) *f* ano *m;* ~ **bissextile** ano bissexto; **par** ~ anualmente
annexe (a-*nékç*) *f* anexo *m*
annexer (a-nék-*çê*) *v* anexar
anniversaire (a-ni-vér-*çéér*) *m* dia dos anos, aniversário *m;* jubileu *m*
annonce (a-*nónç*) *f* participação *f,* anúncio *m;* ~ **publicitaire** anúncio *m*
annoncer (a-nón-*çê*) *v* anunciar
annuaire (a-nᵘ*éér*) *m* anuário *m;* ~ **téléphonique** lista telefónica, lista dos telefones
annuel (a-nᵘ*él*) *adj* anual
annulation (a-nü-la-çⁱ*ón*) *f* cancelamento *m,* anulação *f*
annuler (a-nü-*lê*) *v* cancelar, anular
anonyme (a-nó-*nimm*) *adj* anónimo
anormal (a-nór-*mal*) *adj* anormal
antenne (ã-*ténn*) *f* antena *f*
antérieur (ã-tê-*r*ⁱ*äär*) *adj* anterior
antérieurement (ã-tê-rⁱär-*mã*) *adv* anteriormente
anthologie (ã-tó-ló-*ji*) *f* antologia *f*
antibiotique (ã-ti-bⁱó-*tik*) *m* antibiótico *m*
anticiper (ã-ti-çi-*pê*) *v* antecipar
antigel (ã-ti-*jél*) *m* anticongelante *m*
antipathie (ã-ti-pa-*ti*) *f* antipatia *f*
antipathique (ã-ti-pa-*tik*) *adj* antipático
antiquaire (ã-ti-*kéér*) *m* antiquário *m*
antique (ã-*tik*) *adj* velhíssimo, antigo
antiquité (ã-ti-ki-*tê*) *f* antiguidade *f*
antiseptique (ã-ti-çép-*tik*) *m* antisséptico *m*
anxiété (ã-kçⁱê-*tê*) *f* ansiedade *f*
août (u) Agosto
***apercevoir** (a-pér-çă-vᵘ*aar*) *v* aperceber, avistar
aperçu (a-pér-*çü*) *m* resumo *m;* ideia *f*
apéritif (a-pê-ri-*tif*) *m* aperitivo *m,* bebida *f*
apeuré (a-pă-*rê*) *adj* com medo, assustado
apogée (a-pó-*jê*) *m* apogeu *m*
***apparaître** (a-pa-*réétr*) *v* aparecer; resultar
appareil (a-pa-*réi*) *m* aparelho *m,* máquina *f;* avião *m;* ~ **à jetons** slot-machine *f;* ~ **de chauffage** aquecedor *m*
appareil-photo (a-pa-réi-fó-*tô*) *m* máquina fotográfica
apparemment (a-pa-ra-*mã*) *adv* aparentemente
apparence (a-pa-*rãç*) *f* aparência *f*
apparent (a-pa-*rã*) *adj* aparente; óbvio
apparenté (a-pa-rã-*tê*) *adj* aparentado
apparition (a-pa-ri-çⁱ*ón*) *f* aparição *f*
appartement (a-par-tă-*mã*) *m* apartamento *m;* andar *m*
***appartenir** (a-par-tă-*niir*) *v* pertencer
appel (a-*pél*) *m* chamada *f,* brado *m;* apelo *m;* ~ **interurbain** chamada interurbana; ~ **téléphonique** chamada telefónica
appeler (a-*plê*) *v* chamar; **s'appeler** chamar-se
appendice (a-pén-*diç*) *m* apêndice *m*
appendicite (a-pén-di-*çit*) *f* apendicite *f*
appétissant (a-pê-ti-*çã*) *adj* apetitoso
appétit (a-pê-*ti*) *m* apetite *m*
applaudir (a-plô-*diir*) *v* bater as palmas, aplaudir
applaudissements (a-plô-di-*çmã*) *mpl* aplausos *mpl*
application (a-pli-ka-çⁱ*ón*) *f* aplicação

f
ppliquer (a-pli-*kê*) *v* aplicar; **s'appliquer à** aplicar-se a
pporter (a-pór-*tê*) *v* *trazer
ppréciation (a-prê-ç^{i}a-*ç^{i}ón*) *f* apreciação *f;* avaliação *f*
pprécier (a-prê-*ç^{i}ê*) *v* apreciar
***apprendre** (a-*prãdr*) *v* aprender; ensinar; ~ **par cœur** decorar
pprivoiser (a-pri-v^{u}a-*zê*) *v* domesticar
pprobation (a-pró-ba-*ç^{i}ón*) *f* aprovação *f*
pproche (a-*próch*) *f* maneira de proceder; aproximação *f*
pprocher (a-pró-*chê*) *v* aproximar-se
pproprié (a-pró-pri-*ê*) *adj* suficiente, apropriado
pprouver (a-pru-*vê*) *v* aprovar
pprovisionner en (a-pró-vi-z^{i}ó-*nê*) *prover de
pproximatif (a-prók-çi-ma-*tif*) *adj* aproximado
pproximativement (a-prók-çi-ma-tiv-*mã*) *adv* aproximadamente
appuyer (a-p^{u}i-*^{i}ê*) *v* apoiar; carregar; **s'appuyer** apoiar-se
âpre (aapr) *adj* áspero
après (a-*prê*) *adv* depois; *prep* depois de; ~ **que** depois que; **d'après** segundo
après-midi (a-prê-mi-*di*) *m/f* tarde *f*
apte (apt) *adj* apto
aptitude (ap-ti-*tüd*) *f* aptidão *f,* faculdade *f*
aquarelle (a-k^{u}a-*rél*) *f* aguarela *f*
Arabe (a-*rab*) *m* árabe *m*
arabe (a-*rab*) *adj* árabe
Arabie Saoudite (a-ra-bi ça-u-*dit*) Arábia Saudita
araignée (a-rê-*nhê*) *f* aranha *f;* **toile d'araignée** teia de aranha
arbitraire (ar-bi-*tréér*) *adj* arbitrário
arbitre (ar-*bitr*) *m* árbitro *m*
arbre (arbr) *m* árvore *f;* ~ **à cames** árvore de cames
arbuste (ar-*büçt*) *m* arbusto *m*
arc (ark) *m* arco *m*
arcade (ar-*kad*) *f* arcada *f*
arc-en-ciel (ar-kã-*ç^{i}él*) *m* arco-íris *m*
arche (arch) *f* arco *m;* arca *f*
archéologie (ar-kê-ó-ló-*ji*) *f* arqueologia *f*
archéologue (ar-kê-ó-*lógh*) *m* arqueólogo *m*
archevêque (ar-chă-*vék*) *m* arcebispo *m*
architecte (ar-chi-*tékt*) *m* arquitecto *m*
architecture (ar-chi-ték-*tüür*) *f* arquitectura *f*
archives (ar-*chiiv*) *fpl* arquivo *m*
ardoise (ar-*d^{u}aaz*) *f* ardósia *f*
arène (a-*rénn*) *f* praça de touros
arête (a-*rét*) *f* cumeada *f;* espinha *f*
argent (ar-*jã*) *m* prata *f;* dinheiro *m;* ~ **comptant** dinheiro à vista; ~ **liquide** a dinheiro; **en** ~ de prata
argenterie (ar-jã-*tri*) *f* pratas *fpl*
Argentin (ar-jã-*tén*) *m* argentino *m*
argentin (ar-jã-*tén*) *adj* argentino
Argentine (ar-jã-*tinn*) *f* Argentina *f*
argile (ar-*jil*) *f* argila *f*
argument (ar-ghü-*mã*) *m* argumento *m*
argumenter (ar-ghü-mã-*tê*) *v* argumentar
aride (a-*rid*) *adj* árido
arithmétique (a-rit-mê-*tik*) *f* aritmética *f*
armateur (ar-ma-*tăăr*) *m* armador *m*
arme (arm) *f* arma *f*
armée (ar-*mê*) *f* exército *m*
armer (ar-*mê*) *v* armar
armoire (ar-*m^{u}aar*) *f* armário *m*
armure (ar-*müür*) *f* armadura *f*
arôme (a-*rômm*) *m* aroma *m*
arqué (ar-*kê*) *adj* arqueado

arracher (a-ra-*chê*) *v* *extrair, arrancar
arrangement (a-rãj-*mã*) *m* arranjo *m;* ajuste *m*
arranger (a-rã-*jê*) *v* arranjar, ordenar; ajustar
arrestation (a-ré-çta-*ç'ón*) *f* prisão *f*
arrêt (a-*ré*) *m* paragem *f;* parada *fBr*
arrêter (a-rê-*tê*) *v* parar, acabar; prender; **s'arrêter** parar
arriéré (a-r'ê-*rê*) *adj* atrasado
arrière (a-*r'éér*) *m* retaguarda *f;* **en ~** atrás, para trás
arrivée (a-ri-*vê*) *f* chegada *f*
arriver (a-ri-*vê*) *v* chegar; acontecer, suceder
arrondi (a-rón-*di*) *adj* arredondado
art (aar) *m* arte *f;* **arts et métiers** artes e ofícios
artère (ar-*téér*) *f* artéria *f;* artéria principal
artichaut (ar-ti-*chô*) *m* alcachofra *f*
article (ar-*tikl*) *m* artigo *m;* **articles d'épicerie** artigos de mercearia; **articles de toilette** artigos de toalete
articulation (ar-ti-kü-la-*ç'ón*) *f* articulação *f*
artificiel (ar-ti-fi-*ç'él*) *adj* artificial
artisan (ar-ti-*zã*) *m* artífice *m*
artisanat (ar-ti-za-*na*) *m* artesanato *m*
artiste (ar-*tiçt*) *m* artista *m; f* artista *f*
artistique (ar-ti-*çtik*) *adj* artístico
ascenseur (a-çã-*çäär*) *m* ascensor *m;* elevador *m*
ascension (a-çã-*ç'ón*) *f* subida *f,* ascensão *f;* ***faire l'ascension de** *fazer a ascensão de, escalar
Asiatique (a-z'a-*tik*) *m* asiático *m*
asiatique (a-z'a-*tik*) *adj* asiático
Asie (a-*zi*) *f* Ásia *f*
asile (a-*zil*) *m* asilo *m*
aspect (a-*çpê*) *m* aspecto *m;* aparência *f*
asperge (a-*çpérj*) *f* espargo *m*
asphalte (a-*çfalt*) *m* asfalto *m*
aspirateur (a-çpi-ra-*täär*) *m* aspirador *m;* **passer l'aspirateur** aspirar
aspirer (a-çpi-*rê*) *v* aspirar; **~ à** aspirar a, pretender
aspirine (a-çpi-*rinn*) *f* aspirina *f*
assaisonner (a-çê-zó-*nê*) *v* temperar
assassinat (a-ça-çi-*na*) *m* assassínio *m,* homicídio *m*
assassiner (a-ça-çi-*nê*) *v* assassinar
assécher (a-çê-*chê*) *v* secar
assemblée (a-çã-*blê*) *f* assembleia *f*
assembler (a-çã-*blê*) *v* montar; juntar
assentiment (a-çã-ti-*mã*) *m* assentimento *m,* consentimento *m*
s'*asseoir (a-*çᵘaar*) sentar-se
assez (a-*çê*) *adv* bastante, assaz, razoavelmente
assidu (a-çi-*dü*) *adj* assíduo, aplicado
assiette (a-*ç'ét*) *f* prato *m;* **~ à soupe** prato de sopa
assigner (a-çi-*nhê*) *v* *atribuir
assistance (a-çi-*çtãç*) *f* assistência *f*
assistant (a-çi-*çtã*) *m* assistente *m*
assister (a-çi-*çtê*) *v* auxiliar, assistir
association (a-çó-ç'a-*ç'ón*) *f* associação *f,* sociedade *f*
associé (a-çó-*ç'ê*) *m* sócio *m*
associer (a-çó-*ç'ê*) *v* associar
assoiffé (a-çᵘa-*fê*) *adj* sedento
assortiment (a-çór-ti-*mã*) *m* sortimento *m,* sortido *m*
assurance (a-çü-*rãç*) *f* seguro *m;* **assurance-vie** seguro de vida; **assurance-voyages** seguro de viagem
assurer (a-çü-*rê*) *v* garantir, segurar, assegurar; **s'assurer de** certificar-se de
asthme (açm) *m* asma *f*
astucieux (a-çtü-*ç'ä*) *adj* astuto
atelier (a-tã-*l'ê*) *m* oficina *f*
athée (a-*tê*) *m* ateu *m*

athlète (a-*tlét*) *m* atleta *m*
athlétisme (a-tlê-*tizm*) *m* atletismo *m*
atmosphère (at-mó-*çféér*) *f* atmosfera *f;* ambiente *m*
atome (a-*tómm*) *m* átomo *m*
atomique (a-tó-*mik*) *adj* atómico
atroce (a-*tróç*) *adj* atroz
attacher (a-ta-*chê*) *v* prender, atar; **attaché à** dedicado a
attaque (a-*tak*) *f* ataque *m;* assalto *m*
attaquer (a-ta-*kê*) *v* atacar, *agredir
***atteindre** (a-*téndr*) *v* alcançar, atingir
attendre (a-*tãdr*) *v* esperar; **en attendant** entretanto
attente (a-*tãt*) *f* espera *f;* expectativa *f*
attentif (a-tã-*tif*) *adj* cuidadoso, atento
attention (a-tã-*ç'ón*) *f* atenção *f;* ***faire ~** prestar atenção, *ter cuidado; **prêter ~ à** prestar atenção a
atterrir (a-tê-*riir*) *v* aterrar
attestation (a-té-çta-*ç'ón*) *f* certidão *f*
attirer (a-ti-*rê*) *v* *atrair
attitude (a-ti-*tüd*) *f* atitude *f*
attouchement (a-tuch-*mã*) *m* toque *m*
attraction (a-trak-*ç'ón*) *f* atracção *f*
attrait (a-*trê*) *m* atractivo *m;* **attraits** atractivos *mpl,* encantos *mpl*
attraper (a-tra-*pê*) *v* apanhar; *contrair
aube (ôôb) *f* madrugada *f*
auberge (ô-*bérj*) *f* albergue *m,* pousada *f;* estalagem *f;* **~ de jeunesse** albergue de juventude
aubergine (ô-bér-*jinn*) *f* beringela *f*
aubergiste (ô-bér-*jiçt*) *m* estalajadeiro *m*
aucun (ô-*kãn*) *adj* nenhum; *pron* nenhum
aucunement (ô-künn-*mã*) *adv* de modo nenhum
audace (ô-*daç*) *f* audácia *f*
audacieux (ô-da-*ç'ă*) *adj* audacioso, arrojado
au-dessous (ô-dă-*çu*) *adv* por baixo
au-dessus (ô-dă-*çü*) *adv* por cima; **~ de** por cima de
audible (ô-*dibl*) *adj* audível
auditeur (ô-di-*tăăr*) *m* ouvinte *m*
auditorium (ô-di-tó-*r'ómm*) *m* auditório *m*
augmentation (ôgh-mã-ta-*ç'ón*) *f* aumento *m;* **~ de salaire** aumento de salário
augmenter (ôgh-mã-*tê*) *v* crescer, aumentar
aujourd'hui (ô-jur-*d'i*) *adv* hoje
auparavant (ô-pa-ra-*vã*) *adv* antigamente
auprès de (ô-*prê* dă) ao pé de
auriculaire (ô-ri-kü-*léér*) *m* dedo mínimo
aurore (ô-*róór*) *f* aurora *f*
aussi (ô-*çi*) *adv* também; tanto; **~ bien** também; **~ bien que** assim como; tanto ... como
aussitôt (ô-çi-*tô*) *adv* logo; **~ que** logo que
Australie (ô-çtra-*li*) *f* Austrália *f*
Australien (ô-çtra-*l'én*) *m* australiano *m*
australien (ô-çtra-*l'én*) *adj* australiano
autant (ô-*tã*) *adv* tanto
autel (ô-*tél*) *m* altar *m*
auteur (ô-*tăăr*) *m* autor *m*
authentique (ô-tã-*tik*) *adj* autêntico, genuíno
auto (ô-*tô*) *f* automóvel *m*
autobus (ô-tô-*büç*) *m* autocarro *m;* ônibus *mBr*
autocuiseur (ô-tô-küi-*zăăr*) *m* panela de pressão
automatique (ô-tô-ma-*tik*) *adj* automático

automatisation (ô-tô-ma-ti-za-*ç'ón*) *f* automatização *f*
automne (ô-*tónn*) *m* Outono *m*
automobile (ô-tô-mó-*bil*) *f* automóvel *m*
automobilisme (ô-tô-mó-bi-*liçm*) *m* automobilismo *m*
automobiliste (ô-tô-mó-bi-*liçt*) *m* automobilista *m*
autonome (ô-tó-*nómm*) *adj* autónomo
autonomie (ô-tó-nó-*mi*) *f* autonomia *f*
autopsie (ô-tó-*pçi*) *f* autópsia *f*
autorisation (ô-tó-ri-za-*ç'ón*) *f* autorização *f*
autoriser (ô-tó-ri-*zê*) *v* permitir, *consentir; autorizar
autoritaire (ô-tó-ri-*téér*) *adj* autoritário
autorité (ô-tó-ri-*tê*) *f* autoridade *f*
autoroute (ô-tô-*rut*) *f* auto-estrada *f*
auto-stoppeur (ô-tô-çtó-*päär*) *m* pessoa que pede boleia; ***faire de l'auto-stop** *pedir boleia; *pedir carona *Br*
autour (ô-*tuur*) *adv* à volta, em volta; à volta de; ~ **de** em volta de, à volta de; em torno de
autre (ôôtr) *adj* outro; **entre autres** entre outras coisas
autrefois (ô-trǎ-*fᵘa*) *adv* outrora
autrement (ô-trǎ-*mã*) *adv* doutro modo
Autriche (ô-*trich*) *f* Áustria *f*
Autrichien (ô-tri-*ch'én*) *m* austríaco *m*
autrichien (ô-tri-*ch'én*) *adj* austríaco
autruche (ô-*trüch*) *f* avestruz *f*
en aval (ã-na-*val*) rio abaixo
avalanche (a-va-*lãch*) *f* avalanche *f*
avaler (a-va-*lê*) *v* *engolir
avance (a-*vãç*) *f* avanço *m;* adiantamento *m;* **à l'avance** antecipadamente; **d'avance** antes; adiantadamente
avancement (a-vã-*çmã*) *m* avanço *m*
avancer (a-vã-*çê*) *v* avançar; adiantar
avant (a-*vã*) *prep* antes de; *adv* antes; ~ **que** antes que; **en** ~ em frente, avante, para a frente
avantage (a-vã-*taaj*) *m* vantagem *f*
avantageux (a-vã-ta-*jǎ*) *adj* vantajoso; económico
avant-hier (a-vã-*t'éér*) *adv* anteontem
avare (a-*vaar*) *adj* avarento
avec (a-*vék*) *prep* com
avenir (a-*vniir*) *m* futuro *m*
aventure (a-vã-*tüür*) *f* aventura *f*
avenue (a-*vnü*) *f* avenida *f*
averse (a-*vérç*) *f* aguaceiro *m*
aversion (a-vér-*ç'ón*) *f* aversão *f*
avertir (a-vér-*tiir*) *v* *advertir, avisar
avertissement (a-vér-ti-*çmã*) *m* aviso *m*
aveugle (a-*văghl*) *adj* cego
aveugler (a-vă-*ghlê*) *v* cegar
aviation (a-v'a-*ç'ón*) *f* aviação *f*
avion (a-*v'ón*) *m* avião *m;* ~ **à réaction** avião a jacto
avis (a-*vi*) *m* conselho *m;* aviso *m*
avocat (a-vó-*ka*) *m* advogado *m*
avoine (a-*vᵘann*) *f* aveia *f*
***avoir** (a-*vᵘaar*) *v* *ter
avoisinant (a-vᵘa-zi-*nã*) *adj* vizinho
avortement (a-vórt-*mã*) *m* aborto *m*
avoué (a-vu-*ê*) *m* procurador *m*, advogado *m*
avouer (a-vu-*ê*) *v* confessar
avril (a-*vril*) Abril
azote (a-*zót*) *m* azoto *m*

B

bâbord (ba-*bóór*) *m* bombordo *m*
bâche (baach) *f* toldo impermeável
bactérie (bak-tê-*ri*) *f* bactéria *f*
bagage (ba-*ghaaj*) *m* bagagem *f;* ~ à

main bagagem de mão
bague (bagh) *f* anel *m;* ~ **de fiançailles** anel de noivado
baie (bê) *f* baga *f;* baía *f,* enseada *f*
se baigner (bê-*nhê*) banhar-se, tomar banho
bail (bai) *m* (pl baux) arrendamento *m*
bâiller (ba-*ʲê*) *v* bocejar
bain (bén) *m* banho *m;* ~ **turc** banho turco; **bonnet de** ~ touca de banho; **caleçon de** ~ calções de banho
baiser (bê-*zê*) *m* beijo *m*
baisse (béç) *f* baixa *f,* rebaixa *f*
baisser (bê-*çê*) *v* baixar; abaixar
bal (bal) *m* (pl ~s) baile *m*
balai (ba-*lê*) *m* vassoura *f*
balance (ba-*lãç*) *f* balança *f*
balancer (ba-lã-*çê*) *v* balançar; baloiçar
balançoire (ba-lã-*çᵘaar*) *f* baloiço *m;* balancé *m;* gangorra *fBr;* balanço *mBr*
balayer (ba-lê-*ʲê*) *v* varrer
balbutier (bal-bü-*çʲê*) *v* balbuciar
balcon (bal-*kón*) *m* varanda *f;* balcão *m*
baleine (ba-*lénn*) *f* baleia *f*
balle (bal) *f* bola *f;* bala *f*
ballet (ba-*lê*) *m* bailado *m;* balé *mBr*
ballon (ba-*lón*) *m* bola *f;* balão *m*
balustrade (ba-lü-*çtrad*) *f* balaustrada *f*
bambin (bã-*bén*) *m* criança pequena, menino *m*
bambou (bã-*bu*) *m* bambu *m*
banane (ba-*nann*) *f* banana *f*
banc (bã) *m* banco *m;* ~ **d'école** carteira de escola
bande (bãd) *f* grupo *m,* quadrilha *f;* fita *f,* faixa *f;* ~ **dessinée** banda desenhada
bandit (bã-*di*) *m* bandido *m*
banlieue (bã-*lʲã*) *f* subúrbio *m*
bannière (ba-*nʲéér*) *f* estandarte *m*
banque (bãk) *f* banco *m*
banquet (bã-*kê*) *m* banquete *m*
baptême (ba-*témm*) *m* baptismo *m*
baptiser (ba-ti-*zê*) *v* baptizar
bar (baar) *m* bar *m*
baratiner (ba-ra-ti-*nê*) *v* *dizer disparates
barbe (barb) *f* barba *f*
barbue (bar-*bü*) *f* rodovalho *m*
baril (ba-*ri*) *m* barril *m;* barrica *f*
barmaid (bar-*méd*) *f* empregada de bar
barman (bar-*mann*) *m* barman *m;* empregado de bar
baromètre (ba-ró-*métr*) *m* barómetro *m*
baroque (ba-*rók*) *adj* barroco
barque (bark) *f* barca *f*
barrage (ba-*raaj*) *m* barragem *f*
barre (baar) *f* varão *m,* barra *f;* leme *m;* balcão *m*
barreau (ba-*rô*) *m* barra *f*
barrière (ba-*rʲéér*) *f* barreira *f;* cancela *f;* cerca *f*
baryton (ba-ri-*tón*) *m* barítono *m*
bas¹ (ba) *adj* (f ~se) baixo; **en** ~ abaixo; em baixo, para baixo; **en** ~ **de** debaixo de, abaixo de; **vers le** ~ para baixo
bas² (ba) *m* meia *f;* ~ **de soutien** meias de descanso
bas-côté (ba-kô-*tê*) *m* nave lateral
bascule (ba-*çkül*) *f* báscula *f,* balança *f*
base (baz) *f* base *f,* fundamento *m*
base-ball (béz-*ból*) *m* basebol *m*
baser (ba-*zê*) *v* *basear
basilique (ba-zi-*lik*) *f* basílica *f*
basse (baç) *f* baixo *m*
bassin (ba-*çén*) *m* pélvis *f,* bacia *f*
bataille (ba-*tai*) *f* batalha *f*
bateau (ba-*tô*) *m* barco *m;* ~ **à mo-**

teur barco a motor; ~ **à rames** barco a remos; ~ **à vapeur** barco a vapor; ~ **à voiles** barco à vela; **bateau-citerne** *m* navio-cisterna *m*
bâtiment (ba-ti-*mã*) *m* edifício *m;* construção *f*
bâtir (ba-*tiir*) *v* *construir
bâton (ba-*tón*) *m* pau *m;* **bâtons de ski** varas de esqui
***battre** (batr) *v* bater; baralhar; **se** ~ combater
bavard (ba-*vaar*) *adj* falador; *m* cavaqueador *m*
bavardage (ba-var-*daaj*) *m* cavaco *m*, conversa *f*
bavarder (ba-var-*dê*) *v* *cavaquear
beau (bô) *adj* (bel; f belle) belo; bonito, lindo
beaucoup (bô-*ku*) *adv* muito; **de** ~ de longe
beau-fils (bô-*fiç*) *m* genro *m*
beau-frère (bô-*fréér*) *m* cunhado *m*
beau-père (bô-*péér*) *m* sogro *m;* padrasto *m*
beauté (bô-*tê*) *f* beleza *f;* **produits de** ~ produtos de beleza, cosméticos *mpl*
beaux-arts (bô-*zaar*) *mpl* belas-artes *fpl*
beaux-parents (bô-pa-*rã*) *mpl* sogros *mpl*
bébé (bê-*bê*) *m* bebé *m*
bec (bék) *m* bico *m*
bec-de-corbin (bék-dă-kór-*bén*) *m* pé-de-cabra *m*
bêche (béch) *f* pá *f*
beige (bééj) *adj* bege
Belge (bélj) *m* belga *m*
belge (bélj) *adj* belga
Belgique (bél-*jik*) *f* Bélgica *f*
belle-fille (bél-*fi*ⁱ) *f* nora *f*
belle-mère (bél-*méér*) *f* sogra *f;* madrasta *f*
belle-sœur (bél-*çăăr*) *f* cunhada *f*
bénédiction (bê-nê-dik-*ç*ⁱ*ón*) *f* bençaõ *f*
bénéfice (bê-nê-*fiç*) *m* benefício *m*
bénéficiaire (bê-nê-fi-*ç*ⁱ*éér*) *m* beneficiário *m*
bénéficier de (bê-nê-fi-*ç*ⁱ*ê*) beneficiar de
bénir (bê-*niir*) *v* abençoar, *bendizer
béquille (bê-*ki*ⁱ) *f* muleta *f*
berceau (bér-*çô*) *m* berço *m;* ~ **de voyage** alcofa de bébé
béret (bê-*rê*) *m* boina *f*
berge (bérj) *f* paredão *m*
berger (bér-*jê*) *m* pastor *m*
besogne (bă-*zónh*) *f* tarefa *f*
besoin (bă-*z*ᵘ*én*) *m* necessidade *f*, precisão *f;* ***avoir** ~ **de** necessitar
bétail (bê-*tai*) *m* gado *m*
bête (bét) *f* animal *m; adj* palerma, estúpido, obtuso; ~ **de proie** animal de rapina
béton (bê-*tón*) *m* betão *m;* concreto *mBr*
betterave (bé-*traav*) *f* beterraba *f*
beurre (băăr) *m* manteiga *f*
Bible (bibl) *f* bíblia *f*
bibliothèque (bi-bli-ó-*ték*) *f* biblioteca *f*
bicyclette (bi-çi-*klét*) *f* bicicleta *f*
bien (bⁱén) *adv* bem; **bien!** bem!; está bem!; ~ **que** se bem que, embora; **biens** bens *mpl*
bien-être (bⁱén-*néétr*) *m* bem-estar *m*
bientôt (bⁱén-*tô*) *adv* em breve; dentro em breve
bienveillance (bⁱén-vê-*ⁱãç*) *f* boa vontade
bienvenu (bⁱén-*vnü*) *adj* benvindo
bière (bⁱéér) *f* cerveja *f*
bifteck (bif-*ték*) *m* bife *m*
bifurcation (bi-für-ka-*ç*ⁱ*ón*) *f* bifurcação *f*
bifurquer (bi-für-*kê*) *v* bifurcar
bigorneau (bi-ghór-*nô*) *m* búzio *m*

bigoudi (bi-ghu-*di*) *m* rolo *m*
bijou (bi-*ju*) *m* (pl ~x) jóia *f*
bijoutier (bi-ju-*t'ê*) *m* joalheiro *m*
bilan (bi-*lã*) *m* balanço *m*
bile (bil) *f* bílis *f*
bilingue (bi-*léngh*) *adj* bilíngue
billard (bi-*'aar*) *m* bilhar *m*
bille (bi') *f* berlinde *m*
billet (bi-*'ê*) *m* bilhete *m;* ~ **de banque** nota de banco; ~ **de quai** bilhete de gare; ~ **gratuit** bilhete gratuito
biologie (bi-ó-ló-*ji*) *f* biologia *f*
biscuit (bi-*çk"i*) *m* biscoito *m*
bistrot (bi-*çtrô*) *m* café *m,* taberna *f*
bizarre (bi-*zaar*) *adj* insólito, estranho, invulgar
blague (blagh) *f* anedota *f;* ~ **à tabac** bolsa de tabaco
blaireau (blé-*rô*) *m* pincel da barba
blâme (blaamm) *m* culpa *f,* censura *f*
blâmer (bla-*mê*) *v* censurar, acusar
blanc (blã) *adj* (f blanche) branco; em branco
blanchaille (blã-*chai*) *f* peixe miúdo
blanchisserie (blã-chi-*çri*) *f* lavandaria *f*
blé (blê) *m* trigo *m;* cereal *m*
blesser (blê-*çê*) *v* *ferir; ofender
blessure (blê-*çüür*) *f* ferida *f,* lesão *f*
bleu (blă) *adj* (pl bleus) azul; *m* nódoa negra
bloc (blók) *m* bloco *m*
bloc-notes (blók-*nót*) *m* bloco de notas, bloco de papel
blond (blón) *adj* loiro
blonde (blónd) *f* loira *f*
bloquer (bló-*kê*) *v* *bloquear
bobine (bó-*binn*) *f* bobina *f;* ~ **d'allumage** bobina de ignição
bœuf (băf) *m* boi *m;* carne de vaca
bohémien (bó-ê-*m'én*) *m* cigano *m*
***boire** (b"aar) *v* beber
bois (b"a) *m* madeira *f;* lenha *f,* bosque *m;* ~ **d'œuvre** madeira de construção; **en** ~ de madeira
boisé (b"a-*zê*) *adj* arborizado
boisson (b"a-*çón*) *f* bebida *f*
boîte (b"at) *f* caixa *f;* lata *f;* ~ **à ordures** caixote do lixo; lata de lixo *Br;* ~ **à outils** caixa de ferramenta; ~ **aux lettres** caixa do correio; ~ **d'allumettes** caixa de fósforos; ~ **de couleurs** caixa de tintas; ~ **de nuit** boate *f;* ~ **de vitesse** caixa de velocidades
boiter (b"a-*tê*) *v* *coxear
boiteux (b"a-*tă*) *adj* coxo
bol (ból) *m* tigela *f*
Bolivie (bó-li-*vi*) *f* Bolívia *f*
Bolivien (bó-li-*v'én*) *m* boliviano *m*
bolivien (bó-li-*v'én*) *adj* boliviano
bombarder (bón-bar-*dê*) *v* *bombardear
bombe (bónb) *f* bomba *f*
bon[1] (bón) *adj* bom, saboroso
bon[2] (bón) *m* vale *m;* ~ **de commande** nota de encomenda
bonbon (bón-*bón*) *m* rebuçado *m;* **bonbons** rebuçados *mpl;* balas *fplBr*
bond (bón) *m* salto *m,* pulo *m*
bondé (bón-*dê*) *adj* apinhado
bondir (bón-*diir*) *v* pular, saltar
bonheur (bó-*năăr*) *m* felicidade *f*
bonjour! (bón-*juur*) bom dia!; olá!
bonne (bónn) *f* criada *f;* empregada doméstica; ~ **d'enfants** ama-seca *f*
bonne-maman (bónn-ma-*mã*) *f* avozinha *f*
bonneterie (bó-né-*tri*) *f* loja de malhas
bon-papa (bón-pa-*pa*) *m* avozinho *m*
bonsoir! (bón-*ç"aar*) boa noite!
bonté (bón-*tê*) *f* bondade *f*
bord (bóór) *m* borda *f;* **à** ~ a bordo; ~ **de la mer** beira-mar *f;* ~ **de la**

rivière beira-rio *f;* ~ **de la route** berma *f;* beira da estrada; ~ **du trottoir** beira do passeio; meio-fio *mBr*
bordel (bór-*dél*) *m* bordel *m*
borne routière (bórn ru-*t'éér*) marco miliário
borné (bór-*nê*) *adj* tacanho
bosquet (bó-*çkê*) *m* mata *f*
bosse (bóç) *f* mossa *f*, alto *m*
botanique (bó-ta-*nik*) *f* botânica *f*
botte (bót) *f* bota *f*
bouc (buk) *m* bode *m;* ~ **émissaire** bode expiatório
bouche (buch) *f* boca *f*
bouchée (bu-*chê*) *f* bocado *m*
boucher (bu-*chê*) *m* talho *m; v* tapar
boucherie (bu-*chri*) *f* talho *m*
bouchon (bu-*chón*) *m* rolha *f*
boucle (bukl) *f* fivela *f;* caracol *m;* nó corrediço; ~ **d'oreille** brinco *m*
boucler (bu-*klê*) *v* encaracolar
boue (bu) *f* lama *f*
bouée (bu-*ê*) *f* bóia *f;* ~ **de sauvetage** bóia de salvação
boueux (bu-*ă*) *adj* lamacento
bouger (bu-*jê*) *v* mover; mexer
bougie (bu-*ji*) *f* vela *f;* ~ **d'allumage** vela de ignição
***bouillir** (bu-*'iir*) *v* ferver
bouilloire (bu-*'uaar*) *f* chaleira *f*
bouillotte (bu-*'ót*) *f* botija de água quente
boulanger (bu-lã-*jê*) *m* padeiro *m*
boulangerie (bu-lã-*jri*) *f* padaria *f*
boule (bul) *f* bola *f*
bouleau (bu-*lô*) *m* bétula *f*
bouleversé (bul-vér-*çê*) *adj* transtornado
boulon (bu-*lón*) *m* cavilha *f*
boulot (bu-*lô*) *m* trabalho *m*
bouquet (bu-*kê*) *m* ramo *m*
bourg (buur) *m* vila *f*
bourgeois (bur-*jua*) *adj* burguês
bourgeon (bur-*jón*) *m* botão *m*, rebento *m*
bourré (bu-*rê*) *adj* repleto
bourreau (bu-*rô*) *m* carrasco *m*
bourse (burç) *f* porta-moedas *m*, bolsa *f;* ~ **des valeurs** bolsa de valores; ~ **d'études** bolsa de estudos
boussole (bu-*çól*) *f* bússola *f*
bout (bu) *m* extremidade *f;* ponta *f;* fim *m*
bouteille (bu-*téi*) *f* garrafa *f*
boutique (bu-*tik*) *f* boutique *f;* loja *f*
bouton (bu-*tón*) *m* maçaneta, botão *m;* **boutons de manchette** botões de punho; abotoaduras *fplBr*
boutonner (bu-tó-*nê*) *v* abotoar
boutonnière (bu-tó-*n'éér*) *f* casa de botão
bowling (bô-*linng*) *m* bowling *m;* boliche *m*
boxer (bók-*çê*) *v* jogar o boxe
bracelet (bra-*çlê*) *m* pulseira *f;* **bracelet-montre** relógio de pulso; ~ **pour montre** correia de relógio
braconner (bra-kó-*nê*) *v* caçar furtivamente
braguette (bra-*ghét*) *f* braguilha *f*
branche (brãch) *f* ramo *m*
brancher (brã-*chê*) *v* ligar
branchie (brã-*chi*) *f* guelra *f*
branlant (brã-*lã*) *adj* vacilante
bras (bra) *m* braço *m;* **bras dessus bras dessous** de braço dado
brasse (braç) *f* bruços *mpl;* ~ **papillon** mariposa *f*
brasser (bra-*çê*) *v* fabricar cerveja; remexer
brasserie (bra-*çri*) *f* fábrica de cerveja *f;* cervejaria *f*
brave (brav) *adj* corajoso, valente; bom
brèche (bréch) *f* brecha *f*
bref (bréf) *adj* (f brève) breve
brème (brémm) *f* pargo *m*

résil (brê-*zil*) *m* Brasil *m*
résilien (brê-zi-*lién*) *m* brasileiro *m*
résilien (brê-zi-*lién*) *adj* brasileiro
retelles (bră-*tél*) *fpl* suspensórios *mpl*
revet (bră-*vê*) *m* patente *f*, alvará *m*
ridge (bridj) *m* bridge *m*
rillant (bri-*iã*) *adj* claro; brilhante, reluzente
riller (bri-*iê*) *v* brilhar
rin d'herbe (brén dérb) folha de erva
rindille (brén-*dii*) *f* raminho *m*
rioche (bri-*óch*) *f* brioche *m*
rique (brik) *f* tijolo *m*
riquet (bri-*kê*) *m* isqueiro *m*
rise (briiz) *f* brisa *f*
riser (bri-*zê*) *v* quebrar; **brisé** quebrado
ritannique (bri-ta-*nik*) *m* britânico *m*
ritannique (bri-ta-*nik*) *adj* britânico
roche (bróch) *f* broche *m;* espeto *m*
rochet (bró-*chê*) *m* lúcio *m*
rochure (bró-*chüür*) *f* brochura *f*
roder (bró-*dê*) *v* bordar
roderie (bró-*dri*) *f* bordado *m*
ronchite (brón-*chit*) *f* bronquite *f*
ronze (brónz) *m* bronze *m;* **en** ~ de bronze
rosse (bróç) *f* escova *f;* ~ **à habits** escova de fato
rosser (bró-*çê*) *v* escovar
rouette (bru-*ét*) *f* carrinho de mão
rouillard (bru-*iaar*) *m* nevoeiro *m*
brouiller (bru-*iê*) *v* misturar; baralhar; semear a discórdia
bruit (brui) *m* ruído *m*
brûler (brü-*lê*) *v* arder; queimar
brûlure (brü-*lüür*) *f* queimadura *f;* **brûlures d'estomac** azia *f*
brume (brümm) *f* neblina *f;* névoa *f*, bruma *f*
brumeux (brü-*mă*) *adj* enevoado; fusco
brun (brăn) *adj* castanho
brunette (brü-*nét*) *f* morena *f*
brusque (brüçk) *adj* brusco; rude
brut (brüt) *adj* bruto
brutal (brü-*tal*) *adj* brutal
bruyant (brui-*iã*) *adj* ruidoso
bruyère (brui-*iéér*) *f* urze *f;* urzal *m*
bûche (büch) *f* toro *m*
bûcher (bü-*chê*) *v* trabalhar arduamente, mourejar
budget (bü-*djê*) *m* orçamento *m*
buffet (bü-*fê*) *m* bufete *m*
buisson (bui-*çón*) *m* moita *f*, arbusto *m*
bulbe (bülb) *m* bolbo *m*
Bulgare (bül-*ghaar*) *m* búlgaro *m*
bulgare (bül-*ghaar*) *adj* búlgaro
Bulgarie (bül-gha-*ri*) *f* Bulgária *f*
bulle (bül) *f* bolha *f*
bulletin météorologique (bül-tén mê-tê-ó-ró-ló-*jik*) boletim meteorológico
bureau (bü-*rô*) *m* escritório *m;* secretária *f*, escrivaninha *f;* repartição *f;* ~ **de change** casa de câmbio; ~ **de l'emploi** agência de colocação; ~ **de poste** correios *mpl;* ~ **de renseignements** agência de informações; ~ **des objets trouvés** depósito de objectos perdidos; ~ **de tabac** tabacaria *f;* ~ **de voyages** agência de viagens; **employé de** ~ empregado de escritório; **heures de** ~ horas de serviço
bureaucratie (bü-rô-kra-*çi*) *f* burocracia *f*
burin (bü-*rén*) *m* cinzel *m*
buste (büçt) *m* busto *m*
but (bü) *m* intento *m*, fim *m;* golo *m*, baliza *f*
butte (büt) *f* morro *m*, montículo *m*

C

ça (ça) *pron* isso
cabane (ka-*bann*) *f* cabana *f*
cabaret (ka-ba-*rê*) *m* cabaré *m*
cabine (ka-*binn*) *f* cabina *f;* ~ **de pont** camarote de convés; ~ **d'essayage** gabinete de provas
cabinet (ka-bi-*nê*) *m* retrete *f;* gabinete *m;* escritório *m;* ~ **de consultation** consultório *m*
câble (kabl) *m* cabo *m*
cacahuète (ka-ka-*uét*) *f* amendoim *m*
cachemire (kach-*miir*) *m* caxemira *f*
cacher (ka-*chê*) *v* esconder
cachet (ka-*chê*) *m* carimbo *m;* comprimido *m*
cadavre (ka-*daavr*) *m* cadáver *m*
cadeau (ka-*dô*) *m* presente *m*
cadenas (kad-*na*) *m* cadeado *m*
cadet (ka-*dê*) *adj* júnior; mais novo
cadre (kaadr) *m* moldura *f;* cenário *m;* quadro *m*
café (ka-*fê*) *m* café *m;* bar *m*
caféine (ka-fê-*inn*) *f* cafeína *f*
cafétéria (ka-fê-tê-*r'a*) *f* cafetaria *f*
cage (kaaj) *f* jaula *f;* gaiola *f*
cahier (ka-*'ê*) *m* caderno *m;* ~ **de croquis** caderno de desenho
cahoteux (ka-ó-*tã*) *adj* acidentado
caille (kai) *f* codorniz *f*
caillou (ka-*'u*) *m* (pl ~x) calhau *m*
caisse (kéç) *f* grade *f;* caixa *f;* ~ **d'épargne** caixa económica
caissier (kê-*ç'ê*) *m* caixa *m*
caissière (ké-*ç'éér*) *f* caixa *f*
cal (kal) *m* calo *m*
calamité (ka-la-mi-*tê*) *f* desgraça *f,* calamidade *f*
calcium (kal-*ç'ómm*) *m* cálcio *m*
calcul (kal-*kül*) *m* cálculo *m;* ~ **biliaire** cálculo biliar
calculatrice (kal-kü-la-*triç*) *f* calculador *m*
calculer (kal-kü-*lê*) *v* calcular
cale (kal) *f* calço *m,* porão *m*
caleçon (kal-*çón*) *m* cuecas *fpl;* ~ **de bain** calções de banho
calendrier (ka-lã-dri-*ê*) *m* calendário *m*
câliner (ka-li-*nê*) *v* acarinhar
calmant (kal-*mã*) *m* calmante *m*
calme (kalm) *adj* calmo
calmer (kal-*mê*) *v* acalmar
calomnie (ka-lómm-*ni*) *f* calúnia *f*
calorie (ka-ló-*ri*) *f* caloria *f*
calvinisme (kal-vi-*niçm*) *m* calvinismo *m*
camarade (ka-ma-*rad*) *m* camarada *m;* ~ **de classe** colega de turma; colega de classe *Br*
cambrioler (kã-bri-ó-*lê*) *v* assaltar
cambrioleur (kã-bri-ó-*lăăr*) *m* assaltante *m,* ladrão *m*
camée (ka-*mê*) *m* camafeu *m*
caméra (ka-mê-*ra*) *f* máquina de filmar
camion (ka-*m'ón*) *m* camião *m;* ~ **de livraison** furgoneta *f*
camionnette (ka-m'ó-*nét*) *f* furgoneta *f*
camp (kã) *m* acampamento *m;* ~ **de vacances** colónia de férias
campagne (kã-*panh*) *f* campo *m;* campanha *f*
camper (kã-*pê*) *v* acampar
campeur (kã-*păăr*) *m* campista *m*
camping (kã-*pinng*) *m* campismo *m;* **terrain de** ~ parque de campismo
Canada (ka-na-*da*) *m* Canadá *m*
Canadien (ka-na-*d'én*) *m* canadiano *m*
canadien (ka-na-*d'én*) *adj* canadiano
canal (ka-*nal*) *m* canal *m*
canapé (ka-na-*pê*) *m* sofá *m,* divã *m*
canard (ka-*naar*) *m* pato *m*
canari (ka-na-*ri*) *m* canário *m*

cancer (kã-*çéér*) *m* cancro *m*
candélabre (kã-dê-*laabr*) *m* candelabro *m*
candidat (kã-di-*da*) *m* candidato *m*
candidature (kã-di-da-*tüür*) *f* candidatura *f*
canif (ka-*nif*) *m* canivete *m*
caniveau (ka-ni-*vô*) *m* valeta *f*
canne (kann) *f* bengala *f*, cana *f*; ~ **à pêche** cana de pesca
cannelle (ka-*nél*) *f* canela *f*
canon (ka-*nón*) *m* canhão *m*
canot (ka-*nô*) *m* canoa *f*; barquinho *m*; ~ **automobile** barco a motor
cantine (kã-*tinn*) *f* cantina *f*
caoutchouc (ka-u-*tchu*) *m* borracha *f*; ~ **mousse** espuma de borracha
cap (kap) *m* cabo *m*; rota *f*
capable (ka-*pabl*) *adj* capaz; ***être** ~ **de** *ser capaz de
capacité (ka-pa-çi-*tê*) *f* capacidade *f*
cape (kap) *f* capa *f*
capitaine (ka-pi-*ténn*) *m* capitão *m*
capital (ka-pi-*tal*) *m* capital *m*; *adj* capital, fundamental
capitale (ka-pi-*tal*) *f* capital *f*
capitalisme (ka-pi-ta-*liçm*) *m* capitalismo *m*
capitonner (ka-pi-tó-*nê*) *v* estofar
capitulation (ka-pi-tü-la-*ç'ón*) *f* capitulação *f*
capot (ka-*pô*) *m* cobertura do motor
caprice (ka-*priç*) *m* capricho *m*
capsule (ka-*pçül*) *f* cápsula *f*
capture (kap-*tüür*) *f* captura *f*
capturer (kap-tü-*rê*) *v* capturar
capuchon (ka-pü-*chón*) *m* capuz *m*
car (kaar) *conj* pois, porque; *m* autocarro *m*; ônibus *mBr*
caractère (ka-rak-*téér*) *m* carácter *m*
caractériser (ka-rak-tê-ri-*zê*) *v* caracterizar
caractéristique (ka-rak-tê-ri-*çtik*) *f* característica *f*; *adj* típico, característico
carafe (ka-*raf*) *f* garrafa *f*
caramel (ka-ra-*mél*) *m* caramelo *m*
carat (ka-*ra*) *m* quilate *m*
caravane (ka-ra-*vann*) *f* caravana *f*
carburateur (kar-bü-ra-*täär*) *m* carburador *m*
cardigan (kar-di-*ghã*) *m* casaco de malha
cardinal (kar-di-*nal*) *m* cardeal *m*; *adj* cardeal
carence (ka-*rãç*) *f* carência *f*
cargaison (kar-ghê-*zón*) *f* carga *f*
carillon (ka-ri-*'ón*) *m* carrilhão *m*
carnaval (kar-na-*val*) *m* (pl ~s) Carnaval *m*
carnet (kar-*nê*) *m* caderneta *f*; ~ **de chèques** livro de cheques
carotte (ka-*rót*) *f* cenoura *f*
carpe (karp) *f* carpa *f*
carré (ka-*rê*) *m* quadrado *m*; *adj* quadrado
carreau (ka-*rô*) *m* azulejo *m*; vidro *m*; **à carreaux** em xadrez
carrefour (kar-*fuur*) *m* encruzilhada *f*
carrière (ka-*r'éér*) *f* carreira *f*; pedreira *f*
carrosse (ka-*róç*) *m* coche *m*
carrosserie (ka-ró-*çri*) *f* carroçaria *f*
cartable (kar-*tabl*) *m* pasta de escola
carte (kart) *f* cartão *m*; mapa *m*; ementa *f*; ~ **à jouer** carta de jogar; ~ **d'abonnement** assinatura de temporada; ~ **de crédit** cartão de crédito; ~ **des vins** lista dos vinhos; ~ **de visite** cartão de visita; ~ **d'identité** bilhete de identidade; ~ **marine** mapa marítimo; ~ **postale** bilhete postal, postal *m*, postal ilustrado; ~ **routière** mapa de estradas; ~ **verte** carta verde
carter (kar-*téér*) *m* cárter *m*
cartilage (kar-ti-*laaj*) *m* cartilagem *f*
carton (kar-*tón*) *m* cartão *m*; caixa de

cartão; caixa de papelão *Br*, papelão *mBr*; **en ~** de cartão
cartouche (kar-*tuch*) *f* cartucho *m*; caixa *m*
cas (ka) *m* caso *m*; **au ~ où** caso que; **~ d'urgence** emergência *f*; **en aucun ~** em caso algum; **en ~ de** em caso de
cascade (ka-*çkad*) *f* queda de água
case (kaaz) *f* divisão *f*
caserne (ka-*zérn*) *f* quartel *m*
casino (ka-zi-*nô*) *m* casino *m*; cassino *mBr*
casque (kaçk) *m* capacete *m*
casquette (ka-*çkét*) *f* barrete *m*, boné *m*
casse-croûte (ka-*çkrut*) *m* refeição ligeira
casse-noix (ka-*çn*ᵘ*a*) *m* quebra-nozes *m*
casser (ka-*çê*) *v* partir; **cassé** partido
casserole (ka-*çról*) *f* tacho *m*
casse-tête (ka-*çtét*) *m* quebra-cabeças *m*
cassis (ka-*çiç*) *m* groselha negra
castor (ka-*çtóór*) *m* castor *m*
catacombe (ka-ta-*kónb*) *f* catacumba *f*
catalogue (ka-ta-*lógh*) *m* catálogo *m*
catarrhe (ka-*taar*) *m* catarro *m*
catastrophe (ka-ta-*çtróf*) *f* catástrofe *f*
catégorie (ka-tê-ghó-*ri*) *f* categoria *f*
cathédrale (ka-tê-*dral*) *f* catedral *f*
catholique (ka-tó-*lik*) *adj* católico
cause (kôôz) *f* causa *f*; **à ~ de** por causa de
causer (kô-*zê*) *v* causar; conversar
causette (kô-*zét*) *f* cavaco *m*
caution (kô-*ç*ⁱ*ón*) *f* caução *f*, fiança *f*; **sujet à ~** indigno de confiança, suspeito
cavalier (ka-va-*l*ⁱ*ê*) *m* cavaleiro *m*
cave (kav) *f* cave *f*; adega *f*; porão *mBr*
caverne (ka-*vérn*) *f* caverna *f*
caviar (ka-*v*ⁱ*aar*) *m* caviar *m*
cavité (ka-vi-*tê*) *f* cavidade *f*
ce (çă) *adj* (cet; f cette, pl ces) aquele, esse; este
ceci (çă-*çi*) *pron* isto
céder (çê-*dê*) *v* ceder
ceinture (çén-*tüür*) *f* cinto *m*; **~ de sécurité** cinto de segurança
cela (çă-*la*) *pron* isso
célébration (çê-lê-bra-*ç*ⁱ*ón*) *f* celebração *f*
célèbre (çê-*lébr*) *adj* célebre
célébrer (çê-lê-*brê*) *v* celebrar
célébrité (çê-lê-bri-*tê*) *f* fama *f*, celebridade *f*
céleri (çél-*ri*) *m* aipo *m*
célibat (çê-li-*ba*) *m* celibato *m*
célibataire (çê-li-ba-*téér*) *m* celibatário *m*; *adj* solteiro
cellophane (çé-ló-*fann*) *f* celofane *m*
cellule (çé-*lül*) *f* célula *f*; cela *f*
celui-là (çă-lᵘi-*la*) *pron* (f celle-là, pl ceux-là, celles-là) aquele
cendre (çădr) *f* cinza *f*
cendrier (çă-dri-*ê*) *m* cinzeiro *m*
censure (çă-*çüür*) *f* censura *f*
cent (çă) *num* cem; **pour ~** porcento *m*
centimètre (çă-ti-*métr*) *m* centímetro *m*; fita métrica
central (çă-*tral*) *adj* central; **~ téléphonique** central telefónica
centrale (çă-*tral*) *f* central eléctrica
centraliser (çă-tra-li-*zê*) *v* centralizar
centre (çătr) *m* centro *m*; **~ commercial** centro comercial; **~ de la ville** centro da cidade; **~ de loisirs** centro recreativo
cependant (çă-pă-*dă*) *conj* contudo; todavia, mas
céramique (çê-ra-*mik*) *f* cerâmica *f*
cercle (çérkl) *m* círculo *m*

éréale (çê-rê-*al*) *f* cereal *m*
érémonie (çê-rê-mó-*ni*) *f* cerimónia *f*
érémonieux (çê-rê-mó-*nⁱă*) *adj* cerimonioso, formal
erise (çă-*riiz*) *f* cereja *f*
ertain (çér-*tén*) *adj* certo; **certains** alguns
ertificat (çér-ti-fi-*ka*) *m* certificado *m*; ~ **médical** atestado de saúde
erveau (çér-*vô*) *m* cérebro *m*
es (çê) *adj* estes; esses, aqueles
esser (çê-*çê*) *v* cessar
eux-là (çă-*la*) *pron* (f celles-là) aqueles
hacun (cha-*kăn*) *pron* cada um; qualquer pessoa
hagrin (cha-*ghrén*) *m* desgosto *m*
haîne (chénn) *f* cadeia *f*; ~ **de montagnes** cordilheira *f*
hair (chéér) *f* carne *f*; ~ **de poule** pele de galinha
haire (chéér) *f* púlpito *m*
haise (chééz) *f* cadeira *f*; ~ **longue** cadeira de lona
hâle (chaal) *m* xaile *m*, xale *m*
halet (cha-*lê*) *m* chalé *m*
haleur (cha-*lăăr*) *f* calor *m*
hambre (chăbr) *f* quarto *m*; ~ **à air** câmara-de-ar *f*; ~ **à coucher** quarto de dormir; ~ **d'ami** quarto de hóspedes; ~ **d'enfants** quarto das crianças; ~ **et petit déjeuner** quarto e pequeno almoço; ~ **forte** casa-forte *f*; ~ **pour une personne** quarto individual
hameau (cha-*mô*) *m* camelo *m*
champ (chã) *m* campo *m*; ~ **de blé** seara *f*; ~ **de courses** pista de corridas; **sur-le-champ** já
champagne (chã-*panh*) *m* champanhe *m*
champignon (chã-pi-*nhón*) *m* cogumelo *m*
champion (chã-*pⁱón*) *m* campeão *m*
chance (chãç) *f* sorte *f*; oportunidade *f*
chanceux (chã-*çă*) *adj* afortunado
chandail (chã-*dai*) *m* camisola *f*, camisola de malha; suéter *mBr*
change (chãj) *m* troco *m*; **bureau de** ~ casa de câmbio
changement (chãj-*mã*) *m* mudança *f*; alteração *f*
changer (chã-*jê*) *v* alterar, mudar; trocar; *fazer transbordo; ~ **de vitesse** mudar de velocidade; ~ **en** transformar em; **se** ~ mudar de roupa
chanson (chã-*çón*) *f* canção *f*; ~ **populaire** canção popular
chant (chã) *m* canção *f*, canto *m*
chantage (chã-*taaj*) *m* chantagem *f*
chanter (chã-*tê*) *v* cantar; ***faire** ~ *fazer chantagem
chanteur (chã-*tăăr*) *m* cantor *m*; cançonetista *m*
chanteuse (chã-*tăăz*) *f* cantora *f*; cançonetista *f*
chantier naval (chã-tⁱê na-*val*) estaleiro *m*
chanvre (chãvr) *m* cânhamo *m*
chaos (ka-*ô*) *m* caos *m*
chaotique (ka-ó-*tik*) *adj* caótico
chapeau (cha-*pô*) *m* chapéu *m*
chapelain (cha-*plén*) *m* capelão *m*
chapelet (cha-*plê*) *m* terço *m*
chapelle (cha-*pél*) *f* capela *f*
chapitre (cha-*pitr*) *m* capítulo *m*
chaque (chak) *adj* cada
charbon (char-*bón*) *m* carvão *m*; ~ **de bois** carvão de lenha
charcuterie (char-kü-*tri*) *f* salsicharia *f*
chardon (char-*dón*) *m* cardo *m*
charge (charj) *f* carga *f*; taxa *f*; encargo *m*
chargement (char-jă-*mã*) *m* carregamento *m*, carga *f*

charger (char-*jê*) *v* carregar; encarregar; **chargé de** encarregado de; **se ~ de** encarregar-se de
charité (cha-ri-*tê*) *f* caridade *f*
charlatan (char-la-*tã*) *m* charlatão *m*
charmant (char-*mã*) *adj* encantador; fascinante
charme (charm) *m* encanto *m*
charmer (char-*mê*) *v* encantar
charnière (char-*n*ⁱ*éér*) *f* dobradiça *f*
charrette (cha-*rét*) *f* carroça *f*
charrue (cha-*rü*) *f* arado *m*
chasse (chaç) *f* caça *f*
chasser (cha-*çê*) *v* afugentar; caçar
chasseur (cha-*çăăr*) *m* caçador *m*; groom *m*
châssis (cha-*çi*) *m* chassi *m*
chaste (chaçt) *adj* casto
chat (cha) *m* gato *m*
châtain (cha-*tén*) *adj* castanho
château (cha-*tô*) *m* castelo *m*
chatouiller (cha-tu-ⁱ*ê*) *v* *fazer cócegas
chaud (chô) *adj* quente
chaudière (chô-*d*ⁱ*éér*) *f* caldeira *f*
chauffage (chô-*faaj*) *m* aquecimento *m*; **~ central** aquecimento central
chauffer (chô-*fê*) *v* aquecer
chauffeur (chô-*făăr*) *m* motorista *m*
chaussée (chô-*çê*) *f* calçada *f*; faixa de rodagem
chaussette (chô-*çét*) *f* peúga *f*
chaussure (chô-*çüür*) *f* sapato *m*; **chaussures** calçado *m*; **chaussures de basket** sapatos de ginástica; **chaussures de gymnastique** sapatos de ginástica; **chaussures de ski** botas de esqui; **chaussures de tennis** sapatos de ténis
chauve (chôôv) *adj* careca
chaux (chô) *f* cal *f*
chef (chéf) *m* chefe *m*; **~ cuisinier** cozinheiro-chefe *m*; **~ de gare** chefe de estação; **~ d'Etat** chefe de estado; **~ d'orchestre** maestro *m*
chef-d'œuvre (ché-*dăăvr*) *m* obra-prima *f*
chemin (chă-*mén*) *m* caminho *m*; **à mi-chemin** a meio caminho; **~ de fer** caminho-de-ferro; estrada de ferro *Br*; **~ du retour** volta *f*
cheminée (chă-mi-*nê*) *f* chaminé *f*; lareira *f*
chemise (chă-*miiz*) *f* camisa *f*; **~ de nuit** camisa de dormir; camisola *fBr*
chemisier (chă-mi-*z*ⁱ*ê*) *m* blusa *f*
chêne (chénn) *m* carvalho *m*
chenil (chă-*ni*) *m* canil *m*
chèque (chék) *m* cheque *m*; **~ de voyage** traveller's cheque
cher (chéér) *adj* querido, caro
chercher (chér-*chê*) *v* procurar; ***aller ~** *ir buscar
chère (chéér) *f* mesa *f*, comida f
chéri (chê-*ri*) *m* querido *m*
cheval (chă-*val*) *m* cavalo *m*; **~ de course** cavalo de corridas; **cheval-vapeur** cavalo-vapor *m*; **chevaux de bois** carrossel *m*
chevalier (chă-va-*l*ⁱ*ê*) *m* cavaleiro *m*
chevelu (chă-*vlü*) *adj* cabeludo
cheveu (chă-*vă*) *m* cabelo *m*; **coupe de cheveux** corte de cabelo
cheville (chă-*vi*ⁱ) *f* tornozelo *m*
chèvre (chéévr) *f* cabra *f*
chevreau (chă-*vrô*) *m* pelica *f*
chewing-gum (chᵘinng-*ghómm*) *m* pastilha elástica, goma de mascar *Br*
chez (chê) *prep* em casa de; a casa de; em; entre; a; **~ soi** para casa; em casa
chic (chik) *adj* (f ~) chique
chichi (chi-*chi*) *m* espalhafato *m*
chien (chⁱén) *m* cão *m*; **~ d'aveugle** cão de cego

chienne (chʲénn) *f* cadela *f*
chiffon (chi-*fón*) *m* pano *m;* trapo *m*
chiffre (chifr) *m* algarismo *m*
Chili (chi-*li*) *m* Chile *m*
Chilien (chi-*lʲén*) *m* chileno *m*
chilien (chi-*lʲén*) *adj* chileno
chimie (chi-*mi*) *f* química *f*
chimique (chi-*mik*) *adj* químico
Chine (chinn) *f* China *f*
Chinois (chi-*nᵘa*) *m* chinês *m*
chinois (chi-*nᵘa*) *adj* chinês
chirurgien (chi-rür-*jʲén*) *m* cirurgião *m*
chlore (klóór) *m* cloro *m*
choc (chók) *m* choque *m*
chocolat (chó-kó-*la*) *m* chocolate *m*
chœur (kăăr) *m* coro *m*
choisir (chᵘa-*ziir*) *v* escolher; **choisi** selecto
choix (chᵘa) *m* escolha *f*
chômage (chô-*maaj*) *m* desemprego *m;* **en** ~ desempregado
chômeur (chô-*măăr*) *m* desempregado *m*
chope (chóp) *f* caneca *f*
choquer (chó-*kê*) *v* chocar
chose (chôôz) *f* coisa *f;* **quelque** ~ alguma coisa
chou (chu) *m* (pl ~x) couve *f;* **chou-fleur** couve-flor; **choux de Bruxelles** couve-de-bruxelas
chouchou (chu-*chu*) *m* menino-bonito *m*
chrétien (krê-*tʲén*) *m* cristão *m; adj* cristão
Christ (kriçt) *m* Cristo
chrome (krómm) *m* crómio *m*
chronique (kró-*nik*) *adj* crónico
chronologique (kró-nó-ló-*jik*) *adj* cronológico
chuchotement (chü-chót-*mã*) *m* cochicho *m,* sussurro *m*
chuchoter (chü-chó-*tê*) *v* sussurrar, cochichar
chute (chüt) *f* queda *f*
cible (çibl) *f* alvo *m*
ciboulette (çi-bu-*lét*) *f* cebolinho *m*
cicatrice (çi-ka-*triç*) *f* cicatriz *f*
ciel (çʲél) *m* (pl cieux) céu *m*
cigare (çi-*ghaar*) *m* charuto *m*
cigarette (çi-gha-*rét*) *f* cigarro *m*
cigogne (çi-*ghónh*) *f* cegonha *f*
cil (çil) *m* pestana *f*
ciment (çi-*mã*) *m* cimento *m*
cimetière (çimm-*tʲéér*) *m* cemitério *m*
cinéma (çi-nê-*ma*) *m* cinema *m*
cinq (çénk) *num* cinco
cinquante (çén-*kãt*) *num* cinquenta
cinquième (çén-*kʲémm*) *num* quinto
cintre (çéntr) *m* cabide *m*
cirage (çi-*raaj*) *m* graxa *f*
circonstance (çir-kón-*çtãç*) *f* circunstância *f*
circuit (çir-*kᵘi*) *m* circuito *m*
circulation (çir-kü-la-*çʲón*) *f* circulação *f;* trânsito *m*
cire (çiir) *f* cera *f;* **musée de** ~ museu das ceras
cirque (çirk) *m* circo *m*
ciseaux (çi-*zô*) *mpl* tesoura *f;* ~ **à ongles** tesoura de unhas
citation (çi-ta-*çʲón*) *f* citação *f*
cité (çi-*tê*) *f* cidade *f*
citer (çi-*tê*) *v* citar
citoyen (çi-tᵘa-*ʲén*) *m* cidadão *m*
citoyenneté (çi-tᵘa-ʲénn-*tê*) *f* cidadania *f*
citron (çi-*trón*) *m* limão *m*
civil (çi-*vil*) *m* civil *m; adj* civil
civilisation (çi-vi-li-za-*çʲón*) *f* civilização *f*
civilisé (çi-vi-li-*zê*) *adj* civilizado
civique (çi-*vik*) *adj* cívico
clair (kléér) *adj* claro, sereno
clairière (klé-*rʲéér*) *f* clareira *f*
claque (klak) *f* estalada *f;* pancada *f,* palmada *f;* **donner une** ~ *dar uma palmada

claquer (kla-*kê*) *v* estalar; bater
clarifier (kla-ri-*f'ê*) *v* clarificar
clarté (klar-*tê*) *f* claridade *f*, clareza *f*
classe (klaç) *f* classe *f*; ~ **moyenne** classe média; ~ **touriste** classe turística
classer (kla-*çê*) *v* classificar; agrupar, ordenar
classique (kla-*çik*) *adj* clássico
clause (klôôz) *f* cláusula *f*
clavecin (klav-*çén*) *m* cravo *m*
clavicule (kla-vi-*kül*) *f* clavícula *f*
clé (klê) *f* chave *f*; ~ **à écrous** chave de porcas; ~ **de la maison** chave da casa
clémence (klê-*mãç*) *f* clemência *f*; perdão *m*
client (kli-*ã*) *m* cliente *m*; freguês *m*
clientèle (kli-ã-*tél*) *f* clientela *f*
clignotant (kli-nhó-*tã*) *m* pisca-pisca *m*
climat (kli-*ma*) *m* clima *m*
climatisation (kli-ma-ti-za-*ç'ón*) *f* ar condicionado
climatisé (kli-ma-ti-*zê*) *adj* com ar condicionado
clinique (kli-*nik*) *f* clínica *f*
clochard (kló-*chaar*) *m* vadio *m*
cloche (klóch) *f* sino *m*
clocher (kló-*chê*) *m* campanário *m*
cloison (klᵘa-*zón*) *f* tabique *m*; parede *f*
cloître (klᵘaatr) *m* convento *m*, claustro *m*
cloque (klók) *f* bolha *f*
clos (klô) *adj* encerrado
clôture (klô-*tüür*) *f* cerca *f*
clou (klu) *m* prego *m*
clown (klunn) *m* palhaço *m*
club (klăb) *m* clube *m*; ~ **automobile** automóvel clube; ~ **de golf** clube de golfe
coaguler (kô-a-ghü-*lê*) *v* coagular
cocaïne (kó-ka-*inn*) *f* cocaína *f*
cochon (kó-*chón*) *m* porco *m*; ~ **de lait** leitão *m*; ~ **d'Inde** porquinho-da-índia *m*
cocktail (kók-*tél*) *m* beberete *m*; coquetel *mBr*
code (kód) *m* código *m*; ~ **postal** código postal
cœur (kăăr) *m* coração *m*; núcleo *m*, âmago *m*; **par** ~ de cor
coffre (kófr) *m* arca *f*; mala *f*; **coffre-fort** cofre-forte *m*
cognac (kó-*nhak*) *m* conhaque *m*
cogner (kó-*nhê*) *v* bater; ~ **contre** chocar com
cohérence (kô-ê-*rãç*) *f* coerência *f*
coiffeur (kᵘa-*făăr*) *m* cabeleireiro *m*; barbeiro *m*
coiffeuse (kᵘa-*făăz*) *f* toucador *m*
coiffure (kᵘa-*füür*) *f* penteado *m*
coin (kᵘén) *m* esquina *f*
coïncidence (kô-én-çi-*dãç*) *f* coincidência *f*
coïncider (kô-én-çi-*dê*) *v* coincidir
col (kól) *m* gola *f*, colarinho *m*; desfiladeiro *m*
coléoptère (kó-lê-óp-*téér*) *m* escaravelho *m*
colère (kó-*léér*) *f* ira *f*, cólera *f*; fúria *f*, mau génio; **en** ~ irado
coléreux (kó-lê-*ră*) *adj* irascível
colis (kó-*li*) *m* volume *m*, encomenda *f*
collaboration (kó-la-bóra-*ç'ón*) *f* colaboração *f*
collants (kó-*lã*) *mpl* collants *mpl*; meia-calça *f*
colle (kól) *f* cola *f*
collectif (kó-lék-*tif*) *adj* colectivo
collection (kó-lék-*ç'ón*) *f* colecção *f*; ~ **d'art** colecção de obras de arte
collectionner (kó-lék-ç'ó-*nê*) *v* coleccionar
collectionneur (kó-lék-ç'ó-*năăr*) *m* coleccionador *m*

collège (kó-*lééj*) *m* colégio *m*
collègue (kó-*légh*) *m* colega *m*
coller (kó-*lê*) *v* colar, pegar
collier (kó-*l'ê*) *m* colar *m;* cordão *m;* coleira *f*
colline (kó-*linn*) *f* colina *f*
collision (kó-li-*z'ón*) *f* colisão *f,* choque *m;* **entrer en ~** chocar, colidir
Colombie (kó-lón-*bi*) *f* Colômbia *f*
Colombien (kó-lón-*b'én*) *m* colombiano *m*
colombien (kó-lón-*b'én*) *adj* colombiano
colonel (kó-ló-*nél*) *m* coronel *m*
colonie (kó-ló-*ni*) *f* colónia *f*
colonne (kó-*lónn*) *f* coluna *f,* pilar *m;* **~ de direction** coluna de direcção
colorant (kó-ló-*rã*) *m* corante *m*
coloré (kó-ló-*rê*) *adj* colorido
coma (kó-*ma*) *m* coma *m*
combat (kón-*ba*) *m* combate *m;* luta *f*
***combattre** (kón-*batr*) *v* lutar, combater
combien (kón-*b'én*) *adv* quanto; quantos
combinaison (kón-bi-nê-*zón*) *f* combinação *f*
combiner (kón-bi-*nê*) *v* combinar
comble (kónbl) *m* sótão *m;* cúmulo *m; adj* cheio a trasbordar
combler (kón-*blê*) *v* atulhar, preencher; satisfazer
combustible (kón-bü-*çtibl*) *m* combustível *m*
comédie (kó-mê-*di*) *f* comédia *f*
comédien (kó-mê-*d'én*) *m* comediante *m*
comestible (kó-mé-*çtibl*) *adj* comestível
comique (kó-*mik*) *m* cómico *m; adj* engraçado, cómico
comité (kó-mi-*tê*) *m* comissão *f,* comité *m*
commandant (kó-mã-*dã*) *m* comandante *m*
commande (kó-*mãd*) *f* encomenda *f;* **fait sur ~** feito por encomenda
commandement (kó-mãd-*mã*) *m* comando *m;* mando *m*
commander (kó-mã-*dê*) *v* comandar, mandar; ordenar; encomendar
comme (kómm) *conj* como; visto que; **~ si** como se
commémoration (kó-mê-mó-ra-*ç'ón*) *f* comemoração *f*
commencement (kó-mã-*çmã*) *m* princípio *m,* começo *m*
commencer (kó-mã-*çê*) *v* começar, principiar
comment (kó-*mã*) *adv* como; **n'importe ~** de qualquer modo; de qualquer maneira
commentaire (kó-mã-*téér*) *m* comentário *m*
commenter (kó-mã-*tê*) *v* comentar
commérage (kó-mê-*raaj*) *m* mexerico *m*
commerçant (kó-mér-*çã*) *m* comerciante *m;* lojista *m*
commerce (kó-*mérç*) *m* comércio *m;* **~ de détail** comércio a retalho; ***faire du ~** *negociar, comerciar
commercial (kó-mér-*ç'al*) *adj* comercial
***commettre** (kó-*métr*) *v* cometer, praticar
commission (kó-mi-*ç'ón*) *f* comissão *f;* recado *m*
commode (kó-*mód*) *f* cómoda *f; adj* cómodo, conveniente, jeitoso
commodité (kó-mó-di-*tê*) *f* comodidade *f*
commotion (kó-mô-*ç'ón*) *f* comoção *f*
commun (kó-*măn*) *adj* comum; vulgar
communauté (kó-mü-nô-*tê*) *f* comunidade *f*
communication (kó-mü-ni-ka-*ç'ón*) *f*

comunicação *f;* correspondência *f;* ~ **locale** chamada local; ***mettre en** ~ ligar
communiqué (kó-mü-ni-*kê*) *m* comunicado *m*
communiquer (kó-mü-ni-*kê*) *v* comunicar
communisme (kó-mü-*niçm*) *m* comunismo *m*
communiste (kó-mü-*niçt*) *m* comunista *m*
commutateur (kó-mü-ta-*tăăr*) *m* interruptor *m*
compact (kón-*pakt*) *adj* compacto
compagnie (kón-pa-*nhi*) *f* companhia *f;* ~ **de navigation** companhia de navegação
compagnon (kón-pa-*nhón*) *m* companheiro *m*
comparaison (kón-pa-rê-*zón*) *f* comparação *f*
comparer (kón-pa-*rê*) *v* comparar
compartiment (kón-par-ti-*mã*) *m* compartimento *m;* ~ **fumeurs** compartimento para fumadores
compassion (kón-pa-*ç'ón*) *f* compaixão *f*
compatir (kón-pa-*tiir*) *v* compadecer-se
compatissant (kón-pa-ti-*çã*) *adj* compadecido
compatriote (kón-pa-tri-*ót*) *m* compatriota *m*
compensation (kón-pã-ça-*ç'ón*) *f* compensação *f*
compenser (kón-pã-*çê*) *v* compensar
compétence (kón-pê-*tãç*) *f* competência *f*
compétent (kón-pê-*tã*) *adj* competente
compétition (kón-pê-ti-*ç'ón*) *f* concorrência *f;* competição *f*
compiler (kón-pi-*lê*) *v* compilar
complémentaire (kón-plê-mã-*téér*) *adj* complementar
complet[1] (kón-*plê*) *adj* (f -plète) completo; repleto
complet[2] (kón-*plê*) *m* fato *m;* terno *mBr*
complètement (kón-plét-*mã*) *adv* completamente
complexe (kón-*plékç*) *m* complexo *m; adj* complexo
complice (kón-*pliç*) *m* cúmplice *m*
compliment (kón-pli-*mã*) *m* felicitação *f;* elogio *m*
complimenter (kón-pli-mã-*tê*) *v* felicitar; elogiar
compliqué (kón-pli-*kê*) *adj* complicado
complot (kón-*plô*) *m* conspiração *f*
comportement (kón-pór-tă-*mã*) *m* comportamento *m*
comporter (kón-pór-*tê*) *v* comportar, implicar; **se** ~ comportar-se, portar-se
composer (kón-pô-*zê*) *v* *compor
compositeur (kón-pó-zi-*tăăr*) *m* compositor *m*
composition (kón-pó-zi-*ç'ón*) *f* composição *f*
compréhension (kón-prê-ã-*ç'ón*) *f* compreensão *f*
***comprendre** (kón-*prãdr*) *v* perceber, compreender, entender; *conter, incluir
comprimé (kón-pri-*mê*) *m* comprimido *m*
compris (kón-*pri*) *adj* incluído; incluindo; **tout** ~ tudo incluído
compromis (kón-pró-*mi*) *m* compromisso *m*
comptable (kón-*tabl*) *m* guarda-livros *m*
compte (kónt) *m* conta *f;* ~ **en banque** conta bancária; ~ **rendu** relação *f,* relatório *m;* acta *f;* **rendre** ~ **de** prestar contas de; **se rendre** ~

*dar-se conta
compter (kón-*tê*) *v* contar; ~ **sur** contar com
compteur (kón-*tăăr*) *m* contador *m;* medidor *mBr*
comptoir (kón-*t^uaar*) *m* balcão *m*
comte (kónt) *m* conde *m*
comté (kón-*tê*) *m* condado *m*
comtesse (kón-*téç*) *f* condessa *f*
concéder (kón-çê-*dê*) *v* conceder
concentration (kón-çã-tra-*ç'ón*) *f* concentração *f*
concentrer (kón-çã-*trê*) *v* concentrar
concept (kón-*çépt*) *m* conceito *m*
conception (kón-çé-*pç'ón*) *f* concepção *f*
concernant (kón-çér-*nã*) *prep* referente a; relativamente a, a respeito de
concerner (kón-çér-*nê*) *v* *dizer respeito a; **concerné** envolvido; **en ce qui concerne** relativo a, no que diz respeito a
concert (kón-*çéér*) *m* concerto *m*
concession (kón-çé-*ç'ón*) *f* concessão *f*
concessionnaire (kón-çé-ç'ó-*néér*) *m* concessionário *m*
***concevoir** (kón-*çv^uaar*) *v* conceber; *planear, compreender, imaginar
concierge (kón-*ç'érj*) *m* porteiro *m*
concis (kón-*çi*) *adj* conciso
***conclure** (kón-*klüür*) *v* concluir
conclusion (kón-klü-*z'ón*) *f* conclusão *f*
concombre (kón-*kónbr*) *m* pepino *m*
concorder (kón-kór-*dê*) *v* concordar
***concourir** (kón-ku-*rir*) *v* concorrer
concours (kón-*kuur*) *m* concurso *m*
concret (kón-*krê*) *adj* (f -crète) concreto
concupiscence (kón-kü-pi-*çãç*) *f* concupiscência *f*
concurrence (kón-kü-*rãç*) *f* concorrência *f*
concurrent (kón-kü-*rã*) *m* concorrente *m;* rival *m*
condamnation (kón-da-na-*ç'ón*) *f* condenação *f*
condamné (kón-da-*nê*) *m* condenado *m*
condamner (kón-da-*nê*) *v* condenar
condition (kón-di-*ç'ón*) *f* condição *f*
conditionnel (kón-di-ç'ó-*nél*) *adj* condicional
conducteur (kón-dük-*tăăr*) *m* condutor *m;* cobrador *m*
***conduire** (kón-*d^uiir*) *v* guiar, *conduzir; levar; **se** ~ comportar-se, *conduzir-se
conduite (kón-*d^uit*) *f* conduta *f;* condução *f;* direcção *f*
confédération (kón-fê-dê-ra-*ç'ón*) *f* confederação *f*
conférence (kón-fê-*rãç*) *f* conferência *f;* ~ **de presse** conferência de imprensa
confesser (kón-fê-*çê*) *v* confessar
confession (kón-fé-*ç'ón*) *f* confissão *f*
confiance (kón-*f'ãç*) *f* confiança *f;* **digne de** ~ de confiança, digno de confiança; ***faire** ~ confiar
confiant (kón-*f'ã*) *adj* confiante
confidentiel (kón-fi-dã-*ç'él*) *adj* confidencial
confier (kón-*f'ê*) *v* confiar, entregar
confirmation (kón-fir-ma-*ç'ón*) *f* confirmação *f*
confirmer (kón-fir-*mê*) *v* confirmar; reconhecer
confiserie (kón-fi-*zri*) *f* confeitaria *f;* guloseima *f*
confiseur (kón-fi-*zăăr*) *m* confeiteiro *m*
confisquer (kón-fi-*çkê*) *v* confiscar; apreender
confiture (kón-fi-*tüür*) *f* doce de fruta; geléia *Br*

conflit (kón-*fli*) *m* conflito *m*
confondre (kón-*fóndr*) *v* confundir
***être conforme** (éétr kón-*fórm*) *estar conforme, corresponder
conformément à (kón-fór-mê-*mã*) segundo, conforme
confort (kón-*fóór*) *m* conforto *m*
confortable (kón-*fór-tabl*) *adj* confortável; aconchegado
confus (kón-*fü*) *adj* confuso; envergonhado
confusion (kón-fü-*z'ón*) *f* confusão *f;* desordem *f*
congé (kón-*jê*) *m* férias *fpl,* folga *f*
congélateur (kón-jê-la-*tăăr*) *m* congelador *m*
congelé (kón-*jlê*) *adj* congelado
congratuler (kón-ghra-tü-*lê*) *v* felicitar
congrégation (kón-ghrê-gha-*ç'ón*) *f* congregação *f;* ordem *f*
congrès (kón-*ghrê*) *m* congresso *m*
conifère (kó-ni-*féér*) *m* árvore conífera
conjecture (kón-jék-*tüür*) *f* conjectura *f*
conjoint (kón-*j*ᵘ*én*) *adj* conjunto
conjointement (kón-jᵘént-*mã*) *adv* conjuntamente
connaissance (kó-nê-*çãç*) *f* conhecimento *m;* conhecido *m*
connaisseur (kó-nê-*çăăr*) *m* conhecedor *m*
***connaître** (kó-*néétr*) *v* conhecer; **connu** conhecido
conquérant (kón-kê-*rã*) *m* conquistador *m*
***conquérir** (kón-kê-*riir*) *v* conquistar
conquête (kón-*két*) *f* conquista *f*
consacrer (kón-ça-*krê*) *v* dedicar, consagrar
conscience (kón-*ç'ãç*) *f* consciência *f*
conscient (kón-*ç'ã*) *adj* consciente; ciente
conscrit (kón-*çkri*) *m* recruta *m*
conseil (kón-*çéi*) *m* conselho *m;* **donner des conseils** aconselhar
conseiller (kón-çê-*'ê*) *v* aconselhar; *m* conselheiro *m*
consentement (kón-çãt-*mã*) *m* consentimento *m,* aprovação *f*
***consentir** (kón-çã-*tiir*) *v* *consentir
conséquence (kón-çê-*kãç*) *f* consequência *f*
par conséquent (par kón-çê-*kã*) por consequência
conservateur (kón-çér-va-*tăăr*) *adj* conservador
conservation (kón-çér-va-*ç'ón*) *f* conservação *f*
conservatoire (kón-çér-va-*t*ᵘ*aar*) *m* conservatório *m*
conserver (kón-çér-*vê*) *v* conservar
conserves (kón-*çérv*) *fpl* conservas *fpl;* ***mettre en conserve** *pôr em conserva
considérable (kón-çi-dê-*rabl*) *adj* considerável; amplo
considération (kón-çi-dê-ra-*ç'ón*) *f* consideração *f;* veneração *f*
considérer (kón-çi-dê-*rê*) *v* considerar
consigne (kón-*çinh*) *f* depósito *m;* depósito de bagagens
consister en (kón-çi-*çtê*) consistir em
consoler (kón-çó-*lê*) *v* confortar, consolar
consommateur (kón-çó-ma-*tăăr*) *m* consumidor *m*
consommation (kón-çó-ma-*ç'ón*) *f* consumo *m;* bebida *f*
consommer (kón-çó-*mê*) *v* consumir
conspiration (kón-çpi-ra-*ç'ón*) *f* conspiração *f*
conspirer (kón-çpi-*rê*) *v* conspirar
constant (kón-*çtã*) *adj* constante
constater (kón-çta-*tê*) *v* constatar
constipation (kón-çti-pa-*ç'ón*) *f* prisão de ventre
constipé (kón-çti-*pê*) *adj* com prisão

de ventre
onstituer (kón-çti-*t^{u}ê*) *v* constituir
onstitution (kón-çti-tü-*ç^{i}ón*) *f* constituição *f*
onstruction (kón-çtrük-*ç^{i}ón*) *f* construção *f;* prédio *m*
construire (kón-*çtr^{u}iir*) *v* *construir
onsul (kón-*çül*) *m* cônsul *m*
onsulat (kón-çü-*la*) *m* consulado *m*
onsultation (kón-çül-ta-*ç^{i}ón*) *f* consulta *f*
onsulter (kón-çül-*tê*) *v* consultar
ontact (kón-*takt*) *m* contacto *m*
ontacter (kón-tak-*tê*) *v* contactar com
ontagieux (kón-ta-*j^{i}ă*) *adj* contagioso
onte (kónt) *m* conto *m;* ~ **de fées** conto de fadas
ontempler (kón-tã-*plê*) *v* contemplar
ontemporain (kón-tã-pó-*rén*) *m* contemporâneo *m; adj* contemporâneo
contenir (kónt-*niir*) *v* *conter
ontent (kón-*tã*) *adj* contente; satisfeito
ontenu (kónt-*nü*) *m* conteúdo *m*
ontester (kón-té-*çtê*) *v* contestar
ontigu (kón-ti-*ghü*) *adj* (f -guë) contíguo
ontinent (kón-ti-*nã*) *m* continente *m*
ontinental (kón-ti-nã-*tal*) *adj* continental
ontinu (kón-ti-*nü*) *adj* contínuo, ininterrupto
ontinuel (kón-ti-*n^{u}él*) *adj* contínuo; constante
ontinuellement (kón-ti-n^{u}él-*mã*) *adv* continuamente
ontinuer (kón-ti-*n^{u}ê*) *v* continuar, não cessar, durar
contour (kón-*tuur*) *m* contorno *m*
ontourner (kón-tur-*nê*) *v* contornar
contraceptif (kón-tra-çép-*tif*) *m* contraceptivo *m*
contradictoire (kón-tra-dik-*t^{u}aar*) *adj* contraditório
***contraindre** (kón-*tréndr*) *v* obrigar, constranger
contraire (kón-*tréér*) *adj* oposto; *m* contrário *m;* **au** ~ pelo contrário
contralto (kón-tral-*tô*) *m* contralto *m*
contraste (kón-*traçt*) *m* contraste *m*
contrat (kón-*tra*) *m* contrato *m*
contravention (kón-tra-vã-*ç^{i}ón*) *f* multa *f*
contre (kóntr) *prep* contra
à contrecœur (a kón-trã-*kăăr*) de má vontade
***contredire** (kón-trã-*diir*) *v* *contradizer
***contrefaire** (kón-trã-*féér*) *v* *contrafazer, falsificar
contrefait (kón-trã-*fê*) *adj* contrafeito, falsificado; deformado
contremaître (kón-trã-*méétr*) *m* capataz *m*
contribution (kón-tri-bü-*ç^{i}ón*) *f* contribuição *f*
contrôle (kón-*trôôl*) *m* controle *m;* inspecção *f*
contrôler (kón-trô-*lê*) *v* controlar, fiscalizar; *conferir
contrôleur (kón-trô-*lăăr*) *m* revisor *m*
controversé (kón-trô-vér-*çê*) *adj* controverso
contusion (kón-tü-*z^{i}ón*) *f* contusão *f*
contusionner (kón-tü-z^{i}ó-*nê*) *v* contundir, magoar
***convaincre** (kón-*vénkr*) *v* convencer; persuadir
convenable (kón-*vnabl*) *adj* conveniente; apropriado; decente
***convenir** (kón-*vniir*) *v* *convir, *condizer
conversation (kón-vér-ça-*ç^{i}ón*) *f* conversa *f*
convertir (kón-vér-*tiir*) *v* converter
conviction (kón-vik-*ç^{i}ón*) *f* convicção *f*

convocation (kón-vó-ka-*ç'ón*) *f* convocação *f*
convulsion (kón-vül-*ç'ón*) *f* convulsão *f*
coopérant (kô-ó-pê-*rã*) *adj* cooperante
coopératif (kô-ó-pê-ra-*tif*) *adj* cooperativo
coopération (kô-ó-pê-ra-*ç'ón*) *f* cooperação *f*
coopérative (kô-ó-pê-ra-*tiiv*) *f* cooperativa *f*
coordination (kô-ór-di-na-*ç'ón*) *f* coordenação *f*
coordonner (kô-ór-dó-*nê*) *v* coordenar
copain (kó-*pén*) *m* camarada *m*, compincha *m*
copie (kó-*pi*) *f* cópia *f*
copier (kó-*p'ê*) *v* copiar
coq (kók) *m* galo *m*
coquelicot (kó-kli-*kô*) *m* papoila *f*
coquetier (kók-*t'ê*) *m* copinho para os ovos
coquillage (kó-ki-*'aaj*) *m* concha *f*
coquille (kó-*ki'*) *f* concha *f*; casca *f*; ~ **de noix** casca de noz
coquin (kó-*kén*) *m* malandro *m*
cor (kóór) *m* trompa *f*; ~ **au pied** calo *m*
corail (kó-*rai*) *m* (pl coraux) coral *m*
corbeau (kór-*bô*) *m* corvo *m*
corbeille à papier (kór-béi a pa-*p'ê*) cesto dos papéis
corde (kórd) *f* corda *f*
cordial (kór-*d'al*) *adj* cordial, efusivo
cordon (kór-*dón*) *m* cordão *m*; fita *f*
cordonnier (kór-dó-*n'ê*) *m* sapateiro *m*
coriace (kó-*r'aç*) *adj* duro, coriáceo
corne (kórn) *f* chifre *m*, corno *m*
corneille (kór-*néi*) *f* gralha *f*
corps (kóór) *m* corpo *m*
corpulent (kór-pü-*lã*) *adj* corpulento
correct (kó-*rékt*) *adj* correcto
correction (kó-rék-*ç'ón*) *f* correcção *f*
correspondance (kó-ré-çpón-*dãç*) *f* correspondência *f*; ligação *f*
correspondant (kó-ré-çpón-*dã*) *m* correspondente *m*
correspondre (kó-ré-*çpóndr*) *v* corresponder
corrida (kó-ri-*da*) *f* tourada *f*
corridor (kó-ri-*dóór*) *m* corredor *m*
corriger (kó-ri-*jê*) *v* corrigir
corrompre (kó-*rónpr*) *v* corromper; subornar; **corrompu** corrupto
corruption (kó-rü-*pç'ón*) *f* corrupção *f*; suborno *m*
corset (kór-*çê*) *m* corpete *m*
cortège (kór-*tééj*) *m* cortejo *m*
cosmétiques (kó-çmê-*tik*) *mpl* cosméticos *mpl*
costume (kó-*çtümm*) *m* fato *m*; ~ **national** traje nacional
côte (kôôt) *f* costa *f*; costela *f*; costeleta *f*
côté (kô-*tê*) *m* lado *m*; **à** ~ ao lado; **à** ~ **de** ao lado de, junto a; **de** ~ de lado; **de l'autre** ~ **de** do outro lado de; **passer à** ~ passar por
coteau (kó-*tô*) *m* encosta *f*
côtelette (kó-*tlét*) *f* costeleta *f*
coton (kó-*tón*) *m* algodão *m*; **en** ~ de algodão
cou (ku) *m* pescoço *m*
couche (kuch) *f* camada *f*; fralda *f*; **fausse** ~ aborto *m*
se coucher (ku-*chê*) deitar-se
couchette (ku-*chét*) *f* beliche *m*
coucou (ku-*ku*) *m* cuco *m*
coude (kud) *m* cotovelo *m*
***coudre** (kudr) *v* coser
couler (ku-*lê*) *v* correr; afundar-se
couleur (ku-*lăăr*) *f* cor *f*; ~ **à l'eau** tinta de água; **de** ~ de cor
couloir (ku-*l'uaar*) *m* corredor *m*
coup (ku) *m* golpe *m*; gole *m*, pancada *f*, encontrão *m*, lance *m*; ~ **de**

feu tiro *m;* ~ **d'envoi** pontapé de saída; ~ **de pied** pontapé *m;* ~ **de poing** soco *m;* ~ **de téléphone** chamada *f;* **jeter un** ~ **d'œil** lançar uma vista de olhos
coupable (ku-*pabl*) *adj* culpado; **déclarer** ~ declarar culpado
coupe (kup) *f* taça *f*
coupe-papier (kup-pa-*p^iê*) *m* corta-papel *m*
couper (ku-*pê*) *v* cortar, interromper
couple (kupl) *m* par *m;* ~ **marié** casal *m*
coupon (ku-*pón*) *m* talão *m*
coupure (ku-*püür*) *f* corte *m*
cour (kuur) *f* corte *f;* pátio *m*
courage (ku-*raaj*) *m* coragem *f*
courageux (ku-ra-*jă*) *adj* corajoso; valente
couramment (ku-ra-*mã*) *adv* correntemente
courant (ku-*rã*) *m* corrente *f;* ressaca *f; adj* corrente, frequente; ~ **alternatif** corrente alterna; ***mettre au** ~ *pôr ao corrente, informar
courbe (kurb) *f* curva *f,* curvatura *f; adj* torto, curvo
courbé (kur-*bê*) *adj* curvado
courber (kur-*bê*) *v* curvar, dobrar; inclinar
***courir** (ku-*riir*) *v* correr
couronne (ku-*rónn*) *f* coroa *f*
couronner (ku-ró-*nê*) *v* coroar
courrier (ku-*r^iê*) *m* correio *m*
courroie (ku-*r^ua*) *f* correia *f;* ~ **de ventilateur** correia de ventoinha
cours (kuur) *m* curso *m;* palestra *f;* ~ **accéléré** curso intensivo; ~ **du change** taxa do câmbio, câmbio *m*
course (kurç) *f* corrida *f;* volta *f*
court (kuur) *adj* curto; ~ **de tennis** campo de ténis
court-circuit (kur-çir-*k^ui*) *m* curto-circuito *m*
courtepointe (kurt-*p^uént*) *f* colcha *f*
courtier (kur-*t^iê*) *m* corretor *m*
courtois (kur-*t^ua*) *adj* cortês
cousin (ku-*zén*) *m* primo *m*
cousine (ku-*zinn*) *f* prima *f*
coussin (ku-*çén*) *m* almofada *f*
coussinet (ku-çi-*nê*) *m* almofadinha *f*
coût (ku) *m* custo *m*
couteau (ku-*tô*) *m* faca *f;* ~ **de poche** canivete *m*
coûter (ku-*tê*) *v* custar
coûteux (ku-*tă*) *adj* caro
coutume (ku-*tümm*) *f* costume *m*
coutumier (ku-tü-*m^iê*) *adj* costumeiro
couture (ku-*tüür*) *f* costura *f*
couturière (ku-tü-*r^iéér*) *f* modista *f,* costureira *f*
couvent (ku-*vã*) *m* convento *m*
couvercle (ku-*vérkl*) *m* tampa *f*
couvert (ku-*véér*) *m* talher *m; adj* encoberto
couverture (ku-vér-*tüür*) *f* cobertor *m;* capa *f*
couvre-lit (ku-vră-*li*) *m* coberta *f,* colcha *f*
***couvrir** (ku-*vriir*) *v* *cobrir, tapar
crabe (krab) *m* caranguejo *m*
crachat (kra-*cha*) *m* cuspo *m*
cracher (kra-*chê*) *v* *cuspir
crachin (kra-*chén*) *m* chuva miudinha
craie (krê) *f* giz *m*
***craindre** (kréndr) *v* *recear, temer
crainte (krént) *f* receio *m,* temor *m*
cramoisi (kra-m^ua-*zi*) *adj* carmesim, vermelho
crampe (krãp) *f* cãibra *f*
crampon (krã-*pón*) *m* grampo *m*
cran (krã) *m* afoiteza *f,* coragem *f*
crâne (kraann) *m* crânio *m*
crapaud (kra-*pô*) *m* sapo *m*
craquement (krak-*mã*) *m* estalido *m*
craquer (kra-*kê*) *v* rebentar, estalar
cratère (kra-*téér*) *m* cratera *f*
cravate (kra-*vat*) *f* gravata *f*

crayon (kré-*ⁱón*) *m* lápis *m;* ~ **à bille** esferográfica *f;* ~ **pour les yeux** lápis para os olhos
création (krê-a-*çⁱón*) *f* criação *f*
créature (krê-a-*tüür*) *f* criatura *f*
crèche (kréch) *f* creche *f*
crédit (krê-*di*) *m* crédito *m*
créditer (krê-di-*tê*) *v* creditar
créditeur (krê-di-*tăăr*) *m* credor *m*
crédule (krê-*dül*) *adj* crédulo
créer (krê-*ê*) *v* criar; desenhar
crémation (krê-ma-*çⁱón*) *f* cremação *f,* incineração *f*
crème (krémm) *f* creme *m; adj* creme; ~ **à raser** creme para a barba; ~ **capillaire** creme para o cabelo; ~ **de beauté** creme de beleza; creme para a pele; ~ **de nuit** creme de noite; ~ **fraîche** nata *f;* ~ **glacée** gelado *m;* sorvete *mBr;* ~ **hydratante** creme hidratante
crémeux (krê-*mă*) *adj* cremoso
crépi (krê-*pi*) *m* estuque *m*
crépuscule (krê-pü-*çkül*) *m* crepúsculo *m,* anoitecer *m*
cresson (kré-*çón*) *m* agrião *m*
creuser (kră-*zê*) *v* cavar
creux (kră) *adj* oco
crevaison (kră-vê-*zón*) *f* furo *m*
crevasse (kră-*vaç*) *f* fenda *f;* caverna *f*
crever (kră-*vê*) *v* rebentar; morrer; **crevé** furado
crevette (kră-*vét*) *f* camarão *m;* gamba *f;* ~ **rose** camarão grande
cri (kri) *m* grito *m;* **pousser des cris** *dar gritos
cric (krik) *m* macaco *m*
crier (kri-*ê*) *v* gritar
crime (krimm) *m* crime *m*
criminalité (kri-mi-na-li-*tê*) *f* criminalidade *f*
criminel (kri-mi-*nél*) *m* criminoso *m; adj* criminoso, criminal
crique (krik) *f* enseada *f*
crise (kriiz) *f* crise *f;* ~ **cardiaque** ataque de coração
cristal (kri-*çtal*) *m* cristal *m;* **en** ~ de cristal
critique (kri-*tik*) *f* crítica *f; m* crítico *m; adj* crítico
critiquer (kri-ti-*kê*) *v* criticar
crochet (kró-*chê*) *m* gancho *m;* ***faire du** ~ *fazer renda
crocodile (kró-kó-*dil*) *m* crocodilo *m*
***croire** (krᵘaar) *v* *crer, acreditar; julgar
croisade (krᵘa-*zad*) *f* cruzada *f*
croisement (krᵘaz-*mã*) *m* cruzamento *m*
croisière (krᵘa-*zⁱéér*) *f* cruzeiro *m*
croissance (krᵘa-*çãç*) *f* crescimento *m*
***croître** (krᵘaatr) *v* crescer
croix (krᵘa) *f* cruz *f*
croulant (kru-*lã*) *adj* desmantelado
croustillant (kru-çti-*ⁱã*) *adj* estalejante, tostado
croûte (krut) *f* côdea *f*
croyable (krᵘa-*ⁱaabl*) *adj* crível, verosímil
croyance (krᵘa-*ⁱãç*) *f* crença *f*
cru (krü) *adj* cru
cruche (krüch) *f* bilha *f;* jarro *m*
crucifier (krü-çi-*fⁱê*) *v* crucificar
crucifix (krü-çi-*fi*) *m* crucifixo *m*
crucifixion (krü-çi-fi-*kçⁱón*) *f* crucificação *f*
cruel (krü-*él*) *adj* cruel
crustacé (krü-çta-*çê*) *m* crustáceo *m*
Cuba (kü-*ba*) *m* Cuba *f*
Cubain (kü-*bén*) *m* cubano *m*
cubain (kü-*bén*) *adj* cubano
cube (küb) *m* cubo *m*
***cueillir** (kă-*ⁱiir*) *v* colher
cuillère (kᵘi-*ⁱéér*) *f* colher *f;* ~ **à soupe** colher de sopa; ~ **à thé** colher

de chá
uillerée (k^{u}i-^{i}ă-*rê*) *f* colherada *f*
uir (k^{u}iir) *m* couro *m;* **en** ~ de cabedal, de pele
cuire (k^{u}iir) *v* cozinhar; ~ **au four** cozinhar no forno, cozer no forno
uisine (k^{u}i-*zinn*) *f* cozinha *f*
uisinier (k^{u}i-zi-*n^{i}ê*) *m* cozinheiro *m*
uisinière (k^{u}i-zi-*n^{i}éér*) *f* fogão *m;* ~ **à gaz** fogão a gás
uisse (k^{u}iç) *f* coxa *f*
uivre (k^{u}iivr) *m* cobre *m*
ul-de-sac (küd-*çak*) *m* beco sem saída
ulotte (kü-*lót*) *f* calcinhas *fpl;* ~ **de gymnastique** calções de ginástica
ulpabilité (kül-pa-bi-li-*tê*) *f* culpabilidade *f*
ulte (kült) *m* culto *m*
ultiver (kül-ti-*vê*) *v* cultivar; **cultivé** culto
ulture (kül-*tüür*) *f* cultura *f*
upide (kü-*pid*) *adj* cúpido, ganancioso
upidité (kü-pi-di-*tê*) *f* ganância *f*, cupidez *f*
ure (küür) *f* cura *f*
ure-dent (kür-*dã*) *m* palito *m*
ure-pipe (kür-*pip*) *m* limpa-cachimbos *m*
urieux (kü-*r^{i}ă*) *adj* curioso
uriosité (kü-r^{i}ó-zi-*tê*) *f* curiosidade *f;* ponto de interesse
urry (kă-*ri*) *m* caril *m*
ycle (çikl) *m* ciclo *m*
ycliste (çi-*kliçt*) *m* ciclista *m*
ygne (çinh) *m* cisne *m*
ylindre (çi-*léndr*) *m* cilindro *m;* **tête de** ~ cabeça do motor
ystite (çi-*çtit*) *f* cistite *f*

D

dactylo (dak-ti-*lô*) *f* dactilógrafa *f*
dactylographier (dak-ti-lô-ghra-*f^{i}ê*) *v* dactilografar
dada (da-*da*) *m* cavalo-de-batalha *m*
daim (dén) *m* veado *m;* camurça *f*
daltonien (dal-tó-*n^{i}én*) *adj* daltónico
damier (da-*m^{i}ê*) *m* tabuleiro de damas; quadrado *m;* **à damiers** quadriculado
Danemark (dann-*mark*) *m* Dinamarca *f*
danger (dã-*jê*) *m* perigo *m*
dangereux (dã-*jră*) *adj* perigoso; inseguro
Danois (da-*n^{u}a*) *m* dinamarquês *m*
danois (da-*n^{u}a*) *adj* dinamarquês
dans (dã) *prep* em, dentro de
danse (dãç) *f* dança *f*
danser (dã-*çê*) *v* dançar
date (dat) *f* data *f*
datte (dat) *f* tâmara *f*
davantage (da-vã-*taaj*) *adv* mais
de (dă) *prep* de; acerca de
dé (dê) *m* dedal *m*
déballer (dê-ba-*lê*) *v* desembrulhar, desempacotar
débarquer (dê-bar-*kê*) *v* desembarcar
se débarrasser de (dê-ba-ra-*çê*) *desfazer-se de
débat (dê-*ba*) *m* debate *m*
***débattre** (dê-*batr*) *v* debater
débit (dê-*bi*) *m* débito *m*
déboucher (dê-bu-*chê*) *v* desarrolhar
debout (dă-*bu*) *adv* em pé
déboutonner (dê-bu-tó-*nê*) *v* desabotoar
débrancher (dê-brã-*chê*) *v* desligar
se débrouiller avec (dê-bru-*^{i}ê*) arranjar-se com
début (dê-*bü*) *m* princípio *m*, início *m;* **au** ~ primeiro, a princípio

débutant (dê-bü-*tã*) *m* principiante *m*
débuter (dê-bü-*tê*) *v* principiar, iniciar
décaféiné (dê-ka-fê-i-*nê*) *adj* descafeinado
décédé (dê-çê-*dê*) *adj* falecido
décembre (dê-*çãbr*) Dezembro
décence (dê-*çãç*) *f* decência *f*
décent (dê-*çã*) *adj* decente
déception (dê-çé-*pçʲón*) *f* desilusão *f*, decepção *f*
décerner (dê-çér-*nê*) *v* *conferir
***décevoir** (dê-*çvᵘaar*) *v* decepcionar, desapontar
déchaînement (dê-chénn-*mã*) *m* explosão *f*, desencadeamento *m*
décharger (dê-char-*jê*) *v* descarregar
déchets (dê-*chê*) *mpl* lixo *m*
déchirer (dê-chi-*rê*) *v* rasgar
déchirure (dê-chi-*rüür*) *f* rasgão *m*
décider (dê-çi-*dê*) *v* decidir, resolver
décision (dê-*çi*-zʲón) *f* decisão *f*
déclaration (dê-kla-ra-*çʲón*) *f* declaração *f*
déclarer (dê-kla-*rê*) *v* declarar
décliner (dê-kli-*nê*) *v* declinar
décollage (dê-kó-*laaj*) *m* descolagem *f*
décoller (dê-kó-*lê*) *v* descolar
décolorer (dê-kó-ló-*rê*) *v* descolorir; descorar
déconcerter (dê-kón-çér-*tê*) *v* embaraçar; desconcertar
décontracté (dê-kón-trak-*tê*) *adj* descontraído
décoration (dê-kó-ra-*çʲón*) *f* decoração *f*
décorer (dê-kó-*rê*) *v* decorar
découper (dê-ku-*pê*) *v* trinchar; recortar
décourager (dê-ku-ra-*jê*) *v* desencorajar
découverte (dê-ku-*vért*) *f* descoberta *f*
***découvrir** (dê-ku-*vriir*) *v* *descobrir; destapar
***décrire** (dê-*kriir*) *v* descrever
dédain (dê-*dén*) *m* desdém *m;* escárnio *m*
dedans (dã-*dã*) *adv* dentro; por dentro
dédier (dê-*dʲê*) *v* dedicar
dédommagement (dê-dó-maj-*mã*) *m* compensação *f*
***déduire** (dê-*dᵘiir*) *v* *deduzir, *subtrair
déesse (dê-*éç*) *f* deusa *f*
défaillant (dê-fa-*ʲã*) *adj* desfalecido
***défaire** (dê-*féér*) *v* *desfazer
défaite (dê-*fét*) *f* derrota *f*
défaut (dê-*fô*) *m* falha *f*, defeito *m*
défavorable (dê-fa-vó-*rabl*) *adj* desfavorável
défectueux (dê-fék-*tᵘã*) *adj* defeituoso
défendre (dê-*fãdr*) *v* defender
défense (dê-*fãç*) *f* defesa *f;* ~ **de doubler** ultrapassagem proibida; ~ **de fumer** proibido fumar; ~ **d'entrer** proibido entrar
défenseur (dê-fã-*çăăr*) *m* defensor *m*
défi (dê-*fi*) *m* desafio *m*
défiance (dê-*fʲãç*) *f* desconfiança *f*
déficience (dê-fi-*çʲãç*) *f* deficiência *f*
déficit (dê-fi-*çit*) *m* défice *m*
défier (dê-*fʲê*) *v* desafiar
définir (dê-fi-*niir*) *v* definir
définition (dê-fi-ni-*çʲón*) *f* definição *f*
dégel (dê-*jél*) *m* degelo *m*
dégeler (dê-*jlê*) *v* degelar
dégoût (dê-*ghu*) *m* nojo *m*
dégoûtant (dê-ghu-*tã*) *adj* nojento, repugnante
dégoûté (dê-ghu-*tê*) *adj* farto, enjoado
degré (dã-*ghrê*) *m* grau *m*
déguisement (dê-ghiz-*mã*) *m* disfarce *m*
se déguiser (dê-ghi-*zê*) disfarçar-se

dehors (dă-*óór*) *adv* fora, ao ar livre; **en ~ de** fora de
déjà (dê-*ja*) *adv* já
déjeuner (dê-jă-*nê*) *m* almoço *m; v* almoçar; **petit ~** pequeno almoço
au-delà de (ô dă-*la* dă) além de
délabré (dê-la-*brê*) *adj* deteriorado
délai (dê-*lê*) *m* prazo *m;* demora *f*
délégation (dê-lê-gha-*ç'ón*) *f* delegação *f*
délégué (dê-lê-*ghê*) *m* delegado *m*
délibération (dê-li-bê-ra-*ç'ón*) *f* deliberação *f;* discussão *f*
délibérer (dê-li-bê-*rê*) *v* deliberar
délicat (dê-li-*ka*) *adj* delicado; crítico
délicatesse (dê-li-ka-*téç*) *f* acepipe *m*
délice (dê-*liç*) *m* delícia *f*
délicieux (dê-li-*ç'ă*) *adj* delicioso
délinquant (dê-lén-*kã*) *m* delinquente *m*
délivrance (dê-li-*vrãç*) *f* libertação *f;* alívio *m*
délivrer (dê-li-*vrê*) *v* libertar, livrar, redimir
demain (dă-*mén*) *adv* amanhã
demande (dă-*mãd*) *f* procura *f;* pedido *m,* exigência *f*
demander (dă-mã-*dê*) *v* perguntar, *pedir
démangeaison (dê-mã-jê-*zón*) *f* comichão *f*
démanger (dê-mã-jê) *v* *fazer comichão
démarche (dê-*march*) *f* andar *m;* passo *m*
démarreur (dê-ma-*răăr*) *m* motor de arranque
déménagement (dê-mê-naj-*mã*) *m* mudança de casa
déménager (dê-mê-na-*jê*) *v* mudar-se
démence (dê-*mãç*) *f* demência *f*
dément (dê-*mã*) *adj* demente
demeure (dă-*măăr*) *f* morada *f*
demeurer (dă-mă-*rê*) *v* permanecer, ficar; morar
demi (dă-*mi*) *adj* meio
démission (dê-mi-*ç'ón*) *f* demissão *f*
démissionner (dê-mi-ç'ó-*nê*) *v* demitir-se
démocratie (dê-mó-kra-*çi*) *f* democracia *f*
démocratique (dê-mó-kra-*tik*) *adj* democrático
démodé (dê-mó-*dê*) *adj* fora de moda, antiquado
demoiselle (dă-m^u^a-*zél*) *f* menina *f;* senhorita *fBr*
démolir (dê-mó-*liir*) *v* *demolir
démolition (dê-mó-li-*ç'ón*) *f* demolição *f*
démonstration (dê-món-çtra-*ç'ón*) *f* demonstração *f*
démontrer (dê-món-*trê*) *v* demonstrar
dénier (dê-*n'ê*) *v* denegar, negar
dénomination (dê-nó-mi-na-*ç'ón*) *f* denominação *f,* designação *f*
dénouer (dê-*n^u^ê*) *v* desatar; desenredar
dense (dãç) *adj* denso
dent (dã) *f* dente *m*
dentelle (dã-*tél*) *f* renda *f*
dentier (dã-*t'ê*) *m* dentadura *f*
dentiste (dã-*tiçt*) *m* dentista *m*
dénudé (dê-nü-*dê*) *adj* despido
dénutrition (dê-nü-tri-*ç'ón*) *f* desnutrição *f*
départ (dê-*paar*) *m* partida *f,* despedida *f*
département (dê-par-tă-*mã*) *m* secção *f,* departamento *m*
dépasser (dê-pa-*çê*) *v* ultrapassar
se dépêcher (dê-pê-*chê*) despachar-se
dépendant (dê-pã-*dã*) *adj* dependente
dépendre de (dê-*pãdr*) depender de
dépense (dê-*pãç*) *f* despesa *f*
dépenser (dê-pã-*çê*) *v* gastar
en dépit de (ã dê-*pi* dă) a despeito de,

apesar de

déplacement (dê-pla-*çmã*) *m* deslocação *f*, remoção *f*

déplacer (dê-pla-*çê*) *v* deslocar

***déplaire** (dê-*pléér*) *v* desgostar, desagradar

déplaisant (dê-plê-*zã*) *adj* desagradável

déplier (dê-pli-*ê*) *v* desdobrar

déployer (dê-plᵘa-*ⁱê*) *v* desdobrar; desenvolver; ostentar

déposer (dê-pô-*zê*) *v* depositar

dépôt (dê-*pô*) *m* depósito *m;* armazém *m*

dépression (dê-pré-*çⁱón*) *f* depressão *f;* recessão *f*

déprimer (dê-pri-*mê*) *v* deprimir; **déprimé** abatido; deprimido

depuis (dă-*pᵘi*) *prep* desde; *adv* desde então; ~ **que** desde que

député (dê-pü-*tê*) *m* deputado *m*

déraisonnable (dê-rê-zó-*nabl*) *adj* desarrazoado

dérangement (dê-rãj-*mã*) *m* incómodo *m;* perturbação *f;* **en** ~ avariado

déranger (dê-rã-*jê*) *v* transtornar, incomodar

déraper (dê-ra-*pê*) *v* deslizar, derrapar

dernier (dér-*nⁱê*) *adj* último; passado

dernièrement (dér-nⁱér-*mã*) *adv* ultimamente, recentemente

derrière (dé-*rⁱéér*) *prep* atrás de; *m* traseiro *m*

dès que (dê kă) assim que

***être en désaccord** (éétr ã dê-za-*kóór*) discordar

désagréable (dê-za-ghrê-*abl*) *adj* desagradável, aborrecido

désagrément (dê-za-ghrê-*mã*) *m* incómodo *m*

***désapprendre** (dê-za-*prãdr*) *v* desaprender

désapprouver (dê-za-pru-*vê*) *v* desaprovar

désastre (dê-*zaçtr*) *m* desastre *m*

désastreux (dê-za-*çtrã*) *adj* desastroso

désavantage (dê-za-vã-*taaj*) *m* desvantagem *f*

descendance (dê-çã-*dãç*) *f* descendência *f*

descendant (dê-çã-*dã*) *m* descendente *m*

descendre (dê-*çãdr*) *v* descer; *apear-se

descente (dê-*çãt*) *f* descida *f*

description (dê-çkri-*pçⁱón*) *f* descrição *f*

désenchanter (dê-zã-chã-*tê*) *v* desiludir

désert (dê-*zéér*) *m* deserto *m; adj* deserto

déserter (dê-zér-*tê*) *v* desertar

désespérer (dê-zé-çpê-*rê*) *v* desesperar

désespoir (dê-zé-*çpᵘaar*) *m* desespero *m*

se déshabiller (dê-za-bi-*ⁱê*) *despir-se

déshonneur (dê-zó-*năăr*) *m* desonra *f*

désigner (dê-zi-*nhê*) *v* designar

désinfectant (dê-zén-fék-*tã*) *m* desinfectante *m*

désinfecter (dê-zén-fék-*tê*) *v* desinfectar

désintéressé (dê-zén-tê-rê-*çê*) *adj* desinteressado

désir (dê-*ziir*) *m* desejo *m*

désirable (dê-zi-*rabl*) *adj* desejável

désirer (dê-zi-*rê*) *v* ambicionar, desejar

désireux (dê-zi-*ră*) *adj* ansioso, desejoso

désobligeant (dê-zó-bli-*jã*) *adj* indelicado, antipático

désodorisant (dê-zó-dó-ri-*zã*) *m* desodorizante *m;* desodorante *mBr*

soler (dê-zó-*lê*) *v* desolar; **désolé** desolado
esordonné (dê-zór-dó-*nê*) *adj* desordenado, desalinhado
esordre (dê-*zórdr*) *m* desordem *f*, desalinho *m*
esosser (dê-zó-*çê*) *v* desossar
essein (dê-*çén*) *m* objectivo *m;* projecto *m*
esserrer (dê-çê-*rê*) *v* desprender, desapertar
essert (dê-*çéér*) *m* doce *m*, sobremesa *f*
essin (dê-*çén*) *m* desenho *m;* padrão *m;* ~ **animé** desenho animado
essiner (dê-çi-*nê*) *v* desenhar
essous (dă-*çu*) *adv* debaixo; **en ~** por baixo, em baixo; **en ~ de** por baixo de
essus (dă-*çü*) *m* parte de cima; **au-dessus de** por cima de; **sens ~ dessous** de pernas para o ar
estin (dê-*çtén*) *m* destino *m*
estinataire (dê-çti-na-*téér*) *m* destinatário *m*
estination (dê-çti-na-*çión*) *f* destino *m*
estiner (dê-çti-*nê*) *v* destinar
estruction (dê-çtrük-*çión*) *f* destruição *f*
étachant (dê-ta-*chã*) *m* produto de limpeza, tira-nódoas *m*
étacher (dê-ta-*chê*) *v* desprender, separar, soltar; tirar as nódoas a
étail (dê-*tai*) *m* detalhe *m;* **commerce de ~** comércio a retalho
étaillant (dê-ta-*iã*) *m* retalhista *m*
étaillé (dê-ta-*iê*) *adj* detalhado
étailler (dê-ta-*iê*) *v* vender a retalho
étecter (dê-ték-*tê*) *v* *descobrir, detectar
étective (dê-ték-*tiv*) *m* detective *m*
déteindre (dê-*téndr*) *v* destingir, desbotar
se détendre (dê-*tãdr*) *descontrair-se
détente (dê-*tãt*) *f* descontracção *f*
détention (dê-tã-*çión*) *f* detenção *f*
détenu (dêt-*nü*) *m* detido *m*
détergent (dê-tér-*jã*) *m* detergente *m*
déterminer (dê-tér-mi-*nê*) *v* determinar; **déterminé** determinado; decidido
détester (dê-té-*çtê*) *v* detestar
détour (dê-*tuur*) *m* desvio *m*
détourner (dê-tur-*nê*) *v* desviar
détresse (dê-*tréç*) *f* perigo *m;* aflição *f*
détritus (dê-tri-*tüç*) *mpl* detritos *mpl*
***détruire** (dê-*truiir*) *v* *destruir
dette (dét) *f* dívida *f*
deuil (döi) *m* luto *m*
deux (dă) *num* dois; **les ~** ambos
deuxième (dă-*ziémm*) *num* segundo
deux-pièces (dă-*piéç*) *m* de duas peças
dévaluation (dê-va-lua-*çión*) *f* desvalorização *f*
dévaluer (dê-va-*luê*) *v* desvalorizar
devant (dă-*vã*) *prep* adiante de, diante de
dévaster (dê-va-*çtê*) *v* devastar
développement (dê-vlóp-*mã*) *m* desenvolvimento *m*
développer (dê-vló-*pê*) *v* revelar; desenvolver
***devenir** (dă-*vniir*) *v* *fazer-se, *vir a ser, tornar-se
déviation (dê-via-*çión*) *f* desvio *m*
dévier (dê-*viê*) *v* desviar-se
deviner (dă-vi-*nê*) *v* adivinhar
devise (dă-*viiz*) *f* lema *m*, divisa *f*
dévisser (dê-vi-*çê*) *v* desaparafusar
devoir (dă-*vuaar*) *m* dever *m*
***devoir** (dă-*vuaar*) *v* *ter de, dever
dévorer (dê-vó-*rê*) *v* devorar
dévouement (dê-vu-*mã*) *m* dedicação *f*
diabète (dia-*bét*) *m* diabetes *f*

diabétique (d^{i}a-bê-*tik*) *m* diabético *m*
diable (d^{i}aabl) *m* diabo *m*
diagnostic (d^{i}agh-nó-*çtik*) *m* diagnóstico *m*
diagnostiquer (d^{i}agh-nó-çti-*kê*) *v* diagnosticar
diagonale (d^{i}a-ghó-*nal*) *f* diagonal *f; adj* diagonal
diagramme (d^{i}a-*ghramm*) *m* gráfico *m*, diagrama *m*
dialecte (d^{i}a-*lékt*) *m* dialecto *m*
diamant (d^{i}a-*mã*) *m* diamante *m*
diapositive (d^{i}a-pó-zi-*tiiv*) *f* slide *m*
diarrhée (d^{i}a-*rê*) *f* diarreia *f*
dictaphone (dik-ta-*fónn*) *m* ditafone *m*
dictateur (dik-ta-*tăăr*) *m* ditador *m*
dictée (dik-*tê*) *f* ditado *m*
dicter (dik-*tê*) *v* ditar
dictionnaire (dik-ç^{i}ó-*néér*) *m* dicionário *m*
dieu (d^{i}ă) *m* deus *m*
différence (di-fê-*răç*) *f* diferença *f*
différent (di-fê-*rã*) *adj* diferente
différer (di-fê-*rê*) *v* adiar; *diferir
difficile (di-fi-*çil*) *adj* difícil
difficulté (di-fi-kül-*tê*) *f* dificuldade *f*
difforme (di-*fórm*) *adj* disforme
digérer (di-jê-*rê*) *v* *digerir
digestible (di-jé-*çtibl*) *adj* digestivo
digestion (di-jé-*çt^{i}ón*) *f* digestão *f*
digne (dinh) *adj* distinto; ~ **de** digno de
digue (digh) *f* dique *m*
diluer (di-*l^{u}ê*) *v* *diluir
dimanche (di-*mãch*) *m* domingo *m*
dimension (di-mã-*ç^{i}ón*) *f* dimensão *f*
diminuer (di-mi-*n^{u}ê*) *v* *diminuir
diminution (di-mi-nü-*ç^{i}ón*) *f* diminuição *f*
dinde (dénd) *f* peru *m*
dîner (di-*nê*) *v* jantar; *m* jantar *m*
diphtérie (dif-tê-*ri*) *f* difteria *f*
diplomate (di-pló-*mat*) *m* diplomata *m*
diplôme (di-*plôômm*) *m* diploma *m*
***dire** (diir) *v* *dizer
direct (di-*rékt*) *adj* directo
directement (di-rék-tă-*mã*) *adv* directamente
directeur (di-rék-*tăăr*) *m* director *m;* ~ **d'école** director de escola
direction (di-rék-*ç^{i}ón*) *f* direcção *f;* **indicateur de ~** indicador de direcção
directive (di-rék-*tiiv*) *f* directiva *f*
dirigeant (di-ri-*jã*) *m* dirigente *m*, governante *m*
diriger (di-ri-*jê*) *v* dirigir; administra
discerner (di-çér-*nê*) *v* *discernir
discipline (di-çi-*plinn*) *f* disciplina *f*
discours (di-*çkuur*) *m* discurso *m*
discret (di-*çkrê*) *adj* (f -crète) discreto
discussion (di-çkü-*ç^{i}ón*) *f* deliberaçã *f*, discussão *f;* disputa *f*
discuter (di-çkü-*tê*) *v* discutir
***disjoindre** (diç-*j^{u}éndr*) *v* desunir, separar
disloqué (di-çló-*kê*) *adj* deslocado
***disparaître** (di-çpa-*réétr*) *v* desaparecer
disparu (di-çpa-*rü*) *adj* desaparecido; *m* desaparecido *m*
dispensaire (di-çpã-*çéér*) *m* centro de saúde
dispenser (di-çpã-*çê*) *v* dispensar
disperser (di-çpér-*çê*) *v* dispersar
disponible (di-çpó-*nibl*) *adj* disponíve sobresselente
disposé (di-çpô-*zê*) *adj* disposto
disposer de (di-çpô-*zê*) *dispor de
dispositif (di-çpô-zi-*tif*) *m* dispositivo *m*
disposition (di-çpô-zi-*ç^{i}ón*) *f* disposição *f*
dispute (di-*çpüt*) *f* disputa *f*
disputer (di-çpü-*tê*) *v* disputar, discu-

tir; **se** ~ discutir, altercar
disque (diçk) *m* disco *m*
dissertation (di-çér-ta-*ç'ón*) *f* dissertação *f*
dissimuler (di-çi-mü-*lê*) *v* esconder, dissimular
***dissoudre** (di-*çudr*) *v* dissolver
dissuader (di-ç^u^a-*dê*) *v* dissuadir
distance (di-*çtãç*) *f* distância *f*
distinct (di-*çtén*) *adj* distinto
distinction (di-çténk-*ç'ón*) *f* distinção *f*
distinguer (di-çtén-*ghê*) *v* distinguir
distraction (di-çtrak-*ç'ón*) *f* distracção *f*
distrait (di-*çtrê*) *adj* distraído
distribuer (di-çtri-*b^u^ê*) *v* *distribuir
distributeur (di-çtri-bü-*tăăr*) *m* distribuidor *m;* ~ **de billets** bilheteira automática; ~ **d'essence** bomba de gasolina; ~ **de timbres** distribuidor automático de selos
distribution (di-çtri-bü-*ç'ón*) *f* distribuição *f*
district (di-*çtri*) *m* distrito *m*
divers (di-*véér*) *adj* diversos, vários
diversion (di-vér-*ç'ón*) *f* diversão *f*
divertir (di-vér-*tiir*) *v* *divertir
divertissant (di-vér-ti-*çã*) *adj* divertido
divertissement (di-vér-ti-*çmã*) *m* divertimento *m*
divin (di-*vén*) *adj* divino
diviser (di-vi-*zê*) *v* dividir
division (di-vi-*z'ón*) *f* divisão *f;* departamento *m*
divorce (di-*vórç*) *m* divórcio *m*
divorcer (di-vór-*çê*) *v* divorciar-se
dix (diç) *num* dez
dix-huit (di-*z^u^it*) *num* dezoito
dix-huitième (di-z^u^i-*t'émm*) *num* décimo oitavo
dixième (di-*z'émm*) *num* décimo
dix-neuf (diz-*năf*) *num* dezanove
dix-neuvième (diz-nă-*v'émm*) *num* décimo nono
dix-sept (di-*çét*) *num* dezassete
dix-septième (di-çé-*t'émm*) *num* décimo sétimo
dock (dók) *m* doca *f*
docker (dó-*kéér*) *m* estivador *m*
docteur (dók-*tăăr*) *m* doutor *m*, médico *m*
document (dó-kü-*mã*) *m* atestado *m*, documento *m*
doigt (d^u^a) *m* dedo *m*
domaine (dó-*ménn*) *m* domínio *m*
dôme (dôômm) *m* cúpula *f*
domestique (dó-mé-*çtik*) *adj* doméstico; *m* criado *m*, empregado doméstico
domestiqué (dó-mé-çti-*kê*) *adj* domesticado, manso
domicile (dó-mi-*çil*) *m* residência *f*, domicílio *m*
domicilié (dó-mi-çi-*l'ê*) *adj* residente
domination (dó-mi-na-*ç'ón*) *f* domínio *m*, dominação *f*
dominer (dó-mi-*nê*) *v* dominar
dommage (dó-*maaj*) *m* dano *m;* **dommage!** que pena!
don (dón) *m* dote *m*, dom *m;* donativo *m*, dádiva *f*
donateur (dó-na-*tăăr*) *m* doador *m*
donation (dó-na-*ç'ón*) *f* doação *f*
donc (dónk) *conj* portanto
donnée (dó-*nê*) *f* dado *m*
donner (dó-*nê*) *v* *dar; **étant donné que** já que, dado que
dont (dón) *pron* de que; de quem; cujo
doré (dó-*rê*) *adj* dourado
dorénavant (dó-rê-na-*vã*) *adv* de agora em diante
***dormir** (dór-*miir*) *v* *dormir
dortoir (dór-*t^u^aar*) *m* dormitório *m*
dos (dô) *m* costas
dose (dôôz) *f* dose *f*

dossier (dô-*ç*^i^*ê*) *m* registo *m*, arquivo *m*
douane (d^u^ann) *f* alfândega *f;* **droit de** ~ direito aduaneiro
douanier (d^u^a-*n*^i^*ê*) *m* funcionário aduaneiro
double (duubl) *adj* duplo
doubler (du-*blê*) *v* ultrapassar
doublure (du-*blüür*) *f* forro *m*
douceurs (du-*çăăr*) *fpl* doces *mpl*
douche (duch) *f* duche *m*
doué (du-*ê*) *adj* dotado
douille (du^i^) *f* casquilho *m*
douleur (du-*lăăr*) *f* dor *f*
douloureux (du-lu-*ră*) *adj* doloroso
doute (dut) *m* dúvida *f;* ***mettre en** ~ *pôr em dúvida; **sans** ~ sem dúvida
douter (du-*tê*) *v* duvidar; ~ **de** duvidar de
douteux (du-*tă*) *adj* duvidoso; indigno de confiança
douve (duuv) *f* fosso *m*
doux (du) *adj* (f douce) suave; doce, terno
douzaine (du-*zénn*) *f* dúzia *f*
douze (duuz) *num* doze
douzième (du-*z*^i^*émm*) *num* décimo segundo
dragon (dra-*ghón*) *m* dragão *m*
drainer (drê-*nê*) *v* drenar
dramatique (dra-ma-*tik*) *adj* dramático
dramaturge (dra-ma-*türj*) *m* dramaturgo *m*
drame (dramm) *m* drama *m*
drap (dra) *m* lençol *m*
drapeau (dra-*pô*) *m* bandeira *f*
drapier (dra-*p*^i^*ê*) *m* negociante de tecidos
dresser (drê-*çê*) *v* *compor; adestrar
drogue (drógh) *f* estupefaciente *m*, droga *f*
droguerie (dró-*ghri*) *f* drogaria *f*
droit (dr^u^a) *m* direito *m; adj* direito, recto; erecto; ~ **administratif** direito administrativo; ~ **civil** direito civil; ~ **commercial** direito comercial; ~ **de douane** direitos alfandegários; ~ **de vote** direito de eleitor, sufrágio *m;* ~ **d'importation** direito de importação; ~ **pénal** direito penal; **tout** ~ sempre em frente, sempre a direito
de droite (dă dr^u^at) direito, da direita
drôle (drôôl) *adj* espirituoso; esquisito, engraçado
dû (dü) *adj* (f due; pl dus, dues) devido
duc (dük) *m* duque *m*
duchesse (dü-*chéç*) *f* duquesa *f*
dune (dünn) *f* duna *f*
dupe (düp) *f* vítima *f*
duper (dü-*pê*) *v* intrujar, burlar
dur (düür) *adj* duro
durable (dü-*rabl*) *adj* duradouro
durant (dü-*rã*) *prep* durante
durée (dü-*rê*) *f* duração *f*
durer (dü-*rê*) *v* durar
durillon (dü-ri-^i^*ón*) *m* calo *m*, calosidade *f*
duvet (dü-*vê*) *m* penugem *f*
dynamo (di-na-*mô*) *f* dínamo *m*
dysenterie (di-çã-*tri*) *f* disenteria *f*

E

eau (ô) *f* água *f;* ~ **courante** água corrente; ~ **de mer** água do mar; ~ **dentifrice** líquido dentífrico; ~ **de Seltz** soda *f;* ~ **douce** água doce; ~ **gazeuse** água gasificada; ~ **glacée** água gelada; ~ **minérale** água mineral; ~ **oxygénée** água oxigenada; ~ **potable** água

potável
eau-forte (ô-*fórt*) *f* água-forte *f*
ébène (ê-*bénn*) *f* ébano *m*
éblouissant (ê-blu-i-*çã*) *adj* deslumbrante
éblouissement (ê-blu-i-*çmã*) *m* deslumbramento *m*, esplendor *m*
ébrécher (ê-brê-*chê*) *v* lascar
écaille (ê-*kai*) *f* escama *f*
écarlate (ê-kar-*lat*) *adj* escarlate
écarter (ê-kar-*tê*) *v* afastar; **écarté** afastado
ecclésiastique (ê-klê-zⁱa-*çtik*) *m* eclesiástico *m*, clérigo *m*
échafaudage (ê-cha-fô-*daaj*) *m* andaime *m*
échange (ê-*chãj*) *m* troca *f*
échanger (ê-chã-*jê*) *v* trocar
échantillon (ê-chã-ti-*ⁱón*) *m* amostra *f*
échappement (ê-chap-*mã*) *m* escape *m*
échapper (ê-cha-*pê*) *v* escapar, evadir; **s'échapper** escapar-se
écharde (ê-*chard*) *f* farpa *f*
écharpe (ê-*charp*) *f* lenço da cabeça, lenço do pescoço
échec (ê-*chék*) *m* fracasso *m*, fiasco *m*; **échec!** xeque!; **échecs** xadrez *m*
échelle (ê-*chél*) *f* escada *f*; escala *f*
échiquier (ê-chi-*kⁱê*) *m* tabuleiro de xadrez
écho (ê-*kô*) *m* eco *m*
échoppe (ê-*chóp*) *f* tenda *f*, quitanda *f*
échouer (ê-*chᵘê*) *v* fracassar; reprovar
éclabousser (ê-kla-bu-*çê*) *v* salpicar
éclair (ê-*kléér*) *m* relâmpago *m*
éclairage (ê-klé-*raaj*) *m* iluminação *f*
éclaircir (ê-klér-*çiir*) *v* aclarar; esclarecer
éclaircissement (ê-klér-çi-*çmã*) *m* esclarecimento *m*
éclairer (ê-klê-*rê*) *v* iluminar
éclat (ê-*kla*) *m* brilho *m*; lasca *f*
éclatant (ê-kla-*tã*) *adj* resplandecente; estridente; glorioso
éclater (ê-kla-*tê*) *v* rebentar, romper, resplandecer
éclipse (ê-*klipç*) *f* eclipse *m*
éclisse (ê-*kliç*) *f* tala *f*
écluse (ê-*klüüz*) *f* comporta *f*
écœurant (ê-kă-*rã*) *adj* repugnante; enjoativo
école (ê-*kól*) *f* escola *f*; ~ **maternelle** escola infantil; ~ **secondaire** escola secundária; ***faire l'école buissonnière** *fazer gazeta
écolier (ê-kó-*lⁱê*) *m* escolar *m*
écolière (ê-kó-*lⁱéér*) *f* escolar *f*
économe (ê-kó-*nómm*) *adj* económico
économie (ê-kó-nó-*mi*) *f* economia *f*
économique (ê-kó-nó-*mik*) *adj* económico
économiser (ê-kó-nó-mi-*zê*) *v* economizar
économiste (ê-kó-nó-*miçt*) *m* economista *m*
écorce (ê-*kórç*) *f* casca *f*
Ecossais (ê-kó-*çê*) *m* escocês *m*
écossais (ê-kó-*çê*) *adj* escocês
Ecosse (ê-*kóç*) *f* Escócia *f*
s'écouler (ê-ku-*lê*) correr
écouter (ê-ku-*tê*) *v* escutar
écouteur (ê-ku-*tăăr*) *m* auscultador *m*
écran (ê-*krã*) *m* écran *m*, biombo *m*, tela *f*
écraser (ê-kra-*zê*) *v* esmagar; amachucar; **s'écraser** despenhar-se
***écrire** (ê-*kriir*) *v* escrever; **par écrit** por escrito
écriture (ê-kri-*tüür*) *f* escrita *f*
écrivain (ê-kri-*vén*) *m* escritor *m*
écrou (ê-*kru*) *m* porca *f*
s'écrouler (ê-kru-*lê*) desmoronar-se
écume (ê-*kümm*) *f* espuma *f*
écureuil (ê-kü-*röⁱ*) *m* esquilo *m*

eczéma (égh-zê-*ma*) *m* eczema *m*
édification (ê-di-fi-ka-*ç'ón*) *f* edificação *f*
édifice (ê-di-*fiç*) *m* edifício *m*
édifier (ê-di-*f'ê*) *v* edificar
éditeur (ê-di-*tăăr*) *m* editor *m*
édition (ê-di-*ç'ón*) *f* edição *f;* ~ **du matin** edição da manhã
édredon (ê-drã-*dón*) *m* edredão *m*
éducation (ér-*tçii*-unng) *f* educação *f*
éduquer (ê-dü-*kê*) *v* educar
effacer (ê-fa-*çê*) *v* apagar
effectif (ê-fék-*tif*) *adj* efectivo
effectivement (ê-fék-tiv-*mã*) *adv* efectivamente
effectuer (ê-fék-*tᵘê*) *v* efectuar
effet (ê-*fê*) *m* consequência *f*, efeito *m;* **en** ~ efectivamente, com efeito
efficace (ê-fi-*kaç*) *adj* eficaz; eficiente
s'effilocher (ê-fi-ló-*chê*) desfiar-se
effondrement (ê-fón-drã-*mã*) *m* desabamento *m;* ruína *f*
s'effondrer (ê-fón-*drê*) desabar; sucumbir
s'efforcer (ê-fór-*çê*) esforçar-se; incomodar-se
effort (ê-*fóór*) *m* esforço *m*
effrayer (ê-frê-*'ê*) *v* assustar
effronté (ê-frón-*tê*) *adj* atrevido; malcriado
égal (ê-*ghal*) *adj* igual; plano
également (ê-ghal-*mã*) *adv* também, igualmente
égaler (ê-gha-*lê*) *v* igualar
égaliser (ê-gha-li-*zê*) *v* aplanar, igualar; empatar
égalité (ê-gha-li-*tê*) *f* igualdade *f*
égard (ê-*ghaar*) *m* respeito *m*, consideração *f*
égarer (ê-gha-*rê*) *v* desencaminhar, extraviar
égayer (ê-ghê-*'ê*) *v* animar, alegrar
église (ê-*ghliiz*) *f* igreja *f*
égocentrique (ê-ghó-çã-*trik*) *adj* egocêntrico
égoïsme (ê-ghó-*içm*) *m* egoísmo *m*
égoïste (ê-ghó-*içt*) *adj* egoísta
égout (ê-*ghu*) *m* esgoto *m*
égratignure (ê-ghra-ti-*nhüür*) *f* arranhão *m*
Egypte (ê-*jipt*) *f* Egipto *m*
Egyptien (ê-ji-*pç'én*) *m* egípcio *m*
égyptien (ê-ji-*pç'én*) *adj* egípcio
élaborer (ê-la-bó-*rê*) *v* elaborar
élan (ê-*lã*) *m* zelo *m;* alce *m*
élargir (ê-lar-*jiir*) *v* alargar
élasticité (ê-la-çti-çi-*tê*) *f* elasticidade *f*
élastique (ê-la-*çtik*) *adj* elástico; *m* elástico *m*
électeur (ê-lék-*tăăr*) *m* eleitor *m*
élection (ê-lék-*ç'ón*) *f* eleição *f*
électricien (ê-lék-tri-*ç'én*) *m* electricista *m*
électricité (ê-lék-tri-çi-*tê*) *f* electricidade *f*
électrique (ê-lék-*trik*) *adj* eléctrico
électronique (ê-lék-tró-*nik*) *adj* electrónico
élégance (ê-lê-*ghãç*) *f* elegância *f*
élégant (ê-lê-*ghã*) *adj* elegante
élément (ê-lê-*mã*) *m* elemento *m*
élémentaire (ê-lê-mã-*téér*) *adj* elementar
éléphant (ê-lê-*fã*) *m* elefante *m*
élevage (él-*vaaj*) *m* criação de animais
élévation (ê-lê-va-*ç'ón*) *f* elevação *f*
élève (ê-*léév*) *m/f* aluno *m*, aluna *f*
élever (él-*vê*) *v* educar, criar; levantar
elfe (élf) *m* elfo *m*
éliminer (ê-li-mi-*nê*) *v* eliminar
***élire** (ê-*liir*) *v* escolher, eleger
elle (él) *pron* ela
elle-même (él-*mémm*) *pron* ela mesma
éloge (ê-*lój*) *m* elogio *m*

éloigner (ê-l^{u}a-*nhê*) *v* afastar; **éloigné** distante, afastado
élucider (ê-lü-çi-*dê*) *v* elucidar
émail (ê-*mai*) *m* (pl émaux) esmalte *m*
émaillé (ê-ma-^{i}*ê*) *adj* esmaltado
émancipation (ê-mã-çi-pa-*ç^{i}ón*) *f* emancipação *f*
emballage (ã-ba-*laaj*) *m* embalagem *f*
emballer (ã-ba-*lê*) *v* embalar
embargo (ã-bar-*ghô*) *m* embargo *m*
embarquement (ã-bar-kă-*mã*) *m* embarque *m*
embarquer (ã-bar-*kê*) *v* embarcar
embarras (ã-ba-*ra*) *m* perturbação *f*, embaraço *m*
embarrassant (ã-ba-ra-*çã*) *adj* embaraçoso; incompreensível
embarrasser (ã-ba-ra-*çê*) *v* perturbar, embaraçar
emblème (ã-*blémm*) *m* emblema *m*
embouchure (ã-bu-*chüür*) *f* foz *f*
embouteillage (ã-bu-té-^{i}*aaj*) *m* engarrafamento *m*
embrasser (ã-bra-*çê*) *v* beijar
embrayage (ã-bré-^{i}*aaj*) *m* embraiagem *f*
embrouiller (ã-bru-^{i}*ê*) *v* *fazer trapalhada
embuscade (ã-bü-*çkad*) *f* emboscada *f*
émeraude (êmm-*rôd*) *f* esmeralda *f*
s'émerveiller (ê-mér-vê-^{i}*ê*) maravilhar-se
émetteur (ê-mé-*tăăr*) *m* emissor *m*
***émettre** (ê-*métr*) *v* emitir, transmitir
émeute (ê-*măăt*) *f* motim *m*, desordem *f*
émigrant (ê-mi-*ghrã*) *m* emigrante *m*
émigration (ê-mi-ghra-*ç^{i}ón*) *f* emigração *f*
émigrer (ê-mi-*ghrê*) *v* emigrar
éminent (ê-mi-*nã*) *adj* eminente
émission (ê-mi-*ç^{i}ón*) *f* emissão *f*, transmissão *f*
emmagasinage (ã-ma-gha-zi-*naaj*) *m* armazenagem *f*
emmagasiner (ã-ma-gha-zi-*nê*) *v* armazenar
emmener (ã-mă-*nê*) *v* levar
émoi (ê-*m^{u}a*) *m* emoção *f*
émotion (ê-mô-*ç^{i}ón*) *f* emoção *f*
émoussé (ê-mu-*çê*) *adj* embotado, rombo
***émouvoir** (ê-mu-*v^{u}aar*) *v* comover
empêcher (ã-pê-*chê*) *v* *impedir
empereur (ã-*prăăr*) *m* imperador *m*
empiéter (ã-p^{i}ê-*tê*) *v* usurpar, invadir
empire (ã-*piir*) *m* império *m*
emploi (ã-*pl^{u}a*) *m* uso *m*; emprego *m*; **solliciter un** ~ solicitar um emprego
employé (ã-pl^{u}a-^{i}*ê*) *m* empregado *m*; ~ **de bureau** funcionário *m*
employer (ã-pl^{u}a-^{i}*ê*) *v* usar; empregar
employeur (ã-pl^{u}a-^{i}*ăăr*) *m* patrão *m*
empoisonner (ã-p^{u}a-zó-*nê*) *v* envenenar
emporter (ã-pór-*tê*) *v* levar
empreinte digitale (ã-prént di-ji-*tal*) impressão digital
emprisonnement (ã-pri-zónn-*mã*) *m* encarceramento *m*, prisão *f*
emprisonner (ã-pri-zó-*nê*) *v* prender, encarcerar
emprunt (ã-*prăn*) *m* empréstimo *m*
emprunter (ã-prăn-*tê*) *v* *pedir emprestado
en (ã) *prep* em; com; *pron* disso
encaisser (ã-kê-*çê*) *v* encaixotar; receber, cobrar; suportar
enceinte (ã-*çént*) *adj* grávida
encens (ã-*çã*) *m* incenso *m*
encercler (ã-çér-*klê*) *v* *rodear, cercar
enchantement (ã-chãt-*mã*) *m* encan-

tamento *m*
enchanter (ã-chã-*tê*) *v* deliciar; encantar
enchanteur (ã-chã-*tăăr*) *adj* (f -teresse) encantador, fascinante
enclin (ã-*klén*) *adj* propenso
encore (ã-*kóór*) *adv* outra vez; ainda; ~ **que** ainda que; ~ **un** mais um; ~ **un peu** um pouco mais
encourager (ã-ku-ra-*jê*) *v* encorajar
encre (ãkr) *f* tinta *f*
encyclopédie (ã-çi-kló-pê-*di*) *f* enciclopédia *f*
endommager (ã-dó-ma-*jê*) *v* danificar
endormi (ã-dór-*mi*) *adj* adormecido
endosser (ã-dó-*çê*) *v* endossar
endroit (ã-*drua*) *m* local *m*, sítio *m*
endurance (ã-dü-*rãç*) *f* resistência *f*
endurer (ã-dü-*rê*) *v* resistir; passar por, atravessar
énergie (ê-nér-*ji*) *f* energia *f;* ~ **nucléaire** energia nuclear
énergique (ê-nér-*jik*) *adj* enérgico
énerver (ê-nér-*vê*) *v* enervar; **s'énerver** enervar-se
enfance (ã-*fãç*) *f* infância *f*
enfant (ã-*fã*) *m* criança *f*
enfer (ã-*féér*) *m* inferno *m*
enfermer (ã-fér-*mê*) *v* fechar, encerrar
enfiler (ã-fi-*lê*) *v* enfiar
enfin (ã-*fén*) *adv* finalmente
enfler (ã-*flê*) *v* inchar
enflure (ã-*flüür*) *f* inchaço *m*
s'enfoncer (ã-fón-*çê*) afundar-se, enterrar-se
engagement (ã-ghaj-*mã*) *m* compromisso *m*
engager (ã-gha-*jê*) *v* empregar, contratar; **s'engager** comprometer-se, empenhar-se
engelure (ã-*jlüür*) *f* frieira *f*
engourdi (ã-ghur-*di*) *adj* entorpecido
engrais (ã-*ghrê*) *m* adubo *m*
énigme (ê-*nighm*) *f* enigma *m*, adivinha *f*
enjeu (ã-*jă*) *m* aposta *f*, parada *f*
enlacement (ã-la-*çma*) *m* abraço *m*
enlever (ãl-*vê*) *v* remover; levar, tirar
ennemi (énn-*mi*) *m* inimigo *m*
ennui (ã-*nui*) *m* aborrecimento *m*, preocupação *f;* incómodo *m*
ennuyer (ã-nui-*iê*) *v* maçar, aborrecer
ennuyeux (ã-nui-*iă*) *adj* insípido, desagradável, maçador, enfadonho, aborrecido
énorme (ê-*nórm*) *adj* enorme, formidável
enquête (ã-*két*) *f* inquérito *m*, investigação *f*
enquêter (ã-kê-*tê*) *v* inquirir, investigar
enragé (ã-ra-*jê*) *adj* raivoso, enraivecido
enregistrement (ãr-ji-çtră-*mã*) *m* gravação *f;* registo *m;* despacho *m*
enregistrer (ãr-ji-*çtrê*) *v* gravar; registar; despachar
s'enrhumer (ã-rü-*mê*) constipar-se
enroué (ã-ru-*ê*) *adj* rouco
enrouler (ã-ru-*lê*) *v* enrolar
enseignement (ã-çénh-*mã*) *m* ensino *m;* **enseignements** ensinamentos *mpl*
enseigner (ã-çê-*nhê*) *v* ensinar
ensemble (ã-*çãbl*) *adv* juntos; *m* conjunto *m*
ensoleillé (ã-çó-lê-*iê*) *adj* soalheiro
ensorceler (ã-çór-çă-*lê*) *v* enfeitiçar
ensuite (ã-*çuit*) *adv* em seguida
entailler (ã-ta-*iê*) *v* entalhar
entasser (ã-ta-*çê*) *v* amontoar, empilhar
entendre (ã-*tãdr*) *v* *ouvir; entender
entente (ã-*tãt*) *f* acordo *m*, entendimento *m*
enterrement (ã-tér-*mã*) *m* enterro *m*
enterrer (ã-tê-*rê*) *v* enterrar

enthousiasme (ã-tu-*z'açm*) *m* entusiasmo *m*
enthousiaste (ã-tu-*z'açt*) *adj* entusiástico
entier (ã-*t'ê*) *adj* completo, inteiro
entièrement (ã-t'ér-*mã*) *adv* completamente, inteiramente
entonnoir (ã-tó-*nᵘaar*) *m* funil *m*
entourer (ã-tu-*rê*) *v* cercar; circundar, *rodear
entracte (ã-*trakt*) *m* intervalo *m*
entrailles (ã-*trai*) *fpl* entranhas *fpl*
entrain (ã-*trén*) *m* animação *f*, entusiasmo *m*
entraînement (ã-trénn-*mã*) *m* treino *m*
entraîner (ã-trê-*nê*) *v* arrastar; empolgar; treinar; acarretar
entraîneur (ã-tré-*nããr*) *m* treinador *m*
entrave (ã-*traav*) *f* entrave *m*, impedimento *m*
entraver (ã-tra-*vê*) *v* *impedir, entravar
entre (ãtr) *prep* entre
entrée (ã-*trê*) *f* entrada *f;* ~ **interdite** entrada proibida
entrepôt (ã-trã-*pô*) *m* armazém *m*
***entreprendre** (ã-trã-*prãdr*) *v* empreender
entrepreneur (ã-trã-prã-*nããr*) *m* empreiteiro *m*
entreprise (ã-trã-*priiz*) *f* empresa *f*, firma *f*
entrer (ã-*trê*) *v* entrar
entresol (ã-trã-*çól*) *m* sobreloja *f*
entre-temps (ã-trã-*tã*) *adv* entretanto
***entretenir** (ã-trã-*tniir*) *v* *manter, conservar; sustentar
entretien (ã-trã-*t'én*) *m* manutenção *f;* conversação *f*
***entrevoir** (ã-trã-*vᵘaar*) *v* *entrever, vislumbrar
entrevue (ã-trã-*vü*) *f* entrevista *f*
envahir (ã-va-*iir*) *v* invadir
enveloppe (ã-*vlóp*) *f* sobrescrito *m*
envelopper (ã-vló-*pê*) *v* envolver
envers (ã-*véér*) *prep* para com; **à l'envers** do avesso
envie (ã-*vi*) *f* desejo *m*, vontade *f;* inveja *f;* ***avoir** ~ **de** apetecer; cobiçar; *ter vontade de
envier (ã-*v'ê*) *v* invejar
envieux (ã-*v'ã*) *adj* invejoso
environ (ã-vi-*rón*) *adv* cerca de
environnant (ã-vi-ró-*nã*) *adj* em redor
environnement (ã-vi-rónn-*mã*) *m* meio ambiente
environs (ã-vi-*rón*) *mpl* arredores *mpl*
envisager (ã-vi-za-*jê*) *v* encarar
envoyé (ã-vᵘa-*'ê*) *m* enviado *m*
***envoyer** (ã-vᵘa-*'ê*) *v* mandar, enviar
épais (ê-*pê*) *adj* (f ~se) espesso, grosso
épaisseur (ê-pé-*çããr*) *f* espessura *f*, grossura *f*
épaissir (ê-pê-*çiir*) *v* engrossar
épargner (ê-par-*nhê*) *v* poupar
épaule (ê-*pôôl*) *f* ombro *m*
épave (ê-*paav*) *f* carcaça *f*, destroços *mpl*
épée (ê-*pê*) *f* espada *f*
épeler (é-*plê*) *v* soletrar
épice (ê-*piç*) *f* especiaria *f*
épicé (ê-pi-*çê*) *adj* condimentado, picante
épicerie (ê-pi-*çri*) *f* mercearia *f;* ~ **fine** mercearia fina, manjar fino
épicier (ê-pi-*ç'ê*) *m* merceeiro *m*
épidémie (ê-pi-dê-*mi*) *f* epidemia *f*
épier (ê-*p'ê*) *v* espiar, espreitar
épilepsie (ê-pi-lé-*pçi*) *f* epilepsia *f*
épilogue (ê-pi-*lógh*) *m* epílogo *m*
épinards (ê-pi-*naar*) *mpl* espinafres *mpl*
épine (ê-*pinn*) *f* espinho *m;* ~ **dorsale** espinha dorsal
épingle (ê-*pénghl*) *f* alfinete *m;* ~ **à cheveux** gancho de cabelo; ~ **de**

sûreté alfinete de segurança
épingler (ê-pén-*ghlê*) *v* prender com alfinetes
épique (ê-*pik*) *adj* épico
épisode (ê-pi-*zód*) *m* episódio *m*
éponge (ê-*pónj*) *f* esponja *f*
époque (ê-*pók*) *f* época *f*
épouse (ê-*puuz*) *f* esposa *f*
épouser (ê-pu-*zê*) *v* desposar
épouvantable (ê-pu-vã-*tabl*) *adj* tremendo, pavoroso
épouvante (ê-pu-*vãt*) *f* pavor *m*
époux (ê-*pu*) *m* esposo *m*
épreuve (ê-*prăăv*) *f* teste *m*, prova *f*
éprouver (ê-pru-*vê*) *v* experimentar, *pôr à prova; *sentir
épuiser (ê-pᵘi-*zê*) *v* esgostar; **épuisé** esgotado
Equateur (ê-kᵘa-*tăăr*) *m* Equador *m*
équateur (ê-kᵘa-*tăăr*) *m* equador *m*
Equatorien (ê-küa-tó-*rʲén*) *m* equatoriano *m*
équilibre (ê-ki-*libr*) *m* equilíbrio *m*
équipage (ê-ki-*paaj*) *m* tripulação *f*
équipe (ê-*kip*) *f* turno *m*, turma *f*, equipa *f*
équipement (ê-kip-*mã*) *m* equipamento *m*
équiper (ê-ki-*pê*) *v* equipar
équitable (ê-ki-*tabl*) *adj* equitativo; razoável
équitation (ê-ki-ta-*çʲón*) *f* equitação *f*
équivalent (ê-ki-va-*lã*) *adj* equivalente
équivoque (ê-ki-*vók*) *adj* equívoco
érable (ê-*rabl*) *m* ácer *m*
érafler (ê-ra-*flê*) *v* riscar, arranhar
ériger (ê-ri-*jê*) *v* edificar, erigir
errer (ê-*rê*) *v* errar, *vaguear
erreur (é-*răăr*) *f* erro *m*
erroné (é-ró-*nê*) *adj* erróneo, errado
érudit (ê-rü-*di*) *m* erudito *m*
éruption (ê-rü-*pçʲón*) *f* erupção *f*
escadrille (é-çka-*driʲ*) *f* esquadrilha *f*
escalier (é-çka-*lʲê*) *m* escada *f*; ~ **de secours** escada de incêndio; ~ **roulant** escada rolante
escargot (é-çkar-*ghô*) *m* caracol *m*
escarpé (é-çkar-*pê*) *adj* escarpado
esclave (é-*çklaav*) *m* escravo *m*
escorte (é-*çkórt*) *f* escolta *f*
escorter (é-çkór-*tê*) *v* escoltar
***faire de l'escrime** (féér dă lé-*çkrimm*) esgrimir
escroc (é-*çkrô*) *m* burlão *m*
escroquer (é-çkró-*kê*) *v* burlar
escroquerie (é-çkró-*kri*) *f* burla *f*
espace (é-*çpaç*) *m* espaço *m*
espacer (é-çpa-*çê*) *v* espaçar
Espagne (é-*çpanh*) *f* Espanha *f*
Espagnol (é-çpa-*nhól*) *m* espanhol *m*
espagnol (é-çpa-*nhól*) *adj* espanhol
espèce (é-*çpéç*) *f* espécie *f*
espérance (é-çpê-*rãç*) *f* esperança *f*
espérer (é-çpê-*rê*) *v* esperar
espièglerie (é-çpʲé-ghlă-*ri*) *f* diabrura *f*
espion (é-*çpʲón*) *m* espião *m*
esplanade (é-çpla-*nad*) *f* esplanada *f*
espoir (é-*çpᵘaar*) *m* expectativa *f*, esperança *f*
esprit (é-*çpri*) *m* espírito *m*, mente *f*
esquisse (é-*çkiç*) *f* esboço *m*
esquisser (é-çki-*çê*) *v* esboçar
essai (ê-*çê*) *m* ensaio *m*, experiência *f*; **à l'essai** à experiência
essayer (ê-çê-*ʲê*) *v* tentar, experimentar; provar
essence (ê-*çãç*) *f* essência *f*; gasolina *f*
essentiel (ê-çã-*çʲél*) *adj* essencial, capital
essentiellement (ê-çã-çʲél-*mã*) *adv* essencialmente
essieu (ê-*çʲă*) *m* eixo *m*
essor (ê-*çóór*) *m* impulso *m*; desenvolvimento *m*
essuie-glace (ê-çᵘi-*ghlaç*) *m* limpa pára-brisas

essuyer (ê-ç^{u}i-*ié*) *v* limpar; enxugar
est (éçt) *m* este *m*
estampe (é-*çtãp*) *f* gravura *f*; estampa *f*
estimation (é-çti-ma-*ç^{i}ón*) *f* estimativa *f*
estime (é-*çtimm*) *f* estima *f*
estimer (é-çti-*mê*) *v* estimar, considerar, avaliar
estomac (é-çtó-*ma*) *m* estômago *m*
estropié (é-çtró-*p^{i}ê*) *adj* aleijado
estuaire (é-*çt^{u}éér*) *m* estuário *m*
et (ê) *conj* e
étable (ê-*tabl*) *f* estábulo *m*
établir (ê-ta-*bliir*) *v* estabelecer; **s'établir** fixar-se, estabelecer-se
étage (ê-*taaj*) *m* andar *m*, piso *m*
étagère (ê-ta-*jéér*) *f* prateleira *f*
étain (ê-*tén*) *m* estanho *m*
étal (ê-*tal*) *m* balcão de talho
étalage (ê-ta-*laaj*) *m* vitrina *f*
étaler (ê-ta-*lê*) *v* exibir, *expor
étang (ê-*tã*) *m* tanque *m*
étape (ê-*tap*) *f* fase *f*; etapa *f*
Etat (ê-*ta*) *m* estado *m*; **Etats-Unis** Estados Unidos
état (ê-*ta*) *m* estado *m*; ~ **d'urgence** estado de emergência
été (ê-*tê*) *m* Verão *m*; **plein** ~ pleno Verão
***éteindre** (ê-*téndr*) *v* apagar; desligar, extinguir
étendre (ê-*tãdr*) *v* expandir, espalhar, ampliar; prolongar
étendu (ê-tã-*dü*) *adj* amplo, extenso; estendido
éternel (ê-tér-*nél*) *adj* eterno
éternité (ê-tér-ni-*tê*) *f* eternidade *f*
éternuer (ê-tér-*n^{u}ê*) *v* espirrar
éther (ê-*téér*) *m* éter *m*
Ethiopie (ê-t^{i}ó-*pi*) *f* Etiópia *f*
Ethiopien (ê-t^{i}ó-*p^{i}én*) *m* etíope *m*
éthiopien (ê-t^{i}ó-*p^{i}én*) *adj* etíope
étincelle (ê-tén-*çél*) *f* faísca *f*
étiqueter (ê-tik-*tê*) *v* etiquetar, rotular
étiquette (ê-ti-*két*) *f* etiqueta *f*, rótulo *m*
étoffes (ê-*tóf*) *fpl* tecidos *mpl*, têxteis *mpl*
étoile (ê-*t^{u}al*) *f* estrela *f*
étole (ê-*tól*) *f* estola *f*
étonnant (ê-tó-*nã*) *adj* espantoso
étonnement (ê-tónn-*mã*) *m* espanto *m*, admiração *f*
étonner (ê-tó-*nê*) *v* espantar
étouffant (ê-tu-*fã*) *adj* sufocante
étouffer (ê-tu-*fê*) *v* sufocar
étourdi (ê-tur-*di*) *adj* atordoado
étourneau (ê-tur-*nô*) *m* estorninho *m*
étrange (ê-*trãj*) *adj* estranho; curioso
étranger (ê-trã-*jê*) *m* estranho *m*, estrangeiro *m*, forasteiro *m*; *adj* estrangeiro; estranho; **à l'étranger** no estrangeiro; para o estrangeiro
étrangler (ê-trã-*ghlê*) *v* estrangular
***être** (éétr) *v* *ser; *estar
être (éétr) *m* ser *m*; ~ **humain** ser humano
***étreindre** (ê-*tréndr*) *v* abraçar
étreinte (ê-*trént*) *f* abraço *m*
étrier (ê-tri-*ê*) *m* estribo *m*
étroit (ê-*tr^{u}a*) *adj* estreito
étude (ê-*tüd*) *f* estudo *m*
étudiant (ê-tü-*d^{i}ã*) *m* estudante *m*
étudiante (ê-tü-*d^{i}ãt*) *f* estudante *f*
étudier (ê-tü-*d^{i}ê*) *v* estudar
étui (ê-*t^{u}i*) *m* estojo *m*; ~ **à cigarettes** cigarreira *f*
Europe (ă-*róp*) *f* Europa *f*
Européen (ă-ró-pê-*én*) *m* europeu *m*
européen (ă-ró-pê-*én*) *adj* europeu
eux (ă) *pron* eles; **eux-mêmes** eles mesmos
évacuer (ê-va-*k^{u}ê*) *v* evacuar, vagar
évaluer (ê-va-*l^{u}ê*) *v* avaliar, *fazer a estimativa
évangile (ê-vã-*jil*) *m* evangelho *m*

s'évanouir (ê-va-*n^uiir*) desmaiar
s'évaporer (çê-va-pó-*rê*) evaporar-se
évasion (ê-va-*z'ón*) *f* evasão *f*
éveillé (ê-vê-*'ê*) *adj* esperto
s'éveiller (ê-vê-*'ê*) despertar
événement (ê-vénn-*mã*) *m* acontecimento *m*, ocorrência *f*
éventail (ê-vã-*tai*) *m* leque *m*
éventuel (ê-vã-*t^uél*) *adj* eventual
évêque (ê-*vék*) *m* bispo *m*
évidemment (ê-vi-da-*mã*) *adv* evidentemente, obviamente
évident (ê-vi-*dã*) *adj* evidente, óbvio
évier (ê-*v'ê*) *m* lava-louça *m*
éviter (ê-vi-*tê*) *v* evitar
évolution (ê-vó-lü-*ç'ón*) *f* evolução *f*
évoquer (ê-vó-*kê*) *v* evocar
exact (égh-*zakt*) *adj* exacto, justo
exactement (égh-zak-tã-*mã*) *adv* exactamente
exactitude (égh-zak-ti-*tüd*) *f* exactidão *f*
exagérer (égh-za-jê-*rê*) *v* exagerar
examen (égh-za-*mén*) *m* exame *m*
examiner (égh-za-mi-*nê*) *v* examinar
excavation (ék-çka-va-*ç'ón*) *f* escavação *f*
excéder (ék-çê-*dê*) *v* exceder
excellent (ék-çé-*lã*) *adj* excelente
exceller (ék-çê-*lê*) *v* *sobressair
excentrique (ék-çã-*trik*) *adj* excêntrico
excepté (ék-çép-*tê*) *prep* excepto
exception (ék-çép-*ç'ón*) *f* excepção *f*
exceptionnel (ék-çép-ç'ó-*nél*) *adj* excepcional
excès (ék-*çê*) *m* excesso *m*; ~ **de vitesse** excesso de velocidade
excessif (ék-çê-*çif*) *adj* excessivo
excitation (ék-çi-ta-*ç'ón*) *f* excitação *f*
exciter (ék-çi-*tê*) *v* excitar
exclamation (ék-çkla-ma-*ç'ón*) *f* exclamação *f*
exclamer (ék-çkla-*mê*) *v* exclamar
***exclure** (ék-*çklüür*) *v* *excluir
exclusif (ék-çklü-*zif*) *adj* exclusivo
exclusivement (ék-çklü-ziv-*mã*) *adv* exclusivamente
excursion (ék-çkür-*ç'ón*) *f* passeio *m*, excursão *f*; circuito turístico
excuse (ék-*çküüz*) *f* desculpa *f*
excuser (ék-çkü-*zê*) *v* desculpar; **excusez-moi!** desculpe!
exécuter (égh-zê-kü-*tê*) *v* executar, desempenhar
exécutif (égh-zê-kü-*tif*) *m* poder executivo; *adj* executivo
exécution (égh-zê-kü-*ç'ón*) *f* execução *f*
exemplaire (égh-zã-*pléér*) *m* exemplar *m*
exemple (égh-*zãpl*) *m* exemplo *m*; **par** ~ por exemplo
exempt (égh-*zã*) *adj* isento; ~ **de droits** isento de direitos; ~ **d'impôts** isento de imposto
exempter (égh-zã-*tê*) *v* isentar
exemption (égh-zã-*pç'ón*) *f* isenção *f*
exercer (égh-zér-*çê*) *v* exercitar; exercer
exercice (égh-zér-*çiç*) *m* exercício *m*
exhiber (égh-zi-*bê*) *v* exibir
exhibition (égh-zi-bi-*ç'ón*) *f* exibição *f*
exhorter (égh-zór-*tê*) *v* exortar, incitar
exigeant (égh-zi-*jã*) *adj* exigente
exigence (égh-zi-*jãç*) *f* exigência *f*
exiger (égh-zi-*jê*) *v* exigir
exile (égh-*zil*) *m* exílio *m*
exilé (égh-zi-*lê*) *m* exilado *m*
existence (égh-zi-*çtãç*) *f* existência *f*
exister (égh-zi-*çtê*) *v* existir
exotique (égh-zó-*tik*) *adj* exótico
expédier (ék-çpê-*d'ê*) *v* despachar, *expedir, enviar
expédition (ék-çpê-di-*ç'ón*) *f* expedição *f*; remessa *f*
expérience (ék-çpê-*r'ãç*) *f* experiên-

cia *f;* ***faire l'expérience de** experimentar
expérimenter (ék-çpê-ri-mã-*tê*) *v* experimentar; **expérimenté** experiente
expert (ék-*çpéér*) *adj* especializado; *m* especialista *m*, perito *m*
expiration (ék-çpi-ra-*ç'ón*) *f* expiração *f;* vencimento *m*
expirer (ék-çpi-*rê*) *v* expirar, exalar
explicable (ék-çpli-*kabl*) *adj* explicável
explication (ék-çpli-ka-*ç'ón*) *f* explicação *f*
explicite (ék-çpli-*çit*) *adj* definido; explícito
expliquer (ék-çpli-*kê*) *v* explicar
exploitation (ék-çplᵘa-ta-*ç'ón*) *f* exploração *f;* ~ **minière** exploração mineira
exploiter (ék-çplᵘa-*tê*) *v* explorar
explorer (ék-çpló-*rê*) *v* explorar
exploser (ék-çplô-*zê*) *v* *explodir
explosif (ék-çplô-*zif*) *m* explosivo *m; adj* explosivo
explosion (ék-çplô-*z'ón*) *f* explosão *f*
exportation (ék-çpór-ta-*ç'ón*) *f* exportação *f*
exporter (ék-çpór-*tê*) *v* exportar
exposer (ék-çpô-*zê*) *v* exibir, *expor
exposition (ék-çpô-zi-*ç'ón*) *f* exposição *f;* ~ **d'art** exposição de arte
exprès[1] (ék-*çprê*) *adv* de propósito
exprès[2] (ék-*çpréç*) *adj* expresso
expression (ék-çpré-*ç'ón*) *f* expressão *f*
exprimer (ék-çpri-*mê*) *v* exprimir, expressar
expulser (ék-çpül-*çê*) *v* expulsar
exquis (ék-*çki*) *adj* requintado; delicioso
extase (ék-*çtaaz*) *m* êxtase *m*
exténuer (ék-çtê-*nᵘê*) *v* extenuar
extérieur (ék-çtê-*r'äär*) *m* exterior *m; adj* exterior; **vers l'extérieur** para fora
externe (ék-*çtérn*) *adj* externo
extincteur (ék-çténk-*täär*) *m* extintor *m*
extorquer (ék-çtór-*kê*) *v* *extorquir
extorsion (ék-çtór-*ç'ón*) *f* extorsão *f*
extrader (ék-çtra-*dê*) *v* extraditar
***extraire** (ék-*çtréér*) *v* *extrair
extrait (ék-*çtrê*) *m* trecho *m*
extraordinaire (ék-çtra-ór-di-*néér*) *adj* extraordinário
extravagant (ék-çtra-va-*ghã*) *adj* extravagante
extrême (ék-*çtrémm*) *adj* máximo, extremo; *m* extremo *m*
exubérant (égh-zü-bê-*rã*) *adj* exuberante

F

fable (fabl) *f* fábula *f*
fabricant (fa-bri-*kã*) *m* fabricante *m*
fabriquer (fa-bri-*kê*) *v* fabricar
façade (fa-*çad*) *f* fachada *f*
face (faç) *f* frente *f;* **en ~ de** defronte de, em frente de
fâcher (fa-*chê*) *v* irritar; **fâché** zangado
facile (fa-*çil*) *adj* fácil
facilité (fa-çi-li-*tê*) *f* facilidade *f*
façon (fa-*çón*) *f* maneira *f;* modo *m;* feitio *m;* **de la même ~** igualmente; **de toute ~** de qualquer maneira; de qualquer modo
façonner (fa-çó-*nê*) *v* moldar, formar
facteur (fak-*täär*) *m* factor *m;* carteiro *m*
facture (fak-*tüür*) *f* factura *f*, conta *f*
facturer (fak-tü-*rê*) *v* facturar
facultatif (fa-kül-ta-*tif*) *adj* facultativo
faculté (fa-kül-*tê*) *f* faculdade *f*

faible (fébl) *adj* fraco; pequeno, ligeiro
faiblesse (fé-*bléç*) *f* fraqueza *f*
faïence (fa-^{i}*ãç*) *f* faiança *f;* loiça *f*
en faillite (ã fa-^{i}*it*) falido
faim (fén) *f* fome *f*
***faire** (féér) *v* *fazer; mandar
faisable (fã-*zabl*) *adj* possível, realizável
faisan (fã-*zã*) *m* faisão *m*
fait (fê) *m* facto *m;* **de** ~ com efeito; **en** ~ de facto, com efeito
falaise (fa-*lééz*) *f* falésia *f*
***falloir** (fa-*l^{u}aar*) *v* *ter de, precisar
falsification (fal-çi-fi-ka-*ç^{i}ón*) *f* falsificação *f*
falsifier (fal-çi-*f^{i}ê*) *v* falsificar
fameux (fa-*mă*) *adj* famoso
familial (fa-mi-*l^{i}al*) *adj* familiar
familiariser (fa-mi-l^{i}a-ri-*zê*) *v* familiarizar, acostumar
familier (fa-mi-*l^{i}ê*) *adj* familiar
famille (fa-*mi^{i}*) *f* família *f*
fan (fann) *m* admirador *m;* fã *mBr*
fanatique (fa-na-*tik*) *adj* fanático
se faner (fa-*nê*) murchar; desbotar
fanfare (fã-*faar*) *f* fanfarra *f*
fantaisie (fã-tê-*zi*) *f* fantasia *f*
fantastique (fã-ta-*çtik*) *adj* fantástico
fantôme (fã-*tôômm*) *m* fantasma *m*
faon (fã) *m* enho *m,* veadinho *m*
farce (farç) *f* farsa *f;* recheio *m*
farci (far-*çi*) *adj* recheado
fardeau (far-*dô*) *m* fardo *m*
farine (fa-*rinn*) *f* farinha *f*
farouche (fa-*ruch*) *adj* esquivo, arisco
fasciner (fa-çi-*nê*) *v* fascinar
fascisme (fa-*chiçm*) *m* fascismo *m*
fasciste (fa-*chiçt*) *m* fascista *m; adj* fascista
fastidieux (fa-çti-*d^{i}ă*) *adj* maçador; fastidioso
fatal (fa-*tal*) *adj* (pl ~s) fatal
fatigant (fa-ti-*ghã*) *adj* cansativo, fatigante
fatigue (fa-*tigh*) *f* cansaço *m,* fadiga *f*
fatiguer (fa-ti-*ghê*) *v* cansar; **fatigué** fatigado; cansado
faubourg (fô-*buur*) *m* subúrbio *m,* arredores *mpl*
fauché (fô-*chê*) *adj* teso
faucon (fô-*kón*) *m* falcão *m*
faute (fôôt) *f* falta *f,* erro m; culpa *f;* **imputer la** ~ **à** culpar
fauteuil (fô-*tö^{i}*) *m* poltrona *f,* cadeira de braços; ~ **d'orchestre** plateia *f;* ~ **roulant** cadeira de rodas
fauve (fôôv) *adj* amarelo torrado
faux (fô) *adj* (f fausse) falso
faveur (fa-*văăr*) *f* favor *m;* **en** ~ **de** a favor de
favorable (fa-vó-*rabl*) *adj* favorável
favori (fa-vó-*ri*) *m* (f ~te) favorito *m; adj* favorito; **favoris** suíças *fpl*
favoriser (fa-vó-ri-*zê*) *v* favorecer
fédéral (fê-dê-*ral*) *adj* federal
fédération (fê-dê-ra-*ç^{i}ón*) *f* federação *f*
fée (fê) *f* fada *f*
***feindre** (féndr) *v* fingir
félicitation (fê-li-çi-ta-*ç^{i}ón*) *f* felicitação *f*
féliciter (fê-li-çi-*tê*) *v* felicitar, congratular
femelle (fă-*mél*) *f* fêmea *f*
féminin (fê-mi-*nén*) *adj* feminino
femme (famm) *f* mulher *f;* ~ **de chambre** criada de quarto
fendre (fădr) *v* fender; partir, quebrar
fenêtre (fă-*néétr*) *f* janela *f*
fente (făt) *f* fenda *f*
féodal (fê-ó-*dal*) *adj* feudal
fer (féér) *m* ferro *m;* **en** ~ de ferro; ~ **à cheval** ferradura *f;* ~ **à friser** ferro de frisar; ~ **à repasser** ferro de engomar; ~ **à souder** ferro de soldar

erme (férm) *f* casal *m*, quinta *f*; *adj* firme; constante
ermenter (fér-mã-*tê*) *v* fermentar
ermer (fér-*mê*) *v* fechar; **fermé** fechado; ~ **à clé** fechar à chave
ermeture (férm-*tüür*) *f* fecho *m*; ~ **éclair** fecho éclair
ermier (fér-*m'ê*) *m* caseiro *m*
ermière (fér-*m'éér*) *f* caseira *f*
éroce (fê-*róç*) *adj* feroz
erraille (fé-*rai*) *f* ferro-velho *m*
erry-boat (fé-ri-*bôt*) *m* ferry-boat *m*
ertile (fér-*til*) *adj* fértil
esse (féç) *f* nádega *f*
essée (fê-*çê*) *f* açoite *m*
estival (fé-çti-*val*) *m* (pl ~s) festival *m*
fête (fét) *f* festa *f*
feu (fã) *m* fogo *m*; ~ **arrière** farol traseiro, luz da retaguarda; ~ **de circulation** semáforo *m*; ~ **de position** luz de estacionamento
feuille (fö'ⁱ) *f* folha *f*
feuilleton (föⁱ-*tón*) *m* folhetim *m*
feutre (fäätr) *m* feltro *m*
février (fê-vri-*ê*) Fevereiro
fiançailles (f'ã-*çai*) *fpl* noivado *m*
fiancé (f'ã-*çê*) *m* noivo *m*; *adj* noivo
fiancée (f'ã-*çê*) *f* noiva *f*
fibre (fibr) *f* fibra *f*
ficelle (fi-*çél*) *f* cordel *m*, guita *f*
fiche (fich) *f* ficha *f*
fiction (fik-*ç'ón*) *f* ficção *f*
fidèle (fi-*dél*) *adj* fiel
fier (f'éér) *adj* vaidoso, altivo
fièvre (f'éévr) *f* febre *f*
fiévreux (f'ê-*vrã*) *adj* febril
figue (figh) *f* figo *m*
se figurer (fi-ghü-*rê*) imaginar
fil (fil) *m* fio *m*; cordão *m*, linha *f*; ~ **de fer** arame *m*; ~ **électrique** fio eléctrico
file (fil) *f* fila *f*
filer (fi-*lê*) *v* fiar; *fugir, safar-se
filet (fi-*lê*) *m* rede *f*; ~ **à bagages** rede da bagagem; ~ **de pêche** rede de pesca
fille (fi'ⁱ) *f* rapariga *f*, moça *f*; filha *f*; **vieille** ~ solteirona *f*
film (film) *m* filme *m*; ~ **en couleurs** filme a cores
filmer (fil-*mê*) *v* filmar
fils (fiç) *m* filho *m*
filtre (filtr) *m* filtro *m*; ~ **à air** filtro de ar; ~ **à huile** filtro de óleo
filtrer (fil-*trê*) *v* filtrar
fin (fén) *f* fim *m*; *adj* fino, delicado
final (fi-*nal*) *adj* (pl ~s) final
financer (fi-nã-*çê*) *v* financiar
finances (fi-*nãç*) *fpl* finanças *fpl*
financier (fi-nã-*ç'ê*) *adj* financeiro
finir (fi-*niir*) *v* acabar, terminar
Finlandais (fén-lã-*dê*) *m* finlandês *m*
finlandais (fén-lã-*dê*) *adj* finlandês
Finlande (fén-*lãd*) *f* Finlândia *f*
firme (firm) *f* firma *f*
fissure (fi-*çüür*) *f* fenda *f*, greta *f*
fixateur (fik-ça-*täär*) *m* loção fixadora, fixador *m*
fixe (fikç) *adj* fixo
fixer (fik-*çê*) *v* fixar; fitar
fjord (f'ór) *m* fiorde *m*
flacon (fla-*kón*) *m* frasco *m*
flamant (fla-*mã*) *m* flamingo *m*
flamme (flamm) *f* chama *f*
flanelle (fla-*nél*) *f* flanela *f*
flâner (fla-*nê*) *v* *vaguear
flaque (flak) *f* poça *f*, charco *m*
flasque (flaçk) *adj* flácido, frouxo
fléau (flê-*ô*) *m* praga *f*
flèche (fléch) *f* seta *f*
flétan (flê-*tã*) *m* alabote *m*
fleur (fläär) *f* flor *f*
fleuriste (flã-*riçt*) *m* florista *m*
fleuve (flääv) *m* rio *m*
flexible (flék-*çibl*) *adj* flexível
flotte (flót) *f* frota *f*
flotter (fló-*tê*) *v* flutuar

flotteur (fló-*tăăr*) *m* flutuador *m*
fluide (flü-*id*) *adj* fluido
flûte (flüt) *f* flauta *f*
foi (f^{u}a) *f* fé *f*
foie (f^{u}a) *m* fígado *m*
foin (f^{u}én) *m* feno *m*
foire (f^{u}aar) *f* feira *f*
fois (f^{u}a) *f* vez *f; prep* vezes; **à la ~** ao mesmo tempo; **deux ~** duas vezes; **une ~** alguma vez; **une ~ de plus** uma vez mais
folie (fó-*li*) *f* loucura *f*
folklore (fól-*klóór*) *m* folclore *m*
foncé (fón-*çê*) *adj* escuro
foncer (fón-*çê*) *v* *ir com velocidade
fonction (fónk-*ç^{i}ón*) *f* função *f;* cargo *m*
fonctionnaire (fónk-ç^{i}ó-*néér*) *m* funcionário *m*
fonctionnement (fónk-ç^{i}ónn-*mã*) *m* funcionamento *m*
fonctionner (fónk-ç^{i}ó-*nê*) *v* funcionar
fond (fón) *m* fundo *m;* essência *f;* **à ~** a fundo; **au ~** no fundo; **~ de teint** creme de base
fondamental (fón-da-mã-*tal*) *adj* essencial, fundamental
fondation (fón-da-*ç^{i}ón*) *f* fundação *f*
fondement (fónd-*mã*) *m* alicerce *m*
fonder (fón-*dê*) *v* fundar, *instituir; **bien fondé** fundamentado
fonderie (fón-*dri*) *f* fundição *f*
fondre (fóndr) *v* derreter; fundir
fonds (fón) *mpl* fundos *mpl*
fontaine (fón-*ténn*) *f* fonte *f;* chafariz *m*
fonte (fónt) *f* ferro fundido
football (fut-*ból*) *m* futebol *m*
force (fórç) *f* força *f,* potência *f;* **~ armée** força armada
forcément (fór-çê-*mã*) *adv* forçosamente
forcer (fór-*çê*) *v* forçar
forer (fó-*rê*) *v* brocar, furar
forestier (fó-ré-*çt^{i}ê*) *m* guarda-florestal *m*
forêt (fó-*rê*) *f* floresta *f*
foreuse (fó-*răăz*) *f* furador *m,* broca *f*
forgeron (fór-jă-*rón*) *m* ferreiro *m*
formalité (fór-ma-li-*tê*) *f* formalidade *f*
format (fór-*ma*) *m* formato *m*
formation (fór-ma-*ç^{i}ón*) *f* formação *f*
forme (fórm) *f* forma *f;* figura *f*
formel (fór-*mél*) *adj* categórico, formal
former (fór-*mê*) *v* formar, treinar
formidable (fór-mi-*dabl*) *adj* formidável, excelente; fantástico
formulaire (fór-mü-*léér*) *m* formulário *m;* impresso *m;* **~ d'inscription** formulário de inscrição
formule (fór-*mül*) *f* fórmula *f*
fort (fóór) *adj* forte; *m* forte *m*
fortement (fór-tă-*mã*) *adv* fortemente
forteresse (fór-tă-*réç*) *f* fortaleza *f*
fortuit (fór-*t^{u}i*) *adj* casual, fortuito
fortune (fór-*tünn*) *f* fortuna *f*
fosse (fôç) *f* cova *f*
fossé (fô-*çê*) *m* fosso *m*
fou[1] (fu) *adj* (fol; f folle) maluco, louco, doido
fou[2] (fu) *m* maluco *m,* doido *m*
foudre (fudr) *f* raio *m*
fouet (f^{u}ê) *m* chicote *m*
fouetter (f^{u}ê-*tê*) *v* bater; *chicotear, fustigar
fouille (fu^{i}) *f* busca *f*
fouiller (fu-*^{i}ê*) *v* pesquisar, rebuscar, revistar; escavar
fouillis (fu-*^{i}i*) *m* trapalhada *f*
foulard (fu-*laar*) *m* lenço da cabeça, lenço do pescoço
foule (ful) *f* multidão *f*
fouler (fu-*lê*) *v* torcer; pisar
foulure (fu-*lüür*) *f* distensão *f,* entorse *f*
four (fuur) *m* forno *m*

ourbe (furb) *adj* falso, velhaco
ourchette (fur-*chét*) *f* garfo *m*
ourgon (fur-*ghón*) *m* furgão *m;* furgoneta *f*
ourmi (fur-*mi*) *f* formiga *f*
ournaise (fur-*nééz*) *f* fornalha *f*
ourneau (fur-*nô*) *m* fogão *m;* ~ **à gaz** fogão a gás
ournir (fur-*niir*) *v* fornecer
ourniture (fur-ni-*tüür*) *f* fornecimento *m;* abastecimento *m*
ourreur (fu-*răăr*) *m* peleiro *m*
ourrure (fu-*rüür*) *f* pele *f*
oyer (f^{u}a-^{i}*ê*) *m* entrada *f*, salão *m;* lar *m;* foco *m*
racas (fra-*ka*) *m* barulho *m*, estrondo *m*
raction (frak-*ç^{i}ón*) *f* fracção *f*
racture (frak-*tüür*) *f* fractura *f*
racturer (frak-tü-*rê*) *v* quebrar, fracturar
ragile (fra-*jil*) *adj* frágil
ragment (fragh-*mã*) *m* trecho *m*, fragmento *m*
rais[1] (frê) *adj* (f fraîche) fresco
rais[2] (frê) *mpl* despesas; ~ **de voyage** despesas de viagem
raise (frééz) *f* morango *m*
ramboise (frã-*b^{u}aaz*) *f* framboesa *f*
ranc (frã) *adj* (f franche) franco
rançais (frã-*çê*) *m* francês *m*
rançais (frã-*çê*) *adj* francês
rance (frãç) *f* França *f*
ranchir (frã-*chiir*) *v* transpor
ranc-tireur (frã-ti-*răăr*) *m* franco-atirador *m*
frange (frãj) *f* franja *f*
frappant (fra-*pã*) *adj* impressionante, notável
frappé (fra-*pê*) *m* batido de leite
frapper (fra-*pê*) *v* bater, atacar; acertar; impressionar
fraternité (fra-tér-ni-*tê*) *f* fraternidade *f*
fraude (frôôd) *f* fraude *f*
frayeur (fré-^{i}*ăăr*) *f* pavor *m*, susto *m*
fredonner (fră-dó-*nê*) *v* *trautear
frein (frén) *m* travão *m;* ~ **à main** travão de mão; ~ **à pédale** travão de pé
freiner (frê-*nê*) *v* travar, *refrear; *frear *vBr*
fréquemment (frê-ka-*mã*) *adv* frequentemente
fréquence (frê-*kãç*) *f* frequência *f*
fréquent (frê-*kã*) *adj* frequente
fréquenter (frê-kã-*tê*) *v* frequentar, andar com, *dar-se com
frère (fréér) *m* irmão *m*
fret (frê) *m* carga *f*
en friche (ã frich) inculto, em pousio
friction (frik-*ç^{i}ón*) *f* fricção *f*
fripon (fri-*pón*) *m* patife *m*
***frire** (friir) *v* fritar
friser (fri-*zê*) *v* encaracolar
frisson (fri-*çón*) *m* estremecimento *m*, calafrio *m*, arrepio *m*
frissonnant (fri-çó-*nã*) *adj* trémulo, arrepiado
frissonner (fri-çó-*nê*) *v* tiritar, estremecer
froid (fr^{u}a) *m* frio *m; adj* frio
froisser (fr^{u}a-*çê*) *v* amarrotar, enrugar
fromage (fró-*maaj*) *m* queijo *m*
front (frón) *m* testa *f;* frente *f*
frontière (frón-*t^{i}éér*) *f* fronteira *f*
frotter (fró-*tê*) *v* esfregar
fruit (fr^{u}i) *m* fruto *m;* **fruits** fruta *f*
fugitif (fü-ji-*tif*) *m* fugitivo *m*
***fuir** (f^{u}iir) *v* *fugir; verter, vazar
fuite (f^{u}it) *f* fuga *f*
fume-cigarettes (fümm-çi-gha-*rét*) *m* boquilha *f*
fumée (fü-*mê*) *f* fumo *m*
fumer (fü-*mê*) *v* fumar
fumeur (fü-*măăr*) *m* fumador *m;* **compartiment fumeurs** comparti-

mento para fumadores
fumier (fü-*m'ê*) *m* estrume *m;* esterco *m;* **tas de** ~ estrumeira *f*
fumoir (fü-*m^uaar*) *m* sala de fumo
funérailles (fü-nê-*rai*) *fpl* funeral *m*
fureur (fü-*răăr*) *f* furor *m*
furibond (fü-ri-*bón*) *adj* furibundo
furieux (fü-*r'ă*) *adj* furioso
furoncle (fü-*rónkl*) *m* furúnculo *m*
fusée (fü-*zê*) *f* foguete *m*
fusible (fü-*zibl*) *m* fusível *m*
fusil (fü-*zi*) *m* espingarda *f*
futile (fü-*til*) *adj* fútil
futur (fü-*tüür*) *adj* futuro

G

gâcher (gha-*chê*) *v* estragar
gâchette (gha-*chét*) *f* gatilho *m*
gâchis (gha-*chi*) *m* desordem *f*
gadget (gha-*djét*) *m* engenhoca *f*
gadoue (gha-*du*) *f* imundice *f,* porcaria *f;* lama *f*
gages (ghaaj) *mpl* salário *m;* ***mettre en gage** empenhar
gagner (gha-*nhê*) *v* ganhar
gai (ghê) *adj* jovial, alegre
gain (ghén) *m* lucro *m*
gaine (ghénn) *f* cinta *f*
gaîté (ghê-*tê*) *f* alegria *f*
galerie (ghal-*ri*) *f* galeria *f;* ~ **d'art** galeria de arte
galet (gha-*lê*) *m* seixo *m*
galop (gha-*lô*) *m* galope *m*
gamin (gha-*mén*) *m* gaiato *m,* garoto *m*
gamme (ghamm) *f* escala *f,* gama *f*
gant (ghã) *m* luva *f*
garage (gha-*raaj*) *m* garagem *f*
garagiste (gha-ra-*jiçt*) *m* garagista *m*
garant (gha-*rã*) *m* fiador *m;* garantia *f*
garantie (gha-rã-*ti*) *f* garantia *f*
garantir (gha-rã-*tiir*) *v* garantir
garçon (ghar-*çón*) *m* rapaz *m;* criado *m,* empregado de mesa; garçom *mBr*
garde (ghard) *m* guarda *m; f* custódi*a f;* ~ **du corps** guarda-costas *m;* ***prendre** ~ tomar cuidado, prestar atenção
garde-boue (ghard-*bu*) *m* guarda-lama *m*
garde-manger (ghard-mã-*jê*) *m* despensa *f*
garder (ghar-*dê*) *v* guardar
garde-robe (ghar-*dröb*) *f* guarda-roupa *m;* roupeiro *m*
gardien (ghar-*d'én*) *m* guarda *m;* ~ **de but** guarda-redes *m;* goleiro *mBr*
gardon (ghar-*dón*) *m* peixe de água doce
gare (ghaar) *f* estação *f*
garer (gha-*rê*) *v* *pôr na garagem; arrumar; **se** ~ estacionar
se gargariser (ghar-gha-ri-*zê*) gargarejar
gars (gha) *m* tipo *m*
gaspillage (gha-çpi-*'aaj*) *m* desperdício *m,* esbanjamento *m*
gaspiller (gha-çpi-*'ê*) *v* desperdeçar, esbanjar
gaspilleur (gha-çpi-*'ăăr*) *adj* gastador, esbanjador
gastrique (gha-*çtrik*) *adj* gástrico
gâteau (gha-*tô*) *m* bolo *m*
gâter (gha-*tê*) *v* estragar; amimar
gauche (ghôôch) *adj* esquerdo; desajeitado
gaucher (ghô-*chê*) *adj* canhoto
gaufre (ghôôfr) *f* panqueca de máquina
gaufrette (ghô-*frét*) *f* bolacha de baunilha
gaz (ghaaz) *m* gás *m;* ~ **d'échappe-**

ment gases de escape
aze (ghaaz) *f* gaze *f*
azon (gha-*zón*) *m* relvado *m*
éant (jê-*ã*) *m* gigante *m*
el (jél) *m* gelo *m;* congelação *f*
elée (jă-*lê*) *f* geleia *f*
eler (jă-*lê*) *v* gelar, congelar
émir (jê-*miir*) *v* gemer
ênant (jé-*nã*) *adj* embaraçador; incomodativo; estorvante
encive (jă-*çiiv*) *f* gengiva *f*
endre (jădr) *m* genro *m*
êner (jê-*nê*) *v* estorvar; incomodar; embaraçar; **gêné** embaraçado; **se** ~ acanhar-se
énéral (jê-nê-*ral*) *m* general *m; adj* geral; **en** ~ em geral, em regra
énéralement (jê-nê-ral-*mã*) *adv* geralmente
générateur (jê-nê-ra-*tăăr*) *m* gerador *m*
génération (jê-nê-ra-*ç'ón*) *f* geração *f*
généreux (jê-nê-*ră*) *adj* generoso
générosité (jê-nê-ró-zi-*tê*) *f* generosidade *f*
génie (jê-*ni*) *m* génio *m*
génital (jê-ni-*tal*) *adj* genital
genou (jă-*nu*) *m* (pl ~x) joelho *m*
genre (jăr) *m* género *m*
gens (jă) *mpl/fpl* pessoas *fpl*, gente *f*
gentil (jă-*ti*) *adj* (f ~le) gentil, amável; agradável; encantador
géographie (jê-ó-ghra-*fi*) *f* geografia *f*
geôlier (jô-*l'ê*) *m* carcereiro *m*
géologie (jê-ó-ló-*ji*) *f* geologia *f*
géométrie (jê-ó-mê-*tri*) *f* geometria *f*
germe (jérm) *m* germe *m*
geste (jéçt) *m* gesto *m*
gesticuler (jé-çti-kü-*lê*) *v* gesticular
gestion (jé-*çt'ón*) *f* gestão *f*
gibet (ji-*bê*) *m* forca *f*
gibier (ji-*b'ê*) *m* caça *f*
gigantesque (ji-ghã-*téçk*) *adj* gigantesco
gilet (ji-*lê*) *m* colete *m*
gingembre (jén-*jăbr*) *m* gengibre *m*
glace (ghlaç) *f* gelo *m;* gelado *m;* sorvete *mBr*
glacial (ghla-*ç'al*) *adj* (pl -aux, ~s) glacial, gelado
glacier (ghla-*ç'ê*) *m* glaciar *m*
gland (ghlă) *m* bolota *f*
glande (ghlăd) *f* glândula *f*
glissade (ghli-*çad*) *f* deslize *m*, escorregadela *f*
glissant (ghli-*çă*) *adj* escorregadio
glisser (ghli-*çê*) *v* escorregar, deslizar; *introduzir
global (ghló-*bal*) *adj* global
globe (ghlób) *m* globo *m*
gloire (ghl^u^aar) *f* glória *f*
glousser (ghlu-*çê*) *v* cacarejar; *dar risadinhas
gluant (ghlü-*ã*) *adj* pegajoso
gobelet (ghó-*blê*) *m* copo *m*, caneca *f*
goéland (ghó-ê-*lă*) *m* gaivota *f*
golf (ghólf) *m* golfe *m;* **terrain de** ~ campo de golfe
golfe (ghólf) *m* golfo *m*
gomme (ghómm) *f* goma *f;* borracha *f*
gondole (ghón-*dól*) *f* gôndola *f*
gonflable (ghón-*flabl*) *adj* pneumático
gonfler (ghón-*flê*) *v* encher, enfunar, inchar
gorge (ghórj) *f* garganta *f*
gorgée (ghór-*jê*) *f* sorvo *m*, gole *m*
gosse (ghóç) *m* garoto *m*
goudron (ghu-*drón*) *m* alcatrão *m*
goulot d'étranglement (ghu-ló dê-trăghlă-*mã*) passagem estreita
gourdin (ghur-*dén*) *m* cacete *m*, moca *f*
gourmand (ghur-*mã*) *adj* guloso
gourmet (ghur-*mê*) *m* gastrónomo *m*
goût (ghu) *m* gosto *m*, paladar *m;* ***avoir un** ~ **de** *saber a
goûter (ghu-*tê*) *v* provar

goutte (ghut) *f* gota *f*
gouvernail (ghu-vér-*nai*) *m* leme *m*
gouvernante (ghu-vér-*nãt*) *f* governanta *f*
gouvernement (ghu-vér-nă-*mã*) *m* governo *m*
gouverner (ghu-vér-*nê*) *v* governar
gouverneur (ghu-vér-*năăr*) *m* governador *m*
grâce (ghraaç) *f* graça *f;* indulto *m;* ~ **à** graças a
gracieux (ghra-*ç^{i}ă*) *adj* gracioso; **à titre** ~ gratuito
grade (ghrad) *m* grau *m;* título *m,* patente *f*
graduel (ghra-*d^{u}él*) *adj* gradual
graduellement (ghra-d^{u}él-*mã*) *adv* gradualmente
grain (ghrén) *m* grão *m*
graisse (ghréç) *f* gordura *f*
graisser (ghrê-*çê*) *v* lubrificar, untar
graisseux (ghré-*çă*) *adj* oleoso, gordurento
grammaire (ghra-*méér*) *f* gramática *f*
grammatical (ghra-ma-ti-*kal*) *adj* gramatical
gramme (ghramm) *m* grama *m*
grand (ghrã) *adj* grande; alto
Grande-Bretagne (ghrãd-bră-*tanh*) *f* Grã-Bretanha *f*
grandeur (ghrã-*dăăr*) *f* tamanho *m*
grandiose (ghrã-*d^{i}ôôz*) *adj* grandioso
grandir (ghrã-*diir*) *v* crescer; ampliar
grand-mère (ghrã-*méér*) *f* avó *f*
grand-papa (ghrã-pa-*pa*) *m* avozinho *m*
grand-père (ghrã-*péér*) *m* avô *m*
grands-parents (ghrã-pa-*rã*) *mpl* avós *mpl*
grange (ghrãj) *f* celeiro *m*
granit (ghra-*nit*) *m* granito *m*
graphique (ghra-*fik*) *adj* gráfico; *m* gráfico *m*
gras (ghra) *adj* (f ~se) gorduroso, gordo
gratitude (ghra-ti-*tüd*) *f* gratidão *f*
gratte-ciel (ghra-*tç^{i}él*) *m* arranha-céus *m*
gratter (ghra-*tê*) *v* coçar; raspar; arranhar
gratuit (ghra-*t^{u}i*) *adj* gratuito
grave (ghraav) *adj* grave
graver (ghra-*vê*) *v* gravar
graveur (ghra-*văăr*) *m* gravador *m*
gravier (ghra-*v^{i}ê*) *m* saibro *m*
gravillon (ghra-vi-*^{i}ón*) *m* cascalho *m*
gravité (ghra-vi-*tê*) *f* seriedade *f;* gravidade *f*
gravure (ghra-*vüür*) *f* gravação *f;* gravura *f;* obra de talha
Grec (ghrék) *m* grego *m*
grec (ghrék) *adj* (f grecque) grego
Grèce (ghréç) *f* Grécia *f*
greffier (ghrê-*f^{i}ê*) *m* escrivão *m*
grêle (ghrél) *f* granizo *m*
grenier (ghră-*n^{i}ê*) *m* sótão *m*
grenouille (ghră-*nu^{i}*) *f* rã *f*
grève (ghréév) *f* greve *f*
gréviste (ghrê-*viçt*) *m* grevista *m*
griffe (ghrif) *f* garra *f;* unha *f*
gril (ghril) *m* grelhador *m*
grille (ghri^{i}) *f* portão *m;* grelha *f*
griller (ghri-*^{i}ê*) *v* grelhar
grillon (ghri-*^{i}ón*) *m* grilo *m*
grimper (ghrén-*pê*) *v* trepar
grincer (ghrén-*çê*) *v* ranger
grippe (ghrip) *f* gripe *f*
gris (ghri) *adj* cinzento
grive (ghriiv) *f* tordo *m*
grogner (ghró-*nhê*) *v* resmungar; rosnar
grondement (ghrónd-*mã*) *m* rumor *m;* ronco *m*
gronder (ghrón-*dê*) *v* troar; repreender
groom (ghrumm) *m* paquete *m;* moço de hotel *Br*

gros (ghrô) *adj* (f ~se) grosso; gordo
groseille (ghrô-*zéi*) *f* groselha *f;* ~ **à maquereau** groselha verde
grosse (ghrôôç) *f* grosa *f*
grossier (ghrô-*ç'ê*) *adj* grosseiro, rude
grossir (ghró-*çiir*) *v* engordar
grossiste (ghrô-*çiçt*) *m* armazenista *m*
grotesque (ghró-*téçk*) *adj* grotesco
grotte (ghrót) *f* gruta *f*
groupe (ghrup) *m* grupo *m*
grouper (ghru-*pê*) *v* agrupar
grue (ghrü) *f* grua *f*
grumeau (ghrü-*mô*) *m* grumo *m*
grumeleux (ghrümm-*lă*) *adj* grumoso
gué (ghê) *m* vau *m*
guêpe (ghép) *f* vespa *f*
ne ... guère (nă ... ghéér) pouco
guérir (ghê-*riir*) *v* curar; sarar, curar-se
guérison (ghê-ri-*zón*) *f* cura *f;* restabelecimento *m*
guérisseur (ghê-ri-*çăăr*) *m* curandeiro *m*
guerre (ghéér) *f* guerra *f;* **d'avant-guerre** do anteguerra; ~ **mondiale** guerra mundial
guetter (ghê-*tê*) *v* espreitar
gueule (ghăl) *f* focinho *m*, boca *f;* ~ **de bois** mal-estar devido ao excesso de bebida; ressaca *mBr*
guichet (ghi-*chê*) *m* bilheteira *f;* bilheteria *fBr;* ~ **de location** bilheteira de reservação
guide (ghid) *m* guia *m*
guider (ghi-*dê*) *v* guiar
guillemets (ghi'-*mê*) *mpl* aspas *fpl*
guitare (ghi-*taar*) *f* viola *f*
gymnase (jimm-*naaz*) *m* ginásio *m;* liceu *m*
gymnaste (jimm-*naçt*) *m* ginasta *m*
gymnastique (jimm-na-*çtik*) *f* ginástica *f*
gynécologue (ji-nê-kó-*lógh*) *m* ginecologista *m*

H

habile (a-*bil*) *adj* hábil; perito
habileté (a-bil-*tê*) *f* habilidade *f*, perícia *f*
habiller (a-bi-*'ê*) *v* *vestir
habitable (a-bi-*tabl*) *adj* habitável
habitant (a-bi-*tã*) *m* habitante *m*
habitation (a-bi-ta-*ç'ón*) *f* habitação *f*
habiter (a-bi-*tê*) *v* habitar, morar
habits (a-*bi*) *mpl* vestuário *m*
habitude (a-bi-*tüd*) *f* hábito *m;* ***avoir l'habitude de** *ter por costume, *estar habituado *a;* **d'habitude** habitualmente
habitué (a-bi-*tᵘê*) *adj* habituado
habituel (a-bi-*tᵘél*) *adj* habitual, usual
habituellement (a-bi-tᵘél-*mã*) *adv* habitualmente
s'habituer (a-bi-*tüê*) habituar-se
hache ('ach) *f* machado *m*
hacher ('a-*chê*) *v* picar
haie ('ê) *f* sebe *f*
haine ('énn) *f* ódio *m*
***haïr** ('a-*iir*) *v* *odiar
hâlé ('a-*lê*) *adj* bronzeado
haleter ('al-*tê*) *v* arquejar
hamac ('a-*mak*) *m* rede de dormir
hameau ('a-*mô*) *m* aldeola *f*
hameçon (amm-*çón*) *m* anzol *m*
hanche ('ãch) *f* anca *f*
handicapé ('ã-di-ka-*pê*) *adj* incapacitado; desfavorizado
hardi ('ar-*di*) *adj* descarado; ousado
hareng ('a-*rã*) *m* arenque *m*
haricot ('a-ri-*kô*) *m* feijão *m*
harmonie (ar-mó-*ni*) *f* harmonia *f*
harmonieux (ar-mó-*n'ă*) *adj* harmo-

nioso
harpe ('arp) *f* harpa *f*
hasard ('a-*zaar*) *m* sorte *f*, acaso *m*; risco *m*; azar *m*; **par** ~ por acaso
hâte ('aat) *f* pressa *f*
se hâter ('a-*tê*) apressar-se
hausse ('ôôç) *f* alta *f*; subida *f*
haut ('ô) *m* parte superior; *adj* alto; **en** ~ em cima; acima, para cima; **vers le** ~ para cima
hautain ('ô-*tén*) *adj* altivo
hauteur ('ô-*tăăr*) *f* altura *f*; ***être à la** ~ **de** não lhe ficar atrás
haut-parleur ('ô-par-*lăăr*) *m* altifalante *m*
havresac ('a-vră-*çak*) *m* mochila *f*
hebdomadaire (éb-dó-ma-*déér*) *adj* semanal
hébreu (ê-*bră*) *m* hebreu *m*
hélas ('ê-*laaç*) *adv* infelizmente
hélice (ê-*liç*) *f* hélice *f*
hémorragie (ê-mó-ra-*ji*) *f* hemorragia *f*
hémorroïdes (ê-mó-ró-*id*) *fpl* hemorróidas *fpl*
herbe (érb) *f* erva *f*; **mauvaise** ~ erva daninha
héréditaire (ê-rê-di-*téér*) *adj* hereditário
hérisson ('ê-ri-*çón*) *m* ouriço *m*
héritage (ê-ri-*taaj*) *m* herança *f*
hériter (ê-ri-*tê*) *v* herdar
hermétique (ér-mê-*tik*) *adj* hermético
hernie ('ér-*ni*) *f* hérnia *f*; ~ **discale** hérnia discal
héron ('ê-*rón*) *m* garça *f*
héros ('ê-*rô*) *m* herói *m*
hésiter (ê-zi-*tê*) *v* hesitar
hétérosexuel (ê-tê-ró-çék-*çuél*) *adj* heterossexual
hêtre ('éétr) *m* faia *f*
heure (ăăr) *f* hora *f*; **à ... heures** às ... horas; ~ **d'arrivée** hora de chegada; ~ **de départ** hora de partida; ~ **de pointe** hora de ponta; ~ **d'été** horário de Verão; **heures de bureau** horas de serviço; **heures d'ouverture** horas de abertura; **tout à l'heure** dentro em pouco; há pouco
heureux (ă-*ră*) *adj* afortunado, feliz
heurter ('ăr-*tê*) *v* *ir de encontro a
hibou ('i-*bu*) *m* (pl ~x) mocho *m*
hideux ('i-*dă*) *adj* horroroso
hier (ⁱéér) *adv* ontem
hiérarchie ('ⁱê-rar-*chi*) *f* hierarquia *f*
hippodrome (i-pó-*drómm*) *m* hipódromo *m*
hirondelle (i-rón-*dél*) *f* andorinha *f*
hisser ('i-*çê*) *v* içar
histoire (i-*çtuaar*) *f* história *f*; ~ **d'amour** história de amor; ~ **de l'art** história da arte
historien (i-çtó-*rⁱén*) *m* historiador *m*
historique (i-çtó-*rik*) *adj* histórico
hiver (i-*véér*) *m* Inverno *m*
hobby ('ó-*bi*) *m* passatempo *m*
hockey ('ó-*kê*) *m* hóquei *m*
Hollandais ('ó-lã-*dê*) *m* holandês *m*
hollandais ('ó-lã-*dê*) *adj* holandês
Hollande ('ó-*lãd*) *f* Holanda *f*
homard ('ó-*maar*) *m* lavagante *m*
hommage (ó-*maaj*) *m* homenagem *f*; **rendre** ~ prestar homenagem
homme (ómm) *m* homem *m*; ~ **d'affaires** homem de negócios; ~ **d'Etat** estadista *m*
homosexuel (ó-mó-çék-*çuél*) *adj* homossexual
Hongrie ('ón-*ghri*) *f* Hungria *f*
Hongrois ('ón-*ghrua*) *m* húngaro *m*
hongrois ('ón-*ghrua*) *adj* húngaro
honnête (ó-*nét*) *adj* honesto, honrado; justo
honnêteté (ó-nét-*tê*) *f* honestidade *f*
honneur (ó-*năăr*) *m* honra *f*
honorable (ó-nó-*rabl*) *adj* respeitável, honroso

honoraires (ó-nó-*réér*) *mpl* honorário *m*
honorer (ó-nó-*rê*) *v* honrar
honte (`ónt) *f* vergonha *f;* ***avoir** ~ *ter vergonha; **quelle honte!** que vergonha!
honteux (`ón-*tă*) *adj* envergonhado; vergonhoso
hôpital (ó-pi-*tal*) *m* hospital *m*
hoquet (`ó-*kê*) *m* soluço *m*
horaire (ó-*réér*) *m* horário *m*
horizon (ó-ri-*zón*) *m* horizonte *m*
horizontal (ó-ri-zón-*tal*) *adj* horizontal
horloge (ór-*lóój*) *f* relógio *m*
horloger (ór-ló-*jê*) *m* relojoeiro *m*
horreur (ó-*răăr*) *f* horror *m*
horrible (ó-*ribl*) *adj* horrível
horrifiant (ó-ri-*f^{i}ã*) *adj* horrorizante
hors (`óór) *adv* fora; ~ **de** fora de
hors-d'œuvre (`ór-*dăăvr*) *m* acepipes
horticulture (ór-ti-kül-*tüür*) *f* horticultura *f*
hospice (ó-*çpiç*) *m* asilo *m*
hospitalier (ó-çpi-ta-*l^{i}ê*) *adj* hospitaleiro
hospitalité (ó-çpi-ta-li-*tê*) *f* hospitalidade *f*
hostile (ó-*çtil*) *adj* hostil
hôte (ôôt) *m* hospedeiro *m;* hóspede *m*
hôtel (ô-*tél*) *m* hotel *m;* ~ **de ville** câmara municipal
hôtesse (ô-*téç*) *f* hospedeira *f;* recepcionista *f;* hóspeda *f;* ~ **de l'air** hospedeira *f*
houblon (`u-*blón*) *m* lúpulo *m*
houppette (`u-*pét*) *f* borla *f,* pompom *m*
housse (`uç) *f* capa *f*
hublot (`ü-*blô*) *m* vigia *f*
huile (^{u}il) *f* óleo *m;* ~ **capillaire** óleo capilar; ~ **de table** óleo de mesa; ~ **d'olive** azeite *m;* ~ **solaire** óleo de bronzear
huiler (^{u}i-*lê*) *v* *olear
huileux (^{u}i-*lă*) *adj* oleoso
huissier (^{u}i-*ç^{i}ê*) *m* oficial de diligências
huit (`^{u}it) *num* oito
huitième (`^{u}i-*t^{i}émm*) *num* oitavo
huître (^{u}itr) *f* ostra *f*
humain (ü-*mén*) *adj* humano
humanité (ü-ma-ni-*tê*) *f* humanidade *f*
humble (ănbl) *adj* humilde
humecter (ü-mék-*tê*) *v* humedecer
humeur (ü-*măăr*) *f* humor *m,* disposição *f*
humide (ü-*mid*) *adj* húmido
humidifier (ü-mi-di-*f^{i}ê*) *v* humedecer
humidité (ü-mi-di-*tê*) *f* humidade *f*
humour (ü-*muur*) *m* humor *m*
hurler (`ür-*lê*) *v* gritar, berrar
hutte (`üt) *f* cabana *f*
hydrogène (i-dró-*jénn*) *m* hidrogénio *m*
hygiène (i-*j^{i}énn*) *f* higiene *f*
hygiénique (i-j^{i}ê-*nik*) *adj* higiénico
hymne (immn) *m* hino *m;* ~ **national** hino nacional
hypocrisie (i-pó-kri-*zi*) *f* hipocrisia *f*
hypocrite (i-pó-*krit*) *m* hipócrita *m; adj* hipócrita
hypothèque (i-pó-*ték*) *f* hipoteca *f*
hystérique (i-çtê-*rik*) *adj* histérico

I

ici (i-*çi*) *adv* aqui
icône (i-*kôônn*) *f* ícone *m*
idéal[1] (i-dê-*al*) *adj* (pl -aux) ideal
idéal[2] (i-dê-*al*) *m* (pl ~s, -aux) ideal *m*
idée (i-*dê*) *f* ideia *f;* parecer *m*
identification (i-dã-ti-fi-ka-*ç^{i}ón*) *f* identificação *f*
identifier (i-dã-ti-*f^{i}ê*) *v* identificar

identique (i-dã-*tik*) *adj* idêntico
identité (i-dã-ti-*tê*) *f* identidade *f*
idiomatique (i-dⁱó-ma-*tik*) *adj* idiomático
idiome (i-*dⁱôômm*) *m* idioma *m*
idiot (i-*dⁱô*) *m* idiota *m; adj* idiota
idole (i-*dól*) *f* ídolo *m*
idylle (i-*dil*) *f* idílio *m*, romance *m*
ignifuge (igh-ni-*füüj*) *adj* à prova de fogo
ignorant (i-nhó-*rã*) *adj* ignorante; inculto
ignorer (i-nhó-*rê*) *v* ignorar; deixar passar
il (il) *pron* ele
île (il) *f* ilha *f*
illégal (i-lê-*ghal*) *adj* ilegal
illettré (i-lé-*trê*) *m* iletrado *m*, analfabeto *m*
illicite (i-li-*çit*) *adj* ilícito, ilegal
illimité (i-li-mi-*tê*) *adj* ilimitado, sem fim
illisible (i-li-*zibl*) *adj* ilegível
illumination (i-lü-mi-na-*çⁱón*) *f* iluminação *f*
illuminer (i-lü-mi-*nê*) *v* alumiar, iluminar
illusion (i-lü-*zⁱón*) *f* ilusão *f*
illustration (i-lü-çtra-*çⁱón*) *f* ilustração *f*
illustre (i-*lüçtr*) *adj* ilustre
illustré (i-lü-*çtrê*) *m* jornal ilustrado
illustrer (i-lü-*çtrê*) *v* ilustrar
ils (il) *pron* eles
image (i-*maaj*) *f* imagem *f*
imaginaire (i-ma-ji-*néér*) *adj* imaginário
imagination (i-ma-ji-na-*çⁱón*) *f* imaginação *f*
imaginer (i-ma-ji-*nê*) *v* imaginar; **s'imaginer** imaginar
imitation (i-mi-ta-*çⁱón*) *f* imitação *f*
imiter (i-mi-*tê*) *v* imitar
immaculé (i-ma-kü-*lê*) *adj* imaculado, sem mancha
immangeable (én-mã-*jabl*) *adj* intragável
immédiat (i-mê-*dⁱa*) *adj* imediato
immédiatement (i-mê-dⁱat-*mã*) *adv* imediatamente, já
immense (i-*mãç*) *adj* imenso, formidável
immérité (i-mê-ri-*tê*) *adj* imerecido
immeuble (i-*mäbl*) *m* prédio *m*; ~ **d'habitation** prédio de andares; prédio de apartamentos *Br*
immigrant (i-mi-*ghrã*) *m* imigrante *m*
immigration (i-mi-ghra-*çⁱón*) *f* imigração *f*
immigrer (i-mi-*ghrê*) *v* imigrar
immobile (i-mó-*bil*) *adj* imóvel
immodeste (i-mó-*déçt*) *adj* imodesto
immondices (i-món-*diç*) *fpl* lixo *m*
immuniser (i-mü-ni-*zê*) *v* imunizar
immunité (i-mü-ni-*tê*) *f* imunidade *f*
impair (én-*péér*) *adj* ímpar
imparfait (én-par-*fê*) *adj* imperfeito
impartial (én-par-*çⁱal*) *adj* imparcial
impatient (én-pa-*çⁱã*) *adj* impaciente
impeccable (én-pé-*kabl*) *adj* impecável
impératrice (én-pê-ra-*triç*) *f* imperatriz *f*
imperfection (én-pér-fék-*çⁱón*) *f* falha *f*; imperfeição *f*
impérial (én-pê-*rⁱal*) *adj* imperial
imperméable (én-pér-mê-*abl*) *m* impermeável *m*, gabardina *f; adj* impermeável; *m* capa de chuva *Br; adj* impermeável
impersonnel (én-pér-çó-*nél*) *adj* impessoal
impertinence (én-pér-ti-*nãç*) *f* impertinência *f*
impertinent (én-pér-ti-*nã*) *adj* impertinente
impétueux (én-pê-*tᵘã*) *adj* impetuoso
impliquer (én-pli-*kê*) *v* implicar

impoli (én-pó-*li*) *adj* indelicado, grosseiro
impopulaire (én-pó-pü-*léér*) *adj* impopular
importance (én-pór-*tãç*) *f* relevo *m*, importância *f*; ***avoir de l'importance** *ter importância; **sans ~** sem importância, irrelevante
important (én-pór-*tã*) *adj* importante, relevante
importateur (én-pór-ta-*tăär*) *m* importador *m*
importation (én-pór-ta-*ç'ón*) *f* importação *f*, importações *fpl*; **taxe d'importation** direitos de importação
importer (én-pór-*tê*) *v* importar
imposable (én-pô-*zabl*) *adj* sujeito a taxas
imposant (én-pô-*zã*) *adj* imponente
imposer (én-pô-*zê*) *v* *impor; lançar impostos
impossible (én-pó-*çibl*) *adj* impossível
impôt (én-*pô*) *m* imposto *m*; **~ sur le chiffre d'affaires** imposto sobre a cifra de negócios; **~ sur le revenu** imposto sobre os rendimentos
impotence (én-pó-*tãç*) *f* impotência *f*
impotent (én-pó-*tã*) *adj* aleijado, inválido
impraticable (én-pra-ti-*kabl*) *adj* impraticável
impression (én-pré-*ç'ón*) *f* impressão *f*; sensação *f*; ***faire ~ sur** impressionar
impressionnant (én-pré-ç'ó-*nã*) *adj* impressionante
impressionner (én-pré-ç'ó-*nê*) *v* impressionar
imprévu (én-prê-*vü*) *adj* imprevisto
imprimé (én-pri-*mê*) *m* impresso *m*
imprimer (én-pri-*mê*) *v* imprimir
imprimerie (én-primm-*ri*) *f* tipografia *f*
improbable (én-pró-*babl*) *adj* improvável
impropre (én-*própr*) *adj* impróprio, inadequado
improviser (én-pró-vi-*zê*) *v* improvisar
imprudent (én-prü-*dã*) *adj* imprudente
impuissant (én-pᵘi-*çã*) *adj* impotente
impulsif (én-pül-*çif*) *adj* impulsivo
impulsion (én-pül-*ç'ón*) *f* impulso *m*
inabordable (i-na-bór-*dabl*) *adj* inabordável
inacceptable (i-nak-çép-*tabl*) *adj* inaceitável
inaccessible (i-nak-çê-*çibl*) *adj* inacessível
inadéquat (i-na-dê-*kᵘa*) *adj* inadequado
inadvertance (i-nad-vér-*tãç*) *f* inadvertência *f*
inattendu (i-na-tã-*dü*) *adj* inesperado
inattentif (i-na-tã-*tif*) *adj* desatento, descuidado
incapable (én-ka-*pabl*) *adj* incapaz
incassable (én-ka-*çabl*) *adj* inquebrável
incendie (én-çã-*di*) *m* incêndio *m*; **alarme d'incendie** alarme de incêndio
incertain (én-çér-*tén*) *adj* incerto
incident (én-çi-*dã*) *m* incidente *m*
incinérer (én-çi-nê-*rê*) *v* incinerar
incision (én-çi-*z'ón*) *f* incisão *f*, corte *m*
inciter (én-çi-*tê*) *v* incitar
inclinaison (én-kli-né-*zón*) *f* inclinação *f*
inclination (én-kli-na-*ç'ón*) *f* inclinação *f*
incliné (én-kli-*nê*) *adj* inclinado; **s'incliner** inclinar-se
***inclure** (én-*klüür*) *v* incluir
inclus (én-*klü*) *adj* incluso
incompétent (én-kón-pê-*tã*) *adj* incompetente
incomplet (én-kón-*plê*) *adj* (f -plète)

incompleto
inconcevable (én-kón-*çvabl*) *adj* inconcebível
inconditionnel (én-kón-di-çⁱó-*nél*) *adj* incondicional
inconfortable (én-kón-fór-*tabl*) *adj* desconfortável, inconfortável
inconnu (én-kó-*nü*) *adj* desconhecido
inconscient (én-kón-*çⁱã*) *adj* inconsciente
inconsidéré (én-kón-çi-dê-*rê*) *adj* inconsiderado, irreflectido
inconvénient (én-kón-vê-*nⁱã*) *m* inconveniência *f*
incorrect (én-kó-*rékt*) *adj* errado, incorrecto
incroyable (én-krᵘa-*ⁱabl*) *adj* incrível
inculte (én-*kült*) *adj* inculto
incurable (én-kü-*rabl*) *adj* incurável
Inde (énd) *f* Índia *f*
indécent (én-dê-*çã*) *adj* indecente
indéfini (én-dê-fi-*ni*) *adj* indefinido
indemne (én-*démmn*) *adj* ileso
indemnité (én-démm-ni-*tê*) *f* indemnização *f*
indépendance (én-dê-pã-*dãç*) *f* independência *f*
indépendant (én-dê-pã-*dã*) *adj* independente
indésirable (én-dê-zi-*rabl*) *adj* indesejável
index (én-*dékç*) *m* indicador *m;* índice *m*
indicatif (én-di-ka-*tif*) *m* indicativo *m*
indication (én-di-ka-*çⁱón*) *f* indicação *f*
Indien (én-*dⁱén*) *m* indiano *m;* índio *m*
indien (én-*dⁱén*) *adj* indiano; índio
indifférent (én-di-fê-*rã*) *adj* indiferente
indigène (én-di-*jénn*) *m* indígena *m; adj* indígena
indigent (én-di-*jã*) *adj* indigente, pobre
indigestion (én-di-jé-*çtⁱón*) *f* indigestão *f*
indignation (én-di-nha-*çⁱón*) *f* indignação *f*
indiquer (én-di-*kê*) *v* indicar, apontar
indirect (én-di-*rékt*) *adj* indirecto
indispensable (én-di-çpã-*çabl*) *adj* indispensável
indisposé (én-di-çpô-*zê*) *adj* indisposto
indistinct (én-di-*çtén*) *adj* indistinto, vago
individu (én-di-vi-*dü*) *m* indivíduo *m*
individuel (én-di-vi-*dᵘél*) *adj* individual
Indonésie (én-dó-nê-*zi*) *f* Indonésia *f*
Indonésien (én-dó-nê-*zⁱén*) *m* indonésio *m*
indonésien (én-dó-nê-*zⁱén*) *adj* indonésio
industrie (én-dü-*çtri*) *f* indústria *f*
industriel (én-dü-çtri-*él*) *adj* industrial
industrieux (én-dü-çtri-*ă*) *adj* industrioso, engenhoso
inefficace (i-nê-fi-*kaç*) *adj* ineficaz, ineficiente
inégal (i-nê-*ghal*) *adj* desigual
inéquitable (i-nê-ki-*tabl*) *adj* injusto
inestimable (i-né-çti-*mabl*) *adj* inestimável
inévitable (i-nê-vi-*tabl*) *adj* inevitável
inexact (i-négh-*zakt*) *adj* errado, inexacto
inexpérimenté (i-nék-çpê-ri-mã-*tê*) *adj* inexperiente
inexplicable (i-nék-çpli-*kabl*) *adj* inexplicável
infâme (én-*faamm*) *adj* infame
infanterie (én-fã-*tri*) *f* infantaria *f*
infecter (én-fék-*tê*) *v* infectar; **s'infecter** infectar
infectieux (én-fék-*çⁱă*) *adj* infeccioso
infection (én-fék-*çⁱón*) *f* infecção *f*
inférieur (én-fê-*rⁱăăr*) *adj* inferior

nfidèle (én-fi-*dél*) *adj* infiel
nfini (én-fi-*ni*) *adj* infinito
nfinitif (én-fi-ni-*tif*) *m* infinitivo *m*
nfirme (én-*firm*) *m* inválido *m; adj* inválido
nfirmerie (én-fir-mă-*ri*) *f* enfermaria *f*
nfirmière (én-fir-*mʲéér*) *f* enfermeira *f*
inflammable (én-fla-*mabl*) *adj* inflamável
inflammation (én-fla-ma-*çʲón*) *f* inflamação *f*
inflation (én-fla-*çʲón*) *f* inflação *f*
influence (én-flü-*ãç*) *f* influência *f*
influencer (én-flü-ã-*çê*) *v* influenciar
influent (én-flü-*ã*) *adj* influente
information (én-fór-ma-*çʲón*) *f* informação *f*
informer (én-fór-*mê*) *v* informar; **s'informer** indagar, perguntar, inquirir
infortune (én-fór-*tünn*) *f* infortúnio *m*
infortuné (én-fór-tü-*nê*) *adj* infortunado
infraction (én-frak-*çʲón*) *f* infracção *f*
infrarouge (én-fra-*ruuj*) *adj* infra-vermelho
infructueux (én-frük-*tᵘă*) *adj* infrutuoso, mal sucedido
ingénieur (én-jê-*nʲăăr*) *m* engenheiro *m*
ingénu (én-jê-*nü*) *adj* ingénuo
ingérence (én-jê-*rãç*) *f* interferência *f*, ingerência *f*
ingrat (én-*ghra*) *adj* ingrato
ingrédient (én-ghrê-*dʲã*) *m* ingrediente *m*
inhabitable (i-na-bi-*tabl*) *adj* inabitável
inhabité (i-na-bi-*tê*) *adj* desabitado
inhabituel (i-na-bi-*tᵘél*) *adj* desusado, insólito
inhaler (i-na-*lê*) *v* inalar
ininterrompu (i-nén-té-rón-*pü*) *adj* ininterrupto, contínuo
initial (i-ni-*çʲal*) *adj* inicial
initiale (i-ni-*çʲal*) *f* inicial *f*
initiative (i-ni-çʲa-*tiiv*) *f* iniciativa *f*
injecter (én-jék-*tê*) *v* injectar
injection (én-jék-*çʲón*) *f* injecção *f*
injurier (én-jü-*rʲê*) *v* injuriar
injuste (én-*jüçt*) *adj* injusto
injustice (én-jü-*çtiç*) *f* injustiça *f*
inné (i-*nê*) *adj* inato
innocence (i-nó-*çãç*) *f* inocência *f*
innocent (i-nó-*çã*) *adj* inocente
inoculation (i-nó-kü-la-*çʲón*) *f* inoculação *f*
inoculer (i-nó-kü-*lê*) *v* inocular
inoffensif (i-nó-fã-*çif*) *adj* inofensivo
inondation (i-nón-da-*çʲón*) *f* inundação *f*
inopportun (i-nó-pór-*tăn*) *adj* inconveniente, inoportuno
inquiet (én-*kʲê*) *adj* (f -ète) inquieto
inquiétant (én-kʲê-*tã*) *adj* preocupante, inquietante
s'inquiéter (én-kʲê-*tê*) preocupar-se, inquietar-se
inquiétude (én-kʲê-*tüd*) *f* preocupação *f;* desassossego *m*
insatisfaisant (én-ça-tiç-fă-*zã*) *adj* insatisfatório
insatisfait (én-ça-ti-*çfê*) *adj* insatisfeito
inscription (én-çkri-*pçʲón*) *f* inscrição *f;* registo *m;* lançamento *m*
***inscrire** (én-*çkriir*) *v* inscrever; **s'*inscrire** registar-se, inscrever-se
insecte (én-*çékt*) *m* insecto *m*
insecticide (én-çék-ti-*çid*) *m* insecticida *m*
insensé (é-çã-*çê*) *adj* insensato, doido, sem sentido
insensible (én-çã-*çibl*) *adj* insensível
insérer (én-çê-*rê*) *v* *inserir
insignifiant (én-çi-nhi-*fʲã*) *adj* insignificante

insipide (én-çi-*pid*) *adj* insípido
insister (én-çi-*çtê*) *v* insistir
insolation (én-çó-la-*ç'ón*) *f* insolação *f*
insolence (én-çó-*lãç*) *f* insolência *f*
insolent (én-çó-*lã*) *adj* desavergonhado, insolente
insolite (én-çó-*lit*) *adj* insólito
insomnie (én-çómm-*ni*) *f* insónia *f*
insonorisé (én-çó-nô-ri-*zê*) *adj* à prova de som, insonorizado
insouciant (én-çu-*ç'ã*) *adj* despreocupado
inspecter (én-çpék-*tê*) *v* inspeccionar
inspecteur (én-çpék-*tăăr*) *m* inspector *m*
inspection (én-çpék-*ç'ón*) *f* inspecção *f*
inspirer (én-çpi-*rê*) *v* inspirar
instable (én-*çtabl*) *adj* instável
installation (én-çta-la-*ç'ón*) *f* instalação *f*
installer (én-çta-*lê*) *v* instalar
instant (én-*çtã*) *m* instante *m*
instantané (én-çtã-ta-*nê*) *m* instantâneo *m; adj* instantâneo
instantanément (én-çtã-ta-nê-*mã*) *adv* instantaneamente
instinct (én-*çtén*) *m* instinto *m*
instituer (én-çti-*tᵘê*) *v* *instituir
institut (én-çti-*tü*) *m* instituto *m;* ~ **de beauté** instituto de beleza
instituteur (én-çti-tü-*tăăr*) *m* professor *m*, professor de escola
institution (én-çti-tü-*ç'ón*) *f* instituição *f*
instructeur (én-çtrük-*tăăr*) *m* instrutor *m*
instructif (én-çtrük-*tif*) *adj* instrutivo
instruction (én-çtrük-*ç'ón*) *f* instrução *f*
***instruire** (én-*çtrᵘiir*) *v* *instruir
instrument (én-çtrü-*mã*) *m* instrumento *m;* ferramenta *f;* ~ **de musique** instrumento musical
insuffisant (én-çü-fi-*zã*) *adj* insuficiente
insulte (én-*çült*) *f* insulto *m*
insulter (én-çül-*tê*) *v* insultar
insupportable (én-çü-pór-*tabl*) *adj* insuportável
insurrection (én-çü-rék-*ç'ón*) *f* insurreição *f*
intact (én-*takt*) *adj* inteiro, intacto
intellect (én-té-*lékt*) *m* intelecto *m*
intellectuel (én-té-lék-*tᵘél*) *adj* intelectual
intelligence (én-té-li-*jãç*) *f* inteligência *f*, intelecto *m*
intelligent (én-té-li-*jã*) *adj* inteligente
intense (én-*tãç*) *adj* intenso
intention (én-tã-*ç'ón*) *f* intenção *f*, propósito *m;* ***avoir l'intention de** tencionar
intentionnel (én-tã-ç'ó-*nél*) *adj* propositado, intencional
interdiction (én-tér-dik-*ç'ón*) *f* proibição *f*, interdição *f*
***interdire** (én-tér-*diir*) *v* proibir
interdit (én-tér-*di*) *adj* proibido; ~ **aux piétons** interdito a peões
intéressant (én-tê-ré-*çã*) *adj* interessante
intéresser (én-tê-rê-*çê*) *v* interessar
intérêt (én-tê-*rê*) *m* interesse *m;* juro *m*
intérieur (én-tê-*r'ăăr*) *m* interior *m; adj* interior, interno; **à l'intérieur** dentro; dentro de casa, por dentro; **à l'intérieur de** dentro de; **vers l'intérieur** para dentro
intérim (én-tê-*rimm*) *m* interim *m*
interloqué (én-tér-ló-*kê*) *adj* mudo, confuso
interlude (én-tér-*lüd*) *m* interlúdio *m*
intermédiaire (én-tér-mê-*d'éér*) *m* intermediário *m;* ***servir d'intermédiaire** *servir de intermediário
internat (én-tér-*na*) *m* colégio interno

nternational (én-tér-na-ç'ó-*nal*) *adj* internacional
nterne (én-*térn*) *adj* interno
nterprète (én-tér-*prét*) *m* intérprete *m*
nterpréter (én-tér-prê-*tê*) *v* interpretar, *traduzir
nterrogatif (én-té-ró-gha-*tif*) *adj* interrogativo
nterrogatoire (én-té-ró-gha-*t*ᵘ*aar*) *m* interrogatório *m*
nterroger (én-té-ró-*jê*) *v* interrogar
nterrompre (én-té-*rónpr*) *v* interromper; **s'interrompre** *fazer uma pausa
nterruption (én-té-rü-*pç'ón*) *f* interrupção *f*
intersection (én-tér-çék-*ç'ón*) *f* intersecção *f*
intervalle (én-tér-*val*) *m* intervalo *m*
***intervenir** (én-tér-vă-*niir*) *v* *intervir, *interferir
intervertir (én-tér-vér-*tiir*) *v* inverter
interview (én-tér-*v'u*) *f* entrevista *f*
intestin (én-té-*çtén*) *m* intestino *m*
intime (én-*timm*) *adj* íntimo
intimité (én-ti-mi-*tê*) *f* intimidade *f*
intolérable (én-tó-lê-*rabl*) *adj* intolerável
intrigue (én-*trigh*) *f* intriga *f;* enredo *m*
introduction (én-tró-dük-*ç'ón*) *f* introdução *f*
***introduire** (én-tró-*d*ᵘ*iir*) *v* *introduzir
intrus (én-*trü*) *m* intruso *m*
inutile (i-nü-*til*) *adj* inútil
inutilement (i-nü-til-*mã*) *adv* inutilmente
invalide (én-va-*lid*) *adj* inválido
invasion (én-va-*z'ón*) *f* invasão *f*
inventaire (én-vă-*téér*) *m* inventário *m*
inventer (én-vă-*tê*) *v* inventar
inventeur (én-vă-*tăăr*) *m* inventor *m*
inventif (én-vă-*tif*) *adj* inventivo
invention (én-vă-*ç'ón*) *f* invenção *f*
inverse (én-*vérç*) *adj* inverso
investigation (én-vé-çti-gha-*ç'ón*) *f* investigação *f*
investir (én-vé-*çtiir*) *v* *investir
investissement (én-vé-çti-*çmã*) *m* investimento *m*
investisseur (én-vé-çti-*çăăr*) *m* aquele que faz investimento
invisible (én-vi-*zibl*) *adj* invisível
invitation (én-vi-ta-*ç'ón*) *f* convite *m*
invité (én-vi-*tê*) *m* convidado *m*
inviter (én-vi-*tê*) *v* convidar
involontaire (én-vó-lón-*téér*) *adj* involuntário
iode (*'ód*) *m* iodo *m*
Irak (i-*rak*) *m* Iraque *m*
Irakien (i-ra-*k'én*) *m* iraquiano *m*
irakien (i-ra-*k'én*) *adj* iraquiano
Iran (i-*rã*) *m* Irão *m*
Iranien (i-ra-*n'én*) *m* iraniano *m*
iranien (i-ra-*n'én*) *adj* iraniano
irascible (i-ra-*çibl*) *adj* irascível
Irlandais (ir-lã-*dê*) *m* irlandês *m*
irlandais (ir-lã-*dê*) *adj* irlandês
Irlande (ir-*lăd*) *f* Irlanda *f*
ironie (i-ró-*ni*) *f* ironia *f*
ironique (i-ró-*nik*) *adj* irónico
irréel (i-rê-*él*) *adj* irreal
irrégulier (i-rê-ghü-*l'ê*) *adj* irregular
irréparable (i-rê-pa-*rabl*) *adj* irreparável
irrétrécissable (i-rê-trê-çi-*çabl*) *adj* que não encolhe
irrévocable (i-rê-vó-*kabl*) *adj* irrevogável
irritable (i-ri-*tabl*) *adj* irritável
irrité (i-ri-*tê*) *adj* irritado
irriter (i-ri-*tê*) *v* irritar
Islandais (i-çlã-*dê*) *m* islandês *m*
islandais (i-çlã-*dê*) *adj* islandês
Islande (i-*çlăd*) *f* Islândia *f*

isolateur (i-zó-la-*täär*) *m* isolador *m*
isolation (i-zó-la-*ç'ón*) *f* isolação *f*
isolement (i-zól-*mã*) *m* isolamento *m*
isoler (i-zó-*lê*) *v* isolar
Israël (i-çra-*él*) *m* Israel *m*
Israélien (i-çra-ê-*l'én*) *m* israeliano *m*
israélien (i-çra-ê-*l'én*) *adj* israeliano
issue (i-*çü*) *f* resultado *m;* saída *f*
isthme (içm) *m* istmo *m*
Italie (i-ta-*li*) *f* Itália *f*
Italien (i-ta-*l'én*) *m* italiano *m*
italien (i-ta-*l'én*) *adj* italiano
italiques (i-ta-*lik*) *mpl* itálico *m*
itinéraire (i-ti-nê-*réér*) *m* itinerário *m*
ivoire (i-*vuaar*) *m* marfim *m*
ivre (iivr) *adj* bêbado; embriagado

J

jade (jad) *m* jade *m*
jadis (ja-*diç*) *adv* antigamente
jalon (ja-*lón*) *m* marco *m*
jalousie (ja-lu-*zi*) *f* ciúme *m;* inveja *f*
jaloux (ja-*lu*) *adj* ciumento; invejoso
jamais (ja-*mê*) *adv* jamais; **ne ... ~** nunca
jambe (jãb) *f* perna *f*
jambon (jã-*bón*) *m* presunto *m;* fiambre *m*
jante (jãt) *f* jante *f*
janvier (jã-*v'ê*) Janeiro
Japon (ja-*pón*) *m* Japão *m*
Japonais (ja-pó-*nê*) *m* japonês *m*
japonais (ja-pó-*nê*) *adj* japonês
jaquette (ja-*két*) *f* capa *f;* casaco *m*
jardin (jar-*dén*) *m* jardim *m;* quintal *m;* **~ potager** horta *f;* **~ public** jardim público; **~ zoologique** jardim zoológico
jardinier (jar-di-*n'ê*) *m* jardineiro *m*
jarre (jaar) *f* talha *f,* pote *m*
jauge (jôôj) *f* medida *f*
jaune (jôônn) *adj* amarelo; **~ d'œuf** gema de ovo, gema *f*
jaunisse (jô-*niç*) *f* icterícia *f*
je (jă) *pron* eu
jersey (jér-*zê*) *m* jersey *m*
jet (jê) *m* lance *m;* jorro *m,* jacto *m,* esguicho *m*
jetée (jă-*tê*) *f* paredão *m,* molhe *m*
jeter (jă-*tê*) *v* lançar, atirar; **à ~** para deitar fora
jeton (jă-*tón*) *m* ficha *f*
jeu (jă) *m* jogo *m;* **~ concours** concurso *m;* **~ de dames** jogo das damas; **~ de quilles** jogo dos paulitos; **terrain de jeux** campo de jogos; recreio *m*
jeudi (jă-*di*) *m* quinta-feira *f*
jeune (jănn) *adj* jovem, novo
jeunesse (jă-*néç*) *f* juventude *f*
joaillerie (juai-*ri*) *f* joalharia *f*
jockey (jó-*kê*) *m* jóquei *m*
joie (jua) *f* alegria *f*
***joindre** (juéndr) *v* unir, ligar, juntar, incluir
jointure (juén-*tüür*) *f* nó dos dedos
joli (jó-*li*) *adj* lindo, bonito
jonc (jón) *m* junco *m*
jonction (jónk-*ç'ón*) *f* junção *f*
jonquille (jón-*ki'*) *f* junquilho *m*
Jordanie (jór-da-*ni*) *f* Jordânia *f*
Jordanien (jór-da-*n'én*) *m* jordaniano *m*
jordanien (jór-da-*n'én*) *adj* jordaniano
joue (ju) *f* face *f*
jouer (ju-*ê*) *v* jogar; representar; tocar; **carte à ~** carta de jogar
jouet (ju-*ê*) *m* brinquedo *m*
joueur (ju-*äär*) *m* jogador *m*
joug (ju) *m* jugo *m,* canga *f*
jouir de (ju-*iir*) desfrutar, gozar
jour (juur) *m* dia *m;* **de ~** de dia; **~ de fête** feriado *m;* **~ de la semaine** dia de semana; **~ ouvrable** dia útil; **l'autre ~** há pouco tempo;

par ~ por dia; **un ~ ou l'autre** qualquer dia
ournal (jur-*nal*) *m* jornal *m;* diário *m;* **~ du matin** jornal da manhã
ournalier (jur-na-*l'ê*) *adj* diário
ournalisme (jur-na-*liçm*) *m* jornalismo *m*
ournaliste (jur-na-*liçt*) *m* jornalista *m*
ournée (jur-*nê*) *f* dia *m*
oyau (jᵘa-*'ô*) *m* jóia *f*
oyeux (jᵘa-*'ă*) *adj* jovial, alegre, contente
uge (jüüj) *m* juiz *m*
ugement (jüj-*mã*) *m* juízo *m,* julgamento *m;* sentença *f*
uger (jü-*jê*) *v* julgar
uif (jᵘif) *adj* judaico; *m* judeu *m*
uillet (jᵘi-*'ê*) Julho
uin (jᵘén) Junho
jumeaux (jü-*mô*) *mpl* gémeos *mpl*
jumelles (jü-*mél*) *fpl* binóculo *m*
jument (jü-*mã*) *f* égua *f*
jungle (jónghl) *f* selva *f*
jupe (jüp) *f* saia *f*
jupon (jü-*pón*) *m* saiote *m*
jurer (jü-*rê*) *v* jurar; praguejar
juridique (jü-ri-*dik*) *adj* jurídico
juriste (jü-*riçt*) *m* jurista *m*
juron (jü-*rón*) *m* praga *f*
jury (jü-*ri*) *m* júri *m*
jus (jü) *m* sumo *m;* molho *m;* suco *m;* **~ de fruits** sumo de fruta
jusque (jüçk) *prep* até; **jusqu'à** até; **jusqu'à ce que** até que
juste (jüçt) *adj* justo, exacto, correcto, certo; apertado; *adv* justamente
justement (jü-çtă-*mã*) *adv* justamente
justice (jü-*çtiç*) *f* justiça *f*
justifier (jü-çti-*f'ê*) *v* justificar
juteux (jü-*tă*) *adj* sumarento
juvénile (jü-vê-*nil*) *adj* juvenil

K

kaki (ka-*ki*) *m* dióspiro *m,* caqui *m*
kangourou (kã-ghu-*ru*) *m* canguru *m*
Kenya (kê-*n'a*) *m* Quénia *m*
kilo (ki-*lô*) *m* quilograma *m,* quilo *m*
kilométrage (ki-ló-mê-*traaj*) *m* quilometragem *m*
kilomètre (ki-ló-*métr*) *m* quilómetro *m*
kiosque (k'óçk) *m* quiosque *m;* **~ à journaux** quiosque de jornais
klaxon (klak-*çón*) *m* buzina *f*
klaxonner (klak-çó-*nê*) *v* buzinar

L

la (la) *art/pron* a
là (la) *adv* lá, aí, ali; para ali
là-bas (la-*ba*) *adv* acolá, além
labeur (la-*băăr*) *m* faina *f,* labuta *f*
laboratoire (la-bó-ra-*tᵘaar*) *m* laboratório *m;* **~ de langues** laboratório de línguas
labourer (la-bu-*rê*) *v* lavrar
labyrinthe (la-bi-*rént*) *m* labirinto *m*
lac (lak) *m* lago *m*
lacet (la-*çê*) *m* atacador *m*
lâche (laach) *m* cobarde *m; adj* cobarde; solto
lâcher (la-*chê*) *v* largar, soltar
lagune (la-*ghünn*) *f* laguna *f,* ria *f*
laid (lê) *adj* feio
laine (lénn) *f* lã *f;* **en ~** de lã; **~ à repriser** lã de passajar; **~ peignée** lã cardada
laisse (léç) *f* trela *f*
laisser (lê-*çê*) *v* deixar; abandonar
lait (lê) *m* leite *m*
laitance (lê-*tãç*) *f* láctea *f*
laiterie (lé-*tri*) *f* leitaria *f*

laiteux (lê-*tă*) *adj* leitoso
laitier (lê-*t'ê*) *m* leiteiro *m*
laiton (lê-*tón*) *m* latão *m*
laitue (lê-*tü*) *f* alface *f*
lambrissage (lã-bri-*çaaj*) *m* lambril *m*
lame (lamm) *f* lâmina *f;* ~ **de rasoir** lâmina de barbear
lamentable (la-mã-*tabl*) *adj* lamentável
lampadaire (lã-pa-*déér*) *m* poste de iluminação
lampe (lãp) *f* candeeiro *m;* ~ **de poche** lanterna de bolso; ~ **de travail** candeeiro de mesa; **lampe-tempête** *f* lâmpada de tempestade
lance (lãç) *f* lança *f*
lancement (lã-*çmã*) *m* lançamento *m*
lancer (lã-*çê*) *v* lançar, deitar, arremessar
lande (lãd) *f* charneca *f*
langage (lã-*ghaaj*) *m* linguagem *f*
langue (lãgh) *f* língua *f;* ~ **maternelle** língua materna
lanterne (lã-*térn*) *f* lanterna *f*
lapin (la-*pén*) *m* coelho *m*
laque (lak) *f* laca *f;* ~ **capillaire** laca para o cabelo
lard (laar) *m* toucinho *m*
large (larj) *adj* largo; magnânimo, liberal
largeur (lar-*jăăr*) *f* largura *f*
larme (larm) *f* lágrima *f*
laryngite (la-rén-*jit*) *f* laringite *f*
las (la) *adj* (f ~se) cansado; ~ **de** farto de
latitude (la-ti-*tüd*) *f* latitude *f*
lavable (la-*vabl*) *adj* lavável
lavabo (la-va-*bô*) *m* lavatório *m*
lavage (la-*vaaj*) *m* lavagem *f*
laver (la-*vê*) *v* lavar
laverie automatique (la-vri ô-tô-ma-*tik*) lavandaria automática
laxatif (lak-ça-*tif*) *m* laxativo *m*, laxante *m*
le[1] (lă) *art* (f la, pl les) o *art*
le[2] (lă) *pron* (f la) o
leader (li-*déér*) *m* chefe *m*, líder *m*
lécher (lê-*chê*) *v* lamber
leçon (lă-*çón*) *f* aula *f*, lição *f*
lecteur (lék-*tăăr*) *m* leitor *m*
lecture (lék-*tüür*) *f* leitura *f*
légal (lê-*ghal*) *adj* legal
légalisation (lê-gha-li-za-*ç'ón*) *f* legalização *f*
légation (lê-gha-*ç'ón*) *f* legação *f*
léger (lê-*jê*) *adj* (f légère) leve, ligeiro; fraco
légitimation (lê-ji-ti-ma-*ç'ón*) *f* legitimação *f*
légitime (lê-ji-*timm*) *adj* legítimo; justo
legs (lê) *m* legado *m*
légume (lê-*ghümm*) *m* legume *m*
lendemain (lãd-*mén*) *m* o dia seguinte
lent (lã) *adj* lento
lentille (lã-*ti'*) *f* lente *f;* lentilha *f*
lèpre (lépr) *f* lepra *f*
lequel (lă-*kél*) *pron* (f laquelle; pl lesquels, lesquelles) o qual
les (lê) *art/pron* os
lessive (lê-*çiv*) *f* roupa para lavar
lettre (létr) *f* carta *f;* letra *f;* **boîte aux lettres** caixa do correio; ~ **de crédit** carta de crédito; ~ **de recommandation** carta de recomendação; ~ **recommandée** carta registada
leur (lăăr) *adj* deles; *pron* lhes
levée (lă-*vê*) *f* recolha *f;* levantamento *m*
lever (lă-*vê*) *v* erguer, levantar; ~ **du jour** amanhecer *m;* **se** ~ erguer-se, levantar-se
levier (lă-*v'ê*) *m* alavanca *f;* ~ **de vitesse** alavanca das mudanças
lèvre (léévr) *f* lábio *m*
lévrier (lê-*vr'ê*) *m* galgo *m*

evure (lă-*vüür*) *f* levedura *f*
iaison (lʲê-*zón*) *f* ligação *f*
Liban (li-*bã*) *m* Líbano *m*
Libanais (li-ba-*nê*) *m* libanês *m*
libanais (li-ba-*nê*) *adj* libanês
libéral (li-bê-*ral*) *adj* liberal
libération (li-bê-ra-*çʲón*) *f* libertação *f*
libérer (li-bê-*rê*) *v* libertar
Libéria (li-bê-*rʲa*) *m* Libéria *f*
Libérien (li-bê-*rʲén*) *m* liberiano *m*
libérien (li-bê-*rʲén*) *adj* liberiano
liberté (li-bér-*tê*) *f* liberdade *f*
libraire (li-*bréér*) *m* livreiro *m*
librairie (li-brê-*ri*) *f* livraria *f*
libre (libr) *adj* livre
libre-service (libr-çér-*viç*) *m* auto-serviço *m*
licence (li-*çãç*) *f* licença *f*
licencier (li-çã-*çʲê*) *v* *despedir, licenciar
lien (lʲén) *m* ligadura *f;* laço *m*
lier (li-*ê*) *v* ligar, atar
lierre (lʲéér) *m* hera *f*
lieu (lʲă) *m* local *m;* lugar *m;* **au ~ de** em vez de; ***avoir ~** realizar-se; **~ de naissance** lugar de nascimento; **~ de rencontre** ponto de encontro
lièvre (lʲéévr) *m* lebre *f*
ligne (linh) *f* linha *f;* **~ aérienne** companhia de aviação; **~ d'arrivée** meta *f;* **~ de pêche** linha de pesca; **~ intérieure** extensão *f*
ligue (ligh) *f* liga *f*
lime (limm) *f* lima *f*
limette (li-*mét*) *f* lima *f*
limite (li-*mit*) *f* limite *m*
limiter (li-mi-*tê*) *v* limitar
limonade (li-mó-*nad*) *f* limonada *f;* gasosa *f*
linge (lénj) *m* roupa *f*
lingerie (lén-*jri*) *f* roupa interior
lion (lʲón) *m* leão *m*
liqueur (li-*kăăr*) *f* licor *m*
liquide (li-*kid*) *m* líquido *m; adj* líquido
***lire** (liir) *v* *ler
lis (liç) *m* lírio *m*
lisible (li-*zibl*) *adj* legível
lisse (liç) *adj* liso
liste (liçt) *f* lista *f;* **~ d'attente** lista de espera
lit (li) *m* cama *f;* **~ de camp** cama de acampamento; **lits jumeaux** duas camas
literie (li-*tri*) *f* roupa de cama
litige (li-*tiij*) *m* litígio *m*
litre (litr) *m* litro *m*
littéraire (li-tê-*réér*) *adj* literário
littérature (li-tê-ra-*tüür*) *f* literatura *f*
littoral (li-tó-*ral*) *m* litoral *m*
livraison (li-vré-*zón*) *f* entrega *f*
livre[1] (liivr) *m* livro *m;* **~ de cuisine** livro de cozinha; **~ de poche** livro de bolso
livre[2] (liivr) *f* libra *f*
livrer (li-*vrê*) *v* entregar
local (ló-*kal*) *adj* local
localiser (ló-ka-li-*zê*) *v* localizar
localité (ló-ka-li-*tê*) *f* localidade *f*
locataire (ló-ka-*téér*) *m* inquilino *m*
location (ló-ka-*çʲón*) *f* aluguer *m,* arrendamento *m;* **donner en ~** alugar, arrendar; **~ de voitures** aluguer de carros
locomotive (ló-kó-mó-*tiiv*) *f* locomotiva *f*
locution (ló-kü-*çʲón*) *f* frase *f;* locução *f*
loge (lój) *f* cubículo *m;* camarote *m;* camarim *m*
logement (lój-*mã*) *m* alojamento *m*
loger (ló-*jê*) *v* alojar, acomodar; hospedar
logeur (ló-*jăăr*) *m* senhorio *m*
logeuse (ló-*jăăz*) *f* senhoria *f*
logique (ló-*jik*) *f* lógica *f; adj* lógico
loi (lᵘa) *f* lei *f*

loin (l^{u}én) *adv* longe; fora de alcance; **plus** ~ mais além
lointain (l^{u}én-*tén*) *adj* remoto, longínquo
loisir (l^{u}a-*ziir*) *m* vagar *m*
long (lón) *adj* (f longue) longo; **en** ~ ao comprido, longitudinalmente; **le** ~ **de** ao longo de, por
longitude (lón-ji-*tüd*) *f* longitude *f*
longtemps (lón-*tã*) *adv* muito tempo
longueur (lón-*ghăăr*) *f* comprimento *m;* ~ **d'onde** comprimento de onda
lopin (ló-*pén*) *m* parcela *f*
lors de (lór dă) aquando de
lorsque (lórçk) *conj* logo que, quando
lot (lô) *m* lote *m*
loterie (ló-*tri*) *f* lotaria *f*
lotion (ló-*ç^{i}ón*) *f* loção *f*
louange (lu-*ãj*) *f* louvor *m*
louche (luch) *adj* estrábico; suspeito
louer (lu-*ê*) *v* arrendar, alugar; contratar; louvar; **à** ~ para alugar
loup (lu) *m* lobo *m*
lourd (luur) *adj* pesado
loyal (l^{u}a-*^{i}al*) *adj* leal
loyer (l^{u}a-*^{i}ê*) *m* renda *f*
lubie (lü-*bi*) *f* capricho *m*, mania *f*
lubrifiant (lü-bri-*f^{i}ã*) *m* lubrificante *m*
lubrification (lü-bri-fi-ka-*ç^{i}ón*) *f* lubrificação *f*
lubrifier (lü-bri-*f^{i}ê*) *v* untar, lubrificar
lueur (l^{u}ăăr) *f* claridade *f*
luge (lüüj) *f* trenó *m*
lugubre (lü-*ghüübr*) *adj* lúgubre
lui (l^{u}i) *pron* lhe; **lui-même** ele mesmo
luisant (l^{u}i-*zã*) *adj* lustroso, luzidio
lumbago (lón-ba-*ghô*) *m* lumbago *m*
lumière (lü-*m^{i}éér*) *f* luz *f*
lumineux (lü-mi-*nă*) *adj* luminoso
lunch (lănntch) *m* beberete *m*, lanche *m*
lundi (lăn-*di*) *m* segunda-feira *f*
lune (lünn) *f* lua *f;* **clair de** ~ luar *m*; ~ **de miel** lua-de-mel *f*
lunettes (lü-*nét*) *fpl* óculos *mpl;* ~ **de plongée** óculos para mergulhar; ~ **de soleil** óculos escuros
lustre (lüçtr) *m* lustro *m*
lustrer (lü-*çtrê*) *v* puxar o lustro a
lutte (lüt) *f* luta *f*
lutter (lü-*tê*) *v* lutar; combater
luxe (lükç) *m* luxo *m*
luxueux (lük-*ç^{u}ă*) *adj* luxuoso

M

mâcher (ma-*chê*) *v* mastigar
machine (ma-*chinn*) *f* máquina *f;* ~ **à coudre** máquina de costura; ~ **à écrire** máquina de escrever; ~ **à laver** máquina de lavar
machinerie (ma-chinn-*ri*) *f* maquinaria *f*
mâchoire (ma-*ch^{u}aar*) *f* maxila *f*
maçon (ma-*çón*) *m* pedreiro *m*
maçonner (ma-çó-*nê*) *v* *construir com pedra ou tijolo
madame (ma-*damm*) senhora *f*
mademoiselle (mad-m^{u}a-*zél*) menina
magasin (ma-gha-*zén*) *m* loja *f;* armazém *m;* **grand** ~ armazém *m;* ~ **de chaussures** sapataria *f;* ~ **de jouets** loja de brinquedos; ~ **de spiritueux** loja de vinhos
magie (ma-*ji*) *f* magia *f*
magique (ma-*jik*) *adj* mágico
magistrat (ma-ji-*çtra*) *m* magistrado *m*
magnétique (ma-nhê-*tik*) *adj* magnético
magnéto (ma-nhê-*tô*) *f* magneto *m*
magnétophone (ma-nhê-tó-*fónn*) *m* gravador *m*
magnifique (ma-nhi-*fik*) *adj* magnífico

mai (mê) Maio
maigre (méeghr) *adj* magro
maigrir (mé-*ghriir*) *v* emagrecer
maille (mai) *f* malha *f*
maillet (ma-*ⁱé*) *m* maço *m*
maillon (ma-*ⁱón*) *m* elo *m*
maillot de bain (ma-ⁱô dă bén) fato de banho
maillot de bain traje de banho *Br*
main (mén) *f* mão *f;* **fait à la ~** feito à mão
main-d'œuvre (mén-*dăävr*) *f* mão-de-obra *f*
maintenant (mént-*nã*) *adv* agora; **jusqu'à ~** até agora
***maintenir** (mént-*niir*) *v* conservar, *manter
maire (méér) *m* presidente da Câmara
mairie (mê-*ri*) *f* câmara municipal
mais (mê) *conj* mas
maïs (ma-*iç*) *m* milho *m;* **épi de ~** maçaroca de milho
maison (mê-*zón*) *f* casa *f;* lar *m;* **à la ~** em casa; **fait à la ~** caseiro; **~ de campagne** casa de campo; **~ de repos** casa de repouso
maître (méétr) *m* mestre *m;* **~ d'école** professor de escola; **~ d'hôtel** chefe de mesa
maîtresse (mé-*tréç*) *f* amante *f;* **~ de maison** dona de casa
maîtriser (mé-tri-*zê*) *v* dominar
majeur (ma-*jăăr*) *adj* maior
majorité (ma-jó-ri-*tê*) *f* maior parte, maioria *f*
majuscule (ma-jü-*çkül*) *f* maiúscula *f*
mal (mal) *m* (pl maux) mal *m;* maldade *f;* prejuízo *m;* ***faire du ~** *fazer mal a, prejudicar; ***faire ~** *doer; magoar; **~ à l'aise** pouco à vontade; **~ au cœur** enjoo *m;* **~ au dos** dores nas costas; **~ au ventre** dor de barriga; **~ aux dents** dor de dentes; **~ de gorge** dor de garganta; **~ de l'air** enjoo *m;* **~ de mer** enjoo *m;* **~ d'estomac** dor de estômago; **~ de tête** dor de cabeça; **~ d'oreille** dor de ouvidos; **~ du pays** saudade *f*, nostalgia *f*
malade (ma-*lad*) *adj* doente
maladie (ma-la-*di*) *f* doença *f*, achaque *m;* **~ vénérienne** doença venérea
maladroit (ma-la-*drᵘa*) *adj* desajeitado, desastrado
Malais (ma-*lê*) *m* malaio *m*
malaria (ma-la-*rⁱa*) *f* malária *f*
malaysien (ma-lê-*zⁱén*) *adj* malaio
malchance (mal-*chãç*) *f* azar *m*
mâle (maal) *adj* macho, varão; másculo
malentendu (ma-lã-tã-*dü*) *m* mal-entendido *m*
malgré (mal-*ghrê*) *prep* apesar de
malheur (ma-*lăăr*) *m* infelicidade *f*
malheureux (ma-lă-*ră*) *adj* infeliz, desgraçado; desgostoso, miserável; azarento
malhonnête (ma-ló-*nét*) *adj* desonesto
malice (ma-*liç*) *f* malícia *f*
malicieux (ma-li-*çⁱă*) *adj* malicioso
malin (ma-*lén*) *adj* (f maligne) maligno; astuto; esperto
malle (mal) *f* mala *f*, baú *m*
mallette (ma-*lét*) *f* maleta *f*
malodorant (ma-ló-dó-*rã*) *adj* mal cheiroso
malpropre (mal-*própr*) *adj* porco, sujo
malsain (mal-*çén*) *adj* insalubre, doentio
malveillant (mal-vé-*ⁱã*) *adj* malévolo; mal intencionado
maman (ma-*mã*) *f* mãezinha *f*, mamã *f*
mammifère (ma-mi-*féér*) *m* mamífero *m*
mammouth (ma-*mut*) *m* mamute *m*

manche (mãch) *m* cabo *m; f* manga *f;* **la Manche** Canal da Mancha
manchette (mã-*chét*) *f* punho *m;* cabeçalho *m*
mandarine (mã-da-*rinn*) *f* tangerina *f*
mandat (mã-*da*) *m* mandato *m;* ordem *f,* mandado *m*
mandat-poste (mã-da-*póçt*) *m* ordem postal, vale postal
manège (ma-*nééj*) *m* picadeiro *m;* carrocel *m*
mangeoire (mã-*j*ᵘ*aar*) *f* manjedoura *f*
manger (mã-*jê*) *v* comer; *m* comida *f*
maniable (ma-*n*ⁱ*abl*) *adj* manejável
manier (ma-*n*ⁱ*ê*) *v* manejar
manière (ma-*n*ⁱ*éér*) *f* modo *m,* maneira *f;* **de la même ~** igualmente; **de ~ que** de modo que
manifestation (ma-ni-fé-çta-*ç*ⁱ*ón*) *f* manifestação *f*
manifestement (ma-ni-fé-çtă-*mã*) *adv* manifestamente, evidentemente
manifester (ma-ni-fé-*çtê*) *v* manifestar
manipuler (ma-ni-pü-*lê*) *v* manipular
mannequin (mann-*kén*) *m* manequim *m*
manoir (ma-*n*ᵘ*aar*) *m* solar *m,* palacete *m*
manquant (mã-*kã*) *adj* que falta, ausente
manque (mãk) *m* falta *f,* escassez *f,* carência *f*
manquer (mã-*kê*) *v* faltar, carecer de; *perder; falhar
manteau (mã-*tô*) *m* casaco comprido, casacão *m;* **~ de fourrure** casaco de peles
manucure (ma-nü-*küür*) *f* manicura *f*
manuel (ma-*n*ᵘ*él*) *m* compêndio *m,* manual *m; adj* manual; **~ de conversation** manual de conversação
manuscrit (ma-nü-*çkri*) *m* manuscrito *m*
maquereau (ma-*krô*) *m* cavala *f*
maquillage (ma-ki-ⁱ*aaj*) *m* pintura do rosto, caracterização *f*
marais (ma-*rê*) *m* pântano *m*
marbre (marbr) *m* mármore *m*
marchand (mar-*chã*) *m* comerciante *m;* negociante *m;* **~ de journaux** vendedor de jornais; **~ de légumes** vendedor de hortaliça; **~ de volaille** vendedor de criação
marchander (mar-chã-*dê*) *v* discutir o preço, *regatear
marchandise (mar-chã-*diiz*) *f* mercadoria *f*
marche (march) *f* marcha *f;* degrau *m;* ***faire ~ arrière** *fazer marcha atrás; *fazer marcha à ré *Br*
marché (mar-*chê*) *m* mercado *m;* **bon ~** barato; **~ des valeurs** bolsa de valores; **~ noir** mercado negro; **place du ~** praça do mercado
marcher (mar-*chê*) *v* andar, caminhar; marchar; ***faire ~** enganar
mardi (mar-*di*) *m* terça-feira *f*
marécageux (ma-rê-ka-*jă*) *adj* pantanoso
marée (ma-*rê*) *f* maré *f;* **~ basse** baixa-mar *f;* maré baixa; **~ haute** preia-mar *f;* maré cheia
margarine (mar-gha-*rinn*) *f* margarina *f*
marge (marj) *f* margem *f*
mariage (ma-*r*ⁱ*aaj*) *m* matrimónio *m,* casamento *m*
marié (ma-*r*ⁱ*ê*) *m* noivo *m*
se marier (ma-*r*ⁱ*ê*) casar-se
marin (ma-*rén*) *m* marinheiro *m*
marinade (ma-ri-*nad*) *f* marinada *f,* vinha-de-alhos *f*
marine (ma-*rinn*) *f* marinha *f;* paisagem marítima
maritime (ma-ri-*timm*) *adj* marítimo
marmelade (mar-mă-*lad*) *f* doce de laranja

marmite (mar-*mit*) *f* panela *f*
Maroc (ma-*rók*) *m* Marrocos *m*
Marocain (ma-ró-*kén*) *m* marroquino *m*
marocain (ma-ró-*kén*) *adj* marroquino
marque (mark) *f* marca *f*, sinal *m*; ~ **de fabrique** marca de fábrica
marquer (mar-*kê*) *v* marcar
marquise (mar-*kiiz*) *f* toldo *m*; marquesa *f*
marron (ma-*rón*) *m* castanha *f*
mars (març) Março
marteau (mar-*tô*) *m* martelo *m*
marteler (mar-tă-*lê*) *v* martelar
martyr (mar-*tiir*) *m* mártir *m*
masculin (ma-çkü-*lén*) *adj* masculino
masque (maçk) *m* máscara *f*; ~ **de beauté** máscara facial
massage (ma-*çaaj*) *m* massagem *f*; ~ **facial** massagem facial
masse (maç) *f* massa *f*; volume *m*; turba *f*
masser (ma-*çê*) *v* massajar
masseur (ma-*çăăr*) *m* massagista *m*
massif (ma-*çif*) *adj* maciço
massue (ma-*çü*) *f* maça *f*, cacete *m*
mat (mat) *adj* mate, baço
mât (ma) *m* mastro *m*
match (match) *m* desafio *m*; ~ **de boxe** luta de boxe; ~ **de football** jogo de futebol
matelas (ma-*tla*) *m* colchão *m*
matériau (ma-tê-*r'ô*) *m* material *m*
matériel (ma-tê-*r'él*) *m* material *m*; *adj* material
maternel (ma-tér-*nél*) *adj* materno, maternal
mathématique (ma-tê-ma-*tik*) *adj* matemático
mathématiques (ma-tê-ma-*tik*) *fpl* matemática *f*
matière (ma-*t'éér*) *f* matéria *f*
matin (ma-*tén*) *m* manhã *f*
matinal (ma-ti-*nal*) *adj* matinal
matinée (ma-ti-*nê*) *f* manhã *f*
matrimonial (ma-tri-mó-*n'al*) *adj* matrimonial
maturité (ma-tü-ri-*tê*) *f* maturidade *f*; madureza *f*
***maudire** (mô-*diir*) *v* amaldiçoar, *maldizer
mausolée (mô-zó-*lê*) *m* mausoléu *m*
mauvais (mô-*vê*) *adj* mau; **le plus** ~ o pior
mauve (môôv) *adj* cor-de-malva
maximum (mak-çi-*mómm*) *m* máximo *m*
mazout (ma-*zut*) *m* óleo combustível
me (mă) *pron* mim; me
mécanicien (mê-ka-ni-*ç'én*) *m* mecânico *m*
mécanique (mê-ka-*nik*) *adj* mecânico
mécanisme (mê-ka-*niçm*) *m* mecanismo *m*
méchant (mê-*chã*) *adj* mau; maligno; desagradável; maldoso
mèche (méch) *f* mecha *f*; pavio *m*
mécontent (mê-kón-*tã*) *adj* descontente
médaille (mê-*dai*) *f* medalha *f*
médecin (mê-*dçén*) *m* médico *m*; ~ **généraliste** médico de clínica geral
médecine (mê-*dçinn*) *f* medicina *f*
médiateur (mê-d'a-*tăăr*) *m* mediador *m*
médical (mê-di-*kal*) *adj* médico
médicament (mê-di-ka-*mã*) *m* medicamento *m*, remédio *m*
médiéval (mê-d'ê-*val*) *adj* medieval
méditer (mê-di-*tê*) *v* meditar
Méditerranée (mê-di-tê-ra-*nê*) *f* Mediterrâneo *m*
méduse (mê-*düüz*) *f* alforreca *f*; medusa *fBr*
méfiance (mê-*f'ãç*) *f* desconfiança *f*
méfiant (mê-*f'ã*) *adj* desconfiado
se méfier de (mê-*f'ê*) desconfiar de
meilleur (mé-*'ăăr*) *adj* melhor

mélancolie (mê-lã-kó-*li*) *f* melancolia *f*
mélancolique (mê-lã-kó-*lik*) *adj* melancólico
mélange (mê-*lãj*) *m* mistura *f*
mélanger (mê-lã-*jê*) *v* misturar
mêler (mê-*lê*) *v* misturar; **se ~ de** intrometer-se em, meter-se em
mélo (mê-*lô*) *m* lamechice *f;* melodrama *m*
mélodie (mê-ló-*di*) *f* melodia *f*
mélodrame (mê-ló-*dramm*) *m* melodrama *m*
melon (mă-*lón*) *m* melão *m*
membrane (mã-*brann*) *f* membrana *f*
membre (mãbr) *m* membro *m*
mémé (mê-*mê*) *f* avozinha *f*
même (mémm) *adj* mesmo; *adv* mesmo; **de ~** também, igualmente
mémoire (mê-*m^u^aar*) *f* memória *f*
mémorable (mê-mó-*rabl*) *adj* memorável
mémorandum (mê-mó-rã-*dómm*) *m* memorando *m*
mémorial (mê-mó-*r^i^al*) *m* memorial *m*
menaçant (mă-na-*çã*) *adj* ameaçador
menace (mă-*naç*) *f* ameaça *f*
menacer (mă-na-*çê*) *v* ameaçar
ménage (mê-*naaj*) *m* governo de casa; casa *f*
ménagère (mê-na-*jéér*) *f* dona de casa
mendiant (mã-*d^i^ã*) *m* mendigo *m*
mendier (mã-*d^i^ê*) *v* mendigar, *pedir
mener (mă-*nê*) *v* levar, *conduzir; *ir à frente
menottes (mă-*nót*) *fpl* algemas *fpl*
mensonge (mã-*çónj*) *m* mentira *f*
menstruation (mã-çtrü-a-*ç^i^ón*) *f* menstruação *f*
mensuel (mã-*ç^u^él*) *adj* mensal
mental (mã-*tal*) *adj* mental
menthe (mãt) *f* hortelã *f*
mention (mã-*ç^i^ón*) *f* menção *f*
mentionner (mã-ç^i^ó-*nê*) *v* mencionar, *nomear
***mentir** (mã-*tiir*) *v* *mentir
menton (mã-*tón*) *m* queixo *m*
menu¹ (mă-*nü*) *m* ementa *f;* cardápio *mBr;* **~ fixe** ementa fixa
menu² (mă-*nü*) *adj* miúdo
menuisier (mă-n^u^i-*z^i^ê*) *m* marceneiro *m*
mépris (mê-*pri*) *m* desprezo *m*
méprise (mê-*priiz*) *f* engano *m*
mépriser (mê-pri-*zê*) *v* desprezar
mer (méér) *f* mar *m*
mercerie (mér-çă-*ri*) *f* retrosaria *f;* armarinho *mBr*
merci (mér-*çi*) obrigado
mercredi (mér-kră-*di*) *m* quarta-feira *f*
mercure (mér-*küür*) *m* mercúrio *m*
mère (méér) *f* mãe *f*
méridional (mê-ri-d^i^ó-*nal*) *adj* meridional, do sul
mérite (mê-*rit*) *m* mérito *m*
mériter (mê-ri-*tê*) *v* merecer
merlan (mér-*lã*) *m* pescada *f*
merle (mérl) *m* melro *m*
merveille (mér-*véi*) *f* maravilha *f*
merveilleux (mér-vé-*^i^ă*) *adj* maravilhoso
mesquin (mé-*çkén*) *adj* mesquinho
message (mé-*çaaj*) *m* mensagem *f*
messager (mé-ça-*jê*) *m* mensageiro *m*
messe (méç) *f* missa *f*
mesure (mă-*züür*) *f* medida *f;* **fait sur ~** feito à medida
mesurer (mă-zü-*rê*) *v* *medir
métal (mê-*tal*) *m* metal *m*
métallique (mê-ta-*lik*) *adj* metálico
méthode (mê-*tód*) *f* método *m*
méthodique (mê-tó-*dik*) *adj* metódico
méticuleux (mê-ti-kü-*lă*) *adj* meticuloso
métier (mê-*t^i^ê*) *m* ofício *m*, profissão *f*
mètre (métr) *m* metro *m*
métrique (mê-*trik*) *adj* métrico

métro (mê-*trô*) *m* metropolitano *m;* metro *m*
***mettre** (métr) *v* *pôr; meter; *vestir
meuble (măbl) *m* móvel *m;* **meubles** mobília *f*
meubler (mă-*blê*) *v* mobilar; **non meublé** desmobilado
meunier (mă-*n'ê*) *m* moleiro *m*
meurtrier (măr-tri-*ê*) *m* assassino *m*
Mexicain (mék-çi-*kén*) *m* mexicano *m*
mexicain (mék-çi-*kén*) *adj* mexicano
Mexique (mék-*çik*) *m* México *m*
miche (mich) *f* pão *m*
microbe (mi-*krób*) *m* micróbio *m*
microphone (mi-kró-*fónn*) *m* microfone *m*
microsillon (mi-kró-çi-*'ón*) *m* disco de longa duração
midi (mi-*di*) *m* meio-dia *m*
miel (m'él) *m* mel *m*
le mien (lă m'én) o meu
miette (m'ét) *f* migalha *f*
mieux (m'ă) *adv* melhor
migraine (mi-*ghrénn*) *f* enxaqueca *f*
milieu (mi-*l'ă*) *m* meio *m;* meio ambiente; **au ~ de** no meio de, entre; **du ~** médio, do meio
militaire (mi-li-*téér*) *adj* militar
mille (mil) *num* mil; *m* milha *f*
millionnaire (mi-l'ó-*néér*) *m* milionário *m*
mince (ménç) *adj* fino, delgado; magro
mine¹ (minn) *f* mina *f*
mine² (minn) *f* aspecto *m*
minerai (minn-*rê*) *m* minério *m*
minéral (mi-nê-*ral*) *m* mineral *m*
minet (mi-*nê*) *m* gatinho *m*
mineur (mi-*năăr*) *m* mineiro *m; adj* menor
miniature (mi-n'a-*tüür*) *f* miniatura *f*
minimum (mi-ni-*mómm*) *m* mínimo *m*
ministère (mi-ni-*çtéér*) *m* ministério *m*
ministre (mi-*niçtr*) *m* ministro *m;* **Premier ~** primeiro-ministro *m*
minorité (mi-nó-ri-*tê*) *f* minoria *f*
minuit (mi-*nᵘi*) meia-noite *f*
minuscule (mi-nü-*çkül*) *adj* minúsculo
minute (mi-*nüt*) *f* minuto *m*
minutieux (mi-nü-*ç'ă*) *adj* minucioso
miracle (mi-*raakl*) *m* milagre *m*
miraculeux (mi-ra-kü-*lă*) *adj* milagroso
miroir (mi-*rᵘaar*) *m* espelho *m*
misaine (mi-*zénn*) *f* traquete *m*
misérable (mi-zê-*rabl*) *adj* miserável
misère (mi-*zéér*) *f* miséria *f*
miséricorde (mi-zê-ri-*kórd*) *f* misericórdia *f*
miséricordieux (mi-zê-ri-kór-*d'ă*) *adj* misericordioso
mite (mit) *f* traça *f*
mi-temps (mi-*tã*) *f* intervalo *m*
mixeur (mik-*çăăr*) *m* batedeira *f*
mobile (mó-*bil*) *adj* móvel
mode¹ (mód) *f* moda *f;* **à la ~** na moda
mode² (mód) *m* modo *m,* maneira *f;* **~ d'emploi** modo de emprego
modèle (mó-*dél*) *m* modelo *m*
modeler (mó-*dlê*) *v* modelar
modéré (mó-dê-*rê*) *adj* moderado, comedido
moderne (mó-*dérn*) *adj* moderno
modeste (mó-*déçt*) *adj* modesto
modestie (mó-dé-*çti*) *f* modéstia *f*
modification (mó-di-fi-ka-*ç'ón*) *f* modificação *f,* alteração *f*
modifier (mó-di-*f'ê*) *v* modificar, alterar
modiste (mó-*diçt*) *f* chapeleira de senhoras
moelle (mᵘal) *f* medula *f;* tutano *m*
moelleux (mᵘa-*lă*) *adj* macio
mœurs (mărç) *fpl* costumes
mohair (mó-*éér*) *m* mohair *m*
moi (mᵘa) *pron* me; **moi-même** eu

mesmo
moindre (m^{u}éndr) *adj* menos; menor, mínimo
moine (m^{u}ann) *m* monge *m*
moineau (m^{u}a-*nô*) *m* pardal *m*
moins (m^{u}én) *adv* menos; *prep* menos; **à ~ que** a não ser que; **au ~** pelo menos
mois (m^{u}a) *m* mês *m*
moisi (m^{u}a-*zi*) *adj* bolorento
moisissure (m^{u}a-zi-*çüür*) *f* bolor *m*
moisson (m^{u}a-*çón*) *f* ceifa *f*, colheita *f*
moite (m^{u}at) *adj* húmido; molhado
moitié (m^{u}a-*t^{i}ê*) *f* metade *f*; **à ~** meio
molaire (mó-*léér*) *f* molar *m*
mollet (mó-*lê*) *m* barriga da perna
moment (mó-*mã*) *m* momento *m*
momentané (mó-mã-ta-*nê*) *adj* momentâneo
mon (món) *adj* (f ma, pl mes) o meu
monarchie (mó-nar-*chi*) *f* monarquia *f*
monarque (mó-*nark*) *m* monarca *m*
monastère (mó-na-*çtéér*) *m* mosteiro *m*
monde (mónd) *m* mundo *m*; **tout le ~** toda a gente
mondial (món-*d^{i}al*) *adj* mundial
monétaire (mó-nê-*téér*) *adj* monetário
monnaie (mó-*nê*) *f* moeda *f*; **~ étrangère** moeda estrangeira; **petite ~** troco *m*, fundo de maneio; **pièce de ~** moeda *f*
monologue (mó-nó-*lógh*) *m* monólogo *m*
monopole (mó-nó-*pól*) *m* monopólio *m*
monotone (mó-nó-*tónn*) *adj* monótono
monsieur (mă-*ç^{i}ă*) *m* (pl messieurs) cavalheiro *m*; senhor
mont (món) *m* monte *m*
montagne (món-*tanh*) *f* montanha *f*
montagneux (món-ta-*nhă*) *adj* montanhoso
montant (món-*tã*) *m* soma *f*
montée (món-*tê*) *f* subida *f*, ascensão *f*
monter (món-*tê*) *v* *subir, ascender; montar; **se ~ à** importar em
monteur (món-*tăăr*) *m* montador *m*
monticule (món-ti-*kül*) *m* montículo *m*, outeiro *m*
montre (móntr) *f* relógio *m*; **~ de gousset** relógio de bolso
montrer (món-*trê*) *v* mostrar; **~ du doigt** apontar
monture (món-*tüür*) *f* armação *f*
monument (mó-nü-*mã*) *m* monumento *m*
se moquer de (mó-*kê*) troçar de
moquerie (mó-*kri*) *f* troça *f*
moral (mó-*ral*) *adj* moral; *m* moral *m*
morale (mó-*ral*) *f* moral *f*
moralité (mó-ra-li-*tê*) *f* moralidade *f*
morceau (mór-*çô*) *m* fragmento *m*, bocado *m*, pedaço *m*, nó *m*; **~ de sucre** torrão de açúcar
mordache (mór-*dach*) *f* grampo *m*
mordre (mórdr) *v* morder
morphine (mór-*finn*) *f* morfina *f*
morsure (mór-*çüür*) *f* mordedura *f*
mort (móór) *f* morte *f*; *adj* morto
mortel (mór-*tél*) *adj* mortal
morue (mó-*rü*) *f* bacalhau *m*
mosaïque (mó-za-*ik*) *f* mosaico *m*
mosquée (mó-*çkê*) *f* mesquita *f*
mot (mô) *m* palavra *f*; **~ de passe** santo-e-senha *m*
motel (mó-*tél*) *m* motel *m*
moteur (mó-*tăăr*) *m* motor *m*
motif (mó-*tif*) *m* motivo *m*; desenho *m*
motion (mó-*ç^{i}ón*) *f* moção *f*
motocyclette (mó-tó-çi-*klét*) *f* motocicleta *f*

mou (mu) *adj* (f molle) mole
mouche (much) *f* mosca *f*
mouchoir (mu-*chᵘaar*) *m* lenço de assoar; ~ **de papier** lenço de papel
***moudre** (mudr) *v* *moer
mouette (mᵘét) *f* gaivota *f*
moufles (mufl) *fpl* luvas sem dedos
mouiller (mu-*ⁱê*) *v* molhar; **mouillé** molhado
moule (mul) *f* mexilhão *m*
moulin (mu-*lén*) *m* moinho *m;* ~ **à paroles** tagarela *m;* ~ **à vent** moinho de vento
***mourir** (mu-*riir*) *v* morrer
mousse (muç) *f* espuma *f;* musgo *m*
mousseline (mu-*çlinn*) *f* musselina *f*
mousser (mu-*çê*) *v* espumar
mousseux (mu-*çă*) *adj* espumante
moustache (mu-*çtach*) *f* bigode *m*
moustiquaire (mu-çti-*kéér*) *f* mosquiteiro *m*
moustique (mu-*çtik*) *m* mosquito *m*
moutarde (mu-*tard*) *f* mostarda *f*
mouton (mu-*tón*) *m* carneiro *m;* carne de carneiro
mouvement (muv-*mã*) *m* movimento *m*
se *mouvoir (mu-*vᵘaar*) mexer-se
moyen (mᵘa-*ⁱén*) *m* meio *m; adj* médio; mediano
moyen-âge (mᵘa-ⁱé-*naaj*) *m* Idade Média
moyenne (mᵘa-*ⁱénn*) *f* média *f;* **en** ~ em média
muet (mᵘê) *adj* mudo
mugir (mü-*jiir*) *v* mugir
mule (mül) *f* mula *f*
mulet (mü-*lê*) *m* macho *m,* mulo *m;* tainha *f*
multiplication (mül-ti-pli-ka-*çⁱón*) *f* multiplicação *f*
multiplier (mül-ti-pli-*ê*) *v* multiplicar
municipal (mü-ni-çi-*pal*) *adj* municipal
municipalité (mü-ni-çi-pa-li-*tê*) *f* municipalidade *f*
munir de (mü-*niir*) *prover de, munir de
mur (müür) *m* muro *m;* parede *f*
mûr (müür) *adj* maduro
mûre (müür) *f* amora silvestre; amora *f*
muscade (mü-*çkad*) *f* noz moscada
muscle (müçkl) *m* músculo *m*
musclé (mü-*çklê*) *adj* musculoso
museau (mü-*zô*) *m* focinho *m*
musée (mü-*zê*) *m* museu *m*
musical (mü-zi-*kal*) *adj* musical
music-hall (mü-zi-*kól*) *m* teatro de variedades
musicien (mü-zi-*çⁱén*) *m* músico *m*
musique (mü-*zik*) *f* música *f*
mutinerie (mü-tinn-*ri*) *f* motim *m*
mutuel (mü-*tᵘél*) *adj* mútuo
myope (mⁱóp) *adj* míope *m*
mystère (mi-*çtéér*) *m* mistério *m*
mystérieux (mi-çtê-*rⁱă*) *adj* misterioso
mythe (mit) *m* mito *m*

N

nacre (nakr) *f* madre-pérola *f*
nager (na-*jê*) *v* nadar
nageur (na-*jăăr*) *m* nadador *m*
naïf (na-*if*) *adj* ingénuo
nain (nén) *m* anão *m*
naissance (nê-*çãç*) *f* nascimento *m*
***naître** (néétr) *v* nascer
nappe (nap) *f* toalha de mesa
narcose (nar-*kôôz*) *f* narcose *f*
narcotique (nar-kó-*tik*) *m* narcótico *m*
narine (na-*rinn*) *f* narina *f*
natation (na-ta-*çⁱón*) *f* natação *f*
national (na-çⁱó-*nal*) *adj* nacional
nationaliser (na-çⁱó-na-li-*zê*) *v* nacionalizar

nationalité (na-ç^i^ó-na-li-*tê*) *f* nacionalidade *f*
nature (na-*tüür*) *f* natureza *f*
naturel (na-tü-*rél*) *adj* natural
naturellement (na-tü-rél-*mã*) *adv* naturalmente
naufrage (nô-*fraaj*) *m* naufrágio *m*
nausée (nô-*zê*) *f* náusea *f*
naval (na-*val*) *adj* (pl ~s) naval
navigable (na-vi-*ghabl*) *adj* navegável
navigation (na-vi-gha-*ç^i^ón*) *f* navegação *f*
naviguer (na-vi-*ghê*) *v* navegar
navire (na-*viir*) *m* navio *m;* ~ **de guerre** navio de guerra
né (nê) *adj* nascido
néanmoins (nê-ã-*m^u^én*) *adv* não obstante
nébuleux (nê-bü-*lă*) *adj* enevoado
nécessaire (nê-çê-*çéér*) *adj* necessário; ~ **de toilette** estojo de toalete
nécessité (nê-çê-çi-*tê*) *f* necessidade *f*
nécessiter (nê-çê-çi-*tê*) *v* necessitar; *requerer
Néerlandais (nê-ér-lã-*dê*) *m* neerlandês *m*
néerlandais (nê-ér-lã-*dê*) *adj* neerlandês
néfaste (nê-*façt*) *adj* nefasto
négatif (nê-gha-*tif*) *m* negativo *m; adj* negativo
négligé (nê-ghli-*jê*) *m* roupão leve, robe *m*
négligence (nê-ghli-*jãç*) *f* descuido *m*, negligência *f*
négligent (nê-ghli-*jã*) *adj* negligente, descuidado
négliger (nê-ghli-*jê*) *v* negligenciar, descuidar
négociant (nê-ghó-*ç^i^ã*) *m* negociante *m;* ~ **en vins** negociante de vinhos
négociation (nê-ghó-ç^i^a-*ç^i^ón*) *f* negociação *f*
négocier (nê-ghó-*ç^i^ê*) *v* *negociar
neige (néêj) *f* neve *f*
neiger (nê-*jê*) *v* nevar
neigeux (né-*jă*) *adj* nevado
néon (nê-*ón*) *m* néon *m*
nerf (néér) *m* nervo *m*
nerveux (nér-*vă*) *adj* nervoso
net (nét) *adj* distinto; líquido
nettoyage (né-t^u^a-*^i^aaj*) *m* limpeza *f*
nettoyer (né-t^u^a-*^i^ê*) *v* limpar; ~ **à sec** limpar a seco
neuf[1] (năf) *adj* (f neuve) novo
neuf[2] (năf) *num* nove
neutre (năătr) *adj* neutro; neutral
neuvième (nă-*v^i^émm*) *num* nono
neveu (nă-*vă*) *m* sobrinho *m*
névralgie (nê-vral-*ji*) *f* nevralgia *f*
névrose (nê-*vrôôz*) *f* neurose *f*
nez (nê) *m* nariz *m*
nickel (ni-*kél*) *m* níquel *m*
nicotine (ni-kó-*tinn*) *f* nicotina *f*
nid (ni) *m* ninho *m*
nièce (n^i^éç) *f* sobrinha *f*
nier (ni-*ê*) *v* negar
Nigeria (ni-jê-*r^i^a*) *m* Nigéria *f*
Nigérian (ni-jê-*r^i^ã*) *m* nigeriano *m*
nigérian (ni-jê-*r^i^ã*) *adj* nigeriano
ni ... ni (ni) nem ... nem
niveau (ni-*vô*) *m* nível *m;* ~ **de vie** nível de vida; **passage à** ~ passagem de nível
niveler (ni-*vlê*) *v* nivelar
noble (nóbl) *adj* nobre
noblesse (nó-*bléç*) *f* nobreza *f*
nocturne (nók-*türn*) *adj* nocturno
Noël (nó-*él*) Natal *m*
nœud (nă) *m* nó *m;* ~ **papillon** laço *m*
noir (n^u^aar) *adj* preto; *m* negro *m*
noisette (n^u^a-*zét*) *f* avelã *f*
noix (n^u^a) *f* noz *f;* ~ **de coco** coco *m*
nom (nón) *m* nome *m;* substantivo *m;* **au** ~ **de** em nome de; ~ **de famille** apelido *m;* sobrenome *m;* ~ **de**

jeune fille apelido de solteira
nombre (nónbr) *m* quantidade *f;* número *m*
nombreux (nón-*bră*) *adj* numeroso
nombril (nón-*bri*) *m* umbigo *m*
nominal (nó-mi-*nal*) *adj* nominal
nomination (nó-mi-na-*ç^{i}ón*) *f* nomeação *f*
nommer (nó-*mê*) *v* chamar, *nomear
non (nón) não
nord (nóór) *m* norte *m*
nord-est (nó-*réçt*) *m* nordeste *m*
nord-ouest (nó-*r^{u}éçt*) *m* noroeste *m*
normal (nór-*mal*) *adj* normal
norme (nórm) *f* padrão *m,* norma *f*
Norvège (nór-*vééj*) *f* Noruega *f*
Norvégien (nór-vê-*j^{i}én*) *m* norueguês *m*
norvégien (nór-vê-*j^{i}én*) *adj* norueguês
notaire (nó-*téér*) *m* notário *m*
notamment (nó-ta-*mã*) *adv* a saber; especialmente
note (nót) *f* apontamento *m,* nota *f;* conta *f*
noter (nó-*tê*) *v* anotar; notar
notifier (nó-ti-*f^{i}ê*) *v* participar, notificar
notion (nô-*ç^{i}ón*) *f* noção *f*
notoire (nó-*t^{u}aar*) *adj* notório
notre (nótr) *adj* nosso
nouer (nu-*ê*) *v* *dar um nó, *fazer um nó
nougat (nu-*gha*) *m* nogado *m*
nourrir (nu-*riir*) *v* alimentar; **nourrissant** alimentício
nourrisson (nu-ri-*çón*) *m* criança de peito
nourriture (nu-ri-*tüür*) *f* alimento *m;* comida *f*
nous (nu) *pron* nós; nos; **nous-mêmes** nós próprios
nouveau (nu-*vô*) *adj* (nouvel; f nouvelle) novo; **de** ~ de novo; **Nouvel An** Ano Novo
nouvelle (nu-*vél*) *f* notícia *f*
Nouvelle-Zélande (nu-vél-zê-*lãd*) *f* Nova Zelândia
novembre (nó-*vãbr*) Novembro
noyau (n^{u}a-*^{i}ô*) *m* caroço *m;* núcleo *m*
noyer (n^{u}a-*^{i}ê*) *v* afogar
nu (nü) *adj* despido, nu; descoberto; *m* nu *m*
nuage (n^{u}aaj) *m* nuvem *f*
nuageux (n^{u}a-*jă*) *adj* nublado
nuance (n^{u}ãç) *f* cambiante *m;* tom *m;* nuance *f*
nucléaire (nü-klê-*éér*) *adj* nuclear, atómico
***nuire** (n^{u}iir) *v* prejudicar
nuisible (n^{u}i-*zibl*) *adj* nocivo, prejudicial
nuit (n^{u}i) *f* noite *f;* **boîte de** ~ boite *f;* **de** ~ durante a noite, de noite; **tarif de** ~ tarifa nocturna
nul (nül) *adj* (f nulle) sem validade, nulo
numéro (nü-mê-*rô*) *m* número *m;* ~ **d'immatriculation** número de matrícula
nuque (nük) *f* nuca *f*
nutritif (nü-tri-*tif*) *adj* nutritivo
nylon (ni-*lón*) *m* nylon *m*

O

oasis (ô-a-*ziç*) *f* oásis *m*
obéir (ó-bê-*iir*) *v* obedecer
obéissance (ó-bê-i-*çãç*) *f* obediência *f*
obéissant (ó-bê-i-*çã*) *adj* obediente
obèse (ó-*bééz*) *adj* obeso
obésité (ó-bê-zi-*tê*) *f* obesidade *f*
objecter (ób-jék-*tê*) *v* *opor, objectar
objectif (ób-jék-*tif*) *m* objectivo *m; adj* objectivo
objection (ób-jék-*ç^{i}ón*) *f* objecção *f;* ***faire** ~ **à** *opor-se a; *fazer ob-

jecção a
objet (ób-*jê*) *m* objecto *m;* **objets de valeur** objectos de valor; **objets trouvés** achados e perdidos
obligation (ó-bli-gha-*ç'ón*) *f* obrigação *f*
obligatoire (ó-bli-gha-*tᵘaar*) *adj* obrigatório
obligeant (ó-bli-*jã*) *adj* obsequioso
obliger (ó-bli-*jê*) *v* obrigar
oblique (ó-*blik*) *adj* oblíquo
oblong (ó-*blón*) *adj* (f oblongue) oblongo
obscène (ó-*pçénn*) *adj* obsceno
obscur (óp-*çküür*) *adj* obscuro, escuro
obscurité (óp-çkü-ri-*tê*) *f* obscuridade *f*, escuridão *f*
observation (óp-çér-va-*ç'ón*) *f* observação *f*
observatoire (ó-pçér-va-*tᵘaar*) *m* observatório *m*
observer (ó-pçér-*vê*) *v* observar, reparar em
obsession (ó-pçé-*ç'ón*) *f* obsessão *f*
obstacle (óp-*çtakl*) *m* obstáculo *m*
obstiné (óp-çti-*nê*) *adj* teimoso, obstinado
obstruer (óp-çtrü-*ê*) *v* *obstruir
***obtenir** (óp-tã-*niir*) *v* *obter
occasion (ó-ka-*z'ón*) *f* oportunidade *f*, ocasião *f;* **d'occasion** em segunda mão
Occident (ók-çi-*dã*) *m* ocidente *m*
occidental (ók-çi-dã-*tal*) *adj* ocidental, tu; ti; te
occupant (ó-kü-*pã*) *m* ocupante *m*, morador *m*
occupation (ó-kü-pa-*ç'ón*) *f* ocupação *f*
occuper (ó-kü-*pê*) *v* ocupar; **s'occuper de** ocupar-se de; tratar de, cuidar de
océan (ó-çê-*ã*) *m* oceano *m;* ~ **Atlantique** Atlântico *m;* ~ **Pacifique** Oceano Pacífico
octobre (ók-*tóbr*) Outubro
oculiste (ó-kü-*liçt*) *m* médico oculista
odeur (ó-*dăăr*) *f* cheiro *m*, odor *m*
œil (öⁱ) *m* (pl yeux) olho *m;* **coup d'œil** vista de olhos, olhadela *f;* relance *m;* ponto de vista
œuf (ăf) *m* ovo *m;* **œufs de poisson** ova *f*
œuvre (ăăvr) *m* obra *f; f* trabalho *m;* ~ **d'art** obra de arte
offense (ó-*fãç*) *f* ofensa *f*
offenser (ó-fã-*çê*) *v* ofender; **s'offenser de** levar a mal, ofender-se com
offensif (ó-fã-*çif*) *adj* ofensivo
offensive (ó-fã-*çiiv*) *f* ofensiva *f*
officiel (ó-fi-*ç'él*) *adj* oficial
officier (ó-fi-*ç'ê*) *m* oficial *m*
officieux (ó-fi-*ç'ă*) *adj* oficioso
offre (ófr) *f* oferta *f*
***offrir** (ó-*frir*) *v* oferecer
oie (ᵘa) *f* ganso *m*
oignon (ó-*nhón*) *m* cebola *f*
oiseau (ᵘa-*zô*) *m* ave *f*, pássaro *m;* ~ **de mer** ave marinha
oisif (ᵘa-*zif*) *adj* ocioso
olive (ó-*liiv*) *f* azeitona *f*
ombragé (ón-bra-*jê*) *adj* sombrio
ombre (ónbr) *f* sombra *f;* ~ **à paupières** sombra para os olhos
omelette (ómm-*lét*) *f* omeleta *f*
***omettre** (ó-*métr*) *v* omitir
omnibus (ómm-ni-*büç*) *m* comboio correio
omnipotent (ómm-ni-pó-*tã*) *adj* omnipotente
on (ón) *pron* uma pessoa, a gente, se
oncle (ónkl) *m* tio *m*
ondulation (ón-dü-la-*ç'ón*) *f* ondulação *f*
ondulé (ón-dü-*lê*) *adj* ondulado
ongle (ónghl) *m* unha *f*
onguent (ón-*ghã*) *m* unguento *m*
onyx (ó-*nikç*) *m* ónix *m*

ıze (ónz) *num* onze
ızième (ón-z'émm) *num* décimo primeiro
ıale (ó-pal) *f* opala *f*
éra (ó-pê-ra) *m* ópera *f*
ération (ô-pê-ra-ç'ón) *f* operação *f*
ɔérer (ó-pê-rê) *v* operar; actuar
érette (ó-pê-rét) *f* opereta *f*
ɔiniâtre (ó-pi-n'aatr) *adj* teimoso, renitente
ɔinion (ó-pi-n'ón) *f* opinião *f*
ɔposé (ó-pô-zê) *adj* contrário, oposto; adverso
opposer (ó-pô-zê) *opor-se
pposition (ó-pô-zi-ç'ón) *f* oposição *f*
ppresser (ó-prê-çê) *v* oprimir, sufocar
pprimer (ó-pri-mê) *v* oprimir, subjugar
pticien (óp-ti-ç'én) *m* oculista *m*
ptimisme (óp-ti-miçm) *m* optimismo *m*
ptimiste (óp-ti-miçt) *m* optimista *m*; *adj* optimista
r (óór) *m* ouro *m*; **en ~** de ouro; **~ en feuille** folha de ouro
rage (ó-raaj) *m* trovoada *f*
rageux (ó-ra-jă) *adj* tempestuoso
ral (ó-ral) *adj* oral
range (ó-rãj) *f* laranja *f*; *adj* cor-de-laranja
rchestre (ór-kéçtr) *m* orquestra *f*; banda *f*; **fauteuil d'orchestre** plateia *f*
rdinaire (ór-di-néér) *adj* usual, vulgar, habitual, comum, corrente, popular
rdonner (ór-dó-nê) *v* arranjar; ordenar; **ordonné** asseado
ɔrdre (órdr) *m* ordem *f*
ɔrdures (ór-düür) *fpl* lixo *m*
ɔreille (ó-réi) *f* orelha *f*
oreiller (ó-rê-'ê) *m* almofada *f*; **taie d'oreiller** fronha de almofada
oreillons (ó-ré-'ón) *mpl* papeira *f*
orfèvre (ór-féévr) *m* ourives *m*
organe (ór-ghann) *m* orgão *m*
organique (ór-gha-nik) *adj* orgânico
organisation (ór-gha-ni-za-ç'ón) *f* organização *f*
organiser (ór-gha-ni-zê) *v* organizar
orge (órj) *f* cevada *f*
orgue (órgh) *m* (pl f) orgão *m*; **~ de Barbarie** realejo *m*
orgueil (ór-ghöⁱ) *m* orgulho *m*
orgueilleux (ór-ghă-'ă) *adj* orgulhoso
Orient (ó-r'ã) *m* oriente *m*
oriental (ó-r'ã-tal) *adj* oriental
s'orienter (ó-r'ã-tê) orientar-se
originairement (ó-ri-ji-nér-mã) *adv* originariamente
original (ó-ri-ji-nal) *adj* original
origine (ó-ri-jinn) *f* origem *f*
orme (órm) *m* ulmeiro *m*
ornement (ór-nă-mã) *m* ornamento *m*
ornemental (ór-nă-mã-tal) *adj* ornamental
orphelin (ór-fă-lén) *m* órfão *m*
orteil (ór-téi) *m* dedo do pé
orthodoxe (ór-tó-dókç) *adj* ortodoxo
orthographe (ór-tó-ghraf) *f* ortografia *f*
os (óç) *m* (pl ~) osso *m*
oser (ô-zê) *v* ousar
otage (ó-taaj) *m* refém *m*
ôter (ô-tê) *v* tirar
ou (u) *conj* ou; **~ ... ou** ou ... ou
où (u) *adv* onde; *pron* onde, em que; **n'importe ~** onde quer que seja; em todo o lado
ouate (ᵘat) *f* algodão *m*
oublier (u-bli-ê) *v* esquecer
oublieux (u-bli-ă) *adj* esquecido
ouest (ᵘéçt) *m* oeste *m*
oui (ᵘi) sim
ouïe (u-i) *f* ouvido *m*
ouragan (u-ra-ghã) *m* furacão *m*
ourlet (ur-lê) *m* bainha *f*

ours (urç) *m* urso *m*
oursin (ur-*çén*) *m* ouriço-do-mar *m*
outil (u-*ti*) *m* ferramenta *f*
outrage (u-*traaj*) *m* ultraje *m*
outrager (u-tra-*jê*) *v* ultrajar
outre (utr) *prep* além de; **d'outre-mer** ultramarino; **en** ~ além disso, além de
ouvert (u-*véér*) *adj* aberto
ouverture (u-vér-*tüür*) *f* abertura *f*
ouvrage (u-*vraaj*) *m* trabalho *m*
ouvre-boîte (u-vrã-*b^u at*) *m* abre-latas *m*
ouvre-bouteille (u-vrã-bu-*téi*) *m* abre-garrafas *m*
ouvreur (u-*vrããr*) *m* arrumador *m*
ouvreuse (u-*vrããz*) *f* arrumadora *f*
ouvrier (u-vri-*ê*) *m* trabalhador *m*, operário *m*
***ouvrir** (u-*vriir*) *v* abrir
ovale (ó-*val*) *adj* oval
oxygène (ók-çi-*jénn*) *m* oxigénio *m*

P

pacifisme (pa-çi-*fiçm*) *m* pacifismo *m*
pacifiste (pa-çi-*fiçt*) *m* pacifista *m*; *adj* pacifista
pagaie (pa-*ghê*) *f* pagaia *f*, remo *m*
pagaille (pa-*ghai*) *f* barafunda *f*, desordem *f*
page (paaj) *f* página *f*
paie (pê) *f* ordenado *m*; paga *f*
paiement (pê-*mã*) *m* pagamento *m*; ~ **à tempérament** pagamento a prestações
païen (pa-*ién*) *m* pagão *m*; *adj* pagão
paille (pai) *f* palha *f*
pain (pén) *m* pão *m*; ~ **complet** pão integral; **petit** ~ pãozinho *m*
pair (péér) *adj* par
paire (péér) *f* par *m*

paisible (pê-*zibl*) *adj* tranquilo, sossegado
***paître** (péétr) *v* pastar; apascentar
paix (pê) *f* paz *f*
Pakistan (pa-ki-*çtã*) *m* Paquistão *m*
Pakistanais (pa-ki-çta-*nê*) *m* paquistanês *m*
pakistanais (pa-ki-çta-*nê*) *adj* paquistanês
palais (pa-*lê*) *m* palácio *m*; céu da boca; paladar *m*
pâle (paal) *adj* pálido
palme (palm) *f* palmeira *f*, palma *f*
palpable (pal-*pabl*) *adj* palpável
palper (pal-*pê*) *v* apalpar
palpitation (pal-pi-ta-*çión*) *f* palpitação *f*
pamplemousse (pã-plã-*muç*) *m* toranja *f*
panier (pa-*niê*) *m* cesta *f*, cesto *m*
panique (pa-nik) *f* pânico *m*; susto *m*
panne (pann) *f* avaria *f*; **tomber en** ~ avariar-se
panneau (pa-*nô*) *m* painel *m*
pansement (pã-*çmã*) *m* curativo *m*, penso *m*
panser (pã-*çê*) *v* pensar, *fazer curativo
pantalon (pã-ta-*lón*) *m* calças *fpl*; **ensemble-pantalon** fato calça e casaco
pantoufle (pã-*tufl*) *f* pantufa *f*
paon (pã) pavão *m*
papa (pa-*pa*) *m* paizinho *m*
pape (pap) *m* papa *m*
papeterie (pa-pé-*tri*) *f* papelaria *f*; artigos de escritório
papier (pa-*piê*) *m* papel *m*; **en** ~ de papel; ~ **à écrire** papel para escrever; ~ **à lettres** papel de carta; ~ **à machine** papel de máquina; ~ **buvard** mata-borrão *m*; ~ **carbone** papel químico; papel carbono *Br*; ~ **d'emballage** papel de em-

brulho; ~ **de verre** lixa *f;* ~ **hygiénique** papel higiénico; ~ **peint** papel de parede
papillon (pa-pi-*ᶦón*) *m* borboleta *f*
paquebot (pak-*bô*) *m* paquete *m*
Pâques (paak) Páscoa *f*
paquet (pa-*kê*) *m* pacote *m,* embrulho *m;* molho *m*
par (par) *prep* por; de, com
parade (pa-*rad*) *f* desfile *m,* parada *f*
paragraphe (pa-ra-*ghraf*) *m* parágrafo *m;* alínea *f*
***paraître** (pa-*réétr*) *v* parecer; aparecer
parallèle (pa-ra-*lél*) *m* paralelo *m; adj* paralelo
paralyser (pa-ra-li-*zê*) *v* paralisar; **paralysé** paralítico
parapher (pa-ra-*fê*) *v* rubricar
parapluie (pa-ra-*plᵘi*) *m* guarda-chuva *m*
parasol (pa-ra-*çól*) *m* pára-sol *m*
parc (park) *m* parque *m;* ~ **de stationnement** parque de estacionamento; ~ **national** parque nacional
parce que (par-*çkă*) porque
parcimonieux (par-çi-mó-*nᶦă*) *adj* parcimonioso, económico, poupado
parcmètre (park-*métr*) *m* parcómetro *m*
***parcourir** (par-ku-*riir*) *v* percorrer
parcours (par-*kuur*) *m* percurso *m*
pardessus (par-dă-*çü*) *m* sobretudo *m,* casacão *m*
par-dessus (par-dă-*çü*) *prep* sobre, por cima de
pardon (par-*dón*) *m* perdão *m*
pardonner (par-dó-*nê*) *v* perdoar
pare-brise (par-*briiz*) *m* pára-brisas *m*
pare-choc (par-*chók*) *m* pára-choques *m*
pareil (pa-*réi*) *adj* igual, semelhante; **sans** ~ sem par
parent (pa-*rã*) *m* parente *m;* **parents** pais; **parents nourriciers** pais adoptivos
paresseux (pa-ré-*çă*) *adj* preguiçoso
parfait (par-*fê*) *adj* perfeito
parfois (par-*fᵘa*) *adv* às vezes, por vezes
parfum (par-*făn*) *m* perfume *m*
parfumerie (par-fümm-*ri*) *f* perfumaria *f*
pari (pa-*ri*) *m* aposta *f*
parier (pa-*rᶦê*) *v* apostar
parking (par-*kinng*) *m* parque de estacionamento
parlement (par-lă-*mã*) *m* parlamento *m*
parlementaire (par-lă-mã-*téér*) *adj* parlamentar
parler (par-*lê*) *v* falar
parmi (par-*mi*) *prep* entre
paroisse (pa-*rᵘaç*) *f* paróquia *f*
parole (pa-*ról*) *f* fala *f;* palavra *f*
parrain (pa-*rén*) *m* padrinho *m*
part (paar) *f* parte *f;* **à** ~ à parte; de lado; **nulle** ~ em parte alguma; **quelque** ~ em qualquer parte
partager (par-ta-*jê*) *v* partilhar
partenaire (par-tă-*néér*) *m* parceiro *m,* companheiro *m*
parti (par-*ti*) *m* partido *m*
partial (par-*çᶦal*) *adj* parcial
participant (par-ti-çi-*pã*) *m* participante *m*
participer (par-ti-çi-*pê*) *v* participar
particularité (par-ti-kü-la-ri-*tê*) *f* particularidade *f*
particulier (par-ti-kü-*lᶦê*) *adj* especial, particular; peculiar; **en** ~ em particular
particulièrement (par-ti-kü-lᶦér-*mã*) *adv* particularmente
partie (par-*ti*) *f* parte *f;* **en** ~ em parte
partiel (par-*çᶦél*) *adj* parcial

partiellement (par-ç'él-*mã*) *adv* parcialmente
***partir** (par-*tiir*) *v* *ir-se embora, partir; *sair; **à partir de** a partir de, desde
partisan (par-ti-*zã*) *m* partidário *m*
partout (par-*tu*) *adv* por toda a parte; ~ **où** onde quer que
***parvenir à** (par-vă-*niir*) alcançar
pas (pa) *m* passo *m*; **faux** ~ escorregadela *f*; **ne ...** ~ não
passablement (pa-ça-blă-*mã*) *adv* um tanto, sofrivelmente, bastante
passage (pa-*çaaj*) *m* passagem *f*; viagem *f*; trecho *m*; ~ **à niveau** passagem de nível; ~ **clouté** passagem de peões; passagem de pedestres *Br*; ~ **pour piétons** passagem de peões; passagem de pedestres *Br*
passager (pa-ça-*jê*) *m* passageiro *m*
passant (pa-*çã*) *m* transeunte *m*
passé (pa-*çê*) *m* passado *m*; *adj* passado; *prep* mais de
passeport (pa-*çpóór*) *m* passaporte *m*
passer (pa-*çê*) *v* passar; entregar; ~ **à côté** passar por; ~ **en contrebande** passar em contrabando; **se** ~ passar-se; **se** ~ **de** passar sem
passereau (pa-*çô*) *m* pássaro *m*
passerelle (pa-*çrél*) *f* passadiço *m*; prancha *f*
passif (pa-*çif*) *adj* passivo
passion (pa-ç'*ón*) *f* paixão *f*
passionnant (pa-ç'ó-*nã*) *adj* apaixonante
passionné (pa-ç'ó-*nê*) *adj* apaixonado; entusiasta
passoire (pa-*çuaar*) *f* passador *m*; coador *m*
pastèque (pa-*çték*) *f* melancia *f*
pasteur (pa-*çtăăr*) *m* pastor *m*
patauger (pa-tô-*jê*) *v* patinhar
pâte (paat) *f* pasta *f*; massa *f*; ~ **dentifrice** pasta de dentes
patère (pa-*téér*) *f* gancho *m*
paternel (pa-tér-*nél*) *adj* paterno, paternal
patience (pa-*ç'ãç*) *f* paciência *f*
patient (pa-*ç'ã*) *m* doente *m*; *adj* paciente
patin (pa-*tén*) *m* patim *m*
patinage (pa-ti-*naaj*) *m* patinagem no gelo; ~ **à roulettes** patinagem *f*
patiner (pa-ti-*nê*) *v* patinar
patinette (pa-ti-*nét*) *f* trotineta *f*
patinoire (pa-ti-*nuaar*) *f* ringue de patinagem no gelo
pâtisserie (pa-ti-*çri*) *f* pastelaria *f*, pastel *m*
patrie (pa-*tri*) *f* pátria *f*
patriote (pa-tri-*ót*) *m* patriota *m*
patron (pa-*trón*) *m* patrão *m*
patronne (pa-*trónn*) *f* patroa *f*
patrouille (pa-*tru'*) *f* patrulha *f*
patrouiller (pa-tru-*'ê*) *v* patrulhar
patte (pat) *f* pata *f*
pâture (pa-*tüür*) *f* pasto *m*, pastagem *f*
paume (pôômm) *f* palma da mão
paupière (pô-*p'éér*) *f* pálpebra *f*
pause (pôôz) *f* intervalo *m*; pausa *f*
pauvre (pôôvr) *adj* pobre
pauvreté (pô-vră-*tê*) *f* pobreza *f*
pavage (pa-*vaaj*) *m* pavimento *m*, calcetamento *m*
paver (pa-*vê*) *v* calcetar, pavimentar
pavillon (pa-vi-*'ón*) *m* pavilhão *m*; ~ **de chasse** pavilhão de caça
pavot (pa-*vô*) *m* papoula *f*
payable (pê-*'abl*) *adj* pagável, a pagar
paye (péi) *f* ordenado *m*; paga *f*
payer (pê-*'ê*) *v* pagar; compensar; ~ **à tempérament** pagar a prestações
pays (pê-*i*) *m* país *m*; ~ **boisé** região arborizada; ~ **natal** país natal
paysage (pê-i-*zaaj*) *m* paisagem *f*

ıaysan (pê-i-*zã*) *m* camponês *m*
ıays-Bas (pê-i-*ba*) *mpl* Os Países Baixos
ıéage (pê-*aaj*) *m* portagem *f*
ıeau (pô) *f* pele *f*, casca *f*; ~ **de porc** pele de porco
ıéché (pê-*chê*) *m* pecado *m*
ıêche[1] (péch) *f* pêssego *m*
ıêche[2] (péch) *f* pesca *f*; **attirail de ~** apetrechos de pesca, equipamento de pesca
ıêcher (pê-*chê*) *v* pescar; ~ **à la ligne** pescar à linha
ıêcheur (pé-*chăăr*) *m* pescador *m*
ıédale (pê-*dal*) *f* pedal *m*
ıédicure (pê-di-*küür*) *m* calista *m*, pedicuro *m*
ıeigne (pénh) *m* pente *m*; ~ **de poche** pente de bolso
ıeigner (pê-*nhê*) *v* *pentear
ıeignoir (pé-*nh*ᵘ*aar*) *m* roupão de banho; penteador *m*
***peindre** (péndr) *v* pintar
ıeine (pénn) *f* incómodo *m*, trabalho *m*, dificuldade *f*; castigo *m*; **à ~** mal, acabado de, raramente; ***avoir de la ~** *ter desgosto; ~ **de mort** pena de morte
peiner (pê-*nê*) *v* labutar
peintre (péntr) *m* pintor *m*
peinture (pén-*tüür*) *f* tinta *f*; quadro *m*, pintura *f*; ~ **à l'huile** pintura a óleo
pelage (pă-*laaj*) *m* pêlo *m*, pelagem *f*; peladura *f*
peler (pă-*lê*) *v* pelar; descascar
pèlerin (pél-*rén*) *m* peregrino *m*
pèlerinage (pél-ri-*naaj*) *m* peregrinação *f*
pélican (pê-li-*kã*) *m* pelicano *m*
pelle (pél) *f* pá *f*
pellicule (pé-li-*kül*) *f* película *f*; **pellicules** caspa *f*
pelouse (pă-*luuz*) *f* relvado *m*
pelure (pă-*lüür*) *f* casca *f*; pele *f*
penalty (pê-nal-*ti*) *m* penálti *m*
penchant (pă-*chã*) *m* inclinação *f*
se pencher (pă-*chê*) inclinar-se
pendant (pă-*dã*) *prep* durante; ~ **que** enquanto
pendentif (pă-dă-*tif*) *m* pingente *m*
pendre (pădr) *v* pender; pendurar; enforcar
pénétrer (pê-nê-*trê*) *v* penetrar
pénible (pê-*nibl*) *adj* custoso; penoso
pénicilline (pê-ni-çi-*linn*) *f* penicilina *f*
péninsule (pê-nén-*çül*) *f* península *f*
pensée (pã-*çê*) *f* pensamento *m*
penser (pã-*çê*) *v* pensar; ~ **à** pensar em
penseur (pã-*çăăr*) *m* pensador *m*
pensif (pã-*çif*) *adj* pensativo
pension (pã-*ç*ⁱ*ón*) *f* pensão *f*; ~ **alimentaire** pensão alimentícia; ~ **complète** pensão completa, cama e mesa
pensionnaire (pã-çⁱó-*néér*) *m* pensionista *m*
pente (pãt) *f* declive *m*; rampa *f*; **en ~** inclinado
Pentecôte (pãt-*kôôt*) *f* Pentecostes *m*
pénurie (pê-nü-*ri*) *f* penúria *f*, escassez *f*
pépé (pê-*pê*) *m* avozinho
pépin (pê-*pén*) *m* pevide *f*, caroço *m*; contratempo *m*
pépinière (pê-pi-*n*ⁱ*éér*) *f* viveiro *m*
perceptible (pér-çép-*tibl*) *adj* perceptível
perception (pér-çé-*pç*ⁱ*ón*) *f* percepção *f*
percer (pér-*çê*) *v* furar
***percevoir** (pér-çă-*v*ᵘ*aar*) *v* aperceber; perceber, *sentir
perche (pérch) *f* perca *f*; vara *f*
percolateur (pér-kó-la-*tăăr*) *m* cafeteira de filtro
perdre (pérdr) *v* *perder

perdrix (pér-*dri*) *f* perdiz *f*
père (péér) *m* pai *m;* padre *m*
perfection (pér-fék-*ç'ón*) *f* perfeição *f*
performance (pér-fór-*mãç*) *f* execução *f;* resultado *m;* proeza *f*
péril (pê-*ril*) *m* perigo *m*
périlleux (pê-ri-*'ă*) *adj* perigoso
périmé (pê-ri-*mê*) *adj* expirado, caduco
période (pê-*r'ód*) *f* período *m*
périodique (pê-r'ó-*dik*) *adj* periódico; *m* jornal *m*, periódico *m*
périr (pê-*riir*) *v* perecer
périssable (pê-ri-*çabl*) *adj* deteriorável
perle (pérl) *f* pérola *f;* conta *f*
permanent (pér-ma-*nã*) *adj* permanente
permanente (pér-ma-*nãt*) *f* permanente *f*
***permettre** (pér-*métr*) *v* permitir; possibilitar; **se ~** permitir-se
permis (pér-*mi*) *m* autorização *f*, licença *f;* **~ de conduire** carta de condução; carteira de motorista *Br;* **~ de pêche** licença de pesca; **~ de séjour** autorização de residência; **~ de travail** autorização de trabalho
permission (pér-mi-*ç'ón*) *f* autorização *f*, permissão *f;* licença *f*
perpendiculaire (pér-pã-di-kü-*léér*) *adj* perpendicular
perroquet (pé-ró-*kê*) *m* papagaio *m*
perruche (pé-*rüch*) *f* periquito *m*
perruque (pé-*rük*) *f* peruca *f*
Persan (pér-*çã*) *m* persa *m*
persan (pér-*çã*) *adj* persa
Perse (pérç) *f* Pérsia *f*
persévérer (pér-çê-vê-*rê*) *v* perseverar
persienne (pér-*ç'énn*) *f* persiana *f*
persil (pér-*çi*) *m* salsa *f*
persister (pér-çi-*çtê*) *v* persistir
personnalité (pér-çó-na-li-*tê*) *f* personalidade *f*
personne (pér-*çónn*) *f* pessoa *f;* **ne ... personne** ninguém; **par ~** por pessoa
personnel (pér-çó-*nél*) *m* pessoal *m;* *adj* pessoal
perspective (pér-çpék-*tiiv*) *f* perspectiva *f*
persuader (pér-ç^u^a-*dê*) *v* persuadir
perte (pért) *f* perda *f*
pertinent (pér-ti-*nã*) *adj* pertinente; indicado
peser (pă-*zê*) *v* pesar
pessimisme (pé-çi-*miçm*) *m* pessimismo *m*
pessimiste (pé-çi-*miçt*) *m* pessimista *m; adj* pessimista
pétale (pê-*tal*) *m* pétala *f*
pétillement (pê-ti'-*mã*) *m* efervescência *f;* crepitação *f*
petit (pă-*ti*) *adj* pequeno; baixo
petite-fille (pă-tit-*fi'*) *f* neta *f*
petit-fils (pă-ti-*fiç*) *m* neto *m*
pétition (pê-ti-*ç'ón*) *f* petição *f*
pétrole (pê-*tról*) *m* petróleo *m*, querosene *m;* **gisement de ~** jazigo de petróleo
peu (pă) *adj* pouco; *m* bocado *m;* **à ~ près** aproximadamente; pouco mais ou menos; **~ de** poucos; **quelque ~** um tanto; **sous ~** daqui a pouco, brevemente
peuple (păpl) *m* gente *f*, povo *m*
peur (păăr) *f* medo *m*
peut-être (pă-*téétr*) *adv* talvez, quiçá
phare (faar) *m* farol *m;* **~ anti-brouillard** farol de nevoeiro
pharmacie (far-ma-*çi*) *f* farmácia *f*
pharmacien (far-ma-*ç'én*) *m* farmacêutico *m*
pharmacologie (far-ma-kó-ló-*ji*) *f* farmacologia *f*
phase (faaz) *f* fase *f*

Philippin (fi-li-*pén*) *m* filipino *m*
philippin (fi-li-*pén*) *adj* filipino
Philippines (fi-li-*pinn*) *fpl* Filipinas *fpl*
philosophe (fi-ló-*zóf*) *m* filósofo *m*
philosophie (fi-ló-zó-*fi*) *f* filosofia *f*
phonétique (fó-nê-*tik*) *adj* fonético
phonographe (fó-nó-*ghraf*) *m* fonógrafo *m*
phoque (fók) *m* foca *f*
photo (fó-*tô*) *f* fotografia *f;* ~ **d'identité** fotografia de passe
photocopie (fó-tó-kó-*pi*) *f* fotocópia *f*
photographe (fó-tó-*ghraf*) *m* fotógrafo *m*
photographie (fó-tó-ghra-*fi*) *f* fotografia *f*
photographier (fó-tó-ghra-*fiê*) *v* fotografar
photomètre (fó-tó-*métr*) *m* fotómetro *m*
phrase (fraaz) *f* frase *f*
physicien (fi-zi-*çién*) *m* físico *m*
physiologie (fi-zió-ló-*ji*) *f* fisiologia *f*
physique (fi-*zik*) *f* física *f*, ciências naturais; *adj* físico; material
pianiste (pia-*niçt*) *m* pianista *m*
piano (pia-*nô*) *m* piano *m;* ~ **à queue** piano de cauda
pie (pi) *f* pega *f*
pièce (piéç) *f* peça *f;* quarto *m;* ~ **de monnaie** moeda *f;* ~ **de rechange** peça sobresselente; ~ **de séjour** sala de estar; ~ **détachée** peça sobresselente; ~ **de théâtre** peça de teatro
pied (piê) *m* pé *m;* perna *f;* **à** ~ a pé
piège (piééj) *m* armadilha *f*
pierre (piéér) *f* pedra *f;* **en** ~ de pedra; ~ **à briquet** pedra de isqueiro; ~ **ponce** pedra-pomes *f;* ~ **tombale** lápide *f*, pedra tumular
piétiner (piê-ti-*nê*) *v* calcar, pisar
piéton (piê-*tón*) *m* peão *m;* pedestre *mBr*
piètre (piétr) *adj* fraco
pieuvre (piäävr) *f* polvo *m*
pieux (piä) *adj* pio
pigeon (pi-*jón*) *m* pombo *m*
pignon (pi-*nhón*) *m* empena *f;* carrete *m;* pinhão *m*
pile (pil) *f* pilha *f;* pilha eléctrica
pilier (pi-*liê*) *m* pilar *m*
pilote (pi-*lót*) *m* piloto *m*
pilule (pi-*lül*) *f* pílula *f*
pin (pén) *m* pinheiro *m*
pince (pénç) *f* alicate *m;* pinça *f;* ~ **à cheveux** travessão *m;* gancho de cabelo
pinceau (pén-*çô*) *m* pincel *m*
pincer (pén-*çê*) *v* beliscar
pincettes (pén-*çét*) *fpl* tenaz *f*, pinça *f*
pingouin (pén-*ghuén*) *m* pinguim *m*
pinson (pén-*çón*) *m* tentilhão *m*
pioche (pióch) *f* picareta *f*
pion (pión) *m* peão *m*
pionnier (pió-*niê*) *m* pioneiro *m*
pipe (pip) *f* cachimbo *m*
piquant (pi-*kã*) *adj* picante
pique-nique (pik-*nik*) *m* piquenique *m*
pique-niquer (pik-ni-*kê*) *v* piquenicar
piquer (pi-*kê*) *v* picar; espicaçar; espetar; coser, pespontar; abarbatar
piqûre (pi-*küür*) *f* injecção *f;* picada *f*, picadela *f*
pirate (pi-*rat*) *m* pirata *m*
pire (piir) *adj* pior
pis (pi) *adv* pior; **tant pis**! tanto pior!
piscine (pi-*çinn*) *f* piscina *f*
pissenlit (pi-çã-*li*) *m* taraxaco *m*, dente-de-leão *m*
piste (piçt) *f* pista *f;* ~ **de courses** pista de corridas; ~ **de décollage** pista de descolagem
pistolet (pi-çtó-*lê*) *m* pistola *f*
piston (pi-*çtón*) *m* pistão *m;* **segment de** ~ segmento do pistão; **tige de** ~ biela *f*

pitié (pi-*t^{i}ê*) *f* piedade *f;* ***avoir ~ de** *ter pena de
pittoresque (pi-tó-*réçk*) *adj* pitoresco
placard (pla-*kaar*) *m* armário *m*
place (plaç) *f* lugar *m;* sítio *m;* praça *f;* **~ forte** praça-forte *f*
placement (pla-*çmã*) *m* investimento *m;* colocação *f*
placer (pla-*çê*) *v* colocar; *investir
plafond (pla-*fón*) *m* tecto *m*
plage (plaaj) *f* praia *f;* **~ de nudistes** praia para nudistas
plaider (plê-*dê*) *v* advogar
plaidoyer (plé-d^{u}a-*^{i}ê*) *m* defesa *f*
plaie (plê) *f* ferida *f*
se *plaindre (pléndr) queixar-se
plaine (plénn) *f* planície *f*, terras baixas
plainte (plént) *f* queixa *f*
***plaire** (pléér) *v* agradar; **s'il vous plaît** se faz favor
plaisant (plé-*zã*) *adj* agradável; divertido
plaisanter (plé-zã-*tê*) *v* gracejar
plaisanterie (plê-zã-*tri*) *f* graça *f*, gracejo *m*
plaisir (plê-*ziir*) *m* prazer *m;* divertimento *m*, gozo *m*, deleite *m;* **avec ~** com muito gosto; ***prendre ~** gozar
plan (plã) *m* plano *m;* planta *f;* esquema *m; adj* plano, direito; **premier ~** primeiro plano
planche (plãch) *f* tábua *f*, prancha *f*
plancher (plã-*chê*) *m* soalho *m*
planétarium (pla-nê-ta-*r^{i}ómm*) *m* planetário *m*
planète (pla-*nét*) *f* planeta *m*
planeur (pla-*năăr*) *m* planador *m*
planifier (pla-ni-*f^{i}ê*) *v* planificar
plantation (plã-ta-*ç^{i}ón*) *f* plantação *f*
plante (plãt) *f* planta *f*
planter (plã-*tê*) *v* plantar
plaque (plak) *f* chapa *f;* **~ d'immatriculation** chapa da matrícula
plastique (pla-*çtik*) *adj* de plástico; *m* plástico *m*
plat (pla) *m* prato *m*, travessa *f; adj* plano, liso, chato
plateau (pla-*tô*) *m* planalto *m;* tabuleiro *m*
plate-bande (plat-*bãd*) *f* canteiro *m*
platine (pla-*tinn*) *m* platina *f*
plâtre (plaatr) *m* gesso *m*
plein (plén) *adj* cheio; ***faire le ~** atestar; **~ à craquer** atestado, abarrotado; **pleine saison** alta estação
pleurer (plă-*rê*) *v* chorar
***pleuvoir** (plă-*v^{u}aar*) *v* chover
pli (pli) *m* dobra *f;* **~ permanent** plissado
plie (pli) *f* solha *f*
plier (pli-*ê*) *v* dobrar
plomb (plón) *m* chumbo *m*
plombage (plón-*baaj*) *m* chumbo *m*, obturação *f*
plombier (plón-*b^{i}ê*) *m* canalizador *m*
plonger (plón-*jê*) *v* mergulhar
pluie (pl^{u}i) *f* chuva *f*
plume (plümm) *f* pena *f;* caneta *f*
(la) plupart (plü-*paar*) a maior parte
pluriel (plü-*r^{i}él*) *m* plural *m*
plus (plüç) *adj* mais; *prep* mais; **de ~** além disso; **ne ... ~** não ... mais, já não; **~ ... plus** quanto mais ... mais
plusieurs (plü-*z^{i}ăăr*) *adj* vários
plutôt (plü-*tô*) *adv* bastante, um tanto; antes; antes, de preferência; mais
pluvieux (plü-*v^{i}ă*) *adj* chuvoso
pneu (pnă) *m* (pl ~s) pneu *m;* **~ crevé** pneu furado; **~ de rechange** pneu sobresselente
pneumatique (pnă-ma-*tik*) *adj* pneumático
pneumonie (pnă-mó-*ni*) *f* pneumonia *f*

poche (póch) *f* bolso *m;* **lampe de ~** lanterna de mão
pochette (pó-*chét*) *f* bolsa *f*
poêle (pᵘal) *f* caçarola *f; m* fogão de aquecimento; **~ à frire** frigideira *f*
poème (pó-*émm*) *m* poema *m;* **~ épique** poema épico, epopeia *f*
poésie (pó-ê-*zi*) *f* poesia *f*
poète (pó-*ét*) *m* poeta *m*
poids (pᵘa) *m* peso *m*
poignée (pᵘa-*nhê*) *f* pega *f;* punhado *m;* **~ de main** aperto de mão
poignet (pᵘa-*nhê*) *m* pulso *m*
poil (pᵘal) *m* pêlo *m*
poing (pᵘén) *m* punho *m*
point (pᵘén) *m* ponto *m;* ponto final; **~ de départ** ponto de partida; **~ de repère** ponto de referência; **~ de vue** parecer *m*, ponto de vista; **~ d'interrogation** ponto de interrogação; **point-virgule** *m* ponto e vírgula
pointe (pᵘént) *f* bico *m;* **heure de ~** hora de ponta
pointer (pᵘén-*tê*) *v* marcar, apontar
pointu (pᵘén-*tü*) *adj* pontiagudo
poire (pᵘaar) *f* pêra *f*
poireau (pᵘa-*rô*) *m* alho-porro *m*
pois (pᵘa) *m* ervilha *f*
poison (pᵘa-*zón*) *m* veneno *m*
poisson (pᵘa-*çón*) *m* peixe *m*
poissonnerie (pᵘa-çónn-*ri*) *f* peixaria *f*
poitrine (pᵘa-*trinn*) *f* peito *m*
poivre (pᵘaavr) *m* pimenta *f*
pôle Nord (pôl nóór) pólo norte; **pôle Sud** pólo sul
poli (pó-*li*) *adj* educado, delicado; polido
police (pó-*liç*) *f* polícia *f;* apólice *f;* **commissariat de ~** posto da polícia; delegacia de polícia *Br;* **~ d'assurance** apólice de seguro
policier (pó-li-*çⁱê*) *m* polícia *m*
poliomyélite (pó-lⁱó-mⁱê-*lit*) *f* paralisia infantil; poliomielite *f*
polir (pó-*liir*) *v* *polir
polisson (pó-li-*çón*) *adj* travesso, malandro
politicien (pó-li-ti-*çⁱén*) *m* político *m*
politique (pó-li-*tik*) *f* política *f; adj* político
pollution (pó-lü-*çⁱón*) *f* poluição *f*
Pologne (pó-*lónh*) *f* Polónia *f*
Polonais (pó-ló-*nê*) *m* polaco *m*
polonais (pó-ló-*nê*) *adj* polaco
pomme (pómm) *f* maçã *f;* **~ de terre** batata *f;* **pommes frites** batatas fritas
pommette (pó-*mét*) *f* maçã do rosto
pompe (pónp) *f* bomba *f;* **~ à eau** bomba de água; **~ à essence** bomba de gasolina
pomper (pón-*pê*) *v* *dar à bomba; *bombear *vBr*
pompier (pón-*pⁱê*) *m* bombeiro *m*
ponctuel (pónk-*tᵘél*) *adj* pontual
pondéré (pón-dê-*rê*) *adj* ponderado
poney (pó-*nê*) *m* pónei *m*
pont (pón) *m* ponte *f;* convés *m;* **pont-levis** ponte levadiça; **~ principal** convés principal; **~ suspendu** ponte pênsil
popeline (pó-*plinn*) *f* popelina *f*
populaire (pó-pü-*léér*) *adj* popular
population (pó-pü-la-*çⁱón*) *f* população *f*
populeux (pó-pü-*lă*) *adj* populoso
porc (póór) *m* carne de porco
porcelaine (pór-çă-*lénn*) *f* porcelana *f*
porc-épic (pór-kê-*pik*) *m* porco-espinho *m*
port¹ (póór) *m* porto *m;* **~ de mer** porto marítimo
port² (póór) *m* franquia *f;* **~ payé** porte pago
portatif (pór-ta-*tif*) *adj* portátil
porte (pórt) *f* porta *f;* **~ coulissante**

porta corrediça; ~ **tambour** porta giratória
porte-bagages (pórt-ba-*ghaaj*) *m* porta-bagagem *m*
porte-bonheur (pórt-bó-*năăr*) *m* talismã *m*
porte-documents (pórt-dó-kü-*mã*) *m* pasta *f*
portée (pór-*tê*) *f* alcance *m;* ninhada *f*
portefeuille (pór-tă-*föⁱ*) *m* carteira *f;* pasta *f*
porte-jarretelles (pórt-jar-*tél*) *m* cinto de ligas
porte-manteau (pórt-mã-*tô*) *m* bengaleiro *m*
porter (pór-*tê*) *v* levar, transportar; usar, *trazer vestido; ~ **sur** *dizer respeito a; **se** ~ **bien** *estar bem de saúde
porteur (pór-*tăăr*) *m* portador *m;* carregador *m*
portier (pór-*tⁱê*) *m* porteiro *m*
portion (pór-*çⁱón*) *f* porção *f*
portrait (pór-*trê*) *m* retrato *m*
Portugais (pór-tü-*ghê*) *m* português *m*
portugais (pór-tü-*ghê*) *adj* português
Portugal (pór-tü-*ghal*) *m* Portugal *m*
poser (pô-*zê*) *v* pousar, formular, *fazer, *pôr
positif (pô-zi-*tif*) *m* positivo *m; adj* positivo
position (pô-zi-*çⁱón*) *f* posição *f;* sítio *m;* situação *f*
posséder (pó-çê-*dê*) *v* *possuir
possession (pó-çé-*çⁱón*) *f* posse *f;* possessão *f*
possibilité (pó-çi-bi-li-*tê*) *f* possibilidade *f*
possible (pó-*çibl*) *adj* possível
poste¹ (póçt) *f* correio *m;* ***mettre à la** ~ *pôr no correio; ~ **aérienne** correio aéreo; ~ **restante** posta-restante
poste² (póçt) *m* posto *m;* ~ **de secours** posto de socorros; ~ **d'essence** posto de gasolina
poster (pó-*çtê*) *v* deitar no correio
postérieur (pó-çtê-*rⁱăăr*) *m* posterior *m; adj* posterior
postiche (pó-*çtich*) *m* cabelo postiço
pot (pô) *m* vaso *m*
potable (pó-*tabl*) *adj* potável
potage (pó-*taaj*) *m* sopa *f*
poteau (pó-*tô*) *m* poste *m;* ~ **indicateur** poste indicador
potelé (pó-*tlê*) *adj* roliço
poterie (pó-*tri*) *f* faiança *f*, cerâmica *f*, olaria *f*
pou (pu) *m* (pl ~x) piolho *m*
poubelle (pu-*bél*) *f* caixote do lixo; lata de lixo *Br*
pouce (puç) *m* polegar *m*
poudre (pudr) *f* pó *m;* ~ **à canon** pólvora *f;* ~ **dentifrice** pós dentífricos; ~ **de riz** pó-de-arroz *m;* **savon en** ~ sabão em pó
poudrier (pu-dri-*ê*) *m* caixa de pó-de-arroz
poule (pul) *f* galinha *f*
poulet (pu-*lê*) *m* frango *m*
poulie (pu-*li*) *f* roldana *f*
pouls (pu) *m* pulso *m*
poumon (pu-*món*) *m* pulmão *m*
poupée (pu-*pê*) *f* boneca *f*
pour (puur) *prep* para; ~ **que** para que
pourboire (pur-*bᵘaar*) *m* gorjeta *f*
pourcentage (pur-çã-*taaj*) *m* percentagem *f*
pourchasser (pur-cha-*çê*) *v* *perseguir
pourpre (purpr) *adj* cor de púrpura
pourquoi (pur-*kᵘa*) *adv* porquê; para quê
pourrir (pu-*riir*) *v* apodrecer; **pourri** podre

***poursuivre** (pur-*ç^u iivr*) *v* *prosseguir
pourtant (pur-*tã*) *adv* todavia, contudo, mas; no entanto
pourvu que (pur-vü kă) contanto que
poussée (pu-*çê*) *f* empurrão *m;* acesso *m*
pousser (pu-*çê*) *v* empurrar
poussette (pu-*çét*) *f* carrinho de bebé
poussière (pu-*ç^i éér*) *f* poeira *f*
poussiéreux (pu-ç^i ê-*rã*) *adj* poeirento
poussoir (pu-*ç^u aar*) *m* botão *m*
poutre (putr) *f* viga *f*
pouvoir (pu-*v^u aar*) *m* poder *m;* ~ **exécutif** poder executivo
***pouvoir** (pu-*v^u aar*) *v* *poder
praline (pra-*linn*) *f* bombom *m*
pratique (pra-*tik*) *f* prática *f; adj* cómodo, prático
pratiquer (pra-ti-*kê*) *v* praticar
pré (prê) *m* prado *m*
préalable (prê-a-*labl*) *adj* prévio
précaire (prê-*kéér*) *adj* precário
précaution (prê-kô-*ç^i ón*) *f* precaução *f*
précédemment (prê-çê-da-*mã*) *adv* precedentemente, antes
précédent (prê-çê-*dã*) *adj* precedente; antecedente
précéder (prê-çê-*dê*) *v* preceder
précepteur (prê-çép-*tăăr*) *m* preceptor *m*
prêcher (prê-*chê*) *v* pregar
précieux (prê-*ç^i ă*) *adj* valioso; caro, precioso
précipice (prê-çi-*piç*) *m* precipício *m*
précipitation (prê-çi-pi-ta-*ç^i ón*) *f* precipitação *f*
précipité (prê-çi-pi-*tê*) *adj* precipitado
se précipiter (prê-çi-pi-*tê*) precipitar-se
précis (prê-*çi*) *adj* preciso; exacto
préciser (prê-çi-*zê*) *v* especificar, precisar
précision (prê-çi-*z^i ón*) *f* precisão *f;* **précisions** detalhes *mpl*
prédécesseur (prê-dê-çé-*çăăr*) *m* predecessor *m*
***prédire** (prê-*diir*) *v* *predizer
préférable (prê-fê-*rabl*) *adj* preferível
préférence (prê-fê-*rãç*) *f* preferência *f*
préférer (prê-fê-*rê*) *v* *preferir
préfixe (prê-*fikç*) *m* prefixo *m*
préjudiciable (prê-jü-di-*ç^i abl*) *adj* prejudicial
préjugé (prê-jü-*jê*) *m* preconceito *m*
prélever (prêl-*vê*) *v* tirar, levantar
préliminaire (prê-li-mi-*néér*) *adj* preliminar
prématuré (prê-ma-tü-*rê*) *adj* prematuro
premier (pră-*m^i ê*) *num* primeiro; **Premier ministre** primeiro-ministro *m*
***prendre** (prãdr) *v* tomar; *ir buscar; capturar; ~ **garde** prestar atenção, *precaver-se; ~ **soin de** cuidar de
prénom (prê-*nón*) *m* nome próprio; nome de batismo *Br*, prenome *mBr*
préparation (prê-pa-ra-*ç^i ón*) *f* preparação *f*
préparer (prê-pa-*rê*) *v* preparar; arranjar, organizar
préposition (prê-pô-zi-*ç^i ón*) *f* preposição *f*
près (prê) *adv* perto; **à peu** ~ pouco mais ou menos, cerca de; ~ **de** perto de
presbytère (préç-bi-*téér*) *m* reitoria *f;* presbitério *m*
prescription (pré-çkri-*pç^i ón*) *f* receita *f;* prescrição *f*
***prescrire** (pré-*çkriir*) *v* receitar; prescrever
présence (prê-*zãç*) *f* presença *f*
présent (prê-*zã*) *m* presente *m; adj* presente; **jusqu'à** ~ até agora
présentation (prê-zã-ta-*ç^i ón*) *f* apre-

sentação *f*
présenter (prê-zã-*tê*) *v* oferecer; apresentar; **se** ~ apresentar-se
président (prê-zi-*dã*) *m* presidente *m*
présomptueux (prê-zónp-*t*ᵘ*ă*) *adj* presunçoso
presque (préçk) *adv* quase
pressant (pré-*çã*) *adj* urgente
presse (préç) *f* imprensa *f*
presser (prê-*çê*) *v* carregar; oprimir; espremer; **se** ~ apressar-se
pression (pré-*ç*ⁱ*ón*) *f* pressão *f;* ~ **atmosphérique** pressão atmosférica; ~ **des pneus** pressão dos pneus; ~ **d'huile** pressão do óleo
prestidigitateur (pré-çti-di-ji-ta-*tăăr*) *m* prestidigitador *m*
prestige (pré-*çtiij*) *m* prestígio *m*
présumer (prê-zü-*mê*) *v* presumir
prêt (prê) *m* empréstimo *m; adj* pronto, prestes, preparado
prétendre (prê-*tădr*) *v* afirmar, pretender
prétentieux (prê-tã-*ç*ⁱ*ă*) *adj* pretensioso
prétention (prê-tã-*ç*ⁱ*ón*) *f* pretensão *f*
prêter (prê-*té*) *v* emprestar; ~ **attention à** prestar atenção a, importar-se com
prêteur sur gage (pré-tăr çür ghaaj) penhorista *m*
prétexte (prê-*tékçt*) *m* pretexto *m*
prêtre (préétr) *m* padre *m*
preuve (prăăv) *f* prova *f*
prévenant (pré-*vnã*) *adj* atencioso
***prévenir** (pré-*vniir*) *v* *prevenir; evitar
préventif (pré-vã-*tif*) *adj* preventivo
prévenu (prê-*vnü*) *m* réu *m*, acusado *m*
prévision (prê-vi-*z*ⁱ*ón*) *f* previsão *f*
***prévoir** (prê-*v*ᵘ*aar*) *v* *prever
prier (pri-*ê*) *v* rezar; *pedir
prière (pri-*éér*) *f* oração *f*
primaire (pri-*méér*) *adj* primário
prime (primm) *f* prémio *m*
primordial (pri-mór-*d*ⁱ*al*) *adj* primordial
prince (prénç) *m* príncipe *m*
princesse (prén-*çéç*) *f* princesa *f*
principal (prén-çi-*pal*) *adj* principal
principalement (prén-çi-pal-*mã*) *adv* principalmente
principe (prén-*çip*) *m* princípio *m*
printemps (prén-*tã*) *m* Primavera *f*
priorité (pri-ó-ri-*tê*) *f* prioridade *f;* ~ **de passage** prioridade de passagem
prise (priiz) *f* tomada *f*, acção de agarrar; captura *f;* presa *f;* pitada *f*
prison (pri-*zón*) *f* prisão *f;* cadeia *f*
prisonnier (pri-zó-*n*ⁱ*ê*) *m* prisioneiro *m;* ***faire** ~ capturar; ~ **de guerre** prisioneiro de guerra
privé (pri-*vê*) *adj* privado, particular
priver de (pri-*vê*) privar de
privilège (pri-vi-*lééj*) *m* privilégio *m*
prix (pri) *m* preço *m;* prémio *m;* ~ **d'achat** preço de compra; ~ **de consolation** prémio de consolação; ~ **d'entrée** preço de entrada; ~ **du voyage** preço do bilhete, preço da viagem
probable (pró-*babl*) *adj* provável, presumível
probablement (pró-ba-blă-*mã*) *adv* provavelmente
problème (pró-*blémm*) *m* problema *m*
procédé (pró-çê-*dê*) *m* processo *m;* procedimento *m*
procéder (pró-çê-*dê*) *v* proceder
procédure (pró-çê-*düür*) *f* processo *m*
procès (pró-*çê*) *m* processo *m;* julgamento *m*
procession (pró-çé-*ç*ⁱ*ón*) *f* procissão *f*
processus (pró-çê-*çüç*) *m* processo *m;* evolução *f*
prochain (pró-*chén*) *adj* próximo, se-

guinte
prochainement (pró-chénn-*mã*) *adv* brevemente, em breve
proche (próch) *adj* próximo, chegado
proclamer (pró-kla-*mê*) *v* proclamar
procurer (pró-kü-*rê*) *v* proporcionar; **se ~** *conseguir, arranjar
prodigue (pró-*digh*) *adj* pródigo
producteur (pró-dük-*tăăr*) *m* produtor *m*
production (pró-dük-*ç'ón*) *f* produção *f;* **~ en série** produção em série
***produire** (pró-*d^u iir*) *v* *produzir; **se ~** suceder, acontecer
produit (pró-*d^u i*) *m* produto *m*
profane (pró-*fann*) *m* profano *m,* leigo *m*
professer (pró-fê-*çê*) *v* professar
professeur (pró-fé-*çăăr*) *m* professor *m;* professora *f*
profession (pró-fé-*ç'ón*) *f* profissão *f*
professionnel (pró-fé-ç'ó-*nél*) *adj* profissional
profit (pró-*fi*) *m* lucro *m,* proveito *m*
profitable (pró-fi-*tabl*) *adj* proveitoso, lucrativo
profiter (pró-fi-*tê*) *v* beneficiar, aproveitar
profond (pró-*fón*) *adj* profundo; fundo
profondeur (pró-fón-*dăăr*) *f* profundidade *f;* fundura *f*
programme (pró-*ghramm*) *m* programa *m*
progrès (pró-*ghrê*) *m* progresso *m*
progresser (pró-ghrê-*çê*) *v* *progredir, avançar
progressif (pró-ghrê-*çif*) *adj* progressivo
progressiste (pró-ghrê-*çiçt*) *adj* progressista
projecteur (pró-jék-*tăăr*) *m* projector *m;* holofote *m*
projet (pró-*jê*) *m* projecto *m;* plano *m*
prolongation (pró-lón-gha-*ç'ón*) *f* prolongamento *m*
prolonger (pró-lón-*jê*) *v* prolongar
promenade (prómm-*nad*) *f* passeio *m;* **~ en voiture** passeio de carro
se promener (prómm-*nê*) *passear
promeneur (prómm-*năăr*) *m* passeante *m*
promesse (pró-*méç*) *f* promessa *f*
***promettre** (pró-*métr*) *v* prometer
promontoire (pró-món-*t^u aar*) *m* promontório *m*
promotion (pró-mó-*ç'ón*) *f* promoção *f*
***promouvoir** (pró-mu-*v^u aar*) *v* promover
prompt (prón) *adj* pronto, rápido
promptitude (prón-ti-*tüd*) *f* prontidão *f,* rapidez *f*
pronom (pró-*nón*) *m* pronome *m*
prononcer (pró-nón-*çê*) *v* pronunciar
prononciation (pró-nón-ç'a-*ç'ón*) *f* pronúncia *f*
propagande (pró-pa-*ghãd*) *f* propaganda *f*
prophète (pró-*fét*) *m* profeta *m*
proportion (pró-pór-*ç'ón*) *f* proporção *f*
proportionnel (pró-pór-ç'ó-*nél*) *adj* proporcional
propos (pró-*pô*) *m* propósito *m;* **à ~** a propósito; **à ~ de** a propósito de, com respeito a
proposer (pró-pô-*zê*) *v* *propor
proposition (pró-pô-zi-*ç'ón*) *f* proposta *f*
propre (própr) *adj* limpo; próprio
propriétaire (pró-pri-ê-*téér*) *m* proprietário *m,* senhorio *m*
propriété (pró-pri-ê-*tê*) *f* propriedade *f*
propulser (pró-pül-*çê*) *v* impulsionar, propulsionar
prospectus (pró-çpék-*tüç*) *m* prospec-

to *m*
prospère (pró-*çpéér*) *adj* próspero
prospérité (pró-çpê-ri-*tê*) *f* prosperidade *f*
prostituée (pró-çti-*t*ᵘ*ê*) *f* prostituta *f*
protection (pró-ték-*ç'ón*) *f* protecção *f*
protéger (pró-tê-*jê*) *v* proteger
protéine (pró-tê-*inn*) *f* proteína *f*
protestant (pró-té-*çtã*) *adj* protestante
protestation (pró-té-çta-*ç'ón*) *f* protesto *m*
protester (pró-té-*çtê*) *v* protestar
prouver (pru-*vê*) *v* provar, demonstrar
provenance (pró-*vnãç*) *f* proveniência *f*
***provenir de** (pró-*vniir*) provir de
proverbe (pró-*vérb*) *m* provérbio *m*
province (pró-*vénç*) *f* província *f*
provincial (pró-vén-*ç'al*) *adj* provincial
proviseur (pró-vi-*zäär*) *m* reitor *m*
provision (pró-vi-*z'ón*) *f* reserva *f*; **provisions** reservas *fpl;* provisões *fpl*
provisoire (pró-vi-*z*ᵘ*aar*) *adj* provisório
provoquer (pró-vó-*kê*) *v* provocar
prudence (prü-*dãç*) *f* prudência *f*, cautela *f*
prudent (prü-*dã*) *adj* prudente, cauteloso
prune (prünn) *f* ameixa *f*
pruneau (prü-*nô*) *m* ameixa passada
prurit (prü-*rit*) *m* prurido *m*
psychanalyste (pçi-ka-na-*liçt*) *m* psicanalista *m*
psychiatre (pçi-*k'aatr*) *m* psiquiatra *m*
psychique (pçi-*chik*) *adj* psíquico
psychologie (pçi-kó-ló-*ji*) *f* psicologia *f*
psychologique (pçi-kó-ló-*jik*) *adj* psicológico
psychologue (pçi-kó-*lógh*) *m* psicólogo *m*
public (pü-*blik*) *m* audiência *f*, público *m; adj* público
publication (pü-bli-ka-*ç'ón*) *f* publicação *f*
publicité (pü-bli-çi-*tê*) *f* publicidade *f;* anúncio *m*
publier (pü-bli-*ê*) *v* publicar
puer (pᵘê) *v* feder, cheirar mal
puis (pᵘi) *adv* depois
puisque (pᵘiçk) *conj* visto que
puissance (pᵘi-*çãç*) *f* poder *m*, força *f*, energia *f;* potência *f*
puissant (pᵘi-*çã*) *adj* poderoso; possante
puits (pᵘi) *m* poço *m;* ~ **de pétrole** poço de petróleo
pull-over (pü-ló-*véér*) *m* pulóver *m*
pulvérisateur (pül-vê-ri-za-*täär*) *m* pulverizador *m*
pulvériser (pül-vê-ri-*zê*) *v* pulverizar
punaise (pü-*nééz*) *f* percevejo *m;* pionés *m*
punir (pü-*niir*) *v* castigar, punir
punition (pü-ni-*ç'ón*) *f* punição *f*, castigo *m*
pupitre (pü-*pitr*) *m* carteira *f;* tribuna *f*
pur (püür) *adj* puro
pus (pü) *m* pus *m*
pustule (pü-*çtül*) *f* borbulha *f*, pústula *f*
putain (pü-*tén*) *f* prostituta *f*
puzzle (päzl) *m* quebra-cabeças *m*
pyjama (pi-ja-*ma*) *m* pijama *m*

Q

quai (kê) *m* cais *m;* plataforma *f*
qualification (ka-li-fi-ka-*ç'ón*) *f* habilitação *f;* qualificação *f*

qualifié (ka-li-*f'ê*) *adj* qualificado; ***être ~** qualificar-se
qualité (ka-li-*tê*) *f* qualidade *f;* **de première ~** de primeira qualidade
quand (kã) *adv* quando; *conj* quando; **n'importe ~** quando quer que
quant à (kã-*ta*) quanto a
quantité (kã-ti-*tê*) *f* quantidade *f*
quarantaine (ka-rã-*ténn*) *f* quarentena *f*
quarante (ka-*rãt*) *num* quarenta
quart (kaar) *m* quarto *m;* **~ d'heure** quarto de hora
quartier (kar-*t'ê*) *m* bairro *m;* gomo *m;* **bas ~** bairro pobre; **~ général** quartel-general *m*
quatorze (ka-*tórz*) *num* catorze
quatorzième (ka-tór-*z'émm*) *num* décimo quarto
quatre (katr) *num* quatro
quatre-vingt-dix (ka-tră-vén-*diç*) *num* noventa
quatre-vingts (ka-tră-*vén*) *num* oitenta
quatrième (ka-*tr'émm*) *num* quarto
que (kă) *conj* que; **ce ~** o que
quel (kél) *pron* qual; **n'importe ~** qualquer
quelquefois (kél-kă-*fᵘa*) *adv* algumas vezes
quelques (kélk) *pron* uns, *adj* alguns
quelqu'un (kél-*kăn*) *pron* alguém
querelle (kă-*rél*) *f* zaragata *f,* discussão *f,* briga *f*
se quereller (kă-rê-*lê*) discutir, brigar
question (ké-*çt'ón*) *f* pergunta *f;* problema *m,* questão *f*
quêter (kê-*tê*) *v* *fazer um peditório, mendigar; buscar
quêteur (ké-*tăăr*) *m* colector *m*
queue (kă) *f* cauda *f;* bicha *f;* rabo *m;* ***faire la ~** *fazer bicha
qui (ki) *pron* quem; que; **à ~** a quem; **n'importe ~** qualquer pessoa
quiconque (ki-*kónk*) *pron* quem quer que
quille (ki') *f* quilha *f*
quincaillerie (kén-kai-*ri*) *f* ferragens *fpl;* loja de ferragens
quinine (ki-*ninn*) *f* quinina *f*
quinze (kénz) *num* quinze; **~ jours** quinze dias, quinzena *f*
quinzième (kén-*z'émm*) *num* décimo quinto
quitter (ki-*tê*) *v* deixar, abandonar
quoi (kᵘa) *pron* o quê; **n'importe ~** qualquer coisa; **~ qu'il en soit** seja como for
quoique (kᵘak) *conj* embora
quote-part (kót-*paar*) *f* quota-parte *f*
quotidien (kó-ti-*d'én*) *adj* quotidiano, diário; *m* diário *m*

R

rabais (ra-*bê*) *m* desconto *m*
raccourcir (ra-kur-*çiir*) *v* encurtar
race (raç) *f* raça *f*
racial (ra-*ç'al*) *adj* racial
racine (ra-*çinn*) *f* raiz *f*
racler (ra-*klê*) *v* raspar
raconter (ra-kón-*tê*) *v* contar
radeau (ra-*dô*) *m* jangada *f*
radiateur (ra-d'a-*tăăr*) *m* radiador *m*
radical (ra-di-*kal*) *adj* radical
radio (ra-*d'ô*) *f* rádio *m*
radiographie (ra-d'ô-ghra-*fi*) *f* radiografia *f*
radiographier (ra-d'ô-ghra-*f'ê*) *v* radiografar
radis (ra-*di*) *m* rabanete *m*
radotage (ra-dó-*taaj*) *m* asneira *f,* disparate *m;* lengalenga *f;* bobagem *fBr*
rafale (ra-*fal*) *f* rajada *f;* **~ de pluie**

chuvada *f*
raffinerie (ra-finn-*ri*) *f* refinaria *f;* ~ **de pétrole** refinaria de petróleo
rafraîchir (ra-frê-*chiir*) *v* refrescar
rafraîchissement (ra-fré-chi-*çmã*) *m* refresco *m*
rage (raaj) *f* raiva *f,* furor *m;* mania *f*
rager (ra-*jê*) *v* enfurecer-se
raid (réd) *m* incursão *f*
raide (réd) *adj* teso; íngreme
raie (rê) *f* risca *f;* raia *f*
raifort (rê-*fóór*) *m* rábano silvestre
rail (rai) *m* carril *m*
raisin (rê-*zén*) *m* uvas *fpl;* ~ **sec** passa de Corinto, passa *f*
raison (rê-*zón*) *f* razão *f;* motivo *m;* **en** ~ **de** por causa de, devido a, em consequência de
raisonnable (rê-zó-*nabl*) *adj* razoável; sensato
raisonner (rê-zó-*nê*) *v* raciocinar
ralentir (ra-lã-*tiir*) *v* abrandar, afrouxar
rallonge (ra-*lónj*) *f* fio de extensão
ramasser (ra-ma-*çê*) *v* apanhar
rame (ramm) *f* remo *m*
ramener (ramm-*nê*) *v* *trazer; levar
ramer (ra-*mê*) *v* remar
rampe (rãp) *f* corrimão *m;* rampa *f;* ribalta *f*
ramper (rã-*pê*) *v* rastejar
rance (rãç) *adj* rançoso
rançon (rã-*çón*) *f* resgate *m*
rang (rã) *m* fila *f*
rangée (rã-*jê*) *f* fila *f*
ranger (rã-*jê*) *v* ordenar; arrumar, guardar
râpe (raap) *f* ralador *m*
râper (ra-*pê*) *v* ralar
rapide (ra-*pid*) *adj* rápido, veloz; *m* rápido *m*
rapidement (ra-pid-*mã*) *adv* rapidamente
rapidité (ra-pi-di-*tê*) *f* rapidez *f*
rapiécer (ra-p^i^ê-*çê*) *v* remendar
rappeler (ra-*plê*) *v* lembrar, recordar; chamar; **se** ~ lembrar-se, recordar-se
rapport (ra-*póór*) *m* relatório *m;* relação *f,* ligação *f*
rapporter (ra-pór-*tê*) *v* *trazer; levar; participar
rapprocher (ra-pró-*chê*) *v* aproximar; juntar, unir
raquette (ra-*két*) *f* raqueta *f*
rare (raar) *adj* raro, escasso
rarement (rar-*mã*) *adv* raramente
se raser (ra-*zê*) *fazer a barba, *barbear-se
raseur (ra-*zăăr*) *m* maçador *m,* chato *m*
rasoir (ra-*z^u^aar*) *m* gilete *f*
rassemblement (ra-çã-blă-*mã*) *m* reunião *f*
rassembler (ra-çã-*blê*) *v* reunir; coleccionar
rassis (ra-*çi*) *adj* duro
rassurer (ra-çü-*rê*) *v* tranquilizar
rat (ra) *m* ratazana *f*
râteau (ra-*tô*) *m* ancinho *m*
ration (ra-*ç^i^ón*) *f* ração *f*
rauque (rôôk) *adj* rouco
ravissant (ra-vi-*çã*) *adj* encantador
rayé (rê-*^i^ê*) *adj* às riscas
rayon (rê-*^i^ón*) *m* raio *m*
rayonne (rê-*^i^ónn*) *f* seda artificial
rayure (rê-*^i^üür*) *f* risco *m;* listra *f*
réaction (rê-ak-*ç^i^ón*) *f* reacção *f*
réalisable (rê-a-li-*zabl*) *adj* realizável
réalisation (rê-a-li-za-*ç^i^ón*) *f* realização *f*
réaliser (rê-a-li-*zê*) *v* realizar; executar
réaliste (rê-a-*liçt*) *adj* realista
réalité (rê-a-li-*tê*) *f* realidade *f;* **en** ~ realmente; na realidade
rébellion (rê-bé-*l^i^ón*) *f* rebelião *f*
rebord (ră-*bóór*) *m* orla *f,* borda *f;* re-

bordo *m;* ~ **de fenêtre** peitoril *m*
rebut (ră-*bü*) *m* refugo *m;* repulsa *f*
récemment (rê-ça-*mã*) *adv* recentemente, ultimamente
récent (rê-*çã*) *adj* recente
réception (rê-çé-*pç'ón*) *f* recepção *f*
récession (rê-çé-*ç'ón*) *f* recessão *f*
recette (ră-*çét*) *f* receita *f*
***recevoir** (ră-*çv^{u}aar*) *v* receber
recharge (ră-*charj*) *f* recarga *f*
réchauffer (rê-chô-*fê*) *v* aquecer
recherche (ră-*chérch*) *f* investigação *f;* pesquisa *f*, busca *f*
rechercher (ră-chér-*chê*) *v* procurar, buscar
récif (rê-*çif*) *m* recife *m*
récipient (rê-çi-*p'ã*) *m* vasilha *f*, recipiente *m*
réciproque (rê-çi-*prók*) *adj* recíproco
récit (rê-*çi*) *m* narrativa *f;* relato *m*
récital (rê-çi-*tal*) *m* (pl ~s) recital *m*
réclamation (rê-kla-ma-*ç'ón*) *f* reclamação *f*
réclame (rê-*klamm*) *f* reclame *m*
réclamer (rê-kla-*mê*) *v* reclamar
récolte (rê-*kólt*) *f* colheita *f*
recommandation (ră-kó-mã-da-*ç'ón*) *f* recomendação *f*
recommander (ră-kó-mã-*dê*) *v* recomendar; registar
recommencer (ră-kó-mã-*çê*) *v* recomeçar
récompense (rê-kón-*pãç*) *f* recompensa *f*
récompenser (rê-kón-pã-*çê*) *v* recompensar
réconciliation (rê-kón-çi-l'a-*ç'ón*) *f* reconciliação *f*
réconfort (rê-kón-*fóór*) *m* reconforto *m*, consolação *f*
reconnaissance (ră-kó-nê-*çãç*) *f* reconhecimento *m*
reconnaissant (ră-kó-nê-*çã*) *adj* agradecido, grato, reconhecido
***reconnaître** (ră-kó-*néétr*) *v* reconhecer
record (ră-*kóór*) *m* recorde *m*
***recouvrir** (ră-ku-*vriir*) *v* *recobrir, forrar
récréation (rê-krê-a-*ç'ón*) *f* recreio *m*, recreação *f*
recrue (ră-*krü*) *f* recruta *m*
rectangle (rék-*tãghl*) *m* rectângulo *m*
rectangulaire (rék-tã-ghü-*léér*) *adj* rectangular
rectification (rék-ti-fi-ka-*ç'ón*) *f* rectificação *f*
rectum (rék-*tómm*) *m* recto *m*
reçu (ră-*çü*) *m* recibo *m;* vale *m*
***recueillir** (ră-kă-*'iir*) *v* recolher
reculer (ră-kü-*lê*) *v* recuar
récupérer (rê-kü-pê-*rê*) *v* recuperar
rédacteur (rê-dak-*tăăr*) *m* redactor *m*
reddition (ré-di-*ç'ón*) *f* rendição *f*
rédiger (rê-di-*jê*) *v* redigir
redouter (ră-du-*tê*) *v* *recear
réduction (rê-dük-*ç'ón*) *f* redução *f*
***réduire** (rê-*d^{u}iir*) *v* *reduzir; *diminuir
réduit (rê-*d^{u}i*) *m* arrecadação *f*
rééducation (rê-ê-dü-ka-*ç'ón*) *f* reabilitação *f*
réel (rê-*él*) *adj* verdadeiro; real
réellement (rê-él-*mã*) *adv* realmente
référence (rê-fê-*rãç*) *f* referência *f*
réfléchir (rê-flê-*chiir*) *v* *reflectir; ponderar
réflecteur (rê-flék-*tăăr*) *m* reflector *m*
reflet (ră-*flê*) *m* reflexão *f;* imagem reflectida
refléter (ră-flê-*tê*) *v* *reflectir, *reproduzir
Réforme (rê-*fórm*) *f* Reforma *f*
refrain (ră-*frén*) *m* estribilho *m*
réfrigérateur (rê-fri-jê-ra-*tăăr*) *m* frigorífico *m;* geladeira *fBr*
refroidir (ră-fr^{u}a-*diir*) *v* arrefecer

refuge (ră-*füüj*) *m* refúgio *m*
réfugié (rê-fü-*j'ê*) *m* refugiado *m*
refus (ră-*fü*) *m* recusa *f*
refuser (ră-fü-*zê*) *v* recusar, negar
regard (ră-*ghaar*) *m* olhar *m*
regarder (ră-ghar-*dê*) *v* olhar; olhar para; *dizer respeito a
régate (rê-*ghat*) *f* regata *f*
régime (rê-*jimm*) *m* regime *m;* dieta *f*
région (rê-*j'ón*) *f* região *f*
régional (rê-j'ó-*nal*) *adj* regional
règle (rééghl) *f* regra *f;* régua *f;* **en ~** em ordem
règlement (ré-ghlă-*mã*) *m* regulamento *m,* liquidação *f*
régler (rê-*ghlê*) *v* regular; resolver
règne (rénh) *m* reinado *m;* domínio *m;* reino *m*
régner (rê-*nhê*) *v* reinar; dominar
regret (ră-*ghrê*) *m* pena *f;* saudade *f*
regretter (ră-ghrê-*tê*) *v* lamentar
régulier (rê-ghü-*l'ê*) *adj* regular
rein (rén) *m* rim *m*
reine (rénn) *f* rainha *f*
rejeter (răj-*tê*) *v* rejeitar, reprovar
***rejoindre** (ră-*j^uéndr*) *v* ir ter com
relater (ră-la-*tê*) *v* contar; relatar
relatif (ră-la-*tif*) *adj* relativo; **~ à** relativo a, referente a
relation (ră-la-*ç'ón*) *f* relação *f*
relayer (ră-lê-*'ê*) *v* render; *substituir
relèvement (ră-lév-*mã*) *m* aumento *m;* levantamento *m*
relever (răl-*vê*) *v* aumentar; levantar
relief (ră-*l'éf*) *m* relevo *m*
relier (ră-*l'ê*) *v* ligar; atar
religieuse (ră-li-*j'ääz*) *f* freira *f*
religieux (ră-li-*j'ä*) *adj* religioso
religion (ră-li-*j'ón*) *f* religião *f*
relique (ră-*lik*) *f* relíquia *f*
reliure (ră-*l'üür*) *f* encadernação *f*
remarquable (ră-mar-*kabl*) *adj* notável
remarque (ră-*mark*) *f* observação *f*
remarquer (ră-mar-*kê*) *v* notar; observar, *ver
remboursement (rã-bur-çă-*mã*) *m* reembolso *m*
rembourser (rã-bur-*çê*) *v* reembolsar
remède (ră-*méd*) *m* remédio *m*
remerciement (ră-mér-çi-*mã*) *m* agradecimento *m*
remercier (ră-mér-*ç'ê*) *v* agradecer
***remettre** (ră-*métr*) *v* entregar, confiar; remeter; **se ~** restabelecer-se
remise (ră-*miiz*) *f* entrega *f;* adiamento *m;* desconto *m*
remonter (ră-món-*tê*) *v* *dar corda; *subir; reanimar
remorque (ră-*mórk*) *f* reboque *m*
remorquer (ră-mór-*kê*) *v* rebocar
remorqueur (ră-mór-*kăăr*) *m* rebocador *m*
remplacer (rã-pla-*çê*) *v* *substituir
remplir (rã-*pliir*) *v* encher; preencher
remue-ménage (ră-mü-mê-*naaj*) *m* azáfama *f,* rebuliço *m*
remuer (ră-*m^uê*) *v* mexer
rémunération (rê-mü-nê-ra-*ç'ón*) *f* remuneração *f*
rémunérer (rê-mü-nê-*rê*) *v* remunerar
renard (ră-*naar*) *m* raposa *f*
rencontre (rã-*kóntr*) *f* reunião *f,* encontro *m*
rencontrer (rã-kón-*trê*) *v* encontrar, deparar com
rendement (rã-dă-*mã*) *m* rendimento *m*
rendez-vous (rã-dê-*vu*) *m* consulta *f,* encontro *m,* entrevista *f*
rendre (rãdr) *v* devolver; *fazer; *reproduzir; render; vomitar; **~ compte de** prestar contas de; **~ visite à** visitar; **se ~** render-se; dirigir-se; **se ~ compte** perceber, *dar-se conta
renne (rénn) *m* rena *f*
renom (ră-*nón*) *m* renome *m*

enommée (ră-nó-*mê*) *f* fama *f*
enoncer (ră-nón-*çê*) *v* desistir, renunciar
enouveler (ră-nu-*vlê*) *v* renovar
enseignement (rã-çénh-*mã*) *m* informação *f;* **bureau de renseignements** agência de informações
e renseigner (rã-çê-*nhê*) informar-se
entable (rã-*tabl*) *adj* rentável
entrer (rã-*trê*) *v* *ir para casa; recolher
enverser (rã-vér-*çê*) *v* derrubar
***renvoyer** (rã-vᵘa-*ⁱê*) *v* devolver; *despedir; ~ **à** *referir a; adiar para
épandre (rê-*pãdr*) *v* espalhar; entornar
éparation (rê-pa-ra-*çⁱón*) *f* conserto *m,* reparação *f*
éparer (rê-pa-*rê*) *v* consertar, reparar
épartir (rê-par-*tiir*) *v* repartir
epas (ră-*pa*) *m* refeição *f*
epasser (ră-pa-*çê*) *v* passar a ferro; **sans repassage** não passar a ferro
epentir (ră-pã-*tiir*) *m* arrependimento *m*
épertoire (rê-pér-*tᵘaar*) *m* repertório *m*
répéter (rê-pê-*tê*) *v* *repetir; ensaiar
répétition (rê-pê-ti-*çⁱón*) *f* repetição *f;* ensaio *m*
répit (rê-*pi*) *m* protelação *f;* trégua *f*
répondre (rê-*póndr*) *v* responder
réponse (rê-*pónç*) *f* resposta *f;* **en** ~ em resposta
reporter (ră-pór-*tê*) *m* repórter *m*
repos (ră-*pô*) *m* descanso, repouso
reposant (ră-pô-*zã*) *adj* sossegado, repousante
se reposer (ră-pô-*zê*) repousar, descansar
repousser (ră-pu-*çê*) *v* repelir; **repoussant** repelente

***reprendre** (ră-*prãdr*) *v* recomeçar; recuperar; repreender
représentant (ră-prê-zã-*tã*) *m* representante *m*
représentatif (ră-prê-zã-ta-*tif*) *adj* representativo
représentation (ră-prê-zã-ta-*çⁱón*) *f* representação *f*
représenter (ră-prê-zã-*tê*) *v* representar
réprimander (rê-pri-mã-*dê*) *v* repreender
réprimer (rê-pri-*mê*) *v* reprimir
reprise (ră-*priiz*) *f* recomeço *m,* vez *f;* recuperação *f*
repriser (ră-pri-*zê*) *v* passajar
reproche (ră-*próch*) *m* censura *f*
reprocher (ră-pró-*chê*) *v* censurar
reproduction (ră-pró-dük-*çⁱón*) *f* reprodução *f*
***reproduire** (ră-pró-*dᵘiir*) *v* *reproduzir
reptile (rép-*til*) *m* réptil *m*
républicain (rê-pü-bli-*kén*) *adj* republicano
république (rê-pü-*blik*) *f* república *f*
répugnance (rê-pü-*nhãç*) *f* repugnância *f*
répugnant (rê-pü-*nhã*) *adj* imundo, repugnante, revoltante
réputation (rê-pü-ta-*çⁱón*) *f* reputação *f*
***requérir** (ră-kê-*riir*) *v* *requerer
requête (ră-*két*) *f* requerimento *m,* pedido *m*
requin (ră-*kén*) *m* tubarão *m*
requis (ră-*ki*) *adj* necessário; requerido
réseau (rê-*zô*) *m* rede *f;* ~ **routier** rede rodoviária
réservation (rê-zér-va-*çⁱón*) *f* reserva *f;* reservação *f*
réserve (rê-*zérv*) *f* reserva *f;* ~ **zoologique** reserva natural

réserver (rê-zér-*vê*) *v* reservar
réservoir (rê-zér-*v^{u}aar*) *m* reservatório *m;* tanque *m;* ~ **d'essence** depósito da gasolina
résidence (rê-zi-*dãç*) *f* residência *f*
résident (rê-zi-*dã*) *m* residente *m*
résider (rê-zi-*dê*) *v* residir
résille (rê-*zi^{i}*) *f* rede para o cabelo
résine (rê-*zinn*) *f* resina *f*
résistance (rê-zi-*çtãç*) *f* resistência *f*
résister (rê-zi-*çtê*) *v* resistir
résolu (rê-zó-*lü*) *adj* resoluto; resovido
***résoudre** (rê-*zudr*) *v* resolver
respect (ré-*çpê*) *m* respeito *m*
respectable (ré-çpék-*tabl*) *adj* respeitável
respecter (ré-çpék-*tê*) *v* respeitar
respectif (ré-çpék-*tif*) *adj* respectivo
respectueux (ré-çpék-*t^{u}ã*) *adj* respeitoso
respiration (ré-çpi-ra-*ç^{i}ón*) *f* respiração *f*
respirer (ré-çpi-*rê*) *v* respirar
resplendir (ré-çplã-*diir*) *v* resplandecer
responsabilité (ré-çpón-ça-bi-li-*tê*) *f* responsabilidade *f*
responsable (ré-çpón-*çabl*) *adj* responsável
ressemblance (rã-çã-*blãç*) *f* parecença *f,* semelhança *f*
ressembler à (rã-çã-*blê*) assemelhar-se, parecer-se com
resserrer (rã-çê-*rê*) *v* apertar, estreitar
ressort (rã-*çóór*) *m* mola *f*
ressource (rã-*çurç*) *f* recurso *m*
restant (ré-*çtã*) *adj* restante; *m* remanescente *m,* restante *m*
restaurant (ré-çtô-*rã*) *m* restaurante *m;* ~ **libre service** restaurante self-service
reste (*réçt*) *m* resto *m,* excedente *m,* remanescente *m*
rester (ré-*çtê*) *v* ficar; sobejar
restituer (ré-çti-*t^{u}ê*) *v* *restituir
restriction (ré-çtrik-*ç^{i}ón*) *f* restrição *f*
résultat (rê-zül-*ta*) *m* resultado *m*
résulter (rê-zül-*tê*) *v* resultar
résumé (rê-zü-*mê*) *m* resumo *m*
retard (rã-*taar*) *m* demora *f,* atraso *m;* **en** ~ atrasado
retarder (rã-tar-*dê*) *v* atrasar
***retenir** (rãt-*niir*) *v* reservar; lembrar-se; *reter
rétine (rê-*tinn*) *f* retina *f*
retirer (rã-ti-*rê*) *v* retirar; sacar, levantar
retour (rã-*tuur*) *m* regresso *m;* **voyage de** ~ viagem de regresso
retourner (rã-tur-*nê*) *v* regressar; voltar atrás, voltar; virar, inverter; **se** ~ virar-se
retracer (rã-tra-*çê*) *v* retraçar; descrever
retraite (rã-*trét*) *f* reforma *f;* retiro *m;* retirada *f*
retraité (rã-trê-*tê*) *adj* reformado
rétrécir (rê-trê-*çiir*) *v* encolher
réunion (rê-ü-*n^{i}ón*) *f* reunião *f*
réunir (rê-ü-*niir*) *v* reunir; **se** ~ reunir-se
réussir (rê-ü-*çiir*) *v* *ter êxito; passar; *conseguir; **réussi** bem sucedido
rêve (*réév*) *m* sonho *m*
réveil (rê-*véi*) *m* despertador *m;* despertar *m*
réveiller (rê-vê-*^{i}ê*) *v* acordar, despertar
révélation (rê-vê-la-*ç^{i}ón*) *f* revelação *f*
révéler (rê-vê-*lê*) *v* revelar; **se** ~ revelar-se
revendeur (rã-vã-*dããr*) *m* revendedor *m*
revendication (rã-vã-di-ka-*ç^{i}ón*) *f* reivindicação *f*
revendiquer (rã-vã-di-*kê*) *v* reivindi-

car
revenir (ră-*vniir*) *v* voltar
ꞏvenu (ră-*vnü*) *m* rendimento *m*
ꞏver (rê-*vê*) *v* sonhar
ꞏvers (ră-*véér*) *m* reverso *m;* revés *m;* lapela *f*
ꞏvirement (ră-vir-*mã*) *m* viragem *f*, reviravolta *f*
éviser (rê-vi-*zê*) *v* *rever
revoir (ră-*vᵘaar*) *v* voltar a ver; rever; **au revoir!** adeus!
évoltant (rê-vól-*tã*) *adj* revoltante
évolte (rê-*vólt*) *f* revolta *f*
e révolter (rê-vól-*tê*) revoltar-se
évolution (rê-vó-lü-*çⁱón*) *f* revolução *f*
évolutionnaire (rê-vó-lü-çⁱó-*néér*) *adj* revolucionário
evolver (rê-vól-*véér*) *m* revólver *m*
évoquer (rê-vó-*kê*) *v* revogar
evue (ră-*vü*) *f* revista *f*
ez-de-chaussée (ré-dchô-*çê*) *m* rés-do-chão *m;* andar térreo *Br*
hinocéros (ri-nó-çê-*róç*) *m* rinoceronte *m*
hubarbe (rü-*barb*) *f* ruibarbo *m*
humatisme (rü-ma-*tiçm*) *m* reumatismo *m*
hume (rümm) *m* constipação *f;* ~ **des foins** febre dos fenos
iche (rich) *adj* rico
ichesse (ri-*chéç*) *f* riqueza *f*
ide (rid) *f* ruga *f*
ideau (ri-*dô*) *m* cortina *f;* pano *m*
idicule (ri-di-*kül*) *adj* ridículo
idiculiser (ri-di-kü-li-*zê*) *v* ridicularizar, troçar
ien (rⁱén) *pron* nada; **ne ... rien** não ... nada, nada; ~ **que** só
rime (rimm) *f* rima *f*
rinçage (rén-*çaaj*) *m* enxaguadela *f*
rincer (rén-*çê*) *v* enxaguar
rire (riir) *m* riso *m*, risada *f*
***rire** (riir) *v* *rir

risque (riçk) *m* risco *m*
risquer (ri-*çkê*) *v* arriscar, aventurar
rivage (ri-*vaaj*) *m* beira-mar *f*, costa *f*
rival (ri-*val*) *m* rival *m*
rivaliser (ri-va-li-*zê*) *v* rivalizar
rivalité (ri-va-li-*tê*) *f* rivalidade *f*
rive (riiv) *f* beira-rio *f*, margem *f*
rivière (ri-*vⁱéér*) *f* rio *m*
riz (ri) *m* arroz *m*
robe (rób) *f* vestido *m;* veste *f;* ~ **de chambre** roupão *m*
robinet (ró-bi-*nê*) *m* torneira *f*
robuste (ró-*büçt*) *adj* robusto
rocher (ró-*chê*) *m* rochedo *m*, rocha *f*
rocheux (ró-*chă*) *adj* rochoso
roi (rᵘa) *m* rei *m*
rôle (rôôl) *m* papel *m*
roman (ró-*mã*) *m* romance *m;* ~ **policier** romance policial
romancier (ró-mã-*çⁱê*) *m* romancista *m*
romantique (ró-mã-*tik*) *adj* romântico
rompre (rónpr) *v* quebrar; romper
rond (rón) *adj* redondo
rond-point (rón-*pᵘén*) *m* rotunda *f*
ronfler (rón-*flê*) *v* ressonar
rosaire (rô-*zéér*) *m* rosário *m*
rose (rôôz) *f* rosa *f; adj* cor-de-rosa, rosado
roseau (rô-*zô*) *m* cana *f*
rosée (rô-*zê*) *f* orvalho *m*
rossignol (ró-çi-*nhól*) *m* rouxinol *m*
rotation (ró-ta-*çⁱón*) *f* rotação *f*
rotin (ró-*tén*) *m* rotim *m*, palhinha *f*
rôtir (rô-*tiir*) *v* assar
rôtisserie (ró-ti-*çri*) *f* churraqueira *f*
rotule (ró-*tül*) *f* rótula *f*
roue (ru) *f* roda *f;* ~ **de secours** roda sobresselente
rouge (ruuj) *adj* encarnado; *m* rouge *m;* ~ **à lèvres** baton *m*
rouge-gorge (ruj-*ghórj*) *m* pintarroxo *m*
rougeole (ru-*jól*) *f* sarampo *m*

rougir (ru-*jiir*) *v* corar
rouille (ru[i]) *f* ferrugem *f*
rouillé (ru-*[i]ê*) *adj* ferrugento
rouleau (ru-*lô*) *m* rolo *m*
rouler (ru-*lê*) *v* rolar; rodar; andar, andar de automóvel
roulette (ru-*lét*) *f* roleta *f*
roulotte (ru-*lót*) *f* rulote *f*
Roumain (ru-*mén*) *m* romeno *m*
roumain (ru-*mén*) *adj* romeno
Roumanie (ru-ma-*ni*) *f* Roménia *f*
route (rut) *f* estrada *f;* rota *f;* **en ~ pour** a caminho de; **~ à péage** estrada com portagem; **~ d'évitement** estrada de circunvalação; **~ en réfection** estrada em obras; **~ principale** estrada principal
routine (ru-*tinn*) *f* rotina *f*
royal (r[u]a-*[i]al*) *adj* real
royaume (r[u]a-*[i]ôômm*) *m* reino *m*
ruban (rü-*bã*) *m* fita *f;* **~ adhésif** fita adesiva
rubis (rü-*bi*) *m* rubi *m*
rubrique (rü-*brik*) *f* rubrica *f*
ruche (rüch) *f* colmeia *f*
rude (rüd) *adj* rude; rigoroso
rue (rü) *f* rua *f;* **~ principale** rua principal; **~ transversale** transversal *f*
ruelle (r[u]él) *f* viela *f,* beco *m*
rugir (rü-*jiir*) *v* rugir
rugissement (rü-ji-*çmã*) *m* rugido *m*
rugueux (rü-*ghă*) *adj* áspero
ruine (r[u]inn) *f* ruína *f*
ruiner (r[u]i-*nê*) *v* arruinar
ruisseau (r[u]i-*çô*) *m* ribeiro *m,* riacho *m*
rumeur (rü-*măăr*) *f* rumor *m*
rural (rü-*ral*) *adj* rural
ruse (rüüz) *f* manha *f,* artifício *m,* ardil *m*
rusé (rü-*zê*) *adj* manhoso
Russe (rüç) *m* russo *m*
russe (rüç) *adj* russo
Russie (rü-*çi*) *f* Rússia *f*
rustique (rü-*çtik*) *adj* rústico
rythme (ritm) *m* ritmo *m*

S

sable (çabl) *m* areia *f*
sablonneux (ça-blô-*nă*) *adj* arenoso
sabot (ça-*bô*) *m* tamanco *m;* casco *m*
sac (çak) *m* bolsa *f;* saco *m,* saca *f;* **~ à dos** mochila *f;* **~ à glace** saco de gelo; **~ à main** mala de mão, carteira *f;* **~ à provisions** saco das compras; **~ de couchage** saco-cama *m;* **~ en papier** saco de papel
saccharine (ça-ka-*rinn*) *f* sacarina *f*
sacré (ça-*krê*) *adj* sagrado
sacrifice (ça-kri-*fiç*) *m* sacrifício *m*
sacrifier (ça-kri-*f[i]ê*) *v* sacrificar
sacrilège (ça-kri-*lééj*) *m* sacrilégio *m*
sacristain (ça-kri-*çtén*) *m* sacristão *m*
sage (çaaj) *adj* sábio, erudito; ajuizado
sage-femme (çaj-*famm*) *f* parteira *f*
sagesse (ça-*jéç*) *f* sabedoria *f*
saigner (çê-*nhê*) *v* sangrar; depenar
sain (çén) *adj* são; saudável, sadio; recto, bom
saint (çén) *m* santo *m*
saisir (çê-*ziir*) *v* agarrar; apanhar
saison (çé-*zón*) *f* estação *f;* **basse ~** baixa estação; **haute ~** alta estação; **hors ~** fora da época
salade (ça-*lad*) *f* salada *f*
salaire (ça-*léér*) *m* salário *m*
salaud (ça-*lô*) *m* patife *m*
sale (çal) *adj* sujo; imundo, porco
salé (ça-*lê*) *adj* salgado
saleté (çal-*tê*) *f* sujidade *f*
salière (ça-*l[i]éér*) *f* saleiro *m*
salir (ça-*liir*) *v* sujar

alive (ça-*liiv*) *f* saliva *f*
alle (çal) *f* sala *f;* ~ **à manger** sala de jantar; ~ **d'attente** sala de espera; ~ **de bains** quarto de banho; banheiro *mBr;* ~ **de bal** salão de baile; ~ **de banquet** salão de banquetes; ~ **de classe** sala de aula; ~ **de concert** sala de concertos; ~ **de lecture** sala de leitura; ~ **de séjour** sala de estar; ~ **d'exposition** sala de exposições
alon (ça-*lón*) *m* sala de estar; sala *f,* salão *m;* ~ **de beauté** salão de beleza; ~ **de thé** salão de chá
alopette (ça-ló-*pét*) *f* fato-macaco *m;* macacão *mBr*
aluer (ça-*l*^{u}*ê*) *v* cumprimentar; saudar
alut (ça-*lü*) *m* salvação *f;* saudação *f*
alutation (ça-lü-ta-*ç*^{i}*ón*) *f* saudação *f*
amedi (çamm-*di*) *m* sábado *m*
anatorium (ça-na-tó-*r*^{i}*ómm*) *m* sanatório *m*
anctuaire (çãk-*t*^{u}*éér*) *m* santuário *m*
andale (çã-*dal*) *f* sandália *f*
andwich (çã-*d*^{u}*itch*) *m* sanduíche *f*
ang (çã) *m* sangue *m;* **pur** ~ puro sangue
anitaire (ça-ni-*téér*) *adj* sanitário
ans (çã) *prep* sem
anté (çã-*tê*) *f* saúde *f*
aphir (ça-*fiir*) *m* safira *f*
apin (ça-*pén*) *m* abeto *m*
ardine (çar-*dinn*) *f* sardinha *f*
atellite (ça-tê-*lit*) *m* satélite *m*
atin (ça-*tén*) *m* cetim *m*
atisfaction (ça-tiç-fak-*ç*^{i}*ón*) *f* satisfação *f*
***satisfaire** (ça-ti-*çféér*) *v* *satisfazer; **satisfait** satisfeito
auce (çôôç) *f* molho *m*
aucisse (çô-*çiç*) *f* salsicha *f*
auf (çôf) *prep* salvo, excepto
auna (çô-*na*) *m* sauna *f*
saut (çô) *m* salto *m,* pulo *m;* ~ **à ski** salto de esqui
sauter (çô-*tê*) *v* saltar; ***faire** ~ fritar, *saltear
sauterelle (çô-*trél*) *f* gafanhoto *m*
sautiller (çô-ti-^{i}*ê*) *v* saltitar
sauvage (çô-*vaaj*) *adj* selvagem; bravo
sauver (çô-*vê*) *v* salvar
sauvetage (çôv-*taaj*) *m* salvamento *m*
sauveur (çô-*văăr*) *m* salvador *m*
savant (ça-*vã*) *m* sábio *m,* cientista *m*
saveur (ça-*văăr*) *f* sabor *m*
***savoir** (ça-*v*^{u}*aar*) *v* *saber
savoir-vivre (ça-v^{u}ar-*viivr*) *m* boa educação, maneiras *fpl*
savon (ça-*vón*) *m* sabonete *m,* sabão *m;* ~ **à barbe** sabão da barba; ~ **en poudre** detergente em pó
savoureux (ça-vu-*ră*) *adj* saboroso
scandale (çkã-*dal*) *m* escândalo *m*
Scandinave (çkã-di-*naav*) *m* escandinavo *m*
scandinave (çkã-di-*naav*) *adj* escandinavo
Scandinavie (çkã-di-na-*vi*) *f* Escandinávia *f*
scarabée (çka-ra-*bê*) *m* escaravelho *m*
sceau (çô) *m* selo *m*
scélérat (çê-lê-*ra*) *m* patife *m*
scène (çénn) *f* cena *f;* palco *m;* **metteur en** ~ encenador *m;* ***mettre en** ~ encenar
schéma (chê-*ma*) *m* esquema *m*
scie (çi) *f* serra *f*
science (ç^{i}ãç) *f* ciência *f*
scientifique (ç^{i}ã-ti-*fik*) *adj* científico
scierie (çi-*ri*) *f* serração *f*
scintillant (çén-ti-^{i}*ã*) *adj* cintilante
sciure (çi-*üür*) *f* serradura *f*
scolaire (çkó-*léér*) *adj* escolar
scooter (çku-*téér*) *m* scooter *f*
scout (çkut) *m* escuteiro *m*

sculpteur (çkül-*tăăr*) *m* escultor *m*
sculpture (çkül-*tüür*) *f* escultura *f;* ~ **sur bois** talha *f*
se (çă) *pron* se
séance (çê-*ãç*) *f* sessão *f*
seau (çô) *m* balde *m*
sec (çék) *adj* (f sèche) seco
sèche-cheveux (çéch-chă-*vă*) *m* secador de cabelo
sécher (çê-*chê*) *v* secar
sécheresse (çê-*chréç*) *f* seca *f*
séchoir (çê-*chᵘaar*) *m* secador *m*
second (çă-*ghón*) *adj* segundo
secondaire (çă-ghón-*déér*) *adj* secundário
seconde (çă-*ghónd*) *f* segundo *m*
secouer (çă-*kᵘê*) *v* *sacudir, abanar
secours (çă-*kuur*) *m* ajuda *f;* **premiers** ~ primeiros socorros
secousse (çă-*kuç*) *f* abalo *m*
secret[1] (çă-*krê*) *m* segredo *m*
secret[2] (çă-*krê*) *adj* (f secrète) secreto
secrétaire (çă-krê-*téér*) *m* secretário *m; f* secretária *f*
section (çék-*çⁱón*) *f* secção *f;* trecho *m*
sécurité (çê-kü-ri-*tê*) *f* segurança *f;* **glissière de** ~ barreira de protecção
sédatif (çê-da-*tif*) *m* sedativo *m*
sédiment (çê-di-*mã*) *m* sedimento *m*
***séduire** (çê-*dᵘiir*) *v* *seduzir
séduisant (çê-dᵘi-*zã*) *adj* sedutor, atraente
sein (çén) *m* peito *m;* seio *m*
seize (çééz) *num* dezasseis
seizième (çé-*zⁱémm*) *num* décimo sexto
séjour (çê-*juur*) *m* estadia *f*
séjourner (çê-jur-*nê*) *v* hospedar-se; permanecer
sel (çél) *m* sal *m;* **sels de bain** sais de banho
sélection (çê-lék-*çⁱón*) *f* selecção *f*
sélectionner (çê-lék-çⁱó-*nê*) *v* seleccionar
selle (çél) *f* sela *f*
selon (çă-*lón*) *prep* conforme, segundo
semaine (çă-*ménn*) *f* semana *f*
semblable (çă-*blabl*) *adj* semelhante
sembler (çă-*blê*) *v* parecer
semelle (çă-*mél*) *f* sola *f*
semence (çă-*mãç*) *f* semente *f*
semer (çă-*mê*) *v* *semear
semi- (çă-*mi*) semi-
sénat (çê-*na*) *m* senado *m*
sénateur (çê-na-*tăăr*) *m* senador *m*
sénile (çê-*nil*) *adj* senil
sens (çãç) *m* sentido *m;* senso *m;* **bo** ~ juízo *m;* **en** ~ **inverse** ao contrário; ~ **unique** sentido único
sensation (çã-ça-*çⁱón*) *f* sensação *f*
sensationnel (çã-ça-çⁱó-*nél*) *adj* sensacional
sensible (çã-*çibl*) *adj* sensível; notáve
sentence (çã-*tãç*) *f* sentença *f*
sentier (çã-*tⁱê*) *m* carreiro *m;* atalho *m;* ~ **pour piétons** caminho para peões
sentimental (çã-ti-mã-*tal*) *adj* sentimental
***sentir** (çã-*tiir*) *v* *sentir; cheirar; ~ **mauvais** cheirar mal
séparation (çê-pa-ra-*çⁱón*) *f* separaçã *f*
séparer (çê-pa-*rê*) *v* separar
sept (çét) *num* sete
septembre (çép-*tãbr*) Setembro
septentrional (çép-tã-tri-ó-*nal*) *adj* nórdico, setentrional
septicémie (çép-ti-çê-*mi*) *f* septicemia *f*
septième (çé-*tⁱémm*) *num* sétimo
septique (çép-*tik*) *adj* séptico
sépulture (çê-pül-*tüür*) *f* sepultura *f*
serein (çă-*rén*) *adj* sereno

série (çê-ri) *f* série *f*
sérieux (çê-r^{i}ă) *adj* sério; *m* seriedade *f*
seringue (çă-réngh) *f* seringa *f*
serment (çér-mã) *m* juramento *m*; **faux ~** juramento falso, perjúrio *m*
sermon (çér-món) *m* sermão *m*
serpent (çér-pã) *m* serpente *f*
serpenter (çér-pã-tê) *v* serpentear
serre (çéér) *f* estufa *f*
serrer (çê-rê) *v* apertar, estreitar; **serré** apertado
serrure (çê-rüür) *f* fechadura *f*; **trou de la ~** buraco da fechadura
sérum (çê-rómm) *m* soro *m*
serveuse (çér-văăz) *f* empregada de mesa; garçonete *fBr*
serviable (çér-v^{i}abl) *adj* prestável
service (çér-viç) *m* serviço *m*; secção *f*; **~ à thé** serviço de chá; **~ de table** serviço de jantar; **~ d'étage** serviço de quarto; **services postaux** correios
serviette (çér-v^{i}ét) *f* toalha *f*; guardanapo *m*; pasta *f*; **~ de bain** toalha de banho; **~ de papier** guardanapo de papel; **~ hygiénique** penso higiénico
***servir** (çér-viir) *v* *servir, aviar; **se ~ de** aplicar
serviteur (çér-vi-tăăr) *m* criado *m*
seuil (çö^{i}) *m* limiar *m*
seul (çăl) *adv* só; *adj* só
seulement (çăl-mã) *adv* somente; só
sévère (çê-véér) *adj* rigoroso; severo
sévir (çê-viir) *v* castigar severamente
sexe (cékç) *m* sexo *m*; sexualidade *f*
sexualité (çék-ç^{u}a-li-tê) *f* sexualidade *f*
sexuel (çék-ç^{u}él) *adj* sexual
shampooing (chã-p^{u}én) *m* champô *m*
short (chórt) *m* calções *mpl*
si (çi) *conj* se; *adv* tão; **si ... ou quer ...** quer
siamois (ç^{i}a-m^{u}a) *adj* siamês
siècle (ç^{i}ékl) *m* século *m*
siège (ç^{i}ééj) *m* sede *f*, assento *m*, sítio *m*; cerco *m*
le sien (lă ç^{i}én) o seu
siffler (çi-flê) *v* assobiar
sifflet (çi-flê) *m* apito *m*
signal (çi-nhal) *m* sinal *m*; **~ de détresse** pedido de socorro
signalement (çi-nhal-mã) *m* sinais *mpl*
signaler (çi-nha-lê) *v* *fazer sinais; assinalar
signature (çi-nha-tüür) *f* assinatura *f*
signe (çinh) *m* marca *f*; sinal *m*; ***faire ~** acenar
signer (çi-nhê) *v* assinar
significatif (çi-nhi-fi-ka-tif) *adj* significativo
signification (çi-nhi-fi-ka-ç^{i}ón) *f* sentido *m*, significado *m*
signifier (çi-nhi-f^{i}ê) *v* significar
silence (çi-lãç) *m* silêncio *m*
silencieux (çi-lã-ç^{i}ă) *adj* calado, silencioso; *m* silencioso *m*
sillon (çi-^{i}ón) *m* sulco *m*
similaire (çi-mi-léér) *adj* similar, semelhante
similitude (çi-mi-li-tüd) *f* semelhança *f*
simple (çénpl) *adj* simples
simplement (çén-plă-mã) *adv* simplesmente
simuler (çi-mü-lê) *v* simular
simultané (çi-mül-ta-nê) *adj* simultâneo
sincère (çén-çéér) *adj* sincero
singe (çénj) *m* macaco *m*
singulier (çén-ghü-l^{i}ê) *m* singular *m*; *adj* estranho, singular, esquisito
sinistre (çi-niçtr) *adj* sinistro; *m* sinistro *m*, catástrofe *f*
sinon (çi-nón) *conj* senão
sinueux (çi-nüă) *adj* sinuoso

siphon (çi-*fón*) *m* sifão *m*
sirène (çi-*rénn*) *f* sirene *f;* sereia *f*
sirop (çi-*rô*) *m* xarope *m*
site (çit) *m* sítio *m*
situation (çi-tᵘa-*ç'ón*) *f* situação *f;* posição *f,* localização *f*
situé (çi-*tᵘê*) *adj* situado
six (çiç) *num* seis
sixième (çi-*z'émm*) *num* sexto
ski (çki) *m* esqui *m;* ~ **nautique** esqui aquático
skier (çki-*ê*) *v* esquiar
skieur (çki-*ăăr*) *m* esquiador *m*
slip (çlip) *m* calções *mpl,* calcinhas *fpl*
slogan (çlóghã) *m* slogan *m*
smoking (çmó-*kinng*) *m* smoking *m*
snob (çnób) *adj* snobe, arrogante
sobre (çóbr) *adj* sóbrio
social (çó-*ç'al*) *adj* social
socialisme (çó-ç'a-*liçm*) *m* socialismo *m*
socialiste (çó-ç'a-*liçt*) *adj* socialista; *m* socialista *m*
société (çó-ç'ê-*tê*) *f* sociedade *f;* associação *f*
sœur (çăăr) *f* irmã *f*
soi (çᵘa) *pron* se; **soi-même** si mesmo
soi-disant (çᵘa-di-*zã*) *adj* pretenso
soie (çᵘa) *f* seda *f*
soif (çᵘaf) *f* sede *f*
soigné (çᵘa-*nhê*) *adj* asseado; minucioso
soigner (çᵘa-*nhê*) *v* cuidar; tratar de
soigneux (çᵘa-*nhă*) *adj* cuidadoso
soin (çᵘén) *m* cuidado *m;* ***prendre** ~ **de** tratar de; **soins de beauté** tratamento de beleza
soir (çᵘaar) *m* noite *f*
soirée (çᵘa-*rê*) *f* noite *f*
soit ... soit (çᵘa) seja ... seja
soixante (çᵘa-*çãt*) *num* sessenta
soixante-dix (çᵘa-çãt-*diç*) *num* setenta
sol (çól) *m* chão *m;* solo *m*
soldat (çól-*da*) *m* soldado *m*
solde (çóld) *m* saldo *m;* **soldes** liquidação *f*
sole (çól) *f* linguado *m*
soleil (çó-*léi*) *m* sol *m;* **coucher du** ~ pôr do sol; **coup de** ~ queimadura do sol; **lever du** ~ nascer do sol
solennel (çó-la-*nél*) *adj* solene
solide (çó-*lid*) *adj* sólido; seguro; *m* sólido *m*
solitaire (çó-li-*téér*) *adj* solitário
solitude (çó-li-*tüd*) *f* solidão *f*
soluble (çó-*lübl*) *adj* solúvel
solution (çó-lü-*ç'ón*) *f* solução *f*
sombre (çónbr) *adj* escuro, sombrio
sommaire (çó-*méér*) *m* resumo *m,* sumário *m*
somme (çómm) *f* soma *f;* quantia *f;* *m* soneca *f;* ~ **globale** soma global
sommeil (çó-*méi*) *m* sono *m*
sommelier (çó-mă-*l'ê*) *m* encarregado dos vinhos, escanção *m*
sommet (çó-*mê*) *m* cima *f;* cimo *m,* cume *m,* topo *m;* ~ **de colline** cume do monte
somnifère (çómm-ni-*féér*) *m* comprimido para dormir, sonífero *m*
somnolent (çómm-nó-*lã*) *adj* sonolento
son[1] (çón) *adj* (f sa, pl ses) o seu
son[2] (çón) *m* som *m;* farelo *m*
songer (çón-*jê*) *v* sonhar; ~ **à** pensar em
sonner (çó-*nê*) *v* soar; tocar; parecer
sonnette (çó-*nét*) *f* campainha *f*
sorcière (çór-*ç'éér*) *f* bruxa *f*
sort (çóór) *m* sorte *f,* destino *m*
sorte (çórt) *f* género *m;* **toutes sortes de** toda a espécie de
sortie (çór-*ti*) *f* saída *f;* ~ **de secours** saída de emergência
***sortir** (çór-*tiir*) *v* *sair

sot (çô) *adj* (f sotte) disparatado, tolo
sottise (çó-*tiiz*) *f* disparate *m*, tolice *f*
souche (çuch) *f* talão *m;* cepo *m*
souci (çu-*çi*) *m* preocupação *f*
se soucier de (çu-*ç'ê*) preocupar-se com
soucieux (çu-*ç'ă*) *adj* preocupado
soucoupe (çu-*kup*) *f* pires *m*
soudain (çu-*dén*) *adj* repentino; *adv* repentinamente
souder (çu-*dê*) *v* soldar
soudure (çu-*düür*) *f* soldadura *f*
souffle (çufl) *m* fôlego *m*, respiração *f;* sopro *m*
souffler (çu-*flê*) *v* assoprar, soprar
souffrance (çu-*frãç*) *f* sofrimento *m*
***souffrir** (çu-*friir*) *v* sofrer
souhait (çᵘé) *m* desejo *m*
souhaiter (çᵘê-*tê*) *v* desejar
souillé (çu-*'ê*) *adj* sujo
souillure (çu-*'üür*) *f* mancha *f*
soulagement (çu-laj-*mã*) *m* alívio *m*
soulager (çu-la-*jê*) *v* aliviar
soulever (çul-*vê*) *v* levantar
soulier (çu-*l'ê*) *m* sapato *m*
souligner (çu-li-*nhê*) *v* sublinhar; frisar, acentuar
***soumettre** (çu-*métr*) *v* submeter
soupape (çu-*pap*) *f* válvula *f*
soupçon (çup-*çón*) *m* suspeita *f*
soupçonner (çup-çó-*nê*) *v* suspeitar
soupçonneux (çup-çó-*nă*) *adj* desconfiado
soupe (çup) *f* sopa *f*
souper (çu-*pê*) *m* ceia *f*
soupir (çu-*piir*) *m* suspiro *m*
souple (çupl) *adj* maleável, ágil
source (çurç) *f* poço *m;* nascente *f*, fonte *f*
sourcil (çur-*çi*) *m* sobrancelha *f*
sourd (çuur) *adj* surdo
sourire (çu-*riir*) *m* sorriso *m;* ~ **forcé** sorriso forçado
***sourire** (çu-*riir*) *v* *sorrir
souris (çu-*ri*) *f* rato *m*
sous (çu) *prep* debaixo, sob
sous-estimer (çu-zé-çti-*mê*) *v* menosprezar
sous-locataire (çu-ló-ka-*téér*) *m* hóspede *m*
sous-marin (çu-ma-*rén*) *adj* submarino
soussigné (çu-çi-*nhê*) *m* abaixo-assinado *m*
sous-sol (çu-*çól*) *m* cave *f;* porão *mBr*
sous-titre (çu-*titr*) *m* legenda *f;* subtítulo *m*
***soustraire** (çu-*çtréér*) *v* *deduzir, *subtrair
sous-vêtements (çu-vét-*mã*) *mpl* roupa interior
***soutenir** (çut-*niir*) *v* suportar; *suster
souterrain (çu-té-*rén*) *adj* subterrâneo
soutien (çu-*t'én*) *m* suporte *m;* assistência *f*
soutien-gorge (çu-t'én-*ghórj*) *m* soutien *m*
souvenir (çu-*vniir*) *m* recordação *f*, lembrança *f;* **se *souvenir** recordar-se
souvent (çu-*vã*) *adv* frequentemente; muitas vezes; **le plus** ~ geralmente
souverain (çu-*vrén*) *m* soberano *m*
soviétique (çó-v'ê-*tik*) *adj* soviético
soyeux (çᵘa-*'ă*) *adj* sedoso
spacieux (çpa-*ç'ă*) *adj* espaçoso
sparadrap (çpa-ra-*dra*) *m* penso rápido, adesivo *m;* esparadrapo *mBr*
spécial (çpê-*ç'al*) *adj* especial
spécialement (çpê-ç'al-*mã*) *adv* especialmente
se spécialiser (çpê-ç'a-li-*zê*) especializar-se

spécialiste (çpê-ç'a-*liçt*) *m* perito *m*, especialista *m*
spécialité (çpê-ç'a-li-*tê*) *f* especialidade *f*
spécifique (çpê-çi-*fik*) *adj* específico
spécimen (çpê-çi-*ménn*) *m* amostra *f*, exemplar *m*
spectacle (çpék-*takl*) *m* espectáculo *m*; ~ **de variétés** espectáculo de variedades
spectaculaire (çpék-ta-kü-*léér*) *adj* espectacular
spectateur (çpék-ta-*tăăr*) *m* espectador *m*
spectre (çpéktr) *m* fantasma *m*, espectro *m*
spéculer (çpê-kü-*lê*) *v* especular
sphère (çféér) *f* esfera *f*
spirituel (çpi-ri-*tᵘél*) *adj* espiritual; espirituoso
spiritueux (çpi-ri-*tᵘă*) *mpl* bebidas alcoólicas
splendeur (çplã-*dăăr*) *f* esplendor *m*
splendide (çplã-*did*) *adj* esplêndido; estupendo
sport (çpóór) *m* desporto *m*; esporte *mBr*; **sports d'hiver** desportos de inverno
sportif (çpór-*tif*) *m* desportista *m*
square (çkᵘaar) *m* praça *f*
squelette (çkă-*lét*) *m* esqueleto *m*
stable (çtabl) *adj* estável
stade (çtad) *m* estádio *m*
stand (çtã) *m* stand *m*; ~ **de livres** quiosque de livros
standard (çtã-*daar*) *adj* normal
standardiste (çtã-dar-*diçt*) *f* telefonista *f*
starter (çtar-*téér*) *m* choke *m*; afogador *mBr*
station (çta-*ç'ón*) *f* estação *f*; ~ **balnéaire** estação balnear; ~ **de taxis** praça de táxis; paragem de táxis; ponto de táxis *Br*; **station-service** estação de serviço; posto de gasolina; ~ **thermale** termas *fpl*
stationnaire (çta-ç'ó-*néér*) *adj* estacionário
stationnement (çta-ç'ónn-*mã*) *m* estacionamento *m*; ~ **interdit** estacionamento proibido
statistique (çta-ti-*çtik*) *f* estatística *f*
statue (çta-*tü*) *f* estátua *f*
stature (çta-*tüür*) *f* estatura *f*
sténographe (çtê-nô-*ghraf*) *m* estenógrafo *m*
sténographie (çtê-nô-ghra-*fi*) *f* estenografia *f*
stérile (çtê-*ril*) *adj* estéril
stériliser (çtê-ri-li-*zê*) *v* esterilizar
steward (çt'u-*ᵘard*) *m* comissário de bordo
stimulant (çti-mü-*lã*) *m* estímulo *m*; estimulante *m*
stimuler (çti-mü-*lê*) *v* estimular
stipulation (çti-pü-la-*ç'ón*) *f* estipulação *f*
stipuler (çti-pü-*lê*) *v* estipular
stock (çtók) *m* stock *m*; provisão *f*; ***avoir en** ~ *ter em stock
stop! (çtóp) alto!
stops (çtóp) *mpl* luzes de travão
store (çtóór) *m* estore *m*
strophe (çtróf) *f* estrofe *f*
structure (çtrük-*tüür*) *f* estrutura *f*
stupide (çtü-*pid*) *adj* estúpido, tolo
style (çtil) *m* estilo *m*
stylo (çti-*lô*) *m* caneta de tinta permanente; ~ **à bille** caneta esferográfica
subalterne (çü-bal-*térn*) *adj* subalterno; secundário
subir (çü-*biir*) *v* suportar
sublime (çü-*blimm*) *adj* sublime, grandioso
subordonné (çü-bór-dó-*nê*) *adj* subordinado
subsistance (çüb-zi-*çtãç*) *f* subsistên-

cia *f*
substance (çüb-*çtãç*) *f* substância *f*
substantiel (çüb-çtã-*çⁱél*) *adj* substancial
substantif (çüb-çtã-*tif*) *m* substantivo *m*
substituer (çüb-çti-*tᵘê*) *v* *substituir
substitut (çüb-çti-*tü*) *m* substituto *m*
subtil (çüb-*til*) *adj* subtil
suburbain (çü-bür-*bén*) *adj* suburbano
subvention (çüb-vã-*çⁱón*) *f* subsídio *m;* subvenção *f*
succéder (çük-çê-*dê*) *v* suceder
succès (çük-*çê*) *m* sucesso *m*
succession (çük-çé-*çⁱón*) *f* sucessão *f;* sequência *f*
succomber (çü-kón-*bê*) *v* sucumbir
succulent (çü-kü-*lã*) *adj* suculento, saboroso
succursale (çü-kür-*çal*) *f* sucursal *f*
sucer (çü-*çê*) *v* chupar
sucre (çükr) *m* açúcar *m*
sucrer (çü-*krê*) *v* adoçar; **sucré** doce
sud (çüd) *m* sul *m*
sud-américain (çü-da-mê-ri-*kén*) *adj* sul-americano
sud-est (çü-*déçt*) *m* sudeste *m*, sueste *m*
sud-ouest (çü-*dᵘéçt*) *m* sudoeste *m*
Suède (çᵘéd) *f* Suécia *f*
Suédois (çᵘê-*dᵘa*) *m* sueco *m*
suédois (çᵘê-*dᵘa*) *adj* sueco
suer (çᵘê) *v* suar
sueur (çᵘăăr) *f* suor *m*
***suffire** (çü-*fiir*) *v* bastar
suffisant (çü-fi-*zã*) *adj* suficiente
suffoquer (çü-fó-*kê*) *v* sufocar
suffrage (çü-*fraaj*) *m* sufrágio *m*
suggérer (çügh-jê-*rê*) *v* *sugerir
suggestion (çügh-jé-*çtⁱón*) *f* sugestão *f*
suicide (çᵘi-*çid*) *m* suicídio *m*
Suisse (çᵘiç) *f* Suíça *f; m* suíço *m*
suisse (çᵘiç) *adj* suíço
suite (çᵘit) *f* continuação *f;* série *f;* **et ainsi de ~** assim por diante; **par la ~** em seguida; **tout de ~** imediatamente
suivant (çᵘi-*vã*) *adj* seguinte
***suivre** (çᵘiivr) *v* *seguir; ***faire ~** *fazer seguir
sujet (çü-*jê*) *m* assunto *m;* tópico *m,* ponto *m;* súbdito *m;* **~ à** sujeito a
superbe (çü-*pérb*) *adj* estupendo, soberbo
superficiel (çü-pér-fi-*çⁱél*) *adj* superficial
superflu (çü-pér-*flü*) *adj* supérfluo; desnecessário
supérieur (çü-pê-*rⁱăăr*) *adj* superior, melhor; óptimo
superlatif (çü-pér-la-*tif*) *adj* superlativo; *m* superlativo *m*
supermarché (çü-pér-mar-*chê*) *m* supermercado *m*
superstition (çü-pér-çti-*çⁱón*) *f* superstição *f*
superviser (çü-pér-vi-*zê*) *v* superintender
supervision (çü-pér-vi-*zⁱón*) *f* supervisão *f*
supplément (çü-plê-*mã*) *m* suplemento *m;* sobretaxa *f*
supplémentaire (çü-plê-mã-*téér*) *adj* suplementar, adicional
supplier (çü-pli-*ê*) *v* suplicar
supporter[1] (çü-pór-*tê*) *v* suportar
supporter[2] (çü-pór-*téér*) *m* adepto *m;* torcedor *mBr*
supposer (çü-pô-*zê*) *v* *supor; *crer
suppositoire (çü-pô-zi-*tᵘaar*) *m* supositório *m*
supprimer (çü-pri-*mê*) *v* suprimir
suprême (çü-*prémm*) *adj* supremo
sur (çür) *prep* sobre; em; referente a
sûr (çüür) *adj* certo; seguro; **bien ~** com certeza, certamente
surcharge (çür-*charj*) *f* excesso de pe-

so, sobrecarga *f*
sûrement (çür-*mã*) *adv* certamente
surface (çür-*faç*) *f* superfície *f;* área *f*
surgir (çür-*jiir*) *v* surgir
surmené (çür-mă-*nê*) *adj* sobreexcitado, exausto
se surmener (çür-mă-*nê*) trabalhar demais
surnom (çür-*nón*) *m* alcunha *f;* apelido *mBr*
surpasser (çür-pa-*çê*) *v* superar, ultrapassar
surplus (çür-*plü*) *m* excedente *m*
***surprendre** (çür-*prãdr*) *v* surpreender; espantar
surprise (çür-*priiz*) *f* surpresa *f*
surprise-partie (çür-priz-par-*ti*) *f* festa *f*
surtout (çür-*tu*) *adv* sobretudo
surveillance (çür-vé-*ˡãç*) *f* vigilância *f;* fiscalização *f*
surveillant (çür-vé-*ˡã*) *m* guarda *m,* superintendente *m,* vigilante *m*
surveiller (çür-vê-*ˡê*) *v* vigiar, guardar
***survenir** (çür-vă-*niir*) *v* acontecer
survie (çür-*vi*) *f* sobrevivência *f*
***survivre** (çür-*viivr*) *v* sobreviver
suspect (çü-*çpékt*) *adj* suspeito; *m* suspeito *m*
suspecter (çü-çpék-*tê*) *v* suspeitar
suspendre (çü-*çpãdr*) *v* pendurar; suspender
suspension (çü-çpã-*çˡón*) *f* suspensão *f*
suture (çü-*tüür*) *f* sutura *f*
suturer (çü-tü-*rê*) *v* suturar
svelte (çvélt) *adj* esbelto
swahili (çᵘa-i-*li*) *m* suaili *m*
syllabe (çi-*lab*) *f* sílaba *f*
symbole (çén-*ból*) *m* símbolo *m*
sympathie (çén-pa-*ti*) *f* simpatia *f*
sympathique (çén-pa-*tik*) *adj* simpático
symphonie (çén-fó-*ni*) *f* sinfonia *f*
symptôme (çénp-*tôômm*) *m* sintoma *m*
synagogue (çi-na-*ghógh*) *f* sinagoga *f*
syndicat (çén-di-*ka*) *m* sindicato *m;* ~ **d'initiative** agência de turismo
synonyme (çi-nó-*nimm*) *m* sinónimo *m*
synthétique (çén-tê-*tik*) *adj* sintético
Syrie (çi-*ri*) *f* Síria *f*
Syrien (çi-*rˡén*) *m* sírio *m*
syrien (çi-*rˡén*) *adj* sírio
systématique (çi-çtê-ma-*tik*) *adj* sistemático
système (çi-*çtémm*) *m* sistema *m;* ~ **décimal** sistema decimal; ~ **de lubrification** sistema de lubrificação; ~ **de refroidissement** sistema de arrefecimento

T

tabac (ta-*ba*) *m* tabaco *m;* **bureau de** ~ tabacaria *f;* **débitant de** ~ tabacaria *f;* ~ **à rouler** tabaco para cigarro; ~ **pour pipe** tabaco para cachimbo
table (tabl) *f* mesa *f;* tabela *f;* ~ **des matières** índice *m*
tableau (ta-*blô*) *m* tabela *f;* quadro *m;* ~ **de bord** painel de instrumentos; ~ **de conversions** tabela de conversão; ~ **de distribution** quadro de distribuição; ~ **noir** quadro preto
tablette (ta-*blét*) *f* pastilha *f;* prateleira *f;* placa *f*
tablier (ta-bli-*ê*) *m* avental *m*
tabou (ta-*bu*) *m* tabu *m*
tache (tach) *f* mancha *f,* borrão *m,* nódoa *f*
tâche (taach) *f* tarefa *f*
tacher (ta-*chê*) *v* manchar

tâcher (ta-*chê*) *v* tentar
tacheté (tach-*tê*) *adj* sarapintado
tactique (tak-*tik*) *f* táctica *f*
taille (tai) *f* cintura *f;* tamanho *m*
taille-crayon (tai-kré-*ión*) *m* apara-lápis *m;* apontador *mBr*
tailler (ta-*iê*) *v* cortar, aparar; entalhar
tailleur (ta-*iăăr*) *m* alfaiate *m*
se *taire (téér) calar-se, *estar calado
talc (talk) *m* pó de talco
talent (ta-*lã*) *m* talento *m;* aptidão *f*, dom *m*
talon (ta-*lón*) *m* calcanhar *m;* salto *m;* talão *m*
talus (ta-*lü*) *m* talude *m*
tamiser (ta-mi-*zê*) *v* peneirar
tampon (tã-*pón*) *m* tampão *m;* carimbo *m*
tamponner (tã-pó-*nê*) *v* chocar; carimbar
tandis que (tã-di kă) enquanto
tangible (tã-*jibl*) *adj* tangível
tanière (ta-*niéér*) *f* toca *f*
tante (tãt) *f* tia *f*
tapageur (ta-pa-*jăăr*) *adj* turbulento; barulhento; espalhafatoso
taper (ta-*pê*) *v* bater; ~ **à la machine** escrever à máquina
tapis (ta-*pi*) *m* tapete *m*
tapisserie (ta-pi-*çri*) *f* tapeçaria *f*
taquiner (ta-ki-*nê*) *v* arreliar
tardif (tar-*dif*) *adj* tardio
tarif (ta-*rif*) *m* preço *m*, tarifa *f*
tartine (tar-*tinn*) *f* fatia de pão, sanduíche *f*
tas (ta) *m* montão *m*, quantidade *f*, pilha *f*
tasse (taç) *f* chávena *f;* xícara *fBr;* ~ **à thé** chávena de chá
taureau (tô-*rô*) *m* touro *m*
taux (tô) *m* tarifa *f;* ~ **d'escompte** taxa de desconto
taverne (ta-*vérn*) *f* taberna *f*
taxation (tak-ça-*çión*) *f* taxação *f*, impostos *mpl*
taxe (takç) *f* taxa *f*
taxi (tak-*çi*) *m* táxi *m*
taximètre (tak-çi-*métr*) *m* taxímetro *m*
Tchécoslovaquie (tchê-kó-çló-va-*ki*) *f* Checoslováquia *f*
Tchèque (tchék) *m* checo *m*
tchèque (tchék) *adj* checo
te (tă) *pron* te
technicien (ték-ni-*çién*) *m* técnico *m*
technique (ték-*nik*) *f* técnica *f; adj* técnico
technologie (ték-nó-ló-*ji*) *f* tecnologia *f*
***teindre** (téndr) *v* tingir, pintar
teint (tén) *m* tez *f;* **grand** ~ de cor fixa
teinture (tén-*tüür*) *f* tinta *f*
teinturerie (tén-tür-*ri*) *f* tinturaria *f*
tel (tél) *adj* tal; ~ **que** tal como
télégramme (tê-lê-*ghramm*) *m* telegrama *m*
télégraphier (tê-lê-ghra-*fiê*) *v* telegrafar
télémètre (tê-lê-*métr*) *m* telémetro *m*
téléobjectif (tê-lê-ób-jék-*tif*) *m* teleobjectiva *f*
télépathie (tê-lê-pa-*ti*) *f* telepatia *f*
téléphone (tê-lê-*fónn*) *m* telefone *m;* **coup de** ~ telefonema *m*
téléphoner (tê-lê-fó-*nê*) *v* telefonar
téléphoniste (tê-lê-fó-*niçt*) *f* telefonista *f*
téléski (tê-lê-*çki*) *m* telesqui *m*
télévision (tê-lê-vi-*zión*) *f* televisão *f;* aparelho de televisão
tellement (tél-*mã*) *adv* tão; tanto
téméraire (tê-mê-*réér*) *adj* temerário
témoignage (tê-mua-*niaaj*) *m* testemunho *m*
témoigner (tê-mua-*nhê*) *v* testemu-

nhar
témoin (tê-*m*ᵘ*én*) *m* testemunha *f;* ~ **oculaire** testemunha ocular
tempe (tãp) *f* fonte *f*
température (tã-pê-ra-*tüür*) *f* temperatura *f;* ~ **ambiante** temperatura ambiente
tempête (tã-*pét*) *f* tempestade *f;* temporal *m;* ~ **de neige** tempestade de neve
temple (tãpl) *m* templo *m*
temporaire (tã-pó-*réér*) *adj* temporário
temps (tã) *m* tempo *m;* **à** ~ a tempo; **ces derniers** ~ ultimamente; **de temps en** ~ de tempos a tempos, de vez em quando, ocasionalmente; ~ **libre** tempo livre
tenailles (tã-*nai*) *fpl* tenaz *f*
tendance (tã-*dãç*) *f* tendência *f*
tendon (tã-*dón*) *m* tendão *m*
tendre[1] (tãdr) *adj* delicado, terno; tenro
tendre[2] (tãdr) *v* esticar; ~ **à** tender para; **tendu** tenso
tendresse (tã-*dréç*) *f* ternura *f*
ténèbres (tê-*nébr*) *fpl* trevas *fpl;* escuridão *f*
***tenir** (tã-*niir*) *v* segurar; *manter; **se** ~ **debout** *estar de pé; ~ **à** gostar de, interessar-se por
tennis (tê-*niç*) *m* ténis *m;* ~ **de table** ténis de mesa
tension (tã-*ç*ⁱ*ón*) *f* tensão *f;* ~ **artérielle** tensão arterial
tentation (tã-ta-*ç*ⁱ*ón*) *f* tentação *f*
tentative (tã-ta-*tiiv*) *f* tentativa *f*
tente (tãt) *f* tenda *f*
tenter (tã-*tê*) *v* tentar
tenue (tã-*nü*) *f* comportamento *m;* trajo *m;* ~ **de soirée** traje a rigor
térébenthine (tê-rê-bã-*tinn*) *f* aguarrás *f*, terebentina *f*
terme (térm) *m* termo *m;* período *m*
terminer (tér-mi-*nê*) *v* acabar, terminar
terminus (tér-mi-*nüç*) *m* término *m*, terminal *m*
terne (térn) *adj* apagado, deslavado, baço
terrain (té-*rén*) *m* terreno *m;* ~ **d'aviation** campo de aviação; ~ **de camping** parque de campismo; ~ **de golf** campo de golfe; ~ **de jeux** campo de jogos
terrasse (té-*raç*) *f* terraço *m*
terre (téér) *f* terra *f;* **à** ~ no chão; ao chão; **hautes terres** terras altas; **par** ~ abaixo, no chão; ~ **cuite** cerâmica *f*, barro *m;* ~ **ferme** terra firme
terre-à-terre (té-ra-*téér*) *adj* vulgar
terreur (té-*răăr*) *f* terror *m*
terrible (tê-*ribl*) *adj* terrível, horrível, medonho
terrifiant (té-ri-*f*ⁱ*ã*) *adj* aterrador, terrífico
terrifier (té-ri-*f*ⁱ*ê*) *v* aterrorizar, terrificar
territoire (té-ri-*t*ᵘ*aar*) *m* território *m*
terroir (té-*r*ᵘ*aar*) *m* solo *m;* torrão natal
terrorisme (té-ró-*riçm*) *m* terrorismo *m*
terroriste (té-ró-*riçt*) *m* terrorista *m*
test (téçt) *m* teste *m*, prova *f*
testament (té-çta-*mã*) *m* testamento *m*
tête (tét) *f* cabeça *f*
têtu (tê-*tü*) *adj* teimoso, cabeçudo
texte (tékçt) *m* texto *m*
textile (ték-*çtil*) *m* têxtil *m*, tecido *m*
texture (ték-*çtüür*) *f* contextura *f*
Thaïlandais (ta-i-lã-*dê*) *m* tailandês *m*
thaïlandais (ta-i-lã-*dê*) *adj* tailandês
Thaïlande (ta-i-*lãd*) *f* Tailândia *f*
thé (tê) *m* chá *m*
théâtre (tê-*aatr*) *m* teatro *m;* ~ **de**

marionnettes teatro de fantoches; ~ **de variétés** teatro de variedades
éière (tê-^{i}*éér*) *f* bule *m*
ème (témm) *m* tema *m*
éologie (tê-ó-ló-*ji*) *f* teologia *f*
éorie (tê-ó-*ri*) *f* teoria *f*
éorique (tê-ó-*rik*) *adj* teórico
érapie (tê-ra-*pi*) *f* terapia *f*
ermomètre (tér-mó-*métr*) *m* termómetro *m*
ermoplongeur (tér-mô-plón-*jäär*) *m* aquecedor de imersão
hermos (tér-*móç*) *m* garrafa termos, termo *m*
ermostat (tér-mó-*çta*) *m* termóstato *m*
hèse (téèz) *f* tese *f*
hon (tón) *m* atum *m*
hym (tén) *m* tomilho *m*
icket (ti-*kê*) *m* cupão *m*, bilhete *m*
iède (t^{i}éd) *adj* tépido, morno
e tien (lă t^{i}én) o teu
iers (t^{i}éér) *adj* (f tierce) terceiro
ige (tiij) *f* haste *f*; vara *f*; caule *m*
igre (tighr) *m* tigre *m*
illeul (ti-^{i}*ăl*) *m* tília *f*
imbre (ténbr) *m* selo *m*; timbre *m*
imbre-poste (tén-bră-*póçt*) *m* selo postal
imide (ti-*mid*) *adj* tímido
timidité (ti-mi-di-*tê*) *f* timidez *f*
timonier (ti-mó-*n^{i}ê*) *m* timoneiro *m*
tirage (ti-*raaj*) *m* sorteio *m*; tiragem *f*
tire-bouchon (tir-bu-*chón*) *m* saca-rolhas *m*
tirer (ti-*rê*) *v* puxar; disparar
tiret (ti-*rê*) *m* traço *m*
tiroir (ti-*r^{u}aar*) *m* gaveta *f*
tisser (ti-*çê*) *v* tecer
tisserand (ti-*çrã*) *m* tecelão *m*
tissu (ti-*çü*) *m* tecido *m*, pano *m*
tissu-éponge (ti-çü-ê-*pónz*) *m* pano turco
titre (titr) *m* título *m*
toast (tôçt) *m* torrada *f*; brinde *m*
toboggan (tó-bó-*ghã*) *m* escorregadouro *m*
toi (t^{u}a) *pron* tu; ti; te
toile (t^{u}al) *f* tela *f*; pano *m*; **grosse** ~ lona *f*; ~ **d'araignée** teia de aranha
toilettes (t^{u}a-*lét*) *fpl* casa de banho, retretes *fpl*; lavabos *mpl*; ~ **pour dames** lavabos das senhoras; ~ **pour hommes** lavabos dos homens
toi-même (t^{u}a-*mémm*) *pron* tu mesmo
toit (t^{u}a) *m* telhado *m*; ~ **de chaume** telhado de colmo
tolérable (tó-lê-*rabl*) *adj* tolerável
tolérer (tó-lê-*rê*) *v* tolerar, suportar
tomate (tó-*mat*) *f* tomate *m*
tombe (tónb) *f* sepultura *f*, túmulo *m*
tomber (tón-*bê*) *v* *cair
tome (tómm) *m* volume *m*
ton[1] (tón) *adj* (f ta, pl tes) teu
ton[2] (tón) *m* nota *f*, tom *m*
tonique (tó-*nik*) *m* tónico *m*; ~ **capillaire** tónico capilar
tonne (tónn) *f* tonelada *f*
tonneau (tó-*nô*) *m* pipa *f*; barril *m*
tonnerre (tó-*néér*) *m* trovão *m*
torche (tórch) *f* archote *m*, tocha *f*
torchon (tór-*chón*) *m* esfregão *m*, rodilha *f*
tordre (tórdr) *v* torcer
tordu (tór-*dü*) *adj* torcido
torsion (tór-*ç^{i}ón*) *f* torção *f*
tort (tóór) *m* mal *m*; dano *m*; ***avoir** ~ *estar errado; ***faire du** ~ lesar
tortue (tór-*tü*) *f* tartaruga *f*
torture (tór-*tüür*) *f* tortura *f*
torturer (tór-tü-*rê*) *v* torturar
total (tó-*tal*) *adj* total; global; *m* total *m*
totalement (tó-tal-*mã*) *adv* totalmente

totalisateur (tó-ta-li-za-*tăăr*) *m* totalizador *m*
totalitaire (tó-ta-li-*téér*) *adj* totalitário
touchant (tu-*chã*) *adj* tocante, comovente
toucher (tu-*chê*) *v* tocar; afectar, *dizer respeito a; atingir; receber; *m* tacto *m*
toujours (tu-*juur*) *adv* sempre; ainda; ~ **et encore** repetidamente
tour (tuur) *m* volta *f;* vez *f;* jogada *f; f* torre *f*
tourisme (tu-*riçm*) *m* turismo *m*
touriste (tu-*riçt*) *m* turista *m*
tourment (tur-*mã*) *m* tormento *m*
tourmenter (tur-mã-*tê*) *v* atormentar
tournant (tur-*nã*) *m* curva *f,* volta *f;* momento decisivo
tourne-disque (tur-nă-*diçk*) *m* gira-discos *m;* toca-discos *mBr*
tourner (tur-*nê*) *v* voltar, virar; girar, rodar; *tornear
tournevis (tur-nă-*viç*) *m* chave de parafusos
tournoi (tur-*n^{u}a*) *m* torneio *m*
tousser (tu-*çê*) *v* *tossir
tout (tu) *adj* todo; cada; *pron* tudo; **du** ~ de todo; absolutamente nada; **en** ~ ao todo; ~ **à fait** completamente; ~ **à l'heure** daqui a bocado; há bocado; ~ **au plus** quando muito; ~ **ce que** tudo o que; ~ **court** simplesmente; ~ **de suite** imediatamente, já; ~ **droit** sempre em frente; ~ **le monde** toda a gente; todo o mundo *Br*
toutefois (tut-*f^{u}a*) *adv* todavia, contudo
toux (tu) *f* tosse *f*
toxique (tók-*çik*) *adj* tóxico
tracas (tra-*ka*) *m* incómodo *m;* preocupação *f*
tracasser (tra-ka-*çê*) *v* incomodar; preocupar
trace (traç) *f* rasto *m;* marca *f*
tracer (tra-*çê*) *v* traçar; riscar
tracteur (trak-*tăăr*) *m* tractor *m*
tradition (tra-di-*ç^{i}ón*) *f* tradição *f*
traditionnel (tra-di-ç^{i}ó-*nél*) *adj* tradicional
traducteur (tra-dük-*tăăr*) *m* tradutor *m*
traduction (tra-dük-*ç^{i}ón*) *f* tradução *f*
***traduire** (tra-*d^{u}iir*) *v* *traduzir
trafic (tra-*fik*) *m* trânsito *m;* tráfico *m*
tragédie (tra-jê-*di*) *f* tragédia *f*
tragique (tra-*jik*) *adj* trágico
trahir (tra-*iir*) *v* *trair, atraiçoar
trahison (tra-i-*zón*) *f* traição *f*
train (trén) *m* comboio *m;* trem *mBr;* ~ **de marchandises** comboio de mercadorias; ~ **de nuit** comboio nocturno; ~ **de voyageurs** comboio de passageiros; ~ **direct** comboio directo; ~ **express** comboio rápido; ~ **local** comboio suburbano
traîneau (tré-*nô*) *m* trenó *m*
traîner (trê-*nê*) *v* arrastar
trait (trê) *m* risco *m;* traço *m;* ~ **de caractère** traço caracterial; ~ **d'union** hífen *m;* ~ **du visage** feição do rosto
traite (trét) *f* letra *f*
traité (trê-*tê*) *m* tratado *m*
traitement (trét-*mã*) *m* tratamento *m*
traiter (trê-*tê*) *v* tratar
traître (tréétr) *m* traidor *m*
trajet (tra-*jê*) *m* trajecto *m*
tram (tramm) *m* eléctrico *m;* bonde *mBr*
tranche (trãch) *f* posta *f,* fatia *f*
trancher (trã-*chê*) *v* cortar; resolver
tranquille (trã-*kil*) *adj* tranquilo
tranquillité (trã-ki-li-*tê*) *f* tranquilidade *f*
transaction (trã-zak-*ç^{i}ón*) *f* transacção *f*

ransatlantique (trã-zat-lã-*tik*) *adj* transatlântico
ransférer (trã-çfê-*rê*) *v* *transferir
ransformateur (trã-çfór-ma-*tăăr*) *m* transformador *m*
ransformer (trã-çfór-*mê*) *v* transformar, mudar
ransition (trã-zi-*ç^{i}ón*) *f* transição *f*
ransparent (trã-çpa-*rã*) *adj* transparente
ranspiration (trã-çpi-ra-*ç^{i}ón*) *f* transpiração *f*
ranspirer (trã-çpi-*rê*) *v* transpirar
ransport (trã-*çpóór*) *m* transporte *m*
ransporter (trã-çpór-*tê*) *v* transportar
appe (trap) *f* alçapão *m*
ravail (tra-*vai*) *m* (pl travaux) trabalho *m*, emprego *m*; ~ **artisanal** trabalho artesanal; ~ **manuel** trabalho manual; **travaux ménagers** lida da casa
travailler (tra-va-*^{i}ê*) *v* trabalhar
travailleur (tra-va-*^{i}ăăr*) *m* trabalhador
à travers (a tra-*véér*) através
traversée (tra-vér-*çê*) *f* travessia *f*
traverser (tra-vér-*çê*) *v* atravessar
trébucher (trê-bü-*chê*) *v* tropeçar
trèfle (tréfl) *m* trevo *m*
treize (tréêz) *num* treze
treizième (tré-*z^{i}émm*) *num* décimo terceiro
trembler (trã-*blê*) *v* tremer
tremper (trã-*pê*) *v* pôr de molho, embeber, ensopar, molhar
trente (trãt) *num* trinta
trentième (trã-*t^{i}émm*) *num* trigésimo
trépasser (trê-pa-*çê*) *v* falecer
très (trê) *adv* muito
trésor (trê-*zóór*) *m* tesouro *m*
trésorier (trê-zó-*r^{i}ê*) *m* tesoureiro *m*
triangle (tri-*ãghl*) *m* triângulo *m*
triangulaire (tri-ã-ghü-*léér*) *adj* triangular
tribord (tri-*bóór*) *m* estibordo *m*
tribu (tri-*bü*) *f* tribo *f*
tribunal (tri-bü-*nal*) *m* tribunal *m*
tribune (tri-*bünn*) *f* tribuna *f*
tricher (tri-*chê*) *v* *fazer batota
tricot (tri-*kô*) *m* malha *f*, tricô *m*; casaco de malha; ~ **de corps** camisola interior; camiseta *fBr*
tricoter (tri-kó-*tê*) *v* tricotar, *fazer malha
trier (tri-*ê*) *v* separar; escolher
trimestre (tri-*méçtr*) *m* trimestre *m*; período escolar
trimestriel (tri-mé-çtri-*él*) *adj* trimestral
triomphant (tri-ón-*fã*) *adj* triunfante
triomphe (tri-*ónf*) *m* triunfo *m*
triompher (tri-ón-*fê*) *v* triunfar
triste (triçt) *adj* triste
tristesse (tri-*çtéç*) *f* tristeza *f*
trivial (tri-*v^{i}al*) *adj* trivial, ordinário
troc (trók) *m* troca *f*
trognon (tró-*nhón*) *m* coração *m*; caroço *m*; talo *m*
trois (tr^{u}a) *num* três; ~ **quarts** três quartos
troisième (tr^{u}a-*z^{i}émm*) *num* terceiro
trolleybus (tró-lê-*büç*) *m* troleicarro *m*
tromper (trón-*pê*) *v* enganar; **se** ~ enganar-se; errar
tromperie (trón-*pri*) *f* engano *m*
trompette (trón-*pét*) *f* trombeta *f*
tronc (trón) *m* tronco *m*
trône (trôônn) *m* trono *m*
trop (trô) *adv* demasiado, demais
tropical (tró-pi-*kal*) *adj* tropical
tropiques (tró-*pik*) *mpl* trópicos *mpl*
troquer (tró-*kê*) *v* trocar
trottoir (tró-*t^{u}aar*) *m* passeio *m*
trou (tru) *m* buraco *m*
trouble (trubl) *adj* turvo; obscuro; *m* perturbação *f*

troubler (tru-*blê*) *v* perturbar, disturbar
troupeau (tru-*pô*) *m* manada *f;* rebanho *m*
troupes (trup) *fpl* tropas *fpl*
trousseau (tru-*çô*) *m* enxoval *m;* molho *m*
trousse de secours (truç dă çă-*kuur*) estojo de primeiros socorros
trouver (tru-*vê*) *v* encontrar, achar
truc (trük) *m* truque *m,* manha *f*
truite (trᵘit) *f* truta *f*
tu (tü) *pron* tu
tube (tüb) *m* tubo *m;* bisnaga *f;* ~ **de plongée** tubo respirador
tuberculose (tü-bér-kü-*lôôz*) *f* tuberculose *f*
tuer (tᵘê) *v* matar
tuile (tᵘil) *f* telha *f;* contrariedade *f*
tulipe (tü-*lip*) *f* tulipa *f*
tumeur (tü-*măăr*) *f* tumor *m*
tunique (tü-*nik*) *f* túnica *f*
Tunisie (tü-ni-*zi*) *f* Tunísia *f*
Tunisien (tü-ni-*zⁱén*) *m* tunisino *m*
tunisien (tü-ni-*zⁱén*) *adj* tunisino
tunnel (tü-*nél*) *m* túnel *m*
turbine (tür-*binn*) *f* turbina *f*
turboréacteur (tür-bó-rê-ak-*tăăr*) *m* motor a jacto-propulsão
Turc (türk) *m* turco *m*
turc (türk) *adj* turco
Turquie (tür-*ki*) *f* Turquia *f*
tutelle (tü-*tél*) *f* tutela *f*
tuteur (tü-*tăăr*) *m* tutor *m*
tuyau (tᵘi-*ⁱô*) *m* cano *m;* ~ **d'échappement** tubo de escape
tympan (tén-*pã*) *m* tímpano *m*
type (tip) *m* tipo *m*
typhoïde (ti-fó-*id*) *f* tifo *m*
typique (ti-*pik*) *adj* típico
tyran (ti-*rã*) *m* tirano *m*

U

ulcère (ül-*çéér*) *m* úlcera *f;* ~ **à l'estomac** úlcera gástrica
ultime (ül-*timm*) *adj* último
ultra-violet (ül-tra-vⁱó-*lê*) *adj* ultravioleta
un (ăn) *art* (f une) um *art; num* um; **l'un l'autre** mutuamente; **l'un ou l'autre** um ou outro; **ni l'un ni l'autre** nem um nem outro
unanime (ü-na-*nimm*) *adj* unânime
uni (ü-*ni*) *adj* unido; plano; liso
uniforme (ü-ni-*fórm*) *m* uniforme *m; adj* uniforme
unilatéral (ü-ni-la-tê-*ral*) *adj* unilateral
union (ü-*nⁱón*) *f* união *f;* **Union Soviétique** União Soviética
unique (ü-*nik*) *adj* único
uniquement (ü-nik-*mã*) *adv* unicamente
unir (ü-*niir*) *v* reunir, unir
unité (ü-ni-*tê*) *f* unidade *f;* ~ **monétaire** unidade monetária
univers (ü-ni-*véér*) *m* universo *m*
universel (ü-ni-vér-*çél*) *adj* universal
université (ü-ni-vér-çi-*tê*) *f* universidade *f*
urbain (ür-*bén*) *adj* urbano
urgence (ür-*jãç*) *f* urgência *f;* emergência *f*
urgent (ür-*jã*) *adj* urgente
urine (ü-*rinn*) *f* urina *f*
Uruguay (ü-rü-*ghê*) *m* Uruguai *m*
Uruguayen (ü-rü-ghê-*ⁱén*) *m* uruguaio *m*
uruguayen (ü-rü-ghê-*ⁱén*) *adj* uruguaio
usage (ü-*zaaj*) *m* uso *m*
usager (ü-za-*jê*) *m* utente *m*
user (ü-*zê*) *v* *consumir; gastar; **usé** gasto; coçado
usine (ü-*zinn*) *f* fábrica *f;* ~ **à gaz** de-

ɔósito de gás
ɪtensile (ü-çtã-*çil*) *m* utensílio *m*
ɪsuel (ü-z^u*él*) *adj* usual
ıtérus (ü-tê-*rüç*) *m* útero *m*
ıtile (ü-*til*) *adj* útil
ıtilisable (ü-ti-li-*zabl*) *adj* utilizável
ıtilisateur (ü-ti-li-za-*tăăr*) *m* utilizador *m*, utente *m*
ıtilisation (ü-ti-li-za-*ç^ión*) *f* utilização *f*
ıtiliser (ü-ti-li-*zê*) *v* usar, utilizar
ıtilité (ü-ti-li-*tê*) *f* utilidade *f*

V

ıacance (va-*kãç*) *f* vaga *f;* **vacances** férias *fpl*
ıacant (va-*kã*) *adj* desocupado, vago
ıacarme (va-*karm*) *m* barulho *m*, alarido *m*
'accination (vak-çi-na-*ç^ión*) *f* vacinação *f*
'acciner (vak-çi-*nê*) *v* vacinar
'ache (vach) *f* vaca *f*
'acillant (va-çi-*^iã*) *adj* vacilante
'aciller (va-çi-*^iê*) *v* vacilar
'agabond (va-gha-*bón*) *m* vagabundo *m*, vadio *m*
ıagabondage (va-gha-bón-*daaj*) *m* vadiagem *f*
ıagabonder (va-gha-bón-*dê*) *v* *vagabundear, vadiar
ıague (vagh) *f* onda *f; adj* vago
ıaillance (va-*^iãç*) *f* valentia *f*
ıain (vén) *adj* vão; **en** ~ em vão
***vaincre** (vénkr) *v* vencer, derrotar
ıainqueur (vén-*kăăr*) *m* vencedor *m*
ıaisseau (vê-*çô*) *m* navio *m*, embarcação *f;* ~ **sanguin** vaso sanguíneo
ıaisselle (vé-*çél*) *f* loiça *f;* ***faire la** ~ lavar a loiça
valable (va-*labl*) *adj* válido

valet (va-*lê*) *m* criado *m*, criado de quarto; valete *m*
valeur (va-*lăăr*) *f* valor *m*
valise (va-*liiz*) *f* mala *f*
vallée (va-*lê*) *f* vale *m*
***valoir** (va-*l^uaar*) *v* *valer; ~ **la peine** *valer a pena
valse (valç) *f* valsa *f*
vanille (va-*ni^i*) *f* baunilha *f*
vaniteux (va-ni-*tă*) *adj* vaidoso
vanneau (va-*nô*) *m* abibe *m*
se vanter (vã-*tê*) gabar-se
vapeur (va-*păăr*) *f* vapor *m*
vaporisateur (va-pó-ri-za-*tăăr*) *m* vaporizador *m*
variable (va-*r^iabl*) *adj* variável
variation (va-r^ia-*ç^ión*) *f* variação *f*
varice (va-*riç*) *f* variz *f*
varicelle (va-ri-*çél*) *f* bexigas doidas; varicela *f*
varier (va-*r^iê*) *v* variar
variété (va-r^iê-*tê*) *f* variedade *f*
variole (va-*r^iól*) *f* varíola *f*
vase (vaaz) *m* recipiente *m*, vaso *m;* jarra *f; m* lodo *m*
vaste (vaçt) *adj* grande; vasto
vautour (vô-*tuur*) *m* abutre *m*
veau (vô) *m* vitelo *m;* vitela *f;* calfe *m*
végétarien (vê-jê-ta-*r^ién*) *m* vegetariano *m*
végétation (vê-jê-ta-*ç^ión*) *f* vegetação *f*
véhicule (vê-i-*kül*) *m* veículo *m*
veille (vêê^i) *f* véspera *f*
veiller (vê-*^iê*) *v* velar; ~ **sur** cuidar de
veine (vêénn) *f* veia *f*
vélo (vê-*lô*) *m* velocípede *m*, bicicleta *f*
vélomoteur (vê-lô-mó-*tăăr*) *m* bicicleta a motor
velours (vă-*luur*) *m* veludo *m;* ~ **côtelé** bombazina *f;* ~ **de coton** bel-

butina *f*
vendable (vã-*dabl*) *adj* vendável
vendange (vã-*dãj*) *f* vindima *f*
vendeur (vã-*dăăr*) *m* vendedor *m;* empregado de balcão
vendeuse (vã-*dăăz*) *f* empregada de balcão; vendedora *f*
vendre (vãdr) *v* vender; **à ~** à venda
vendredi (vã-dră-*di*) *m* sexta-feira *f*
vénéneux (vê-nê-*nă*) *adj* venenoso
vénérable (vê-nê-*rabl*) *adj* venerável
Venezuela (vê-nê-zᵘê-*la*) *m* Venezuela *f*
vénézuélien (vê-nê-zᵘê-*lʲén*) *adj* venezuelano
vengeance (vã-*jãç*) *f* vingança *f*
venger (vã-*jê*) *v* vingar
***venir** (vã-*niir*) *v* *vir; ***faire ~** mandar vir
vent (vã) *m* vento *m;* **coup de ~** rajada *f*
vente (văt) *f* venda *f;* **~ aux enchères** leilão *m;* **~ en gros** venda por grosso
venteux (vã-*tă*) *adj* ventoso
ventilateur (vã-ti-la-*tăăr*) *m* ventoinha *f,* ventilador *m*
ventilation (vã-ti-la-*çʲón*) *f* ventilação *f*
ventiler (vã-ti-*lê*) *v* ventilar
ventre (vãtr) *m* ventre *m,* barriga *f*
venue (vă-*nü*) *f* vinda *f*
ver (véér) *m* verme *m*
véranda (vê-rã-*da*) *f* varanda *f*
verbal (vér-*bal*) *adj* verbal
verbe (vérb) *m* verbo *m*
verdict (vér-*dikt*) *m* veredicto *m*
verger (vér-*jê*) *m* pomar *m*
véridique (vê-ri-*dik*) *adj* verídico
vérifier (vê-ri-*fʲê*) *v* verificar
véritable (vê-ri-*tabl*) *adj* verdadeiro
vérité (vê-ri-*tê*) *f* verdade *f*
vernir (vér-*niir*) *v* envernizar
vernis (vér-*ni*) *m* verniz *m;* **~ à ongle** verniz de unhas
verre (véér) *m* vidro *m;* copo *m;* **~ de couleur** vidro colorido; **~ grossissant** lupa *f;* **verres de contact** lentes de contacto
verrou (vé-*ru*) *m* ferrolho *m*
vers (véér) *m* verso *m; prep* em direcção a, para; **~ le bas** para baixo; **~ le haut** para cima
versant (vér-*çã*) *m* vertente *f*
versement (vér-çă-*mã*) *m* depósito *m* remessa *f*
verser (vér-*çê*) *v* deitar; verter; derramar; pagar
version (vér-*çʲón*) *f* versão *f*
vert (véér) *adj* verde
vertical (vér-ti-*kal*) *adj* vertical
vertige (vér-*tiij*) *m* vertigem *f,* tontura *f*
vertu (vér-*tü*) *f* virtude *f*
vessie (vê-*çi*) *f* bexiga *f*
veste (véçt) *f* casaco *m;* paletó *mBr;* **~ de sport** casaco desportivo
vestiaire (vé-*çtʲéér*) *m* vestiário *m;* vestuário *m*
vestibule (vé-çti-*bül*) *m* vestíbulo *m,* átrio *m*
veston (vé-*çtón*) *m* casaco *m;* paletó *mBr;* **~ sport** casaco desportivo
vêtements (vét-*mã*) *mpl* roupa *f;* **~ de sport** vestuário de desporto
vétérinaire (vê-tê-ri-*néér*) *m* veterinário *m*
***vêtir** (vê-*tiir*) *v* *vestir
veuf (văf) *m* viúvo *m*
veuve (văăv) *f* viúva *f*
via (vi-*a*) *prep* via
viaduc (vʲa-*dük*) *m* viaduto *m*
viande (vʲãd) *f* carne *f*
vibration (vi-bra-*çʲón*) *f* vibração *f*
vibrer (vi-*brê*) *v* vibrar
vicaire (vi-*kéér*) *m* vigário *m*
vice-président (vi-çprê-zi-*dã*) *m* vice-presidente *m*

icieux (vi-*ç^{i}ă*) *adj* vicioso
ictime (vik-*timm*) *f* vítima *f*
ictoire (vik-*t^{u}aar*) *f* vitória *f*
ide (vid) *adj* vazio; *m* vácuo *m*
ider (vi-*dê*) *v* esvaziar
ie (vi) *f* vida *f;* ~ **privée** vida privada
ieillard (v^{i}é-*^{i}aar*) *m* velho *m*
ieillesse (v^{i}é-*^{i}éç*) *f* velhice *f*
ieilli (v^{i}ê-*^{i}i*) *adj* envelhecido
ieillot (v^{i}é-*^{i}ô*) *adj* antiquado, velhote
ierge (v^{i}érj) *f* virgem *f*
ieux (v^{i}ă) *adj* (vieil; f vieille) velho
if (vif) *adj* vivo, cheio de vida, intenso
igilant (vi-ji-*lã*) *adj* vigilante
igne (vinh) *f* vinha *f,* videira *f*
ignoble (vi-*nhóbl*) *m* vinhedo *m,* vinha *f*
igoureux (vi-ghu-*ră*) *adj* vigoroso
igueur (vi-*ghăăr*) *f* vigor *m*
ilain (vi-*lén*) *adj* mau; feio
ilebrequin (vil-bră-*kén*) *m* cambota *f*
illa (vi-*la*) *f* vivenda *f;* casa de campo; vila *fBr*
illage (vi-*laaj*) *m* aldeia *f*
ille (vil) *f* cidade *f*
illégiature (vi-lê-ja-*tüür*) *f* estância de férias
vin (vén) *m* vinho *m*
vinaigre (vi-*nééghr*) *m* vinagre *m*
vingt (vén) *num* vinte
vingtième (vén-*t^{i}émm*) *num* vigésimo
violation (v^{i}ó-la-*ç^{i}ón*) *f* violação *f*
violence (v^{i}ó-*lãç*) *f* violência *f*
violent (v^{i}ó-*lã*) *adj* violento
violer (v^{i}ó-*lê*) *v* violar
violet (v^{i}ó-*lê*) *adj* roxo
violette (v^{i}ó-*lét*) *f* violeta *f*
violon (v^{i}ó-*lón*) *m* violino *m*
virage (vi-*raaj*) *m* volta *f,* curva *f*
virer (vi-*rê*) *v* virar
virgule (vir-*ghül*) *f* vírgula *f*
vis (viç) *f* parafuso *m*
visa (vi-*za*) *m* visto *m*
visage (vi-*zaaj*) *m* rosto *m*
viser (vi-*zê*) *v* visar, apontar para
viseur (vi-*zăăr*) *m* visor *m*
visibilité (vi-zi-bi-li-*tê*) *f* visibilidade *f*
visible (vi-*zibl*) *adj* visível
vision (vi-*z^{i}ón*) *f* visão *f*
visite (vi-*zit*) *f* visita *f;* **rendre ~ à** *fazer uma visita a
visiter (vi-zi-*tê*) *v* visitar
visiteur (vi-zi-*tăăr*) *m* visitante *m*
vison (vi-*zón*) *m* vison *m*
visser (vi-*çê*) *v* aparafusar
vital (vi-*tal*) *adj* vital
vitamine (vi-ta-*minn*) *f* vitamina *f*
vite (vit) *adv* depressa
vitesse (vi-*téç*) *f* velocidade *f;* **en ~** à pressa, apressadamente; **indicateur de ~** velocímetro *m;* **limitation de ~** limitação de velocidade; velocidade máxima; **~ de croisière** velocidade de cruzeiro
vitre (vitr) *f* vidro *m,* vidraça *f*
vitrine (vi-*trinn*) *f* vitrina *f,* montra *f*
vivant (vi-*vã*) *adj* vivo
***vivre** (viivr) *v* viver
vocabulaire (vó-ka-bü-*léér*) *m* vocabulário *m*
vocal (vó-*kal*) *adj* vocal
vœu (vă) *m* desejo *m;* voto *m*
voici (v^{u}a-*çi*) *adv* eis, aqui está
voie (v^{u}a) *f* caminho *m;* via *f;* **~ d'eau** via navegável; **~ ferrée** via férrea
voilà (v^{u}a-*la*) *adv* eis; aí está
voile (v^{u}al) *f* vela *f; m* véu *m*
***voir** (v^{u}aar) *v* *ver
voisin (v^{u}a-*zén*) *m* vizinho *m*
voisinage (v^{u}a-zi-*naaj*) *m* vizinhança *f*
voiture (v^{u}a-*tüür*) *f* carro *m;* carruagem *f;* **~ d'enfant** carrinho de bebé; **~ de sport** carro de desporto; carro-esporte *mBr*
voix (v^{u}a) *f* voz *f;* **à haute ~** em voz

alta
vol (vól) *m* voo *m;* roubo *m;* ~ **charter** voo charter; ~ **de nuit** voo nocturno; ~ **de retour** voo de regresso
volaille (vó-*lai*) *f* aves de criação
volant (vó-*lã*) *m* volante *m*
volcan (vól-*kã*) *m* vulcão *m*
voler (vó-*lê*) *v* voar; roubar
volet (vó-*lê*) *m* janela de madeira
voleur (vó-*läär*) *m* ladrão *m*
volontaire (vó-lón-*téér*) *adj* voluntário; *m* voluntário *m*
volonté (vó-lón-*tê*) *f* vontade *f;* força de vontade
volontiers (vó-lón-*t^{i}ê*) *adv* de boa vontade
volt (vólt) *m* volt *m*
voltage (vól-*taaj*) *m* voltagem *f*
volume (vó-*lümm*) *m* volume *m*
volumineux (vó-lü-mi-*nă*) *adj* volumoso
vomir (vó-*miir*) *v* vomitar
vote (vót) *m* votação *f;* voto *m;* **droit de** ~ direito de voto
voter (vó-*tê*) *v* votar
votre (vótr) *adj* (pl vos) vosso; seu
***vouloir** (vu-*l^{u}aar*) *v* *querer; **en** ~ **à** querer mal a; ~ **dire** *querer dizer
vous (vu) *pron* vocês; os senhores; se; você; o senhor; ao senhor; **vous-même** você mesmo; o senhor mesmo; a si mesmo; **vous-mêmes** vocês mesmos; os senhores mesmos; a si mesmos
voûte (vut) *f* abóbada *f*
voyage (v^{u}a-*^{i}aaj*) *m* viagem *f;* ~ **d'affaires** viagem de negócios; ~ **de retour** viagem de regresso
voyager (v^{u}a-^{i}a-*jê*) *v* viajar
voyageur (v^{u}a-^{i}a-*jăär*) *m* viajante *m*
voyelle (v^{u}a-*^{i}él*) *f* vogal *f*
vrai (vrê) *adj* verdadeiro
vraiment (vrê-*mã*) *adv* verdadeiramente
vraisemblable (vrê-çã-*blabl*) *adj* verosímil, provável
vu (vü) *prep* em vista de, visto
vue (vü) *f* vista *f;* **point de** ~ ponto de vista
vulgaire (vül-*ghéér*) *adj* ordinário
vulnérable (vül-nê-*rabl*) *adj* vulnerável

W

wagon (va-*ghón*) *m* carruagem *f,* vagão *m;* **wagon-lit** carruagem-cama *f;* **wagon-restaurant** carruagem-restaurante *f*
week-end (^{u}i-*kénnd*) *m* fim-de-semana *m*

Y

y (i) *pron* lá; a ele, nele; nisso
yacht (^{i}ót) *m* iate *m;* **yacht-club** clube náutico
yachting (^{i}ó-*tinng*) *m* vela *f*
Yougoslave (^{i}u-ghó-*çlav*) *m* jugoslavo *m*
yougoslave (^{i}u-ghó-*çlav*) *adj* jugoslavo
Yougoslavie (^{i}u-ghó-çla-*vi*) *f* Jugoslávia *f*

Z

zèbre (zéébr) *m* zebra *f*
zélé (zê-*lê*) *adj* zeloso
zèle (zél) *m* zelo *m*
zénith (zê-*nit*) *m* zénite *m*
zéro (zê-*rô*) *m* zero *m*

nc (zéngh) *m* zinco *m*
diaque (zó-*d'ak*) *m* zodíaco *m*
ne (zôônn) *f* zona *f*; ~ **de stationnement** zona de estacionamento; ~ **industrielle** zona industrial
zoo (zô) *m* jardim zoológico
zoologie (zô-ó-ló-*ji*) *f* zoologia *f*
zoom (zumm) *m* lente zoom

Léxico gastronómico

Comidas

à la, à l', au, aux, à à maneira, à moda de, com
abats, abattis miúdos
abricot alperce (Bras. damasco)
agneau borrego
aiglefin arinca
ail alho
ailloli maionese misturada com alho
airelle arando
alouette sans tête trouxa de vitela
(à l')alsacienne acompanhado de *choucroute,* presunto e enchidos
amande amêndoa
amuse-gueule acepipe
ananas ananás (Bras. abacaxi)
anchois anchova
(à l')ancienne cozinhado em vinho branco, com um molho de cogumelos, natas (Bras. creme de leite) e chalotas
(à l')andalouse cozinhado geralmente com pimentos, beringelas e tomates
andouille espécie de chouriço de tripas
andouillette pequeno chouriço de tripas
(à l')anglaise 1) normalmente, legumes cozidos (especialmente batatas) 2) legumes, carne, aves ou peixe panados
anguille enguia, eiró
~ **au vert** guisada num molho com vinho branco, salsa, azeda e outras ervas aromáticas picadas
artichaut alcachofra
asperge espargo
assiette prato
~ **anglaise** de carnes frias variadas
~ **de charcuterie** de enchidos variados e carnes frias de porco
assorti sortido
aubergine beringela
ballottine (de volaille) espécie de galantina (de galinha)
banane banana
bar robalo
barbue espécie de rodovalho
basilic manjericão
béarnaise molho à base de ovos, manteiga, vinho branco, estragão e chalotas
bécasse galinhola
beignet espécie de frito, geralmente de frutas, legumes ou

queijo
(à la) Bercy (com) molho de manteiga, vinho branco e chalotas
betterave beterraba
beurre manteiga
~ **blanc** molho de manteiga com vinagre, vinho branco e chalotas
~ **maître d'hôtel** molho de manteiga com salsa picada e sumo (Bras. suco) de limão
~ **noir** molho de manteiga escura com vinagre e salsa
bifte(c)k bife
(à la) bigarade (com) molho de carne com laranja amarga, açúcar e vinagre
biscotte tosta
biscuit bolacha, biscoito
bisque sopa creme de lagosta ou de caranguejo
blanc de volaille peito de galinha
blanchaille petinga frita
blanquette vitela de fricassé
au bleu designa um peixe muito fresco (geralmente truta) aferventado
bœuf carne de vaca (Bras. boi)
~ **bourguignon** refogada com vinho tinto, cebolas, toucinho e cogumelos
~ **en daube** lardeada, marinada e estufada com legumes e vinho tinto
~ **miro(n)ton** já estufada e gratinada com um molho de cebolas, toucinho e vinagre
~ **mode** lardeada e estufada com vinho branco, cenouras e cebolas
~ **salé** salgada
bolet boleto, espécie de cogumelo muito apreciado
bombe glacée gelado de forma guarnecido, servido como sobremesa
(à la) bordelaise (com) molho à base de vinho tinto, chalotas, tutano e *bolets*
bouchée à la reine pequena caixa de massa folhada recheada com frango, moleja e cogumelos ligados com molho aveludado
boudin chouriço de sangue, morcela
bouillabaisse espécie de caldeirada servida com crostões de pão e maionese com alho e açafrão
bouilli 1) cozido, fervido 2) carne de vaca cozida
bouillon caldo
(à la) bourguignonne estufado num bom vinho tinto com cebolinhas e cogumelos
braisé estufado
brandade (de morue) bacalhau em puré
brie queijo de vaca branco muito apreciado
(à la) broche (no) espeto
brochet lúcio
(en) brochette espetada
cabillaud bacalhau fresco
café glacé gelado (Bras. sorvete) de café com chantilly
caille codorniz
camembert queijo de vaca amanteigado de sabor muito acentuado
canard (caneton) pato (patinho)
~ **à l'orange** assado no forno com laranjas e licor de laranja
cannelle canela
cantal queijo de vaca seco de sabor agradável
câpre alcaparra
carbo(n)nade churrasco

cardon cardo, legume parecido com a acelga
carotte cenoura
carottes Vichy cenouras salteadas, recobertas de água e cozidas até à completa evaporação da água
carpe carpa
carré vão de costeletas
carrelet solha
carte des vins lista dos vinhos
cassis groselha negra
cassoulet toulousain feijão branco guisado com ganso, carne de porco e de carneiro e, por vezes, salsichas
céleri aipo
cèpe boleto (cogumelo)
cerfeuil cerefolho
cerise cereja
cervelle miolos
champignon cogumelo
~ **de Paris** cogumelo (de Paris)
chanterelle cogumelo amarelo de sabor delicado
charbonnade churrasco
charcuterie enchidos e carnes frias de porco
charlotte pudim feito numa forma forrada com palitos «la reine» e recheada de frutas (geralmente maçãs)
chasse caça
chasseur com molho à base de cogumelos, tomates, vinho e ervas aromáticas
chaud quente
chaudrée espécie de caldeirada
chausson aux pommes pastel com recheio de maçãs
chevreuil cabrito-montês
chicorée chicória
chou couve
~ **de Bruxelles** couve-de-bruxelas
~ **à la crème** farto com chantilly
~**-fleur** couve-flor
~ **rouge** roxa
choucroute chucrute, couve picada em salmoura
~ **garnie** acompanhada de carne de porco fumada, toucinho e salsichas
ciboulette cebolinho
citron limão
civet de lapin (lièvre) lebrada
clafoutis frutas, sobretudo cerejas, cozidas no forno envolvidas numa massa de crepes (Bras. panquecas)
clémentine clementina, variedade de tangerina
cochon de lait leitão
(en) cocotte (num) tacho de barro ou de ferro fundido
cœur coração
(à la) Colbert panado
colin pescada
concombre pepino
confit bocados de ganso ou pato cozidos e conservados na própria gordura
confiture doce (Bras. geléia) de fruta
consommation bebida
consommé caldo servido quente ou frio
~ **Célestine** com frango e massas finas
~ **aux cheveux d'ange** com aletria
~ **Colbert** com ovos escalfados e legumes à jardineira
~ **julienne** com legumes variados cortados finos
~ **madrilène** com tomate,

servido frio
~ **princesse** com frango desfiado e pontas de espargos
~ **aux vermicelles** com aletria
contre-filet vazia, rosbife
coq au vin frango guisado em vinho tinto com cogumelos, cebolas, toucinho e ervas
coquelet franguinho
coquillage marisco de concha
coquille Saint-Jacques vieira (molusco)
corbeille de fruits cesto guarnecido com frutas frescas variadas
cornichon pickle, pepino em vinagre
côte costela, costeleta
côtelette costeleta
coupe taça de metal ou de vidro utilizada para sobremesa individual
~ **glacée** gelado guarnecido, servido em taça com chantilly
courgette abobrinha
couvert, vin et service compris talher, vinho e serviço incluídos
crabe caranguejo
crème 1) natas (Bras. creme de leite) 2) sopa creme 3) creme de sobremesa
~ **anglaise** creme à inglesa (leite-creme)
~ **caramel** pudim flan
~ **glacée** gelado (Bras. sorvete)
crêpe crepe (Bras. panqueca)
~ **Suzette** Suzete, com molho de laranja, flamejada com brandy e, geralmente, licor de laranja
cresson agrião
crevette camarão
croque-monsieur tosta mista (Bras. misto quente)
croustade empadão recheado com peixe, marisco, carne ou legumes
(en) croûte envolvido de massa
croûton crostão de pão
crudités legumes crus variados, servidos como acepipes ou em salada
crustacé crustáceo
cuisse perna
cuisses de grenouille pernas de rã
cuit cozido
bien ~ bem passado
cumin cominho
darne posta de peixe
datte tâmara
daurade goraz (peixe)
déjeuner almoço
délice du chef sobremesa especial do chefe
demi meio, metade
~**-sel** queijo cremoso, ligeiramente salgado
demoiselle de Cherbourg pequena lagosta servida sobre gelo
(à la) dieppoise (com) acompanhamento de mexilhões e camarões num molho com vinho branco
dinde, dindon perú
dindonneau perú novo
dîner jantar
diplomate espécie de *charlotte* com creme de baunilha e frutas cristalizadas, servida fria
dodine de canard galantina de pato
(à la) du Barry acompanhado de couve-flor coberta com molho de queijo e gratinado
(aux) duxelles (com) cogumelos picados e salteados em manteiga, vinho branco e ervas aromáticas

échalote chalota
écrevisse lagostim-do-rio
~ **à la nage** cozido
églefin arinca
émincé 1) cortado muito fino 2) pequenas tiras de carne, salteadas e servidas com natas (Bras. creme de leite) misturadas ao molho
endive endívia
~ **à la bruxelloise** enrolada em toucinho e gratinada no forno com molho branco e queijo ralado
entrecôte bife de lombo de vaca
entrée primeiro prato (Bras. entrada)
entremets sobremesa ligeira servida antes do queijo ou para finalizar uma refeição
épaule espádua, quarto dianteiro
éperlan biqueirão (peixe)
épice especiaria
épinard espinafre
escalope bife fino de vitela, porco ou perú
~ **viennoise** escalope panado
escargot caracol
estragon estragão
étuvé estufado
faisan faisão
farci recheado
fenouil funcho
féra peixe do lago, parecido com a truta-das-fontes
fève fava
filet lombo ou filete
~ **mignon** lombinho
~ **de sole** filete de linguado
(à la) financière (com) molho de cogumelos, trufas, *quenelles,* molejas de vitela e natas (Bras. creme de leite)
(aux) fines herbes (com) ervas aromáticas picadas
(à la) flamande (com) acompanhamento de batatas, cenouras, couve, nabo e toucinho, por vezes estufados em cerveja
flageolet variedade de feijão
flambé 1) flamejante 2) sobremesa regada com aguardente e servida flamejante
flétan alabote
foie fígado
~ **gras** pasta de fígado de ganso
fond d'artichaut fundo de alcachofra
fondue (au fromage) queijo derretido ao lume num tacho especial, com vinho branco, onde se vão mergulhando bocados de pão espetados em garfos compridos
fondue bourguignonne fondue, cubos de carne de vaca, fritos em óleo aquecido num tacho colocado ao meio da mesa e acompanhados com diversos molhos à base de maionese
fondue chinoise fatias muito finas de carne, cozidas num caldo a ferver num tacho colocado ao meio da mesa e acompanhadas com diversos molhos exóticos
(à la) forestière (com) acompanhamento de *morilles,* batatas e toucinho, cortados aos quadradinhos e salteados em manteiga
(au) four (no) forno
frais, fraîche fresco, fresca
fraise morango
~ **des bois** silvestre
framboise framboesa
friand empada com recheio de

carne
fricandeau peça de carne lardeada
fricassée fricassé, guisado de carne ou peixe servido com molho branco
frit frito
frites batatas fritas
friture (de poisson) fritura de peixe
fromage queijo
~ **frais** fresco
~ **de tête** galantina de cabeça de porco
fruit confit fruta cristalizada
fruits de mer mariscos
fumé fumado
galette bolo ou pão, de forma achatada
garbure sopa espessa de couve, com carne de porco salgada, legumes, alho e, por vezes, *confit d'oie*
garni guarnecido, acompanhado
(avec) garniture (com) legumes
gâteau bolo
gaufre panqueca de máquina
gaufrette bolacha de baunilha
(en) gelée (com) gelatina
gélinotte galinha-do-mato
gibelotte de lapin coelho guisado com vinho tinto
gibier caça
gigot d'agneau perna de carneiro
girolle cogumelo amarelo vivo de sabor delicado
glace gelado (Bras. sorvete)
~ **(à la) napolitaine** cassata
glacé gelado, muito frio
goujon cadoz (peixe)
gras-double dobrada
(au) gratin (ao) gratém, gratinado
gratin dauphinois batatas cortadas às rodelas e gratinadas no forno com queijo, natas (Bras. creme de leite) e ovos
gratin de fruits de mer mariscos envolvidos em molho béchamel e gratinados no forno
grillade carne grelhada (Bras. churrasco)
grillé grelhado
grive tordo
groseille à maquereau groselha verde (Bras. groselha-espinhosa)
groseille rouge groselha
haché picado
hachis picado (geralmente de carne)
hareng arenque
haricot feijão
~ **de mouton** carneiro guisado com feijão e batatas
~ **vert** feijão verde (Bras. vagem)
Henri IV fundos de alcachofra guarnecidos com molho *béarnaise*
hollandaise molho à base de gemas batidas com manteiga, sumo de limão ou vinagre
homard lavagante
~ **à l'américaine/à l'armoricaine)** cortado aos bocados e estufado em vinho branco com tomates e ervas aromáticas e flamejado com brandy
~ **cardinal** cortado aos bocados, com trufas e cogumelos e servido na própria carapaça, recoberto de molho e gratinado
~ **Newburg** cortado aos bocadinhos e cozinhado com natas (Bras. creme de leite) e vinho da Madeira ou xerez
~ **Thermidor** salteado em óleo,

recoberto de molho e gratinado

hors-d'œuvre (variés) acepipes (variados)

huile óleo

~ **d'olive** azeite

huître ostra

~ **belon** ostra achatada e de cor rosada

~ **de claire** ostra pequena

~ **portugaise** ostra pequena, de formato oblongo, muito corrente em Portugal

ambon fiambre, presunto

~ **de Bayonne** presunto fumado muito apreciado

~ **cru** presunto cru

~ **à l'os** inteiro, servido quente (Bras. pernil de porco)

jardinière de légumes jardineira, acompanhamento de legumes variados

jarret jarrete, chambão

julienne, juliana legumes variados cortados finos

jus molho (de cozedura)

laitue alface

lamproie lampreia

langouste lagosta

langoustine lagostim

langue língua

lapin coelho

lard toucinho

lentille lentilha

levraut lebre nova

lièvre lebre

limande solhão

livarot queijo de vaca pequeno e redondo da Normandia

longe de veau lombo de vitela

(à la) lorraine estufado em vinho tinto com couve roxa

loup de mer gata (peixe)

(à la) lyonnaise salteado com cebolas

macédoine jardineira de legumes ou salada de fruta (geralmente de conserva)

(au) madère (com) vinho da Madeira

maigre magro, com pouca gordura

maïs milho

maison da casa, caseiro

maître d'hôtel molho de manteiga com salsa picada e sumo (Bras. suco) de limão

maquereau cavala, sarda

marcassin pequeno javali

marchand de vin com molho de vinho tinto e chalotas

mariné marinado

marinière estufado em vinho branco com mexilhões e salsa picada

marjolaine manjerona

marmelade doce, marmelada de laranja

marron castanha

~ **glacé** escorrida

matelote género de caldeirada de peixes de água doce (especialmente de enguias) cozinhados em vinho com cebolas

médaillon medalhão, bife pequeno e redondo

menthe hortelã

menu ementa (Bras. cardápio)

merlan badejo

merluche pescada-branca, pescada-marmota

meunière passado por farinha e salteado em manteiga com sumo (Bras. suco) de limão e salsa picada

miel mel

mijoté cozido em lume brando, estufado

millefeuille mil-folhas
(à la) Mirabeau (com) anchovas, azeitonas e estragão
mirabelle mirabela (pequena ameixa amarela)
(à la) mode à moda, à maneira de
moelle tutano
morille fungão, cogumelo castanho escuro com sabor delicado
Mornay molho béchamel com queijo
moule mexilhão
moules marinière mexilhões estufados em vinho branco com cebolas, e salsa picada
mousse 1) mousse, sobremesa à qual se juntam natas (Bras. creme de leite) ou claras em castelo 2) mousse, arte culinária que consiste em transformar os fígados de aves, peixe ou fiambre (Bras. presunto) num preparado cremoso e de sabor delicado
mousseline 1) preparado cremoso à base de natas (Bras. creme de leite) 2) variante do molho holandês ao qual se juntam natas (Bras. creme de leite) batidas
moutarde mostarda
mouton carneiro
munster queijo amanteigado de sabor acentuado
mûre amora
myrtille uva-do-monte, mirtilo
nature/au naturel ao natural, sem molho
navarin carneiro guisado com nabos ou outros legumes
navet nabo
(à la/en) neige em castelo
(à la) niçoise normalmente com anchovas, azeitonas, tomate e alho
(à la) nivernaise (com) acompanhamento de cebolas, cenoura[s] e tomates
noisette 1) avelã 2) pequeno bif[e] de lombo
noix noz
~ **de coco** coco
~ **de muscade** noz-moscada
~ **de veau** pojadouro de vitela
(à la) normande acompanhamento composto de ostras ligeiramente escalfadas, mexilhões, camarões e cogumelos
nouilles nuilhas, massas alimentícias em tiras
œuf ovo
~ **brouillé** mexido
~ **à la coque** quente
~ **dur** cozido
~ **farci** recheado
~ **en gelée** escalfado e servido em gelatina
~ **au jambon** estrelado com fiambre (Bras. presunto)
~ **au/sur le plat** estrelado
~ **poché** escalfado
~ **Rossini** com pasta de fígado, trufas picadas e vinho da Madeira
oie ganso
oignon cebola
omble chevalier peixe do lago parecido com a truta
omelette omeleta
~ **norvégienne** sobremesa composta de duas camadas de pão-de-ló recheadas de gelado, recoberta de claras em castelo com açúcar e levada ao forno rapidamente a alourar
ortolan verdelhão
os osso
~ **à moelle** com tutano
oseille azeda

oursin ouriço-do-mar
pain pão
palourde amêijoa
pamplemousse toranja (Bras. grapefruit)
panaché misto, variado
pané panado
(en) papillote envolvido em papel de prata e assado
parfait gelado (Bras. sorvete) de sobremesa coberto duma capa de chocolate
Parmentier à base de batatas
pastèque melancia
pâté 1) empada 2) espécie de pasta de fígado enformada, também feita com carnes diversas
~ **campagnard** de carnes variadas
~ **en croûte** envolvido em massa, não folhada
~ **de foie gras** pasta de fígado de ganso ou pato
pâtes massas alimentícias
paupiette (de veau) rolinho (de vitela)
(à la) paysanne normalmente acompanhado de vários legumes
pêche pêssego
perche perca
perdreau perdigoto, perdiz nova
perdrix perdiz
(à la) périgourdine normalmente, recheado de *foie gras* e trufas
persil salsa
petit pequeno
~ **déjeuner** pequeno almoço (Bras. café da manhã)
~ **four** bolinho de chá
~ **pain** pãozinho
~ **pois** ervilha
~ **salé (au chou)** carne de porco salgada (com couve)
~ **-suisse** espécie de pequeno requeijão
pied de porc chispe, pé-de-porco
pigeonneau borracho, pombinho
piment malagueta
pintade pintada, galinha-da-índia
piperade omeleta à maneira basca, com pimentos, presunto, tomate e alho
piquant picante
pissaladière tarte de cebolas, anchovas e azeitonas pretas
plat du jour prato do dia
plateau de fromages tabuleiro de queijos
plie solha
poché escalfado
(à la) poêle frito na frigideira
(à) point bem passado
pointe d'asperge cabeça de espargo
poire pêra
~ **à la Condé** servida quente ou fria sobre uma espécie de arroz doce aromatizado com baunilha
~ **Belle-Hélène** dama branca com gelado de baunilha
poireau alho-porro, alho francês
pois ervilha
~ **chiche** grão-de-bico
poisson peixe
~ **d'eau douce** de água doce
~ **de mer** de água salgada
poitrine peito
(au) poivre (com) pimenta em grão
poivron piment(ã)o
pomme maçã
pommes (de terre) batatas
~ **allumettes** palha
~ **dauphine** bolinhos de puré de batata *duchesse*

~ **duchesse** bolinhos de puré de batata com ovos
~ **en robe des champs** com pele
~ **frites** fritas
~ **mousseline** puré fino de batata com natas (Bras. creme de leite) e ovos
~ **nature** cozidas
~ **nouvelles** novas
~ **vapeur** cozidas ao vapor

porc carne de porco

potage sopa, caldo
~ **bonne femme** com batatas, cogumelos, alhos franceses, cebolas e, por vezes, toucinho fumado
~ **cancalais** caldo de peixe, por vezes com ostras ou outros mariscos
~ **Condé** de puré de feijão encarnado
~ **Crécy** sopa creme de cenoura
~ **cultivateur** de legumes variados, com carne de porco ou toucinho fumado
~ **du Barry** sopa creme de couve-flor
~ **julienne** de legumes variados
~ **Longchamp** de ervilhas com azeda e cerefolho
~ **Saint-Germain** de puré de ervilhas, alhos-porros e cebolas
~ **soissonnais** de feijão branco

pot-au-feu cozido de carne de vaca, com batatas e outros legumes

potée carne de porco ou de vaca cozida num tacho de barro com legumes, especialmente couves

potiron abóbora-menina

poularde galinha nova
~ **de Bresse** de carne muito apreciada
~ **demi-deuil** com trufas incrustadas na pele, cozida e coberta de molho supremo

poule galinha
~ **au pot** cozida com legumes
~ **au riz** cozida e servida com arroz e molho supremo

poulet frango
~ **Marengo** alourado em azeite, cozido em vinho branco, com tomates, salsa, chalotas e cogumelos

pourboire gorjeta

praire pé-de-burro (marisco)

pré-salé carne de carneiro criado nos pastos da costa do Atlântico

(à la) printanière com legumes frescos

prix preço
~ **fixe** fixo

profiterole au chocolat espécie de farto, recheado com chantilly e coberto com molho de chocolate

(à la) provençale preparado com alho, cebola, tomate, salsa, outras ervas aromáticas e azeite

prune ameixa

pruneau ameixa seca

pudding pudim

puits d'amour conchinha de massa folhada recheada com creme de baunilha e licor

purée puré (de fruta ou legumes)
~ **de pommes de terre** puré de batata

quenelle rolinho de carne ou de peixe, cozido rapidamente num caldo e servido com molho

quiche tarte de carne ou legumes cortados aos bocadinhos, ovos

e natas (Bras. creme de leite)
~ **lorraine** tarte de queijo, toucinho fumado, ovos e leite
râble de lièvre lombo de lebre
raclette grande pedaço de queijo especial, que se aproxima duma fonte de calor, do qual se come a parte derretida, que é raspada com uma faca para o prato; acompanha-se com batatas cozidas e pickles
radis rabanete
(en) ragoût guisado
raie raia
raifort rábano silvestre
raisin uva
~ **sec** passa (de uva)
ramequin pequena tarte de queijo
rascasse rascasso
ratatouille guisado de tomates, pimentos, cebolas, abobrinhas e beringelas, servido quente ou frio
ravigote 1) espécie de molho branco com vinho branco, vinagre e ervas aromáticas 2) molho de vinagre, alcaparras, pickles e ervas aromáticas
reblochon queijo de vaca amanteigado de cor amarela pálida e sabor agradável
(à la) reine (com) pedaços de carne ou frango
reine-claude rainha-cláudia
repas refeição
rhubarbe ruibarbo
(à la) Richelieu acompanhado com tomates, ervilhas, batatas e toucinho fumado
rillettes carne de porco ou ganso, picada e cozida na própria gordura
ris de veau moleja de vitela
riz arroz
~ **pilaf** de manteiga
rognon rim
romarin alecrim, rosmaninho
roquefort queijo de ovelha com veios azuis e sabor fortemente acentuado
rôti assado
rouelle de veau carne de vitela assada
roulade rolo de carne
sabayon creme de sobremesa à base de gemas, açúcar, vinho branco e aroma; servido morno
safran açafrão
saignant mal passado
Saint-Pierre peixe-galo, São Pedro
de saison da época
salade salada
~ **chiffonnade** de alface estufada, azeda, salsa e outras ervas aromáticas
~ **de fruits** de fruta
~ **niçoise** com alface, tomates, feijão verde, ovos cozidos, atum, anchovas, azeitonas e pimentos
~ **verte** de alface
salé salgado
salmis ave assada ligeiramente, cortada aos bocados, desossada e aquecida num molho de vinho misturado com o puré das carcassas piladas
salpicon guisado de carnes várias e de trufas, almôndegas e cogumelos, que servem de acompanhamento
salsifis cercefi
sandre peixe parecido com a perca
sanglier javali
sarcelle cerceta, pato bravo

sauce molho
~ **béarnaise** à base de gemas, manteiga, chalotas, vinagre e estragão
~ **(au) beurre blanc** de manteiga, chalotas, vinagre ou sumo (Bras. suco) de limão
~ **(au) beurre noir** de manteiga torrada
~ **bordelaise** à base de *bolets,* vinho tinto, chalotas e tutano
~ **bourguignonne** com vinho tinto, cebolas, salsa e especiarias
~ **café de Paris** com natas (Bras. creme de leite), mostarda e ervas
~ **chasseur** de carne, com vinho, cogumelos, cebolas, chalotas e ervas aromáticas
~ **diable** picante com vinho branco, ervas aromáticas, vinagre e pimenta-de-caiena
~ **financière** com cogumelos, natas, azeitonas, vinho da Madeira e ervas aromáticas
~ **hollandaise** com gemas, manteiga e vinagre ou limão
~ **lyonnaise** com cebolas, manteiga e vinho branco
~ **madère** de assado com vinho da Madeira
~ **Mornay** béchamel com queijo
~ **ravigote** de vinagre com mostarda, chalotas e alcaparras
~ **rémoulade** maionese com mostarda e ervas aromáticas
~ **suprême** branco feito com caldo de galinha ao qual se juntaram gemas e natas (Bras. creme de leite)
~ **tartare** tártaro
~ **vinaigrette** vinagrete (óleo, vinagre, sal e pimenta)
saucisse salsicha, chouriço
~ **de Francfort** salsicha
saucisson salsichão, salpicão
saumon salmão
sauté salteado
savarin bolo muito fofo, demolhado em rum, servido com chantilly
sel sal
selle lombo, sela
selon grosseur (ou **grandeur**) consoante o peso (ou o tamanho)
service (non) compris serviço (não) incluído
sorbet sorvete feito com água
soufflé suflê
~ **à la reine** de aves ou carne
~ **Rothschild** de baunilha com frutas cristalizadas
soupe sopa
~ **au pistou** de legumes, massinhas e manjericão
~ **à l'oignon** de cebola
~ **à l'oignon gratinée** de cebola com fatias de pão torrado e queijo, gratinada no forno
spécialité (du chef) especialidade (do chefe)
steak bife
~ **haché** picado
~ **au poivre** com grãos de pimenta partidos
~ **tartare** à tártaro, cru, picado e misturado com gemas, conhaque e temperos
sucre açúcar
suprême de volaille peito de galinha
sur commande por encomenda
en sus (em) suplemento
tarte tarte
~ **Tatin** tarte de maçãs carame-

lizadas
artelette pequena tarte
endrons de veau tendrões, peito de vitela
en) terrine preparado de carne, peixe, aves ou caça, cozido em banho-maria no forno, numa terrina de barro fechada hermeticamente
ête (de veau) cabeça (de vitela)
thon atum
(en) timbale (numa) forma especial, forrada ou não de massa, recheada com carne, peixe, mariscos ou legumes
tomme queijo redondo de sabor neutro, proveniente da Sabóia
topinambour tupinambo
tortue tartaruga
tournedos tornedó, bife espesso de lombo de vaca
~ **Rossini** acompanhado com pasta de fígado de ganso e trufas, e servido com molho de vinho da Madeira
tourteau espécie de caranguejo
tout compris tudo incluído
tranche fatia
~ **napolitaine** cassata
tripes tripas
~ **à la mode de Caen** guisadas com mãos de vitela, legumes e sidra
truffe trufa
truite truta
turbot rodovalho
vacherin queijo amanteigado e ligeiramente ácido
~ **glacé** bolo de gelado com merengues
vanille baunilha
(à la) vapeur estufado, cozido ao vapor
varié variado, misto
veau vitela
velouté sopa creme, normalmente à base de legumes ou aves
vert-pré guarnecido de agriões
viande carne
~ **séchée** carne de vaca fumada, servida às fatias muito finas
viandes froides carnes frias
vinaigre vinagre
vinaigrette molho vinagrete (óleo, vinagre, sal e pimenta)
volaille aves, criação
vol-au-vent vol-au-vent, forma de massa folhada, recheada com um creme de peixe, carne, mariscos ou cogumelos
yaourt iogurte

Bebidas

Alsace Alsácia; região situada a leste de França, nas margems do Reno, que produz quase exclusivamente vinhos brancos secos, chamados *grand vin* (vinho superior) ou *grande réserve* (super-reserva), se têm mais de 11 graus
Amer Picon aperitivo aromatizado com quinina, casca de laranja e ervas
Anjou Anju; província do vale do Loire, célebre pelos seus vinhos palhetes; produz tam-

bém alguns vinhos brancos ligeiros
apéritif aperitivo
appellation d'origine contrôlée (A.O.C.) menção sobre um rótulo que garante a origem dum vinho, assim como a observância de certas regras de fabrico
armagnac aguardente velha do Armagnac, grande rival do conhaque
Barsac concelho bordelês, produtor de vinhos doces naturais semelhantes aos *Sauternes*
Beaujolais esta região do sul da Borgonha produz, além de 9 *grands crus,* cada qual com as suas características próprias, essencialmente vinhos tintos ligeiros, que se bebem novos e frescos
~**-Villages** grupo de 35 aldeias do norte da região do Beaujolais, que se distinguem pelos seus vinhos mais fortes e originais do que os *Beaujolais* de consumo
Belgique Bélgica; país da cerveja que não deixa, no entanto, de produzir alguns vinhos brancos, entre os quais espumantes
bénédictine licor aromatizado com cascas de laranja e ervas de cheiros
Bergerac concelho do departamento de Dordogne, no sul da França, conhecido pelos seus vinhos brancos doces, assim como excelentes vinhos tintos e brancos secos vendidos a casco
bière cerveja
~ **blonde** branca
~ **en bouteille** em garrafa
~ **brune** preta
~ **grenadine** misturada com xarope de romã
~ **panachée** misturada com gasosa
~ **pression** a copo, imperial
~ **des Trappistes** cerveja belga muito alcoólica
blanc (vinho) branco
~ **de blancs** vinho branco feito exclusivamente com uvas brancas
~**-cassis** misturado com licor de groselha negra
~ **de noirs** vinho branco feito com uvas pretas
blanquette vinho espumante do *Languedoc*
bock caneca de cerveja de cerca de 3 dl, por vezes mais
boisson bebida
Bordeaux Bordéus; capital de uma das mais prestigiosas regiões vinícolas francesas; os seus vinhos tintos, chamados *supérieurs,* provêm de misturas de vários cachos, são muito alcoólicos e ricos em tanino e ganham em ser bebidos velhos, à temperatura ambiente; os melhores Bordéus brancos são os vinhos de sobremesa naturais
Bourgogne Borgonha; uma das mais prestigiosas regiões vinícolas francesas; produtora de vinhos opulentos e aromáticos da *Côte d'Or* e dos vinhos mais ligeiros do *Beaujolais* e do *Mâconnais*
Bourgueil uma das raras regiões do vale do Loire que produz vinhos tintos caracterizados pelo seu aroma de framboesa

bouteille garrafa
 demi-~ meia-garrafa
brut adjectivo empregado para designar um champanhe (por vezes um vinho espumante) muito seco
Byrrh aperitivo aromatizado com quinina
café café
 ~ **complet** termo empregado para designar um pequeno almoço (Bras. café da manhã) corrente, composto de café com leite, pão, manteiga e doce de fruta (Bras. geléia)
 ~ **crème** servido com natas magras (Bras. creme de leite)
 ~ **décaféiné** sem cafeína
 ~ **express** bica, cafezinho
 ~ **filtre** de filtro
 ~ **au lait** com leite
 ~ **liégeois** gelado de café, regado com café frio e recoberto de chantilly
 ~ **noir** simples
calvados aguardente de sidra
carafe jarro
cassis licor de groselha negra
Chablis região da Borgonha, famosa pelos seus vinhos brancos secos
chambrer dar progressivamente a um vinho a temperatura ambiente
champagne champanhe, produzido exclusivamente na região demarcada de Champagne, a leste de Paris; os vinhos brancos de Champagne, que não são champanhizados, apresentam a menção *vin nature*
Chartreuse licor de ervas; o de cor verde é mais forte e menos doce do que o de cor amarela
château castelo; termo utilizado principalmente na região de Bordéus, para designar uma propriedade vinícola
Châteauneuf-du-Pape concelho do sul da Franca, perto de Avignon, famoso pelos seus vinhos tintos, odorantes e muito alcoólicos, que não se deveriam beber demasiado novos
chaud quente
chocolat chocolate
cidre sidra
citron pressé sumo (Bras. suco) de limão fresco
citronnade espécie de xarope de limão; limonada
clairette vinho espumante do sul da França
clos este termo, outrora usado na Borgonha para designar uma vinha cercada de muros, é actualmente apenas sinónimo de propriedade vinícola
cognac conhaque; famosa aguardente velha dos departamentos de Charente e Charente-Maritime
Cointreau licor aromatizado com laranja
Corse Córsega; esta ilha do Mediterrâneo, dependente da França, produz sobretudo vinhos tintos de mesa, provenientes de misturas e parecidos com os vinhos italianos, assim como vinhos palhetes tão bons como os provençais
Côte de Beaune região da Borgonha; os seus melhores vinhos têm a classe dos *Côte de Nuits* enquanto que outros, mais ligeiros, parecem-se com os

Beaujolais
Côte de Nuits região produtora dos vinhos mais prestigiosos da Borgonha, vinhos tintos opulentos e odorantes, que se devem beber a partir de 5 anos de idade
Côte d'Or região da Borgonha que compreende a *Côte de Beaune* e a *Côte de Nuits*
coteau encosta duma colina plantada com vinhas
Côtes du Rhône região do vale do Ródano, ao sul de Lyon, que produz vinhos aromáticos, alguns comuns outros de excelente qualidade
crème 1) natas (Bras. creme de leite) 2) licor muito doce e espesso
cru termo que designava outrora uma vinha; actualmente designa vinhos superior e é usado para os classificar; por exemplo: *grand cru, premier cru, cru classé, cru bourgeois*
curaçao licor aromatizado com cascas de laranja e canela
cuvée mistura de vários vinhos provenientes duma região especial
Cynar aperitivo aromatizado com quinina e alcachofras
demi 1) meio, metade 2) copo de cerveja de cerca de 2 dl
digestif digestivo; aguardente ou licor tomado depois da refeição para facilitar a digestão
domaine propriedade vinícola
Dubonnet aperitivo aromatizado com quinina
eau água
~**-de-vie** aguardente
eau minérale água mineral
~ **gazeuse** com gás, gaseificada
~ **naturelle** natural
Entre-Deux-Mers grande região do vinho de Bordéus, situada entre dois braços de rio e que produz essencialmente vinhos brancos secos
extra-sec extra-seco (diz-se dum champanhe ou dum vinho espumante)
framboise 1) framboesa 2) licor ou aguardente de framboesa
frappé muito frio
froid frio
Grand Marnier licor de conhaque aromatizado com laranja
Graves região bordelesa, conhecida sobretudo pelos seus vinhos brancos que são, no entanto, inferiores aos tintos
g(u)euzelambiek cerveja belga forte
Jura departamento francês, situado a noroeste da Suíça, que produz vinhos especiais: vinhos de sobremesa (*vin jaune* e *vin de paille*) e vinhos palhetes muito pálidos *(vin gris)*
kirsch aguardente de ginjas
kriekenlambic cerveja belga forte, aromatizada com gengibre
lait leite
~ **écrémé** desnatado
~ **frappé** batido (de leite)
Languedoc província do sudoeste da França que, além de vinhos espumantes, moscatel e alguns tintos *V.D.Q.S.*, produz vinhos comuns
limonade 1) limonada 2) gasosa
Loire região do sudoeste de Paris, nas margens do rio do mesmo nome, que produz vinhos ligeiros e agradáveis

Mâcon(nais) concelho e região do sul da Borgonha, célebre pelo seu notável *Pouilly-Fuissé* branco e vinhos tintos ligeiros
magnum garrafa de cerca de 2 litros
marc aguardente bagaceira
Médoc célebre região do vinho de Bordéus, que abrange as aldeias de *Pauillac, St-Julien, Margaux* e *St-Estèphe,* às quais se devem os vinhos de Bordéus mais prestigiosos e mais típicos
menthe hortelã
mirabelle aguardente de mirabela (variedade de ameixa amarela)
mis en bouteille(s) engarrafado
mousseux espumante
Muscadet vinho branco seco e ligeiro do vale do Loire
muscat 1) uva moscatel 2) vinho de sobremesa feito com uva moscatel
Neuchâtel cantão suíço produtor essencialmente de vinhos brancos secos e de *pinot noir,* vinho tinto com sabor a fruta
Noilly Prat vermute francês
orange pressée sumo (Bras. suco) de laranjas frescas
pastis aperitivo aromatizado com anis, alcaçuz e outras ervas, que se bebe geralmente misturado com água
pelure d'oignon expressão que designa, por vezes, um vinho palhete do sul da França
pétillant ligeiramente gasoso
Pomerol concelho bordelês reputado pelos seus excelentes vinhos tintos, mais doces do que os *Médoc* e que se podem beber novos
pot jarro (ou garrafa) de meio-litro de vinho tinto
Pouilly-Fuissé notável vinho branco seco da região de Mâcon
Pouilly-Fumé vinho branco seco, ligeiro e aromático, dum concelho do vale do Loire
Pouilly-sur-Loire vinho branco seco comum dum concelho do vale do Loire
Provence região do sudeste da França que se distingue sobretudo pelos seus vinhos palhetes aromáticos
quetsche aguardente de ameixas pretas
rancio vinho doce muito alcoólico do *Roussillon*
Ricard marca de *pastis*
Roussillon região do sudoeste da França que produz vinhos semelhantes aos do *Languedoc*
Saint-Emilion concelho produtor dos vinhos de Bordéus mais alcoólicos e opulentos
Saint-Raphaël aperitivo aromatizado com quinina
Sancerre concelho do Loire, produtor de agradáveis vinhos brancos secos
Sauternes concelho bordelês célebre pelos seus vinhos doces naturais, brancos e com sabor a fruta
Savoie província francesa situada ao sul do lago Léman, que produz vinhos brancos secos ligeiros, por vezes acídulos
Suisse romande região da Suíça em que se fala francês e que produz essencialmente vinhos brancos secos e tintos ligeiros que se bebem novos

Suze aperitivo aromatizado com raízes de genciana
thé chá
 ~ **lait** com leite
 ~ **nature** simples
Triple-Sec tríplice seco, licor de conhaque aromatizado com laranja
Valais região montanhosa da Suíça, famosa pelo seu *Fendant,* vinho branco encorpado e pelo seu *Dôle,* vinho tinto com sabor a fruta de que o *Goron* é um subproduto
Vaud cantão da Suíça francesa que se distingue sobretudo pelos seus vinhos brancos secos; os de *Lavaux* são os mais puros, os de *Chablais* mais aromáticos e os de *La Côte* comuns
V.D.Q.S. (vin délimité de qualité supérieure) vinho demarcado de qualidade superior; esta menção sobre um rótulo garante oficialmente a origem, assim como um certo nível de qualidade de vinhos provenientes duma região que não merece a menção *appellation d'origine contrôlée,* mas que produz, no entanto, vinhos bastante razoáveis
Vieille Cure licor aromatizado com diversas ervas de cheiros
vin vinho
 ~ **doux** adamado, de sobremesa, por vezes fortalecido com aguardente de vinho
 ~ **gris** palhete muito pálido
 ~ **mousseux** espumante
 ~ **ordinaire** comun
 ~ **du pays** da região
 ~ **rouge** tinto
V.S.O.P. (very special old pale) atributo dum conhaque que envelheceu em casco, pelo menos 5 anos, antes de ser engarrafado
Williamine aguardente de pêra William
(vin de) xérès xerez

Verbos franceses

Mencionaremos primeiramente as três conjugações regulares dos verbos franceses, consoante as terminações do infinitivo: *-er*, *-ir* e *-re*. A conjugação dos verbos terminados em *-er* é considerada como a única verdadeiramente regular. Os verbos que não se conjugam como os indicados mais abaixo são considerados como irregulares (veja a lista dos verbos irregulares). Há, no entanto, que ter em conta, que alguns verbos, embora regulares, apresentam algumas pequenas modificações na ortografia do radical (ex.: *acheter, j'achète; broyer, je broie*).

		1ª conj.	2ª conj.	3ª conj.
Infinitivo		**chant er** *(cantar)*	**fin ir** *(acabar)*	**vend re** *(vender)*[1]
Presente	je	chant **e**	fin **is**	vend **s**
	tu	chant **es**	fin **is**	vend **s**
	il	chant **e**	fin **it**	vend –
	nous	chant **ons**	fin **issons**	vend **ons**
	vous	chant **ez**	fin **issez**	vend **ez**
	ils	chant **ent**	fin **issent**	vend **ent**
Imperfeito	je	chant **ais**	fin **issais**	vend **ais**
	tu	chant **ais**	fin **issais**	vend **ais**
	il	chant **ait**	fin **issait**	vend **ait**
	nous	chant **ions**	fin **issions**	vend **ions**
	vous	chant **iez**	fin **issiez**	vend **iez**
	ils	chant **aient**	fin **issaient**	vend **aient**
Futuro	je	chant **erai**	fin **irai**	vend **rai**
	tu	chant **eras**	fin **iras**	vend **ras**
	il	chant **era**	fin **ira**	vend **ra**
	nous	chant **erons**	fin **irons**	vend **rons**
	vous	chant **erez**	fin **irez**	vend **rez**
	ils	chant **eront**	fin **iront**	vend **ront**
Condicional	je	chant **erais**	fin **irais**	vend **rais**
	tu	chant **erais**	fin **irais**	vend **rais**
	il	chant **erait**	fin **irait**	vend **rait**
	nous	chant **erions**	fin **irions**	vend **rions**
	vous	chant **eriez**	fin **iriez**	vend **riez**
	ils	chant **eraient**	fin **iraient**	vend **raient**
Pres. conj.[2]	je	chant **e**	fin **isse**	vend **e**
	tu	chant **es**	fin **isses**	vend **es**
	il	chant **e**	fin **isse**	vend **e**
	nous	chant **ions**	fin **issions**	vend **ions**
	vous	chant **iez**	fin **issiez**	vend **iez**
	ils	chant **ent**	fin **issent**	vend **ent**
Particípio passado		chant **é(e)**	fin **i(e)**	vend **u(e)**

---

[1] De igual modo se conjugam todos os verbos terminados em *-andre*, *-endre*, *-ondre*, *-erdre*, *-ordre* (excepto *prendre* e seus derivados).

[2] No modo conjuntivo, os verbos franceses são precedidos por *que*. Ex.: *que je chante, que nous finissions, qu'ils aient*.

Verbos auxiliares

	avoir *(ter)*		**être** *(ser, estar)*	
	Presente	Imperfeito	Presente	Imperfeito
j', je	ai	avais	suis	étais
tu	as	avais	es	étais
il	a	avait	est	était
nous	avons	avions	sommes	étions
vous	avez	aviez	êtes	étiez
ils	ont	avaient	sont	étaient
	Futuro	Condicional	Futuro	Condicional
j', je	aurai	aurais	serai	serais
tu	auras	aurais	seras	serais
il	aura	aurait	sera	serait
nous	aurons	aurions	serons	serions
vous	aurez	auriez	serez	seriez
ils	auront	auraient	seront	seraient
	Pres. conj.	Pret. perf.	Pres. conj.	Pret. perf.
j', je	aie	ai eu	sois	ai été
tu	aies	as eu	sois	as été
il	ait	a eu	soit	a été
nous	ayons	avons eu	soyons	avons été
vous	ayez	avez eu	soyez	avez été
ils	aient	ont eu	soient	ont été

Verbos irregulares

Seguidamente apresentamos os verbos nos tempos mais correntemente usados no francês falado. Como em português, o presente do indicativo a) encabeça a lista, seguindo-se-lhe, o imperfeito do indicativo b), o futuro c), o condicional d), o presente do conjuntivo e) e o particípio passado f). Do presente do indicativo damos a conjugação completa e dos outros tempos apenas a primeira pessoa do singular, visto que as outras pessoas se formam a partir da primeira. Salvo indicação contrária, os verbos formados de prefixos tais como: *ab-, ac-, ad-, com-, con-, contre-, de-, dé-, dis-, é-, en-, entr(e)-, ex-, in-, o-, ob-, par-, pré-, pour-, re-, ré-, sous-,* etc. se conjugam como o verbo primitivo.

absoudre *absolver*	a) absous, absous, absout, absolvons, absolvez, absolvent; b) absolvais; c) absoudrai; d) absoudrais; e) absolve; f) absous, absoute
accroître *aumentar*	a) accrois, accrois, accroît, accroissons, accroissez, accroissent; b) accroissais; c) accroîtrai; d) accroîtrais; e) accroisse; f) accru(e)
acquérir *adquirir*	a) acquiers, acquiers, acquiert, acquérons, acquérez, acquièrent; b) acquérais; c) acquerrai; d) acquerrais; e) acquière; f) acquis(e)

aller *ir* — a) vais, vas, va, allons, allez, vont; b) allais; c) irai; d) irais; e) aille; f) allé(e)

apercevoir *apercebe*r — →recevoir

apparaître *aparecer* — →connaître

assaillir *assaltar* — a) assaille, assailles, assaille, assaillons, assaillez, assaillent; b) assaillais; c) assaillirai; d) assaillirais; e) assaille; f) assailli(e)

asseoir *assentar* — a) assieds, assieds, assied, asseyons, asseyez, asseyent; b) asseyais; c) assiérai; d) assiérais; e) asseye; f) assis(e)

astreindre *obrigar* — →peindre

battre *bater* — a) bats, bats, bat, battons, battez, battent; b) battais; c) battrai; d) battrais; e) batte; f) battu(e)

boire *beber* — a) bois, bois, boit, buvons, buvez, boivent; b) buvais; c) boirai; d) boirais; e) boive; f) bu(e)

bouillir *ferver* — a) bous, bous, bout, bouillons, bouillez, bouillent; b) bouillais; c) bouillirai; d) bouillirais; e) bouille; f) bouilli(e)

ceindre *cingir* — →peindre

circoncire *circuncidar* — →suffire

circonscrire *circunscrever* — →écrire

clore *encerrar* — a) je clos, tu clos, il clôt, ils closent; b) —; c) clorai; d) clorais; e) close; f) clos(e)

concevoir *conceber* — →recevoir

conclure *concluir* — a) conclus, conclus, conclut, concluons, concluez, concluent; b) concluais; c) conclurai; d) conclurais; e) conclue; f) conclu(e)

conduire *conduzir* — →cuire

connaître *conhecer* — a) connais, connais, connaît, connaissons, connaissez, connaissent; b) connaissais; c) connaîtrai; d) connaîtrais; e) connaisse; f) connu(e)

conquérir *conquistar* — →acquérir

construire *construir* — →cuire

contraindre *constranger* — →craindre

contredire *contradizer* — →médire

coudre *coser* — a) couds, couds, coud, cousons, cousez, cousent; b) cousais; c) coudrai; d) coudrais; e) couse; f) cousu(e)

courir a) cours, cours, court, courons, courez, courent; b) courais;
correr c) courrai; d) courrais; e) coure; f) couru(e)

couvrir a) couvre, couvres, couvre, couvrons, couvrez, couvrent;
cobrir b) couvrais; c) couvrirai; d) couvrirais; e) couvre; f) couvert(e)

craindre a) crains, crains, craint, craignons, craignez, craignent;
temer b) craignais; c) craindrai; d) craindrais; e) craigne; f) craint(e)

croire a) crois, crois, croit, croyons, croyez, croient; b) croyais;
crer c) croirai; d) croirais; e) croie; f) cru(e)

croître a) croîs, croîs, croît, croissons, croissez, croissent; b) croissais;
crescer c) croîtrai; d) croîtrais; e) croisse; f) crû, crue

cueillir a) cueille, cueilles, cueille, cueillons, cueillez, cueillent;
colher b) cueillais; c) cueillerai; d) cueillerais; e) cueille; f) cueilli(e)

cuire a) cuis, cuis, cuit, cuisons, cuisez, cuisent; b) cuisais;
cozer c) cuirai; d) cuirais; e) cuise; f) cuit(e)

décevoir →recevoir
decepcionar

décrire →écrire
descrever

déduire →cuire
deduzir

détruire →cuire
destruir

devoir a) dois, dois, doit, devons, devez, doivent; b) devais;
dever c) devrai; d) devrais; e) doive; f) dû, due

dire a) dis, dis, dit, disons, dites, disent; b) disais; c) dirai;
dizer d) dirais; e) dise; f) dit(e)

dissoudre →absoudre
dissolver

dormir a) dors, dors, dort, dormons, dormez, dorment; b) dormais;
dormir c) dormirai; d) dormirais; e) dorme; f) dormi

échoir a) il échoit; b) —; c) il échoira; d) il échoirait;
calhar e) qu'il échoie; f) échu(e)

écrire a) écris, écris, écrit, écrivons, écrivez, écrivent; b) écrivais;
escrever c) écrirai; d) écrirais; e) écrive; f) écrit(e)

élire →lire
eleger

émettre →mettre
emitir

émouvoir →mouvoir; f) ému(e)
comover

empreindre
imprimir →peindre

nduire *untar*	→cuire
nfreindre *infringir*	→craindre
nvoyer *enviar, mandar*	a) envoie, envoies, envoie, envoyons, envoyez, envoient; b) envoyais; c) enverrai; d) enverrais; e) envoie; f) envoyé(e)
teindre *apagar*	→peindre
treindre *abraçar*	→peindre
xclure *excluir*	→conclure
aillir *falhar*	a) —; b) —; c) faillirai; d) faillirais; e) faille; f) failli
aire *fazer*	a) fais, fais, fait, faisons, faites, font; b) faisais; c) ferai; d) ferais; e) fasse; f) fait(e)
alloir *ser preciso*	a) il faut; b) il fallait; c) il faudra; d) il faudrait; e) qu'il faille; f) il a fallu
eindre *fingir*	→peindre
rire *fritar*	→confire
uir *fugir*	a) fuis, fuis, fuit, fuyons, fuyez, fuient; b) fuyais; c) fuirai; d) fuirais; e) fuie; f) fui
geindre *gemer*	→craindre
haïr *odiar*	a) hais, hais, hait, haïssons, haïssez, haïssent; b) haïssais; c) haïrai; d) haïrais; e) haïsse; f) haï(e)
inclure *incluir*	→conclure
induire *induzir*	→cuire
inscrire *inscrever*	→écrire
instruire *instruir*	→cuire
interdire *proibir*	→médire
introduire *introduzir*	→cuire
joindre *juntar*	a) joins, joins, joint, joignons, joignez, joignent; b) joignais; c) joindrai; d) joindrais; e) joigne; f) joint(e)

lire *ler* — a) lis, lis, lit, lisons, lisez, lisent; b) lisais; c) lirai; d) lirais; e) lise; f) lu(e)

luire *luzir* — a) luis, luis, luit, luisons, luisez, luisent; b) luisais; c) luirai; d) luirais; e) luise; f) lui

maudire *amaldiçoar* — a) maudis, maudis, maudit, maudissons, maudissez, maudissent; b) maudissais; c) maudirai; d) maudirais; e) maudisse; f) maudit(e)

médire *maldizer* — a) médis, médis, médit, médisons, médisez, médisent; b) médisais; c) médirai; d) médirais; e) médise; f) médit(e)

mentir *mentir* — a) mens, mens, ment, mentons, mentez, mentent; b) mentais; c) mentirai; d) mentirais; e) mente; f) menti

mettre *meter* — a) mets, mets, met, mettons, mettez, mettent; b) mettais; c) mettrai; d) mettrais; e) mette; f) mis(e)

moudre *moer* — a) mouds, mouds, moud, moulons, moulez, moulent; b) moulais; c) moudrai; d) moudrais; e) moule; f) moulu(e)

mourir *morrer* — a) meurs, meurs, meurt, mourons, mourez, meurent; b) mourais; c) mourrai; d) mourrais; e) meure; f) mort(e)

mouvoir *mover* — a) meus, meus, meut, mouvons, mouvez, meuvent; b) mouvais; c) mouvrai; d) mouvrais; e) meuve; f) mû, mue

naître *nascer* — a) nais, nais, naît, naissons, naissez, naissent; b) naissais; c) naîtrai; d) naîtrais; e) naisse; f) né(e)

nuire *prejudicar* — →cuire; f) nui

offrir *oferecer* — →couvrir

ouvrir *abrir* — →couvrir

paître *pastar* — a) pais, pais, paît, paissons, paissez, paissent; b) paissais; c) paîtrai; d) paîtrais; e) paisse; f) —

paraître *parecer* — →connaître

partir *partir* — →mentir; f) parti(e)

peindre *pintar* — a) peins, peins, peint, peignons, peignez, peignent; b) peignais; c) peindrai; d) peindrais; e) peigne; f) peint(e)

percevoir *perceber* — →recevoir

plaindre *lastimar* — →craindre

plaire *agradar* — a) plais, plais, plaît, plaisons, plaisez, plaisent; b) plaisais; c) plairai; d) plairais; e) plaise; f) plu

pleuvoir *chover* — a) il pleut; b) il pleuvait; c) il pleuvra; d) il pleuvrait; e) qu'il pleuve; f) il a plu

pourvoir *prover*
a) pourvois, pourvois, pourvoit, pourvoyons, pourvoyez, pourvoient; b) pourvoyais; c) pourvoirai; d) pourvoirais; e) pourvoie; f) pourvu(e)

pouvoir *poder*
a) peux (puis), peux, peut, pouvons, pouvez, peuvent; b) pouvais, c) pourrai; d) pourrais; e) puisse; f) pu

prédire *predizer*
a) prédis, prédis, prédit, prédisons, prédisez, prédisent; b) prédisais; c) prédirai; d) prédirais; e) prédise; f) prédit(e)

prendre *tomar*
a) prends, prends, prend, prenons, prenez, prennent; b) prenais; c) prendrai; d) prendrais; e) prenne; f) pris(e)

prescrire *prescrever*
→écrire

prévoir *prever*
a) prévois, prévois, prévoit, prévoyons, prévoyez, prévoient; b) prévoyais; c) prévoirai; d) prévoirais; e) prévoie; f) prévu(e)

produire *produzir*
→cuire

proscrire *proscrever*
→écrire

recevoir *receber*
a) reçois, reçois, reçoit, recevons, recevez, reçoivent; b) recevais; c) recevrai; d) recevrais; e) reçoive; f) reçu(e)

requérir *requerer*
→acquérir

restreindre *restringir*
→peindre

rire *rir*
a) ris, ris, rit, rions, riez, rient; b) riais; c) rirai; d) rirais; e) rie; f) ri

savoir *saber*
a) sais, sais, sait, savons, savez, savent; b) savais; c) saurai; d) saurais; e) sache; f) su(e)

séduire *seduzir*
→cuire

sentir *sentir*
→mentir; f) senti(e)

servir *servir*
a) sers, sers, sert, servons, servez, servent; b) servais; c) servirai; d) servirais; e) serve; f) servi(e)

sortir *sair*
→mentir; f) sorti(e)

souffrir *sofrer*
→couvrir

souscrire *subscrever*
→écrire

suffire *bastar*
a) suffis, suffis, suffit, suffisons, suffisez, suffisent; b) suffisais; c) suffirai; d) suffirais; e) suffise; e) suffi

suivre *seguir*
a) suis, suis, suit, suivons, suivez, suivent; b) suivais; c) suivrai; d) suivrais; e) suive; f) suivi(e)

taire *calar*	a) tais, tais, tait, taisons, taisez, taisent; b) taisais; c) tairai; d) tairais; e) taise; f) tu(e)
teindre *tingir*	→peindre
tenir *segurar*	a) tiens, tiens, tient, tenons, tenez, tiennent; b) tenais; c) tiendrai; d) tiendrais; e) tienne; f) tenu(e)
traduire *traduzir*	→cuire
traire *ordenhar*	a) trais, trais, trait, trayons, trayez, traient; b) trayais; c) trairai; d) trairais; e) traie; f) trait(e)
transcrire *transcrever*	→écrire
tressaillir *estremecer*	→assaillir
vaincre *vencer*	a) vaincs, vaincs, vainc, vainquons, vainquez, vainquent; b) vainquais; c) vaincrai; d) vaincrais; e) vainque; f) vaincu(e)
valoir *valer*	a) vaux, vaux, vaut, valons, valez, valent; b) valais; c) vaudrai; d) vaudrais; e) vaille; f) valu(e)
venir *vir*	→tenir
vêtir *vestir*	a) vêts, vêts, vêt, vêtons, vêtez, vêtent; b) vêtais; c) vêtirai; d) vêtirais; e) vête; f) vêtu(e)
vivre *viver*	a) vis, vis, vit, vivons, vivez, vivent; b) vivais; c) vivrai; d) vivrais; e) vive; f) vécu(e)
voir *ver*	a) vois, vois, voit, voyons, voyez, voient; b) voyais; c) verrai; d) verrais; e) voie; f) vu(e)
vouloir *querer*	a) veux, veux, veut, voulons, voulez, veulent; b) voulais; c) voudrai; d) voudrais; e) veuille; f) voulu(e)

Abreviaturas francesas

ACF	*Automobil-Club de France*	Automóvel Clube de França
ACS	*Automobile-Club de Suisse*	Automóvel Clube da Suíça
AELE	*Association Européenne de Libre-Echange*	Associação Europeia de Comércio Livre
apr. J.-C.	*après Jésus-Christ*	depois de Cristo
av. J.-C.	*avant Jésus-Christ*	antes de Cristo
bd	*boulevard*	alameda
c.-à-d.	*c'est-à-dire*	isto é
c/c	*compte courant*	conta corrente
CCP	*compte de chèque postal*	conta postal
CEE	*Communauté économique européenne*	Comunidade Económica Europeia, Mercado Comum
CFF	*Chemins de fer fédéraux*	Caminhos-de-Ferro Suíços
ch	*chevaux-vapeur*	cavalos-vapor
Cie, Co.	*compagnie*	companhia
CRS	*Compagnies républicaines de sécurité*	Polícia de Choque
ct	*courant ; centime*	corrente; centésima parte do franco
CV	*chevaux vapeur*	cavalos-vapor
EU	*Etats-Unis*	Estados Unidos
exp.	*expéditeur*	remetente
F(F)	*franc français*	franco francês
FB	*franc belge*	franco belga
Fs/Fr. s.	*franc suisse*	franco suíço
h.	*heure*	hora
hab.	*habitants*	habitantes
M.	*Monsieur*	Senhor
Me	*Maître*	título de advogado ou notário
Mgr	*Monseigneur*	Monsenhor
Mlle	*Mademoiselle*	Menina, Senhorita
MM.	*Messieurs*	Senhores
Mme	*Madame*	Senhora
n°	*numéro*	número
ONU	*Organisation des Nations Unies*	Organização das Nações Unidas
OTAN	*Organisation du Traité de l'Atlantique Nord*	NATO, Organização do Tratado do Atlântico Norte
PCV	*payable chez vous*	a pagar pelo destinatário
PDG	*président-directeur général*	presidente do conselho de administração e director-geral

p.ex.	*par exemple*	por exemplo
PJ	*police judiciaire*	polícia judiciária
PMU	*pari mutuel urbain*	organismo oficial de apostas para as corridas de cavalos
p.p.	*port payé*	porte pago pelo remetente
P & T	*Postes et Télécommunications*	Correios e Telecomunicações Franceses
PTT	*Postes, Télégraphes, Téléphones*	Correios, Telégrafos, Telefones Belgas e Suíços
RATP	*Régie autonome des transports parisiens*	Empresa Parisiense dos Transportes Públicos
RF	*République française*	República Francesa
RN	*route nationale*	estrada nacional francesa
RP	*Révérend Père*	Reverendo Padre
RSVP	*répondez, s'il vous plaît*	responda, se faz favor
s/	*sur*	sobre
SA	*société anonyme*	sociedade anónima
S. à r.l.	*société à responsabilité limitée*	companhia limitada
SE	*Son Eminence; Son Excellence*	Sua Eminência; Sua Excelência
SI	*Syndicat d'initiative*	Agência Municipal de Turismo
SM	*Sa Majesté*	Sua Majestade
SNCB	*Société nationale des chemins de fer belges*	Caminhos-de-Ferro Belgas
SNCF	*Société nationale des chemins de fer français*	Caminhos-de-Ferro Franceses
St, Ste	*saint, sainte*	são, santo; santa
succ.	*successeur; succursale*	sucessor; sucursal
s.v.p.	*s'il vous plaît*	se faz favor
TCB	*Touring-Club Royal de Belgique*	Touring Clube Real da Bélgica
TCF	*Touring-Club de France*	Touring Clube de França
TCS	*Touring-Club Suisse*	Touring Clube Suíço
TEE	*Trans-Europ-Express*	Trans-Europa-Expresso
t.s.v.p.	*tournez, s'il vous plaît*	volte, se faz favor
TVA	*taxe à la valeur ajoutée*	Imposto de Transacção
Vve	*veuve*	viúva

Numerais

Numerais cardinais

0	zéro
1	un
2	deux
3	trois
4	quatre
5	cinq
6	six
7	sept
8	huit
9	neuf
10	dix
11	onze
12	douze
13	treize
14	quatorze
15	quinze
16	seize
17	dix-sept
18	dix-huit
19	dix-neuf
20	vingt
21	vingt et un
22	vingt-deux
30	trente
40	quarante
50	cinquante
60	soixante
70	soixante-dix
71	soixante et onze
72	soixante-douze
80	quatre-vingts
81	quatre-vingt-un
90	quatre-vingt-dix
100	cent
101	cent un
230	deux cent trente
1 000	mille
1 107	onze cent sept
2 000	deux mille
1 000 000	un million

Numerais ordinais

1er	premier
2^{e}	deuxième (second)
3^{e}	troisième
4^{e}	quatrième
5^{e}	cinquième
6^{e}	sixième
7^{e}	septième
8^{e}	huitième
9^{e}	neuvième
10^{e}	dixième
11^{e}	onzième
12^{e}	douzième
13^{e}	treizième
14^{e}	quatorzième
15^{e}	quinzième
16^{e}	seizième
17^{e}	dix-septième
18^{e}	dix-huitième
19^{e}	dix-neuvième
20^{e}	vingtième
21^{e}	vingt et unième
22^{e}	vingt-deuxième
23^{e}	vingt-troisième
30^{e}	trentième
40^{e}	quarantième
50^{e}	cinquantième
60^{e}	soixantième
70^{e}	soixante-dixième
71^{e}	soixante et onzième
72^{e}	soixante-douzième
80^{e}	quatre-vingtième
81^{e}	quatre-vingt-unième
90^{e}	quatre-vingt-dixième
100^{e}	centième
101^{e}	cent unième
200^{e}	deux centième
330^{e}	trois cent trentième
1 000^{e}	millième
1 107^{e}	onze cent septième
2 000^{e}	deux millième

As horas

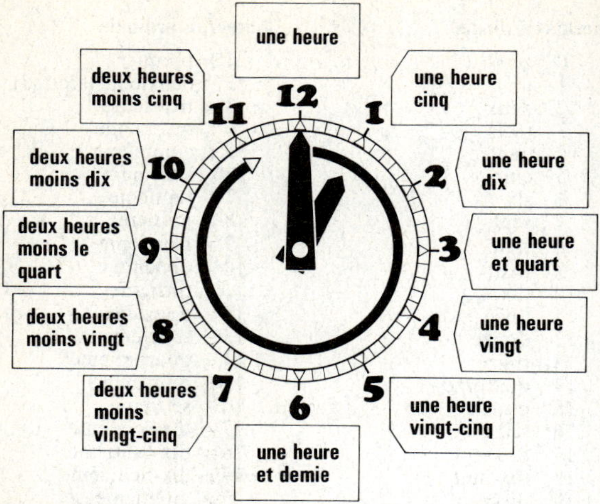

Para uma maior precisão, pode-se acrescentar: *du matin, de l'après-midi* ou *du soir*.

Assim:

huit heures du matin	8 da manhã
deux heures de l'après-midi	2 da tarde
huit heures du soir	8 da noite

Os dias da semana

dimanche	domingo	*jeudi*	quinta-feira
lundi	segunda-feira	*vendredi*	sexta-feira
mardi	terça-feira	*samedi*	sábado
mercredi	quarta-feira		